초등수학 분수
이렇게 가르쳐라

Artistic 협동학습 분수 수업

이상우 지음

Σ 시그마프레스

초등수학 분수 이렇게 가르쳐라
Artistic 협동학습 분수 수업

발행일 | 2019년 4월 10일 1쇄 발행

지은이 | 이상우
발행인 | 강학경
발행처 | ㈜시그마프레스
디자인 | 이상화
편 집 | 류미숙

등록번호 | 제10-2642호
주소 | 서울시 영등포구 양평로 22길 21 선유도코오롱디지털타워 A401~402호
전자우편 | sigma@spress.co.kr
홈페이지 | http://www.sigmapress.co.kr
전화 | (02)323-4845, (02)2062-5184~8
팩스 | (02)323-4197

ISBN | 979-11-6226-179-8

이 도서의 국립중앙도서관 출판예정도서목록(CIP)은 서지정보유통지원시스템 홈페이지(http://seoji.nl.go.kr)와 국가자료공동목록시스템(http://www.nl.go.kr/kolisnet)에서 이용하실 수 있습니다.(CIP제어번호 : CIP2019011408)

차례

예술적인 협동학습 분수 수업은 아이들의 영혼을 일깨우고 감동을 주며
과거로부터 온 수학적 인류 문화유산을 바탕으로
오늘과 내일을 살아갈 수 있게 설득하는 예술적 창조적 활동이다.

살아 있는 협동학습 2에서 필자는 기존의 틀에 박힌 관점에서 벗어나 수업을 '성찰'이라는 관점에서 바라볼 필요가 있다는 점을 피력한 바 있다. 그 예로 우리가 예술작품(특히 그림)을 볼 때 체크리스트를 가지고 제한된 시선과 항목을 통해 수치로 표현하지 않는 것처럼 수업도 예술작품을 바라보는 것과 같은 열린 시선으로 바라볼 필요가 있다고 주장했던 기억이 난다.* 같은 맥락에서 예술적인 협동학습 분수 수업을 좀 더 잘 이해할 수 있도록 필자는 다양한 예술 분야 가운데 음악을 예로 들어 풀어 나가고자 한다.

Artistic 협동학습 분수 수업과
음악의 공통점=수학적！！

어떤 음악은 아무리 듣고 또 들어도 질리지 않는다. 그런 음악은 세대와 시대를 초월하여 누구에게나 사랑을 받고 감동을 준다. 우리는 그런 음악을 '불후의 명곡'이라 이름 붙인다. 특히 필자에게는 클래식 음악에서 베토벤의 음악이, 대중음악에서는 외국의 비틀스 노래와 우리나라의 부활 노래가, 영화음악에서는 엔니오 모리꼬네의 음악이, 애니메이션 음악에서는 히사이시 조(지브리오 스튜디오에서 만든 영화 음악을 많이 작곡)의 음악이 그렇게 느껴진다. 그런데 그런 음악들을 살펴보면 모두 공통점이 하나 있다. 모두가 철저히 수학적인 구조를 가지고 있다는 것이다. 음표와 기호, 속도, 박자, 화성 등의 조합이 잘 만들어진 수학공식처럼 조화를 이루어 시너지를 발휘하면서 많은 사람들의 심금을 울린다. 그 어느 하나라도 빠지면 예술적으로 부족함이 느껴진다.

예술적인 협동학습 분수 수업도 마찬가지다. 예술적인 협동학습 분수 수업은 단지 협동학습 구조라는 기법을 적용하여 분수를 가르친다고 되는 것이 아니다. 협동학습 기법에 대한 강의를 많이 듣고 분수 수업 사례를 많이 접하고 따라 해 본다고 해서 되는 것도 아니다. 그런 식의 내비게이션 수업**은 아이들의 영혼을

---

* 살아 있는 협동학습 2, 이상우(2015), pp. 41~120.

** 자동차의 내비게이션은 켜 놓고 고민 없이 따라가기만 하면 목적지까지 우리들을 데려다 주지만 그렇게 가 본 목적지까지 내비게이션 없이 다시 한 번 가고자 한다면 어떻게 가야 할지 잘 몰라서 헤매게 된다. 내비게이션을 보면서 길을 가게 되면 자신이 가는 길을 유심히 들여다보지 않게 될 뿐만 아니라 중요한 지점이나 길목 등을 놓쳐서 또 다시 가야 할 때 스스로의 힘으로 갈 수 없게 된다. 협동학습 수업도 마찬가지다. 남들의 사례를 그냥 고민 없이 교실로 가져가는 일은 결코 좋은 일이라 말할 수 없고 교사로서 자신의 전문성을 신장시키는 데 별로 도움이 되지 않는다.

일깨우고 감동을 주며 과거로부터 전해져 온 인류의 위대한 수학적 문화유산을 바탕으로 오늘을 살고 내일을 살아갈 수 있도록 설득할 수가 없다. 예술적인 협동학습 분수 수업은 아이들의 영혼을 일깨우고 감동을 주며 과거를 바탕으로 오늘을 살고 내일을 살아갈 수 있도록 설득하고자 하는 만큼의 노력이 필요하다.

음악이 음표와 기호, 속도, 박자, 화성 등의 수학적 조합으로 이루어져 있다면 예술적인 협동학습 분수 수업은 내용(무엇을 가르치는가), 왜?(왜 가르치는가), 언어적·비언어적 의사소통,* 아이들과 교사(누구 : 배움과 가르침을 위한 상호작용의 주체) 등의 조합으로 이루어진다.** 그런 조합이 예술적으로 잘 이루어질 때 비로소 아이들은 감동을 받고 그 속에서 깨우친 지혜를 통해 자신의 삶을 가꾸어 나갈 수 있게 된다. 이 가운데 어느 한 가지라도 부족하거나 빠진다면 분수 수업 속에서 그만큼의 감동과 설득력은 떨어지게 된다.

🗣 비언어적 의사소통이란?

(1) 침묵

(2) 비언어적 표현 : 강약, 빠르기, 높고 낮음 등에 따라 감정(기쁨, 놀람, 공포, 조롱, 짜증, 칭찬 등)을 표현하는 것

(3) 몸짓 언어 : 의사소통 과정에서 나타나는 눈빛(시선), 표정, 동작, 자세, 신체 접촉 등을 말함

(4) 공간 언어 : 의사소통 대상자 간의 물리적인 거리(교실에서는 교사와 아이들 간의 거리, 아이들 간의 거리를 가리킴)

※ 협동학습에서는 위의 (1), (2), (3)을 주로 사회적 기술에서 다루고 (4)는 구조라는 차원에서 다룬다. 수업에서 구조를 이루는 요소로 개인, 짝, 그룹(소집단, 대집단 등)이 있는데 요소마다 대상자 간의 물리적인 거리는 매우 큰 차이를 보인다. 그 요소들 간의 조합(상호작용 관계 방식의 틀이란 3요소를 다양하게 조합하여 구조화시킨 것)에 의하여 다양한 상황과 내용을 담을 수 있도록 고안된 것이 바로 구조이다.

따라서 예술적인 협동학습 분수 수업을 이루려면 내용, 왜?, 언어적·비언어적 의사소통(협동학습에서는 구조에 해당된다고 볼 수 있음), 아이들과 교사 등의 각 요소에 대한 지식과 지혜를 철저히 자신의 몸에 익혀 쓸 줄 알아야 한다.*** 그리고 꾸준히 자신의 것으로 만들기 위해 노력한다면 충분히 예술적인 협동학습 분수 수업을 만들어 나갈 수 있다. 다만 질적 수준과 깊이에는 왕도가 없다는 한계 또한 잊지 말아야 할 것이다.

우리가 예술적인 협동학습 분수 수업 경험을 쉽게 접할 수 없었던 이유가 바로 여기에 있다. 자신의 전문성을 향상시키기 위한 시간과 노력 투자를 게을리하였다는 점, 배운다고 쉽게 되겠느냐며 쉽게 포기하였던 점, 자신에게 어떤 점이 부족한지를

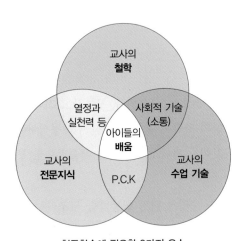

협동학습에 필요한 3가지 요소

---

* 보통은 '어떻게 가르칠까?'로 생각하여 수업 방법의 문제로 생각하는데 협동학습에서는 이를 '구조'라고 말한다. 협동학습에서 말하는 구조란 배움의 내용을 매개로 교사와 아동, 아동과 아동 간의 상호작용 관계 방식의 틀을 가리킨다. 아이들은 구조를 통해 상호작용하면서 배움에 도달하게 된다.

** 내용을 매개로 하여 다양한 요소들 간의 조합-연결 짓기가 이루어지는데 그 현상을 우리는 흔히 상호작용이라 말한다.

*** 필자는 이러한 각 요소를 세 가지로 범주화하여 철학, 전문지식, 수업 기술이라고 협동학습 교사를 바꾸다(2002), 살아 있는 협동학습 2(2015)를 통해 강조한 바 있다.

돌아보지 않고 이를 채우기 위한 노력을 게을리하였던 점, 설령 깨달았다 하더라도 어떻게 접근해야 할지 몰랐던 점, 스스로 차근차근 연구하여 전문성을 쌓기보다 누군가 만들어 놓은 자료를 가져다 쓰기에 급급했던 자신 때문이라는 점 등. 필자 또한 많이 부족하지만 이런 부분들을 조금씩 성찰하고 깨달아 가면서 나다운 수업, 예술적인 협동학습 분수 수업을 만들어 가려고 최선을 다하고 있고 그 과정에서 필자 나름대로 겪었던 여러 시행착오들과 감동의 순간들을 이 한 권의 책에 담아 보고자 최선을 다하였다.

Artistic 협동학습 분수 수업은
교사 자신 삶의 예술적 반영이다

많은 교사들은 수업을 단지 교과서에 있는 내용이나 지식, 기술 등을 아이들에게 잘 전달하는 것 정도로 여긴다. 그러다 보니 지금까지도 우리나라의 많은 교사들은 수업이 교사의 수업 기술에 의해 판가름 난다고 생각하는 경향이 매우 강한 편이다. 이런 이유 때문에 과거나 지금이나 겉으로 화려하게 치장된 수업 방법론이나 수업 기술 등에 치우친 연수들과 그런 것을 따라 하기에 급급한 수업 실기 장면들이 여기저기에서 목격되고 있다. 하지만 이제는 달라져야 한다.

예술적인 협동학습 분수 수업은 교사 자신이 걸어온 삶에 대한 경험을 통해 얻은 지혜로 자신이 바라본 세상을 있는 그대로(희로애락, 생로병사, 길흉화복, 흥망성쇠 등 사람이 살아가는 모습) 아이들에게 보여주는 일이다. 그렇기 때문에 예술적인 협동학습 분수 수업에서 가장 중요한 것은 아이들의 영혼을 일깨우고 감동을 주며 인류가 쌓아 올린 위대한 수학적 문화유산을 바탕으로 오늘을 살고 내일을 살아갈 수 있도록 설득하는 일이라 할 수 있다. 이를 위해 교사는 자신이 갖고 있는 삶의 지혜와 수학적 경험 가운데서 꼭 하고 싶은 이야기나 아이들에게 주고 싶은 것, 바라는 것*만을 뽑아내 아이들의 수준에 맞게 교수학적으로 재구성할 수 있는 능력을 갖추어야 한다. 그런 교사들에 의해 펼쳐진 예술적인 협동학습 분수 수업은 아이들의 마음을 움직이고 그들을 포함한 주변의 모든 사람들에게 좋은 영향을 미친다. 하지만 교사로서 자신이 걸어온 삶에 대한 경험이나 지혜가 부족하고 오로지 성적만 잘 받아 교사가 된 사람은 아무리 아이들에게 좋은 것을 주려고 해도 아이들은 눈을 감고 귀를 닫아 버린다. 대체로 그런 수업은 아이들의 삶과 괴리된 것이거나 피부에 와 닿지 않는 내용들로 넘쳐나 바람직한 지적 호기심과 흥미를 자극하지 못한다. 그 속에서 교사는 왜 이것을 가르쳐야 하는지 답을 알지 못하고, 아이들은 이것을 왜 배워야 하는지 이유를 알 수 없어 서로가 눈치만 보면서 강제로 끌고 가고 끌려가는 모습만 연출하게 되어 수업에 감동과 설득이 사라지고 만다. 그런 교실 수업을 들여다보면 문제풀이 방법만 열심히 가르치는 교사가 있고 열심히 배우는 아이들의 모습

---

* 무엇을 왜 배워 알기를 바라는가, 어떤 어른으로 성장하기를 바라는가, 이들이 자라 어떤 세상을 만들기를 바라는가, 자신의 재능과 적성을 잘 찾아 행복한 삶을 살아가는 것, 동반자로서 그 길을 함께 걸어가는 것 등을 말한다. 이것은 수업을 준비하면서 '왜 가르치지?, 무엇을 가르칠까?'와 같은 고민으로 나타난다.

은 찾아보기 힘들다.*

다음으로는 교사인 나와 의사소통할 존재인 아이들에 대한 이해가 필요하다. 현재 교단을 살펴보면 교사들은 아이들을 제대로 파악하지 않은 채 교과서 내용만 들고 자신이 준비해 간 내용들만 줄줄이 늘어놓고 통제하기 바쁘다. 이는 아이들을 가르침의 대상으로 바라보기 때문이다. 그러다 보니 아이들은 교사가 짜 놓은 각본에 따라 수동적으로 움직이기에도 벅찬 모습이 눈에 많이 띈다. 그런 곳에서 진정한 배움은 없다. 아이들을 배제한 수업은 무조건 실패할 수밖에 없다. 그런 교실에서 교사는 수업을 할수록 아이들과 점점 멀어지게 된다.** 필자 역시 지금까지의 경력만큼 많은 실패를 맛보았고, 이를 토대로 아이들의 특성을 파악하며 아이들 속으로 들어가는 지혜와 아이들의 눈으로 나의 수업을 비판적 성찰적으로 바라보는 법을 조금씩 깨달아 가고 있는 중이다. 또한 그 과정에서 아이들의 눈빛을 읽고 아이들의 가슴속에 담긴 이야기를 즉석에서 뽑아내 줄 수 있을 만큼의 교육적 배려와 감각을 끊임없이 키워 가고 있는 중이기도 하다. 예술적인 협동학습 분수 수업은 (1) 아이들을 가능성을 지닌 존재로 보고 (2) 아이들의 배움의 과정을 중시하며 (3) 아이들 스스로 지식을 구성해 나갈 수 있다는 믿음을 바탕으로 (4) 아이들 모두가 자신의 삶을 아름답게 가꾸어 갈 수 있다는 신념에서 출발할 때 제대로 이루어질 수 있다. 아이들은 결코 가르침의 대상이 아니다. 아이들은 스스로 배움의 주체인 것이다.

예술적인 협동학습 분수 수업뿐만 아니라 모든 수업이 언어적·비언어적 의사소통(상호작용 : 말하고 듣는 것)을 바탕으로 한다. 수업 속에서 아이들은 대부분의 순간을 어떤 방식으로든 타자(교사든 다른 또래 아이들이든)와 상호작용하며 말하고 듣고 이해한 것을 자신의 것으로 소화하여 스스로 배움을 이루어 낸다. 이때 필요한 것이 바로 설득력 있는 전달력인데 협동학습에서는 그것을 '사회적 기술'이라는 영역에서 주로 다룬다.

수업 중에는 호소력 있는 전달력이 특별히 더 중요하게 다가오는데 그 원리는 음악을 생각하면 쉽게 이해할 수 있다. 일례로 감동적인 음악을 보면 대체로 기승전결이 있다. 그리고 거기에는 셈여림이나 장단, 빠르기, 잠시 멈추기, 몸짓, 표정 등이 조화롭게 배치되어 있다는 것 또한 알 수 있다. 예술적인 협동학습 분수 수업 속에도 그런 것들이 포함된 교사 및 아이들 간의 비언어적 의사소통이 분명히 존재한다. 이런 비언어적 의사소통을 기반으로 한 교사 및 아이들 모두의 사회적 기술은 수업 속에서 분수라는 내용에 아름다운 색

---

* 어떻게 보면 교사만 공부하는 것처럼 보인다. 특히 수학 수업 시간을 보면 더 그렇다. 주로 교사들은 문제를 풀고 답을 내기까지의 원리와 과정을 아주 열정적으로 전달하는 모습에 비하여 아이들의 모습은 그다지 열의가 있어 보이지 않는 경우를 많이 접하게 된다.

** 분수에 대한 호소력 있는 내용이 마련되어 있고, 내 앞에 앉아 있는 아이들을 잘 이해하고 있으며, 다양한 전략이 가미된 설득력 있는 전달력을 갖추고 있다면 예술적인 협동학습 분수 수업은 완성도가 높아질 수 있다. 이를 위해서는 현재 상황에서 아이들이 지니고 있는 선개념은 무엇인지, 어느 지점에서 난개념이 형성되어 아이들이 주춤거리고 있는지, 어떤 부분에서 오개념이 형성되어 아이들이 배움의 목표에 도달하지 못하는 것인지, 그 원인은 무엇인지 등을 예상 또는 정확히 판단하고 그에 따라 다양한 전략(설명, 시범, 핵심 발문, 토의 토론, 연습, 힌트, 단서, 과제, 탐구, 관찰, 조작, 추론, 발표, 스토리텔링 등)이 반영된 수업을 설계(교육과정의 재구성=가르치는 내용의 교수학적 변용=아이들의 수준을 고려한 눈높이 교육)할 수 있어야 한다. 이런 조건이 모두 갖추어질 때 비로소 아이들에게서 진정한 배움이 일어날 수 있다. 그것들을 이해하지 못한 채 교과서에 있는 내용만 전달하려고 한다면 그곳에서 아이들은 능동적으로 자신의 지식을 구성하려 하지 않을 것이다. 선행학습을 하고 온 아이들이 많다면 아이들은 수업 시간 동안 더욱더 수동적이 되거나 배움으로부터 도주할 수밖에 없게 된다. 참고 배움=새로운 것을 정확히 앎, 선개념=이미 알고 있는 것, 난개념=배움의 과정에서 어려움을 겪고 있는 내용, 오개념=배움의 과정에서 잘못 알고 있는 내용

을 입혀 협동학습 수업을 예술 작품으로 승화하게끔 만들어 준다.[*]

또한 예술적인 협동학습 분수 수업에서 비언어적 의사소통 중 하나인 공간언어도 중요한 문제가 된다. 최적의 자리 배치 및 상호작용 관계 방식의 틀을 정하는 것이 바로 그 일이다. 혼자 생각하기, 짝 지어 나누기, 모둠원과 의견 나누기, 학급 전체와 생각 공유하기 등 상호작용 관계 방식의 틀과 이를 위한 적절한 자리 배치 및 상호작용 형태는 반드시 함께 신경 쓰지 않으면 안 된다.[**]

지금까지 살펴본 것 이외에도 많은 요소들이 있겠지만 이 몇 가지만의 조화로도 협동학습 분수 수업은 비로소 아트(art)가 될 수 있다고 나는 믿고 있다. 아름다운 음악이나 노래처럼 아이들에게 감동을 주고 그들의 삶을 가꿀 수 있다고 확신한다. 좋은 수업에서, 감동을 주는 수업에서, 큰 깨달음이나 배움을 얻었다고 생각하게 만드는 교사들이나 강사들에게서 바로 이런 것들이 느껴진다.

그러나 예술적인 협동학습 분수 수업에서 역시 가장 중요한 것은 뭐니 뭐니 해도 제일 먼저 강조한 '내용'이다. 연주가 약간 서툴러도, 노래를 조금은 못해도 선율이나 가사가 좋다면 청중들은 감동하며 듣게 되어 있는 것처럼 좋은 내용만 있다면 아이들은 수업 속으로 풍덩 뛰어들 준비가 언제든지 되어 있다. 그런 곳에서 협동학습 분수 수업은 비로소 아트(art)가 된다. 기억하자! 예술적인 협동학습 분수 수업은 음악적인 활동이라는 것을. 여기에 교사의 열정과 탐구심, 실천력이 결합될 때 여러분은 예술적인 협동학습 분수 수업 전문가로 거듭날 것이다.[***]

교사로서 우리 인생은 길고도 험난한 진리탐구의 여행이다.
그러니 너무 조급해하지 말고 여유를 가지고 '나'다운 성찰을 즐겨라.
여러분이 즐긴 여유와 성찰만큼 교사로서의 인생은 더욱 빛날 것이다.

이 상 우
집필을 시작하며

---

[*] 노래를 부를 때 가사에 맞는 표정과 음색을 살리면 더욱 감동하게 되고, 노래만 부르기보다는 그 흥에 맞는 몸짓도 살리면 그 노래가 더 와 닿게 되는 것처럼 수업에서 교사와 아이들 모두의 비언어적 의사소통은 매우 중요한 요소라 할 수 있다. 동화구연이나 시 낭송을 연상해 보면 잘 이해할 수 있을 것이다. 그중에서도 교사의 몸짓 언어(눈빛, 표정, 손짓, 신체 동작 등)는 더 중요한 요소가 된다.

[**] 협동학습에서 구성원 사이의 공간적 거리는 눈에 보이지 않는 상황에서의 공간 거리도 포함한다. 예를 들어 학교에서 아이들과 특정 주제에 대한 수업을 한 후 집에 가서 관련된 과제를 해결하면서 낮에 상호작용했던 이야기들을 떠올렸다면 이 또한 협동적 활동에 포함된다고 볼 수 있다. 또한 매체의 발달로 인하여 가정에서 홈페이지나 블로그 등을 통해 서로 소통하고 정보를 공유하는 것 또한 협동적 활동의 하나라고 보면 된다.

[***] 여기에 수학 공식과 같은 지름길이나 정답은 없다. 이곳에 제시된 사례 또한 바라보는 시각과 관점에 따라 얼마든지 부정적으로도 여겨질 수 있으며 비판의 대상이 될 수 있다는 것 또한 인정한다. 오히려 나는 그런 시각으로 이 글을 읽기를 더 바란다. 가장 중요한 것은 예술적인 협동학습 분수 수업 전문가로 거듭나기 위한 다양한 시도와 노력을 통해 자신만의 노하우를 쌓아 가는 일이다. 자신이 어떤 면에서든 부족하다고 하여 두려워하거나 속상해할 필요는 없다. 자신의 부족한 부분을 어떻게 채울 것인가에 집중하자. 그것이 곧 예술적인 협동학습 분수 수업 전문가가 되기 위해 필자가 걸어온 삶이요, 이 글을 읽고 예술적인 협동학습 분수 수업 전문가가 되기 위해 노력하려는 여러분의 삶인 것이다.

Artistic 협동학습 분수 수업

01

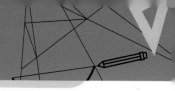

Artistic 분수 수업, 왜 **협동학습**이어야 하는가

자신의 생각을 말로 설명할 수 없다면 제대로 알고 있는 것이 아니다.

'문제를 풀어 답을 쓸 줄 안다.'와 '왜 그런 답이 나왔는지 설명할 수 있다.'는 분명히 차원이 다른 문제이다.

무엇이든 생각을 말로 표현하고 타인에게 설명하다 보면 자신의 사고가 좀 더 분명해진다.

같은 맥락에서 자신과 타인이 생각한 것, 자신과 타인의 의견을 말하고 듣고 이해하는 과정에서

가장 자연스럽게 구성주의적 배움이 일어날 수 있다.

그래서 필자가 생각하는 좋은 수업은 던져진 주제나 질문에 대해

아이들끼리 이야기를 주고받으면서 차근차근 알아 나가는 수업이다.

그렇게 하면 혼자서 공부하거나 교사가 설명한 것을 듣기만 하며 공부할 때보다 훨씬 더 잘 배울 수 있다.

여기에서 협동학습과 예술적인 분수 수업의 연결고리가 만들어진다.

지식은 사회적 산물이며
지식을 얻는 과정은 사회적이어야 한다

교사는 아이들을 가르치는 사람이 아니다. 아이들 스스로 깨우쳐 배울 수 있도록 돕는 사람이다. 따라서 교사가 아이들 스스로 깨우쳐 배울 수 있도록 돕기 위해서는 의사소통과 그 과정, 효과 등에 대한 명확한 이해가 필요하다.

사람들은 어떤 상황에서든 특정 주제에 대해 이야기를 나누다 보면 자신이 잘 몰랐던 부분이나 잘못 알고 있는 부분을 스스로 바로잡을 수 있게 된다. 같은 맥락에서 아이들도 수업 시간에 특정 주제에 대하여 서로 이야기를 나누다 보면 자연스럽게 배움의 목표에 도달할 수 있게 된다. 이처럼 서로를 통해 배우는 과정에 바로 의사소통이 있고, 그것을 돕는 소통의 틀이 바로 협동학습(구조)이다. 이처럼 협동학습의 가장 큰 장점은 서로를 통해 배울 수 있다는 것이다.

전통적으로 교사는 설명을 하고 아이들은 주로 듣기만 했던 교실을 떠올려보자. 그곳에서 아이들은 똑같

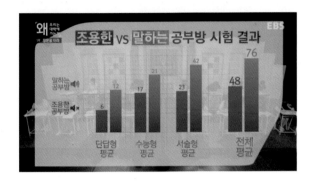

은 학습 목표를 향하여 똑같은 방식으로 학습활동을 하면서 서로 간에 아무런 정보도 주고받지 못하고 도움을 주고받지도 못하는 지적 이방인 상태였음이 분명하다. 그런 곳에서 아이들은 수동적일 수밖에 없다. 그리고 아이들 간의 소통이 부재된 교실은 죽은 교실과 다름이 없다.

지식이라는 것은 사회적 산물임에 분명하다. 지식이라는 것은 사회적 과정*에 의해 생산된 것이고, 그것을 얻는 바람직한 방법 또한 사회적이어야 한다. 여기에서 말하는 '사회적'이라는 것이 바로 의사소통 활동 및 과정을 가리키는 것이라고 한다면 협동학습은 자연스럽게 '사회적'이라는 현상을 만들어 주어 아이들 스스로가 자연스럽게 배움에 도달할 수 있도록 해 준다. 그래서일까 협동학습을 기본으로 하는 필자의 교실에서 수학 시간만큼은 늘 살아 있는 교실이 만들어진다. 아이들에게서 생기가 넘쳐흐른다.

한편 EBS 다큐멘터리 '왜 우리는 대학에 가는가'의 5부 '말문을 터라'에서는 말을 하며 공부하는 공부방과 혼자 조용히 공부하는 공부방의 효과를 실험한 결과 장면이 소개되었다(위 왼쪽 그림 참조). 실제로 말하면서 공부하는 것이 훨씬 더 공부 효과가 크다는 것을 말해 주고 있다. 이에 대해 한 심리학자는 말로 설명을 할 때 인지와 메타인지 사이의 갭이 줄어들면서 자신이 아는 것이 좀 더 명확해지기 때문이라고 말하고 있다. 그리고 이에 대해 확실히 증명하기 위해 위 그림과 같은 연구 결과를 제시하고 있음을 볼 수 있다.

이렇게 볼 때 예술적인 분수 수업을 위해서는 분수라는 영역의 지식도 사회적 산물이라는 것을 이해하고, 아이들이 이것을 얻는 과정도 분명히 사회적이어야 한다는 것을 믿는다면 협동학습은 필수적인 것이라 자신 있게 말할 수 있는 것이다.

'답을 쓸 줄 안다'와 '답에 대해 설명할 줄 안다'는 분명히 차원이 다른 이야기다

협동학습 수업을 하면서 필자가 가장 많이 느꼈던 것은 아이들이 필자의 설명과 강의를 들을 때보다 훨씬 더 학습 효과가 높았다는 것이다. 특히 분수 수업을 할 때는 더 그러했다. 예를 들어 $\frac{3}{4}+\frac{2}{4}$는 왜 $\frac{5}{4}$가 되는

---

* 지식-언어를 매개로 한 사회적 상호작용을 가리킨다. 특히 수학이라는 분야, 분수라는 영역은 사회적 과정을 통해 오랜 세월 동안 다듬어지고 쌓아 올려진 훌륭한 인류 문화유산인 것이다.

지 필자의 설명을 듣고 이해하는 것으로 끝났을 때보다 선개념을 바탕으로 $\frac{3}{4}+\frac{2}{4}$는 왜 $\frac{5}{4}$가 되는지 토의 토론을 하고 서로 자신의 생각을 주고받으면서(설명과정) 아이들 스스로 답(개념, 원리의 발견)을 찾아 나갔을 때 훨씬 더 학습 효과가 높았다. 앞에 제시했던 학습 효율성 피라미드(오른쪽 그림)도 바로 그 점을 증명해 주는 하나의 자료라고 필자는 확신한다.

$\frac{3}{4}+\frac{2}{4}$는 왜 $\frac{5}{4}$가 되는지 토의 토론을 하고 서로 자신의 생각을 주고받으면서(설명과정) 답을 찾아 나가는 과정이 중요한 이유를 좀 더 구체적으로 설명해 보면 이렇다.

현재의 교과서 구성을 살펴보면 왜 $\frac{3}{4}+\frac{2}{4}$는 왜 $\frac{5}{4}$가 되는지 제대로 이해할 수 있도록 되어 있지 못하다. 게다가 수많은 아이들은 학원에서 선행학습을 해오기도 하는데, 그곳에서도 $\frac{5}{4}$라는 답을 내는 방법은 알려주지만 왜 $\frac{5}{4}$가 되는지를 설명할 수 있도록 도와주지는 못하고 있는 실정이다. 그래서 교과서에 있는 대로 수업을 마치고 난 후에 "$\frac{3}{4}+\frac{2}{4}$는 얼마지?"라고 질문을 하면 "$\frac{5}{4}$입니다."라고 아이들은 굉장히 쉽게 답을 하지만 "왜 $\frac{5}{4}$가 되지?"라고 물으면 정확히 답변을 할 줄 아는 아이들은 별로 없다.(더 안타까운 점은 이런 식의 개념을 묻는 질문조차도 없다는 점이다.) 아니 거의 없다고 해도 과언이 아니다. 어떤 아이들은 이렇게 대답한다. "분자끼리 더하면 되기 때문입니다." 특히 이런 과정을 처음 시작하는 단계에서 선행학습을 한 아이들에게 질문하면 거의 이런 답변이 돌아온다. 그런 아이들에게 다음과 같은 질문으로 되받아치면 아이들은 갑자기 말문을 닫아버린다. "왜 분자끼리 더하지? 그렇다면 왜 분모끼리는 더하지 않지? 분모끼리는 더하면 안 되는가?" 어떤 아이들은 이렇게 답변한다. "모르겠는데요. 학원에서 안 배웠어요. 학원에서 그렇게만 배웠어요." 라고. 그러나 토의 토론을 하고 서로 자신의 생각을 주고받으면서(설명과정) 답을 찾아 나가는 방식으로 수업을 디자인하여 진행해 나가면 아이들은 선개념을 바탕으로 자연스럽게 분수 덧셈의 원리를 발견하여 문제를 해결해 나갈 수 있게 된다. 그래서 이렇게 답변할 수 있게 된다. "$\frac{3}{4}$은 $\frac{1}{4}$이 3개이고, $\frac{2}{4}$는 $\frac{1}{4}$이 2개이니까 $\frac{1}{4}$ 3개와 $\frac{1}{4}$ 2개를 더하면 $\frac{1}{4}$ 5개가 되어서 답은 $\frac{5}{4}$가 됩니다."

위의 사례를 통해 살펴본 바와 같이 '답을 쓸 줄 안다.'와 '왜 그런 답이 나왔는지 설명할 수 있다.'는 차원이 다른 이야기다. 이렇게 볼 때 수학 수업, 특히 분수 영역의 수업은 더욱더 '답을 쓸 줄 안다.'에 중심을 둘 것이 아니라 '왜 그런 답이 나왔는지 설명할 수 있다.'에 중심을 두고 아이들 간에 토의 토론, 설명 주고받기 활동이 활발하게 일어날 수 있도록 하는 교육과정의 재구성 및 수업 디자인이 반드시 필요하다.* 그 과정에서 협동학습은 수업의 효율성을 극대화시켜줄 수 있다는 점에서 매우 유용하다 말할 수 있다.

아이들 활동 중심 협동학습보다
아이들 배움 중심 협동학습이 더 진짜다

아직까지도 우리나라의 협동학습은 교과서 내용을 전달하는 방법, 수업 기법, 기능적 관점에서 벗어나지 못

---

* 수업의 중심을 문제풀이 방법 익히기, 공식 및 알고리즘 익히기, 문제풀이 및 문제 해결에 둘 것이 아니라 개념 찾기, 알고리즘의 발견 및 원리 이해에 두어야만 학습의 효율성을 더 높일 수 있다.

하고 있다. 그러다 보니 자칫하면 협동학습 수업은 아이들의 배움(원리, 개념의 이해)을 중심에 두기보다 아이들의 활동에 포커스를 맞추게 될 가능성이 매우 크다.* 이런 협동학습 수업을 필자는 활동 중심 협동학습, 기능 중심 협동학습, 수업 방법론으로서의 협동학습이라 지칭한다.

아이들의 배움을 중심에 둔 진짜 협동학습은 아이들의 배움을 최고의 목표로 삼기 때문에 아이들이 현재 발달 수준에서 갖고 있는 선개념에 기초하여 오개념과 난개념을 정확히 파악, 진단하고 그것을 해결하기 위한 다양한 전략을 구안하는 과정(수업 디자인 과정)에서 협동학습을 적재적소에 활용하기 때문에 그 효과는 매우 높을 수밖에 없다. 이처럼 아이들의 배움을 중심에 둔 진짜 협동학습은 그 과정에서 설명과 토의 토론, 또래 간의 도움 주고받기, 시범 보이기 등을 매우 중요하게 여긴다.**

한편 수학이라는 교과, 분수라는 영역을 놓고 생각해 보면 현재 교과서의 구성은 아이들 배움 중심 협동학습보다 아이들 활동 중심 협동학습으로 흐를 수밖에 없다는 것, 무임승차가 대량 발생할 수밖에 없다는 것이 필자의 견해이다. 왜냐하면 현행 교과서는 대체로 '중' 수준의 학습자들에게 중심이 맞추어져 있을 뿐만 아니라 교사들은 그런 내용을 가지고 획일적인 수업 설계, 문제풀이 방식이나 알고리즘 습득을 전제로 한 수업 설계를 해오고 있기 때문이다. 게다가 학교의 현실은 교사가 교재 연구를 충분히 할 수 있도록 그냥 내버려두지 않을 뿐만 아니라 초등 교사의 경우 수많은 교과목을 다 충실히 연구하여 아이들을 지도하기에 무리가 따를 수밖에 없다. 그러다 보니 배움이 느린 아동을 고려한 협동학습 수업 설계, 무임승차 해소를 위한 협동학습 수업 설계, 아이들이 쉽게 접하게 되는 오개념, 난개념 등에 대한 처방이나 정보를 반영한 협동학습 수업 설계는 꿈도 꾸지 못한다.

그러나 아이들 배움 중심의 진짜 예술적인 협동학습 분수 수업은 이런 현상을 잘 극복할 수 있도록 돕는다. 왜냐하면 교육과정을 재구성하고 수업을 설계하는 단계에서 배움이 느린 아동과 무임승차, 선개념, 오개념, 난개념 등을 반영하여 개념이나 원리에 충실한 수업, 문제풀이 방법이나 알고리즘 습득을 위한 수업이 아니라 알고리즘이나 원리의 발견을 위한 수업, 개념 이해를 위한 수업에 중심을 두기 때문에 소집단 내에서 상위 수준의 아이들과 중·하위 수준의 아이들이 함께 짝, 모둠을 이루어 서로 의견을 주고받거나 자신의 생각을 설명하면서 토의 토론해 나가게 된다.*** 그 과정에서 아이들은 자신의 사고를 보다 분명하게 하고 알고리즘, 개념, 원리 등을 자연스럽게 이해하며 발견하게 된다.**** 특히 이렇게 재구성된 수업 속에서 상위 수준의

---

* 개념과 원리의 이해보다는 화려한 활동, 수업 기교에 집착하게 될 우려가 높다. 겉으로는 아이들이 매우 왕성한 활동을 하는 것으로 보이기는 하나 아이들의 배움은 미약할 수밖에 없게 된다. 꽃은 화려할지 모르겠지만 열매는 부실하거나 맺히지 않는 결과를 보게 된다.

** 필자는 이런 과정을 한 단어로 '소통'이라 말한다. 최근 들어 교육 현장에 소통을 중시하는 맥락에서 토의 토론 수업이 매우 중요하게 다루어지고 있지만 이것마저도 기능적으로 흘러서 절차와 기법에 초점을 맞추고 있는 현상이 자주 목격되고 있어 안타깝기만 하다. 수업에 토의 토론을 활용하는 이유는 아이들의 배움에 목적이 있기 때문이다. 그러나 현실은 방법론으로 흘러서 아이들은 절차에 따라 활동에 참여하는 모습을 보이지만 진정한 배움은 사라지고 아이들의 활동만 남게 된다. 그리고 그 속에서 학습력이 떨어지는 아이들은 주변인으로 존재하거나 무임승차할 수밖에 없게 된다.

*** 이를 위해서 교사는 교과 내용 지식과 교육과정 지식, 아이들에 대한 이해, 교수법, 평가 역량, 협동학습 전문성 등을 충분히 갖추고 있어야만 한다.

**** 물론 그 과정에서 개별학습 구조, 경쟁학습 구조, 강의식 구조도 적재적소에 활용되어야 한다. 따라서 교사는 학습 구조 이론에 대하여 나름대로 충분히 이해를 하고 있어야 한다.

아이들도 적극적으로 생각하고 자신의 생각을 모둠원들에게 설명, 시범을 보이면서 토의 토론에 임하게 될 수밖에 없게 된다. 그 이유는 교과서 속에 있는 내용도 아니면서 문제풀이 방법보다는 왜 그런 답이 나오게 되는지, 결과보다는 과정에, 알고리즘의 습득보다는 알고리즘의 발견에 중심을 두고 있기 때문에 흥미와 호기심, 앎에 대한 열망, 도전의식이 자연스럽게 발현되어 꼬마 수학자로서의 면모를 자연스럽게 드러낼 수 있도록 해 주기 때문이다.[*]

분수에 대한 전문지식과 협동학습의 결합은 아이들 배움 중심의 예술적인 수업을 만든다

아무리 교사가 협동학습 기법을 많이 알고 있다고 해도, 협동학습에 대한 해박한 지식을 갖고 있다고 해도 분수에 대한 전문성이 떨어진다면 예술적인 협동학습 분수 수업, 아이들 배움 중심의 분수 수업은 그림의 떡일 수밖에 없다. 그렇기 때문에 교과에 대한 전문성을 갖춘 사람만이 진정한 협동학습 전문가라는 호칭을 얻을 수 있는 것이다. 현재 협동학습 전문가로 활동하고 있는 교사들 가운데 한 개의 교과목이라도 전문성을 갖춘 교사들이 과연 얼마나 될지는 의문이다. 그냥 이런저런 협동학습 기법과 교과서 내용을 잘 연결 지어 수업을 하였다고 하여 협동학습 전문가라고 말해서는 안 된다는 것이 필자의 생각이다.

여기서 말하는 분수에 대한 교사의 전문성은 소위 분수에 대하여 얼마나 정확히, 깊이 있게 알고 있는가 하는 정도를 말하는데, 필자는 이를 아래와 같이 세 부분으로 나누어 구분해 보았다.

학문적 지식	계획된 지식[**]	실현된 지식
교사가 교육 내용으로 선정하고 아이들 눈높이에 맞게 재구성하기 이전의 순수한 학문적·학자적 차원의 지식을 말한다.	교사가 가르칠 내용으로 선정하고 아이들 눈높이에 맞게 교수학적으로 변형하여 재구성한 지식을 말한다.	수업 활동이 이루어진 뒤에 아이들이 배워 알게 된 지식, 아이들 자신의 것으로 구성한 지식을 말한다.

예술적인 협동학습 분수 수업 전문가는 분수에 대한 학문적 지식을 바탕으로 교사의 입장에서 가르칠 내용을 엄선하고 재구성하여 아이들 눈높이에 맞게 교수학적으로 변형시킬 수 있는 충분한 역량을 갖추었다고 볼 수 있다. 그래서 예술적인 협동학습 분수 수업 전문가는 아이들이 현재 상태에서 지니고 있는 분수에

[*] 필자의 경험을 돌이켜 보면 선행학습을 통해 사전에 학습 내용을 많이 알고 있다고 생각하여 자만하고 있던 아이들도 이렇게 재구성된 수업에서는 자신이 알고 있었던 것에 대하여 모든 것을 내려놓고 기초적인 개념, 원리에서부터 다시 차근차근 짚어 나가면서 더 신나고 재미있게, 발견과 배움에 대한 즐거움을 느끼면서 수업에 임하는 모습을 늘 보여주었다. 그래서일까? 많은 아이들이 수학이라는 교과목, 분수라는 영역에 대한 생각을 바꾸는 계기가 되었다고, 수학이라는 과목과 분수 수업이 참으로 재미있었다고 내게 와서 이야기하곤 하였다. 이에 대해서는 뒤에 이어질 학년별 분수 수업의 실제와 수업 소감문을 살펴보면 알 수 있을 것이다.
[**] 아이들에 대한 이해, 아이들이 갖고 있는 선개념, 오개념, 난개념에 대한 정보, 분수에 대한 교수 전략, 협동학습 전문성, 교육과정 재구성 및 수업 디자인 능력, 평가 능력 등이 포함된다.

대한 선개념을 바탕으로 오개념과 난개념에 대한 정보를 반영, 아이들이 보일 수 있는 모습을 예상하여 그에 맞는 적절한 활동*을 적재적소에 배치한 수업을 디자인할 수 있게 된다.

분수에 대한 전문지식과 협동학습의 결합
그 밑바탕에는 구성주의에 대한 이해가 꼭 필요하다

구성주의자들은 지식이란 객관적으로 이미 주어진 어떠한 실체가 아니라 각 개인의 환경과 상호작용하는 과정에서 각자의 독특한 해석을 통해 의미 있는 것을 구성해 가는 것이라고 본다.

정보사회로의 변화는 학교교육에도 많은 변화를 가져왔는데 가장 큰 변화는 교수-학습의 주체가 교사 → 아동으로 이동되었다는 점이다. 그리고 그에 따라 학습의 중요한 원칙도 크게 변하였다. 특히 구성주의가 가장 큰 영향을 주었는데 구성주의에 입각한 학습원칙을 살펴보면 다음과 같다.

구성주의적 학습원칙**

구성주의 학습원칙	내용
1. 체험학습	■ 학습자의 선수지식, 관심, 배경에서 학습이 출발 ■ 문화적 동화를 통한 전문인으로서의 변화
2. 자아성찰적 학습	■ 자기주도적 학습, 문제 해결 능력 향상 ■ 토론을 통한 성찰적 사고 실천
3. 협동학습	■ 다른 학습자들과의 소통을 통한 문화적 동화 ■ 학습 효과 : 그룹 시너지 효과 ■ 개인의 생각이나 견해에 대한 타당성 검증 및 심화학습
4. 실제적 성격의 과제	■ 학습과 성과의 연계성(지식의 전이성 증가) ■ 학습과제의 상황성과 실제성 고려 ■ 학습동기의 증가(주인의식)
5. 교사의 역할	■ 학습의 조력자이자 코치 ■ 학습자들과의 대화를 통해 새로운 시각, 내용 등을 학습할 기회(동료 학습자로서의 역할) ■ 학습자들에 대한 참된 의미의 신뢰와 권위 이양의 실천

한편 구성주의에 바탕을 둔 학생 중심의 배움은 다음과 같은 특징을 갖고 있다.***

- 학습자 스스로 이해(배움)를 구성한다.

---

* 알맞은 협동학습 구조의 선택, 핵심 발문 제시하기, 설명이나 시범 보이기, 근접 발달 영역의 발전 과제 제시(심진[心震]을 일으키는 과제), 단서 제공, 토의 토론, 다양한 매체 활용하기 등을 제공한다.
** 우리시대의 구성주의(2003), 강인애, 문음사, p. 190.
*** 협동학습 교사를 바꾸다(2012), 이상우, 시그마프레스, p. 57.

- 새로운 학습(배움)은 현재의 이해(실제 발달 수준)에 의존한다.
- 학습(배움)은 사회적 상호작용에 의해 촉진된다(근접 발달 영역).
- 유의미한 학습(배움)은 현실의 학습과제 내에서 일어난다.
- 학습(배움)은 현재에서 한 걸음 더 나아가는 것이다(잠재적 발달 수준).

위의 내용을 구성주의자로 잘 알려진 레프 비고츠키(Lev Vygotsky)의 근접 발달 영역과 연결 지어 좀 더 자세히 안내해 보도록 하겠다.*

사회적 상호작용과 상징의 필요성

'사회적'이란 사회 구성원들 간에 이루어지는 '상호작용'을 의미하는 것으로 생각된다. 그런데 구성원들 사이의 상호작용은 단순히 행동을 주고받음으로 이루어지기도 하지만 주로 서로 상대방을 의식하고 상대방에 대응하여 자신의 행동에 어떤 의미를 부여하면서 이루어지는 부분이 더 많을 것이다. 그리고 그 과정에서 가장 중요한 매개 역할을 하는 것이 바로 '언어:말과 글'인데, 이를 두고 비고츠키는 '상징적 상호작용'이라 부른 것 같다. 이렇게 볼 때 '지식'이라는 것은 어느 한 사람에 의하여 형성된 것이 아니라 개개인의 삶의 과정에서 타인과 더불어 상징(언어)을 통해 상호작용하는 과정 속에서 발생하는 것이라 할 수 있겠다.

근접 발달 영역

비고츠키는 아동기에 있어서 학습의 수준을 아동이 남의 도움 없이 혼자서 문제를 해결할 수 있는 능력인 실제 발달 수준과 성인의 안내나 보다 능력 있는 또래들과 협동하여 문제를 해결할 수 있는 능력인 잠재적 발달 수준으로 구분하였다. 또한 잠재적 발달 수준에서 실제 발달 수준 사이의 거리를 근접 발달 영역(Zone of Proximal Development, ZPD)이라 하였다.**

비계설정의 중요성

교육에서 말하는 비계설정(scaffolding)이란 보다 능력 있는 조력자(교사, 부모, 유능한 학생)가 과제를 수행해 나가는 학생을 살피면서 과제를 성취할 수 있도록 도움을 주어 상대방의 학습에 기여하는 것을 말한다. 사회적 구성주의에서는 근접 발달 영역 내에서 교사와 아동, 또는 유능한 아동과 아동 간의 상호작용을 도울 수 있는 교수 방법으로서의 비계설정을 매우 중요시한다.***

---

* 협동학습 교사를 바꾸다(2012), 이상우, 시그마프레스, pp. 57~72.
** 구성주의와 교과교육(2000), 김판수 외 공저, 학지사, p. 38.
*** 구성주의와 교과교육(2000), 김판수 외 공저, 학지사, p. 37.

비고츠키와 근접 발달 영역 그리고 협동학습

❶ 레프 비고츠키(Lev Vygotsky)는 다른 사람(비계설정:부모, 교사, 동료)의 도움을 받아 문제를 해결할 수 있는 근접 발달 영역을 협동적인 상호작용을 통한 효과적인 학습 범위로 설정한 것 같다.

❷ 효과적인 학습은 근접 발달 영역 내에서 가능한데, 그것을 도울 수 있는 것이 바로 협동학습이라 생각한다.

❸ 협동학습을 통해서 이루어진 긍정적인 언어적 상호작용은 특히 도움을 필요로 하는 학생으로 하여금 자기보다 유능한 누군가와 함께 활동함으로써 자신의 근접 발달 영역 내에서 능력을 향상시킬 수 있다고 판단된다(비계설정).

❹ 바람직한 교수-학습활동(협동학습)은 학생들에게 현재의 발달 수준(현재 학생의 능력-실제 발달 수준)보다 조금 앞서는 내용(잠재적 발달 수준)을 가르침으로써 그들의 인지발달을 가능케 할 수 있다고 판단된다.

❺ 교사가 가르침을 포기할 때 아이들은 배운다. 바로 이 지점에 협동학습이 있다.

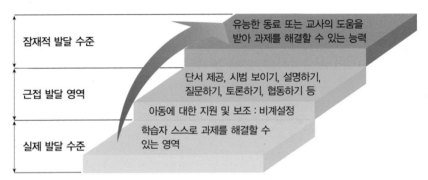

구성주의 : 지식이란 학습자의 적극적 구성에 의하여 주체적으로 형성된다고 봄

왜 구성주의인가

1) 배움의 과정을 중시한다.

'배움'은 곧 이해의 구성 과정을 의미하는데, 이것이야말로 가장 핵심적인 요소이다. 이는 아이들이 세상의 다양한 경험을 제공받고(교사가 그런 기회를 제공하고), 그 속에서 아이들 스스로 질문하고 답을 찾을 수 있는 권한을 가지고 있으며(교사가 그런 권한을 아이들에게 넘겨주며), 그들 스스로가 세상의 복잡성·다양성을 이해할 수 있도록 자극을 받을 때(교사가 그런 자극을 제시할 때) 일어난다.

> **이를 위해 필요한 것**　교사는 아이들에게 무엇인가에 대하여 생각할 것들을 제시하고, 아이들이 하는 모든 것들을 인내하며 지켜보는 자세가 요구된다. 그리고 교사가 아이들에게 무엇인가를 말하려 하기보다는 아이들이 교사에게 그들 스스로 무엇을 하고 있는지(하려는지)를 설명할 수 있는 기회를 주고 이를 있는 그대로 수용하려는 교사의 노력이 필요하다.

2) 아이의 가능성을 존중한다.

전통적인 교육에서는 아이들을 "교사가 던져주는 정보를 받아들이기만 하는 수동적 존재"처럼 바라보았지만 구성주의를 바탕으로 한 교육은 아이들을 "스스로 자신만의 세계를 만들어 갈 수 있는 능동적 존재"라는 관점에서 바라보면서 무한한 가능성을 생각하게 만든다.

구성주의적 관점에서의 학습은 모방-암기를 넘어서 아이들 스스로가 새로운 정보의 내면화, 재구성, 향상적 변용에 이를 수 있도록 도와주는 것을 의미한다. 그 결과 아이들은 스스로 자신만의 세계를 만들어 나가게 된다. 그 과정에서 발생하는 것이 '생각의 충돌'인데, 교사들은 이 상황에 대하여 아이들 스스로 새로운 이해를 구성하고자 하는 노력으로 인식하고 곁에서 지켜보면서 존중해 줄 때 무한한 가능성이 아이들에 의해 만들어진다.

> **이를 위해 필요한 것** '모방-암기'를 뛰어넘기 위해서 교사들은 아이들이 무엇을 단순 반복하고 암기할 수 있는가를 찾을 것이 아니라 아이들 스스로 흥미와 호기심을 바탕으로 무엇을 사고하고 증명하고 보여줄 수 있을 것인가에 대하여 고민하고 그런 것들을 찾아내야 한다. 이와 더불어 아이들에게 흥미와 호기심을 불러일으키기 위해 학교 현장에서 꼭 살아 있어야 할 중요한 요소 한 가지는 교과서가 아니라 교사와 아이들 모두의 상상력이다. 이것이 죽어 있는 교실에서 구성주의는 절대로 실현되지 않는다.

3) 자신의 세계를 만들어 가도록 돕는다.

지식은 고정불변의 것이 아니다. 특히 고등정신기능(비판적 사고, 문제 해결력, 상상력, 정보의 수집, 분석, 적용, 종합, 평가 능력, 창의성, 과학적 사고력, 의사결정 능력 등)은 결코 순간에 머물지 않는다. 이것들은 정적이지 않으며 끊임없이 구성과 재조직의 과정을 반복하며 성장해 나간다. 그리고 이런 과정을 거치면서 아이들은 자신의 세계를 만들어 간다.

자신의 세계를 만들고 가꾸어 나간다는 것은 자신이 살고 있는 세계에 대한 인식과 관심을 기초로 하는데, 그 세계는 다른 사람들과 어떤 식으로든 연결되어 있고 자신 및 다른 사람들의 세계는 수많은 문제의 연속으로 이루어져 있다는 것을 깨닫고, 그 문제들에 대한 답을 찾아 나가려는 공동체적 노력에 의해서 만들어지고 가꾸어지며 성장·발달한다.

> **이를 위해 필요한 것** 교사는 개인 또는 집단이 스스로 자신 및 공동의 문제에 대한 본질을 제대로 인식·이해할 수 도와주고, 그들이 탐구할 수 있는 문제들을 제시하며 그들 각자가 만들어 낸 구성적 지식의 관점에서 그 결과들을 해석할 수 있도록 모든 환경을 조정·조성해 주어야 한다.

구성주의에 바탕을 둔 예술적인 협동학습 분수 수업 만들기 레시피 여섯 가지

1) 기존의 사고를 뒤집어 심진(心震)을 일으키기

구성주의는 실생활에서의 유용성, 실용성, 적용성 등을 중시한다. 교실에서 아이들에게 제시되는 문제도 그런 종류이면서 아이들 흥미와 호기심을 자극한다면 이미 그 수업은 50% 이상 성공한 것이나 다름없다. 하지만 모든 질문이 아이들의 흥미에 맞아떨어질 수 있을 것이라 생각한다면 그 또한 무리다. 그렇지 않은 것일지라도 교사는 아이들이 제시된 주제를 숙고하도록 도울 수 있으면 된다. 아이들은 자신의 이전 사고가 뒤집혔다는 생각, 제시된 질문이 자신들에 의하여 검증될 수 있다는 생각, 다양한 문제 해결 방식이 있을 것이라는 생각, 공동의 노력을 통해 모험할 가치가 있다는 생각을 갖게 되면 적극적으로 임하게 된다.

이를 위해 교사는 아이들에게 질문을 제시할 때 아이들이 필요로 하는 것보다 더 많은 정보를 주는 것을 피하고, 질문을 한 후에는 충분히 생각할 시간(심진[心震]을 일으킬 수 있는 충분한 시간)을 주어야 하며 그 질문에 답을 하기 위한 다양한 자원을 제공하거나 접근할 수 있는 여건을 조성해 주어야 한다.

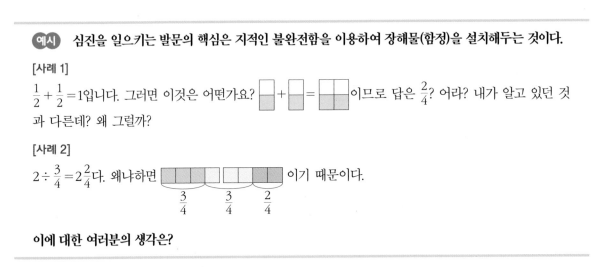

예시 심진을 일으키는 발문의 핵심은 지적인 불완전함을 이용하여 장해물(함정)을 설치해두는 것이다.

[사례 1]

$\frac{1}{2} + \frac{1}{2} = 1$입니다. 그러면 이것은 어떤가요? ☐ + ☐ = ☐ 이므로 답은 $\frac{2}{4}$? 어라? 내가 알고 있던 것과 다른데? 왜 그럴까?

[사례 2]

$2 \div \frac{3}{4} = 2\frac{2}{4}$다. 왜냐하면 ▨ 이기 때문이다.

이에 대한 여러분의 생각은?

2) '전체' → '부분'으로 문제 제시 : 문제의 본질을 중시

숲(문제의 본질)을 알게 해 주려면 먼저 나무 하나하나(고립된 정보)를 바라보게 하지 말고 숲 전체를 보게 해 줄 필요가 있다. 왜냐하면 문제와 정보들이 각기 떨어져 있거나 고립된 형태로 먼저 제시되면 아이들은 숲 전체(문제의 본질)를 보기보다는 나무 한 그루 한 그루(작고 기억할 만한 정보의 기억)를 살피는 일에 초점을 맞추어 결국 숲 전체를 보지 못하게 되기 때문이다. 아이들은 '부분' → '전체'로 제시될 때, 모든 것이 제시되기 전에 전체를 보려는 노력을 멈추거나 포기하는 경우가 많다. 하지만 '전체'에서 '부분'으로 제시되었을 때 훨씬 더 큰 호기심과 흥미를 보인다. 이럴 경우 아이들은 적어도 어디로 왜 가야 하는지를 알고 접근하게 되고, 자잘한 것에 중심을 두기보다는 큰 그림을 만드는 것에 집중할 수 있게 된다.

하지만 안타깝게도 우리나라의 교과서는 '부분' → '전체'로 구성되어 있다. 이 때문에 교사는 교과서대로 수업할 것이 아니라 '전체' → '부분'으로 재구성한 뒤 가장 먼저 '전체'를 제시하면 된다. 이후에는 학생들이 '전체'를 바탕으로 그들이 이해할 수 있는 '부분'으로 나눌 수 있도록 해 주고, 그 부분들에 대한 정보를 수집, 분류, 비교, 대조, 분석 등을 해 나가는 동안 자연스럽게 전체에 대한 부분적 사실을 알아가도록 하면서 자신의 지식을 재구성할 수 있게 안내해 주면 된다. 그러면 아이들은 큰 아이디어나 폭넓은 개념들 속에서 자신의 흥미와 능력을 자각하게 되고 자기 스스로 선택한 것에 대하여 어떤 식으로든 책임을 지게 된다.

예시 분모의 크기가 같은 분수의 덧셈과 뺄셈

1. 분수란 무엇인지 알기

2. 생활 속에서 분수는 어떻게 활용되고 있는가 생각해 보기

3. 내가 알고 있는 분수에 대한 개념, 이를 바탕으로 덧셈과 뺄셈이 어떻게 가능한지 생각해 보기(조작활동, 예상하기, 추론하기, 토의 토론하기, 설명하기 등)

3) 아이들의 눈으로 수업 바라보기

아이들의 눈으로 수업을 바라보는 일은 아이들의 관점과 생각-논리를 이해하려고 노력하는 일과 같다. 이것은 그들의 관점 및 사고 과정을 들여다볼 수 있는 창문이 되는데, 이 창문을 통해 교사는 아이들의 경험을 의미 있게 만들 수 있도록 자극하고 도움을 줄 수가 있다. 왜냐하면 아동 개개인의 관점은 바로 배움의 출발점이기 때문이다.

하지만 현실은 배운다는 것이 긴 여행이고 과정이라 생각하게 만들어 주지 않고, 아이들로 하여금 목적 그 자체로 인식하게 만들어 준다는 점에서 어려움이 많다. 그 결과로 아이들은 정답만 찾기, 사고하지 않기, 다른 사람의 생각이나 교사의 지시 및 전달을 받아 가기만 하기, 승자와 패자를 가리려 하기, 경쟁을 당연한 것으로 받아들이기에 길들여지게 된다. 그러다 보니 교실에서 다양한 생각을 나누기 위해 토의 토론을 하자고 하면("너의 생각은 무엇이니?"라고 물으면) 침묵하는 교실이 되어 버리곤 한다.

이를 극복하기 위해 교사들은 아이들 생각의 다양성을 이해하고 존중하려는 노력과 시도를 할 필요가 있다. 다시 말해서 "틀려도 괜찮아!" 교실을 만드는 것이다. 무엇인가를 틀렸다는 것은 창피한 것이 아니라 "자신이 잘못 알고 있었거나 사고의 과정에서 놓친 것을 다시 알게끔 해 주는, 그래서 다시 생각하고 배움에 한 걸음 더 바짝 다가설 수 있게 해 주는 고마운 것"이라는 생각을 아이들에게 심어 주어야 한다. 여기에는 한 가지 중요한 사항이 있다. 그것은 아이들의 생각과 의견을 판단 없이 들어 주고, 아이들의 생각에 대하여 "옳고 그름, 정답은 무엇이니?"보다 "왜 그렇게 생각하지? 어떻게 해서 그런 생각을 하게 되었는지 말해 줄 수 있겠니?"라고 말해 주는 것이다. 그 과정 속에서 교사는 아이의 관점을 알게 되고, 그 창문을 통해 아이들의 배움을 이끌어 낼 수 있게 된다.

예시 "왜?"라고 묻는 것에도 몇 가지 요령이 있다.

[질문 사례 1]

(A) [□□] ($\frac{1}{2}$)과 (B) [□□□□] ($\frac{2}{4}$)는 크기가 같다. 그 이유는 무엇인가?

위와 같은 질문은 아이들에게 막연함을 느끼게 한다. 이를 아래와 같이 바꾸어 보자. 그러면 아이들은 보다 구체적으로 사고하고 생각하게 될 것이다.

[질문 사례 2]

그림 (A), (B)는 크기가 같다. (A) ▭ ($\frac{1}{2}$)과 (B) ▭ ($\frac{2}{4}$)

위의 두 그림에서 변한 것은 무엇이고, 변하지 않은 것은 무엇인가요?

4) 아이들을 꼬마 학자로 만들어라.

어떤 지식을 가르친다는 것은 결과를 머릿속에 강제로 집어넣도록 하는 문제가 아니다. 그보다는 오히려 배움이 일어나는 과정 속에 참여하도록 안내하는 것이다. 교사들이 어떤 과목, 어떤 주제에 대하여 가르친다는 것은 그 교과나 주제에 대한 걸어 다니는 사전을 만들려는 것이 아니라 아이들로 하여금 스스로 생각하고, 학자들이 탐구하는 방식으로 문제를 살펴보고 지식을 형성하는 과정에 참여하도록 하기 위한 것이다. 다행히도 아이들은 자신의 세계에 대한 지적 호기심과 창의성을 충분히 갖추고 있어서 꼬마 학자가 될 가능성이 충분하다.

하지만 현재의 수학 교육과정과 수학 교과서는 이것이 가능하도록 구성되어 있지 않다. 너무 많은 단원과 학습 내용, 그리고 단순한 정보의 지시와 전달, 문제풀이 방법 알기 중심의 내용, 그리고 그에 따른 암기 숙달과 지필평가 중심의 획일화된 시험은 아이들을 수동적으로 만들어 버려 어디에서도 학자적인 모습을 살펴볼 길이 없다. 교사가 아이들을 살아 있는 꼬마 학자로 키우기 위해서는 수학 교육과정의 재구성 능력을 잘 갖추고 있어야 한다. 또한 과학적인 과정(정보의 수집, 분류, 분석, 종합 등을 위한 기능: 고등정신기능이라고도 함)에 해당되는 전략, 습관, 능력, 태도 등을 가르쳐야 한다. 여기에는 다음과 같은 형식들이 포함된다.

❶ 질문 또는 문제 제시 교사 또는 학생 스스로 만들 수 있다.

❷ 가설 설정하기 질문에 대하여 아이들은 자신의 과거 경험에 기초한 가설을 설정한다(가설 : 실험될 수 있는 방식, 증명될 수 있는 방식으로 진술된 것).

❸ 자료 수집 질문에 대답하기 위한 정보를 모으는 것을 말한다.

❹ 자료 분석 교사는 아이들이 그들의 자료를 수집, 분류, 분석, 정리하며 그것에 대하여 생각하고 공유하도록 안내한다(토의 토론, 보고서, 프레젠테이션, 그래프, 발표문 등).

❺ 결론 도출 아이들이 자료에 바탕을 둔 결과를 일반화할 때 탐구 과정은 종료된다.

예시 분수에 대한 학습을 시작하는 단계에서 어느 정도 개념을 이해하고 난 뒤에 아래와 같은 질문을 던지고 아이들이 학자적 입장에서 탐구하고 토의 토론하면서 답을 찾아나갈 수 있도록 도울 수 있다.

(핵심 발문:부분으로 전체 양 알아내기)

▭ 왼쪽의 테이프는 본래 있던 테이프 전체의 $\frac{3}{5}$이다.

이것으로 전체의 길이를 알아내 보시오.

[예상되는 아이들의 탐구 과정]

① 주어진 테이프의 길이는 $\frac{3}{5}$이다. $\frac{3}{5}$은 $\frac{1}{5}$이 3개 있는 것과 같다.

② 주어진 테이프를 먼저 3등분하여 $\frac{1}{5}$이 3개가 되도록 만든다.

③ 3등분한 것 중 1조각이 $\frac{1}{5}$임을 알 수 있다. 이 크기를 2개 더 붙이면 $\frac{5}{5}$(=1, 전체)가 된다는 것을 추론해 낼 수 있다.

이렇게 주어진 부분을 이용하여 전체의 양을 알게 되었다.

---

5) 판단을 하지 않는 열린 평가

"틀렸어, 아니야, 땡~! 다른 사람, 좋아, 그게 정답이야."와 같은 말들은 학생들을 다음과 같이 길들인다.

- 늘 정답은 한 가지 → '선생님 생각'에 몰두한다.
- 아이들에게 주어진 과제는 오로지 바로 그 정답을 찾는 것이다.
- 정답을 찾지 않는 한 생각을 말하려는 도전을 하지 않는다. 함부로 말하면 위험에 처할 수 있기 때문이다.
- 정답을 찾았더라도 확신을 갖지 않는 한 감히 도전하지 않는다. 그리고 이 과정들은 학습된다.

"틀렸어!"라는 말은 아이들의 자존감에 큰 상처를 주고, 자신이 무능하거나 생각이 부족한 '바보'처럼(수치심을) 느끼게 만든다. "아니야!"라는 말은 자존감을 낮추는 동시에 자신의 생각에 대하여 특별한 가치가 없는 것이라 느끼게 만든다. 그 결과로 아이들은 교사의 기대에 순응하고 교사의 지시에 벗어나는 것을 두려워하게 된다. 그런 교실에서의 아이들은 주로 모든 일에 교사의 허락을 구하게 되고 자율적 판단과 평가가 필요한 일에 대해서도 자꾸만 교사에게 의존하려는 경향을 보이게 되며 어떤 질문이나 주제에 대하여 사고하거나 탐구하려는 욕구를 점점 잃어버리게 된다.

위험을 감수하더라도 모험을 해 보고자 하는 용기, 창의성, 상상력, 사고력, 자존감 등은 필요할 때 꺼내고 필요 없을 때는 넣을 수 있는 그런 것이 아니다. 이들은 지속적인 격려와 후원을 담보로 한다.

그러나 현장의 모습은 그와 거리가 먼 경우가 참 많다. 한 번 자신의 수업을 녹화하여 분석해 보기 바란다. 자신이 얼마나 부정적인 표현을 많이 쓰고 있는지 판단해 보기 바란다. 그뿐만 아니라 수시로 행하는 시험 또한 그런 현상을 더 부추기고 있어서 안타까운 마음을 금할 길이 없다.

이를 극복하기 위해서는 판단이나 평가에 해당되는 용어를 찾아 가능하면 쓰지 않으려는 노력이 필요하고, 아이들의 의견이나 활동에 대하여 판단을 유보하고, 판단을 보류한 채 있는 그대로를 피드백 해 주려는 자세와 꾸준한 훈련이 요구된다. 아울러 적절한 평가 도구 및 문항의 개발도 필요하다. 끝으로 구성주의적 관점에서 아이들은 각기 다른 과정으로 배움을 형성해 나가기 때문에 시험을 통해 서열을 정한다는 것은 있을 수 없는 일이라는 생각을 가지고 단순한 수치의 증감을 떠나 아이의 내면에 어떤 변화가 일어났는지에 주목하기 위한 발달적 평가관도 요구된다.

필자가 오래전 1학년 담임을 맡았을 때의 일이다.(수학시간)

교사 사과 3개가 많을까요, 수박 1개가 많을까요?(그때 여러 아이가 번쩍 손을 들었다. 그 가운데 꼭 발표를 할 수 있도록 해달라는 표정을 지어 보이는 아동이 보였다.)

교사 그래, ○○가 말해 보렴.

○○ 네, 수박 1개가 많습니다.(몇 명의 아이들은 웃고, 또 몇 명의 아이들은 자신이 정답을 말할 수 있다는 생각에 손을 번쩍 들어 보인다.)

교사 그래? 선생님은 ○○가 그렇게 말한 것에 대하여 이유를 들어 보고 싶구나.

○○ 네! 저는요, 사과 3개는 다 먹을 수 있지만 수박 1개는 다 못 먹어요. 그러니 수박 1개가 더 많은 거죠.

교사 와, ○○는 생각 주머니가 크구나. 선생님은 그런 식으로는 한 번도 생각해 본 적이 없었는데. 그래요, 그것도 답이 되네요.

○○ 웃으면서(어깨에 힘을 주고) 자리에 앉는다.

다른 아이들 그 아이의 생각에 박수를 쳐 준다.

6) 맥락적 사고 자극하기

현재 학교 현장에서 필자를 포함해서 가장 부족한 것이 바로 이것이라 생각된다. 무엇을 상상하거나 생각하든 그 이하를 보는 사람이 있고 딱 그만큼만 보는 사람이 있으며 그 이상을 보는 사람도 있다. 무엇이 이 셋의 차이를 만드는가에 대한 답이 바로 맥락적 사고이다.

맥락적 사고가 결여된 사람은 단순히 관찰-믿음-적용만 한다. 그리고 스스로 무엇인가를 만들어 내지 못하고 다른 사람의 것을 가져다 쓰기만 한다. 그리고 권위에 의존한다. 그런 사람들은 눈에 보이는 것, 귀로 듣는 것만 믿으려 한다. 그래서 때로는 과도하게 정보 수집에 집착하거나 의존한다. 그런 모습을 뛰어넘지 못하는 한 무엇을 상상하든 그 이상을 볼 수 없다는 것은 자명한 일이다. 어떻게 보면 그런 현재의 모습은 우리 교육이 미국식 교육 중 천박한 모습만 받아들이기에 급급했던 자화상일 수 있다고 여겨진다. 왜냐하면 초기 미국 유학파 출신들의 관찰과 믿음과 그 적용 과정에서 우리식으로 재해석(맥락을 달리하여)하여 받아들이지 못했기 때문에 일어난 일이라 필자는 판단하기 때문이다. 미국식 교육이 갖는 최소한의 장점(토론과 의사소통, 민주성, 하나의 정답을 찾는 것이 아니라 다양한 접근 방식에 따른 다양한 사고를 존중했던 점 등)을 받아들이기보다는 계층 간의 격차, 자본주의식 경쟁, 성과 제일주의를 받아들인 덕분에 오늘날 우리 교육의 근간이 심하게 망가져 버린 것은 아닐까? 한 번 망가진 것을 원상태로 돌려놓기란 여간 힘든 일이 아니다. 그것은 제도의 문제가 아니라 그 방식에 젖어버린 사람의 사고를 돌리는 일이기 때문이다. 하지만 이제라도 하지 않으면 안 되는 일이다. 앞으로 많은 시간들이 기다리고 있으니까. 그리고 그것을 가능하게 하는 것이 바로 맥락적 사고인 것이다.

맥락적 사고는 창의성의 밑바탕이 되는 중요한 요소이다. 그리고 교사들은 아이들의 경험을 맥락적이고 의미 있게 만들 수 있도록 자극하고 도와줘야 한다. 맥락적 사고 및 창의적 사고에 대하여 정리해 보면 다음과 같다.[*]

- 창의적 사고를 하려면 낯설게 하기를 할 수 있어야 한다.

---

[*] 노는 만큼 성공한다(2005), 김정운, 21세기북스, pp. 76~85.

- 낯설게 하기를 하려면 맥락적 사고(대상이 어떤 맥락에 있는가를 파악하는 능력 : 게슈탈트)를 할 수 있어야 한다.
- 낯설게 하기란 너무 익숙해져 있어서 있는 줄도 모르는 것을 다르게 만들어 내는 능력으로, 똑같은 대상을 다른 방식, 다른 관점으로 보는 것을 말한다.
- 맥락을 이해하고 그 맥락을 바꿀 수 있는 능력이 바로 창의적인 사고다.
- 아무것도 없는 것에서 갑자기 희한한 것을 만들어 내는 것이 창의성이 아니라 있던 것을 새롭게 보고 비틀고 다른 관점을 제공하는 능력이 바로 창의성이다.
- 정보와 정보들의 관계를 이전과 다르게 정의하는 능력이 창의성이다.
- 정보의 맥락을 바꾸는 능력 또한 창의성이다.

이렇게 볼 때 맥락적 사고를 하려면 아래와 같은 인식이 필요하다.

① 대상이나 본질 자체는 절대로 바뀌지 않는다.(맥락만 바뀐다.)
② 대상이나 본질은 항상 맥락에 의해 규정된다.(어떤 맥락에 있느냐를 파악한다.)
③ 맥락이 바뀌면 대상에 대한 규정은 저절로 바뀐다.
④ 관점을 바꾸면 맥락이 바뀐다.

예시 처음 분수를 학습하면서 색종이 등을 활용, 조작활동을 통해 등분이란 어떤 것인지 깨닫게 되었다. 이를 바탕으로 다양한 모양의 색종이나 사물을 나누어 주고 등분을 해 보라고 하면 아이들은 대상이 바뀌었지만 등분이라는 개념의 본질은 바뀌지 않는다는 것을 알고 주어진 사물을 등분할 수 있어야 한다.

맥락적 사고를 키울 수 있는 가장 좋은 방법은 여행이라 말하고 있는 책 한 권을 소개하니 관심 있으면 한 번 읽어 보기 바란다.

'열심히 일한 당신, 떠나라!'라고 한 광고는 말하였다. 여행은 지친 일상에서 잠시 벗어나 마음의 휴식과 재충전을 가져다준다고 흔히 사람들은 말한다. 그런데 이 책은 여행을 통해 얻는 것이 단지 휴식이나 재충전 그 이상의 것이라 말하고 있다. 그것을 살펴보면 아래와 같다.

(1) 자아발견 (2) 호기심 (3) 통찰 (4) 창의성(여행을 재미있게 하려는 고민은 맥락적 사고의 훈련이 되고, 맥락적 사고를 잘하게 되면 재미를 만들어 낸다. 맥락적 사고를 잘하게 되면 결국 창의적이 되고, 결국 잘 노는 사람이 창의적인 사람이 되

여행하면 성공한다(2011)
김영욱·장준수, 라이프 콤파스

기도 하는 것이다.) (5) 기획력 (6) 자기주도 (7) 자기애 (8) 자신감 (9) 열정 (10) 감성

그런데 이 많은 것들을 얻으려면 얼마나 많은 여행을 떠나야 할까 하는 생각도 든다. 하지만 이 책은 일상에서도 여행을 연습하고, 여행하는 것과 같은 효과를 얻을 수 있다고 한다. 그것은 바로 "여행하듯이 생활하는 것"이다. 이런 생각을 가지고 아이들의 배움과 구성주의적 수업을 연관지어 맥락적 사고를 한번 해 보니 이런 글이 떠올랐다.

교사와 아이들은 배움의 긴 여정을 떠나는 여행자
배움은 그 자체가 목적이 아니라 스스로 구성해 나가는 긴 여행
아이들과 교사의 일상, 삶 자체가 바로 여행인 것
그 속에서 교사와 아이들은 동행하며 서로 배움을 주고받는다.
그것은 교사와 아이들의 삶을 가꾸는 일=배움=수업인 것이다.

예술적인 협동학습 분수 수업을 위한 도구

예술적인 협동학습 분수 수업을 위해서 교사가 갖추어야 할 몇 가지 도구 사용 역량이 있다. 설명 주고받기, 연결 짓기, 토의 토론, 발문 또는 과제 제시에 의한 문제 해결, 자료 제시 및 해석, 예시를 통한 이해 돕기, 스토리텔링, 시범 보이기, 단서 제시하기, 반복 연습, 학습 놀이, 발표, 기록, 조작활동하기, 추론하기 등이 바로 그것이다.[*] 아이들은 수업 속에서 이러한 도구들을 직접 경험하면서 배움의 목표에 도달할 수 있게 된다. 따라서 교사는 적재적소에 이런 도구들을 배치할 수 있어야 한다.

위와 같은 도구들을 적재적소에 배치한 뒤에 아이들 배움의 과정에서 교사는 상위 수준의 아이들에게 수용, 칭찬, 격려, 신뢰, 존중 등의 공감 활동을 많이 보여주고, 중·하위 수준의 아이들에게 연결 짓기, 협동, 참여, 도전, 성찰 등과 같은 활동이 잘 이루어질 수 있도록 적극적인 지원활동을 아끼지 말아야 한다.

A라는 최초의 자극(배움의 싹＝경험)이 한 아이의 최초 세계 A′(삶＝배움＝앎)을 형성시키면 아이는 그를 바탕으로 B → C → D → E → F라는 경험(자극)을 넓혀 가면서(제공받거나 스스로 찾아 나섬) 자신의 세계(삶＝배움＝앎)를 B′ → C′ → D′ → E′ → F′으로 점점 확장시켜 나가게 된다. 그것이 곧 아이들의 성장과 발달이요, 아이들 스스로 자신의 세계를 만들어 나가는 일(삶을 가꾸어 가는 일)이다. 그 과정을 필자는 앎의 향상적 변용이라고 말한다.

---

[*] 협동학습 수업의 실제 과정에서 아이들에게 발문을 하거나 과제를 제시한 후 구조를 적용할 때 반드시 잊지 말아야 할 한 가지 필수 활동은 바로 질문이나 과제에 대하여 '자기 사고를 가질 수 있는 충분한 시간 제시하기'이다. 아이들을 수업 속으로 끌어들여 배움의 목표에 도달할 수 있도록 돕는 가장 좋은 방법은 바로 자기 사고 갖기라 할 수 있다. 자기 사고를 갖고 있는 아이들 가운데 수업 속에서 벗어나려고 하는 아이들을 찾기는 쉽지 않다. 반대로 자기 사고를 갖고 있지 않은 아이들 가운데 수업 속으로 풍덩 빠져들려고 하는 아이들을 찾기 또한 쉽지 않다. 자기 사고를 갖지 못하는 순간 아이들은 수업 속에서 물리적 공간만 차지하고 앉아 있게 될 가능성이 크다. 참여의 의미를 갖느냐 출석의 의미를 갖느냐의 차이는 어떻게 보면 단순한 차이(자기 사고 유무의 차이)가 만들어 낸다고 볼 수 있다. 일단 자기 사고를 갖게 되면 후속적으로 아이들에게 자기 사고를 공유할 수 있게 하기, 또래 아이들의 발표에 반응할 시간 갖게 하기, 자기 사고와 비교하고 공통점과 차이점 발견하게 하기, 자기 사고를 발전·확장·심화시킬 수 있는 시간 제공하기 등의 과정이 순차적으로 이어져야 한다.

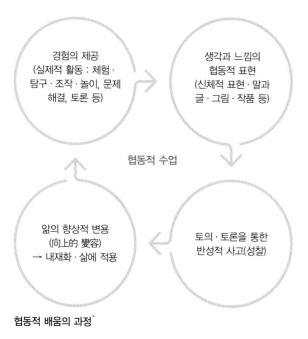

경험의 제공
(실제적 활동 : 체험 ·
탐구 · 조작 · 놀이, 문제
해결, 토론 등)

생각과 느낌의
협동적 표현
(신체적 표현 · 말과
글 · 그림 · 작품 등)

협동적 수업

앎의 향상적 변용
(向上的 變容)
→ 내재화 · 삶에 적용

토의 · 토론을 통한
반성적 사고(성찰)

협동적 배움의 과정[*]

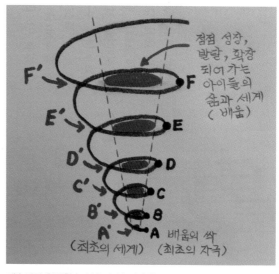

예술적인 협동학습 분수 수업 디자인
위 과정의 끊임없는 순환과 반복을 제공하는 일. 이런 과정을 통해
아이들의 배움은 점점 확장되어 나간다.

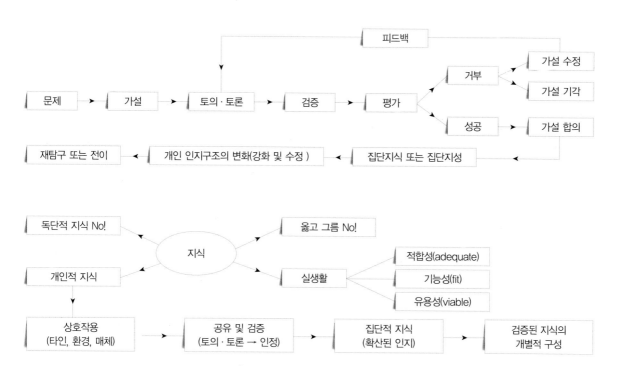

구성주의적 입장에서 바라 본 배움의 과정 : 지식 형성 과정[**]

[*] 협동학습 교사를 바꾸다(2012), 이상우, 시그마프레스, pp. 261~262.
[**] 협동학습 교사를 바꾸다(2012), 이상우, 시그마프레스, p. 216.

아이들의 學과 習 맥락에서도
예술적인 분수 수업에 협동학습이 제격이다

'배움'이라는 말을 한자로 표현하면 '學習'이라고 쓴다.(배움은 學과 習의 연속이다.) '學習'이라는 한자를 풀어서 보면 아래와 같다.

- **글자의 구성** 절구 구(臼)＋점괘 효(爻)＋집 면(宀→冖)＋아들 자(子)
- **글자의 뜻** 집(宀)에서 아들(子)이 두 손(臼)으로 산가지(爻)를 들고 숫자를 배운다.
  - '學'자의 풀이 : 절구 구(臼)자는 두 손을 상징, 점괘 효(爻)자는 본래 점을 치거나 수를 헤아릴 때 쓰는 산가지를 상징, 집 면(宀→冖)자는 건물(집, 학교)을 상징, 아들 자(子)자는 아이들을 상징한다.
- 점괘 효(爻)자의 다른 풀이 : 사귈 교(交 : 교류하다, 소통하다)자와 훈음 면에서 서로 통한다. 또한 주역(周易)의 효(爻)-문자(文字)를 상징하기도 한다.
- 점괘 효(爻) → 문자(文字)를 통해 서로 사귄다는 뜻(交 : 교류하다, 소통하다)으로 해석 → 절구 구(臼)자는 아이들의 두 손이 아니라 어른(臼 → 교사의 두 손)의 두 손으로 해석하고 싶은 것이 필자의 견해이다.
- 지붕(宀 → 冖 : 학교) 아래에서 아이들(子)이 서로 교류하고 소통(爻 → 交)하는데, 교사나 부모(臼 → 교사 또는 부모의 두 손)가 곁에서 함께하며 안내한다는 뜻(협동학습에서 교사는 Scaffolding-비계 역할을 하는 주도적 안내자를 의미한다.)을 가진 것이 바로 '學'이라는 글자이다.
- 교실 아래에서 일어나는 소통(爻 → 交)의 형태는 두 가지이다.
  ① 아이들(子)끼리의 교류와 소통 : 이것만 있으면 배움의 의미는 사라진다. 그냥 아이들끼리 모여서 논다는 의미를 가진 친목집단일 뿐이다.
  ② 지식(文字)을 매개로 한 교류와 소통 : 이것이 함께하기 때문에 바로 배움의 의미가 살아나는 것이다.

이렇게 '學'이라는 글자를 분석해 보면 다음과 같이 풀이해 볼 수 있다.

'學'이란 지식을 매개로 교류와 소통이 지붕 아래에서 아이들과 아이들 사이에 일어나는데(상호작용), 교사나 부모가 이 모든 것을 곁에서 지켜보면서(두 손으로 감싸면서) 도움을 주고 있는 모습을 나타낸 것이라 볼 수 있다. 이렇게 해석을 해 본다면 협동학습이 왜 아이들의 배움과 연결되는지, 아이들의 배움을 위해 왜 협동학습이 필요한지, 배움의 과정에 아이들과 교사·부모와 지식 사이의 강한 상호작용이 존재한다는 것에 대하여 충분히 이해할 수 있을 것이다.

그런데 '學'만으로는 배움이 일어났다고 보기는 어렵다. 왜냐하면 '習'이 없으면 '學'은 금방 사라지기 때문이다. 다시 말해서 '學'은 단기기억을 말하고, '習'은 이를 장기기억으로 만들어 가는 과정이라 말할 수 있는 것이다. 그리고 '習'이라는 글자도 풀이를 해 보면 참으로 재미있는 뜻이 있다는 것을 알 수 있다.

- **글자의 구성** 깃 우(羽)＋흰 백(白)
- **글자의 뜻** 어린 새가 자주 날갯짓을 하여 날려고 하는 모습을 본뜬 글자로 '익히다, 반복하다'의 의미를 담고 있다.
  - '習'자의 풀이 : 습(習)이라는 글자는 본래 깃 우(羽)와 날 일(日)로 이루어졌었는데 중간에 어떤 과정에서인지는 모르겠지만 '日 → 白'으로 변화가 일어났다. 본래는 새가 날개를 퍼덕이며 날마다 날아오르는 것을 배운다는 의미로 해석했다고 볼 수 있다. 그리고 사람이 일을 배우다 보면 반드시 그것을 마음속으로 좋아하기 마련이라는 의미에서 '사모하다, 생각하다'는 뜻으로 활용되기도 했다.
- '白'의 의미를 살펴보면 여러 가지 해석이 있을 수 있다.
  ① 일백 백(百)의 의미로서 해석하는 사람들이 있다. 이때의 일백은 수의 크기 100을 의미하는 것이 아니라 '많다'는 뜻으로 해석하는 것이 옳겠다.
  ② 흰 백(白)의 의미로서 새가 알에서 깨어나 깃털이 생겨나고 자라면서 성장하게 되는데 깃털의 색이 어떠하든 대부분 새들의 겨드랑이 쪽 솜털을 보면 거의 백색이라고 한다. 그런 새들이 하늘을 날기까지 얼마나 많은 날갯짓을 했겠느냐는 의미로 해석하는 사람들도 있다.
  ③ 흰 백(白)의 의미는 맞는데, 새들이 하늘을 날기 위해 부단히, 끊임없이, 빠른 속도로 날갯짓을 하는 것을 보면 엄청 빠른 속도로 무한히 반복하기 때문에 그 날개의 빛깔이 하얗게 보일 정도라는 의미로 해석하는 사람들도 있다. 필자는 이 견해에 더 마음이 간다.

이렇게 '習'이라는 글자를 분석해 보면 다음과 같이 풀이해 볼 수 있다.

'習'이란 어린 새가 하늘을 날기까지 수많은 반복적 날갯짓이 있었던 것처럼 학(學)한 것을 완전한 자신의 것으로 만들기 위해서는 부단한 노력과 반복(習)이 있어야 한다는 것을 말해 주는 것이라 할 수 있다. 다시 말해서 '學'의 과정이 단순한 인식이라고 한다면 '習'의 과정은 '각인'을 가리키는 것으로 학(學)과 습(習)은 반드시 함께 이루어져야만 한다는 것을 말해 주는 것이라 여겨진다.

그런데 요즘 아이들의 배움에 있어서 가장 문제가 되는 것은 학습에 있어서 학(學)과 습(習)의 불균형에 있다고 필자는 생각한다. 많은 아이들이 학교나 학원에서 다양한 지식들을 학(學)을 통해 얻게 되지만 그것을 진정으로 자기 것으로 만드는 습(習)의 과정은 거치지 않는 것 같아서 하는 말이다. 아이들에게 습(習)의 과정은 알게 된 것을 온전히 자기 것으로 만드는, 학습의 완성 단계로 가장 필요한 필수적인 과정이며, 자기 주도적인 학습이 이루어지는 단계라 할 수 있다. 하지만 지금의 우리 아이들에게는 그러한 시간적 여유가 매우 부족하다는 점에서 굉장히 아쉬움이 많이 남는다. 지나치게 많은 교과목과 과목별 학습량, 지나치게 많은 수업 시간, 그것으로도 모자라 받게 되는 방과 후 보충 수업 및 학원 수업은 아이들이 자기만의 시간을 통해 '습(習)'을 하는 시간을 만들어 주지 않는다. 아이들이 '습(習)'의 시간을 어떻게 확보하고 그 시간을 어떻게 보내느냐에 따라 학습은 차이를 나타낼 수밖에 없다. 이렇게 본다면 학교에서는 수업 이전에 교사가 재구성을 통해 내용의 양과 질을 조절하고, 아이들에게서 학(學)이 일어날 수 있도록 도와주고, 그 이후에는 습(習)할 수 있는 충분한 시간을 주지 않으면 안 된다는 결론에 도달하게 된다. 물론 가정에서도 아이들이 학(學)과 습(習)을 할 수 있도록 관리, 지도가 필요하겠지만 말이다.

이렇게 중요한 '습(習)'도 협동학습과 연관 지어 살펴보면 혼자서 습(習)을 할 때보다 아이들 여럿이 협동적으로 상호작용하면서 습(習)할 때 훨씬 더 효과가 높다는 것을 알 수 있다. 그리고 꼭 물리적으로 한 공간에 모여 있어야만, 동시간대에 함께 있어야만 협동학습을 한다고 볼 필요도 없다. 서로 다른 공간, 다른 시간대에 있더라도 친구들과 함께 활동하고 경험했던 기억들이 먼 훗날 개별적인 활동에 도움을 주어 문제를 잘 해결해 나갈 수 있었다면 그것 또한 심리적으로 협동적인 활동을 했다고 말할 수 있는 것이다. 학습의 결과는 지금 당장 나타날 수도 있지만 오랜 시간이 흘러서 나타날 수도 있는 일이다. 그래서 비고츠키는 이를 두고 근접 발달 영역의 실현이 아이들 삶의 전 과정을 통해 각기 다르게 나타난다고 말한 것 같다. 이렇게 볼 때 구성주의를 바탕으로 한 협동학습을 실천하는 교사라면 자신의 교육 활동에 대한 확신과 아이들에 대한 기다림을 바탕으로 지금 당장은 아이들의 모습이 만족할 만큼의 수준은 아니어도 언젠가는 모든 것들을 잘 해낼 것이라는 믿음을 가지고, 꾸준히 노력하는 모습을 모두에게 보여주어야만 할 것이다.

지금까지 살펴본 내용 이외에도 예술적인 분수 수업에 협동학습이 꼭 필요한 이유는 무수히 많다고 볼 수 있다. 여기에서는 지면 관계로 더 이상 살펴보기에 무리가 따른다고 생각하여 멈추겠지만 협동학습에 대한 장점과 특성, 협동학습에 대한 다양한 이해, 협동학습에 대한 철학적 학문적 이해 등도 꼭 필요한 만큼 협동학습에 대한 지식을 좀 더 넓혀 나가고자 하는 교사들이 있다면 필자가 집필한 또 다른 협동학습 관련 서적들을 참고하기 바란다.

- **살아 있는 협동학습**(2009) : 협동학습을 학급 운영이라는 관점에서 바라보면서 협동학습에 대한 이해와 다양한 협동학습 활동의 실제 사례들을 담아 놓은 책
- **살아 있는 협동학습 2**(2015) : 수업의 본질은 무엇인지 생각해 보면서 협동학습 수업에 대한 깊이 있는 고민과 함께 실제 사례들을 담아 놓은 책
- **협동학습, 교사를 바꾸다**(2012) : 협동학습에 대한 철학적·학문적 이해를 바탕으로 우리에게 협동학습이 필요한 이유를 다양한 시각에서 필자의 관점으로 서술해 놓은 책으로 2013 문화체육관광부 우수학술 도서로 지정되기도 함
- **협동학습으로 토의·토론 달인 되기**(2011) : 협동학습을 토의 토론이라는 관점에서 기술한 책으로 다양한 실제 협동학습 수업 사례와 함께 토의 토론에 대한 시각을 한 차원 더 넓힐 수 있게 도움을 줄 수 있는 책
- **5학년 수학 수업 협동학습으로 디자인하다**(2016) : 5학년 수학 교육과정의 모든 단원을 재구성하고 협동학습에 맞게 수업을 디자인한 책. 모든 수업차시 지도안, 수업 장면 및 결과물, 수업 소감문 등을 자세하게 정리하였음. 특히 단원별로 무엇을 어떻게, 왜 가르쳐야 하는지에 대한 자세한 분석과 바람직한 수학 수업 방향성이 안내되어 있어서 교육과정이 바뀌더라도 언제든지 참고할 수 있음
- **6학년 수학 수업 협동학습으로 디자인하다**(2018) : 6학년 수학 교육과정의 모든 단원을 재구성하고 협동학습

에 맞게 수업을 디자인한 책. 모든 수업차시 지도안, 수업 장면 및 결과물, 수업 소감문 등을 자세하게 정리하였음. 특히 단원별로 무엇을 어떻게, 왜 가르쳐야 하는지에 대한 자세한 분석과 바람직한 수학 수업 방향성이 안내되어 있어서 교육과정이 바뀌더라도 언제든지 참고할 수 있음

제2장

설득력 있는 내용으로
Artistic 협동학습 분수 수업 만들기

예술적인 협동학습 분수 수업의 기본은 결코 화려함에 있지 않다.

교사 자신이 의도(왜?)를 전해 아이들의 마음을 움직이는 것이

소통을 전제로 한 예술적인 협동학습 분수 수업의 기본이다.

그러려면 진실하고도 설득력 있는 내용의 힘이 필요하다.

수업 내용에 교사의 철학을 기본으로 한 경험과 교육적 감각 및 배려가

함께 묻어나야 비로소 나다움이 물씬 풍기는 예술적인 협동학습 분수 수업이 완성된다.

예술적인 협동학습 분수 수업에 대한 편견 깨기, 하나
진짜 전문가는 노력으로 말한다

대한민국의 교사치고 수업에 자신 있는 모습을 보이는 사람은 드물다. 많은 교사들은 수업을 잘하는 교사를 보면 부러운 표정으로 이렇게 말한다.

"어떻게 저렇게 수업을 잘할까?"

교사들이 모든 수업에 있어서 어려움을 겪는 이유를 필자는 잘 안다. 우리를 둘러싼 환경이 결코 좋은 수업을 준비할 만한 여건과 시스템 및 제도를 갖추고 있지 못하기 때문이다. 수업은 그렇다 치더라도 평가 부분으로 가면 절대로 자유롭지 않고 획일적인 평가와 점수화에 따른 폐단을 극복하기 어려운 현실에서 수업에 대한 예술적인 차원의 성찰적 고민*을 한다는 것은 어찌 보면 불가능한 것으로 보이기까지 한다.

대한민국 교사들이 교단에 첫발을 내딛기까지 교육에 대하여 배운 것은 오로지 하나였다. 아이들의 성장

---

* 이런 수업을 위해 교과서를 과감히 벗어날 필요도 있고 때로는 사소한 내용을 과감히 버릴 줄도 알아야 한다. 현재 여기까지는 어느 정도 가능하게 되었지만 평가 영역으로 들어가 보면 어떻게 해야 할지 판단이 서지 않아 교사들이 가끔 필자에게 답을 구한다. 하지만 필자는 답을 줄 수가 없다. 현재 우리나라 교육법에는 수업권과 평가권이 어디까지나 교사 자신에게 주어져 있기 때문이다. 교과서 그대로 가르치고 평가하든 재구성하여 가르치고 평가하든 선택의 문제이고, 이는 용기를 필요로 한다. 질문을 하는 교사들도 질문 이전에 스스로 이미 답을 알고 있을 것이라 필자는 생각한다.

과 발달을 돕고 … 교과서는 하나의 자료일 뿐이고 … 평가는 가르친 대로 하고 … 평가권은 교사에게 있고 … . 그렇지만 현장에 나오니 이게 웬일인가? 상황은 전혀 다르다. 이론은 이론일 뿐이고 교육학은 현장과 괴리감이 너무 크다. 내 나름대로의 생각을 넣어 재구성하고 교과서를 조금이라도 벗어나면 문제 교사 취급을 당하기까지 한다. 아직도 교육과정과 교과서를 벗어나면 안 된다고 생각하는 교사들과 관리자들, 학부모들이 많기 때문이다. 그러다가 그런 상황을 잘 극복하며 좋은 사례와 경험을 쌓아 나가고 있는 교사나 바로 옆에 있는 동료를 만나면 가슴속에서 아쉬움과 용기가 부족한 자신의 모습, 암담한 교육 현실을 마주하면서 울화가 치밀어 오른다.

"내가 바라던 교직은 이게 아니었는데. 확 때려치울까? 아니면 내 뜻대로 밀어붙여? 나도 진즉에 연구하고 노력했다면 잘나가는 교사가 되었을 터인데 …."

하지만 이런 고민에 대한 답은 누구도 내려주지 않는다. 오직 자신만이 선택하고 내릴 수 있다. 용기를 내자. 수업 전문성은 노력하여 쌓으면 된다. 하지만 주위를 둘러보면 그냥 살아가는 교사들이 많다. 그 이유는 크게 세 가지다.

첫째 이유는 쉽게 노력해서 빠른 시간 내에 얻을 수 있는 것이 아니라고 생각하여 엄두가 나지 않기 때문이다. 둘째 이유는 자신이 무엇이 부족하고 무엇을 원하는지, 어떤 교과목에 자신 있고 어떤 교과목에 자신감이 부족한지, 그래서 무엇을 더 깊이 있게 공부하고 싶은지, 그것을 위해서는 어떻게 접근하고 어떻게 공부를 시작하여야 하는지 등에 대한 확신이 없기 때문이다. 셋째 이유는 꿈이나 목표가 없기 때문이다. 그냥 학교에 나와 열심히 아이들 지도하고, 열심히 육아에 전념하고, 열심히 가정을 지키고 하다 보니 어느새 세월은 다 지나가 버린 것이다. 30년 넘게 교직에 있다가 퇴직하는 것만으로도 어찌 보면 대단한 일이고 박수를 받을 만한 일이다. 하지만 그렇게 오랜 세월 동안 무엇인가 한 영역에서 자신만의 노하우를 쌓아서 자부심을 가질 만큼 세상에 어떤 흔적을 남기고 가는 것이 더 보람 있는 일이 아닐까 생각한다.[*]

예술적인 협동학습 분수 수업에 대한 편견 깨기, 둘
좋은 수업은 진짜 하고 싶은 이야기를 하는 것

"교사로서 아이들에게 정말 하고 싶은 이야기는 무엇인가요?"

필자는 가끔 수업 협의회나 수업 코칭, 컨설팅을 할 때 앞에 있는 교사에게 묻곤 한다. 그러면 그 교사는 자신의 속마음을 조금씩 드러내기 시작한다. 자신이 꿈꾸어 왔던 수업, 하고 싶은 이야기, 바라는 점 등. 자신의 수업을 통해 지금까지 고민한 흔적들과 자신이 살아온 삶에서의 진솔한 이야기 등이 터져 나온다. 필자는 때로는 그 교사의 이야기 속에 쏙 빠져 들어가곤 한다.

---

[*] 필자의 경우 협동학습을 연구하고 실천하면서 노력한 시간만 해도 20년(2018년) 가까이 된다. 그러면서 수학 분야에 관심을 갖고 관련된 책과 연구, 실천을 이어온 것도 10년 정도 된다. 특히 분수 영역에 관심을 가진 시간만도 5년이 넘는다.

"방금 하신 이야기들을 수업 시간에 녹여 내거나 있는 그대로 펼쳐 나가 보세요. 선생님 이야기를 아이들이라 생각하며 들어 보았는데 내 머릿속에 쏙쏙 들어와요."

"네? 그래도 될까요?"

"지금까지 작성했던 지도안은 휴지통에 버리고 진짜 선생님이 하고 싶은 이야기를 하세요. 그게 바로 진짜 수업이자 선생님다움이 물씬 풍겨나는 독창적인 수업이 될 터이니까요."

그 교사는 지금까지 자신이 한 수업이 '진짜 수업이 아니었다'는 사실을 깨달은 것 같다는 느낌이 들었다. 그는 수업 시간마다 아이들 및 자신의 삶과 동떨어진 내용들을 그저 설명하고 기억하도록 했을 따름이었다고 말했던 기억이 난다.

교대 시절부터 어떤 수업이 진짜 좋은 수업일까에 대하여 배우고 고민한 적이 없는 대다수의 교사들은 삶을 가꾸는 수업이 아니라 딱딱한 지식 전달과 암기, 평가만을 위한 수업 설계를 한다. 그러다 보니 재미없고 지루하며 피부에 와 닿지 않는 내용에 아이들은 쉽게 시선을 다른 곳으로 돌리거나 쓸데없는 생각과 상상으로 시간을 보내곤 하는 모습을 우리들은 매일매일 보게 된다. 필자 자신도 모든 교과목, 모든 단원 내용에 대한 전문가가 아니라서 자주 경험할 수밖에 없는 일이고 늘 반성하며 지내고 있다. 그런 수업에 소통, 설득, 공감, 참배움이 있을 리 없다.

실제로 한 차시 한 차시 예술적인 협동학습 분수 수업을 설계하고 실천할 때 가장 중요한 요소는 수업 속에서 다루는 내용을 아이들의 살아가는 실제 삶과 자연스럽게 연결 지을 수 있도록 하는 것이다.[*] 공개수업이든 일상의 수업이든 우리들의 삶 속에서 누구나 쉽게 접할 수 있는 그대로의 모습을 수업 속으로 가져와 자연스럽게 제시해야 아이들은 분수 수업 속에 쉽게, 기꺼이 빠져든다. 모든 교사들이 수업에서 진짜 하고 싶은 이야기가 바로 이런 것이다. 분수는 실제 삶 속에서 우리들의 곁에 매우 가까이 존재한다는 것, 분수와 관련된 이야기는 쉽게 만날 수 있다는 것, 분수와 관련된 문제 상황은 누구나 경험할 수 있다는 것, 그런 문제 상황을 잘 해결하기 위해 꼭 알아두어야 할 이야기, 꼭 필요한 배움의 내용, 교과서 속의 삶이 실제 삶과 다르지 않다는 것! 분수 관련 문제풀이 방법이나 과정을 설명해 주고 그대로 따라 하여 문제를 잘 풀기만 하면 된다는 식의 내비게이션식 분수 수업 속에서 다루는 이야기는 교사들이 진짜로 하고 싶은 이야기가 아니라는 것을 우리 모두는 잘 알고 있다. 그리고 그것을 알면서도 쉽게 극복되지 않는다는 현실에 씁쓸

---

[*] 분수를 왜 공부해야 하는지, 분수가 우리 삶과 어떤 관련이 있고, 그것이 가진 의미는 무엇이며 실제 삶 속에서 어떻게 활용되고 있는지를 자연스럽게 깨달아 나갈 수 있도록 해야 비로소 아이들은 마음의 문을 열고 거부감 없이 분수의 세계 속으로 풍덩 빠져들기 시작할 것이다. 예를 들자면 이런 것이다. 막대 사탕 2개를 3명이 나누어 먹는다고 할 때 아이들은 $2 \div 3 = 2 \times \frac{1}{3} = \frac{2}{3}$ 와 같이 분수식을 세워 답을 구한 뒤에 결과대로 나누어 먹지 않는다. 그러나 수학 시간에 우리는 그렇게 가르친다. 실제로 아이들은 위와 같은 상황이 생겼을 때 각각의 막대 사탕을 A B C A B C 와 같이 잘라서 나누어 먹는다. 이럴 때 한 사람 A가 먹은 양은 $\frac{1}{3}$ 크기 막대 사탕 2개 ☐ ☐ → ☐ $\frac{2}{3}$ 가 된다는 것을 알게 된다. 그런데 이런 사고 과정 없이 정답에 이르는 문제풀이 방법만, 수식으로 문제를 해결하는 과정만 가르친다면 아이들은 개념적 사고를 할 수 없으며 위와 같이 그림으로 해결하라고 하면 갑자기 손도 대지 못하는 모습을 보게 된다. 이런 현상은 아이들에게서만 볼 수 있는 것이 아니다. 이런 식의 수업을 받아 본 적이 없거나 이런 식의 고민을 해 본 적이 없는 교사들도 위와 같은 질문을 받으면 아이들과 똑같은 감정 상태에 놓이게 된다. 필자는 이와 같은 사고 과정을 거쳐야 아이들이 비로소 실제 삶과 연결 지어 분수, 나눗셈의 원리, 개념, 배움의 필요성 등을 정확히 깨달아 나갈 수 있게 될 것이라 확신한다.

한 웃음을 지어 보일 때가 많아 슬프기까지 하다.

필자는 수업 컨설팅이나 코칭을 할 때 이런 주문을 자주 한다.

"교과서 내용대로 억지로 짜놓은 지도안을 외워서 하려 하지 말고 가슴속에서 나오는 내면의 목소리에 귀를 기울이고 자신이 무엇을 원하는가, 진짜로 하고 싶은 이야기는 무엇인가에 대한 답을 찾아 있는 그대로 꺼내어 아이들과 소통하세요."

그러면 한결 가벼워진 마음으로 아이들 앞으로 한 걸음 더 다가서는 교사의 모습을 종종 볼 수 있다. 그 순간이 되면 수업 교사는 자신의 수업에 대한 만족감과 함께 아이들도 마음의 문을 열고 한 걸음 더 앞으로 다가오는 것을 함께 경험하게 된다. 그리고 수업 후 교사는 내게 말한다.

"수업은 역시 아이들과의 소통, 공감이 제일 중요하네요. 앞으로 수업에서 우리가 살아가는 삶의 모습을 있는 그대로 말하고 생각하고 연결 짓기를 할 수 있도록 하는 법을 제대로 공부해야 할 것 같아요. 제가 이번에 그걸 배웠습니다."

일반적으로 수업에 대하여 교사들이 흔히 갖고 있는 편견은 화려하게 치장하고 무엇인가 잔뜩 준비해야 하고 잘 포장해야 하고 재미있고 멋진 자료를 써야 하고 교과서 내용을 빠짐없이 다 가르쳐야 한다는 것이다. 주변에 그런 교사들이 의외로 많다. 이런 현상은 반드시 극복되어야 한다. 그렇지 않으면 자신의 수업 전문성에 대한 성장은 결코 기대할 수 없다. 그리고 그런 수업 속에서 아이들은 가슴으로 참배움을 얻지 못한다. 그런 교사들을 아이들은 결코 존경하지 않는다.

수업의 기본은 결코 화려함이나 겉으로 번지르르함에 있지 않다. 교사 자신의 삶과 진실한 마음을 전해 아이들의 마음을 움직이는 것이 소통을 기반으로 한 가르침과 배움의 기본이다. 그러려면 진실한 삶이 담겨 있는 내용의 힘이 필요하다. 수업에 교사의 삶에 녹아들어 있는 철학과 살아 있는 경험이 들어가 있어야 한다. 제대로 된 수업이란 진실한 말로 아이들의 마음을 움직이고 아이들에게 좋은 영향을 끼치는 일이라는 것을 잊지 말자.

예술적인 협동학습 분수 수업 속 권력구조 깨기
수업의 구조는 수직이 아닌 수평적 관계

우리나라 사람들은 태어날 때부터 특정한 권력구조 속에서 소통하는 법을 배웠다. 아랫사람들은 윗사람들이 하는 말을 무조건 들어야만 했다. 절대로 자신의 생각을 말해서는 안 되었다. 또한 윗사람보다 말을 많이 해서도 안 되었다. 어쩌다 꼭 하고 싶은 말이 있을 때도 "한 말씀 있습니다. 꼭 드릴 말씀이 있습니다. 해도 될까요?"라고 하며 허락을 구하고 하였다. 이런 소통 구조는 사회 전반의 인간관계에 적용되었고 지금도 계속되고 있다.* 그런데 가끔 외국 드라마나 영화 속에서 사람들이 대화하는 모습을 살펴보면 젊은 사람이 나

---

* 아랫사람은 윗사람의 말에 무조건 복종해야만 하는 것이라 여기는 사회풍조가 대표적이다. 부모와 자녀 사이, 스승과 제자 사이, 여자와 남자 사이, 직장에서의 직책상 상하 관계, 교장과 교사 사이, 나이 많은 사람과 적은 사람 사이, 권력과 힘이 있는 사람

이 지긋한 어른과 거리낌 없이 의사소통하는 것을 쉽게 볼 수 있다. 특히 젊은 사람들은 자신이 하고 싶은 말을 다 한다. 그리고 아니다 싶으면 눈을 동그랗게 뜨고 때로는 소리를 높이기도 한다. 우리나라 사람들의 관점에서 보면 버릇이 없다거나 예의가 없다고 보일 수 있겠지만 때로는 그런 문화가 부러울 때도 많다.

외국 사람들이 의사소통을 잘하는 이유는 사람 간의 관계가 평등한 권력구조로 이루어지기 때문이라 여겨진다. 그들의 문화는 나이나 성별, 지위의 고하, 권력의 유무에 관계없이 동등하다는 것이 밑바탕에 깔려 있다고 보면 무리가 없을 듯하다. 그렇기 때문에 서로 간에 의사소통이 매우 자유롭게 오고 간다.

이러한 맥락을 학교와 교실로 가져오면 똑같은 현상을 경험하게 된다. 과거의 교실을 돌이켜 보면 아이들은 선생님의 말씀이라고 하면 꾸뻑 죽는 시늉까지 할 정도였다고 해도 과언이 아닐 만큼 대단한 것이었다. 하지만 지금은 상황이 바뀌었다. 요즈음 아이들은 선생님 말씀을 그리 대단하게 여기지 않는다. 또한 교사들 사이의 소통 구조도 과거와 많이 달라졌다. 교장 선생님과 교사 사이의 관계도 과거에 비하여 수직적 구조가 많이 깨졌다. 절대 권력을 휘둘렀다고 해도 과언이 아닐 만큼의 제왕적 권위가 많이 무너졌다는 이야기다. 그만큼 교사들도 아이들도 수직적 구조 속에서의 소통이 아니라 수평적 구조 속에서의 소통을 간절히 원하고 있다는 것을, 그런 방향으로 우리 사회는 천천히 변화되고 있다는 것을 증명해 주고 있는 사례들이다.

그렇다. 소통이라는 것은 수평-평등 개념으로 인식해야 비로소 쌍방통행이 가능해진다. 그 구조가 깨어지면 일방통행으로 바뀌게 되어 대화의 단절, 소통이 불통으로 바뀌게 되어 어느 한 편이 답답함과 불편함, 불안함을 느끼게 된다.[*] 교실에서 교사와 아이들 간의 관계도 마찬가지다. 대한민국의 교사는 교직 사회 속에서 소통을 간절히 원한다. 늘 소통이 필요하다고 외친다. 하지만 필자의 관점에서 볼 때 학교에서 소통능력이 가장 부족한 사람은 교장도 아니요, 교감도 아닌 교실 속에서 아이들 앞에 서 있는 교사 자신이 아닐까 생각한다. 아래와 같은 상황을 통해 살펴보도록 하자.

사례 1　수업 중 영희 의자 옆에 쓰레기가 떨어져 있다.

교사　영희야, 네 옆에 떨어져 있는 쓰레기 좀 주워라.

영희　제가 안 버렸는데요?(보통 이런 대답이 많이 나온다.)

※ 이런 상황에서 여러분이라면 어떻게 하겠는가?

교사 1　주워서 버리라고 하면 "네!" 하고 주워서 버리면 되지 웬 말이 많니?

교사 2　네가 버리지 않았다고 해서 그냥 보고만 있을 거니? 어서 주워서 버려!

과 그렇지 못한 사람 사이, 군대에서 계급이 만들어 내는 구조 등

[*] 가정에서도, 학교에서도 평소에 소통이 단절되어 있을 경우 갑작스럽게 부모나 교사가 아이들에게 대화, 소통을 하자고 하면 아이들은 갑자기 불안해진다. 그러다가 이런저런 이야기가 시작되면 '아, 별 이야기 아니구나.'하고 생각하다가 꼭 나오는 이야기 하나로 서로가 불편해진다. "성적은? 공부는?" 이런 이야기의 시작은 소통과 대화의 단절을 가져오기 마련이다. 그래서 아이들은 부모, 교사가 대화, 소통을 하자고 하면 이렇게 생각한다. '아, 이제부터 대놓고 화내는 시간-대화, 소리치고 호통을 치는 시간-소통'이 시작되는구나!!!

교사3 그래도 주워서 버려!

교사4 그럼 내가 주워서 버리랴?

※ 아이의 입장에서 생각해 보자. 자신이 버리지 않은 쓰레기인데 쓰레기를 주워서 버리라고 명령이 내려진다면 얼마나 억울하고 답답할까? 여기에 소통의 부재가 느껴지지 않는가?

사례 2 다음과 같은 수업 시간이 펼쳐졌다. 1교시 국어, 2교시 사회, 3교시 과학, 4교시 수학. 이날따라 지루한 강의 중심의 수업이 펼쳐졌다. 3교시 쉬는 시간이 끝나고 4교시 시작을 알리는 종이 울렸다.

교사 자, 수학책 32쪽 펴자.

철수 선생님! (손을 슬며시 들며 무엇인가 바라는 표정을 짓는다.)

교사 철수, 그래. 무슨 질문 있니?

철수 선생님, 4교시에 체육 하면 안 되나요?

※ 이런 상황에서 여러분이라면 어떻게 하겠는가?

교사1 응, 안 돼. 수학책이나 펴.

교사2 너, 시간표 볼 줄 모르니? 무슨 체육이니?

교사3 왜? 체육 하고 싶어? 그러면 혼자 나가서 하고 들어와. 괜찮아. 혹시 같이하고 싶은 사람 또 있으면 나갔다가 하고 들어와. 다른 사람들은 책 펴.

교사4 갑자기 무슨 체육이야? 책이나 펴.

※ 아이의 입장에서 생각해 보자. 철수가 왜 체육을 하고 싶어 했을까? 오늘따라 설명 중심의 지루한 수업 시간이 이어져 굉장히 힘들었을 것이다. 그래서 활동적인 수업 시간을 원했고 그 욕구를 해결하기 위한 방안으로 '체육' 한 시간을 제안했었을 수도 있다. 그런데 교사는 아이의 욕구를 읽지 못하고 일언지하에 거절하고 마는 대화의 사례만 있다. 이 상황 또한 소통의 부재가 느껴지지 않는가?

소통은 쌍방통행을 전제로 하는데 진짜 소통한다는 것은 상대방의 욕구(겉으로 표현된 말 속에 담긴 욕구나 속뜻)를 읽을 줄 안다는 것이다. 그런데 교사가 그것을 읽지 못하면 아이들은 불통을 경험하며 불편한 마음을 속으로만 삭이며 거리감을 느끼게 되고 때로는 무시당했다는 마음마저 들게 된다. 위와 같은 사례들이 실제로 많은 교실에서 일어나고 있다. 이런 교실에서 교사와 아이들 사이의 소통은 진짜로 요원한 일이 아닐 수 없다. 진짜로 소통할 줄 아는 교사는 위의 상황에서 이렇게 아이들과 이야기를 주고받지 않을까?

사례 1 수업 중 영희 의자 옆에 쓰레기가 떨어져 있다.

교사 영희야, 네가 버리지 않은 것일 수도 있는데 옆에 떨어져 있는 쓰레기 좀 주워줄 수 있겠니? 교실이 지저분해 보여서 말이야. 부탁한다.

영희 네, 그럴게요.(버리지 않은 것일 수도 있다는 전제와 함께 마지막에 부탁까지 하는 선생님의 말에 "제가 안 버렸는데요!"라고 말하는 아이가 몇이나 될까?)

사례 2 다음과 같은 수업 시간이 펼쳐졌다. 1교시 국어, 2교시 사회, 3교시 과학, 4교시 수학. 이날따라 지루한 강의 중심의 수업이 펼쳐졌다. 3교시 쉬는 시간이 끝나고 4교시 시작종이 울렸다.

교사   자, 수학책 32쪽 펴자.

철수   선생님! (손을 슬며시 들며 무엇인가 바라는 표정을 짓는다.)

교사   철수, 그래. 무슨 질문 있니?

철수   선생님, 4교시에 체육 하면 안 되나요?

교사   왜 갑자기 체육이 하고 싶어졌니? 선생님이 궁금해졌단다.

철수   (어색한 표정으로) 오늘따라 수업 시간이 좀 힘들어요.

교사   아, 그랬구나. 오늘 수업 시간에 선생님 이야기만 듣고 앉아 있기가 힘들었다는 말이구나. 이걸 어쩌지? 그럼 체육을 할 수 있는 방법을 한 번 찾아볼까? 어떤 방법이 있을까?

민철   (철수 대신 대안이 떠올라 눈을 동그랗게 뜨고 말한다.) 내일 체육시간을 오늘로 가져와서 하면 안 될까요? 내일 체육시간을 수학 시간하고 바꾸어서요.

교사   다른 사람들 생각은 어때?

아이들 좋아요. 그렇게 해요.

교사   OK, 콜이다! 자 모두 체육 준비하고 운동장에 모인다. 출발!

교사는 어떤 순간에 놓이더라도 아이들과 소통을 놓지 말아야 한다. 말이 안 통하는 교사에게 아이들은 존경심을 놓아 버린다. 그럼으로 인하여 교실에서 교사의 권위는 점점 추락하고 만다. 교사는 교실에서 권위주의를 버리고 말이 통하는 존재가 되기 위해 노력해야 한다. 권위주의 속에서 소통의 길은 일방통행이거나 좁아질 수밖에 없다. 소통에서 제일 중요한 것은 쌍방통행인데 거기서도 중요한 것은 그 길의 너비이다. 쌍방통행 길의 너비가 좁으면 그 길로 지나갈 수 있는 말은 별로 없다. 길이 넓으면 그 길로 사소한 일까지 미주알고주알 오고 간다.* 진짜 소통은 굳이 하지 않아도 될 말까지 주고받을 수 있는 관계가 되어야 이루어질 수 있는 것이다. 소통이라는 양쪽 길은 교사와 아이들 모두 함께 만드는 것이다. 권위주의로 소통하는 교사는 아이들의 미래 소통과 장래를 방해하는 일이요, 결국 스스로 자신을 불통이라는 섬에 가두는 일이라는 것을 우리는 잊지 말아야 한다.**

---

* 원초적인 이야기가 평상시에 오고 갈 수 있어야 고차원적인 질문과 이야기가 오고 갈 수 있다. 그런 교사나 부모 밑에서 아이들은 자신의 말이 어른들에게 통하는 것을 경험한다. 교사나 부모가 자신의 말에 설득당하기도 하고 때로는 칭찬도 해 주기 때문이다. 그런 아이들이 어른으로 자라 사회에 나가서 자신의 소신과 생각을 밝히는 데 두려움 없이 자신 있게 행동한다. 또한 그런 아이들이 어른이 되어 자신의 아이들을 그런 아이들로 키울 수 있게 된다. 소통 능력이라는 것은 어느 날 갑자기 생기는 것도 아니요, 몇 시간 훈련하거나 교육을 받는다고 갑자기 생기는 것이 아니다.

** 아이들이 발표를 할 때도 불안에 떠는 이유는 소통 구조가 권위적 위계 속에서 나오기 때문이다. 선생님의 권위로부터 인정받기 위해, 교사의 기대에 부응하기 위해 발표를 하고 정답이면 어깨를 으쓱대지만 틀렸으면 창피함을 느끼고 자신을 숨기기 위해 눈을 내리고 고개를 숙인다. 그 순간 아이들의 자존감은 조금씩 내려가고 점점 자신의 생각에 대하여 가치가 없는 것이라 여기게 된다. 이런 구조 속에서 아이들은 소통, 발표의 필요성을 절실히 느끼지 못한다. 그리고 다른 아이들의 발표를 들으려 하지 않는다. 아이들이 보다 발표를 활발하게, 왕성하게 하기를 원한다면 '틀려도 괜찮은 교실'을 만들어야 한다. 아이들의 발표에 "틀렸어, 정답이 아

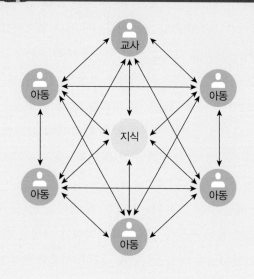

필자는 교실에서 교사와 아이들과 지식 사이의 관계를 왼쪽 그림과 같이 표현하고 싶다. 이런 관계가 형성될 때 비로소 구성주의적 사고에 바탕을 둔 예술적인 협동학습 분수 수업이 가능해진다고 생각한다.

이런 구조에서 말하는 지식은 절대적·직선적·위계적·권위적·수동적인 것이 아니라 상대적·협동적·순환적·상호작용적·역동적·능동적인 것으로, 이를 인식하는 각 주체의 내면 안에서 사회적으로 구성되고, 변증법적으로 진화해 나가게 된다.

이런 구조 속에서 교사는 절대적인 권위를 가질 수 없다. 교사도 아이들과 함께 배움의 길을 걸어가는 한 주체일 뿐이다. 그래서 아이들과 함께 탐구·연구를 해 나가면서 필요한 경우에는 아이들에게 비계 역할을 하면서 앎의 여행을 떠나게 되는 것이다.

예술적인 협동학습 분수 수업
아이들의 가슴을 뛰게 할 이야기가 만든다

어떤 사람이든 자신이 살아온 만큼의 이야깃거리를 가지고 있다. 그리고 그런 이야깃거리들이 적재적소에 다른 사람들에게 전해질 때 우리는 감동을 받고 공감을 하며 함께 울고 웃는다. 수업도 그런 맥락에서 살펴본다면 아이들 앞에 서는 교사들 또한 자신이 살아온 만큼의 이야깃거리를 가지고 있다고 할 수 있다. 하지만 조금 더 깊이 들여다보면 많은 이야깃거리를 갖고 있다고 하더라도 수업만은 쉽게 생각할 수 없음을 알게 된다. 그 몇 가지 이유를 살펴보면 다음과 같다.

첫째, 많은 이야깃거리를 갖고 있는 교사이지만 풀어놓는 법을 모르는 경우가 있다. 수업이라는 것이 그저 교과서에 있는 내용을 아이들에게 잘 설명하고 기억하도록 하는 것이라는 생각에 사로잡혀 교과서 내용을 있는 그대로 잘 전달하는 방식의 수업과 그에 따른 평가를 중요하게 여기는 교사일수록 자신이 갖고 있는 삶의 이야기들을 풀어놓지 못하게 된다.[*]

니야. 땡, 다른 사람!"이 아니라 "어떻게 해서 그런 생각을 하게 되었는지 말을 해 주렴. 그렇게 생각할 수도 있겠구나. 자신의 생각을 잘 말해 주었어. 그런데 이런 관점에서 생각한다면 또 어떤 생각이 있을 수 있을까?"라고 말하며 '생각과 사고의 다름'을 인정하고 있는 그대로 수용하는 분위기, 아이들의 또 다른 사고를 자극하는 분위기를 만들어야 한다.

[*] 누구나 이런 경험을 다 갖고 있다. 일상생활에서 쉽게 접할 수 있는 '부분과 전체의 관계를 분수로 나타내기 활동'과 관련하여 120cm 길이의 막대를 '자'가 없이 20cm, $\frac{1}{6}$만 잘라내고자 할 때 아래와 같이 생각하여 실행에 옮길 것이다. 이런 경험들을 수업과 연결 지어 아이들에게 질문이나 과제로 던진다면 그것이야말로 아이들의 가슴을 뛰게 할 좋은 이야깃거리가 될 수 있다. ① 먼저 120cm의 반을 자른다. ② 두 조각 중 하나를 셋으로 나눈다. ③ 그렇게 하면 1개의 길이는 20cm가 되고, 그것은 $\frac{1}{2}$의 $\frac{1}{3}$, 즉 $\frac{1}{6}$이 된다.

둘째, 경쟁 체제에서 잘 살아남은 교사일수록(특히 교사 임용고시 이후 세대들에게서 그런 면을 많이 보게 된다.) 이야깃거리들이 별로 없음을 느끼게 된다. 교사라는 직업의 선호도가 높아지면서 교대 입시 경쟁률은 굉장히 높아졌다. 그러다 보니 성적이 높지 않으면 들어가기도 힘들다. 그런 상황이다 보니 학생시절 많은 경험을 쌓아 나가야 함에도 불구하고 오직 책과 씨름하느라 그럴 기회를 갖지 못하였을 가능성이 크다. 게다가 교대에 들어가 보니 임용시험이라는 장벽이 생겨 4년 내내 교사로서의 철학과 자신의 내면을 성찰하기는커녕 임용고시 점수를 따는 기계적인 교육만 받느라 다양한 세상 경험을 할 기회를 또 놓쳐 버렸을 것이다. 그렇게 현장에 나와 보니 생각했던 것과는 전혀 다른 학교의 현실이 자신의 앞을 가로 막아 꿈꾸어 왔던 그런 교육을 하지 못하며 하루하루 교과서 및 아이들과 씨름만 하며 시간을 보내는 자신을 발견하게 되는 경우가 많을 것이다.

셋째, 평소 자신의 내면을 들여다보며 성찰하는 활동을 게을리하는 교사들이 나는 꽤 많다고 본다. 사실 사람들은 성취의 경험보다는 실패의 경험을 반성하며 거울로 삼아 자신을 성장시켜 나가면서 세상을 더 많이 배운다. 그러나 공부만 잘하여 경쟁 체제에 잘 적응하고 살아남은 교사들일수록 내면의 성찰과 세상살이에 대한 수많은 경험을 기반으로 한 이야깃거리를 만들 시간이 없어 아이들의 가슴을 뛰게 할 이야기들을 축적하지 못한 상태에서 아이들 앞에 서고 있을 가능성이 크다. 교단에 발을 디딘 이후로도 자신의 내면을 성찰하고 꾸준히 아이들을 관찰하고 아이들과 소통하며 교육적 감수성과 배려심, 자신이 가르치고 있는 내용에 대한 전문성을 키워 나가고 있지 못하다면 그럴 가능성은 더 커진다.*

아이들의 가슴을 뛰게 하는 이야기는 닥쳤을 때 갑자기 뚝딱 하며 튀어나오는 것이 아니다. 오직 평소의 삶 속에서 고뇌하고 성찰하며 세상과 당당히 맞서 온 준비된 교사에게서만 나올 수 있다. 수업이라는 것이 단지 교과서를 가르치는 것이 아니라 교과라는 것을 통해 세상과 연결 짓는 시간이라는 것을 깨달은 교사에게서만 나올 수 있다. 또한 그 속에서 자신의 경험을 바탕으로 세상 사람들이 살아가는 이야기들을 아이들의 흥미와 호기심에 맞게 잘 꺼내어 쓸 줄 아는 교사에게서만 나올 수 있는 것이다. 그래서일까? 가끔 자신의 꿈이 교사라면서 "어떻게 하면 선생님이 될 수 있어요?"라고 묻는 아이들을 만나게 된다. 가끔은 내게 면담을 요청해 오기도 한다. 그럴 때마다 나는 아이들에게 이렇게 대답을 해 준다.

"응, 일단 교육대학 또는 사범대학을 가고 임용고시에 합격해야만 될 수 있지. 하지만 그것보다 더 중요한

---

* 필자가 수학, 특히 분수에 관심을 갖게 된 것도 바로 성찰의 과정에서 비롯된 것이다. 오래전 같은 학교 동료 교사들과 수학 연구 동아리를 만들어 활동하던 중 지원받은 예산으로 수학 관련 책을 함께 구매하여 읽었는데 내 눈에 확 들어온 책이 바로 초등학교 수학 이렇게 가르쳐라(2002, 승산 출판사)였다. 그 책 속의 내용 가운데 아래와 같은 질문이 있었다.(이 책의 제목도 여기에서 모티브를 얻었다.)

※ $1\frac{3}{4} \div \frac{1}{2}$을 수학적으로 진술해 보시오.(이 나눗셈이 갖는 수학적 의미 – 문장제 문제로 만들기)

이 문제를 풀어서 답을 내는 일은 무척 쉬웠는데 이 나눗셈이 갖는 수학적 의미를 설명하고, 이를 그림으로 그려서 설명하거나 문장제 문제를 만드는 것에는 꽤 오랜 시간이 걸렸다. 또한 왜 나누기 $\frac{1}{2}$은 그의 역인 곱하기 2로 바꿀 수가 있는지에 대해 적절히 설명할 수가 없었던 나의 모습에 꽤 충격을 받았었다. 늘 계산력만은 훌륭히 배웠던 우리라 문제를 쉽게 풀 수 있을 것이라 생각했었는데 막상 접하고 나니 내게 전해진 충격은 생각보다 컸다. 이 경험을 통해 필자는 아이들을 지금까지 잘못 가르쳐 왔던 것이라는 반성과 함께 내가 알고 있는 것이 제대로 알고 있는 것이 아니라는 성찰적 깨달음을 얻었다. 그 이후로 수학 공부를 제대로 해 보자 마음을 먹고 지금까지 꾸준히 해오고 있는 중이다. 그때 그 책을 만나지 않았다면 지금의 필자는 없었을 것이라 생각된다.

것이 있단다. 교사는 지식만을 가르치는 사람이 아니다. 그것은 학원 강사들도 할 수 있지. 학원 강사는 교사 자격증이 없어도 할 수 있는 일이란다. 반면에 교사는 아이들이 앞으로의 세상을 자신의 힘으로 살아갈 수 있도록 돕는 일을 하는 사람이기 때문에 지식이 아닌 삶의 지혜를 쌓을 수 있도록, 교과서가 아닌 세상을 알아갈 수 있도록 도와주어야 한다. 그렇기 때문에 공부만 잘해도 교사가 될 수는 있겠지만 성적을 잘 받기 위한 공부보다 세상 공부, 세상 경험을 많이 해야 진짜 교사가 될 수 있는 것이란다. 세상을 바르게 바라볼 줄 아는 눈과 삶의 철학, 용기, 자신의 꿈을 이루고 성장시켜 나가는 경험을 꾸준히 하면서 자신의 내면과 늘 대화를 게을리하지 않는 교사만이 아이들 앞에 참교사로 설 수 있는 것이란다. 그런 교사들에게서만 아이들의 가슴을 뛰게 할 많은 이야깃거리들이 수업 시간에 술술 나와서 함께 울고 웃을 수 있지 않을까? 교사라고 다 교사는 아닐 것이다. 강사, 교사, 선생, 스승은 분명히 다르겠지?"

단지 공부를 잘하여 교대나 사범대를 나와 임용고시에 합격한 후 교사 자격증을 받았다는 이유만으로 아이들 앞에 선다는 건 바람직하지 않다는 것이 필자의 생각이다. 아이들 앞에 선다는 것은 자신의 말과 행동에 책임을 져야 하는 매우 엄중한 일이며 그를 통해 보람을 느낄 줄 알아야 한다. 교사란 아이들의 삶에 좋은 영향을 주고 그들의 삶을 한층 더 좋은 방향으로 이끌어 줄 수 있는 존재라 본다면 아이들의 가슴을 뛰게 할 말이 없거나 별로 갖고 있지 못한 교사는 매 순간 '할 말이 없는 상황'을 경험하게 될 것이고, 그에 따라 '할 일 또한 없어지는 상황'이 오게 될지도 모른다. 그런 상황이 오게 되면 결국 권위주의로 흐를 수밖에 없게 된다. 그런 상황이 오지 않도록 자신의 삶과 경험을 풍부하게 하는 일을 게을리하지 말고 그 과정을 통해 분수와 관련된 깊이 있는 지식과 자신만의 지혜가 담긴 내용들을 평소에 꼼꼼히 준비해 두었다가 적재적소에 꺼내어 쓸 줄 아는 교사가 될 수 있도록 노력하지 않으면 예술적인 협동학습 분수 수업은 결코 만들어지지 않는다.[*]

예술적인 협동학습 분수 수업에는
나다움이 있다. 삶의 경험, 지혜 그리고 아하!

수업이란 아이들의 삶에 최소한 좋은 영향을 주고 그들의 삶을 한층 더 좋은 방향으로 이끌어 줄 수 있는 시간이어야 한다면 그 속에는 남들이 가져보지 못한 교사 자신만의 독특한 경험이나 생각, 지혜, 이미 알려진 것에 자신의 생각을 담아 업그레이드시킨 내용, 그리고 아이들이 "아~하!"라고 말하며 자신의 삶과 연결 지을 수 있는 그 무엇인가가 꼭 필요하다.[**] 반면 아무리 높은 학위나 직책을 갖고 있더라도 아이들에게 가슴

---

[*] 교사는 전문가인가? 만약 전문가라고 생각한다면 진정한 전문가는 '닥쳤을 때 준비하는 것이 아니라 평소 연구와 노력으로 이미 많은 것이 준비된 사람'이라는 메시지가 함축적으로 녹아들어 있다는 사실을 우리는 잊어서는 안 된다.

[**] 예를 들자면 살아온 수학적 인생의 깊이, 수학을 통해 세상을 바라보는 시각과 가치관, 수학과 관련된 사물을 들여다보는 관찰력, 수학을 통해 깨우친 세상의 이치 등이 있을 것이다. 설령 남들도 다 똑같이 했던 경험일지라도 어떤 성찰 과정이 있었느냐, 똑같은 경험이나 이미 잘 알려진 내용에 나다움이 물씬 풍겨나는 자신만의 독특한 사고를 더하여 수업 속에 녹여낼 수 있느냐에 따라 수업은 크게 달라질 수 있다.

속까지 진한 감동과 울림을 전할 수 있는 이야깃거리를 갖고 있지 못하다면 그것은 교사로서 슬픈 일이 아닐 수 없다.[*]

그렇다면 나다움을 만들어 내는 삶의 경험과 지혜, 아이들의 가슴을 울리는 이야깃거리는 어떻게 만들어지는가?

가장 좋은 방법은 역시 직접 몸으로 겪고 체험하는 일이다. 호랑이를 잡으려면 호랑이 굴로 들어가야 하듯 아이들에게 '봉사'를 이야기하고 싶다면 봉사활동을 했던 살아 있는 경험이 있어야 아이들의 마음을 움직이는 이야깃거리가 만들어질 수 있는 법이다. 그리고 그 모든 과정에 대한 생생한 경험담과 성찰적 이야기를 정리해 두는 일도 함께 이루어진다면 금상첨화가 될 것이다.[**]

두 번째로 좋은 방법은 몰입과 관찰이다. 항상 무엇인가에 몰입해 있는 사람은 사소한 것 하나라도 자신이 몰입해 있는 것과 연결 지어 생각하고 관찰한다. 그처럼 아이들과 함께 공유하고 싶은 것에 몰입해 있는 교사는 작은 일 하나조차도 헛되이 대충 들여다보지 않는다. 그렇게 하면 그 이전까지 별로 의미 없어 보였던 세상의 모든 것이 어느새 자신 앞에 의미 있는 것으로 다가오기 시작하는 것을 깨닫게 될 것이다.[***]

세 번째로 좋은 방법은 간접적인 경험으로서 다양한 삶의 이야기와 지혜, 경험 등이 담긴 정보를 많이 접하는 일이다. 그것은 책이 될 수도 있고 누군가로부터 들은 이야기일 수도 있고 다양한 매체(방송, 인터넷 등)를 통해 얻은 정보(텍스트, 이미지, 동영상 등)일 수도 있다.[****]

네 번째로 이야깃거리 사냥꾼이 되는 일이다. 이 방법은 앞의 세 가지 상황을 모두 종합적으로 다루는 일인데 어떤 상황이든 좋은 이야깃거리를 접하게 되면 그것을 어떤 식으로든 갈무리를 해 두거나 나만의 이야기로 잘 정리해 둔다. 이를 위해 늘 메모하고 기록하고 정리하는 습관을 잊지 않는다.[*****]

---

[*] 필자는 가끔 다른 사람들의 강의를 들으면서 그런 생각을 한다. 어떤 사람은 PPT와 원고를 읽고 부연 설명을 하는 것으로 강의를 시작하고 끝낸다. 그러다 보니 가끔은 다른 길로 빠졌다가 돌아오기도 한다. 그런 강의를 듣는 많은 사람들은 이미 알고 있다. '저 사람 제대로 준비 안 했구나. 저 내용은 저 사람의 것이 아니구나. 저 사람은 자신이 하고 있는 강의 주제나 내용에 대해서도 깊은 이해나 성찰이 부족하구나. 저 사람은 말로만 강의를 하고 있구나.' 하는 것을 말이다.

[**] 가끔 수업 시간에 분수를 공부했던 필자의 어릴 적 이야기를 들려줄 때가 있다. 그러면 아이들은 그 어떤 순간보다도 내 이야기 속으로 푹 빠져든다. 하지만 이런 경험보다 지금까지 지도했던 아이들의 오개념, 난개념을 수학적 문제로 만들어 '미션 과제' 등으로 제시하거나 수업 후 나의 수업 과정 및 아이들과의 소통 과정을 성찰적으로 돌아보면서 기록으로 정리하여 남기는 일 등이 더 효과가 좋았고 의미도 있었다. 지금까지 집필했던 필자의 모든 책은 바로 그런 과정을 거쳐 세상에 나왔던 것이다.

[***] 예술적인 협동학습 분수 수업을 위해 가장 도움이 되는 몰입과 관찰은 수업 중 아이들이 어느 지점에서 주춤거리는지, 어떤 부분에서 오개념과 난개념이 형성되는지를 파악하는 것이다. 그것이 관찰되면 그 부분에서 아이들의 개념을 흔들어 놓아 스스로 개념을 확실하게 잡아 나갈 수 있는 질문이나 과제를 제시할 필요가 있다. 필자는 이런 과제를 '심진(心震)을 일으키는 과제'라고 부른다. 필자의 경험에 비추어 볼 때 아이들은 심진을 일으키는 과제가 제시되었을 때 훨씬 더 눈빛이 빛났고, 아이들의 얼굴에서 활기와 흥분과 도전적인 감정이 넘쳐났으며 아이들은 수업 자체에 훨씬 더 큰 재미와 배움의 즐거움을 느꼈다고 확신한다. 비고츠키는 이런 상황이 발생하는 영역을 근접 발달 영역이라고 말했던 것이라 생각된다. 이에 대한 사례는 뒷장에서 제시될 실제 수업 사례를 통해 엿볼 수 있다.

[****] 필자는 수학과 관련된 전문서적이나 논문, 특히 분수와 관련된 다양한 서적들을 가능한 모두 찾아서 읽으려고 노력했다. 그 속에서 실제로 나의 수업에 도움이 될 만한 아이디어나 정보를 많이 얻었고, 실제 수업 속으로 가져와 실천해 보면서 스스로 수정, 보완, 발전시켜 왔다. 이 책에 제시된 수많은 사례들은 바로 그런 과정 속에서 만들어진 것이다. 다만 가능하면 그대로 똑같이 가져와 쓰기보다는 조금이라도 나의 생각과 고민을 담아 수정, 변형을 하려고 무척 많은 노력을 하였다.

[*****] 가능하면 의미 있는 수업, 좋은 수업을 하였다면 그와 관련된 모든 자료와 정보, 수업 지도안, 수업 과정에 대한 성찰 내용, 수업에서 아이들이 보여주었던 모든 것들을 꼼꼼히 기록으로 남겨 두려고 최선을 다한다. 뒷장에 제시된 수업 소감도 그런 과정을 거쳐 기록된 것들이다.

오래전 1학년 아이들을 지도할 때 기록했었던 수업 소감문

오늘은 수에 대한 개념을 지도하면서 수를 그냥 기호로만 이해할 수 있도록 하지 않고 아이들 각자의 삶과 연결 짓기를 하여 지도하겠다는 목표를 가지고 주제통합 수업을 하였다. 예를 들어 '숫자 1'이면 단지 '일, 하나, 기호 1'만 알고 이해하게 하는 것이 아니라 '하나, 일'이라는 것에 대한 가치, 세상에 하나밖에 없는 것은 어떤 의미들을 지니고 있는지 등을 아이들이 조금이나마 깨치고 갈 수 있도록 돕고자 하는 차원에서 수업을 진행하였다.

수업 도입부에서는 그 생각이나 느낌을 짧은 글쓰기로 이어갔고 노래로 이어갔고 몸짓 표현으로 이어가며 자기 주변의 모든 사물 및 현상과 연결 짓기를 시도하였다. 그 순간 아이들에게 숫자의 의미는 단지 기호가 아니라 삶의 의미로 다가섰던 것 같았다. 오늘 아이들은 수를 공부하는 수학 시간을 통해 숫자 공부가 아닌 세상을 알아가는 시간으로 빠져들었다. 내가 세상에 하나밖에 없는 것으로 나의 어머니, 아버지를 이야기했지만 아이들은 어느새 각자 자기 삶 속의 주인공이 되어 자신의 아버지, 어머니뿐만 아니라 직·간접적으로 경험했던 세상에 단 하나뿐인 모든 것들을 떠올리고 있었다. 그리고 그것을 자신만의 방식으로 말과 글과 그림으로 표현하고 있었다.

교사가 교과서에 있는 지식이나 내용만을 다루는 일에 몰두하고 그 일을 자신의 교직 평생 동안 반복한다면 매 순간 자신이 갖고 있는 직업적 가치와 전문성은 땅으로 곤두박질칠 수밖에 없다. 교직 경력이 쌓일수록 전문가로서의 역량은 점점 퇴보한다고 볼 수밖에 없고 자신의 가치 또한 거기서 더 이상 높아질 가능성이 없다. 그런 교사에게서 예술적인 협동학습 분수 수업은 절대로 만들어지지 않는다.

제3장

아이들에 대한 이해로
Artistic 협동학습 분수 수업 만들기

아이들을 두려워하지 않는 교사는
아이들을 존중하지 않는 것과 똑같다.
아이들을 두려워한다는 것은 곧
아이들을 존중한다는 것과 같은 일이다.
교사가 아이들 앞에 서는 매 순간 아이들을 자기편으로 끌어들이려면
늘 적당한 두려움과 설렘이라는 감정의 끈을 놓지 말아야 한다.
그래야 그 끈이 비로소 아이들과 연결 지어져
어느새 아이들이 자신 앞으로 다가와 있음을 느끼게 된다.

예술적인 협동학습 분수 수업
아이들에 대한 파악이 우선이다

수업의 주체는 아이들이다. 어떤 수업 속에서 아이들은 살아 있다. 이럴 때 교사들도 날아다닐 듯 생기가 넘친다. 그러나 어떤 수업 속에서 아이들은 꿈쩍도 않는다. 표정도 없고 심지어 교사의 개그에도 반응하지 않는다. 이럴 때 교사들은 속수무책으로 무너진다. 이런 경험을 필자도 자주 한다. 나도 사람인지라 수업에 대한 고민과 준비가 부족하면 어김없이 맞이하고 만다. 이럴 때 필자에게 있어 아이들은 적과 같은 느낌이 든다. 이런 수업을 마치고 쉬는 시간에 나 스스로를 돌아보면 적군 30명 정도와 싸워 피투성이가 된 자신을 발견하게 된다.

필자는 이 세상에서 제일 두려운 존재가 바로 아이들이다. 아이들을 얕보았다가는 칠판 앞에서 처절하게 망가진다. 그래서 자칫 잘못 다루면 깨지기 쉬운, 가장 어려운 관계가 바로 아이들과의 관계라는 생각이 든다. 교사라면 필자와 같은 생각을 반드시 가질 것이며 반드시 그래야만 한다. 아이들은 크게 세 가지 특성을 가지고 있다.

아이들은 마음의 문을 쉽게 열지 않는다

교사가 아이들의 마음을 끌어당길 수 있는 이야기를 하지 않으면 아이들은 쉽게 마음을 열지 않는다. 그들은 '선생님이 얼마나 나를 감동시킬지 한번 보자. 선생님이 우리들을 얼마나 즐겁게 해 주는지 한번 보자. 그저 그런 이야기로 내가 박수 치나 봐라. 내가 웃나 봐라. 선생님 이야기에 쉽게 공감할 줄 알고?' 하는 표정으로 내 앞에 앉아 있다. 심지어는 내 수업에서 벗어나 다른 생각과 다른 이야기에 빠져 들어가기까지 한다. 옛날 같으면 선생님이 한두 명 혼을 내면 됐다. 그러나 요즈음에는 그런 방법이 통하지 않는다. 선생님이 본보기로 소수의 아이들을 혼내면 아이들은 마음이 수업에서, 교사에게서 떠나버린다. 그래서 자신을 지키기 위해서 아이들이 들고 있는 방패를 스스로 내려놓도록 할 수 있는 리더십이 필요하다.*

아이들은 보수적이다

수업도 그 시간을 좌우하는 공기의 흐름과 분위기가 있다. 아이들 다수가 표정이 없거나 반응이 없으면 소수의 아이들도 반응을 보이다가 멈춘다. 다수의 아이들이 웃고 박수를 쳐야 모두가 웃고 박수를 친다. 그게 바로 수업 분위기다. 가끔 무거운 수업 분위기를 바꾸기 위해 교사가 개그라도 선보이면 "선생님, 재미가 없는데요?" 하고 직격탄을 날리거나 싸늘한 반응과 시선을 주기도 한다. 때로는 아주 불쌍한 표정으로 바라보기까지도 한다. '우리 선생님 불쌍해. 어떻게 하지? 나름 노력했는데 아이들 반응이 없어.' 하고 나를 위로하는 듯하다.

아이들은 집단에 대한 소속을 갈구한다

가끔 무심코 아이들에게 질문을 던진다. 그러다가 '아차' 하고 내 실수를 인정하고 만다. 왜냐하면 대부분 아이들이 반응을 보이지 않기 때문이다. 발표를 하라고 하면 아이들은 더 마음의 문을 닫고 교사와 눈 마주치는 것을 두려워한다. 그럴 경우 발표하려고 손을 드는 아이들을 보면 그 아이가 그 아이다. 같은 질문도 아이들을 소집단 혹은 대집단으로 나눈 후 던지면 반응이 달라진다. 그래서 필자가 가장 잘 사용하는 것이 바로 '모두 일어서서 나누기' 협동학습 구조 활동이다.

대집단일 경우
❶ 필자가 던진 질문에 답을 찾아 혼자 생각을 정리하고 노트에 기록한다.
❷ 생각을 끝냈으면 그 사람은 조용히 자리에서 일어난다.

---

* 아이들을 내 편으로 만들려면 최초 5~10분 정도의 시간이 제일 중요하다. 시작이 불안하고 아이들의 흥미와 호기심을 끌어당기지 못하면 뒤로 갈수록 힘들어진다. 일단 아이들 마음의 문이 열리면 열심히 준비한 내용으로 아이들의 생각과 마음을 마음껏 두드리면 된다.

❸ 대부분의 아이들이 자리에서 일어난 것을 확인하면 교사는 한 명 한 명 발표를 한 후 앉게 한다.

❹ 일어서 있는 아이들 가운데 발표한 사람과 생각이 같은 사람들도 동시에 앉도록 한다.

❺ 다른 사람의 발표도 들어 보고 자신의 생각에 변화가 생겼거나 추가할 내용이 있으면 노트에 기록한 내용을 수정, 보완, 추가한다.*

소집단일 경우

❶ 필자가 던진 질문에 답을 찾아 혼자 생각을 정리하고 노트에 기록한다.

❷ 생각을 끝냈으면 그 사람은 조용히 자리에서 일어난다.

❸ 모둠원 전원이 다 일어섰으면 모둠별로 토의·토론을 하여 모둠 의견을 정리하거나 합의에 이르도록 한다.

❹ 합의에 이른 모둠은 모둠원 모두가 자리에 모두 앉도록 한다. 이때 다른 사람과 이야기를 나눈 후 자신의 생각에 변화가 생겼거나 추가할 내용이 있으면 노트에 기록한 내용을 수정, 보완, 추가한다.

❺ 대부분 모둠이 자리에 앉으면 무작위로 학생을 호명하여 발표를 듣도록 한다.**

유능한 교사일수록 아이들이 고개를 끄덕이고 박수를 치고 활짝 웃을 수 있게끔 하는 콘텐츠를 많이 갖고 있다. 유능한 교사일수록 아이들로 하여금 스스로 생각할 필요를 느껴 고뇌하도록 만드는 '질문'을 많이 갖고 있다. 유능한 교사일수록 아이들로 하여금 자신의 생각과 타인의 생각을 비교하며 스스로 자기만의 인지지도를 그려나갈 수 있도록 돕는 행위의 틀을 많이 갖고 있다. 그래서 모든 것들을 적재적소에 풀어놓아 아이들로 하여금 고개를 끄덕이게 하는 리액션을 취하게 만들거나 '유레카'를 외치게 하거나 스스로 배움의 기쁨에 몰입하여 환하게 웃게 만들 수 있다.***

아이들 앞에 서서 그들을 두려워하는 것은 아이들을 존경하는 것과 같다. 적절한 긴장과 두려움은 아이들에 대한 존경심의 표현이자 성의 있는 마음가짐을 뜻한다. 그런데 존경심을 표현해도 부족한 아이들을 졸게 만들거나 무표정하게 만들거나 수업으로부터 도주하게 만든다면 이것은 아이들의 책임이 아니다. 오히려 아이들에게 반성하고 사과해야 할 일이다.

---

* 이 경우 아이들은 최대한 '생각을 마친 사람' 집단에 소속되기 위해 노력하는 모습이 눈에 보일 정도이다. 그리고 직접 발표를 하지 않고 다른 사람 발표와 생각이 같아 그냥 자리에 앉더라도 무엇인가 최소한의 행위를 했다는 점에서 어떤 소속감과 편안함을 느끼게 된다.

** 이 경우 아이들은 최대한 자신의 생각을 정리하려고 하지만 미처 자신의 생각을 정리하지 못하였더라도 모둠원들과 일어서서 이야기를 나누는 과정 속에서 모둠원들의 생각을 자신의 것으로 받아들인 후 자리에 앉기 때문에 '나도 무엇인가 나름의 생각을 갖게 되었다.'고 자신감을 갖게 만들어 주어 발표를 부탁해도 크게 불안함을 보이거나 힘들어하지 않는다.

*** 협동학습 전문가라면 아이들은 '사고하고 말하고 행동하는 것을 즐긴다.'는 것을 잘 알고 있다. 이것을 깨닫지 못한다면 협동학습 전문가라고 말할 수 없다. 구조라는 것은 바로 이런 아이들의 특성을 잘 활용하여 아이들로 하여금 수업 시간에 공식적으로 말하고 사고하고 행동하도록 인정해 준 것이라 말할 수 있다. 아이들은 이렇게 상호작용하는 과정 속에서 자기 사고를 갖게 되고 그것을 바탕으로 자신만의 지식을 스스로 구성해 나간다. 그래서 오늘날 협동학습이 아이들의 배움에 필수적이라 말하고 있는 것이다.

예술적인 협동학습 분수 수업
아이들과 소프트웨어를 공유하면 도움이 된다

가끔 수업 시간에 아이들이 좋아하는 애니메이션 속 등장인물을 끌어들이거나 재미있는 표현이나 유행어를 끌어들인다. 그러면 아이들은 갑자기 귀가 확 열리고 동공이 확장하며 생각 주머니가 '뻥' 하고 열린다. 왜냐하면 선생님이 자신들이 즐기고 있는 재미, 즐거움, 상상력 등을 공유하고 있다고 생각하여 공감대가 형성되었기 때문이다. 그런 선생님과 아이들은 소통하는 데 불편함, 거리감 등을 덜 느낀다.

아이들의 소프트웨어를 아느냐 모르느냐 하는 일은 수업에 매우 큰 영향을 줄 수 있다. 그래서 필자는 아이들이 즐겨보는 애니메이션이나 TV 프로그램을 가능하면 꼭 챙겨 보려고 노력한다. 그리고 꼭 기억해 두었다가 수업 시간에 가끔 펼쳐 본다. 아주 단순한 것을 보여주어도 아이들은 필자가 펼쳐 나가는 수업 내용에 대하여 더 집중하려고 노력한다. 예를 들자면 이런 것이다.

- 사례 1   최근 들어서 TV 프로그램 개그 콘서트의 한 코너에서 '비둘기 마술 단'이라는 제목으로 웃음을 선사하고 있다. 그 속에서 마술을 펼쳐 나갈 때 한 개그맨이 '휘리릭 뿅!' 하고 주문을 외우는 장면이 나온다. 그것이 재미있어서 나도 그 말을 그대로 수업 시간에 가져와 보았다. 아이들이 발표를 하거나 생각을 머릿속에 떠올려 보라고 할 때 자주 '휘리릭 뿅!' 하고 주문을 외운다. 아이들은 그러면 재미있게 웃으면서 받아들인다. 그리고 발표할 때도 '○○, 발표 준비. 휘리릭 뿅!' 한다. 그러면 아이들도 들을 준비가 되었다면서 '휘리릭 뿅!' 하고 함께 주문을 외운다.

- 사례 2   과제를 제시할 때 아이들과 친근한 느낌이 들도록 하기 위해 특정한 인물의 이름, 애니메이션 캐릭터 이름을 자주 등장시킨다. 특정 인물의 이름은 주로 '철수, 영희, 상우'다. 특히 '상우'를 등장시키면 필자의 이름과 같아서 아이들은 더 귀를 쫑긋 세우고 듣는다.

아이들 머릿속에 지식을 강제로 넣어 주는 일은 이제 그만두어야 한다. 배움이 오고 갈 통로, 감성 코드를 맞추는 것 또한 중요한 일이라는 것을 안다면 아이들의 감성 코드, 그들과 공유할 소프트웨어에는 어떤 것이 있는지를 잘 들여다볼 수 있어야 한다.

예술적인 협동학습 분수 수업
수업 중 가끔 딴청을 부려라

수업 시간에 딴청을 부린다는 것은 아래와 같은 행위를 말한다.

"선생님이 이 문제를 ~~ 이렇게 해결하였어요. 그런데 잘된 것인지 모르겠어요. 여러분이 선생님 좀 도와주세요.", "상우는 이 문제를 다음과 같이 풀었어요. 상우의 생각이 어떤지 여러분이 한번 생각해 보고 말해주세요.", "선생님이 지난해 ○학년을 지도할 때 선생님 반 아이들은 이 부분을 매우 어려워했어요. 여러분은 어떤지 모르겠네요. 여러분은 잘 해결할 수 있을지 볼까요?", "선생님은 갑자기 잘 기억이 안 나네요. 이 다음은 어떻게 해야 하나요?", "선생님은 이 문제의 답을 이렇게 썼습니다. 여러분과 맞는지 봅시다."

필자는 이 활동을 수업 시간 중 도입 단계에서 아이들의 흥미, 학습 동기를 끌어올리고자 할 때, 출발점 행동을 점검하는 차원에서 선개념이나 배경지식을 떠올리도록 도와주고자 할 때, 아이들에게 적절한 긴장감을 유지할 수 있도록 도와주면서 한 걸음 더 나아간 내용이나 과제(주로 오개념이나 난개념이 발생했을 때 심진을 일으키는 미션 과제를 제시)를 제시하고자 할 때 많이 사용한다. 이런 행위는 아이들로 하여금 교사와 정서적으로 연결될 수 있도록 돕는다. 아이들 입장을 정서적으로 공감하고 지지할 수 있게 도와준다는 말이다.[*]

예술적인 협동학습 분수 수업
질문을 던진 후 충분히 생각할 시간과 표현할 시간을 주어라

필자의 수업을 돌아보면 어떤 때는 질문을 던진 후 아이들에게 바로 발표하게 하는 경우가 자주 있음을 깨닫게 된다. 그럴 때마다 '아차' 하고 또 반성한다. 질문을 던진 후에는 아이들을 충분히 기다려 주는 것이 꼭 필요하다. 설령 자신의 생각이 바로 떠올라 발표하겠다는 아이가 있어도 "다른 사람이 자신의 생각을 떠올리고 정리할 수 있도록 조금만 기다려 주세요." 하고 안내하는 것이 매우 중요하다.

기다려 주기는 아이들이 질문에 대하여 자신의 생각을 충분히 생각, 정리, 필요시 노트에 기록할 수 있게 시간적 여유를 주는 활동이다. 표현하기는 자신의 생각을 밖으로 꺼내 놓는 활동인데 여기에는 노트에 기록하기와 발표하기가 있다. 필자의 경우 노트에 기록하는 행위도 '1차 발표'라고 아이들에게 소개한다.[**] 머릿속에 맴도는 생각들을 잘 정리하여 다른 사람이 볼 수 있게, 다른 사람들에게 조리 있게 전달하기 위해 세상에 내놓는 활동이 바로 노트 기록이다. 2차 발표는 대집단 속에서 전체 아이들을 대상으로 발표하는 것과 소집단 내에서 모둠원들의 생각과 정보를 공유하는 것으로 구분된다. 2차 발표를 통해 아이들은 자신의 생각과 타인의 생각을 비교, 공유, 확인하면서 생각을 수정, 변화, 발전시켜 나갈 뿐만 아니라 자연스럽게 배움

---

[*] 선생님이 아이들 입장을 정서적으로 공감·지지하고 있다는 것을 알릴 수 있는 행위로는 칭찬, 격려, 유머, 맞장구치기, 존중 등이 있다.

[**] 생각할 시간을 가지면서 자신의 생각을 노트에 기록하도록 하는 것이 꼭 필요하다. 오른쪽 사진은 필자의 학급에서 실제로 해오고 있는 아이들 노트 기록 활동 사례이다. 이를 위해 아래와 같은 절차를 거치도록 하는 것이 좋다. ① 교사가 질문하면 먼저 자신의 생각을 정리, ② 모둠원들과 생각을 공유하거나 전체 발표를 들어 보면서 자신의 생각에 수정, 보완, 추가할 것이 있으면 그 부분에 밑줄을 긋고 수정, 보완, 추가 기록. 사고 변화 과정을 엿볼 수 있다.

의 목표에 도달할 수 있게 된다. 이 활동은 예술적인 협동학습 분수 수업에서 아이들의 반응과 생각의 질에 매우 큰 영향을 준다. 이런 활동을 하기 전과 하고 난 후에 아이들은 아래와 같이 큰 차이를 보였다.

- 자발적으로 자신 있게 발표할 수 있는 아동 수의 증가
- 보다 깊이 있고 창의적이며 풍부한 상상력이 가미된 생각이 증가
- 정확한 답 혹은 그에 가까운 사고를 하는 아동 수의 증가
- 두서없는 이야기하는 아이들 사례가 감소
- 생각을 정리하여 조리 있게 말하는 아동 수의 증가
- 수업 중 학생 주도 대화 시간의 증가
- 보다 다양한 사고와 생각을 공유함으로써 사고력 향상에 도움
- 꼬리에 꼬리를 물고 이어지는 생각의 공유가 증가
- 아이들 간 보충하기, 반론하기 등을 통해 배움의 폭과, 깊이, 질이 향상됨
- 배움이 느린 아이들도 수업에 참여하는 빈도가 증가
- 말과 글로 표현하는 과정 속에서 자연스럽게 개념, 용어, 원리 이해 및 오개념, 난개념을 잘 극복해 나가는 경험이 증가

협동학습 수업을 고민하면서 필자가 질문을 던지고 아이들에게 답을 구할 때 자주 활용하는 협동학습 구조 활동 중 하나가 '번갈아 말하기' 활동이다. 이 구조는 활동의 중심에 '듣기'를 놓고, 이를 통해 자신의 생각에 확신을 갖거나 생각의 수정, 변화가 일어날 수 있도록 돕는 것이다. 활동 과정은 아래와 같다.

❸ 번갈아 말하기 활동 과정

- 질문에 대해 가장 먼저 자신의 생각을 정리하기(필요시 노트에 기록)
- 짝과 번갈아 가면서 자신의 생각을 말하고 듣기(필요시 노트에 기록)
- 교사가 여러 학생 중 1명을 지목
- 지목받은 아동이 발표를 하는데, 이때 자기 의견을 발표하는 것이 아니라 짝에게서 들은 내용을 대신 발표한다.

- 이런 방식으로 여러 사람의 의견을 들어 본다.
→ 이 활동에 익숙해지면 한 단계 업그레이드하여 지목받은 아동이 발표할 때 짝의 의견을 먼저 발표해 주고 이어서 자신의 의견은 어떠한지를 함께 발표하도록 한다. 이런 과정 속에서 아이들은 경청하며 듣는 능력, 의사소통 능력, 생각하는 힘, 도움 주고받기 능력 등을 키워 나갈 수 있게 된다.

제4장

맛깔스러운 레시피로
Artistic 협동학습 분수 수업 만들기

맛있는 요리에는 나름의 레시피가 분명히 있다.

그러나 좋은 수업, 예술적인 수업에

법칙이나 왕도가 있을 수는 없다는 것을

우리 모두는 잘 알고 있다.

그럼에도 불구하고 조금만 생각해 보면

우리가 말하는 좋은 수업, 예술적인 수업에서 관찰되는

공통적인 요소나, 행위, 방법 등을 발견할 수 있다.

필자는 이를 수업 레시피라 말하는데

협동학습 분수 수업에도 분명히 나름의 레시피가 존재한다.

예술적인 협동학습 분수 수업을 위한
효과적인 수업 레시피 몇 가지

협동학습으로 수업을 진행하다 보면 교과 나름대로의 특성이 협동학습과 어떻게 연결되는지를 고민하게 된다. 그리고 그 결과 그 교과와 관련된 협동학습 수업 레시피가 만들어진다. 교사마다 바라보는 시각과 관점은 분명히 다르겠지만 그동안 나름대로 수학 교과를 고민해 오면서 정리한 수학 협동학습 수업에 대한 레시피 몇 가지를 정리해 보고자 한다.

가능한 교과서를 버려라! ─ 재구성을 통한 내용 줄이기 및 핵심에 집중하기

초등학교 1학년 과정부터 수학 교과서를 보면 내용이 너무 많아 미처 소화하지 못하고 학년을 올라가게 되어 결국 '수학'을 힘들어하고 싫어하는 아이들이 양산되고 있다. 아이들이 수학을 좋아하고 잘하게 하려면 교과서 내용부터 확 줄여야 한다. 교육과정이 바뀔 때마다 교과서 내용을 줄이겠다고 하였지만 제대로 실행된 적은 거의 없을 뿐만 아니라 계산 및 문제풀이, 알고리즘 익히기(기능) 중심으로 구성되어 있어서 '학습부진아'라는 꼬리표를 달게 되는 아이들이 늘어날 수밖에 없는 현실이다. 어디까지나 수업 설계의 주체는 교사인 만큼 교사 스스로가 직접 줄이려는 노력 또한 가능한 일이라고 본다면 가능한 교과서를 버리고 각 단원, 차시마다 핵심이 무엇인가에 집중하여 꼭 지도해야 할 내용만 뽑아 아이들이 확실하게 이해하고 넘어갈 수 있도록 교과서 내용을 재구성하는 것이 더 좋다.

수학을 통한 창의인성 교육

현행 교육과정을 보면 모든 교과목을 통해 창의인성 교육을 하라고 되어 있다. 수학 또한 교과서를 통해 공부하면 창의인성 교육이 그럴듯하게 되는 것처럼 환상을 심어 주고 있지만 실제로는 아이들이 "어떻게 하면 계산을 잘할 수 있을까?(문제를 잘 풀어 답을 낼 수 있을까?)"와 관련된 내용에만 치우쳐 있다. 현재 교과서는 어디에도 창의인성 교육 관련 내용이 없다. 주입식, 기능 중심으로 구성된 교과서라서 아이들이 느끼고 깨닫고 행동하고 반성적으로 사고하는 일은 쉽지 않다. 더군다나 내용도 너무 많아서 머리로만 생각하고 받아들이게 할 뿐 가슴으로까지 생각하고 받아들이게 하지는 못하고 있다. 그래서 현장의 교사들은 곤혹스러워한다. 무엇으로 어떻게 창의인성 교육을 하라는 말인지 잘 모른다.

수학 교육에서 생각해 볼 수 있는 창의인성 교육의 예는 아래와 같은 것이 있다.

- 상대방의 수학적 사고에 대한 존중(다른 사람들의 수학적 사고, 아이디어, 생각 등을 존중하고 경청하며 이해하려는 마음)
- 유연하고도 개방적인 수학적 사고(경직되지 않으면서도 모든 가능성을 열어 놓고 주어진 문제 상황에 알맞게 대처하려는 마음)
- 수학을 하려는 의지(수학적 지식을 습득하는 것보다 수학적 지식을 습득하려는 의지가 더 중요. 그 의지가 나중에 아이들의 삶에 중요한 역할을 할 것임)
- 자유로운 수학적 대화와 소통(아이들의 생각에 대한 발언, 대화, 소통이 자유로워야 아이들 중심 수업이 가능. 틀려도 괜찮은 교실을 만들어 소통 능력 기르기)

위와 같은 내용들은 협동학습에서의 듣기 교육, 긍정적인 상호의존, 사회적 기술과 크게 연관되어 있다.[*]

---

[*] 이와 관련해서는 살아 있는 협동학습-협동적 학급운영의 이해(이상우. 2009. 시그마프레스), 협동학습으로 토의·토론 달인 되기(이상우. 2011. 시그마프레스)를 참고하기 바란다.

단계별 사회적 기술*

기초 단계	기본 단계	발전 단계
■ 자리에 머물러 있기 ■ 발표지 쳐다보기 ■ 모둠 과제 완성 돕기 ■ 자료 공유하기 ■ 아이디어 공유하기 ■ 차례 지키기 ■ 이름 불러 주기 ■ 작은 목소리로 말하기 ■ 과제에 집중하기	■ 점검하기 ■ 질문하기 ■ 타인을 인정하기 ■ 의사소통 기능 사용하기 ■ '내 생각에는' 용어 사용 ■ 적극적으로 듣기 ■ 재진술하기 ■ 칭찬하기	■ 사람이 아니라 의견 비판 ■ 사람이 아니라 행동 묘사 ■ 관점 채택하기 ■ 바꾸어 말하기 ■ 문제 해결하기 ■ 합의하기 ■ 요약하기 ■ 의견 구별하기 ■ 정당하게 반대하기

주요 사회적 기술**

주요 사회적 기술	사회적 기술의 부족으로 인한 문제 상황
감정적 대응 억제하기	말다툼, 폭력, 싸움 등
토의하기(합리적 의사결정)	언쟁과 불화, 의견 충돌, 말다툼, 싸움 등
역할 분담하기	책임 회피 및 의사 독점, 무임승차, 봉 효과, 일벌레 등
서로 도움 주고받기	무관심, 불신, 의욕 상실, 갈등, 열등과 우월감 등
적극적 듣기(경청)	무시하기, 무관심, 이해 부족, 오해 등
수용적 자세(상대방 의견 존중)	무시하기, 싸움, 갈등, 폭력, 말다툼, 의견 충돌 등
의견만 비판하기	사람을 비판함으로써 생기는 갈등과 다툼, 감정 악화 등
칭찬과 격려 아끼지 않기	무관심, 경쟁, 열등감과 우월감, 의욕 상실 등
차이점 존중하기	우월감과 열등감, 부정적인 인식, 무시하기 등
문제 및 해결 방안 공유하기	방해하기, 무관심, 도움 주고받기 거부 등

침묵으로 가르치기 ― 교사의 말을 줄이고 아이들이 생각하고 말하고 행동하게 하기

> 들은 것은 잊어버리고 본 것은 기억되나 직접 해 본 것은 이해된다. (공자)

흔히 수학 수업을 보면 아이들이 처음 배우는 것들에 대하여 교사들이 친절하게 처음부터 끝까지 먼저 설명을 해 주고 아이들이 그것을 따라 하도록 하는 방식을 택하고 있다. 이 방식이 좋은 내용도 있지만 모든 과

---

* 협동학습의 이해와 실천. p. 105(정문성. 2002. 교육과학사)
** 공동체를 세우는 협동학습. p. 360(Vanston Show. 박영주 역. 2007. 디모데)

직육면체 겨냥도 그리기 – 스스로 겨냥도 그리는 방법, 그리는 순서,
주의할 점을 찾는 모둠활동 사례

정과 내용이 다 그런 것은 아니다. 때로는 아이들이 처음부터 직접 탐구하고 생각하고 질문도 하고 또래들과 상호작용하면서 스스로 찾아내는 방식이 좋은 내용도 꽤 많다.

예를 들어 평면도형의 넓이를 공부하면서 공식이 만들어지는 과정을 교사가 직접 설명하는 것이 아니라 아이들이 직접 조작활동을 통해 탐구하여 공식을 만들어 나가는 수업을 할 수도 있다.

겨냥도를 그릴 때에도 그리는 방법을 직접 설명해 주는 것이 아니라 어떤 순서와 방법으로 그려야 정확하게 제대로 그릴 수 있는지를 아이들이 스스로 찾아내도록 하는 수업을 할 수도 있다.

많은 경우 교사가 열강을 한다고 하지만 아이들이 정말 무엇인가를 배우기는 한 것일까 하고 의구심을 갖게 만든다. 교사가 지적인 언어로 무엇인가를 마구 쏟아내고 아이들이 교사의 생각대로 좇아간다고 하더라도 '배움'이 일어났다고 말할 수 없는 경우도 많다. 좋은 수학 수업이란 아이들에게 경험을 통해 중요한 수학적 지식을 습득할 수 있는 배움의 상황(아이들이 수학적 지식을 배우고자 하는 마음을 갖게 만드는 모든 교실 환경)을 만들어 주는 일이다. 특히 수학이라는 교과는 '말로 가르치기'를 포기할 때 다양한 형태의 수업이 떠오른다는 것, 그리고 그 지점에 협동학습이 있다는 것을 잊지 말아야 한다.(사고하기 → 행동, 상호작용하기 → 배움의 과정을 경험하도록 하기)

공부한 내용을 스스로 기록하고 정리하게 하기

수업 중 무엇인가를 스스로 기록한다는 것은 수업에 주인이 되어 있다는 것이다. 그리고 공부한 기억을 떠올려 스스로 정리한다는 것은 그것을 완전히 자기의 것으로 만들기 위한 자기주도적 노력이라 할 수 있다. 이를 위해 학년 초에 노트 및 스스로 배움공책 두 가지를 준비할 수 있게 하고 노트 기록 방법(특히 코넬

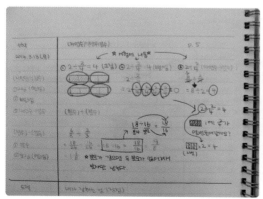

코넬식 노트 기록법에 의한 노트 필기 사례

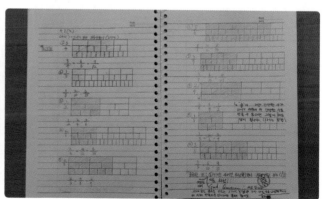

스스로 배움공책 사례

식, 마인드 맵) 및 스스로 배움공책 쓰는 방법을 적극적으로 알려 주고 지도하는 것이 좋다. 노트 정리든 스스로 배움공책이든 제일 중요한 것은 교사가 판서하는 것을 그대로 적는 것보다 자신이 들은 것을 바탕으로 알게 된 사실, 이해한 내용, 생각과 느낌이 고스란히 드러나도록 하는 일이다. 이것을 지속적으로 실천해 나가다 보면 아이들의 수업 집중력과 이해력이 높아지고 질문하는 아이들의 수도 점점 늘어나게 된다.

협동학습 수업 속에서는 교사가 질문을 던진 이후에 바로 아이들이 답을 말하게 하는 것이 아니라 자신의 생각을 정리할 시간을 주는 것을 매우 중요하게 다루고 있다. 아이가 자기 생각을 갖고 있느냐 그렇지 못하느냐 하는 점은 아이가 수업에 주인이 되느냐 그렇지 못하느냐를 결정하는 중요한 요소가 된다. 따라서 교사가 질문을 던진 후에 아이들 스스로 질문에 대한 자신의 생각을 가질 수 있는 시간(필요시 노트에 기록하는 시간을 포함)을 충분히 주는 것을 잊지 말아야 한다. 아이들이 노트에 자신의 생각을 갖고 어딘가에 그것을 기록한다는 것 자체가 발표인 셈이다. 아이들이 자신의 생각을 갖고 기록하는 순간 사고는 보다 정교해지고 폭과 깊이는 깊어진다. 그리고 자신이 생각한 것에 부족함이 발생하였을 때 바로 아래에 새롭게 알게 된 사실이나 내용 또는 잘못 생각한 것에 대한 수정 사항을 덧붙여 기록(절대로 지우지 않게 하기—자신의 반성적 사고 과정을 소중하게 여기도록 하기)해 나가면 아이들은 틀렸다는 것에 대하여 부담을 줄여 나가게 된다. 수학 시간에 아이들이 오답을 말하거나 기록한다는 것은 그들이 분명히 '사고하고 있다'는 증거라는 사실을 잊지 말자.

모두 일어서게 하기

모두 일어서서 나누기 활동 – 분수의 뺄셈을 띠 모델로 해결하기

자기 사고를 바탕으로 다른 사람들과 생각을 공유하며 협동적 배움을 실천해 나가는 일은 협동학습 수업의 핵심이다. 특히 협동학습의 최대 적은 무임승차(아무것도 하지 않은 채 일벌레 또는 발표하는 아이들 뒤에 숨어 지내는 현상)와 일벌레(어떤 아이가 모둠활동에서 모든 일을 다 떠맡아 하는 현상), 봉 현상(일벌레 현상이 반복되면 그 아이가 '왜 힘들게 나만 해야 하지?' 하고 생각하면서 어느 순간 자신도 일을 놓아 버려 모둠이 목표 달성에 이르지 못하는 현상)이라고 할 때 이를 어떻게 최소화시키느냐가 곧 협동학습 수업의 성패를 좌우한다고 볼 수 있다. 이를 극복하기 위해 아이들 모두를 일어서게 하는 방법은 특히 수학 시간에 매우 유용한 활동이라 할 수 있다.

상황 1 먼저 일어서게 한 뒤 생각이 나면 앉아서 기록하고 그 내용을 바탕으로 모둠원들과 소통하게 하기(① 모두 일어서서 생각하기 ② 생각이 나면 앉아서 노트에 기록하기 ③ 모든 모둠원이 기록을 마치면 생각과 정보 서로 공유하기 ④ 모둠 의견 정리하기 ☞ 생각이 떠오르지 않아 계속 서 있게 되는 아이들은 적당한 시간이 지나면 스스로 앉아 모둠원들과 정보를 공유하되 자신의 차례가 되면 일단 '패스'를 외치고, 다른 사람이 자신의 생각을 모두 말한 뒤에는 다시 차례를 넘겨받아 "생각이 잘 떠오르지 않아 정리하지 못했습니다."라고 솔직하게 말하되 다른 사람의 말을 경청해서 들은 내용을 바탕으로 "그런데 잘 들어 보니 ○○○의 말처럼 ~ ~라는 생각이 들었습니다."라고 이야기한다. 상황에 따라서는 그 아이들에게 교사가 힌트를 줄 수도 있다.)

상황 2 먼저 생각을 정리하게 한 뒤 적당한 시간이 지나면 모두 일어서게 하여 모둠원들과 소통하게 하고 모둠원들이 생각이 정리되면 자리에 앉게 하기(① 혼자 생각 정리하고 기록하기 ② 모두 일어서서 자신의 생각과 정보 공유하기 ③ 모둠 의견 정리하기 ④ 모둠 의견 정리 후 자리에 앉기 ☞ ①번 단계에서 생각이 떠오르지 않는 아이의 경우 위의 [상황 1]처럼 지도한다.)

상황 3 모둠활동이 아니라 개인 생각을 갖는 것을 전제로 할 때는 ① 혼자 생각하기 ② 생각이 끝나면 자리에 앉아 노트에 기록하기 ③ 자신의 생각 발표하기 ― 이때 교사는 아무나 지목하는 것이 좋다. 대부분 손을 드는 아이들은 발표시킬 필요가 없는 아이들일 가능성이 크다. ☞ 서 있는 시간이 긴 아이들은 교사가 다가가 힌트를 주는 것도 필요하다.

서 있는 시간이 길어질수록 생각의 정리를 마친 아이들의 수업 공백기가 길어져 불필요한 상황이 만들어질 가능성이 있기 때문이다.

♣ 모두 일어서서 나누기 활동이 끝나면 교사는 활동 결과에 대하여 무작위로 아무나 지목하여 발표를 하게 할 수 있다. 모둠활동에 적극 참여하여 일벌레, 무임승차, 봉 현상이 최소화되었다면 어떤 아이들이 지목되어도 발표를 충분히 할 수 있다. 왜냐하면 모두가 적당히 긴장된 상태로 수업에 주인이 되어 적극적으로 생각하고 들었기 때문이며 아이들 각자는 단순히 자신의 생각을 말하는 것이 아니라 모둠원들과 나누었던 이야기를 정리하여 말하는 것이기 때문에 부담감이 줄어들고 오답을 말했을 때 다가오는 불안감과 수치심도 훨씬 낮아져 아이들 자존감에 상처를 남길 우려가 적거나 없게 된다.

♣ 정리된 모둠 의견을 발표할 때 교사는 그들의 생각을 칠판에 잘 정리해 준다. 이것은 아이들의 다양한 사고 과정(비교, 분석, 공통점, 차이점, 생각의 다름 등)을 그대로 보여줌과 동시에 그들의 생각과 사고가 수업을 얼마나 의미 있게 만들어 주는지를 알게 해 줄 수 있는 좋은 자료가 되기 때문이다.

♣ 아이들이 생각과 정보를 나누는 과정을 살피면서 필요할 경우 전체 활동을 멈추고 힌트를 주거나 각 모둠에 1명씩만 나오게 하여 중요한 힌트를 준 뒤 모둠으로 돌아가 자신이 알아온 힌트를 다른 사람들에게 알려 주고 다시 활동을 시작하게 할 수도 있다.

오답은 살아 있는 수학 수업 재료 ― 고민의 결과는 즉시 말하기, 오답은 살리기

우리나라 아이들은 틀리는 것을 매우 두려워하고 창피스러워한다. 물론 이는 학습된 것이고 그 뒤에 그런 상황을 만든 교사의 잘못이 있다. 천재 발명가 에디슨이 전구를 개발할 때 99번의 실패를 부끄러워했을까? 오히려 99번의 안 되는 이유를 알아낸 것에서 희망을 찾았을 것이고 그것이 결국 전구를 발명하게 만들었던 것 아닐까?

마찬가지로 수학 수업 시간에도 아이들 스스로가 고민 끝에 생각해 낸 산물들을 과감하게 교실 전체로 던져 보거나 실행시켜 볼 필요가 있다. 물론 그 생각을 교실 전체에 던져 보거나 실행하는 과정에서 어떤 지

자신의 생각 발표하기 장면 - 분수의 곱셈

점에서 생각이 부족했는지, 어떤 부분을 고려하지 못했는지, 자신의 생각에 어떤 장점과 단점이 있었는지, 자신의 생각을 어떻게 보완을 해야 될지 등의 반성적인 사고 과정은 반드시 필요할 것이다. 이러한 과정을 통해 아이들은 수학적 개념의 이해 및 수학적 사고력을 보다 심화, 발전시키고 수학적 문제 해결력을 향상시킬 수 있게 된다.

이를 위해 무엇보다도 틀려도 괜찮은 교실 환경을 만드는 일이 중요하다. 아이들이 오답을 말한다는 것은 그들이 사고하고 있다는 증거이기도 한 만큼 왜 그렇게 생각했는지를 묻고 어떤 지점에서 좀 더 생각해 볼 필요가 있는지를 스스로 찾아낼 수 있도록 해야 한다. 여기에는 오답을 말한 아이들을 더욱더 칭찬하고 격려하는 교사의 사고 및 태도 전환이 선행되어야 한다. 교사가 바뀌면 아이들은 수학적 개념을 이해하기 위해 고민은 하되 생각 난 아이디어는 망설이지 않고 발표로 연결 짓거나 실행에 옮긴다.[*]

심진 일으키기 — 핵심질문 뽑아내기

생각해 봅시다.

이렇게 하면 안 될까?

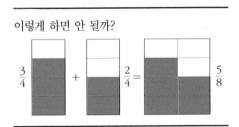

설명해 봅시다.

심진(心震)을 일으킨다는 것은 어떤 상황이나 주제와 관련하여 지적인 불완전함을 이용하여 장애물을 설치해 둔다는 것(아이들이 갖고 있었던 기존의 생각이나 신념을 무너뜨리는 일)을 의미한다. 실제로는 잘못된 상황을 제시하고 그것이 정답인 것처럼 포장하여 아이들의 사고에 혼란을 가져다주는 활동이라 말할 수 있다. 왼쪽 상황과 같은 예가 바로 그것이다.

보통 이런 상황은 부족하지만 아이들 자신이 현재 상황에 만족하거나 어렴풋하게 알고 있는 것을 좀 더 확실하게 이해할 수 있도록 돕고자 할 때, 아이들 자신이 어떤 주제나 상황에 대하여 잘 알고 있다는 착각에 빠져 있을 때 그들의 생각과 믿음에 지각변동을 일으키거나 부정하게끔 만들어 자신들의 기존 지식과 사고 체계를 재구성해 나갈 수 있도록 돕고자 할 때 만들어진다.[**]

이러한 발문을 위해서는 교과서를 버리고 핵심에 집중한 교육과정 및 교과서 내용의 재구성을 하지 않으면 안 된다. 왜냐하면 그 수업에서 굉장히 중요한 핵심질문일 경우에 주로 사용하는데 이 경우 시간이 꽤 많

---

[*] 오답이 나올 경우 그대로 적어 두고 아이들 간의 연결 짓기를 통해 수학적 의사소통을 돕고 비슷한 문제 상황에 봉착한 다른 아이들의 또는 완전히 이해하고 있지 못한 아이들의 이해를 돕거나 오류가 발생한 지점을 찾을 수 있도록 돕는다. 이 과정은 말 그대로 살아 있는 협동학습 수업을 만든다.
[**] 필자의 경우 주로 답 내기 중심의 학원 선행학습을 한 아이들이 많을 때, 지난 학년에서 완전히 개념을 이해하지 못하고 넘어온 영역에 대하여 출발점 행동을 점검하고자 할 때 많이 활용한다.

이 필요하기 때문이다. 이의 밑바탕에는 법정 스님의 '무소유' 사고가 있다.[*] 이처럼 불필요한 것 또는 덜 중요한 것에 아이들이 집중하지 않게, 시간을 보내지 않게 하는 일은 반드시 선행되어야 한다. 그래야 아이들은 현재 발달 수준을 바탕으로 근접 발달 영역 내에서 협동적 상호작용을 통해 잠재적 발달 영역으로 넘어가게 된다. 아이들이 모든 것을 알게 한다는 것은 단지 교사의 욕심일 뿐이다.[**]

충분히 생각할 시간을 주고 기다리기

생각할 시간을 주고 기다린다는 것은 인성 교육 차원에서 그 아이에 대한 배려일 뿐만 아니라 아이가 수업 속으로 들어올 수 있는 기회를 제공하는 일이다. 교사들이 아이들을 수업 속으로 끌어들여 수업에 주인이 될 수 있는 많은 방편들을 찾고 있지만 '아이들 스스로 자기 생각 갖기'만큼 쉬운 방법은 없다. 수업에 참여하는 아이와 그렇지 않은 아이의 가장 큰 차이점은 바로 자기 생각을 갖고 있느냐 없느냐 하는 점이다. 자기 생각을 갖고 있는 아이들치고 참여하지 않는 아이는 찾아보기 힘들다. 상대적으로 자기 생각을 갖고 있지 못한 아이들치고 제대로 참여하는 아이 또한 찾아보기 힘들다. 이를 위해 교사는 미리 교재 연구를 통해 준비한 중요한 질문들에 대하여 충분히 생각할 시간을 주고 기다리는 자세가 필요하다. 그러면서 아이들을 세밀하게 관찰하고 생각이 잘 떠오르지 않는 아이들에게는 먼저 모둠원들에게 도움을 구하고 그래도 안 될 때에 교사에게 도움을 요청하도록 안내하는 것이 필요하다. 무조건 교사에게만 도움을 요청한다면 아이들은 협동학습에 대한 필요성을 느끼지 못한다. 아이들에게 있어 가장 좋은 조력자는 교사가 아니라 팀 동료라는 사실을 늘 일깨워 주어야 협동학습이 잘 이루어질 수 있다.

생활 속에서 수학적 개념 및 원리를 학습하게 하기 — 수학적 도구 및 스토리텔링

아주 오랜 옛날 어느 산골 마을에 3년 고개라는 이름을 가진 고개가 있었습니다. 이 고개에서 넘어지면 3년 밖에 살지 못한다는 전설이 있었기 때문에 붙여진 이름입니다. 그런데 어느 날 할머니 한 분이 장에 갔다 돌아오는 길에 그만 3년 고개에서 넘어지고 말았습니다. 할머니는 '이젠 3년 밖에 살지 못하는구나.'하고 깊은 시름에 빠져 집에 돌아오자마자 자리에 눕게 되었습니다. 건강하시던 할머니께서 3년 고개에서 넘어져 깊은 시름에 빠졌다는 소문은 금세 온 마을에 퍼졌지요. 마을 사람들은 모두 할머니의 건강이 몹시 걱정되었습니다. 그러던 어느 날 동네에 살고 있던 영리한 소년이 찾아와 이렇게 말했습니다.

배수와 약수의 단원 학습 — 우리 전래동화 3년 고개 이야기로 시작하기(스토리텔링)

살아 있는 수학 수업을 만들어 나가기 위해서 생활 속에서 그 수학적 개념이나 원리를 학습할 수 있도록 재구성하라는 것이다. 아이들이 수학을 싫어하는 이유 중 하나는 '재미가 없다'는 것이다. 왜냐하면 자신의 피부에 와 닿지 않을 뿐만 아니라 배움과 자신의 삶과의 연결고리를 찾지 못해 왜 배워야 하는지 깨닫지 못하기 때문이다. 하지만 생활 속에서 수학적 개념을 탐색하는 활동은 아이들에게 무한한 흥미와 재미를 제공해 준다. 예를 들어 길이를 학습할 때 줄자로 나의 키뿐만 아니라 팔 길이, 다

---

[*] 법정 스님에 의하면 '무소유'란 아무것도 갖지 않는 것이 아니라 불필요한 것을 갖지 않는다는 뜻이다.
[**] 교과서를 보고 덜 중요하거나 핵심에서 벗어나는 것들 이것저것 묶어서 해도 큰 무리가 없는 활동들, 생략해도 좋은 활동들은 과감히 덜어 낸다는 판단과 의지가 필요하다. 굳이 교과서를 빠짐없이 다 가르쳐야 한다는 생각은 버리도록 하자.

리 길이를 실제로 측정해 보고 냉장고, 모니터 등 집 안에 있는 여러 가지 가전제품의 길이를 탐색해 본다면 학생들이 얼마나 재미있어 할까!

또한 신문이나 잡지 등을 이용해서도 수학 공부를 할 수 있다. 그 속에는 다양한 수학적 도구들이 들어 있다. 실제 이야기, 실제 상황을 시각화한 다양한 도표와 이미지(시각 모델 및 상황 모델) 등의 자료를 통해 학습한 아이들은 단지 수학으로서 추상적인 학문을 접한 것이 아니라 자신을 둘러싼 실제 현실을 간접적으로 경험하면서 수학이 실제 현실과 어떻게 접목되고 우리가 왜 수학을 공부해야 하는지뿐만 아니라 실생활 속에서 관련된 주제나 단원의 개념이 어떻게 녹아 들어가는지를 잘 이해할 수 있고 응용 능력도 높아지게 된다.

한편 학년에 따라서는 억지로 만들어진 이야기보다 이미 있는 이야기를 통해 수학적 상황을 제시하고 배우는 즐거움을 경험하게 할 수 있다. 특히 저학년에서는 매우 유용한 방법이 될 수 있다.*

개념이나 원리가 가진 구성 요소들 사이의 관계를 논리적으로 탐색하게 하기

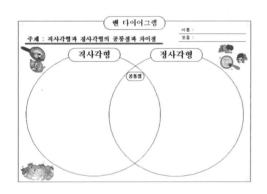

이는 그 개념이나 원리가 가진 구성 요소들 사이의 논리적인 관계를 탐색하게 하는 것이다. 이런 논리적 관계의 탐색 과정에서 아이들은 수학적인 구조를 더 명확히 해 그 개념이나 원리를 보다 확실하게 이해할 수 있게 된다.

예를 들어 직사각형과 정사각형을 서로 비교할 때 두 도형을 구성하고 있는 구성 요소인 변, 꼭짓점, 각을 논리적으로 탐색하도록 한다는 것이다. 이때도 그냥 알아서 비교해

보라고 하는 것보다 아래와 같이 아이들 수준에 맞게 사고할 수 있는 다양한 형태의 틀(밴 다이어그램 또는 비교 분석표)을 주는 것도 필요하다.

		정사각형	직사각형
공통점	꼭짓점		
	변		
	각		
차이점	변		

---

* 예를 들어 1학년 수학 교육과정을 보면 아이들의 호기심을 끌기 위해 수를 모르고 있다는 외계인을 등장시켜 스토리텔링 수학을 전개해 나가고 있는 상황이 있는데 좀 뚱딴지 같다는 생각이 든다. 여러분은 어떻게 생각하는가? 이미 많은 아이들이 숫자를 알고 학교에 입학하지만 이들이 숫자를 전혀 모른다는 전제하에 그들 수준에 맞는 우리 전래 동화 '해와 달이 된 오누이 이야기─떡 하나 주면 안 잡아먹지!'와 같은 이야기를 읽어 주면서 재미있게 수에 대하여 접근할 수 있도록 유도하는 것이 더 좋지 않을까 생각한다. 물론 이 단계에서 숫자를 단순히 추상적이거나 개수로 접근해서는 안 될 일이다. 숫자는 나름대로의 고유성을 갖고 있다. 이것을 아이들이 온몸으로 느낄 수 있도록 해야 한다. 예를 들어 1은 1개, 오직 하나밖에 없는 소중한 것, 추상적인 의미의 1, 기호로서의 1, 나 자신 등의 의미가 담겨 있다고 볼 수 있다.

구체물을 직접 조작하게 하기

종이를 직접 자르고 회전·이동시키면서 등적 변형을 통해 도형의 넓이를 구하는 공식 만들기 활동

초등학교 아이들은 아직 추상적 사고를 매우 힘들어하는 연령대이다. 이런 시기에 수학 공부를 단지 문제풀이 또는 답 찾기 식처럼 추상적으로 진행한다면 아이들은 매우 힘들어하고 수학 포기자가 양산될 수밖에 없다. 저학년부터 고학년까지 필요에 따라 모든 아이들에게 구체적인 조작물을 나누어 주고 알맞은 활동을 하여 그들의 이해를 도울 수 있는 방법 또는 자료들을 고민해 봐야 한다.*

문제를 협동적으로 함께 해결하는 즐거움 선사하기 — 미션 과제

모둠별 미션 과제 해결 장면

똑같은 활동이라도 그냥 활동지 형식으로 제시하면 아이들은 힘들어한다. 그러나 미션 활동이라고 포장하여 도전의식을 갖게 하면 아이들은 눈빛이 반짝거린다. 게다가 혼자 하는 것보다 모둠원들이 함께 해결하고 한 사람도 빠짐없이 다 설명할 수 있어야 한다는 조건을 내걸면 아이들은 더 활동적으로 움직인다. 왜냐하면 개별학습지 형식으로 나누어 주면 아이들은 마치 시험을 보는 듯 착각을 경험하며 부담을 느끼게 된다. 하지만 모둠 미션 과제나 협동학습 구조인 짝 점검 활동 등을 하게 되면 이 활동을 게임이나 놀이처럼 인식하여 도전의식을 갖게 된다. 아울러 모둠 미션 과제 및 짝 점검 등의 협동적 활동은 혼자라는 부담감이 줄어들고 개인적인 책임 또한 감소하며 또래 동료들과 서로 도움 및 칭찬 주고받기, 정보 및 아이디어를 공유하기 때문에 자연스럽게 상호작용을 통해 목표에 도달할 수 있다는 장점 및 아이들의 자존감을 살려줄 수 있는 효과도 얻을 수 있다. 여기에서 주의해야 할 점 한 가지가 있다면 무임승차, 일벌레, 봉 현상, 경쟁 현상을 어떻게 극복할 것인가 하는 것이다. 나의 경우 미션 과제나 협동적 활동이 끝나면 모둠원 가운데 아무나 대표설명을 하게 될 것

---

* 외국의 사례를 보면 교실마다 수학 관련 교구들이 정말로 많이 갖추어져 있는 모습을 볼 수 있다. 그러나 우리나라는 아직 교실마다 교구들이 아직도 충분히 갖추어져 있지 않다. 가뜩이나 잡무 및 여러 여건으로 인하여 수업 연구할 시간도 부족한데 교사들이 교구까지 직접 고민하여 만들어 사용하고 있는 현실이라서 매우 안타깝다.

이라고 미리 안내를 한다. 그러면 아이들은 한 명도 빠짐없이 완전학습을 하기 위해 노력하는 모습을 보이게 된다. 아울러 미션 과제를 잘 해결하면 상점을 준다거나 +α라도 무엇인가 걸려 있다면 아이들은 이해가 부족하거나 도움이 부족한 아이들과 부정적 상호작용을 하게 되어 협동학습의 중요한 기반을 뒤흔들 우려가 있으니 주의하기 바란다.

몸으로 배우게 하기

신문지로 1m² 단위넓이를 만들어 실제로 여러 종류의 넓이 측정해 보기

반 힐에 의하면 초등학교 시기의 아이들은 제2수준(기술적 수준)에 해당된다. 이 수준의 아이들은 사물을 직관적으로 관찰하고 귀납적으로 판단하며 정의한다.[*] 따라서 도구나 구체물을 이용하여 수학적 활동을 하는 것과 함께 몸으로 수학적 개념을 이해하고 몸이 수학적 개념을 기억하도록 하는 일은 매우 중요한 일이 아닐 수 없다.

몸으로 배운다는 것은 이런 것이다. 예를 들어 아이들이 처음 수를 익힐 때 아이마다 그 개념 및 의미를 쉽게 받아들이는 방법이 다르다. 어떤 아이들은 예를 들어 설명하는 것만으로도 이해를 하는가 하면 어떤 아이들은 바둑돌, 공기, 수 모형, 구슬 등을 이용하여 설명해야 이해를 하기도 하며 또 다른 아이들은 몸으로 뛰거나 걸음을 걷거나 하면서 수에 대한 개념을 몸으로 경험하고 몸으로 받아들이기도 한다. 또한 순서의 의미를 배울 때는 아이들 모두 몸으로 익히는 것을 더 빨리 쉽게 받아들이기도 한다. 이처럼 몸이 수학적 개념을 받아들이고 이해할 수 있도록 하는 일은 특히 초등학교 단계의 아이들에게 매우 적합한 활동이라 할 수 있다.[**]

놀이와 접목시키기 — 즐거움과 배움 연결하기

아이들은 놀면서 공부할 때 가장 즐겁게 배운다. 기는 놈 위에 뛰는 놈 있고 뛰는 놈 위에 나는 놈 있다고 하

[*] 반 힐은 아이들의 기하 학습에서 사고 수준이 제1수준(시각적 인식 수준) → 제2수준(도형 분석적 수준) → 제3수준(비형식적 추론 수준) → 제4수준(연역적 추론 수준) → 제5수준(기하학의 엄밀화 수준)과 같은 순서로 발달한다는 것을 알아냈다. 제2수준(도형 분석적 수준)에 대해 조금 더 설명해 보면 다음과 같다. 도형 분석적 수준은 관찰과 실험을 통해 주어진 도형의 구성 요소나 성질을 분석할 수 있는 수준으로 도형의 성질들 사이의 관계성은 인식하지 못하며 또한 명확한 수학적 정의를 내리지 못하는 수준이다. 도형의 구성 요소와 기본 성질에 대한 초보적인 분석만 하고 있는 수준(예를 들어 직사각형을 보고 이 도형은 "네 개의 곧은 선으로 만들어져 있고 그 선들이 만나면 점이 생기는데 그 점은 모두 네 개다."라고 파악하는 정도의 수준)에 해당된다. 따라서 이 수준의 아이들이 비형식적 추론을 하는 데는 무리가 따른다(5학년 수학 수업 협동학습으로 디자인하다. 이상우. 2016. 시그마프레스. p. 214.). 한편 초등학교 시기의 아이들은 피아제의 구체적 조작기에 해당되기도 하는데, 피아제도 이 단계의 아이들은 구체적인 대상 없이 언어적 명제만을 다루는 형식적 수준에는 이르지 못한다고 하였다.

[**] 이 외에도 길이 개념, 거리 개념, 넓이 개념, 도형의 특성을 활용한 역할극 하기 등에도 얼마든지 적용될 수 있다.

지만 나는 놈도 당해 내지 못하는 놈이 바로 노는 놈이다. 여기서 말하는 논다는 것은 그것을 즐긴다는 뜻이다. 수학 수업을 아이들이 가장 즐길 때는 바로 놀이 자체가 자연스럽게 배움과 연결될 때라고 말할 수 있다.

예를 들어 1학년 아이들이 짝수와 홀수를 공부할 때 바둑돌이나 죠리퐁 과자 또는 콩알로 홀짝 알아맞히기 게임을 하거나 수 세기 놀이를 할 수 있다.(물론 하면서 먹기도 한다.) 5

분수의 곱셈 단원 - 돌아가며 문제 내기 게임 활동 장면

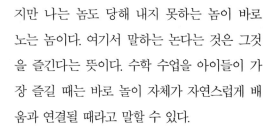

학년 배수와 약수를 공부할 때도 3, 6, 9게임을 하면 아이들은 매우 즐거워하며 배수 개념을 익힐 수 있다. 어떤 수학적 개념이나 상황을 안내할 때 스무 고개 형식으로 제시할 수도 있다. 큰 수의 덧셈과 뺄셈을 익히기 위해 시장 놀이 또는 알뜰시장 활동을 하거나 실제 화폐를 들고 아이들 각자가 사고 싶은 물건을 사고 계산하게 할 수 있다. 곱셈 구구 활동을 하면서 소위 말하는 '구구단을 외자, 구구단을 외자' 하는 활동을 하는 것도 아이들이 굉장히 즐기는 활동 중 하나다.

수업 연구를 게을리하지 않기 ─ 수업의 기록(경영록)

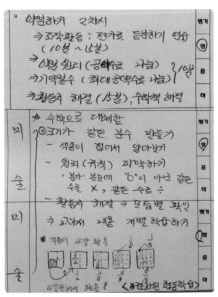

2015년 필자의 학급 경영록 수업 기록

교사의 가장 1순위 업무는 무엇보다도 수업 연구 및 수업 활동이다. 특히 수학 수업은 제대로 준비하지 않으면 문제풀이 방법이나 알고리즘을 익혀 반복 학습하는 정도의 수준을 넘어서기 힘들다. 따라서 살아 있는 수학 수업을 하기 위해서는 수업 전, 수업의 실제, 수업 후의 성찰까지 잘 연계된 수업 연구가 반드시 수반되어야 한다. 이렇게 꾸준히 지속된 기록은 분명히 교사의 전문성 신장을 가져다줄 것이다.[*] 쉽지만은 않다. 초등학교 교사는 여러 과목을 매일 동시에 지도하기 때문에 모두 확실하게 연구한다는 것은 어려운 일이다. 필자의 경우 몇 년을 주기로 중심 연구 교과를 선정하여 꾸준히 연구하는 습관을 들였다. 그리고 혁신학교에 와서는 동학년 선생님들과 각자 자신 있는 교과에 대하여 공동 연구를 하고 정보 및 자료를 공유하면서 좋은 수업을 위하

---

[*] 단순히 어떤 내용을 지도하고 어떤 순서로 하였다는 식의 기록은 별 의미가 없다. 여기서 말하는 기록은 살아 있는 수학 수업을 위한 고민의 흔적, 나다운 수업을 고민한 흔적, 특별한 것이 아닌 일상의 흔적이 잘 드러나게 하라는 말이다. 무슨 행사 치르듯이 하는 공개수업처럼 화려하게 계획하고 고민하라는 말은 아니다. 공개수업은 특별한 수업이기에 일상의 수업 모습은 아니다. 그런 활동에서 교사의 수업 성찰과 성장은 결코 이루어지지 않는다.

여 꾸준히 동학년 수업 회의를 지속해 오고 있다.

기록하는 방법은 자기에게 맞는 틀을 만들되 핵심 내용, 핵심질문, 중심 활동에 대한 고민, 수업의 흐름, 중요한 교구나 자료 등을 간략히 적어 두면 된다. 군이 자세하게 기록할 필요는 없다.

성장하는 교사치고 기록과 자기성찰을 하지 않는 교사 없고
기록과 자기성찰을 하는 교사치고 성장하지 않는 교사 없다.

칠판은 아직도 가장 유용한 도구

멀티미디어가 들어오고 난 뒤부터 칠판의 활용은 현저히 줄어들었다. 게다가 교과서 내용을 그대로 옮겨서 온라인 서비스를 하고 있는 업체들도 늘어나면서 이를 이용하는 교사 수가 증가하여 칠판은 마치 장식물처럼 되어 버린 것 같아서 아쉽다.

과거 칠판은 교사 중심 수업, 일방적인 전달 및 설명 위주의 수업, 암기 중심 수업을 대표하는 교구였다. 칠판에 대한 과거 기억을 떠올려 보면 빈틈없이 가득 채워진 판서와 받아 적기 바쁜 아이들의 모습 그리고 "다 썼니? 지운다?" 하고 외치던 선생님의 모습이 제일 많이 떠오른다. 그러나 아직도 칠판은 유용한 수학 교수 학습 도구이다. 특히 수학 수업에서는 더 그러하다. 칠판은 아이들 간의 소통의 장이기도 하고 교사와 아이들의 소통 도구이기도 하다. 게다가 칠판 판서는 수업의 흐름을 고스란히 담을 수 있는 매우 중요한 공간이다. 필자는 협동학습을 하면서 오히려 멀티미디어를 거의 쓰지 않는다. 오히려 수업 연구를 하면서 칠판을 이용하여 어떻게 수업 흐름을 나타내고 아이들의 배움의 과정을 고스란히 담아낼 것인지를 고민하고 실제 수업에서 그것을 실천한다. 아이들에게 자신의 배움을 담는 노트가 있다면 교사에게는 아이들의 배움을 안내하는 칠판이 있다.

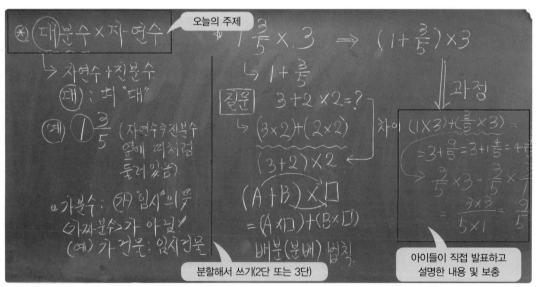

2015년 분수의 곱셈 수업 판서 사례 : 필자의 경우 과거처럼 단원 제목 쓰고 단원 목표 쓰고 하는 식의 칠판 판서는 하지 않는다. 오늘 수업 목표는 짧게 주제 제시 방식으로 첫머리에 반드시 기록한다.

모둠칠판을 적극 활용하기

모둠별 돌아가며 문제 내기 활동 장면

모둠칠판은 협동학습 교구 가운데 아이들이 가장 좋아하는 것이다. 아이들은 이것만 손에 쥐면 골든벨 퀴즈 활동을 하는 것처럼 여긴다. 수학시간에 모둠칠판은 개별 활동 차원에서 각자의 생각을 적어 들어 보게 하는 데 활용되기도 하고 모둠 의견을 정리하여 제시하는 데 쓰이기도 하며 모둠원들끼리 돌아가며 문제 내기 활동을 하거나 5단계 OX퀴즈 활동을 할 때도 사용된다.(뒷면에는 5단계 OX퀴즈 활동판

이 있다.) 보드마카는 사용한 뒤 마개를 꼭 막아두기만 하면 오래 사용할 수 있고, 모둠별 보드마카 및 지우개를 담는 바구니, 모둠칠판을 보관하는 수납장을 마련하기만 하면 굉장히 깨끗하게 영구히 활용할 수 있는 훌륭한 교구라 할 수 있다. 시중에 매우 비싼 가격으로 판매되기도 하지만 필자의 경우 오래전 수업 개선 연구교사를 할 때 연구 지원비를 활용하여 장판으로 직접 만들어 10년 넘게 잘 쓰고 있다.

적재적소에 알맞은 협동학습 구조 활용하기

모둠별 부채 모양 뽑기 활동 장면

협동학습 구조는 협동학습을 거드는 활동일 뿐이다. 그러나 적재적소에 잘 활동만 한다면 협동학습의 효과를 배가시킬 수 있는 훌륭한 사고의 틀이다. 따라서 각 사고의 틀이 갖고 있는 특성과 장점 및 주의해야 할 점들을 교사가 잘 파악하고 있다면 협동학습을 통해 생기가 넘치는 살아 있는 수학 수업을 만들 수 있다.*

PCK−교사 자신이 살아 있는 수학 교육과정 그 자체

교육과정 및 교과서 내용의 재구성도 그 교과, 단원, 차시에 대한 핵심, 무엇을, 왜, 어떻게 가르쳐야 하는가 등에 대한 종합적인 전문지식을 갖추었을 때 비로소 가능한 이야기다. 그것이 없다면 무분별하면서도 일관

---

* 필자의 경우 밴 다이어그램, 돌아가며 말하기, 돌아가며 문제 내기, 부채 모양 뽑기, 생각 내놓기, 모두 일어서서 나누기, 모둠별 문제 내기, 짝 점검, 모둠 토론, 칠판 나누기 등의 활동을 자주 활용하는 편이다.

성 없는 재구성밖에 이루어지지 않는다. 그런 수업은 절대로 좋은 수업일 수 없다. 교사가 수학은 왜 배워야 하고 왜 가르치려고 하는가에 대한 생각을 바탕으로 지도하고자 하는 단원에 대한 수학적 전문지식을 아이들 눈높이에 맞게 교수학적 변형을 할 줄 알아야 재구성이 제대로 이루어질 수 있다. 그것이 없다면 단지 교과서 속 문제를 잘 풀 수 있는 방법이나 알고리즘만 가르치는 수업이 될 수밖에 없다.* 그런 수업은 학교 밖의 학원에서 많이 볼 수 있다. 그런 학교 교육은 학원 교육과 다를 것이 없다. 분명히 학교 교육은 학원 교육과 달라야 한다. 그래야 학부모가 학원보다 학교 교육을 신뢰할 수 있고 무너진 공교육을 다시 일으켜 세울 수 있다.

살아 있는 협동학습 수학 수업에서 가장 중요한 것은 교사 자신이다.
살아 있는 협동학습 수업을 위해 교사 자신이 곧 살아 있는 교육과정이어야 한다.

---

* 필자가 생각해 볼 때 학교 현장은 이런 상황을 그리 많이 벗어나고 있지 못하고 있다는 생각이 든다. 특히 수학과 관련하여 그런 현상이 두드러지는 영역은 바로 분수와 도형 영역이다.

3~6학년 분수 교육과정의 재구성

2

필자의 간절한 부탁과 당부의 말

실제 재구성 사례를 이곳에 제시하면서 가장 걱정되는 것은

누군가가 이곳에 나와 있는 사례를

무작정 따라 할 수도 있다는 점이다.

이곳에 나와 있는 자료는 어디까지나 하나의 사례일 뿐이라는 점,

결코 최선일 수 없다는 점을 꼭 알아주었으면 좋겠다.

오히려 이 글을 읽는 여러분이 반드시 집중해야 할 부분은

필자가 어떤 이유로 이렇게 재구성할 수밖에 없었는가 하는 점이다.

왜냐하면 교과서가 바뀔 때마다 교과서 내용을 분석하여

원고 내용을 수정, 보완하기도 어려울 뿐만 아니라 교과서가 바뀌어도

분수 교육과정 내용은 크게 바뀌지 않는다고 생각하기 때문이다.

재구성 이유를 가장 주의 깊게 살피고

그를 바탕으로 필자의 사례를 살피면서

자신만의 것으로 만든 후 자신의 교실에 맞게 바꾸어 적용해 볼 것을

간절하고도 강력하게 부탁하고 또 부탁하고자 한다.

그것이 수학 교육의 전문성을 살리는 길이고

'나다움'이 물씬 풍기는 예술적인

협동학습 분수 수업을 할 수 있는

지름길이라는 것을 꼭 알아주기 바란다.

끝으로 이곳에 제시된 모든 내용은

교육학적 지식에 기반을 두고

초등학교 분수 교육과정을 체계적으로 분석하여 안내한 것이고

그에 따라 수학 교과서에 얽매이지 않아도 될 만큼

실제 수업을 디자인하고 실천한 것이기 때문에

교육과정이 개정되고 교과서가 바뀌더라도

수업에 참고하거나 적용하는 데

아무런 무리가 없을 것이라는 점을 미리 밝혀둔다.

제5장

3학년 분수(1)　연속량 분수 이해하기

('분수와 소수'에서 분수 영역만 분리)

아이들이 분수에 대한 학습을 처음으로 시작하는 시기인 만큼

개념적 기초가 확실하게 이루어지지 않은 상태에서

기호로 표현하고 분수를 읽고 쓰는 일이 일어나지 않도록 최선을 다해야 한다.

특히 분수 모델과 말하기와 기호로 표현하기가 적절하게 조화를 이루도록 하되

기호로부터 분수 모델을 만들어 내는 활동에 좀 더 심혈을 기울여야 할 것이다.

분수를 처음 공부하는 3학년 1학기 단계에서는 전체가 1인 연속량을 똑같은 크기의 부분으로 나누어 보기, 이를 통해 등분할 개념을 이해하기, 이것을 기초로 등분할 된 전체에 대하여 부분의 수를 나타내는 의미로 분수의 개념을 알아보는 활동하기, 분수의 정의 바르게 이해하기, 진분수에 대한 이해, 분모가 같은 분수의 크기 비교 등의 내용을 포함하고 있다.

　교육과정상 일반적으로 이런 내용을 다루기 위해 약 7차시 내외 정도의 시간을 배정해 두고 있다.[*] 그런데 필자가 생각할 때 이 정도의 시간으로는 아이들이 분수에 대한 개념을 바르게 형성할 수 있도록 돕는 데 부족하다는 생각이 들어 수업 시간을 좀 더 확보하여 진행하기로 마음먹고 아래와 같이 교육과정을 재구성하여 실제 수업을 진행하였다.

---

[*] 지금까지 실제 교육과정 구성에서는 분수와 소수를 동시에 한 단원에서 다루어 왔다. 그래서 두 요소를 한데 묶어 14~15차시로 수업 시간을 구성, 분수는 7~8차시, 소수는 3~4차시, 나머지 시간은 스토리텔링을 통한 단원 도입, 문제 해결, 이야기 마당, 평가 등의 시간으로 배정하고 있다. 그러다 보니 지도서에 제시된 바와 같이 수업할 경우 배정된 수업 시수에 비하여 실제로 분수의 기초 개념 형성에 도움이 될 수 있는 활동을 할 수 있는 시간적 여유가 부족한 꼴이 되어 버린 셈이다. 이 문제를 어떻게 극복할 것인가에 대한 판단은 어디까지나 담임교사의 몫이 된 것이다.

차시	재구성 이후	수업의 목적
1	똑같이 나누기	똑같이 나누기, 똑같이 나누어야 하는 이유 깨닫기
2	전체와 부분의 크기 비교	전체와 부분 간의 관계 이해, 전체와 부분 간의 크기 비교하기
3	분수로 나타내기	분수라는 기호의 발견, 분수의 정의 및 약속, 분수 바르게 읽고 쓰기
4	놀이로 익히는 분수	분수 빙고, 분수 스무고개, 분수카드 뒤집어 짝 맞추기 등(그림을 보고 분수로 나타내기, 주어진 분수만큼 그림으로 나타내기)
5~6	단위분수를 이용한 분수의 이해	단위분수를 이용한 진분수의 이해, 분모가 같은 분수의 크기 비교하기 (색종이 띠 또는 분수막대 모형 활용)
7~8	수직선을 활용한 분수의 이해	수직선 등분할하기 및 단위분수 이해하기
		단위분수만큼 뛰어 세기 및 분수의 위치 표시하기, 분모가 같은 분수의 크기 비교하기
		단위분수 간의 크기 비교하기
9~10	분수로 재미있게 놀기	단위분수 및 진분수를 활용, 게임 활동을 통해 1을 만들어 보기
11	단원 평가	단원 정리(문제풀기)

위와 같이 재구성한 이유에 대하여 살펴보면 다음과 같다.

교육과정 재구성의 이유와 방향성

문제의식 갖기

01 분수 개념 형성을 위한 충분한 시간의 부족

분수의 의미는 (1) 전체-부분, 양으로서의 의미, (2) 비 또는 비율로서의 의미*, (3) 나눗셈의 몫으로서의 의미, 이 세 가지가 있는데 이 가운데서 아이들은 비율로서의 분수를 매우 어려워한다. 6학년이 되어서도 이해에 어려움을 호소하는 부분이기도 하다.

다행히도 분수 학습을 처음 시작하는 3학년 1학기에는 비율로서의 분수, 나눗셈의 몫으로서의 의미를 다루지는 않을 뿐만 아니라 연속량만 다루면서 1을 몇 등분하였는가 하는 것 중심으로 다루고 있어서 그나마 다행이라 말할 수 있다.

한편 교과서 내용을 살펴보면 전체를 똑같이 나누어 보는 과정 속에서 양으로서의 의미를 다루는 활동

---

* 예를 들어 이산량인 "사과 12의 $\frac{2}{3}$는 몇 개인가?"와 같은 문제를 말한다. 이 활동은 특히 고학년 아이들도 반복하여 지도해도 매우 힘들어하는 부분이다.

이 중심이라는 것을 알 수 있다. 이런 내용을 실제로 수업에서 다룰 때는 그림으로 이미 그려진 곳에 색칠만 하기보다는 직접 나누고 오려 보는 활동이 더 큰 도움이 될 뿐만 아니라 아이들 자신이 직접 조작활동을 해 보면서 알게 된 사실들을 수학적 언어를 활용하여 의사소통하는 경험을 많이 갖도록 해 주어야 자연스럽고 의미 있는 구성주의적 배움이 일어날 수 있다. 그런데 지금까지 개정을 거듭해 온 교과서들을 살펴보면 그런 내용들이 제대로 마련되어 있지 않을 뿐만 아니라 위와 같은 내용들을 제대로 다루고자 할 때 필요한 만큼 의 충분한 시간적 여유가 주어져 있지 않다는 것에 문제가 있다고 볼 수 있다.*

02 분수 개념 이해를 위해 제시되는 모델에 대한 아쉬움

분수 개념의 이해를 위해 아이들에게 제시된 교과서 속 모델들을 보면 너무나도 다양하다. 그래서 아이들은 오히려 너무나 힘들어한다. 현실 상황과 연결 짓기를 하겠다고 피자 모양이나 국기, 식빵 모양, 복잡한 도형 등을 제시하는 것도 좋지만 분수 모델을 몇 가지 모양으로 한정지어 제시하되, 이를 활용한 다양한 조작활 동 및 수학적 의사소통 활동이 충분히 이루어질 수 있도록 수업을 디자인하는 것이 더 좋겠다는 생각이 들 었다.** 이렇게만 된다면 조작활동을 통해 아이들은 직관적 이해를 통해 분수에 대한 개념을 제대로 세워 나 갈 수 있을 뿐만 아니라 제대로 분수 개념이 형성되었을 때 어떤 모양이 제시되어도 문제 해결에는 큰 어려 움이 없을 것이라 생각한다.

03 독립적이면서도 고유한 위치를 갖는 유리수로서의 분수 개념 지도 내용이 없다.

교과서에 제시된 분수 상황을 보면 대부분 연속량에 대한 등분할 상황을 표현하기 위한 기호로서의 분수를 나타내고 있다(전체-부분 개념). 그러나 분수의 개념 속에는 하나의 독립적인 수로서 자기만의 고유한 위치 를 갖고 있다는 점(몫으로서의 분수) 또한 매우 중요한 것인데, 이를 전혀 다루지 않고 있다는 것은 참으로 안타까운 일이라 할 수 있다. 분수를 처음 배우는 시기부터 분수에 대한 개념을 제대로 세워 주지 못한다면 이후에 경험하게 될 수많은 과정에 대한 이해도가 떨어져 분수와 관련된 다양한 내용들을 매우 어려워할 수 밖에 없기 때문이다. 따라서 이와 연결 짓기를 할 수 있도록 수업을 디자인하려는 교사의 연구가 선행되고 실천이 이어져야만 한다.

---

* 교과서 구성을 살펴보면 매 단원 1차시, 매 차시 도입 부분의 생각 열기에 실제 상황을 제시, 단원의 끝부분에 문제 해결 1차 시, 이야기마당 활동 1차시를 제시하고 학습할 내용을 실생활의 맥락 속에서 생각하거나 창의적 사고를 유도하여 수학적 유용성 을 느낄 수 있도록 돕고 있다. 그러나 제시된 상황이나 이야기가 건조하고 재미도 없을 뿐만 아니라 아이들의 흥미와 호기심을 자 극하기에는 너무 억지스러운 점이 있고 굳이 3~4시간이라는 긴 시간을 할애할 만큼 그렇게 중요한 활동인가, 또한 모든 아이들이 그런 활동을 꼭 해 나가야만 하는, 차시 활동 속에 자연스럽게 스며들어갈 수 있도록 할 수는 없는가 등에 대한 문제의식을 가 져볼 필요가 있다. 교사의 고민에 따라서 스토리텔링 부분, 문제 해결 활동, 이야기마당 활동 등을 과감히 생략하거나 실제 수업 활동 속에 포함시키고 좀 더 많은 시간을 필요로 하는 활동에 시간을 더 할애하여 아이들이 충분히 생각하고 의사소통하고 조작 활동을 할 수 있도록 수업을 디자인한다면 아이들의 배움에 더 도움이 될 것이라 생각한다.
** 특히 가위로 쉽게 자르고 오릴 수 있는 그런 모양(예를 들자면 정사각형 또는 직사각형 색종이, 원모양 색종이, 정삼각형이나 정 오각형, 정육각형 모양의 색종이, 종이 띠 등)을 직접 자르고 포개어 보도록 하는 활동이 3학년 단계 아이들의 직관적 이해(전체 와 부분의 이해, 등분할을 해도 크기나 양은 변함이 없음을 이해, 합동 분할을 이해)에 훨씬 더 도움이 된다고 보기 때문이다. 또 한 수학이라는 것은 실제 삶 속에서 경험할 수 있는 사안들을 학문적으로 해석, 학생들 수준에 맞게 교수학적으로 변화를 준 것 이라면 상황에 따라 꼭 실제와 똑같지 않아도 된다는 생각도 포함되어 있다.

04 등분할 지도를 하면서 두 가지 중요한 사항을 제대로 다루지 못하고 있다는 점

3학년 단계에서 등분할 개념 속에 포함되어 있는 두 가지 중요한 사항은 (1) 등분할을 해도 크기나 양은 처음과 똑같다는 점 (2) 등분할을 할 때 모양도 똑같아야만 한다는 점이다. 이 두 가지를 한마디로 요약하면 바로 '합동 분할'이라고 말할 수 있다. 그런데 교과서 속에서 이런 가장 기본적인 사항조차 제대로 다루지 않고 있다는 점을 생각해 본다면 교과서 중심의 수학교육이 얼마나 위험한지, 영역별로 체계적인 교육과정의 재구성이 얼마나 중요한지 가히 짐작하고도 남을 일이다.

05 분수의 의미에 대하여 생각해 보기=등분에만 초점을 맞추어야 하는가?

교과서 내용을 살펴보면 분수의 의미를 처음 소개하면서 다음과 같이 두 가지 의미로 나누어 각각 1차시씩 다루고 있음을 볼 수 있다.

❶ $\frac{\triangle}{\square}$이란 전체를 $\square$개로 나눈 것 중 $\triangle$개라고 이해를 돕는 과정 1차시

(예) $\frac{3}{5}$=1을 5등분한 것 중 3개

❷ $\frac{\triangle}{\square}$이란 $\frac{1}{\square}$의 $\triangle$배($\frac{1}{\square}$이 $\triangle$개만큼 있는 것)라고 이해를 돕는 과정 1차시

(예) $\frac{3}{5}$=$\frac{1}{5}$의 3배($\frac{1}{5}$이 3개 있는 것)

사실 이 두 가지 개념은 따로 떼어서 마치 별개의 것처럼 다룰 것이 아니라 동시에 함께 다루되 두 번째 개념(단위분수를 중심으로 한 개념)에 더 큰 중심을 두어서 지도해야만 하는 것이라 생각된다. 왜냐하면 이후로도 계속 이어질 분수 학습에 있어서 설명과 이해를 돕는 데 반드시 도움이 되기 때문이다. 물론 첫 번째 개념을 소홀히 다루어서는 안 될 일이지만 그것보다 더 많은 시간을 할애하여 두 번째 개념을 충분히 이해할 수 있도록 수업을 디자인해야 한다는 것으로 이해하기 바란다.

예1 첫 번째 개념으로는 가분수를 설명하는 데 있어서 충분하지 않다. 두 번째 개념을 갖고 있어야 가분수의 이해가 비로소 가능해진다.

예2 수직선에서 하나의 독립적인 수로서 각각의 분수가 갖고 있는 고유한 위치를 파악하는 데 도움이 된다(특히 가분수의 위치).

예3 분모가 같은 분수의 크기를 비교하는 데 훨씬 수월해진다.

01 분수 학습 시작 단계에서는 그림으로 그려진 것에 색연필로 색칠하는 것보다 색종이 등을 활용, 색종이를 똑같이 ○등분이 되도록 접어 보거나 가위로 모양과 크기가 똑같게 ○로 자른 후(한 개라는 전체를 몇 개로 등분) 공책 또는 활동지에 붙이고 (1) 똑같이 나눈다는 의미 (2) 전체와 부분 사이의 관계 (3) 전체에서 부분이 가지는 의미를 생생하게 경험적으로 체득할 수 있도록 디자인해 보았다. 조작활동을 통한 분수 지도는 아이들로 하여금 분수에 대한 수학적 의미와 함께 수학 수업이, 분수에 대한 배움이 즐겁고 재미있다는 생각을 갖도록 만들어 줄 것이다.

02 전체-부분으로서 등분할 상황을 나타내는 분수 개념과 함께 몫으로서 하나의 독립적이면서도 고유한 위치를 갖는 유리수 차원의 분수 개념 지도도 이루어져야 하기 때문에 이를 위한 대안으로서 수직선 모델의 적극 도입을 실천하고자 한다. 수직선 모델을 통해 1을 기준으로 등분한 후 각각의 위치, 분수의 크기 등을 이해시키기 위한 수업 디자인을 해 나갈 계획이다. 그렇게 된다면 하나의 수로서 독립적이면서도 고유한 위치를 갖는 분수 개념을 이해할 수 있을 뿐만 아니라 자연스럽게 그 크기까지 비교가 가능해질 것이다.

03 단위분수를 매우 중요하게 다룰 수 있도록 수업을 디자인해 보았다. 예를 들어 등분할 개념도 충분히 다루되 단위분수를 중심으로 한 분수의 이해뿐만 아니라 아래와 같은 이해도 충분히 이루어질 수 있도록 하였다.

예1 ☐ ← 이것은 $\frac{1}{3}$이다. 그렇다면 1의 크기는 어느 정도인지 직접 조작활동을 통해 표현해 보시오.

예2 ☐☐ ← 이것은 $\frac{2}{4}$이다. 그렇다면 1의 크기는 어느 정도인지 직접 조작활동을 통해 표현해 보시오.

이를 위해 수업 시간에 수직선을 모델을 반드시 도입하여 등분할과 함께 단위분수만큼씩 뛰어 세기, 각 분수의 위치 표시하기, 각 단위분수 간의 크기 비교 등을 함께 다룰 수 있도록 해 보았다. 조작활동과 함께 이 활동이 아이들에게 익숙해진다면 분수의 크기를 비교하는 것이 그들에게 매우 수월하게 느껴지게 될 것이다.

분수를 수직선에 나타내기 수직선에 분수의 표시는 0과 1 사이에 몇 등분이 되었는지 확인한다.

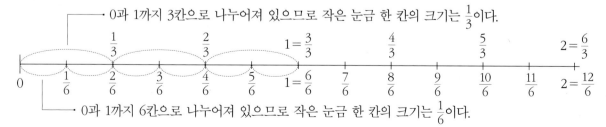

04 등분할 개념을 보다 정확히 이해할 수 있도록 아래와 같은 내용을 제시하고 수학적 의사소통이 충분히 이루어지는 과정에서 자연스럽게 이해를 도울 수 있도록 디자인해 보았다.

예1 색종이를 가지고 직접 등분할 해 보기:크기 양은 처음 그대로 유지된다.

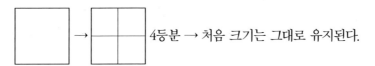

4등분 → 처음 크기는 그대로 유지된다.

예2 등분할:크기와 모양을 똑같게 자른 것(합동 분할)

아래 그림은 정삼각형을 여러 가지 방법으로 3등분한 것이다. 이 세 가지 모두 등분할이라고 할 수 있는가?(조건:도형마다 3조각으로 나누어진 부분의 크기는 모두 똑같다.)

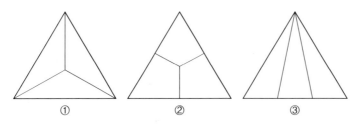

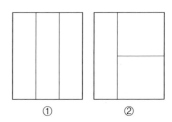

①번과 ②번의 경우 모양과 크기가 똑같으므로 등분할이라 할 수 있다. 그러나 ③번의 경우 각 부분의 크기는 똑같지만 모양은 다르기 때문에 3학년 단계에서는 등분할이라 할 수 없다.

①번은 등분할이 맞고 ②번은 3학년 단계에서는 등분할이라 생각하기 어렵다.

05 기호와 용어의 이해, 모델 그리기 활동이 꾸준히 지속적으로 이루어질 수 있도록 해 보았다.

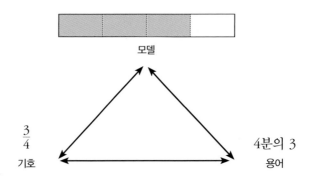

위의 삼각관계를 짝지어 볼 때 아래와 같은 경우의 수가 발생한다.

- 모델과 기호 연결하기
- 모델과 용어 연결하기
- 용어와 기호 연결하기

여기에서 교과서에 제시되어 있거나 실제적으로 학교에서 많이 활동하는 사례를 보면 모델을 보고 기호로 쓰거나 읽는 활동에 중심이 놓여 있다는 것을 알 수 있다. 하지만 유심히 들여다보면 기호나 용어로부터 모델을 만들어 내는 활동은 별로 없다는 것을 발견하게 된다. 따라서 교육과정 재구성을 통한 실제 수업 디자인 과정에서 아이들이 직접 주어진 도형이나 사물을 등분할하거나 분수의 부분을 직접 그림으로 그리도록 하는 활동 경험을 충분히 제공할 수 있도록 해 보았다.

06 놀이 활동과 연계하여 개념을 이해할 수 있도록 하였다. 조작활동과 함께 놀이 활동시간도 확보하여 자연스럽게 분수 개념 이해를 돕는 활동을 아이들이 경험한다면 수학-분수는 참 재미있는 활동이라는 생각이 학습하는 과정에서 아이들 마음속에 새겨질 수 있을 것이라 확신한다.

07 조작활동을 위해 색종이를 띠 모양, 삼각형 모양으로 충분히 잘라 두고, 원 모양 색종이도 충분히 구입해 두면 좋다. 아울러 A4 용지의 절반에 해당되는 크기로 분수 카드를 미리 만들어 두었다가 칠판에 붙이거나 제시할 수 있도록 하면 아이들과 활동에 도움이 될 수 있으니 참고하기 바란다.

3학년 1학기 분수 교육과정 재구성의 핵심 요약

먼저 처음 분수를 학습하는 단계에서 정확한 분수 개념이 형성될 수 있도록 등분의 개념, 전체와 부분 간의 관계를 충분히 다룬 뒤에 분수의 기호 도입, 분수의 정의 및 읽고 쓰기, 분수를 모델로 그리기, 놀이를 통한 분수 기초 개념 형성의 순서로 활동이 진행될 수 있도록 수업을 디자인해 보았다. 특히 신경 써야 할 점은 색종이 등을 활용한 조작활동과 자신의 생각을 입말로 표현하기, 분수를 모델로 직접 그려 보는 활동이다. 이 과정에서 아이들은 즐겁고 재미있게 분수를 학습해 나갈 것이며 조작적 경험에서 우러나오는 유연한 사고 활동 및 입말로 표현해 보는 의사소통 활동을 통해 자연스럽게 정확한 분수 개념을 형성해 나갈 수 있을 것이다.

두 번째, 차후의 분수 학습 활동에 큰 영향을 줄 수 있는 단위분수 개념 및 전체 1이라는 개념 형성에 목표를 두고자 단위분수를 바탕으로 한 진분수의 이해, 분모가 같은 분수의 크기 비교하기, 수직선상에서 분수의 위치 이해하기, 단위분수 간의 크기 비교하기 활동 순서로 디자인해 보았다. 이 단계 역시 이전 단계와 마찬가지로 특히 신경 써야 할 점은 색종이 등을 활용한 조작활동과 의사소통 활동을 통한 크기 비교 과정이다. 이렇게 조작적 경험 및 의사소통 과정을 해 나가다 보면 자연스럽게 분수의 크기 비교 및 분모가 클수록 크기가 작다는 점, 단위분수가 모여 1이 된다는 점 등을 이해할 수 있게 될 것이다.

세 번째, 전체적인 활동 과정에서 조작 및 표현활동의 가치는 매우 크게 부각될 것이라 판단된다. 이를 위해 소집단 협동학습, 놀이를 통한 분수 및 소수 개념 형성 활동, 조작활동(분할하기, 자르기, 이동시키기, 그리기 등)이 수시로 이루어질 수 있도록 수업을 디자인해 보았다.

똑같이 나누기

가능하면 1차시와 2차시를 블록으로 묶어 수업을 진행

수업 흐름	교사의 발문

도입

※ 아래 글을 읽고 질문에 답을 해 보시오.

어머니께서 철수와 동생이 똑같이 나누어 먹으라고 치즈 케이크를 주셨다. 철수는 아래와 같이 동생에게 나누어 주었다. 케이크를 받아든 동생은 갑자기 울음을 터뜨렸다. 왜 그랬을까?

철수	동생

→ 동생의 양은 적고 형의 양은 많기 때문에. 케이크의 양이 똑같지 않아서.

전개

• 그래요. 먹을 것이 있으면 똑같이 나누어 먹어야 사이도 더 좋아지고 모두가 행복할 수 있답니다. 여러분도 그렇게 할 수 있지요?

• 똑같이 나눈다는 것은 (   )과 (   )를 갖게 해 주어야 하는 것일까요? → 모두 일어서서 나누기 활동 → 전체 공유 : 모양과 크기

💡 **활동 1** 주어진 도형을 잘 살펴보고 오른쪽 물음에 답을 하시오.

똑같이 나누었다고 할 수 있는가? → 아니라면 그 이유는 무엇인가?

💡 **활동 2** 피자 1판을 5명이 나누어 먹기 위해 아래와 같이 나누었다. 이 그림을 보고 생각나는 것이 있으면 이야기해 봅시다. 이런 문제를 겪지 않기 위한 방법도 생각해 봅시다. → 모두 일어서서 나누기 활동 → 전체 공유

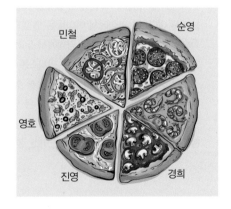

정리

※ 지금부터 선생님이 나누어 주는 색종이를 똑같이 나눈 후에 공책에 붙여 보도록 합시다. 짝 또는 모둠원과 나누는 방법을 의논한 후 오려서 각자 공책에 붙인다.(모둠토의)

(1) 정사각형 → 여러 가지 방법을 이용하여 4조각으로 나누어 보기

(2) 직사각형 → 여러 가지 방법을 이용하여 3조각으로 나누어 보기

(3) 원 → 여러 가지 방법을 이용하여 4조각으로 나누어 보기

(4) 원 → 여러 가지 방법을 이용하여 6조각으로 나누어 보기

- 2차시와 블록으로 진행할 경우 1차시 정리활동을 맨 뒤로 배치하여 진행한다.
- 모둠토의를 함께한 후 나누어 붙이는 것은 각자 진행한다. 시간이 부족할 경우 놀이시간을 활용하거나 가정 학습 과제로 제시한다.
- 필요시 수학책 또는 익힘책도 가정 학습 과제로 제시한다.
- 1차시 똑같이 나누기(가능하면 1차시와 2차시를 블록으로 묶어 수업을 진행)

2차시 전체와 부분의 크기 비교

수업 흐름	교사의 발문
도입 및 전개	• '가위 바위 보'를 하여 이긴 사람이 한 조각씩 색칠하기 ☞ 협동학습으로 활동지 해결 : 짝 점검 놀이 안내 ☞ 놀이를 하면서 색칠을 한 후에 **"나는 전체를 ○칸으로 똑같이 나눈 것 가운데 △칸을 색칠하였다."** 라고 반드시 말할 수 있게 안내
정리	활동지 4번, 5번으로 차시 활동 정리

수학 3-1	**1. 분수와 소수** 전체와 부분의 크기 비교	서울 　　　 초등학교 3학년 　 반 　 번 이름 :

1. 원을 똑같이 나누고 짝과 '가위 바위 보'를 하면서 1칸씩 색칠해 보시오.

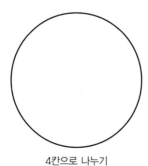

4칸으로 나누기

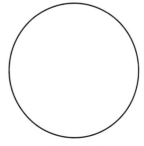

6칸으로 나누기

2. 정삼각형을 똑같이 나누고 '가위 바위 보'를 하면서 1칸씩 색칠해 보시오.

3칸으로 나누기

4칸으로 나누기

3. 직사각형을 똑같이 나누고 '가위 바위 보'를 하면서 1칸씩 색칠해 보시오.

4칸으로 나누기

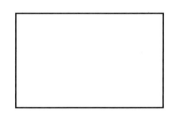
3칸으로 나누기

4. 게임을 하면서 팀을 나누었는데 철수네 팀은 2명, 민수네 팀은 3명, 영희네 팀은 4명, 선영이네 팀은 5명으로 만들어졌다. 각 팀은 아래와 같이 똑같은 길이의 종이를 인원수만큼 똑같이 나눈 뒤에 각각의 쪽지 위에 팀원의 이름을 쓰기로 하였다.

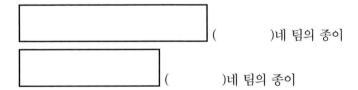
처음 종이

활동을 하던 도중에 바닥에 떨어진 종이를 발견하였는데 그 종이는 물에 젖어 있었고 이름은 잉크가 번져서 알 수 없었다. 각각의 종이는 누구 팀의 것인지 어떻게 알 수 있을까?

(   )네 팀의 종이

(   )네 팀의 종이

5. 민수네는 가족이 4명이다. 순이네는 가족이 8명이다. 철호네는 가족이 3명이다.

이 피자는 (   )네 가족 중 2명이 자기 것만 먹고 남겨둔 것이다.
→ (   )네 가족이라는 것을 어떻게 알았는가?

이 피자는 (   )네 가족 중 1명이 먹어야 할 것만 남겨둔 것이다.

→ (   )네 가족이라는 것을 어떻게 알았는가?

이 피자는 (   )네 가족 중 1명이 먹어야 할 것만 남겨둔 것이다.

→ (   )네 가족이라는 것을 어떻게 알았는가?

1~2차시 수업 소감

오늘 수업은 2차시를 블록으로 묶어 진행해 보았다. 설계한 바와 같이 잘 이루어질 것을 기대하였지만 첫 차시 수업부터 나의 예상은 조금 빗나갔다.

시작 단계에서 아래와 같이 PPT를 사용하여 똑같이 나눈다는 것이 무엇인지 강조하며 짚어 보는 데 약 20분 정도를 사용하였다. 충분히 생각하고 생각을 공유하면서 똑같이 나눈다는 것이 어떤 의미인지를 정확히 이해할 수 있도록 돕기 위함이었다.

첫 번째 슬라이드 질문은 전체 질문을 한 후 조금 생각할 시간을 준 뒤에 무작위로 몇 명의 아이들 발표를 들어 보았다. "철수는 많이 가졌고, 동생은 조금 가졌기 때문이다."라는 말은 모두 넣어 말하였지만 자신도 발표를 해 보겠다고 하면서 장난스러운 생각을 추가하여 발표하기도 하였다. 그 정도는 그냥 넘어가 줄 만하였다.

두 번째 슬라이드 질문을 한 뒤에는 생각할 시간을 준 뒤에 모두 일어서서 나누기 활동을 통해 답을 찾아보도록 하였다. 대부분의 모둠에서 정확한 답을 찾아내었다. 그런 뒤에 세 번째 슬라이드를 통해 다시 똑같이 나눈다는 것에서 '모양과 크기'가 같아야 한다는 점을 강조하고 또 강조하였다.

네 번째 슬라이드를 보면서 떠오르는 생각을 정리한 뒤 모두 일어서서 나누기 활동을 통해 모둠원들과 생각을 공유하게 하고, 이런 일이 벌어지지 않기 위해서는 어떻게 할 것인가 의견을 들어 보았다. 역시 아이들이라서 그런지 생각 외의 대답이 몇 개 나왔다.

"각자 1개씩 먹고 남은 1개는 다시 다섯 조각으로 나누어 먹습니다. 다섯 명이 나누어 먹고 1개는 어머니를 드립니다.", "다섯 명이 나누어 먹고 1개는 가위, 바위, 보를 하여 이긴 사람이

먹습니다.", "다섯 명이 나누어 먹고 나머지 1개는 불쌍한 사람에게 가져다줍니다.".

그러나 이런 문제를 겪지 않기 위한 방법에서는 이런 대답이 나왔다.

"처음부터 정확히 5개로 자릅니다.", "피자를 주문할 때 5조각으로 잘라달라고 부탁합니다."

여기까지는 무난히 진행되었다. 블록 수업을 진행하였기 때문에 수업 설계에서 제시한 바와 같이 색종이를 실제로 똑같이 나누어 보는 활동을 제일 마지막 활동으로 돌리고, 활동지를 먼저 해결해 보도록 하였다. 그런데 내가 예상한 것과 다른 현상이 이 부분에서 발생되었다.

활동지를 해결하면서 '가위 바위 보' 게임을 시작하기 전에 가장 먼저 1, 2, 3번 도형을 주어진 조건에 맞게 똑같이 나누어 보라고 하였다. 예상으로는 이 활동에서 약 15분 정도를 사용할 것이라 생각하였다. 그리고 어느 정도는 아이들이 어떤 부분에서 오개념을 가질 것이고, 이것을 수정해 나가는 데도 약간의 시간이 걸릴 것이라는 것도 예상은 했던 바이기도 했다. 그런데 이

단계에서 시간을 약 25분 정도 사용하였다. 원 모양과 삼각형 모양은 아이들이 조금 어렵다고 느낄 것이라 생각은 했지만 올해 내가 지도하는 3학년 아이들이 사각형 모양을 나누는 것까지도 이렇게 힘들어할 것이라고는 예상치 못하였다. 그리고 나의 생각은 보란 듯이 빗나갔다. 거기에 더하여 오늘 따라 나의 반 아이들이 다른 수업 시간보다 더 집중력이 떨어졌는지 활동 중에 장난을 치는 아이도 꽤 많았고, 심지어는 싸움도 발생하였으며 수시로 화장실을 갔다 오는 아이들도 매우 많았다. 이 아이들을 지도하는 데 신경을 쓰느라 교실은 더 혼란 속으로 곤두박질쳤다. 심지어는 아이들 활동을 모두 멈추게 하고 "선생님, 지금 크게 화가 났다. 여러분이 선생님 말을 잘 따라 주지 않고 활동에 집중하지 않아서 지금 몹시 마음이 불편하다." 하고 목소리를 낮게 깔아 말하기까지 하였다. 그러자 아이들은 조금 심각하게 느꼈는지 활동에 집중하는 모습을 보이기도 하였다. 그렇게 본래 수업 설계에서 시간 배분 문제는 곧바로 변경되었다. 좀 더 많은 시간을 가지고 활동을 하다 보니 조금씩 정확히 나누는 방법을 찾은 아이들이 생겨나기 시작했고, 그 아이들이 주변 친구들과 자신들이 찾는 방법들을 공유하면서 서서히 활동지 문제 해결이 마무리되어 갔다. 전체 아이들을 돌아보면서 마무리된 것을 확인하고, 하나 둘씩 칠판에 다시 한 번 그려 가면서 되짚어 보았다. 특히 반례를 통해 무엇이 잘못되었는지, 똑같이 나눈다는 것 '모양과 크기가 같아야 한다는 것'을 반복해서 확인해 보는 시간도 가졌다. 여기에서 또 다시 수업 시간은 10분 정도 더 흘러갔다.

이어서 짝끼리 '가위 바위 보' 게임을 하도록 시간을 주었다. 활동을 시작하기 전에 칠판에 "전체를 똑같이 ○으로 나눈 것 중에 △을 색칠하였다."라는 말을 계속 반복해서 말하면서 색칠할 수 있도록 안내하고 몇 번 반복하여 말해 보게 하였다. 이윽고 활동이 시작되자마자 아이들은 순식간에 게임 속으로 빠져들어갔다. 1분 정도가 채 지나기도 전에 교실은 매우 큰 소음 속에 놓이게 되어 활동을 잠시 멈출 수밖에 없었다. 그래서 잠시 활동을 멈추게 한 뒤 왜 멈추었는지 되짚어 보고 다시 이어갈 수 있도록 하였다. 그러나 얼마 지나지 않아 다시 소음은 커졌고, 활동이 마무리되기까지 약 10분 정도 동안 3번 정도 활동의 멈춤이 발생하였다.

여기까지 진행되고 나니 시간이 얼마 남지 않아 4번 활동을 각 모둠별로 함께 토론하면서 해결해 보게 하였다. 각자 생각할 시간을 주고 이어서 모둠 토론으로 들어가게 할까 생각해 보기도 하였지만 5분 정도밖에 시간이 남지 않아 혼자 생각할 시간을 생략하고 곧바로 모둠 토론으로 들어갔지만 역시 무리였다. 아이들은 이 문제 또한 굉장히 힘들어하였다. 5분 동안 나름 정확히 이해하고 문제를 이해한 아동은 소수의 아이들뿐이었고, 그 아이들 또한 자신의 모둠원들에게 어떻게 설명해야 친구

활동지 4번 질문 관련 토론 장면

들이 정확히 이할 수 있도록 도울 수 있는지 확신을 갖지 못하는 것 같았다. 그래서 다음 시간에 이어서 하겠다고 마음을 먹고 그냥 그렇게 시간을 마무리하였다. 수업을 마치고 나서 다시 한 번 오늘 수업을 되짚어 보았다. 그런 뒤에 다음과 같은 결론을 내렸다.

이후 같은 수업을 할 경우에 대비한 피드백

- 이후에는 1차시 수업을 처음에 계획한 바와 같이 진행하는 것이 좋겠다.
- 이후에는 굳이 블록타임 수업으로 묶어서 수업을 진행하지 말고 1시간씩 따로 진행하는 것이 더 좋겠다.
- 이후에는 1차시 수업에서 실제로 조작활동을 하면서 똑같이 나눈다는 것이 어떤 의미인지를 충분히 이해할 수 있도록 돕는 것에 시간을 많이 할애하는 것이 좋겠다.
- 이후에는 2차시 수업을 활동지 그대로 진행하는 것이 좋겠다.

수업 설계에 문제가 있었는지 다시 한 번 고민해 보기도 하였다. 그러나 수업 설계 자체에는 크게 잘못된 점이 없는 것으로 결론을 내리되, 특히 2차시 수업 설계에서는 상황에 따라 학습량을 조금 조절할 필요가 있다는 결론을 내렸다.

이렇게 수업을 진행하고 나니 본래 예상했던 수업보다 1시간을 더 확보해야 하는 상황이 벌어졌다. 1시간을 더 확보하든지 좀 더 고민하여 다른 수업 시간을 절약하여 본래 계획한 대로 진행할 것인지 빨리 결정해야할 것 같다. 오늘은 조금 마음이 무겁다. 그리고 다른 날보다 수업에 집중하지 못한 아이들에게 약간은 화가 나기도 했고 아이들을 원망하기도 했다. 내가 이렇게 생각을 하는 것이 잘못된 것일까? 내가 문제일까?

추가 보충 활동 시간에 대한 수업 소감 지난 시간에 이어서 마무리하지 못한 활동들을 위해 1시간을 더 확보하여 수업을 진행하였다. 시작하면서 지난 시간 활동을 잠깐 동안 정리해 보고 4번 문

항을 다시 한 번 천천히 살펴보면서 모둠원들이 협동적으로 문제를 해결할 수 있도록 시간을 주었다. 약 7~8분 정도 시간이 흘렀다. 이번 시간에는 아이들이 잘 집중을 해 주어서인지 예상한 시간 내에 질문에 대한 답을 잘 찾아주었다. 각 모둠에서 나온 생각을 정리하면 아래와 같다.

(1) 이름이 지워진 종이를 본래의 종이에 벗어나거나 겹치지 않게 대보면 첫 번째 종이는 3번 들어가기 때문에 민수네 팀의 이름표이고, 두 번째 종이는 4번 들어가기 때문에 영희네 팀의 이름표가 된다.

(2) 처음 종이를 크기가 똑같게 여러 조각으로 자를 때 3조각으로 자르면 첫 번째 이름표가 되므로 첫 번째 종이는 민수네

5번 문제 해결을 위한 모둠 토론 활동 장면

색종이 조작활동을 통한 '똑같은 크기로 나누기' 활동 장면 및 활동 결과물

팀의 이름표이고, 4조각으로 자르면 두 번째 이름표가 되므로 두 번째 종이는 영희네 팀의 이름표가 된다.

이렇게 4번 활동을 정리하고 이어서 5번 문제 해결에 들어갔다. 역시 모둠 토론 활동으로 이어졌다. 이 문제 해결에 약 10분 정도의 시간이 사용되었다. 이 문제 역시 아이들은 집중하여 잘 해결해 나갔다.

모둠 토론 결과에 대하여 무작위로 몇 명에게 왜 그런 답이 나왔는지에 대한 설명을 하도록 해 보았다. 어떤 아동은 조금 부족하지만 모둠에서 토론한 결과를 자신만의 언어로 잘 설명해 주었고, 어떤 아동은 아주 정확히 설명해 주기도 하였다. 잘못된 해석이나 설명은 없었다. 이제 어느 정도는 '똑같이 나눈다는 것'이 무엇이고 그 의미는 무엇인지를 이해하고 있는 것 같았다. 이어서 지난 시간에 마무리하지 못한 또 하나의 활동인 색종이 분할하기 활동으로 남은 시간을 사용하기로 마음을 먹고 색종이를 나누어 주었다.

색종이를 나누어 주고 주어진 조건에 맞게 똑같이 나누어 보라고 하였는데 어떤 아이들은 매우 쉽게 해결하기도 하였지만 어떤 아이들은 매우 힘들어하는 모습도 보였다. 그런 아이들도 모둠원들의 도움을 받아 조금씩 문제를 해결해 나갔고, 그래도 잘 되지 않는 아이들은 내가 다가가 도움을 주기도 하였다. 이번 활동을 바라보면서 역시 교과서 중심의 수업보다 이런 방식으로 수업을 진행하는 것이 분수에 대한 실제적인 개념과 의미를 보다 정확히, 확실히 이해할 수 있는 방안이라는 확신을 갖게 되었다. 비록 처음 계획과는 달리 분수의 기초 개념 형성을 위한 수업 활동에 3시간이라는 매우 긴 시간을 사용하기는 하였지만 어떻게 보면 오히려 이것이 더 잘된 것일지도 모른다는 생각도 하게 되었다. 역시 수업에는 왕도가 없다는 것이 진리라는 것을 또한 번 깨닫는 시간이었다. 다음 쪽의 그림들은 이번 활동지의 결과물 및 활동 과정에서 아이들에게 나타난 오개념 사례를 제시해 본 것이다.

물론 위와 같은 오개념 사례를 놓치지 않고 칠판에 그려 가면서 어떤 점이 잘못된 것인지를 함께 생각해 보는 시간도 가졌다. 아이들은 반례를 보면서 '모양과 크기'가 같게 나누어지지 않았다는 것을 잘 이해하였다.

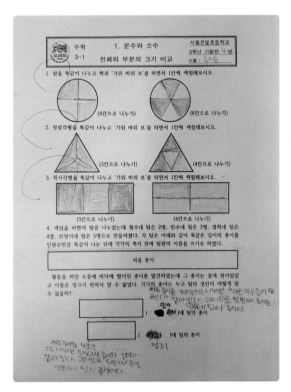

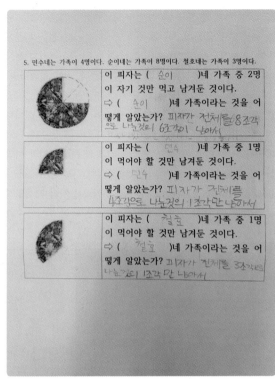

분수에 대한 기초 개념 형성을 위한 1~2차시 활동지 결과물 사례

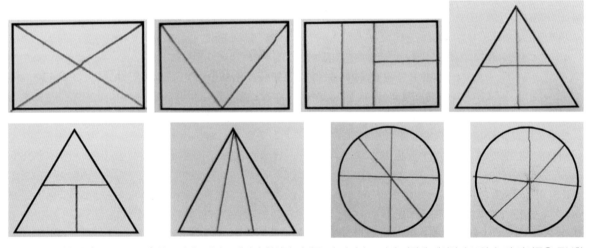

아이들이 그려 놓은 '똑같이 나누기' 활동 결과물에서 오개념이 형성된 사례들 몇 가지만 모아서 이렇게 제시하여 보았다. 이 아이들은 등분할의 핵심 조건인 '모양과 크기'가 같아야 한다는 점을 제대로 반영시키지 못한 것이라 할 수 있다.

분수로 나타내기

교사의 발문

도입 과일가게를 하는 영수네는 여름날 수박을 팔면서 고민에 빠졌다. 요즈음 혼자 사는 사람들이 많아서 그런지 수박을 통째로 사가는 사람들이 많지 않았다. 그래서 수박을 잘라서 팔기로 마음먹고 가게 문 입구에 아래와 같이 그림으로 그려서 붙였다.

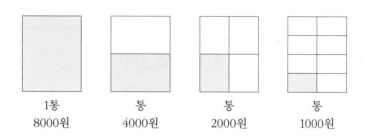

1통	통	통	통
8000원	4000원	2000원	1000원

사람들은 이 그림을 보고 그 뜻을 알아차렸다고 한다. 여러분은 이 그림을 보고 어떻게 알아들었나요?(모두 일어서서 나누기 활동 → 몇 명을 호명하여 발표하기)

전개 (1) 수박 1통을 똑같이 ○개로 나누었을 때와 나누기 전 수박 1통을 비교해 보면 어떤 점이 같고 어떤 점이 다른가?

☞ 나누기 전과 나누고 난 후의 달라진 점은 여러 개의 같은 크기로 잘라졌다는 점이고, 같은 점은 전체 크기가 달라지지 않는다는 것입니다. → 어떤 사물을 똑같이 나누어도 전체 크기는 달라지지 않는다는 것의 이해

• 위의 그림을 좀 더 쉽게 나타내기 위해 사람들은 아래와 같이 쓰게 되었답니다.

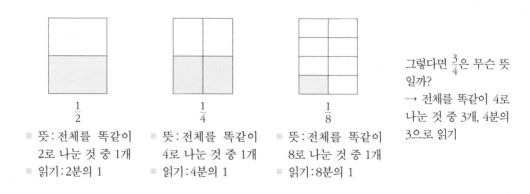

그렇다면 $\frac{3}{4}$은 무슨 뜻일까?
→ 전체를 똑같이 4로 나눈 것 중 3개, 4분의 3으로 읽기

- 뜻 : 전체를 똑같이 2로 나눈 것 중 1개
- 읽기 : 2분의 1

- 뜻 : 전체를 똑같이 4로 나눈 것 중 1개
- 읽기 : 4분의 1

- 뜻 : 전체를 똑같이 8로 나눈 것 중 1개
- 읽기 : 8분의 1

• 그렇다면 전체를 똑같이 5로 나눈 것 중 4를 어떻게 쓰고 읽을까요? → $\frac{4}{5}$로 쓰고, 5분의 4로 읽기

• 이런 수를 우리는 '분수'라고 하기로 약속!!! → 분자, 분모 이해

정리 • 활동지를 해결하면서 분수의 크기만큼 표시하고 읽고 쓰기

※ 활동지의 핵심 목표 : 제시된 분수를 그림으로 정확히 표시하고, 쓰고, 읽는 연습 → 그림의 크

기와 각각의 모양이 달라도 전체 중의 부분이 같으면 같은 분수라는 사실을 아이들이 느낄 수 있도록 한다.

☞ 필요시 교사가 예시로 1~3개 정도를 그려 보여주고 나머지는 아이들 스스로 직접 해결하고 서로 확인할 수 있게 한다. → 교사는 아이들이 활동지를 해결하는 분수 개념이 잘 형성되어 있는지 세심하게 관찰한다.

● 활동지 해결 시간이 부족하면 남은 부분은 과제로 해결하기

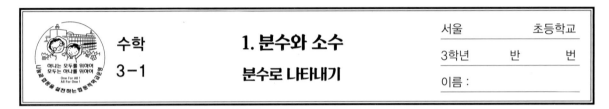

1. '3분의 2'를 표시(색칠)하고 써 보시오.

(   )   (   )   (   )

(뜻) _____

2. '4분의 3'을 표시(색칠)하고 써 보시오.

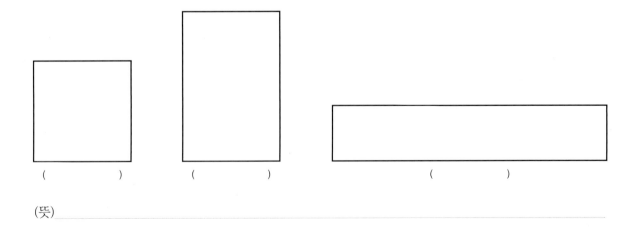

(   )   (   )   (   )

(뜻) _____

3. '6분의 4'를 표시(색칠)하고 써 보시오.

(   )   (   )   (   )

(뜻)

3차시 수업 소감

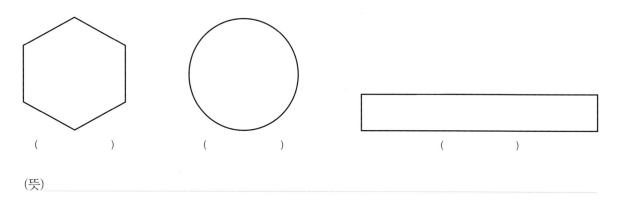

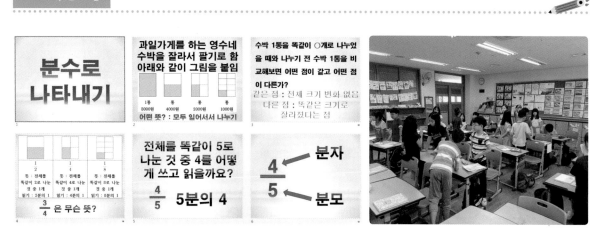

3차시 활동을 위한 PPT 사례 및 문제 해결을 위한 모두 일어서서 나누기 활동 장면

완벽하지는 않지만 똑같이 나눈다는 것에 대한 개념 이해 및 그에 따른 실제 조작활동 경험을 바탕으로 본격적인 분수 수업에 들어갔다.

오늘 수업은 분수로 나타내기 활동에 대한 것으로 가장 중요한 것은 똑같이 나눈 것의 일부를 어떻게 분수로 표현할 것이며, 어떻게 읽고 쓸 것인지, 각 부분의 명칭과 의미는 무엇인지를 이해하는 것이라 할 수 있다.

첫 번째 활동으로 요즘 들어서 나홀로 가정이 늘어나면서 발생하고 있는 문제점을 수업 속으로 가져왔다. 수박을 통째로 판매하는 것보다 잘라서 판매하는 것이 더 많은 손님을 확보할 수 있다는 생각에 기초하여 문제 상황을 만들고 그림과 같이 똑같이 나누어 판매하는 장면을 제시하고 이 그림이 뜻하는 것은 무엇인지 설명할 수 있도록 해 보았다. 이에 대하여 모둠원들은 서로 그림을 보고 어떻게 설명해야 하는지 토론하는 데 약 7~8분 정도의 시간을 사용하였다. 3학년 아이들이라서 그런지 아직은 이런 것을 관찰하고 그것을 자신만의 언어로 설명하는 데 어

려움이 있다는 생각이 많이 들었다. 물론 적지 않은 아이들은 생각보다 매우 정확하게 잘 설명하는 모습을 보이기도 하였다. 몇 명의 아이들을 무작위로 지목하여 설명하게 해 보았더니 언어적 표현에서 약간의 차이는 있었지만 그 맥락에 있어서는 모두 같았다.

"첫 번째 것은 1통을 전부 파는 것이고, 두 번째 것은 1통을 똑같이 2개로 나누어 파는 것이니까 8천원÷2=4천원이고, 세 번째 것은 1통을 똑같이 4개로 나누어 파는 것이니까 8천원÷4=2천원이고, 세 번째 것은 1통을 똑같이 8개로 나누어 파는 것이니까 8천원÷8=1천원이라는 것을 나타낸 그림입니다."

이제 아이들은 똑같이 나눈다는 것을 이해하고 '똑같이 나눈다'는 수학적 용어를 사용하여 말할 수 있는 단계까지 도달해 있다는 생각이 드는 순간이었다. 이어서 똑같이 나누기 전과 나누고 난 후에 변함이 없는 점과 달라진 점의 비교를 통해 기준량 1에 대한 개념을 확실히 습득할 수 있도록 돕기 위한 질문을 제시한 후 개인 생각을 노트에 적고 모둠원들과 토론 활동을 통해

3차시 수업 칠판 판서 사례

공유하도록 하였다. 서로 이야기를 나누면서 상황에 대한 이해를 정확히 하는 아이들이 늘어났다. 무작위로 3명 정도의 아이들에게 설명을 하도록 해 보았다. 역시 표현은 조금씩 달랐지만 맥락은 모두 같았다.

"수박 1개를 똑같이 4개로 나누기 전과 나눈 후를 보면 같은 점은 수박 1개의 크기(전체 크기)가 바뀌지 않았고, 다른 점은 똑같이 4개의 조각으로 나누어졌다는 것입니다."

이를 통해 아이들은 주어진 사물을 똑같이 나누어도 전체 1의 크기(기준량의 크기)에는 변화가 없다는 사실 또한 알게 되었다. 이러한 상황을 바탕으로 곧바로 '똑같이 나눈 것에 대한 기호화' 단계에 들어갔다.

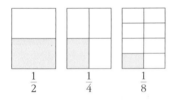

$$\frac{1}{2} \qquad \frac{1}{4} \qquad \frac{1}{8}$$

왼쪽과 같이 주어진 분수 상황을 어떻게 분수로 표현하고, 이를 어떻게 읽고 쓰는지, 그 뜻은 무엇인지를 강조하고 또 강조하면서 반복하여 말할 수 있게 하였다. 그런 뒤에 PPT에 제시된 바와 같이 $\frac{3}{4}$은 어떤 뜻인지, 전체를 똑같이 5로 나눈 것 중 4는 어떻게 쓰고 읽어야 하는지를 각자 노트에 기록해 보고 그것이 맞는지 짝, 모둠원들과 살펴보게 하였다. 돌아다니면서 아이들의 노트 기록을 살펴보았더니 몇 명 아이들을 빼고는 모두 정확하게 기록해 주었다. 소수의 아이들은 완전하지는 않지만 조금이나마 이해하고 받아들이고 있다는 것이 내 눈에도 확인이 되었다. 이제 그 아이들에게도 반복 활동을 통해 익숙하게 만들어 주기만 하면 될 것이라 생각하면서 다음 과정으로 한 걸음 더 들어갔다.

이어서 분수의 각 부분에 대한 명칭, 왜 그런 이름을 사용하게 되었는지, 분모는 무엇을 뜻하는지, 분자는 무엇을 뜻하는지 함께 알아보았다.

"분모의 '모'는 한자로 어떤 글자가 될까?"

"어미 '모'입니다."

"분자의 '자'는 한자로 어떤 글자가 될까?"

"아들 '자'입니다."

"왜 아래 숫자가 분모이고 위의 숫자가 분자인지 혹시 알고 있는 사람?"

이 질문에 대해서 설명하는 아이가 아무도 없어서 대신 설명해 주었다.

"엄마가 아들을 업고 있는 모습과 같아서 이렇게 이름을 붙여 준 것이란다."

이렇게 설명하자 아이들은 고개를 끄덕였다. 이어서 분모가 무엇을 의미하는지에 대하여 매우 강조할 필요가 있어서 $\frac{4}{5}$를 예로 들어 분모 5가 뜻하는 것이 무엇인지 물어보았다. 역시 선행학습을 한 아이들도 정확히 설명할 줄 아이는 없었다. 그래서 앞에서 분수의 뜻을 다시 돌이켜 보게 하면서 분모가 무엇을 의미하는지 생각해 보도록 잠시 시간을 주었다. 그런 뒤에 모둠원들과 자신의 생각을 서로 이야기해 보면서 그 뜻을 찾아가 보라고 하였다. 어떤 나름대로 잘 찾아내는 아이들과 자신이 알아낸 정확한 의미를 공유하는 모둠이 조금씩 늘어나기 시작하였다. 어느 정도 시간이 지나 아무나 발표를 시켜 보았다. 그랬더니 나름대로 정확한 설명이 아이들로부터 나왔다.

"전체를 똑같이 몇 개로 나누었는지를 나타내는 것입니다."

이어서 분자의 의미도 전체 질문으로 물어보았다. 이에 대한 답은 바로 나왔다.

"똑같이 나눈 것 중 몇 개이냐를 나타내는 것입니다."

이제 분수의 개념을 조금 알아 나갔다는 생각이 들어 한 걸음 더 깊이 들어가 보기로 마음먹고 본래 수업 설계에는 없는 내용이지만 지금까지의 내용을 보완한다는 생각으로 칠판 판서에도 보는 바와 같이 추가 질문을 이어 나갔다.

"누군가가 $\frac{2}{3}$를 쓰고 □□□□□□□에 표시해 보라고 하면 가장 먼저 무엇부터 보아야 할까?"

아이들은 잠시 머뭇거렸다. 나는 좀 더 생각할 시간을 주면서 기다렸다. 잠시 뒤에 한 아이가 "분모를 보아야 합니다."라고 대답을 해 주었다. 그래서 그 대답에 꼬리를 물고 질문을 이어 나갔다.

"왜 분모를 먼저 보아야 하지?"

이 질문 뒤에 잠시 기다렸다가 손을 들어 발표해 보라고 하였다. 시간적 여유가 더 많았다면 모둠원들과 먼저 이야기를 나누게 한 뒤 발표해 보게 하고 싶었다. 하지만 이런 방식도 문제는 없다고 생각하고 진행하였다. 손을 들은 한 명을 발표시켰더니 정확한 답이 나왔다.

"전체를 몇 개로 똑같이 나눌 것인지 알아야 하기 때문입니다"

"네, 아주 정확하게 말해 주었습니다. 다른 사람들도 ○○이 말하는 것을 잘 들었나요? 들은 대로 모두 한 목소리로 다시 한 번 말해 볼까요?"

아이들은 나의 요청에 한 목소리로 ○○가 한 말을 들은 대로 다시 한 번 반복하여 말해 주었다.

"네, 그러면 선생님이 주어진 막대를 똑같이 3으로 나누어 보도록 하겠습니다."

| | | |

"이 다음에는 무엇을 보아야 할까요? 그 이유는 무엇일까요?"

이 질문에 대한 답은 그리 오래 시간이 걸리지 않았다. 역시 손을 들은 아이 중 한 명을 지목하여 발표를 부탁하였다. 정확하게 답이 나왔다.

"분자를 보아야 합니다. 왜냐하면 전체를 똑같이 3으로 나눈 것 중 몇 개인지 알아야 하기 때문입니다."

"그렇지요. 그러면 $\frac{2}{3}$는 | | | | 이렇게 되겠지요?"

이어서 아이들에게 아래와 같이 질문을 해 보았다.

"이제 분수를 먼저 알려주고, 그것을 막대나 원, 사각형 등에 그려 보라고 하면 어떻게 그려야 하는지 알겠습니까?"

아이들은 잠시도 주저하지 않고 바로 "네"라고 힘차게 대답해 주었다. 물론 아직은 한 명도 빠짐없이 정확하게 그림으로 표현하기에는 무리라는 생각도 들었지만 좀 더 시간을 가지고 꾸준

히 해 나가다 보면 자연스럽게 그렇게 될 것이라는 믿음을 가지고 조금씩 나아가 보겠다고 생각하면서 보충 질문을 이어갔다.

"그러면 | | | | | | 는 분수로 어떻게 쓸까요? 그 이유는 무엇일까요?"

이에 대하여 짝끼리 생각을 나누어 보라고 하고 시간을 조금 준 뒤에 아무나 지목하여 물어보았다. 그랬더니 정확한 답이 나왔다.

"똑같이 4개로 나눈 것 중에 2개라서 $\frac{2}{4}$라고 쓰면 됩니다."

이제는 분수의 개념에 대한 기초가 어느 정도는 잡혔다고 생각이 들어 활동지를 나누어 주고 개별활동에 들어가도록 하였다. 여기까지 진행하는 데 약 32분 정도의 시간이 흘렀다. 모든 아이들이 활동지를 끝까지 해결하기에는 시간이 부족하다는 생각이 들었지만 마침 2교시가 끝나는 시간이라서 30분이라는 놀이시간이 기다리고 있어서 활동지를 모두 마무리하고 놀이시간을 가지라고 안내를 해 주었다. 아이들은 큰 불만 없이 활동지 해결에 집중하였다. 거의 모든 아이들이 잘 해결해 주었고, 소수의 아이가 조금 머뭇거리기는 하였으나 모둠원들의 도움을 조금씩 받아 가면서 끝까지 잘 해결해 나갔다.

3차시 활동지 해결 장면 및 결과물

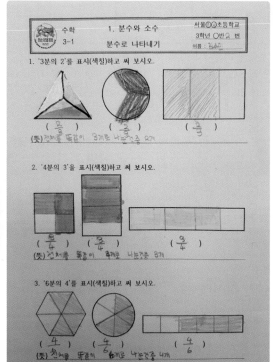

	수학 3-1	2. 분수와 소수 놀이로 익히는 분수	서울 초등학교 3학년 반 번 이름 :

분수 빙고놀이

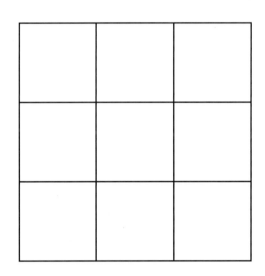

- 교사가 미리 준비한 분수 그림카드 또는 분수카드를 보여주면 아이들은 그림에 해당하는 분수 또는 분수에 해당되는 그림을 빙고판에 자유롭게 기록하거나 그린다.(교사도 칠판에 직접 그리고 함께해도 좋음)
- 아이들이 분수를 다 채우고 나면 다시 분수 그림카드를 무작위로 뽑아 아이들에게 보여준다. 아이들은 그림카드에 해당되는 분수를 빙고판에서 찾아 동그라미를 그린다.
- 동그라미를 그린 칸이 가로, 세로, 대각선으로 3줄을 이루면 빙고를 외친다.(3줄보다 더 많이 만들었을 때 빙고를 외쳐도 좋음)

뒤집어 짝 맞추기

1. 짝을 맞추어 분수카드와 그림카드를 미리 만들어 놓는다.(5~10쌍 정도, 모둠별로 1세트)
2. 모둠별로 놀이 순서를 정한다.
3. 책상 위에 분수카드와 그림카드를 잘 섞어서 뒤집어 놓는다.
4. 처음 순서인 사람이 두 장을 뒤집어서 분수와 그림의 크기가 같으면 두 장을 모두 가져가고 1번의 기회를 더 얻는다.

❺ 2장을 뒤집었을 때 분수와 그림이 서로 다르거나 분수카드만 2장, 그림카드만 2장 뽑았을 경우 다른 사람들에게 보여주고 바닥에 그대로 뒤집어 놓는다.

❻ 다음 순서인 사람이 카드 두 장을 뒤집어 본다. 앞의 ④번, ⑤번 과정이 계속 반복된다.

❼ 카드가 모두 없어지면 각자 가져간 카드 개수를 헤아린다. 가장 많이 가져간 사람에게 박수를 쳐준다. 다시 처음부터 놀이를 시작한다.

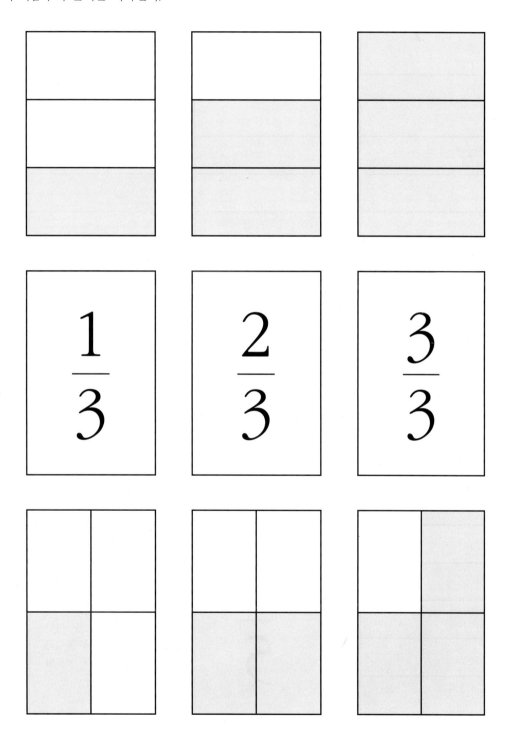

$$\frac{1}{4}$$

$$\frac{2}{4}$$

$$\frac{3}{4}$$

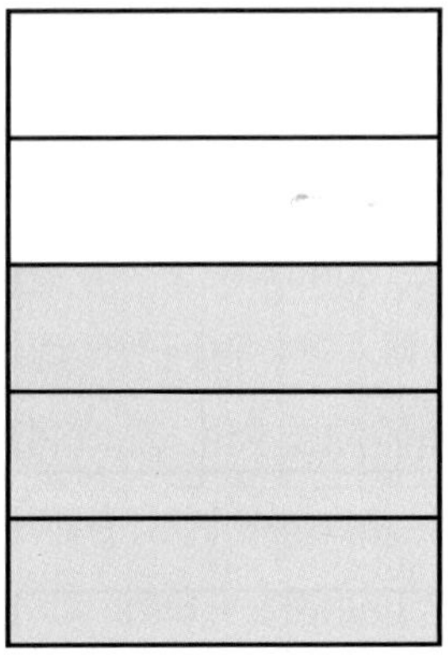

모둠별로 10쌍의 카
드를 나누어 주고
자유롭게 활동이 이
루어질 수 있도록 하
였다. 활동 중 지나
치게 승패에 몰입하
지 않도록 잘 지도할
필요가 있다.

$$\frac{1}{5}$$

$$\frac{2}{5}$$

$$\frac{3}{5}$$

$$\frac{4}{5}$$

수업을 시작하자마자 지난 시간에 공부했던 내용을 복습하면서 분수의 개념, 각 부분의 명칭, 분수의 뜻, 분모와 분자가 갖는 각각의 의미 등을 살펴보았다. 이어서 미리 준비해 놓은 분수카드를 보여주면서 무작위로 호명하여 그 뜻을 말해 보도록 하였다. 모든 아이들이 "전체를 똑같이 ○개로 나눈 것 중 △개를 말합니다."라고 정확히 이야기해 주었다. 가끔 '똑같이'라는 말이 빠져서 강조하고 또 강조하기도 하였다. 이어서 빙고놀이 활동지를 나누어 주고 보여준 분수 카드를 칠판에 적은 뒤 그 범위 내에서 빙고 활동지에 수를 채울 수 있게 시간을 주었다. 이번 빙고 활동은 4줄 빙고였다. 아이들이 매우 재미있게 참여하였다.

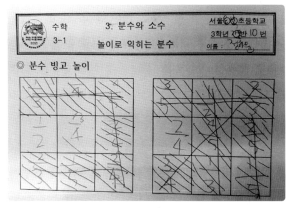

빙고놀이 활동 결과물

1차 빙고놀이 활동을 하면서 분수를 8개 정도 불러 주었을 때 4빙고를 채우는 아이들이 처음 나왔다. 1차에서는 8명 정도가 빙고를 외쳐서 그들에게 초콜릿을 나누어 주었더니 아이들은 더 긴장하고 흥분하였다. 2차 빙고 활동이 마지막이라고 했더니 초콜릿을 꼭 먹어 보려고 눈이 초롱초롱 빛났고, 빨리 하자고 재촉하기도 하였다. 2차 빙고에서는 분수를 7개 불러 주었을 때 1명이 빙고를 외쳤고, 8개 불러주자 9명 정도가 빙고를 외쳐서 1차와 마찬가지로 보상을 해 주었다. 아이들은 아쉬운 눈치였다. 여기까지 약 20분 정도의 시간이 사용되었다.

그렇게 1차 게임을 마치고 2차 게임 활동을 소개해 주었다. 설명을 하자 많은 아이들이 이와 비슷한 게임을 보거나 직접 해 본 적이 있다고 말해 주었다. 그래서 설명에 많은 시간을 사용하지 않을 수 있었다. 드디어 조별로 1세트씩 카드를 나누어 주고 활동을 시작하게 하였다. 모든 모둠원들은 짝 맞추기 게임에 쏙 빠져들었다. 어떤 모둠에서는 4명이 개인전으로 활동을 하였고 어떤 모둠에서는 2:2로 팀전을 하기도 하였다. 그들 나름대로 룰을 만들어 진행하고 있는 셈이었다. 그렇게 남은 20분 정도의 시간 동안 어떤 모둠에서는 2게임 정도를, 조금 진행이 빠른 모둠에서는 3게임 정도를 진행하였다. 수업이 끝나자 아이들은 다음 시간에 또 하면 안 되느냐 요청을 해 오기도 하였다. 다음에 이런 게임이 또 있을 것이라 안내하고 오늘 수업을 잘 마무리하였다.

분수카드를 뒤집어 짝을 맞추는 게임 활동 장면

단위분수를 이용한 분수의 이해

도입
• 색종이 띠를 이용하여 단위분수에 대한 이해 돕기

(1) 색종이 띠를 각각 3장씩 나누어 주고 모두 4등분한 후 아래 그림과 같은 크기가 되도록 자른다.

(2) 각각의 조각에 크기를 적도록 한다.

(3) 공책 또는 활동지에 $\frac{1}{4}$부터 $\frac{4}{4}$까지 순서대로 붙이고 아래와 같이 그 의미를 기록하게 한다.

| $\frac{1}{4}$ | 전체를 똑같이 4로 나눈 것 중 1개를 $\frac{1}{4}$이라고 한다.

| $\frac{1}{4}$ | $\frac{1}{4}$ | 전체를 똑같이 4로 나눈 것 중 1개를 $\frac{1}{4}$이라고 할 때, $\frac{1}{4}$이 2개 있으면 $\frac{2}{4}$가 된다.

| $\frac{1}{4}$ | $\frac{1}{4}$ | $\frac{1}{4}$ | 전체를 똑같이 4로 나눈 것 중 1개를 $\frac{1}{4}$이라고 할 때, $\frac{1}{4}$이 3개 있으면 $\frac{3}{4}$이 된다.

| $\frac{1}{4}$ | $\frac{1}{4}$ | $\frac{1}{4}$ | $\frac{1}{4}$ | 전체를 똑같이 4로 나눈 것 중 1개를 $\frac{1}{4}$이라고 할 때, $\frac{1}{4}$이 4개 있으면 $\frac{1}{4}$=1(전체)이 된다.

☞ 이 활동과 같이 똑같이 나누어진 1조각이 여러 개 모여 전체(1)를 만든다. 이때 똑같이 나누어진 1조각을 우리는 '단위분수'라고 부른다.

※ 단위분수가 모여 진분수, 전체(1)가 된다는 것을 깨달을 수 있도록 돕기 위함.(이런 개념이 바로 서야 추후에 공부하게 될 가분수에 대한 설명도 가능하게 된다.)

전개
• 분수막대 모형을 만들어 봅시다.(활동지로 제시)

• 단위분수를 이용하여 아래와 같이 진분수 설명하기

(설명 예시) $\frac{2}{3}$ → 전체를 똑같이 3으로 나누었을 때 1조각을 $\frac{1}{3}$이라고 한다면 $\frac{1}{3}$이 2개 있는 것

☞ 협동학습-짝 점검 구조를 활용하여 충분히 익숙해질 수 있도록 활동한다.(2명씩 짝을 이루게 한 뒤 교사가 분수를 칠판에 제시하면 번갈아 가면서 위의 예시처럼 1명은 말하고 다른 한 사람은 들으면서 점검해 주는 활동을 반복하여 진행한다.)

☞ 어느 정도 활동이 익숙해지면 분수를 교사가 제시하지 말고 짝끼리 번갈아 가면서 제시하고 설명하는 방식으로 진행한다.

정리
• 분수의 크기 비교하기

※ 단위분수 개념을 적용하여 분모가 같은 분수의 크기를 설명하기

(1) $\frac{2}{3}$는 $\frac{1}{3}$보다 (크다, 작다) → 그 이유는?

(2) $\frac{2}{4}$는 $\frac{3}{4}$보다 (크다, 작다) → 그 이유는?

(3) $\frac{4}{6}$는 $\frac{5}{6}$보다 (크다, 작다) → 그 이유는?

분수막대 모형 만들어 보기

1. 전체를 똑같이 2로 나누고 각각의 조각에 단위분수를 써 보시오.(색칠)

전체를 똑같이 (   )개로 나눈 것 중 1개를 (   )(이)라고 한다.

2. 전체를 똑같이 3으로 나누고 각각의 조각에 단위분수를 써 보시오.(색칠)

전체를 똑같이 (   )개로 나눈 것 중 1개를 (   )(이)라고 한다.

3. 전체를 똑같이 4로 나누고 각각의 조각에 단위분수를 써 보시오.(색칠)

전체를 똑같이 (   )개로 나눈 것 중 1개를 (   )(이)라고 한다.

4. 전체를 똑같이 6으로 나누고 각각의 조각에 단위분수를 써 보시오.(색칠)

전체를 똑같이 (   )개로 나눈 것 중 1개를 (   )(이)라고 한다.

※ 등분을 직접 해 보는 것이 목적이라면 각각의 분수막대에 똑같이 나누는 활동을 돕는 구분선을 두지 않았을 것이다. 여기에서의 목적은 등분이 아니라 보다 정확히 등분을 해 보고, 다른 분수막대와 크기를 직접 비교해 보는 것이기 때문에 이를 위해서는 보다 정교하게 똑같이 나누는 활동이 필요했다. 이를 위해서 각각의 분수막대마다 등분을 하는 데 필요한 구분선을 두어 아이들이 똑같이 나누는 활동 및 크기의 비교를 정확히 할 수 있도록 해 보았다.

수업을 시작하면서 지난 시간에 공부했던 분수의 의미를 한 번 더 되새겨 보고 곧바로 단위분수를 이용한 분수의 이해 활동에 들어갔다.

우선 아이들에게 색종이를 나누어주고 똑같이 4등분한 후 각각 1조각, 2조각, 3조각, 4조각을 연결하여 공책에 붙이게 하였다. 붙일 때도 각각의 조각에 단위분수를 써 넣도록 안내하였다. 그런 뒤에 그 의미에 대하여 함께 알아보는 시간을 가졌고, 그 내용을 칠판에 판서로 기록하였다.

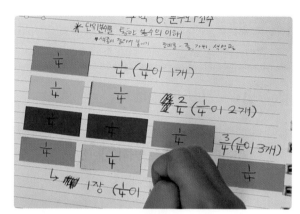

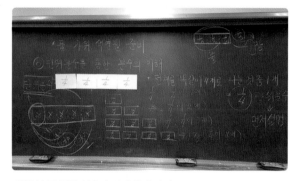

단위분수를 통한 분수의 이해 칠판 판서

지난 시간까지 아이들은 전체 ↔ 부분 간의 관계로서 분수를 이해하였다면($\frac{2}{3}$는 전체를 똑같이 3으로 나눈 것 중 2개) 이번 시간부터는 단위분수를 통해 그 의미를 이해(전체를 똑같이 3으로 나눈 것 중 1개를 $\frac{1}{3}$이라고 한다면 $\frac{2}{3}$는 $\frac{1}{3}$이 2개 있는 것)하는 활동이 시작되는 것이다. 이런 이유 때문에 판서에 보는 바와 같이 단위분수를 이용하여 $\frac{1}{4}$, $\frac{2}{4}$, $\frac{3}{4}$, $\frac{4}{4}$가 되는 과정을 직접 조작활동으로 경험할 수 있도록 도왔고, 그 과정에서 분자가 1인 분수가 단위분수라는 것, $\frac{4}{4}$와 같이 분자와 분모의 크기가 같은 것은 '1'이라고 쓴다는 것도 이해할 수 있도록 도왔다. 그리고 그 과정에서 여러 번 "전체를 똑같이 4로 나눈 것 중 1개를 $\frac{1}{4}$이라고 할 때, $\frac{1}{4}$이 3개 있으면 $\frac{3}{4}$이 된다."와 같이 반복하여 말할 수 있도록 하였다. 그런 이후에 짝 점검(번갈아 가며 진분수를 단위분수로 설명하기 활동)으로 여러 가지 진분수를 설명할 수 있도록 시간을 주었다.

이렇게 활동을 하고 노트 정리까지 마무리하는 데 약 50분 정도 흘러갔다. 3학년 아이들이라서 그런지 생각보다 조작활동을 하는 데 시간이 많이 걸렸고, 단위분수를 이용하여 분수를 설명하는 데 힘들어하였다. 그래서 1명도 빠짐없이 확실히 점검해 보기로 마음먹고 1명씩 모두 호명하여 단위분수로 진분수를 설명해 보게 하고, 잘 되지 않는 아이들은 다시 시간을 주어 정확히 설명할 수 있을 때까지 반복하고 또 반복하게 하였다. 1차로 모두 호명한 결과 7명만 정확히 설명이 되지 않아 이들만 다시

색종이 띠를 이용한 분수의 표현 및 짝 점검 활동 장면

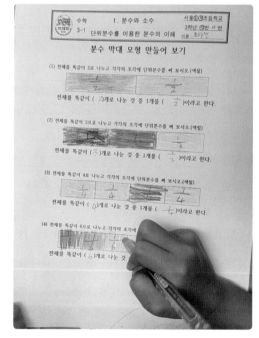

단위분수를 이용한 분수막대 모형 만들기 활동 사례

시간을 주어 즉시 복습할 수 있도록 하였고, 통과한 나머지 아이들은 분수막대 모형 만들어 보기 활동을 할 수 있도록 안내해 주었다. 이렇게 분수막대 모형까지 만들고 나니 시간이 10분 정도 남게 되었다.

1차에 단위분수를 이용한 분수의 설명을 정확히 하지 못한 아이들은 수업 끝나고 쉬는 시간에 와서 점검 받도록 하고, 분수의 크기를 비교하는 활동으로 넘어갔다. 단위분수를 이용한 진분수의 이해를 제대로 이해한 아이들이 많아서 그런지 진분수끼리의 크기 비교 및 그 이유 설명이 매우 쉽게 넘어갔다. 따로 설명하지도 않았는데 $\frac{2}{3}$는 $\frac{1}{3}$보다 크다는 것과 함께 "$\frac{2}{3}$는 $\frac{1}{3}$이 2개이고, $\frac{1}{3}$은 1개이니까 $\frac{2}{3}$가 더 크다."는 이유까지 아이들은 이미 정확히

알고 있었다. 역시 단위분수를 중심으로 한 진분수의 이해 과정을 블록 수업으로 설계하기를 잘하였다는 생각이 들었다.

수업이 끝나고 1차 미통과자 7명은 다시 내 앞으로 와서 정확히 설명할 때까지 반복하여 기억할 수 있게 하였고, 모두 통과하기까지 또 다시 쉬는 시간은 15분 정도 더 흘러갔다. 수학적 사고 및 문장의 이해와 기억을 매우 힘들어하는 아이가 몇 명 있어서 그렇다. 그래도 아주 천천히, 이해하고 기억한 만큼 자신의 입말로 표현해 주었고, 한 명도 빠짐없이 잘 넘어가 주어서 감사했다. 다음 시간에 다시 한 번 시간을 내서 점검하고, 입에 착 달라붙게 반복하여 말하는 과정을 꾸준히 수업 설계에 잘 반영시켜야겠다는 생각을 하며 오늘 수업을 돌아보고 정리하였다.

7~8차시 수직선을 활용한 분수의 이해

수업 흐름	교사의 발문

도입 및 전개

- 지배아모 활동(지난 시간에 배운 것을 아는지 모르는지 확인하기)

하얀 거짓말, 돌아가며 쓰기(모둠칠판 활용), 5단계 OX 퀴즈, 모두 일어서서 나누기 등의 구조 활용

- 활동지에 제시되어 있는 수직선을 똑같이 나누어 봅시다.(활동지)

- 각각의 수직선에서 단위분수에 색연필 또는 사인펜으로 동그라미를 그려 봅시다.

- 각각의 수직선을 보면서 단위분수 몇 개로 만들어졌는지 확인해 봅시다.(예 : $\frac{3}{4}$은 $\frac{1}{4}$이 3개) : 단위분수만큼씩 뛰어 세기

- 각각의 수직선을 보면서 전체의 크기는 모두 어떠한지 확인해 봅시다.(전체 1의 크기는 모두 같다. → 각각의 전체 1은 단위분수 몇 개가 모여 이루어졌는지 확인하고 설명하기)

- 분모가 같은 분수의 크기 비교하기(큰 이유 설명하기 → 분수막대 모형, 수직선을 보고 길이 비교를 통해 설명해도 되고, 단위분수의 양을 이용하여 설명해도 됨)

☞ 분모가 같을 때 단지 분자가 크면 더 큰 분수가 된다는 식의 설명보다 왜 분자가 크면 더 큰 분수가 되는지 정확히 설명할 수 있도록 해야 한다.

- 단위분수 간의 크기 비교하기 : 이를 통해 알 수 있는 점 설명하기

- 1개의 수직선 위에서 분수의 위치 표시하기

정리

교과서 속 문제 해결하기(시간이 허락된다면 익힘책도 해결)

☞ 이 활동에 충분히 익숙해지고 단위분수를 기반으로 한 분수 개념을 정확히 이해한다면 이후 과정에서 이루어질 '분모가 같은 분수의 덧셈과 뺄셈'은 아주 쉽게 받아들일 수 있을 것이라 확신한다.

1. 수직선을 2로 나누기

2. 수직선을 3으로 나누기

3. 수직선을 4로 나누기

4. 수직선을 6으로 나누기

5. 1개의 수직선 위에서 분수의 위치 표시하기

(전체를 2, 4, 6으로 나눈 경우를 예로 들어 1개의 수직선 위에서 각각의 분수를 동시에 표시하고 비교하기, 이를 통해 알 수 있는 점 생각해 보기)

※ 이 분수막대에만 등분을 하는 데 필요한 구분선을 두어 아이들이 똑같이 나누는 활동 및 크기의 비교를 보다 정확히 할 수 있도록 해 보았다.

7~8차시 수업 소감

수업을 시작하면서 하얀 거짓말 퀴즈, 모두 일어서서 나누기 활동을 이용하여 지난 시간에 배운 것을 다시 한 번 점검해 보았다. 오늘 수업 활동 내용은 2시간 동안 이루어질 활동이지만 아이들의 사고 활동이 어떠한지에 따라 빨리 매우 빨리 끝나거나 거의 딱 맞게 끝날 수도 있는 내용이라서 고민을 해 보았지만

우리 반 아이들 상황을 고려해 볼 때 특히 마지막 수직선 활동에 조금 많은 시간이 할애될 것 같다는 예상을 하고 80분을 충분히 활용하겠다는 생각을 하여 초반에 지배아모 활동을 배치하였다. 결론적으로 나의 예상은 적중하였다.

지배아모 활동에 약 10분 정도의 시간을 사용하였다. 그런 뒤

함께 활동지를 해결한 칠판 판서

에 활동지를 나누어 주고 제일 첫 번째 수직선을 통해 어떻게 문제를 해결하고 모둠원들과 상호 점검을 해야 하는지 칠판 판서를 통해 안내해 주었다. 그렇게 첫 번째 수직선 활동을 아이들이 잘 따라 하는지 관찰하였다. 이어서 두 번째 수직선 활동만 스스로 해결해 보도록 하였다. 다른 아이들과 속도를 맞추기 위함이었다. 다니면서 한 명 한 명 모두 살펴보았고 각자 해결한 것에 대하여 점검해 주기도 하였다. 수정해야 할 것에 대해서는 힌트만 주거나 같은 모둠원들과 결과를 비교해 보면서 무엇이 다르고 무엇이 같은지 점검해 보라고 하였다. 대체로 잘 해결한 것을 확인한 후에 나와 함께 칠판에 수직선을 그려 가면서 다시 한 번 확인해 보는 시간을 가졌다. 그와 같은 과정을 통해 세 번째 수직선과 네 번째 수직선 문제를 해결해 나갔더니 어느새 80분 가운데 30분 정도 시간이 흘러갔다. 생각보다 활동에 시간이 많이 사용되었다.

뒤를 이어 칠판에 그려진 수직선을 보면서 단위분수만큼씩 뛰어 세기, 각각의 수직선에서 단위분수가 몇 개 있어야 1이 만들어지는지 확인하기, 분수의 크기 비교하기, 두 분수 중 어떤 분수가 왜 큰지 설명하기 활동을 해 보았다. 여기에 약 15분 정도의 시간이 사용되었다. 지난 시간까지 활동한 학습 효과가 오늘은 충분히 나타난 것 같았다. 단위분수만큼씩 뛰어 세기 및 결과 나타내기, 두 분수의 비교, 어떤 분수가 왜 더 큰지 등에 대한 답변을 매우 잘 해 주었다.(예를 들어 "$\frac{3}{4}$은 $\frac{2}{4}$보다 큽니다. 왜냐하면 $\frac{3}{4}$은 $\frac{1}{4}$이 3개이고, $\frac{2}{4}$는 $\frac{1}{4}$이 2개이기 때문입니다."와 같이 잘 설명하였다.) 그래서 활동을 빨리 정리하

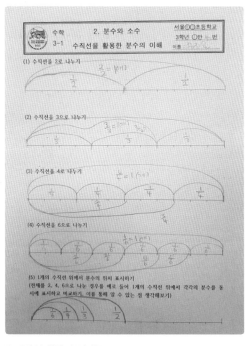

7~8차시 활동지 결과물

고 매우 중요한 질문을 위한 준비활동에 들어갔다.

"각각의 수직선에서 단위분수만 뽑아 그 크기를 비교해 보도록 하자. 관찰한 뒤에 자신이 발견한 점을 모두 일어서서 나누기 활동으로 모둠원들과 이야기 나누도록 하겠다."라고 말한 뒤에 시간을 주었다. 아이들은 약 5분 정도 개인 생각을 정리하고 모두 일어서서 나누기 활동을 하였는데 대부분의 모둠에서 "단위분수끼리 크기를 비교해 보았을 때 분모가 클수록 단위분수의 크기는 작아진다."는 결론은 잘 이끌어 냈다. 문제는 그다음이었다. "왜 분모의 크기가 클수록 단위분수의 크기는 작아질까?" 하는 질문에서 아이들은 말문이 막혔다. 사실 나는 이 질문에 대한 답(설명)에 매우 큰 비중을 두고 이번 수업 시간 설계를 하였다. 그리고 아이들이 설명을 잘 해낼 수 있을까 하는 걱정과 기대를 함께 가지고 여기까지 그럭저럭 이끌어 왔다. 그렇다고 해서 한 번에 아이들 사이에서 정확한 설명이 나올 것이라 기대하지는 않았다. 실제로도 그렇게 설명할 수 있는 아이는 없었다. 모둠원들과 토론을 하면서 어떻게 설명해야 하는지 결론을 이끌어 내 보라고 하였지만 시간만 갈 뿐이고 아이들은 갈피를 잡지 못하였다. 그래서 칠판 판서 사례에서 보는 바와 같이 일단 아이들이 끌어낸 생각을 칠판에 적은 뒤에 문장 속에 낱말 하나 하나를 되짚어 가면서 생각해 보도록 힌트를 주었다. 그렇게 앞에서 배운 내용을 다시 이 활동에 연결해 주면서 분모의 크기가 크다는 것은 전체를 어떻게 나누었다는 것인지(분모가 클수록 전체를 여러 조각으로 나누게 된다는 사실)를 아이들이 발견해 낼 수 있도록 도와주었다. 그 상황을 그림으로도 생각해 보게 하였다. 그림은 역시 피자를 생각해 보는 것이 제일인 것 같았다. 실제 생활 속에서 아이들이 많이 경험해 보았을 것이라 예상되는 경험이 가장 효과적이라 생각되었기 때문이다. 그리고 그 효과는 역시 컸다. 이렇게 조금씩 힌트를 주어 가면서 아이들 생각을 이끌어 내자 조금씩 정확한 설명에 가까워져 갔다. 결국 아이들의 생각을 이렇게 저렇게 연결 지어 주는 과정에서 "분모가 크다는 것은 전체를 똑같이 자른 조각의 수가 많다는 것이고, 똑같이 자른 조각의 수가 많을수록 1조각(단위분수)의 크기는 작아집니다."라는 정확한 설명이 완성되었다. 이 말을 되풀이하여 약 10번 정도 반복하여 말하게 하였다. 질문 하나로 여기

까지 오는 데 약 15분 정도의 시간이 사용되었다. 이제 남은 시간은 약 15분 정도였다.

15분 정도의 시간이면 마지막 수직선 활동을 충분히 할 수 있을 것으로 생각하고 아이들 스스로 해결하도록 안내하였다. 그리고 아이들 활동을 직접 관찰해 보았다. 그런데 생각보다 굉장히 힘들어하였다. 그럴 수도 있을 것이라 예상하였지만 생각보다 더 어렵게 느끼고 있는 것 같았다. 그래서 매우 힘들어하는 아이들은 내가 직접 다가가 수직선을 먼저 똑같이 2개로 나눈 뒤에 첫 번째 단위분수만 표시해 보도록 하였다. 그 뒤에는 다시 똑같이 3개로 나누어 보고 첫 번째 단위분수만 표시해 보도록 한 단계씩 차근차근 이끌어 주었다. 그랬더니 4개로 나누는 활

동, 6개로 나누는 활동은 스스로 할 수 있다고 하여 지켜봐 주기도 하였다. 이렇게 모든 아이들 활동을 하나하나 점검하면서 마지막 활동까지 정확히 마무리되었다는 것을 나의 눈으로 모두 확인해 주었는데 바로 수업의 끝을 알리는 종이 울렸다.

이번 수업 시간 활동은 어찌 보면 내용이 많지 않았지만 지금까지 분수 수업을 진행하면서 아이들이 배웠던 내용들을 모두 정리함과 동시에 그것들을 활용한 종합적인 사고를 하지 않으면 안 되는 활동이라서 시간이 많이 걸릴 수 있을 것이라 예상하였고, 그런 예상이 잘 들어맞았다는 생각에 나는 매우 기뻤다. 이제 남은 활동은 게임과 놀이 활동이라서 크게 부담은 없을 것이라 생각하였다.

9~10차시　분수로 재미있게 놀기

※ 부분으로 전체 알기 활동 보충하기(앞의 수업 과정을 돌아보고 나니 이런 내용이 조금 부족하다는 생각이 들어 개인 활동 시작 전 보충 활동을 약 20~30분 정도 추가하기로 마음먹었다. 다음 해 수업 설계에서는 이것을 앞의 어떤 활동에 삽입하여야 할지 고민해 보아야겠다.)

사례 1 ▭ 이것이 어떤 막대의 $\frac{1}{4}$이고, 이것의 길이는 5cm라고 한다면 막대 전체의 길이는 어떻게 될까?

사례 2 ▭▭ 이것이 어떤 막대의 $\frac{2}{6}$이고, 이것의 길이는 6cm라고 한다면 막대 전체의 길이는 어떻게 될까?

※ 위의 사례와 비슷한 질문을 추가로 계속 제시하면서 문제 해결의 원리를 아이들이 스스로 발견할 수 있도록 도와주어야 한다.

- 문제 해결의 원리
(1) 단위분수의 길이를 먼저 구하기
(2) 전체의 길이는 단위분수가 분모의 수만큼 있는 것

<table>
<tr><td></td><td>수학
3-1</td><td>5. 분수와 소수
분수로 재미있게 놀기</td><td>서울　　　　　초등학교
3학년　　반　　　번
이름 :</td></tr>
</table>

분수카드 돌려가며 1 만들기

※ 준비물:모둠별로 4종류의 분수카드를 1세트씩 준비한다.(모두 16장을 준비하면 된다. 그림으로 된 분수카드를 준비하면 더 좋다. 그림과 분수를 섞어도 괜찮다.)

예 분모가 4일 때 $\frac{1}{4}$ 분수카드 4장, 분모가 5일 때 $\frac{1}{5}$ 분수카드 3장, $\frac{2}{5}$ 분수카드 1장, 분모가 6일 때 $\frac{1}{6}$ 분수카드 2장, $\frac{2}{6}$ 분수카드 2장 등으로 만들기

▶ 이 게임은 4명이 할 때가 제일 좋다. 4명이 하는 것을 중심으로 설명하고자 한다.

▶ 각자 한 종류의 분수카드만을 모아 1을 만들면 승리하는 게임이다.(여러 사람이 똑같은 카드를 모으려고 할 수도 있다. 이런 경우에는 다른 종류의 카드를 모으는 사람이 승리할 가능성이 커진다.)

▶ 3명이 할 경우 카드는 3종류 12장을, 4명이 할 경우 카드는 4종류 16장을 준비한다.

❶ 분수카드를 잘 섞어서 4장씩 나누어 갖기

❷ 다른 사람이 보지 못하도록 카드를 잘 펼쳐서 손에 들고 있기

❸ 게임이 시작되면 자신에게 필요 없는 카드를 오른쪽 사람에게 1장 넘기기(카드를 넘길 때 세 사람이 '하나, 둘, 셋' 하면 동시에 넘겨도 좋고, 한 사람씩 순서대로 넘겨도 좋다.)

❹ 위의 ③번 과정을 되풀이하다 보면 누구든지 1을 먼저 만드는 사람이 생기게 된다. 이때 약속된 신호('멈춰'를 외치거나 '완성'을 외치기)를 하면 승리하게 된다.

※ 위의 ③번 과정에서 카드를 오른쪽 사람에게 넘기는 것이 아니라 나의 왼쪽 사람이 한 장을 뽑고 나는 나의 오른쪽 사람 카드를 1장씩 뽑는 방식으로 해도 좋다. 이럴 경우 내가 모으는 카드를 나의 왼쪽 사람이 뽑아갈 수 있기 때문에 1을 만드는 시간은 더 오래 걸린다.

※ 분수별로 1장씩 더 만들어 1인당 5장씩 나누어 갖고 '4장만 이용하여 1을 만들기-1장은 필요 없는 카드가 됨' 활동으로 진행해도 좋다. 이럴 경우 아이들은 자연스럽게 분모가 같은 분수의 덧셈 및 뺄셈 활동을 할 수 있게 된다. 아래 카드는 1인당 5장씩 갖고 할 수 있도록 만들어 보았다. 4장씩 갖고 하려면 $\frac{1}{4}$ 카드 1장, $\frac{3}{5}$ 카드 1장, $\frac{3}{6}$ 카드 1장, $\frac{4}{8}$ 카드 1장씩 빼고 16장만 갖고 진행하면 된다.

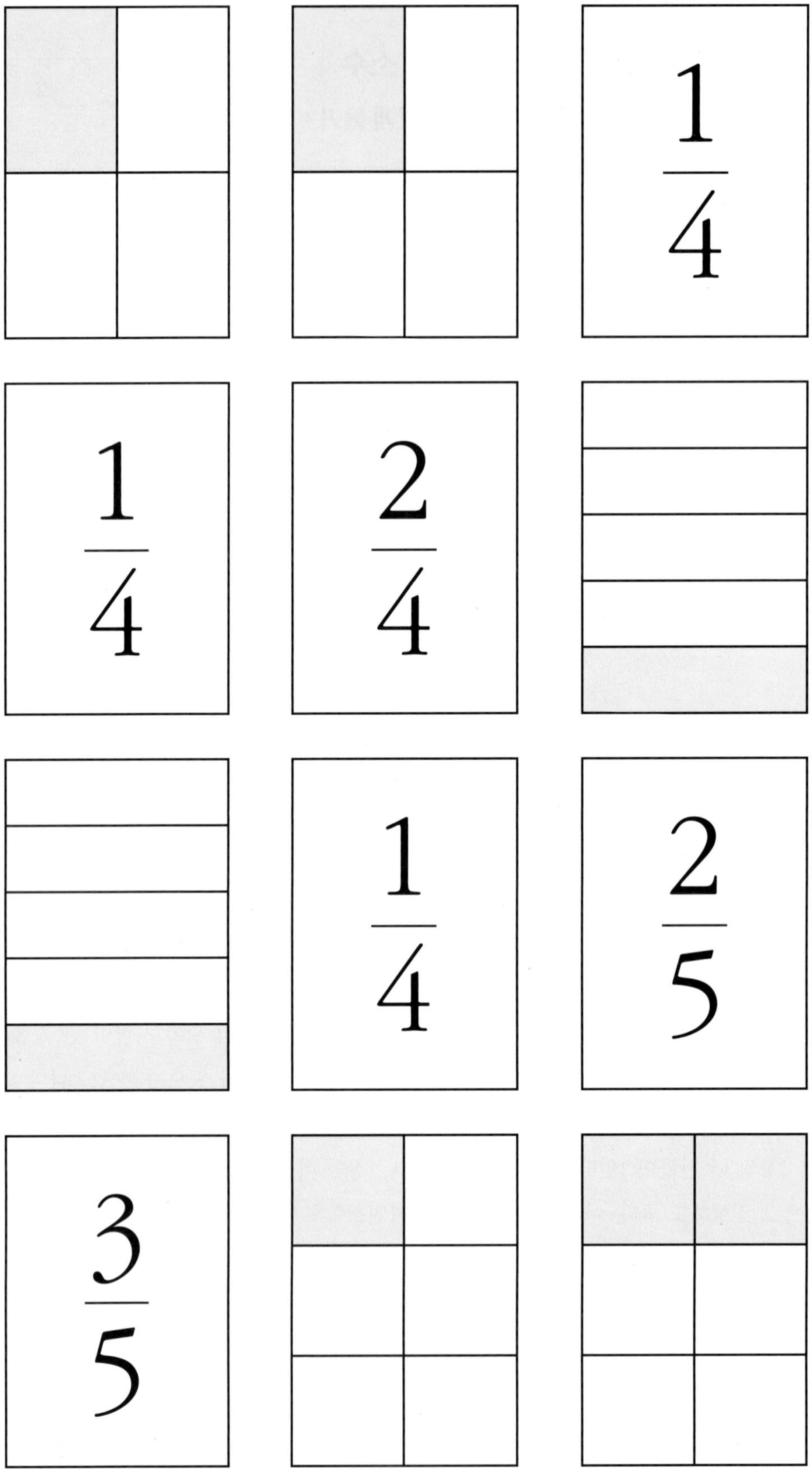
1/4
1/4
2/4
1/4
2/5
3/5

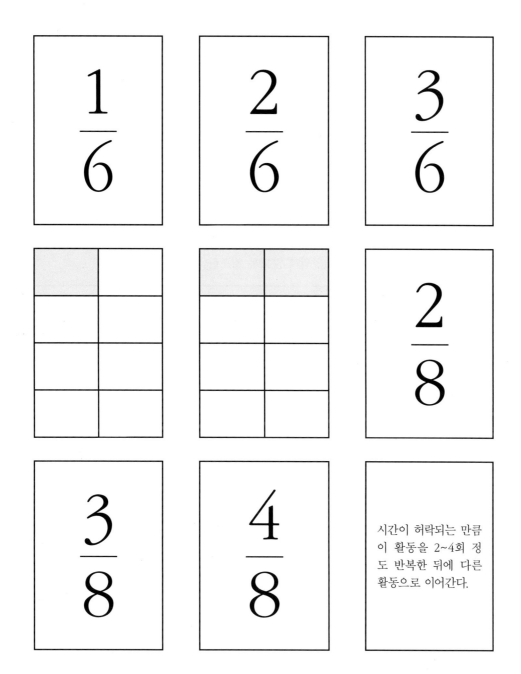

시간이 허락되는 만큼 이 활동을 2~4회 정도 반복한 뒤에 다른 활동으로 이어간다.

더 큰 단위분수가 이겨요.

준비물 : 여러 장의 단위분수 카드(많을수록 좋음, 짝수이어야 함), 방패 카드 1장, 무기 카드 1장, 성(궁궐) 카드 1장(모둠별로 1세트 준비)

① 단위분수 카드를 모두 뒤집어 바닥에 깔아 놓고 2명씩 짝을 이루어 진행한다.
② 방패 카드와 무기 카드, 성(궁궐) 카드는 두 사람의 가운데 펼쳐 놓는다.
③ 2명이 대결을 하면서 바닥에 깔린 분수카드 1장씩 집어 확인한다.

❹ '하나, 둘, 셋' 하면 동시에 뒤집은 카드를 펴서 바닥에 내려놓고 보여준다.

❺ 카드를 서로 확인한 뒤 더 큰 분수 카드를 갖고 있는 사람이 무기 카드를 먼저 집어 성(궁궐) 카드 위에 내려놓으면 승리한다.

❻ 이때 방패 카드를 집은 상대편이 성(궁궐) 카드 위에 먼저 내려놓으면 방어에서 성공하여 승리한다.

❼ 더 큰 분수 카드를 갖고 있음에도 불구하고 방패 카드를 가져가면 패배한다. 더 작은 분수 카드를 갖고 있음에도 불구하고 무기 카드를 가져가면 역시 패배한다.

❽ 위의 과정을 반복하면서 바닥에 깔아 놓은 카드가 모두 사라질 때까지 진행한다. 이런 과정을 2~3회 반복한다.

※ 승패에 너무 집착하여 게임 활동이 과열되지 않도록 지도한다.

$$\frac{1}{2} \qquad \frac{1}{3} \qquad \frac{1}{4}$$

$$\frac{1}{5} \qquad \frac{1}{6} \qquad \frac{1}{7}$$

$$\frac{1}{8} \qquad \frac{1}{9} \qquad \frac{1}{10}$$

주사위 굴려 1 만들기

※ 준비물 : 개인별 활동지 1장, 모둠별 주사위 1개

❶ 개인별로 활동지를 1장씩 나누어 갖는다.

❷ 모둠별로 가위, 바위, 보를 하여 주사위를 굴릴 순서를 정한다.

❸ 순서대로 주사위를 굴려 1이 나오면 1 분수막대를, 2가 나오면 $\frac{1}{2}$ 분수막대 1칸을, 3이 나오면 $\frac{1}{3}$ 분수 막대 1칸을, 4가 나오면 $\frac{1}{4}$ 분수막대 1칸을, 5가 나오면 $\frac{1}{5}$ 분수막대 1칸을, 6이 나오면 $\frac{1}{6}$ 분수막대 1칸을 색칠한다.

❹ 순서대로 돌아가면서 ③번 활동을 되풀이한다.

❺ 먼저 분수막대 모형 4줄을 모두 색칠한 사람이 승리하게 된다.(상황에 따라서 전부를 먼저 색칠하는 사람이 승리하는 것으로 할 수도 있다.)

❻ 시간 제약이 따른다면 주어진 시간 동안 주사위를 굴려 완성된 줄 수가 가장 많은 사람이 승리하는 것으로 해도 좋다.

❼ 활동을 정리하면서 단위분수 간의 크기 비교를 통해 분모가 클수록 크기는 더 작고, 분모가 작을수록 크기가 더 크다는 것을 발견할 수 있도록 한다.

1					

$\frac{1}{2}$			$\frac{1}{2}$		

| $\frac{1}{3}$ | | $\frac{1}{3}$ | | $\frac{1}{3}$ | |

| $\frac{1}{4}$ | | $\frac{1}{4}$ | | $\frac{1}{4}$ | $\frac{1}{4}$ |

| $\frac{1}{5}$ | $\frac{1}{5}$ | $\frac{1}{5}$ | $\frac{1}{5}$ | $\frac{1}{5}$ | |

| $\frac{1}{6}$ | $\frac{1}{6}$ | $\frac{1}{6}$ | $\frac{1}{6}$ | $\frac{1}{6}$ | $\frac{1}{6}$ |

9~10차시 수업 소감

부족한 부분을 보완하기 위한 질문으로 수업의 시작을 열었다. 제시된 사례와 같은 질문을 제시하고 문제 해결의 원리를 찾아 나갈 수 있도록 돕고자 하였다. 문제를 제시하고 자신의 생각을 정리하게 한 뒤 모두 일어서서 나누기 활동으로 문제를 해결해 나갈 수 있게 하였다. 첫 번째 질문에서 배움이 느린 몇 아이들을 빼고는 대체로 큰 어려움 없이 문제를 해결해 나가는 것처

모두 일어서서 나누기 활동 장면

럼 보였다. 왜냐하면 $\frac{1}{4}$의 길이가 5cm이고 전체는 $\frac{1}{4}$이 4개 있는 것이라는 사실을 대부분은 이해를 하고 있었기 때문이다. 그런데 두 번째 질문과 같은 상황에서 상당수의 아이들은 갑자기 머뭇거리면서 난개념을 형성하기 시작하였다. 그래도 두 번째 질문 상황은 $\frac{2}{6}$를 3배 하면 전체 1이 되기 때문에 아이들은 그나마 이해에 큰 어려움이 없었지만 후속적으로 제시된 아래와 같은 상황에서는 매우 어려움을 호소하였다.

▭▭▭▭ 이 막대는 어떤 막대의 $\frac{2}{5}$만큼에 해당되고, 이것의 길이는 6cm다. 막대 전체의 길이는 얼마인가?

이 문제의 해결을 위해서는 먼저 단위분수의 길이가 얼마인지를 알아야 하는데 소수의 아이들을 제외하고는 쉽게 찾지를 못하는 것 같았다. 그래서 아이들 스스로 해결의 실마리를 찾아나갈 수 있다는 믿음을 가지고 시간을 충분히 주면서 기다려 주었다. 그랬더니 얼마 지나지 않아 한 아이가 자신이 발견한 원리를 아래와 같이 설명하며 뿌듯해하였다.

"단위분수의 길이를 먼저 구하면 됩니다. $\frac{2}{5}$는 $\frac{1}{5}$이 2개 있는 것이니까 6cm를 똑같이 2개로 자르면 $\frac{1}{5}$의 길이가 나오는데

주사위 굴려 1 만들기 활동 장면

6cm의 반이니까 $\frac{1}{5}$은 3cm가 되는 것입니다. 그리고 전체는 $\frac{2}{5}$ 인데 $\frac{5}{5}$는 $\frac{1}{5}$이 5개 있는 것이어서 전체는 3cm×5=15cm가 되는 것입니다."

매우 잘 설명해 주었다고 칭찬을 해 주었다. 다른 아이들도 그 아이의 설명을 듣고 이제 알겠다는 눈치였다. 하지만 배움이 느린 아이들은 여전히 힘들어하는 눈치였다. 그래서 같은 상황의 문제를 계속 제시하면서 조금이나마 이해를 할 수 있도록 더 시간을 할애하였다. 애초에는 약 20분 정도만 하려고 했는데 10분을 더 투입하여 이 활동에 30분 정도의 시간을 보냈다. 그래도 아이들이 잘 이해할 수 있다면 이어질 게임 활동보다 이것이 더 좋다는 생각이 들었다.

이어서 남은 50분간 시간이 허락되는 대로 게임 활동을 할 수 있도록 하였다. 가장 먼저 '주사위 굴려 1 만들기' 활동을 하였다. 가장 먼저 모든 칸을 채운 사람에게 마카로니 1컵을 부상으로 제공한다고 하자 더 열정적으로 활동에 임하였다. 약 10분 정도 지나자 서서히 모둠별로 가장 먼저 채운 아이들이 나오기 시작하였다. 한 번 더 하자는 아이들도 있었지만 다음 게임을 위

해 한 번의 활동으로 마무리하고 넘어가기로 하였다.

다음 활동은 '분수카드 돌려가며 1만들기 활동'이었다. 이 활동은 활동 방법을 안내하는 데 약간의 시간이 걸렸다. 4장의 분수카드를 모아 1을 만드는 활동으로 하였는데 첫 번째 설명에서 아이들은 쉽게 이해하지 못하였다. 그래서 다시 한 번 더 직접 카드를 보여주면서 이해를 도와주었다. 그랬더니 이해를 하는 아이들이 많아졌다. 일단 직접 해 보면서 이해를 하는 것이 더 좋다고 생각하여 일단 분수카드를 모둠별로 한 세트씩 나누어주고 5장씩 나누어 가진 뒤에 활동을 시작해 보도록 안내하였다. 일단 게임을 시작하고 나서 잘 이해가 안 된다는 아이들 몇 명을 찾아가 직접 도움을 주면서 활동을 계속할 수 있게 도와주었더니 더 이상 활동 방법에 대하여 궁금해하는 아이들은 없었다. 이 활동은 시간이 꽤 걸릴 것이라 예상했는데 생각보다 빨리 첫 번째 게임에서 4장의 분수카드를 이용하여 1을 만들었다는 아이가 있었다. 그래서 같은 방법으로 몇 번의 게임을 더 진행할 수 있도록 안내하였다. 그랬더니 많게는 4회 정도 게임을 하는 모둠도 있었고, 적게는 2회 정도 게임을 하는 모둠도 있었다. 아이

분수 카드 돌려가며 1 만들기 활동 장면

들은 오늘 수업 활동을 끝으로 분수 수업을 마무리하게 되었다. 수업을 끝내면서 다음 주에 분수 부분만 평가를 할 것이라는 안내를 하고, 이에 대비하여 수학책과 익힘책을 각자 해결할 수 있도록 수행과제로 제시하였다. 이번 단원 수업도 거의 수학책을 사용하지 않았다. 나의 설계에 따라 수업을 한 후 그에 해당되는 내용까지 중간중간에 과제로 수학책을 집에서 풀어오게 하였다. 그랬더니 수학책 내용은 매우 쉽다고 말하는 아이들이 대부분이었다. 아주 다행이라는 생각이 들었다. 이번 단원의 재구성 방향이나 설계도 나름은 큰 의미가 있었고, 일부 보완할 점도 발견되었다. 다음에 또 이 단원을 지도하게 된다면 좀 더 나은 수업 설계가 이루어질 것이라 기대해 본다.(본래 분수와 소수를 함께 공부하도록 단원은 구성되어 있지만 나는 분수와 소수를 분리하여

따로 지도하고 평가도 따로 할 생각으로 단원을 재구성하였다. 왜냐하면 분수의 이해도 조금 힘들어하는 아이들인데 바로 이어서 소수까지 이해하라고 하면 더 큰 어려움에 직면할 것 같아서 평가를 하면서 잠시 쉬어갈 수 있도록 여유를 두려고 했기 때문이다.)

단원 활동을 마무리하면서 이런 생각도 해 보았다. 아이들이 직접 조작활동을 하면서 등분하는 역량이 조금 부족하다고 느껴지거나 등분 조작활동이 더 필요하다고 생각된다면 과감히 놀이 활동을 생략하고 조작활동에 시간을 충분히 더 할애하는 것이 맞는 것 같다는 생각이 들었다. 물론 모든 아이들을 완벽한 수준만큼까지 끌어올리기에는 무리가 있을 수 있겠지만 어느 정도까지는 충분히 끌어올릴 수 있다고 생각한다. 참고하기 바란다.

11차시 단원평가

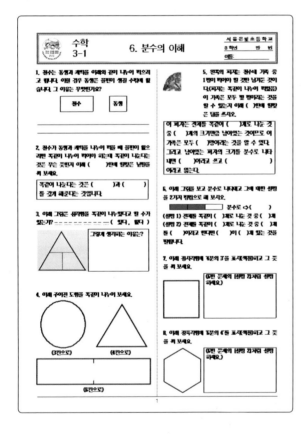

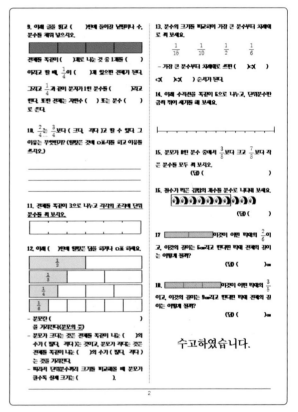

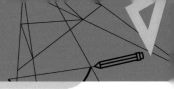

제6장

3학년 분수(2)
이산량 분수 및 분수의 다양한 형태 이해

이산량 분수는 하나의 집합을 하나의 전체로 다루기 때문에

아이들이 사물들의 모임을 하나의 단위로 인식하는 데 어려움이 있다.

따라서 연속량에서 이산량으로 자연스럽게 접근할 수 있도록 수업을 설계해야 하고

분수를 언급하지 않으면서 아이들이 집합을 분할 수 있는 경험을 지속적으로 제공해야 하며

이전에 학습했던 나눗셈, 곱셈의 배경지식과도 연결 지을 수 있도록 도와주어야 한다.

그리고 그 밑바탕에는 반드시 단위분수 개념이 자리해야 한다.

3학년 1학기에 공부했던 연속량의 등분할로서 분수의 기본 개념 이해를 바탕으로 2학기 분수 단원에서는 분수에 대한 깊이를 한 걸음 더 들어가 이산량의 등분할을 통한 분수의 이해, 단위분수를 기반으로 한 진분수, 가분수, 대분수의 이해, 분모의 크기가 같은 분수의 크기 비교 등의 내용을 주로 다루고 있다.

　3학년 2학기 분수 단원은 분수를 공부하는 초등학교 전 과정 가운데 연령 수준에 비추어 볼 때 아이들이 가장 힘들어하는 내용들로 구성되어 있다. 특히 이산량의 등분할을 통한 분수의 이해 부분에서 난개념이 형성된 아이들을 가장 많이 관찰할 수 있고, 단위분수 및 기준량(전체) 1에 대한 확실한 중심을 잡아주지 않으면 분수에 대한 오개념을 심어 줄 수 있는 가능성이 매우 높은 단계라고 볼 수가 있다. 따라서 그 어떤 단계보다도 분수에 대한 개념 이해의 확장에 중심을 두고 심혈을 기울여 교육과정 및 교과서 내용을 재구성하고 수업을 디자인하여 아이들의 난개념, 오개념 형성을 막을 수 있도록 해야만 한다. 이를 위해 현재 교육과정상 약 9차시 내외 정도의 시간을 배정해 두고 있는데[*] 필자가 생각할 때 1시간 정도를 더 확보하여 아래와 같이 지도한다면 이상적인 교육과정이 될 것이라 판단된다.

---

[*] 스토리텔링을 통한 단원 도입, 문제 해결, 생각수학 및 탐구수학, 평가 등의 활동에 여러 시간을 배정하다 보니 정작 중요한 분수 개념의 이해 및 확장에 사용할 수 있는 시간이 턱없이 부족한 상황이다. 이 문제를 어떻게 극복할 것인가에 대한 판단은 어디까지나 담임교사의 몫이 되어 버리고 만 것이다.

차시	재구성 이후	수업의 목적
1	3-1학기 과정 되짚어 보기 및 단위 묶음 알기	3-1학기 과정 되짚어 보기 및 단위묶음을 이해할 수 있다.
2	단위묶음을 이용하여 분수로 표현하기	단위묶음을 이용하여 분수로 나타낼 수 있다.
3~5	분수만큼이 얼마인지 알아보기	단위묶음만큼이 얼마인지 알 수 있다.(1시간) 분수만큼이 얼마인지 알 수 있다.(2시간)
6~7	여러 가지 분수 알아보기 (진분수, 가분수, 대분수)	진분수, 가분수, 대분수를 이해하기 가분수 ↔ 대분수로 나타내기(1시간)
8	가분수 ↔ 대분수로 나타내기	가분수 ↔ 대분수로 나타낼 수 있다.
9	분모가 같은 분수의 크기 비교하기	분모가 같은 분수의 크기를 비교할 수 있다.
10	단원평가	단원 정리(문제풀기)

위와 같이 재구성한 이유에 대하여 살펴보면 다음과 같다.

교육과정 재구성의 이유와 방향성

문제의식 갖기

01 이산량*을 등분한다는 것에 대하여 아이들은 매우 힘들어한다는 점을 충분히 고려하여 교과서 내용을 구성하지 못한 점이 아쉽다.

많은 아이들은 이산량을 등분하는 과정에서 난개념 형성을 경험한다. 어떤 부분을 아이들이 쉽게 이해하고 받아들이지 못하는지 살펴보면 아래와 같다.

- 전체를 기준량 1로 본다는 것과 사물의 개수와의 혼돈에서 오는 난개념이 아이들을 힘들게 한다.(특히 단위의 변화에 대한 이해를 힘들어한다.)

  3학년 아이들은 위에서 보는 것과 같이 전체를 1로 본다는 것에 대한 이해가 어렵게 느껴지는 때이기도 하다. 야구공이 분명히 6개인데 이것이 어떻게 1이 되는지 아이들은 그 개념에 대한 이해가 쉽게

---

* 1학기에 다루었던 연속량은 분리하여 셀 수 없는 것을 가리키는 것으로 길이, 넓이, 부피, 무게 등이 해당된다. 2학기에 다루고 있는 이산량은 분리하여 셀 수 있는 것을 가리키는 것으로 과일, 연필, 사탕, 축구공 등과 같은 사물들이 해당된다.

되지 않는다.

- 야구공을 똑같이 3묶음으로 나눌 때 한 묶음은 분명히 2개인데 이것을 $\frac{1}{3}$이라고 말하는 데에서 오는 난개념이 아이들을 힘들게 한다. 분명히 한 묶음이 2개인데 이것이 왜 1보다 작은 $\frac{1}{3}$이 되는지 아이들은 잘 이해할 수가 없다고 말한다.[*]

- 전체가 연속량에서 이산량으로 변함에 따라 상대적인 크기의 변화를 아직 쉽게 받아들이기 힘든 연령대에 있다는 점을 교과서 내용 구성에 충분히 반영하여 그림이나 실제 활동으로 제시하지 못하였다는 점에서 아쉬움이 남는다. 이에 대한 방안은 뒤에 이어질 재구성의 방향성에서 구체적으로 다루어 보고자 한다.

02 단원 학습 목표에 도달해 나가는 과정에서 1학기에 공부했던 내용을 2학기 내용과 어떻게 연결해야 할 것인지, 어떤 부분에 초점을 두어야 할 것인지,[**] 왜 그렇게 해야 하는지에 대한 명확한 제시가 지도서에도, 교과서에도 제대로 나타나 있지 않다는 점에서 문제의식을 갖게 된다.

3학년 1학기 분수 단원에서 공부했던 내용 가운데 2학기 분수 학습에 매우 큰 영향을 미치는 중요한 점 두 가지는 다음과 같다.

❶ 연속량으로서 전체(양) 1을 똑같이 나누었다가 다시 모아도 처음의 양(1)은 변하지 않는다.

❷ 3-1학기 분수 개념은 '전체-부분' 간의 관계로 분수를 이해: $\frac{3}{4}$은 전체를 4등분한 것 중 3개(연속량을 중심으로 다룬다.)

3-2학기 분수 개념은 단위분수를 기반으로 분수 이해하기가 핵심: $\frac{3}{4}$은 $\frac{1}{4}$이 3개 있는 것(이산량을 중심으로 다룬다.)

위와 같은 3학년 1학기 학습 내용과 3학년 2학기 학습 내용을 효과적으로 연결 짓기 위해서는 아래와 같은 고민에 초점을 맞추어야 한다.

---

[*] 이 상황을 이해하기 더 어려운 이유는 1학기까지 분수를 공부하면서 항상 연속량만을 이용하여 전체 ↔ 부분 간의 관계만을 다루는 상황, 1보다 작은 분수만 다루어 왔기 때문에 주어진 이산량이 1보다 크다는 상황부터 잘 와 닿지 않을 뿐만 아니라 그것들을 묶음으로 묶어도 이미 1보다 큰 수인데 그것을 1보다 작은 분수로 표현한다는 것이 쉽게 납득이 되지 않는다는 것이다.
[**] 수학이라는 교과는 다른 교과와 달리 체계성이 매우 강한 과목이어서 이전에 학습했던 내용(선수 학습 내용)이 현재 학습 내용과 어떻게든 연결되어 있을 수밖에 없다. 분수 영영도 3학년 1학기 선수 학습 내용에 대한 명확한 이해가 바탕이 되어야 3학년 2학기 현재 학습 내용에 대한 이해를 제대로 할 수 있게 된다. 따라서 교사는 1학기 내용과 2학기 내용을 효과적으로 연결 지어 아이들이 오개념 및 난개념이 형성되지 않도록 최선을 다해 교육과정 및 교과서 내용의 재구성하고 수업을 디자인하여야 한다.

"연속량을 통해 익힌 분수 개념을 이산량에 어떻게 적용할 것인가?"

'연속량 → 이산량'으로의 자연스러운 전환과 그 방법

그러나 위와 같은 고민의 흔적을 지도서, 교과서 어디에서도 찾아볼 수가 없어서 아쉬운 생각이 많이 든다.* 이에 대한 구체적인 방안은 뒤에 이어질 재구성의 방향성을 참고하기 바란다.

03 단원 학습 목표가 명확하지 않다는 점은 무엇보다 심각한 문제라 할 수 있다. 단순히 [이산량의 등분할을 통한 분수의 이해, 진분수, 가분수, 대분수의 이해, 분모가 같은 분수의 크기 비교]와 같은 식의 제시가 아니라 이산량으로 분수 개념을 보다 더 깊이 있게 확장시키기 위한 핵심 개념, 진분수, 가분수, 대분수를 보다 정확히 이해하기 위한 핵심 개념, 분수의 크기 비교를 위한 핵심 개념이 언어적 진술로 학습 목표에 포함되어 제시되어야 함이 마땅하다. 이는 다음과 같은 도움을 교사와 아이들에게 줄 수 있다.

- 지도하는 교사 입장에서 수업을 어떻게 디자인하고 어떤 활동을 아이들에게 제시해야 할지 보다 명확하게 고민할 수 있도록 도울 수 있다.
- 아이들 입장에서 수업 속에서 자신이 어떤 점에 중심을 두어야 하는지, 무엇에 관심을 가지고 생각하고 고민해야 하는지를 확실하게 결정할 수 있게 해준다.

---

* 실제 교과서에는 첫 번째 활동부터 "감 6개를 똑같이 2부분으로 나누어 보자."와 같은 종류의 지시문과 함께 이산량을 나타내는 사물 그림 몇 개(감 그림 6개)를 제시해 두고 뜬금없이 다음과 같은 질문들을 열거하고 있다.(2018년, 8월 15일 출판 3학년 2학기 수학 교과서 78쪽)

(1) 6개를 똑같이 2부분으로 나누어 보세요.(왜 갑자기 2묶음으로 나누라고 했을까?)

(2) 부분 는 전체 를 똑같이 2부분으로 나눈 것 중의 ☐ 입니다.(이 질문이 의미하는 것은 무엇인가?)

이어서 는 를 2묶음으로 나눈 것 중 1묶음이므로 전체의 $\frac{\square}{\square}$인지 분수로 표현해 보라고 제시하고 있다. 무엇인가 1학기에 공부했던 내용과 자연스럽고 매끄럽게 연결되고 있지 못하다는 느낌을 지울 길이 없다. 일방적으로 '묶음'으로 묶으라는 식의 제시는 1학기에 공부했던 연속량 분수에서 단위분수 개념으로, 단위분수 개념에서 이산량의 묶음 개념으로 자연스럽게 연결 지을 수 없을 뿐만 아니라 아이들이 문제풀이 방법만 익혀 답만 구하려고 하게 되는 우를 범할 수밖에 없다. 게다가 첫 번째 활동부터 전체라는 양의 상대적인 크기 변화가 일어나고 있어서 쉽게 받아들이기 어려울 뿐만 아니라(6개를 전체 1로 본다는 개념 이해가 쉽게 와 닿지 않음) 전체 6개와 한 묶음인 3개와의 관계를 묻는 질문에서 아이들은 막연하게 생각할 수밖에 없게 된다. 또한 위와 같은 사례가 전체 6개와 부분($\frac{1}{2}$)인 3개와의 관계를 쉽게 이해할 수 있도록 돕는 활동이라 보기에는 아이들 눈으로 바라볼 때 매우 힘든 사례라 할 수 있겠다. 이런 이유로 아이들에게 오개념, 난개념 형성이 매우 많이 일어날 수밖에 없다. 따라서 연속량과 이산량을 동시에 다루는 과정 속에서 그에 합당한 내용과 활동을 아이들에게 제시하여 자연스럽게 '연속량 → 이산량'으로 전환이 이루어질 수 있도록 해야 한다. 교과서 속 질문이 의미하는 것이 무엇인지를 교사가 먼저 정확히 이해하고 교과서에 있는 대로 가르칠 것이 아니라 좀 더 깊이 있게 체계적으로 고민하여 지도할 수 있어야 바람직한 분수 교육이 이루어질 수 있다.

04 분수의 세 가지 형태와 그 명칭이 제시되고 있지만 갑작스럽게 "…와 같은 형태의 분수를 ○○○**(이)라고만 제시되어 있을 뿐이고 왜 진분수, 가분수, 대분수와 같이 구분지어 따로 부를 수밖에 없었는지에 대한 명쾌한 이유가 나타나 있지 않다는 점은 문제가 아닐 수 없다. 이에 대해서는 뒤에 이어질 재구성의 방향성에서 자세히 안내해 보도록 하겠다.

05 교육과정과 교과서는 분명히 분수의 두 가지 의미(① 등분할을 통해 살펴본 전체 ↔ 부분 간의 관계로서 의미 ② 단위분수를 기준으로 한 배수의 개념에 해당되는 분수의 의미)에 대하여 학기와 단원을 달리하여 구분하고 지도**할 수 있게 해 둔 것처럼 보인다. 하지만 실제 교과서 내용 구성의 이유에 대해서 지도서는 이에 대한 명확한 안내 및 구분의 필요성, 두 가지 의미의 이해가 왜 필요한지에 대한 안내, 그것이 실제 교육과정과 교과서에 어떻게 반영되었는지, 지도상의 유의점 등을 정확히 안내하지 못하고 있다. 그렇다 보니 교사들은 교과서에 제시된 대로 아이들에게 설명하고 전달하고, 아이들은 전달받은 대로 단순히 기억하고 암기할 수밖에 없는 현실에 놓이게 되었다. 그 결과 분수에 대한 오개념과 난개념은 더 심화될 수밖에 없는 결과를 초래하게 되었던 것이다. 이런 문제점을 해결하기 위해서는 어떤 방안이 필요한지 재구성의 방향성에서 구체적으로 살펴보도록 하겠다.

재구성 방향성

01 교육과정의 재구성을 위해서는 무엇보다 단원 학습 목표부터 명확히 하는 것이 선행되어야 한다. 앞에서 살펴본 문제점을 바탕으로 필자가 바라본 3학년 2학기 분수 단원 학습 목표는 아래와 같이 제시되어야 함이 마땅하다고 생각한다.

단원 학습 목표

❶ 이산량을 활용하여 '부분'과 '전체'를 비교해 보는 경험을 통해 분수 개념을 이해할 수 있다.
❷ 주어진 이산량을 여러 단위(묶음)로 묶어 보면서 묶음을 새로운 단위로 이해할 수 있다.
❸ 새로운 단위(묶음)를 기준으로 전체와 부분 간의 관계를 탐색하여 분수로 나타낼 수 있다.
❹ 진분수, 가분수, 대분수의 구분이 왜 필요한지 이해할 수 있다.
❺ 분모의 크기가 같은 분수의 크기를 비교할 수 있다.

---

* 예를 들자면 이렇다. "$\frac{1}{4}$이 1개 → $\frac{\square}{\square}$, $\frac{1}{4}$이 2개 → $\frac{\square}{\square}$ … → $\frac{1}{4}$이 5개 → $\frac{\square}{\square}$", "분모가 4인 분수를 수직선에 나타내어 보기" 활동을 한 이후에 "$\frac{1}{4}$, $\frac{2}{4}$, $\frac{3}{4}$과 같이 분자가 분모보다 작은 분수를 진분수라고 한다."고 일방적으로 제시되어 있다. 가분수, 대분수도 같은 방식으로 안내만 되어 있다. 이럴 경우 아이들은 영문도 모른 채 그냥 진분수, 가분수, 대분수의 형태만 암기할 수밖에 없게 된다. 일방적인 제시가 아니라 왜 그렇게 분류를 하게 되었는지에 대해 납득이 갈 만큼의 설명과 이해가 필요한 대목이라 말할 수 있다.
** 3학년 1학기는 ①번의 의미를, 3학년 2학기에는 ②번의 의미를 중심으로 지도할 수 있도록 구성되어 있다고 볼 수 있다. 예를 들어 3학년 1학기에는 [￭￭￭￭￭]에 대해 "전체 1을 4등분한 것 중 3조각이고, $\frac{3}{4}$이라고 쓰고 '사분의 삼'이라 읽는다."와 같이 이해하도록 내용이 구성되어 있다. 그런데 3학년 2학기에는 "전체 1을 4등분한 것 중 1조각 [￭]을 $\frac{1}{4}$이라고 할 때, $\frac{1}{4}$[￭]이 3개($\frac{1}{4}$의 3배) 있으므로 $\frac{3}{4}$이라고 쓰고 '사분의 삼'이라 읽는다."와 같이 이해하도록 내용이 구성되어 있다.

위와 같은 단원 학습 목표가 제시되었다면 그에 마땅한 교과서 내용 구성 및 차시별 수업이 알맞게 디자인되어야 한다.

02 연속량을 통해 익힌 분수 개념을 이산량에 어떻게 적용할 것인가 하는 문제에 대하여 필자는 '연속량 → 이산량'으로의 자연스러운 전환과 그 방법을 다음과 같은 띠 모델과 수직선으로 해결해 보고자 하였다.[*]

- 단원 학습 초반부터 이산량을 제시하기보다는 다음과 같은 분수 모형을 통해 연속량과 이산량을 동시에 생각할 수 있도록 도움을 준다.
- 띠 모델, 수직선을 통한 연속량과 이산량 연결 짓기가 충분히 이루어졌다고 생각되었을 때 완전한 이산량을 제시하여 분수 개념의 확장을 돕도록 한다.
- 이 과정에서 아이들은 자연스럽게 기호로서의 분수 외에 하나의 수로서 절대적인 값을 갖는 분수의 개념까지 습득할 수 있게 된다. 이렇게 되면 분모의 크기가 같은 분수의 크기 비교, 단위분수 간의 크기 비교도 그리 어려운 내용이 아니라는 것을 알게 된다.

❶ 띠 모델을 통한 연속량 → 이산량으로의 전환 : 6을 3단위(묶음)로 묶음

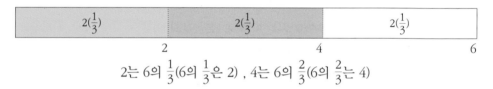

2는 6의 $\frac{1}{3}$(6의 $\frac{1}{3}$은 2), 4는 6의 $\frac{2}{3}$(6의 $\frac{2}{3}$는 4)

❷ 수직선을 통한 연속량 → 이산량으로의 전환 : 6을 3단위(묶음)로 묶음

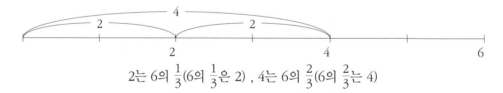

2는 6의 $\frac{1}{3}$(6의 $\frac{1}{3}$은 2), 4는 6의 $\frac{2}{3}$(6의 $\frac{2}{3}$는 4)

수직선이나 띠 모델은 아래와 같이 변화를 준 형태로 제시될 수도 있다.

❸ 길이 형태로 제시하여 연속량 → 이산량으로 전환 : 20을 4단위(묶음)로 묶음

---

[*] 띠 모델이나 수직선을 통해 아이들은 전체 크기 6과 부분 2와의 관계를 직관적으로 쉽게 이해할 수 있게 된다. 이 과정은 띠 모델(도형), 수직선이라는 연속량과 함께 '수'라는 이산량을 동시에 생각하면서 분수에 대한 이해에 한 걸음 더 깊이 들어갈 수 있는 단초가 될 수 있다는 점에서 매우 유용하다고 할 수 있다.

$20cm$의 $\frac{1}{4}$은 $5cm$($5cm$는 $20cm$의 $\frac{1}{4}$), $20cm$의 $\frac{2}{4}$는 $10cm$($10cm$는 $20cm$의 $\frac{2}{4}$)

❹ 좀 더 이산량에 가깝게 제시된 사례 : 구슬 12개를 4단위(묶음)로 묶음

구슬 12개를 4단위(묶음)로 묶으면 1단위는 전체의 $\frac{1}{4}$이 되고, 이때 구슬의 개수는 3개가 된다.

❺ 확실하게 이산량 형태로 제시된 사례 : 사과 30개 제시

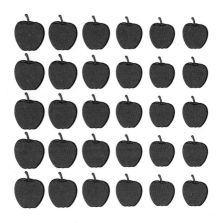

- 사과 30개를 5단위(묶음)로 묶으면 1단위(묶음)에는 사과가 6개 들어 있게 된다.

$$30의 \frac{1}{5} = 6이다.$$

- 사과 30개를 6단위(묶음)로 묶으면 1단위(묶음)에는 사과가 5개 들어 있게 된다.

$$30의 \frac{1}{6} = 5이다.$$

이런 단계를 차근차근 밟아 나간다면 아이들은 이산량을 통한 분수 개념 확장에 큰 어려움이 없을 것으로 판단된다.[*]

03 분수의 크기를 비교하는 과정을 감안하여 '기호로서의 분수 → 절대적인 위치와 값을 갖는 수로서의 분수'로 자연스럽게 전환할 수 있도록 본 단원 설계의 첫 과정부터 그 준비가 차근차근 이루어질 수 있도록 해 보았다. 이 방안은 진분수, 가분수, 대분수의 이해와도 관련이 있을 뿐만 아니라 필자가 3학년 1학기 분수 단원을 재구성하여 실제 지도를 했던 것과 연속선상에 있다고 봐도 될 것이라 판단된다. 보다 구체적으로 설명해 보면 다음과 같다.

❶ 앞 단원의 실제 사례를 통해서도 살펴본 바와 같이 필자는 분수의 두 가지 의미(① 등분할을 통해 살펴본 전체 ↔ 부분 간의 관계로서 의미 ② 단위분수를 기준으로 한 배수의 개념에 해당되는 분수의 의미) 가운데 두 번째 의미를 3학년 1학기부터 이미 지도해 왔다. 그 이유는 다음과 같다.
- 3학년 1학기 : 전체 ↔ 부분 간의 관계를 통해 분수를 이해, 이때 '전체'는 연속량 중심, 그때 기준량은 '전체 = 1' → 전체 1을 ○등분한 조각 중 ◇개, $\frac{◇}{○}$
- 3학년 2학기 : 단위분수를 기준으로 '단위분수의 몇 배'라는 관점에서 분수를 이해, 이때 다루는 대상

---

[*] 문제점에서 언급했던 "전체가 연속량에서 이산량으로 변함에 따라 상대적인 크기의 변화를 아직 쉽게 받아들이기 어려워한다는 점"에 대한 대안이 충분이 될 수 있다고 판단된다.

은 이산량이 중심, 이산량 가운데 일부분을 다루기 위해서는 새로운 단위(묶음) 개념이 필요했음, 그 것이 바로 단위분수임, "이산량 전체를 몇 개의 단위로 묶을 것인가? 그중 1개의 단위는 이산량 몇 개에 해당되는가? 이때 그 크기를 분수로 나타내면 어떻게 되는가?" 등을 이해할 수 있도록 돕기 → 전체를 ○개의 단위(묶음)로 묶은 것 가운데 1단위(묶음)를 $\frac{1}{○}$이라고 할 때 그 단위(묶음)가 2개면 $\frac{2}{○}$, 그 단위(묶음)가 3개면 $\frac{3}{○}$, 그 단위(묶음)가 4개면 $\frac{4}{○}$

- 분수의 두 가지 의미에 대한 차이점

전체 ↔ 부분 간의 관계	단위분수의 몇 배
▪ 연속량 전체를 1로 보아 전체에 대한 부분에 집중할 수 있게 도와줌 ▪ 전체에 대한 부분을 직관적으로 이해할 수 있도록 도와줌 ▪ 전체를 1로 보기 때문에 1보다 큰 분수(가분수, 대분수)를 표현하고 설명하는 데 어려움이 있음 ▪ 이산량을 이해하는 데 어려움이 있음 ▪ 이후에 있을 4, 5, 6학년 교육과정에 직접적으로 연결되지 못함	▪ 이산량 전체를 몇 개의 단위(묶음)로 묶었는가에 집중할 수 있게 해줌 ▪ 묶은 1개의 단위(묶음)가 단위분수로 연결될 수 있도록 도와줌 ▪ 주어진 분수를 '단위분수의 몇 배'로 이해 → 1보다 큰 분수(진분수, 가분수, 대분수)의 표현, 이해, 설명도 가능해짐 ▪ 이후에 있을 4, 5, 6학년 교육과정에 핵심 개념으로 자리함[*]

- 이 개념을 수직선과 연결 지어 지도하고(단위분수의 뛰어 세기), 단위분수 개념에 지속적으로 노출되는 과정에서 분수가 단순한 기호가 아니라 하나의 수(크기의 비교가 가능)로 인식할 수 있도록 도와준다. 따라서 자연스럽게 분수의 크기 비교, 덧셈과 뺄셈까지도 이해할 수 있도록 해 준다. 물론 이 과정에서 비교의 대상을 명확히 제시하고 일치시킬 필요도 있다는 점을 잊어서는 안 된다.[**]

❷ 이산량에서의 단위분수 개념을 명확히 인식할 수 있도록 돕기 위해 최선을 다하였다.

- 이산량에서의 분수 개념 확장, 그 속에서 단위분수 개념의 이해를 돕기 위해 다음과 같은 과정으로 수업이 디자인될 수 있도록 해 보았다.

"전체를 ○개의 단위(묶음)로 나누었는가?"에 집중하기

↓

그 가운데 1개의 단위(묶음)를 분수로 표현할 수 있도록 돕기(이산량을 대상으로 하여 전체 묶음 수에 대한 1개의 묶음을 상대적으로 비교하여 분수로 표현)

↓

---

[*] 4, 5, 6학년 교육과정 재구성 및 실제 수업 사례를 살펴보면 이렇게 제시한 이유를 알 수 있다.

[**] 3학년 1학기에 공부하는 분수는 기호로서의 의미가 강하다. 이 경우 비교의 대상이 명확하지 않으면 크기를 비교하는 행위 자체에 의미를 둘 수 없게 된다.(예 : 사과 $\frac{3}{4}$과 수박 $\frac{1}{4}$을 놓고 어떤 분수가 더 큰가를 비교한다는 행위 자체는 의미가 없는 것이다. 비교의 대상이 다르기 때문에 분수만 가지고는 비교할 수 없는 것이라 할 수 있다. 이 두 분수를 비교하려면 비교의 대상을 명확히 하되 같은 대상을 놓고 비교를 해야 하는 것이다. 예 : 사과 $\frac{1}{4}$과 같은 사과 $\frac{3}{4}$의 크기 비교 → $\frac{1}{4}$은 $\frac{1}{4}$이 1개이고, $\frac{3}{4}$은 $\frac{1}{4}$이 3개이 니까 $\frac{3}{4}$이 $\frac{2}{4}$크기만큼 더 크다.) 3학년 2학기에는 분수의 크기를 비교하는 과정이 포함되어 있기 때문에 이런 문제를 해결하기 위해 비교의 대상을 항상 명확히 제시할 수 있도록 최선을 다하였다.

$\frac{1}{\bigcirc}$(단위분수)이 됨을 이해하기(처음에는 단위분수 상황만 이해할 수 있도록 함, 이에 익숙해지면 진분수 상황으로 확장)

↓

1개의 단위(묶음)에는 주어진 연속량이 몇 개 들어 있는지 이해할 수 있게 돕기

- 단위분수 개념이 충분히 자리하게 되면 진분수, 가분수, 대분수에 대한 이해를 돕는 과정으로 넘어가도록 한다. 이 과정에서 교과서처럼 진분수, 가분수, 대분수를 몇 개 제시하고 그런 분수를 진분수, 가분수, 대분수라고 정의하는 방식을 뛰어넘을 수 있도록 해 보았다. 이를 위해 아이들을 대상으로 "왜 진분수, 가분수, 대분수라는 형태의 구분이 이루어질 수밖에 없었는가?"에 대한 설득하는 과정이 수업 디자인 속에 담길 수 있도록 최선을 다하였다.

❸ 진분수, 가분수, 대분수의 의미를 명확히 할 수 있도록 해 보았다.[*]

- 진분수란 3학년 1학기부터 공부했던 "전체 1을 기준으로 그의 일부를 표현한 것, 전체 ↔ 부분 간의 관계를 표현한 것"을 말한다.

진분수 = '眞'이란 참, 거짓의 뜻이 아니라 Original(원형)의 의미를 갖고 있다.
1보다 작은 분수를 말한다. 분자가 분모의 크기보다 작다.

- 가분수란 진분수와 구분을 하기 위해 붙여진 이름이라고 할 수 있다.

가분수 = '假'란 참, 거짓의 뜻이 아니라 Temporary(임시)의 의미를 갖고 있다.
1보다 큰 분수를 말한다. 분자가 분모의 크기보다 크다.

예를 들자면 건축물에서 가건물이라 할 때는 '거짓건물'이라는 뜻이 아니라 '임시적으로 지어진 건물'이라는 뜻을 갖고 있는 것과 같은 의미이다.

가분수라는 새로운 형태에 대한 이름이 필요했던 이유는 아래와 같다. 이전까지 분수는 전체 ↔ 부분 간의 관계를 따져서 표현해 왔기 때문에 $\frac{3}{4}$, $\frac{2}{5}$, $\frac{4}{6}$ 등과 같이 1보다 작은 경우에 대해서만 다루었다. 그런데 한 걸음 더 깊이 들어가 공부하게 되면서 $\frac{7}{4}$, $\frac{9}{5}$, $\frac{15}{6}$ 등과 같이 1보다 큰 경우의 분수까지 다루게 되었다. 그러다 보니 이전까지 공부했던 분수와 비교해 볼 때 새롭게 다루게 된 분수의 개념 및 형태가 분명히 다르다는 것

---

[*] 분수라는 정의 및 초등학교에서 다루는 수의 범위를 살펴보면 '자연수 + 진분수'라는 한정된 수를 다룬다. 그러나 중학교로 넘어가면 진분수, 가분수, 대분수라는 용어는 더 이상 다루지 않는다. 오직 유리수만 존재한다. 또한 중학교에 가면 자연수라는 용어도 더 이상 다루지 않는다. 오직 정수만 존재한다. 그리고 그 개념은 점점 더 넓은 의미의 수영역과 체계로 확장된다(자연수 < 정수와 0 < 유리수, 무리수 < 실수, 허수 < 복소수). 그렇기 때문에 $\frac{7}{4}$과 같은 가분수도 독립된 수로 인정을 받아 대분수로 굳이 고칠 필요가 없게 된다. 따라서 초등에서도 가분수를 대분수로 고치는 과정을 공부했다고는 하더라도 질문에 "가분수를 대분수로 반드시 고치시오."라는 조건을 두지 않았다면 "가분수로 답을 썼더라도 맞다."는 사고의 전환이 필요하다.

을 확실하게 인정할 수밖에 없었다.*

진분수 개념으로 가분수를 설명할 수 없는 이유

❶ 전체 1을 넘어서기 때문에 전체 ↔ 부분 간의 관계로는 설명할 수 없다.

❷ 진분수 개념만 가지고 $\frac{6}{4}$을 표현하기 위해서는 다음과 같이 표현할 수밖에 없는데, 이렇게 표현하기에는 분명히 무리가 따른다.

예1 [░░░░░░] [░░░░░░] 과 같이 진분수 $\frac{3}{4}$이 2개 있는 것이라 표현할 수는 없는 일

예2 [░░░░░░░░░░] 과 같이 표현한다는 것은 대분수 $1\frac{2}{4}$로 표현한 것이지 가분수를 표현한 것이 아닌 것

❸ 가분수는 '$\frac{3}{4}$ = 전체를 4등분한 것 중 3개'와 같이 표현할 수가 없다.

예1 '$\frac{6}{4}$ = 전체를 4등분한 것 중 6개'라고 표현하기에는 분명히 무리가 따른다.

위에서 보는 바와 같이 분수 개념의 확장 및 새로운 형태의 분수를 설명하기 위한 새로운 방안이 필요했고, 이를 위해 새롭게 만든 개념이 바로 '단위분수'였던 것이다.

단위분수 개념을 기반으로 한 가분수의 이해

❶ 가분수='단위분수의 ○배', '단위분수가 ○개 있는 것'과 같은 개념으로 이해할 때 비로소 설명이 가능해진다.

❷ 단위분수를 이용, $\frac{6}{4}$을 수직선으로 설명: $\frac{6}{4} = \frac{1}{4}$의 6배, $\frac{1}{4}$이 6개**

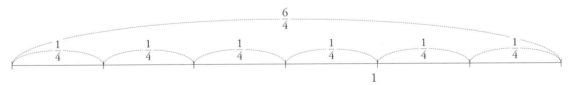

이와 같이 단위분수를 이용하여 가분수를 표현하다 보니까 또 다른 형태의 분수가 눈에 띄게 되었다. 그

---

* '전체=1'의 범위를 넘어서기 때문에 이를 달리 표현할 수 있는 또 다른 이름이 필요했던 것이다.

** 단위분수 개념을 기반으로 가분수를 가장 잘 설명할 수 있는 수모형은 바로 수직선이다. 그것이 아니면 아래 예시에서 보는 바와 같이 진분수, 대분수와 연결 지어 생각하는 데 무리가 따른다.

(예) [░] 가운데 ░ 을 단위분수 $\frac{1}{4}$이라 할 때 가분수 $\frac{6}{4}$은 단위분수 $\frac{1}{4}$░ 이 6개 있는 것이라 할 수 있다. $\frac{6}{4}$ = ░ ░ ░ ░ ░ ░

위에서 보는 바와 같은 형태로는 전체와의 관계, 기준량 1과의 관계를 이해하기에 분명히 무리가 따른다. 이 문제를 해결하기 위해 단위분수 조각을 재배치하는 방안이 필요했고, 기준량 1을 중심으로 재배치하였더니 새로운 형태의 또 다른 분수, 대분수가 만들어졌던 것이다.

것이 바로 대분수였던 것이다. 따라서 단위분수를 기반으로 한 진분수, 가분수, 대분수의 이해를 돕기 위해
아래 예시와 같은 활동들이 집중적으로 이루어지면 좋을 것이라 생각된다.

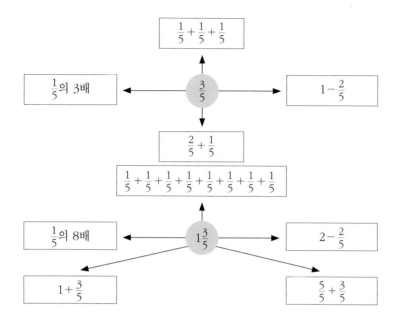

❸ 대분수란 1보다 큰 또 다른 형태의 분수로, 자연수와 진분수의 합으로 이루어진 형태의 분수를 말한다.

대분수＝1보다 큰 분수를 가리키는 또 다른 용어로, 가분수와 달리 진분수 옆에 자연수가
띠처럼 둘러 있는 모습을 한 분수를 가리키는 말이다.
'대'자를 '大'로 알고 있는 사람들이 많다. 하지만 여기에서의 '대'자는 '帶(띠 모양)'를 사용한다.

사실상 가분수는 기준량 1을 고려하지 않은 형태의 분수라고 말할 수 있다. 그러나 분수로 어떤 대상을
표현하고자 할 때 대체로 기준량 1을 고려하지 않으면 안 되는 상황이 대부분이다. 그렇기 때문에 1보다 큰
분수인 가분수를 고민하면서 기준량 1을 생각한 또 다른 형태의 분수 개념이 만들어질 수밖에 없었던 것이
다. 이것을 만들기 위한 방안은 바로 '기준량 1'을 중심으로 '단위분수를 재배치하는 것'이었다. 예를 들자면
아래와 같다.

예1 가분수인 $\frac{6}{4}$을 ▨▨▨▨▨▨와 같이 표현하다 보니 기준량 1에 대한 고민을 하게 되면
서 이를 직관적으로도 쉽게 이해할 수 있는 표현 방안을 고민할 수밖에 없었다. 그래서 $\frac{1}{4}$ ▨이 6개인 $\frac{6}{4}$을
기준량 1을 중심으로 재배치해 보았다. 그랬더니 자연수 1과 진분수 $\frac{2}{4}$의 형태로 만들어졌다.

$$1+\frac{2}{4}=1\frac{2}{4}$$

(자연수 1과 진분수 $\frac{2}{4}$의 합 ＝1과 $\frac{2}{4}$＝$1\frac{2}{4}$)

이렇게 또 다시 만들어진 새로운 형태의 분수에 대한 이름이 필요했고, 사람들은 이런 형태의 분수를 '대

분수'라 부르게 되었던 것이다.

04 가분수와 대분수의 관계를 이해하면서 자칫하면 가분수를 대분수로, 대분수를 가분수로 고쳐 쓰는 연산 기능에 중점을 둘 가능성이 크다는 문제가 발생한다. 이 문제를 해결하기 위해서 다음과 같은 활동을 반영하여 수업을 디자인해 보았다.[*]

❶ 대분수를 가분수로 고치기 : 자연수 부분을 왜 ○등분해야 하는지 먼저 생각할 수 있도록 돕는 내용을 중요하게 다루기[**]

예 1 $1\frac{3}{4} \rightarrow 1$과 $\frac{3}{4}$으로 분리할 수 있다.

▶ $\frac{3}{4}$은 단위분수 $\frac{1}{4}$이 3개 있는 것
▶ 자연수 1도 단위분수인 $\frac{1}{4}$ 크기로 분할하여 이해할 필요가 있음을 인지
▶ $\frac{1}{4}$이라는 것은 전체 1을 4등분한 것 가운데 1조각을 가리킴
▶ 따라서 1을 4등분하게 되면 조각 4개가 만들어짐
▶ $1\frac{3}{4} = 1 + \frac{3}{4} = \frac{4}{4}(\frac{1}{4}$이 4개$) + \frac{3}{4}(\frac{1}{4}$이 3개$) = \frac{1}{4}$이 7개 $= \frac{7}{4}$

❷ 가분수를 대분수로 고치기 : 왜 분모의 크기를 기준량 1로 생각해야 하는지 먼저 생각할 수 있도록 돕는 내용을 중요하게 다루기

예 1 $\frac{7}{4} \rightarrow \frac{1}{4}$이 7개 있는 것으로 생각할 수 있다.

▶ 기준량 1이 되려면 $\frac{1}{4}$이 4개 필요
▶ $\frac{7}{4} = \frac{4}{4} + \frac{3}{4}$으로 분리하여 생각하기
▶ $\frac{4}{4} = 1$과 같으므로 $1 + \frac{3}{4}$이 됨을 이해하기
▶ $\frac{7}{4} = \frac{4}{4} + \frac{3}{4} = 1 + \frac{3}{4} = 1\frac{3}{4}$

05 조작활동에 대한 고민도 신중하게 이루어져야만 한다. 3학년 아이들에게 있어서 조작활동은 분수 개념을 보다 실제적, 직관적으로 이해할 수 있도록 돕는 매우 중요한 활동이라 할 수 있다. 하지만 지나치게 조작활동에 치우치게 되면 오히려 아이들이 분수라는 개념에 대해 자신만의 그림을 머릿속에 그려 나가는 데 방해가 될 가능성이 커진다고 볼 수 있다. 따라서 수업을 진행하면서 조작활동을 통해 아이들이 분수의 개념을 어느 정도 이해할 수 있는 수준에 도달하였다고 판단되면 조작활동을 멈추고 머릿속으로 분수에 대한 개념을 스스로 그려 나가면서 문제를 해결할 수 있도록 도와주어야 한다.

---

[*] 단위분수 개념을 바탕으로 가분수 ↔ 대분수 간의 변환, 이해가 가능해진다면 분모의 크기가 같은 분수 간의 크기 비교, 덧셈과 뺄셈이 매우 수월하게 이루어질 수 있다.
[**] 대분수 ↔ 가분수로 고치는 활동에서 예시에 설명된 사례를 질문 형식으로 만들어 제시하고, 아이들이 직접 사고하고 토론하면서 그에 대한 개념, 원리를 찾아낼 수 있도록 하는 것이 제일 좋다.

06 이산량에 대한 진분수의 도입은 연속량 → 이산량으로 전환되는 과정에서 지속적으로 단위묶음으로 묶어보는 조작활동을 통해 단위묶음(단위분수)에 충분히 익숙해진 뒤에 이루어질 수 있도록 해 보았다.

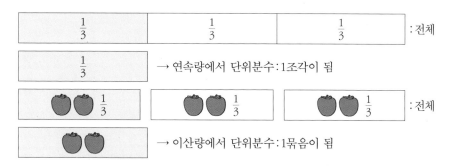

예 아래와 같이 24칸 초콜릿을 주어진 조건에 맞게 묶어 보세요.

▸ 초콜릿을 똑같이 2단위(묶음)로 나누면 1단위(묶음)는 24의 $\frac{1}{2}=12$칸

▸ 초콜릿을 똑같이 3단위(묶음)로 나누면 1단위(묶음)는 24의 $\frac{1}{3}=8$칸

▸ 초콜릿을 똑같이 4단위(묶음)로 나누면 1단위(묶음)는 24의 $\frac{1}{4}=6$칸

▸ 초콜릿을 똑같이 6단위(묶음)로 나누면 1단위(묶음)는 24의 $\frac{1}{6}=4$칸

▸ 초콜릿을 똑같이 8단위(묶음)로 나누면 1단위(묶음)는 24의 $\frac{1}{8}=3$칸

이와 같이 단위분수에 익숙해지면 진분수로 확장하여 이산량을 생각할 수 있도록 한다.

예1 $\frac{2}{3}$는 $\frac{1}{3}$(단위분수)이 2개, 8칸×2단위(묶음)=16

예2 $\frac{3}{4}$은 $\frac{1}{4}$(단위분수)이 3개, 6칸×3단위(묶음)=18

예3 $\frac{6}{8}$은 $\frac{1}{8}$(단위분수)이 6개, 3칸×6단위(묶음)=18

예4 사과 12개를 6묶음으로 나누면 아래와 같다.

1묶음＝사과 2개, 2묶음＝사과 4개, 3묶음＝사과 6개

4묶음＝사과 8개, 5묶음＝사과 10개, 6묶음＝사과 12개

12개의 $\frac{5}{6}=10$개이다.

예 5 12의 $\frac{3}{4}$은 얼마인지 생각해 보기

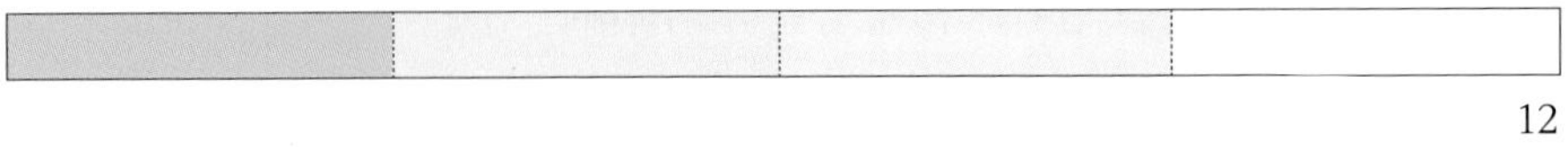

12

▶ 분모를 보고 12를 4단위(묶음)로 묶어야 한다는 것을 인지

▶ 12 = 4단위(묶음), 1단위(묶음) = 12÷4 = 3임을 이해하기

▶ $\frac{3}{4}$은 $\frac{1}{4}$(단위분수)이 3개, 즉 3단위에 해당

▶ 3(1단위의 크기)×3단위 = 9, 12의 $\frac{3}{4}$ = 9가 됨을 이해하기

예 6 상우는 색깔이 있는 공을 구입하였다. 그중 $\frac{3}{5}$이 붉은색 공이다. 그리고 구입한 공 가운데 붉은색 공은 모두 12개이다. 상우가 구입한 공은 모두 몇 개인가?

▶ 붉은색 공 12개가 $\frac{3}{5}$이므로 12개 = 3단위(묶음)가 된다는 의미

▶ 12÷3단위(묶음) = 4개(1단위 = $\frac{1}{5}$의 개수)

▶ 분모가 5라는 것은 공 전체를 5단위(묶음)로 묶었다는 의미

▶ 4개(1단위의 개수)×5단위 = 20개(상우가 구입한 공의 개수)

예 7 **심화** 9는 21의 $\frac{\square}{\square}$이다.

▶ 9와 21에 공통으로 적용되는 구구단은 3단 → 3을 1단위로 함

▶ 9는 3단위에 해당, 21은 7단위에 해당

▶ 답은 $\frac{3}{7}$이 된다.

※ 아이들 스스로 적당한 단위를 찾아내서 묶음으로 만들고 분수로 만들 수 있는 기회를 제공해 주는 질문이라 할 수 있다. 이런 질문을 심화-협동과제로 제시하는 것도 아이들에게 좋은 경험이 될 수 있다

1. 연속량 → 이산량으로의 자연스러운 전환이 이루어질 수 있도록 분수 모형을 체계적으로 제시한다.

2. 단위분수 개념과 연결 짓기 위해 1학기에 공부했던 나눗셈을 이용하여 주어진 이산량을 ○개의 묶음으로 만들어 보게 한다.

문제 해결의 Key 1
전체를 몇 묶음(등분)으로 나눌 것인가?

그런데 이 정보는 어디에 있는가? 그렇다. 바로 분모에 담겨져 있다. 아이들이 이것을 찾을 수 있어야 한다.

3. 전체를 ○개의 묶음으로 나눈 것 중 한 묶음을 무엇이라 할 것인가에 대하여 명확한 안내와 확실한 지도가 이루어져야 한다. 필자는 여기에서 한 묶음을 '단위묶음=단위분수'라는 용어로 변형하여 지도해 보았다.

문제 해결의 Key 2
1 단위묶음=단위분수

4. 한 개의 단위묶음(단위분수)에 사물(이산량)이 몇 개 있는지 알아야 한다.

문제 해결의 Key 3
1 단위묶음에 사물이 몇 개?

5. 그러한 단위묶음이 몇 개 있는지 알아야 한다.

문제 해결의 Key 4
단위묶음(단위분수)이 몇 개?

6. 사물의 개수를 파악한다.

문제 해결의 Key 5
1 단위묶음의 사물 개수×○묶음

위와 같은 과정에 따라 앞에서 예를 들어 설명해 보면 아래와 같다.

[질문 1] 사과 6개의 $\frac{2}{3}$는 얼마인가?(단계적 해결)
① 사과 전체를 몇 묶음으로 나누어야 하는가? 왜 그렇게 나누어야 하는가?
② 위와 같이 나눈 묶음 가운데 1묶음을 분수로 표현하면 어떻게 되는가?
③ 위와 같은 분수를 무엇이라고 부르는가?
④ 사과 6개를 3묶음으로 나누었을 때 1묶음에 사과는 몇

개가 들어 있는가?
⑤ $\frac{2}{3}$는 몇 묶음인가?
⑥ 사과 6개의 $\frac{2}{3}$는 얼마인가?

[질문 2] 도토리 12개의 $\frac{3}{4}$은 얼마인가?(빠른 해결)
① 단위분수(묶음) : 4묶음 중 1개, $\frac{1}{4}$
② 단위분수(묶음)에 들어 있는 사물의 개수 : 12÷4=3개
③ 사물의 개수×묶음의 수=3개×3묶음=9개
지금까지 살펴본 내용들은 아래와 같이 확장된다.

[질문 3] 사과 16개를 4개씩 묶으면 12개는 16의 몇 분의 몇인가?(확장 질문)

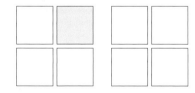

① 이 질문 속에 이미 단위분수(묶음) 개념이 포함되어 있음을 아이들이 발견해 낼 수 있어야 한다.
② 사과 4개 1묶음이 단위분수라는 것을 깨닫고 전체를 4개씩 나누었을 때 16개의 사과는 4묶음으로 나누어진다는 것을 아이들이 알아내야 한다.
③ 사과 4개가 $\frac{1}{4}$이라는 것을 바탕으로 사과 12개는 4개짜리 단위묶음(단위분수)이 3개가 된다는 것을 아이들이 알아내야 한다. 그 결과로 사과 12개는 16의 $\frac{3}{4}$이라는 결론에 도달하게 된다.

7. 진분수, 가분수, 대분수에 대해 학문적 의미에 바탕을 둔 핵심질문을 개발하여 제시한 뒤 아이들의 이해를 도울 수 있어야 한다. 이를 위해 아래와 같은 활동을 수업 활동에 포함시켜 수업을 디자인해 볼 수 있도록 하였다.

[질문 1] 아래와 같이 2장의 색종이가 있는데 각각의 색종이를 아래와 같이 4등분을 하였다.

위의 그림에서 색칠된 부분과 같이 1조각의 크기를 분수로 나타내면?(단위분수에 대한 이해를 돕는 질문)
→ 분수에 대한 개념을 정확하게 인지하고 있지 못한 아이들은 $\frac{1}{8}$이라고 표현하는 아이들도 있다. 그뿐만 아니라 기준

량 1에 대한 개념을 제대로 인지하고 있지 못한 아이들도 많아서 $\frac{1}{8}$이 아니라 $\frac{1}{4}$이라는 것은 알겠지만 왜 $\frac{1}{8}$이 아닌지를 설명할 수 없을 가능성이 크다. 이를 위해 위의 ①번 질문을 아래와 같이 제시하여 아이들 마음속에 심진(心震)을 일으키고 토론 활동으로 이끌어 가는 것도 매우 좋은 방안이라 할 수 있다.

> 철수는 색칠된 1조각의 크기를 $\frac{1}{8}$이라고 표현하였습니다. 왜냐하면 색종이가 모두 8조각으로 나누어진 것 가운데 1조각이기 때문입니다.
> → 철수의 의견에 대해 여러분은 어떻게 생각하는지요?(왜 맞다고 생각하는지, 왜 틀렸다고 생각하는지에 대해 정확히 설명할 수 있도록 하기 → 모두 일어서서 나누기 활동 또는 모둠 토론 활동을 통해 해결하기)
> ∴ 단위분수, 기준량 1에 대한 개념 이해의 중요성을 깨닫도록 해 주는 질문이라고 말할 수 있다.

[질문 2] 아래와 같이 2장의 색종이를 각각 4등분하였을 때, 색칠된 부분과 같이 3조각의 크기를 분수로 나타내면?(진분수에 대한 이해를 돕는 질문)

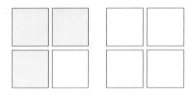

(답) $\frac{3}{4}$ → 왜 $\frac{3}{4}$이 되는가? → $\frac{1}{4}$이 3개 있기 때문입니다. 이런 분수를 진분수라고 합니다. → 분자와 분모 사이의 크기를 비교해 보면 어떤 공통점이 있나요? → 분모가 분자보다 큽니다.

[질문 3] 아래와 같이 2장의 색종이를 각각 4등분하였을 때, 색칠된 부분과 같이 6조각의 크기를 분수로 나타내면?(가분수에 대한 이해를 돕는 질문)

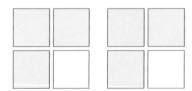

(답) $\frac{6}{4}$ → 왜 $\frac{6}{4}$이 되는가? → $\frac{1}{4}$이 6개 있기 때문입니다. 이런 분수를 가분수라고 합니다. → 분자와 분모 사이의 크기를 비교해 보면 어떤 공통점이 있나요? → 분모가 분자보다 작습니다.

[질문 4] 아래 그림은 색종이 2장을 각각 4등분한 것 가운데 3조각씩만 나타낸 것이다. 등분된 조각 가운데 1조각을 그림과 같이 이동시켰다. 이를 분수로 표현하면 어떻게 되는가?(대분수에 대한 이해, 가분수 → 대분수로의 전환에 대한 이해를 돕는 질문)

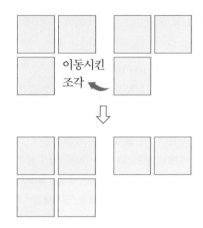

(답) $1\frac{2}{4}$ → 왜 $1\frac{2}{4}$가 되는가? → $\frac{1}{4}$조각 4개로 처음 크기 1장을 만들었고, 남은 조각 2개가 있어서 1장과 $\frac{2}{4}$조각, 그래서 1과 $\frac{2}{4}$가 되는 것입니다. 이런 분수를 대분수라고 합니다. → 진분수와 가분수와 비교하여 다른 점은 무엇인가요? → 자연수와 진분수가 함께 있습니다.(자연수와 진분수의 합으로 구성)
∴ 위에서 보는 바와 같이 조각난 부분을 재배치하는 과정에서 자연스럽게 대분수를 발견할 수 있도록 돕는 아이디어가 필요하다. 토론 과정을 통해 아이들이 이런 점들을 발견할 수 있도록 돕는 수업 디자인이 필요하다.

아래와 같이 제시된 교과서 속의 사례와는 차원이 다른 활동이라 할 수 있다.(2018년 8월 15일 출판 3학년 2학기 수학 교과서 86쪽)

활동 1 사과 1개와 $\frac{1}{4}$개만큼 색칠해 보세요.

∴ 이 대목에서도 1개는 등분할이 안 된 채로, 1개는 미리 4등분이 되어 있는 채로 제시된 것 자체가 아이들의 사고와 경험 기회를 빼앗은 것 같아 아쉬움이 남는다. 그냥 2개 모두 등분할이 안 된 채로 아이들 스스로 주어진 분수만큼 색칠해 보라고 하면 안 될까 하는 생각이 든다.
활동 2 사과 1개와 $\frac{1}{4}$을 분수로 어떻게 나타낼 수 있는지 이야기해 보세요.
→ 1과 $\frac{1}{4}$은 $1\frac{1}{4}$이라 쓰고 1과 4분의 1이라 읽는다. 이렇게 자연수와 진분수로 이루어진 것을 대분수라고 한다.

∴ 단위분수를 통해 진분수 이해 → 가분수의 이해로 확장 → 조각난 부분을 재배치하는 과정에서 자연스럽게 대분수의 이해로 확장됨을 알 수 있다.

∴ 가분수와 대분수 사이의 전환을 기능적으로만 접근하지 않도록 수업을 디자인할 필요가 있다. 특히 대분수 → 가분수로 고치는 과정에서 아이들의 이해를 돕는 체계적인 수업 디자인이 필요하다. 그 사례는 아래와 같다.

[질문 5] $1\frac{2}{4}$를 가분수로 고치는 과정에 대해 알아보도록 하자.(대분수 → 가분수로의 전환에 대한 이해를 돕는 질문)

① 대분수를 가분수로 고칠 때 가장 먼저 무엇부터 생각해야 하는가?

→ $\frac{2}{4}$는 (전체를 4등분한 것 중 1개를 $\frac{1}{4}$이라고 할 때) $\frac{1}{4}$이 2개라는 것을 이해하는 것이 가장 우선

→ 이런 사실을 바탕으로 자연수 1도 4등분해야 한다는 것을 이해하는 과정이 필요하다.(위의 처음 그림이 아래와 같이 바뀌었다.)

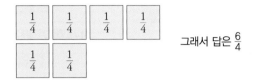

그래서 답은 $\frac{6}{4}$

∴ 이런 과정이 아이들의 머릿속에서 자연스럽고 빠르게 진행될 수 있도록 도와주어야 한다.

8. 분모의 크기가 같은 분수의 크기 비교는 단위분수 개념을 바탕으로 이해할 때 매우 쉽게 받아들일 수 있다. 이를 돕기 위한 분수모형으로는 수직선이 제격이라 할 수 있다.

※ 아래 활동지를 먼저 개인별 가정학습 과제로 사전에 나누어 주고 각자 해결해 오게 한 뒤 1차시 수업 시간에 모둠별로 서로 답을 점검해 보도록 한 다음 전체가 함께 다시 확인하고 정리하도록 한다.(수업이 마무리되면 관련된 부분까지 교과서 및 수학 익힘책 풀이를 하되 시간이 부족하면 과제로 제시한다.)

수학 3-2	**4. 분수(1차시)** 3-1학기 과정 되짚어 보기 및 단위묶음 알기	서울　　　　　　　초등학교 3학년　　　반　　　　번 이름 :

3학년 1학기 분수 과정 되짚어 보기

1. 아래 막대를 똑같이 4조각으로 나누어 보세요.

2. 위의 막대에 조각마다 분수로 표현해 보세요.

3. 위의 그림에서 보는 바와 같이 모든 분수에서 $\frac{1}{2}$, $\frac{1}{3}$, $\frac{1}{4}$처럼 똑같이 나누어진 여러 조각 중 1개를 가리키는 이름은 무엇인가요?　　　　　　　　　　　　　　(　　　　　　　　　　　　　)

4. $\frac{3}{4}$이란 무슨 뜻인지 글로 설명해 보세요. (예: $\frac{2}{3}$를 말로 설명하기, $\frac{4}{5}$를 말로 설명하기, $\frac{5}{7}$를 말로 설명하기)

∴ 모둠별로 1번씩 돌아가며 말로 설명하기(모둠별 협동학습)

3학년 2학기 분수 과정 시작하기

5. 주어진 막대를 3등분해 보세요.

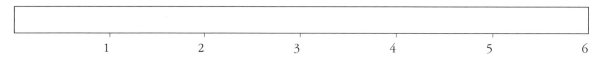

(1) 6은 1이 몇 개 모여 이루어졌는가?

(2) 3등분하였을 때 1조각의 크기는 분수로 얼마인가?

(3) 3등분하였을 때 1조각에는 1이 몇 개씩 묶여 있는가?

(4) 그 묶음(조각)이 몇 개 만들어졌는가?

6. 주어진 수직선을 똑같은 크기로 2등분한 뒤 그 크기만큼 뛰어 세기를 해 보세요.

|　　　　　2　　　　　　　　　　4　　　　　　　　　　6|

(1) 6은 1이 몇 개 모여 이루어졌는가?

(2) 2등분하였을 때 1조각의 크기는 분수로 얼마인가?

(3) 2등분하였을 때 1조각에는 1이 몇 개씩 묶여 있는가?

(4) 그 묶음이 몇 개 만들어졌는가?

7. 20cm 길이의 막대를 4등분해 보세요.

|　　　　　　　　　　　　　　　　　　　　　　　　　　　　　　　|
|　　　　　　　　　　　　10cm　　　　　　　　　　　　　20cm|

(1) 20cm는 1cm가 몇 개 모여 이루어진 것인가?

(2) 4등분하였을 때 1조각의 크기는 분수로 얼마인가?

(3) 4등분하였을 때 1조각에는 1cm가 몇 개씩 묶여 있는가?

(4) 그 묶음이 몇 개 만들어졌는가?

8. 아래와 같이 원 모양의 숫자가 순서대로 적혀 있는 종이 띠를 6등분해 보세요.

①②③④⑤⑥⑦⑧⑨⑩⑪⑫

(1) 원 모양의 숫자가 모두 몇 개 있는가?

(2) 6등분하였을 때 1조각에는 원 모양의 숫자가 몇 개씩 묶여 있는가?

(3) 그 묶음이 몇 개 만들어졌는가?

9. 아래 주어진 사과 30개를 5묶음으로 나누어 보세요.

(1) 사과 30개를 5묶음으로 묶으면 1묶음에는 사과가 (　　　　)개씩 들어 있게 된다.

(2) 사과 30개를 6묶음으로 묶으면 1묶음에는 사과가 (　　　　)개씩 들어 있게 된다.

(3) 사과 30개를 3개씩 묶으면 모두 (　　　　)개의 묶음이 만들어진다.

(4) 사과 30개를 10개씩 묶으면 모두 (　　　　)개의 묶음이 만들어진다.

∴ 지금까지 살펴본 바와 같이 여러 개의 사물들을 **똑같이 'ㅇ개'씩 묶은** 뒤(**등분=똑같이 나눔**) 그것을 하나의 단위로 활용하여 헤아릴 수 있습니다. 이렇게 만들어진 묶음을 **'단위묶음'**이라고 약속합니다. 그리고 앞으로는 '단위묶음'을 활용하여 분수를 공부하도록 하겠습니다.

2학기 수업의 첫 시간을 열었다. 분수를 먼저 공부하는 이유를 밝히는 것으로 활동이 시작되었다. 1학기 분수와의 연결, 1학기 나눗셈과 관련이 있어서 분수를 먼저 공부한다고 설명해 주었다. 이어서 바로 활동지를 나누어 주고 1학기 과정 되짚어 보기 활동을 시작하였다.

1학기 과정 되짚어 보기 활동은 약 5분 정도 개별적으로 주어진 질문에 답을 한 뒤 4번 문항까지 정답을 함께 확인하였는데 여기까지 약 9분 정도 시간이 사용되었다. 특히 4번 문항에서 분수의 개념을 '전체-부분' 간의 관계로 설명하기가 아니라 단위분수를 기반으로 하여 설명한다는 것을 1학기부터 공부해 왔었는데 그것을 잊지 않고 잘 기억하고 있는 아이들이 꽤 많았다. 물론 일부의 아이들은 '전체-부분' 간의 관계로 이해하여 설명을 적은 아이들도 있었지만 곧바로 수정하여 다시 개념을 잡아

모둠별 분수의 뜻 설명하기 장면

나갔다. 이렇게 분수의 뜻을 알아본 뒤 모둠별로 분수의 뜻을 돌아가며 말하기 활동으로 설명하기까지 약 5분 정도의 추가적인 시간이 주어졌다.

이어서 3학년 2학기 분수 과정 시작하기 활동으로 넘어갔는데 처음부터 개별적으로 활동지를 해결하게 하는 것보다 5번과 6번 문항을 함께 해결해 보면서 각각의 질문이 요구하는 것들을 이해할 수 있도록 도와주었다. 특히 이 과정에서 1학기에는 "전체를 ○개의 조각으로 똑같이 나누었다."는 말로 분수를 공부했지만 2학기에는 "전체를 ○개의 묶음으로 똑같이 나누었다."는 말로 바뀌었다는 것을 함께 살펴보면서 무엇이 달라졌고 어떤 점은 변함이 없는지 확인해 보는 작업이 이루어졌다. 이 과정에서 앞으로는 '조각'이라는 낱말을 '묶음'이라는 낱말로 바꾸어 사용하게 된다는 것을 강조하고 또 강조하였다. 이렇게 두 문항을 함께 생각해 보고 질문에 답변을 하기 까지 약 10분 정도의 시간이 사용되었다.

이어서 나머지 문항들은 혼자 먼저 풀어 보고 함께 답을 맞추어 보자고 안내하였다. 그렇게 개별적으로 활동지를 해결하는 데 약 10분 정도의 시간이 흘러갔고 남은 시간은 이에 대한 답을 확인하고 보충 설명하는 데 사용되었다.

끝에 가서는 1학기 때 공부했던 '1조각 = 단위분수'라는 용어가 '1묶음=단위묶음'으로 바뀌어 사용된다는 점, 그래서 앞으로는 단위묶음이라는 말을 자주 사용하게 될 것이라는 것을 강조하고 또 강조하면서 마무리를 지었다. 2학기를 여는 수학 수업의 첫 단추는 비교적 잘 꿰어진 것 같다는 생각을 하면서 오늘 하루를 정리하였다.

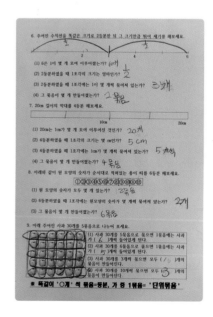

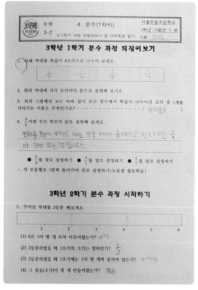

1차시 활동지 결과물

2차시 단위묶음을 이용하여 분수로 표현하기

수업 흐름	교사의 발문

도입 이전 차시 학습 내용 되짚어 보기

발문 1 어떤 사물들을 똑같이 ○개씩 묶은 뒤 그것을 하나의 단위로 활용하여 헤아릴 때 그 묶음을 무엇이라고 부르는가? → 단위묶음!

발문 2 구슬 20개를 똑같이 5개의 단위묶음으로 만들어 봅시다. 한 개의 단위묶음에 몇 개의 구슬이 들어가는가? → 4개씩!

발문 3 구슬 15개를 똑같이 3개씩 묶음으로 만들려고 한다. 이럴 경우 몇 개의 단위묶음이 만들어지는가? → 5개 단위묶음!

전개 단위분수와 비교하여 1개의 단위묶음을 분수로 나타내 보자.

발문 1 단위분수에 대한 뜻을 완성시키고, 그것과 비교하여 단위묶음에 대한 설명을 직접 해 보시오.

단위분수 사례	단위묶음
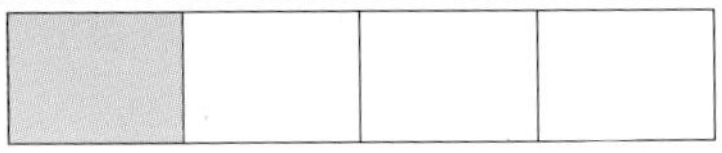	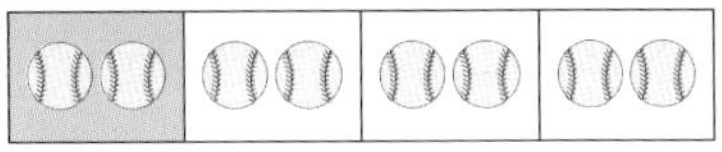
▪ 종이 띠 전체를 똑같이 (　)개로 나눈 것 가운데 (　)조각을 단위분수 (　)(으)로 나타낸다. ▪ 단위분수 (　　)이(가) 2개 있으면 분수 (　)이(가) 된다.	▪ 야구공 전체를 똑같이 (　)묶음으로 나눈 것 가운데 (　)묶음을 단위묶음 (　)(으)로 나타낸다. ▪ 단위묶음 (　　)이(가) 2개 있으면 분수 (　)이(가) 된다.

∴ 이를 통해 알 수 있는 사실 : 단위분수 = 단위묶음

발문 2 나누어준 활동지를 해결해 보시오.(개별활동 → 모둠 점검 → 전체 확인)

- 단위묶음을 단위분수로 표현하기 활동
- 단위묶음을 이용하여 분수로 표현하기 활동

정리 ※ 마무리가 된 후 관련된 부분까지 교과서 및 수학 익힘책 해결(시간이 부족하면 과제로 제시)

※ 아래 그림을 살펴보고 단위묶음을 분수로 표현해 보세요.

1. 전체 사과 12개를 아래와 같이 몇 개의 단위묶음으로 나누었을 때, 그 가운데 1개의 단위묶음으로 된 사과를 분수로 표현해 보세요. (　　　)

2. 전체 사과 12개를 아래와 같이 몇 개의 단위묶음으로 나누었을 때, 그 가운데 1개의 단위묶음으로 된 사과를 분수로 표현해 보세요. (　　　)

3. 전체 사과 12개를 아래와 같이 몇 개의 단위묶음으로 나누었을 때, 그 가운데 1개의 단위묶음으로 된 사과를 분수로 표현해 보세요. (　　　)

4. 전체 사과 12개를 아래와 같이 몇 개의 단위묶음으로 나누었을 때, 그 가운데 1개의 단위묶음으로 된 사과를 분수로 표현해 보세요. (　　　)

※ 단위묶음을 이용하여 아래 색칠된 묶음만큼을 분수로 표현해 보세요.

1.

색칠된 부분은 전체를 (　　　)개의 단위묶음으로 나눈 것 중에서 (　　　)묶음이므로 분수로 표현하면

전체의 (　　　)이(가) 된다.

2.

색칠된 부분은 전체를 (　　　)개의 단위묶음으로 나눈 것 중에서 (　　　)묶음이므로 분수로 표현하면

전체의 (　　　)이(가) 된다.

3.

색칠된 부분은 전체를 (　　　)개의 단위묶음으로 나눈 것 중에서 (　　　)묶음이므로 분수로 표현하면 전체의 (　　　)이(가) 된다.

4.

색칠된 부분은 전체를 (　　　)개의 단위묶음으로 나눈 것 중에서 (　　　)묶음이므로 분수로 표현하면 전체의 (　　　)이(가) 된다.

∴ 이 활동을 통해 알 수 있는 사실

❶ 분모가 나타내는 것: ＿＿＿＿＿＿＿＿＿＿＿＿＿＿＿＿＿＿＿＿＿＿＿＿＿

❷ 분자가 나타내는 것: ＿＿＿＿＿＿＿＿＿＿＿＿＿＿＿＿＿＿＿＿＿＿＿＿＿

2차시 수업 소감

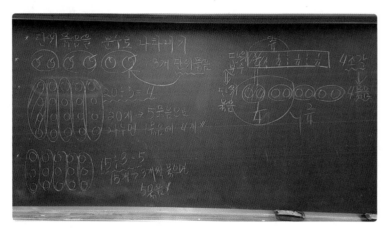

2차시 수업 칠판 판서 내용

오늘 2차시 수업은 단위차시 수업 시간 40분에 알맞게 설계되었고, 진행도 깔끔하게 이루어졌다.

수업 시작과 동시에 지난 시간에 알아보았던 '묶음' 개념을 다시 한 번 짧은 시간 동안 짚어 보면서 단위묶음이라는 용어를 떠올려 보게 하였다.

이어서 활동지를 나누어 준 뒤 도입단계에 제시한 출발점 활동 질문 3개를 혼자 생각해 보고 그 질문에 대한 답을 모두 함께 생각해 보는 시간을 가졌다. 문제를 해결하면서 구슬 모양의 그림도 직접 그려 보고, 묶어 보는 활동도 반드시 해 보라고 하였다. 답을 발표하고 전체와 공유하는 과정에서는 특히 이 활동이 1학기에 공부했던 나눗셈과 관련이 있다는 것을 연결시켜 주기 위해 왼쪽의 칠판 판서 내용에서 보는 바와 같이 질문 내용을 그림으로 그려 보고 직접 묶어 보기도 한 뒤 나눗셈식으로

바꾸고 그 식에 대한 해석도 다시 한 번 내려 보게 하였다. 처음에는 오랜 시간이 지나서인지 선뜻 해석에 대해 발표하려는 아이들이 없었지만 조금씩 기억을 떠올려 보면서 완벽하지는 않지만 1명, 2명, 3명 발표 아동이 늘어났고, 그 과정에서 서서히 개념을 잡아 가면서 정확히 해석을 내릴 수 있게 되었다. 그다음부터는 완벽하게 해석을 내릴 수 있는 아이들 수가 급격히 늘어났다. 물론 아직도 부족한 아이들이 분명히 소수 존재했다. 그러나 이번 시간은 그것에만 매달릴 수 없어서 다음 활동으로 바로 넘어갔다. 여기까지 약 12분 정도의 시간이 사용되었다. 처음 예상한 것과 딱 맞아떨어졌다.

다음에는 활동지의 중심 사고 활동으로 넘어가서 약 5분 정도 혼자 생각할 시간을 주고 먼저 답을 채워 보게 하였다. 그런 뒤

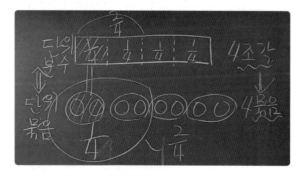

연속량과 이산량 간의 연결 짓기

모두 일어서서 나누기 활동으로 중심 사고 활동에 대한 의견을 공유해 나가는 장면

에 모두 일어서서 나누기 활동을 통해 3분 정도의 시간 동안 모둠원들과 답을 맞추어 보면서 정보를 공유하는 시간을 가졌다. 모둠별로 먼저 생각해 보고 생각을 공유하는 시간이 지난 뒤 전체와 답을 점검하는 과정에서 앞쪽의 칠판 판서 내용에서 보는 것과 같이 연속량 ↔ 이산량이 어떻게 연결되는지 깨달을 수 있도록 도와주었다. 이 과정을 통해 약 80% 정도의 아이들이 이산량 분수에 대한 개념을 나름대로 잘 잡아나가는 것처럼 느껴졌다. 여기까지 전체 40분 수업 가운데 약 23분 정도 시간이 흘러갔다.

어느 정도 기초 개념을 잡은 것 같아서 개념 완성 활동 (1), (2)번 질문에 대한 답을 함께 알아보았다. 그랬더니 거의 대부분이 정확히 답을 말하고 썼다. 그래서 이후부터는 개인별로 먼저 답을 써 보게 하였다. 약 10분 정도의 시간을 주었는데 모든 아이들이 답을 적었다. 시간적 여유가 조금 있어서 모둠원들끼리 답을 맞추어 보라고 하였다. 그리고 내가 답을 불러 주면서 확인하는 과정을 가졌다. 별 큰 어려움은 없을 것이라 생각하여 이렇게 마무리하고 활동지를 걷어서 차근차근 모든 아이들 활동 결과를 살펴보았다. 그랬더니 아래와 같이 답을 적은 아이들이 7명

정도 되었다.

(1) 색칠된 부분은 전체를 (3)개의 단위묶음으로 나눈 것 중에서 (3)묶음이므로 분수로 표현하면 전체의 ($\frac{3}{4}$)이 된다.

그래서 놀이시간에 1명씩 불러서 차근차근 점검해 보았다. 그랬더니 개념을 잘못이해하고 있는 것이 아니라 문제를 정확히 읽고 해석을 하여 답을 쓰지 않고 그냥 색칠된 묶음 수가 몇 개인가에 대해서만 생각하면서 답을 써 내려간 것임이 확인되었다. 7명 모두가 개념을 정확히 파악하고 있었다. 질문에 대한 답을 쓸 때에는 질문이 무엇을 요구하는 것인지를 먼저 정확히 파악하고 그에 대한 답을 써야 한다는 것을 다시 한 번 강조하고 점검을 마무리하였다. 오늘 수업은 비교적 성공적이었다. 이 내용이 교과서로는 1차시에 해당되기 때문에 과제로 수학책 및 익힘책 문제풀이가 제시되었다. 다음 차시 수업도 잘 디자인하여 오늘과 같은 완성도 높은 수업을 만들어야겠다는 생각을 하며 오늘 하루를 정리하였다.

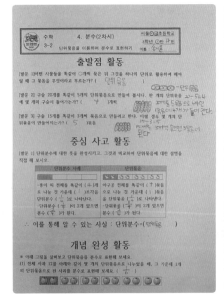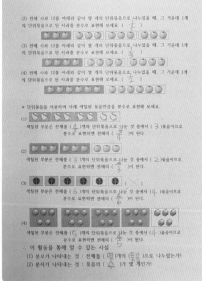

2차시 활동지 결과물

분수만큼이 얼마인지 알아보기

수업 흐름	교사의 발문

3차시 분수만큼이 얼마인지 알아보기 활동 : 단위분수(단위묶음)를 중심으로 활동

∴ 초콜릿 조각, 사과, 달걀 등과 같이 낱개로 이루어진 것에서의 단위분수(단위묶음)만큼 알아보기와 줄자, 종이 띠의 길이, 담장의 길이, 막대의 길이와 같이 연속되어 있는 것에서의 단위분수(단위묶음)만큼 알아보기에 집중한다. 이는 4~5차시에 이루어질 진분수만큼이 얼마인지 알아보기에 토대가 된다.

∴ 활동지로 해결 : 개별활동 → 모둠 점검 → 전체 확인

※ 마무리가 된 후 관련된 부분까지 교과서 및 수학 익힘책 해결(시간이 부족하면 과제로 제시)

4~5차시 분수만큼이 얼마인지 알아보기 활동 : 단위분수(단위묶음)를 기초로 하여 문제 해결하기 → 이 과정에서 1학기에 공부했던 나눗셈이 그대로 활용되고 있음을 깨닫도록 돕기

(1) 주어진 문제 속에서 가장 먼저 알아야 것은 무엇인가? : "전체를 ○개의 단위분수(단위묶음)로 나누었는가?"에 집중하기

(2) 두 번째로 알아야 할 것은 무엇인가? : 1개의 단위분수(단위묶음)에는 주어진 것이 얼마만큼 들어 있는지 알기

(3) 세 번째로 알아야 할 것은 무엇인가? : 그런 단위분수(단위묶음)가 몇 개 있는지 알기

(4) 마지막으로 할 일 : 1개 단위묶음의 양 × 몇 단위묶음

∴ 활동지로 해결 : 개별활동 → 모둠 점검 → 전체 확인

※ 마무리가 된 후 관련된 부분까지 교과서 및 수학 익힘책 해결(시간이 부족하면 과제로 제시)

	수학 3-2	5. 분수(3차시) 분수만큼이 얼마인지 알아보기	서울　　　　초등학교 3학년　　반　　번 이름 :

1. 초콜릿 그림을 보고 질문에 알맞은 답을 써 보시오.

(1) 똑같이 2개의 단위묶음으로 나누었을 때 1개의 단위묶음을 분수로 나타내어 보시오. → (　　　) →
여기에는 초콜릿이 몇 칸인가? → (　　　) 칸

(2) 똑같이 3개의 단위묶음으로 나누었을 때 1개의 단위묶음을 분수로 나타내어 보시오. → (　　　) →
여기에는 초콜릿이 몇 칸인가? → (　　　) 칸

(3) 똑같이 4개의 단위묶음으로 나누었을 때 1개의 단위묶음을 분수로 나타내어 보시오. → (　　　) →
여기에는 초콜릿이 몇 칸인가? → (　　　) 칸

(4) 초콜릿의 $\frac{1}{6}$은 몇 칸인가? (　　　) 칸

여기에서 $\frac{1}{6}$이 뜻하는 것은 무엇인가?

(5) 초콜릿의 $\frac{1}{8}$은 몇 칸인가? (　　　) 칸

여기에서 $\frac{1}{8}$이 뜻하는 것은 무엇인가?

2. 사과 그림을 보고 질문에 알맞은 답을 써 보시오.

(1) 사과의 $\frac{1}{6}$은 얼마인가? (　　　)개　　(2) 사과의 $\frac{1}{2}$은 얼마인가? (　　　)개

(3) 사과의 $\frac{1}{3}$은 얼마인가? (　　　)개　　(4) 사과의 $\frac{1}{4}$은 얼마인가? (　　　)개

3. 종이 띠를 보고 질문에 알맞은 답을 써 보시오.

9cm　　　　　　　　　　　　　　　　18cm

(1) 종이 띠의 $\frac{1}{2}$은 얼마인가? (　　　)cm　　(2) 종이 띠의 $\frac{1}{3}$은 얼마인가? (　　　)cm

(3) 종이 띠의 $\frac{1}{6}$은 얼마인가? (　　　)cm　　(4) 종이 띠의 $\frac{1}{9}$은 얼마인가? (　　　)cm

4. 막대를 보고 질문에 알맞은 답을 써 보시오.

1　2　3　4　5　6　7　8　9　10　11　12　13　14　15　16　17　18　19　20

(1) 막대의 $\frac{1}{2}$은 얼마인가? (　　　)cm　　(2) 막대의 $\frac{1}{4}$은 얼마인가? (　　　)cm

(3) 막대의 $\frac{1}{5}$은 얼마인가? (　　　)cm　　(4) 막대의 $\frac{1}{10}$은 얼마인가? (　　　)cm

4. 분수(4~5차시)

단위분수(단위묶음)만큼이
얼마인지 알아보기

서울　　　　　초등학교

3학년　　　반　　　번

이름 :

1. 초콜릿 그림을 보고 질문에 알맞은 답을 써 보시오.

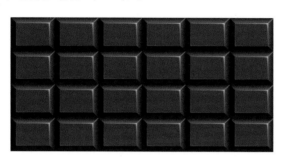

초콜릿의 $\frac{3}{4}$은 얼마(몇 칸)인가?

(1) 주어진 문제 속에서 가장 먼저 알아야 할 것은 무엇인가? : 전체를 ○개의 단위묶음으로 나누었는지 알기 → (　　)개의 단위묶음으로 나누었다.

(2) 두 번째로 알아야 할 것은 무엇인가? : 1개의 단위묶음에는 초콜릿이 얼마만큼 들어 있는지 알기 → 1개의 단위묶음에는 초콜릿이 (　　)개 들어 있다.

(3) 세 번째로 알아야 할 것은 무엇인가? : 그런 단위묶음이 몇 개 있는지 알기 → 그런 단위묶음이 (　　)개 있다.

(4) 마지막으로 할 일 : 1개 단위묶음의 양 × 몇 단위묶음
　　→ (　　)개 × (　　)단위묶음 = (　　)개

2. 사과 그림을 보고 질문에 알맞은 답을 써 보시오.(사과는 모두 12개)

(1) 사과의 $\frac{2}{6}$는 얼마인가? (　　)개　　　　(2) 사과의 $\frac{5}{6}$는 얼마인가? (　　)개

※ 위의 사과 그림에 직접 묶음을 표시하시오.

3. 종이 띠를 보고 질문에 알맞은 답을 써 보시오.

5cm　　　　　　　　10cm　　　　　　　15cm

(1) 전체의 $\frac{2}{5}$는 얼마인가? (　　)cm　　　　(2) 전체의 $\frac{4}{5}$는 얼마인가? (　　)cm

※ $\frac{2}{5}$까지는 녹색 색연필로, $\frac{4}{5}$까지는 붉은색 색연필로 색칠하시오.

4. 막대를 보고 질문에 알맞은 답을 써 보시오.(막대 전체 길이는 20m이다.)

1	2	3	4	5	6	7	8	9	10	11	12	13	14	15	16	17	18	19	20

(1) 전체의 $\frac{1}{2}$은 얼마인가? (　　)m　　　　(2) 전체의 $\frac{3}{4}$은 얼마인가? (　　)m

※ $\frac{1}{2}$까지는 녹색 색연필로, $\frac{3}{4}$까지는 붉은색 색연필로 색칠하시오.

1	2	3	4	5	6	7	8	9	10	11	12	13	14	15	16	17	18

(3) 전체의 $\frac{5}{9}$는 얼마인가? (　　)m　　　　(2) 전체의 $\frac{4}{6}$는 얼마인가? (　　)m

※ $\frac{5}{9}$까지는 녹색 색연필로, $\frac{4}{6}$까지는 붉은색 색연필로 색칠하시오.

모둠 협동 도전 과제 1　철수는 붉은색 공과 파란색 공을 섞어서 구입하였다. 그중 $\frac{3}{5}$이 붉은색 공이다. 그리고 구입한 공 가운데 붉은색 공은 모두 12개이다. 상우가 구입한 공은 모두 몇 개이고, 그 가운데 파란색 공은 몇 개인가? → 모둠 토론하기

문제 해결 과정

(답) 구입한 공은 모두 (　　　)개, 파란색 공은 (　　　)개

모둠 협동 도전 과제 2　9는 21의 $\frac{\square}{\square}$이다. 이 질문에 대한 답이 될 수 있는 분수를 모두 찾아보시오.*

문제 해결 과정

(답) (　　　　　　　)

---

* 교사용 지도서(2018년, 8월 15일 출판 3학년 2학기 수학 교사용 지도서 234쪽)를 보면 이런 질문이 이산량의 등분할 활동이 아닌 두 이산량의 비교를 통한 '비로서의 분수' 개념으로 해석될 수 있어서 되도록 하지 않는 것이 바람직하다고 제시되어 있다. 예

3차시 수업 칠판 판서 내용

을 써 나가는 아이들도 있었고, 한참 생각하고 고민하면서 힘겹게 답을 적어 가는 아이들도 소수 있었다. 그렇게 개별활동 시간을 가진 뒤에 모둠원들과 상의하여 답을 어떻게 쓰는 것이 좋은지 이야기하고 마무리 정리를 할 수 있도록 약 5분 정도 시간을 더 주었다. 그랬더니 수학적 의사소통 및 도움 주고받기를 통해 점점 더 많은 아이들이 이산량의 단위분수(묶음)만큼에 대한 개념을 정확히 깨달아 나가기 시작하였다.

이어서 모두 함께 정답을 확인해 보았고 좀 더 이해를 도와야 할 부분에 있어서는 추가적으로 그림도 그려 가면서 보충 설명을 해 주거나 또 다른 사례를 들어 가면서 반복적으로 안내해 나갔다. 그랬더니 거의 대부분 아이들이 잘 이해하였다는 반응과 표정을 보여 주었다. 여기까지 약 7분 정도 시간이 더 사용되었다.

이후에는 아이들에게 10분가량을 주고 나머지 활동지 문제를 혼자 풀어 보라고 하였다. 그리고 개별활동이 끝나면 모둠원들끼리 답도 맞추어 보게 하였다. 정해진 시간이 다 지나서 전체 아이들 모두와 함께 답을 맞추어 보면서 정리를 한 번 더 해 주었는데, 그 과정 속에서 지속적으로 아이들이 단위분수만큼을 이해할 수 있도록 말하기를 통해 강조하고 반복하였다. 예를 들자면 이렇게 말이다.

지난 2차시는 단위분수(묶음)에 대한 이해 및 이산량 분수 표현을 단위분수 위주로 이해할 수 있도록 하는 과정이 중심인 데 비해서 3차시는 단위분수(묶음)만을 다루면서 단위분수만큼이 얼마인지 알아보는 활동이 중심이 되도록 하였다.

3차시 수업은 지난 시간에 공부했던 내용을 되짚어 보면서 시작을 열었다. 특히 단위묶음에 대한 이해, 단위묶음을 기반으로 분수로 표현하기에 대한 기억과 이해를 돕기 위해 칠판에 그림을 그려 가면서 차근차근 진행해 나갔다. 세 가지 사례를 더 추가하여 제시하고 아이들의 사고를 도와주었는데 약 5분 정도 시간이 사용되었다. 이때 아이들로 하여금 "전체를 ○묶음으로 나눈 것 중 1묶음"이라는 말을 큰 소리로 반복해서 외쳐 볼 수 있도록 계속 주문하였다.

이어서 활동지를 나누어 주고 활동지의 초콜릿 사례에 해당되는 내용까지만 먼저 혼자 생각하여 풀어 보도록 안내한 뒤 약 7~8분 정도 시간을 주었다. 돌아다니면서 아이들을 관찰해 보았더니 빠른 이해를 바탕으로 무리 없이 척척 자신의 생각과 답

[문] 12개 가운데 $\frac{1}{4}$만큼이 뜻하는 것을 알기 위해 먼저 가장 보아야 할 것은 무엇인가? → [답] 분모입니다.

[문] 분모가 가리키는 것은 무엇인가?(분모는 무엇을 뜻하는가?) → [답] 전체를 몇 개의 묶음으로 묶어 보라는 것인지를 가리킨다.(전체를 4묶음으로 묶어 보라는 것)

[문] $\frac{1}{4}$만큼이란 무슨 뜻인가? → [답] 전체를 4묶음으로 묶은 것 중 1묶음을 가리킨다.(실제로 주어진 그림을 보며 4묶음

를 들어 '4는 12의 얼마인가?'와 같은 질문에서 12는 4의 3배이고 4는 12의 $\frac{1}{3}$이라고 인식하기를 기대하지만 등분할로서의 분수를 처음 배우는 아이들에게 이해하기 어려운 내용이라는 이유에서이다. 하지만 다른 관점에서 이해한다면 심화활동 과제로 도전의식을 갖게 해 주는 차원에서 얼마든지 제시할 수 있다고 판단된다. 왜냐하면 문제를 풀이하는 방법은 분명히 다양할 뿐만 아니라 본 단원에서는 주어진 이산량을 ○개씩 묶음으로 만들고 그 한 묶음을 단위분수로 인식하여 이산량의 등분할 활동을 경험할 수 있도록 되어 있기 때문이다. 예를 들어 12를 ○개씩 묶을 수 있는 방법을 먼저 생각해 보고 몇 개씩 묶었을 때 4가 나올 수 있는지를 생각해 보도록 하여 문제를 해결할 수 있다. 12를 나머지가 없이 ○개씩 묶음으로 만들 수 있는 방법은 1개씩 묶기, 2개씩 묶기, 3개씩 묶기, 4개씩 묶기, 6개씩 묶기 이렇게 5가지다. 그 가운데 4를 만들 수 있는 방법과 분수 표현은 1개씩 묶기 → $\frac{4}{12}$, 2개씩 묶기 → $\frac{2}{6}$, 4개씩 묶기 → $\frac{1}{3}$ 이렇게 3가지밖에 없다. 그래서 답은 3가지가 된다. 필자는 아이들이 탐구하고 토론하는 과정에서 이 수준까지 도달할 수 있는 역량을 충분히 갖추고 있다고 믿고 있으며 그런 수준까지 도달할 수 있도록 이끌어 가는 것 또한 교사의 역할이자 역량이라 생각한다. 실행 여부의 판단은 이 글을 읽는 여러분의 몫이다.

으로 묶어 보거나 바둑돌, 카프라 등을 이용하여 묶어 보기) → $\frac{1}{4}$만큼에 주어진 사물이 몇 개 들어 있는지 이해하기

이에 어느 정도 익숙해지면서 더 이상 조작활동을 하지 않고 1학기에 공부했었던 나눗셈식(묶음 방식)을 이용하여 단위분수(묶음)만큼 이해하기를 도왔다. 여기까지 약 45분 정도 시간이 사용되었다. 5분 정도 초과하였으나 이 정도는 별 문제가 안

된다고 생각하였다. 그리고 아이들의 표정과 반응을 살펴보았을 때 오늘 수업에 대한 이해가 충분히 잘 이루어진 것 같아 보였다. 다음 시간은 분수만큼에 대한 이해로 학습 내용이 확장될 예정이다. 오늘 내용만 확실히 자신의 것으로 만든다면 다음 시간에 배울 내용도 큰 무리는 없을 것이라 예상된다. 비교적 오늘 수업도 만족할 만큼 진행되어서 뿌듯한 감정이 밀려왔다.

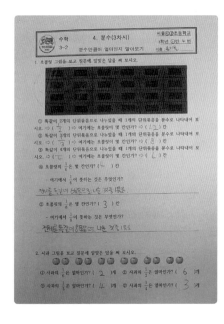 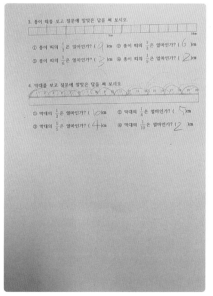

3차시 활동지 결과물

4차시 수업 소감

블록으로 묶어서 수업을 진행하면 더 좋았을 것이라는 생각이 들었지만 그렇게 하지 못하여서 아쉬움은 있었다. 그래도 예상한 바와 같이 잘 진행되었다. 4차시만 따로 떼어서 진행하였는데 활동지로는 3번 질문까지 해결한 셈이 되었다.

도입부에서 지난 시간에 공부했던 것을 되짚어 보고 오늘 공부할 내용에 대한 이해를 도와주었다. 많은 아이들이 단위묶음에 대한 개념을 잘 소화해 내고 있었으니 소수의 아이들이 아직도 묶음과 개수 사이에서 무척 난개념을 겪고 있는 것처럼 보였다. 역시 꾸준히 이해를 돕고 반복하는 수밖에 없는 것처럼 보인다.

칠판에 그림으로 동그라미 12개, 20개를 그려 놓고 이것을 묶음으로 묶을 수 있는 다양한 사례를 이용하여 단위묶음을 알아보았고 그 단위묶음 속에 동그라미가 몇 개 있는지 꾸준히 질문과 답변을 통해 확인해 보았다. 또한 이것을 알기 위한 나눗셈식으로의 전환도 함께 알아보았다. 그런 뒤에 마지막으로 1묶음에는 ○개 있다면 2묶음에는 ◉개, 3묶음에는 ◎개 …가 있다는

것을 이해하면서 오늘 활동에 대한 기초 개념들을 다져 나갔다. 여기까지 약 13분 정도 시간이 사용되었다. 이어서 바로 활동지를 나누어 주고 개별활동 → 모둠별 점검 과정을 통해 활동지 3번까지 해결해 보게 하였다. 여기까지 약 10분 정도 시간이 사용되었다. 괄호 안을 숫자만으로 채우는 것은 잘 하였지만 개념을 글로 쓰거나 설명하는 것은 아직 힘들어하는 눈치다. 그래도 꾸준히 지속하면 나아질 것이라 확신한다.

전체 확인 활동을 해 보았다. 대체로 답은 정확히 써 주었다. 이제 이산량을 분수로 나타내기의 마지막 과정인 수식으로 해결하기 활동에 집중하기로 마음먹고 남은 시간은 전체 활동에 집중 투입하였다. 10분 정도 남았지만 충분하다고 생각하였다. 앞의 활동지 사례를 다시 가져와 수식으로 바꾸기 활동을 단계적으로 차근차근 함께 알아보았다.

• 초콜릿 24칸의 $\frac{3}{4}$만큼을 수식으로 알아보기

(1) 단위묶음만큼 알아보기 : 24 ÷ 4 = 6

→ 나누는 수 4 = 전체를 몇 묶음으로 나누었는가(분모에 해당)

→ 몫 6 = 1개 단위묶음 안에 들어 있는 초콜릿의 개수

(2) 분수만큼 알아보기 : 6 × 3 = 18개

→ 6 : 1개 단위묶음 안에 들어 있는 초콜릿의 개수

→ 3 : 몇 개의 묶음인가(분자에 해당)

이것을 이해하기 위해 1학기에 곱셈과 나눗셈을 먼저 공부했다고 설명해 주었다. 그랬더니 여기저기에서 '아 ~!' 하고 탄성이 흘러나왔다.

한 번만 해서는 안 될 것 같아 다른 사례를 예로 들어 몇 번을 더 해 보았다. 그와 함께 각각의 나눗셈식이 의미하는 것, 곱셈식이 의미하는 것을 말과 글로도 설명하고 쓰게도 해 보았다. 반복할수록 개념을 완벽하게 잡아 나가는 아이들이 늘어갔다. 4개 정도 사례를 나눗셈식과 곱셈식으로 바꾸어 답을 구하고 나니 어느새 주어진 시간이 다 지나갔다. 다음 시간에 몇 번 더 반복하면 좀 더 나아질 것 같다. 남은 단원 학습 기간 가정학습 또는 개별 과제 등을 활용하여 분수만큼 알아보기 활동에 익숙해질 수 있도록 해야겠다. 다음 시간에는 심화과제로 토의 토론 활동이 포함되어 있어 살짝 기대와 걱정이 되기도 한다. 문제 해결을 잘해 나갈 것이라 믿음을 가져야겠다.

5차시 수업 소감

오늘 5차시 수업은 어제 수업에 이어 같은 내용인 분수만큼이 얼마인지 알아보기를 진행하였다. 역시 배움은 학(學)과 습(習)에 의해 이루어진다고 했는데 그게 진리인 것 같다.

지난 수업에서 學은 있었지만 習의 과정이 충분하지 않아서 그런지 오늘 도입 단계에서 지난 시간에 공부했던 내용을 되짚어 보니 분수만큼이 얼마인지 알아보기에 대한 개념들 대부분이 하루 사이에 상당수 아이들의 기억 속에서 잊혀진 것 같았다. 그래서 일단 다시 한 번 되짚어 주고 어제 다 해결하지 못한 활동지 내용을 진행한 뒤에 남은 시간은 모둠 협동 도전 과제 1, 2로 가지 않고 분수만큼이 얼마인지 알아보기 복습에 투입하기로 마음을 먹었다. 지난 시간에 공부했던 내용을 되짚어 보고 활동지

남은 부분을 해결하는 데 약 15분 정도 시간을 사용하였다.

남은 시간 25분은 모둠 협동 도전 과제를 포기하고 분수만큼 알아보기에 대하여 (1) 그림으로 해결하기 활동, (2) 수식으로 해결하기 활동에 사용하는 것이 아이들에게 훨씬 더 도움이 될 것이라 확신을 하고 본래의 수업 계획은 과감히 버렸다. 물론 아쉬움은 있었지만 이 결정이 더 옳았다고 생각한다.

25분 가운데 약 14분 정도는 그림으로 해결하기에 사용하였다. 칠판에 사례를 몇 개 제시하고 혼자 해결해 보고 짝과 토의 및 확인을 거친 뒤 1명을 지목하여 칠판에 그려 보라고 하였다. 처음 발표한 아동에게서 약간의 오류가 발생하였다. 짝과 이야기 나누면서도 이 부분까지 정확한 개념을 바탕으로 수정하거나

최초 발표 내용(결과만 표시되었음)

2차 수정 발표 사례(3묶음만 각각 표시됨)

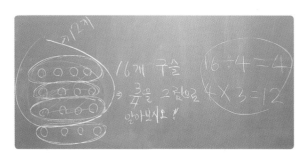

3차 수정 발표를 통해 완성된 사례

그림으로 해결하기에 대한 또 다른 사례

이야기 나누지 못한 것 같았다. 일단 먼저 발표한 아동을 칭찬해 주었다. 그런데 여기에서 조금 보충할 내용이 있다고 말해 주었더니 몇 명 아동이 보완을 해 보겠다고 손을 들었다. 잠시 모두 생각할 시간을 준 뒤에 1명을 지목하여 보완하게 하였다. 그런데도 한 부분 보완할 부분이 더 남았다. 또 한 명의 아동을 지목하여 보완할 수 있게 하였다. 드디어 완성되었다.(4개의 묶음이 각각 나타나고 그 가운데서도 3개의 묶음을 다시 한 번 묶어서 분수만큼을 정확히 나타내기) 역시 경험이 최고다. 또한 오류를 통해 배우는 것이 때로는 최선일 때가 있는 것 같았다. 이렇게 완성시키고 나니 다음 문제부터는 모두 잘 해결해 나갔다. 그래도 혹시나 하는 마음으로 3번을 더 복습할 수 있도록 칠판에 문제를 제시, 1명씩 나와서 해결해 보는 시간을 가졌다. 대체로 잘 해결되었다.

다음으로 수식으로 해결하기가 이어졌다. 지난 시간까지는 그래도 그림으로 해결하기보다 수식으로 해결하기 활동을 더 많이, 꾸준히 해왔기 때문에 좀 더 나을 것이라 예상했다. 분명 조금 더 많은 아이들이 잊지 않고 있었다. 이전 과정과 같이 1문제씩 칠판에 제시하고 (1) 나눗셈 먼저 하기, (2) 곱셈으로 이어가기를 통해 분수만큼이 얼마인지에 대한 답을 얻기까지 식으로

풀어 보라고 하였다. 물론 문제를 제시하고 개별적으로 먼저 풀어본 뒤 짝과 점검해 보는 과정도 거쳤다. 그런 뒤에 1명을 그냥 뽑아 칠판 앞에 나와 풀어 보게 하였다. 첫 아이부터 잘 해결해 주었다. 이어서 3문제를 더 진행하였다. 이 과정에서 나눗셈식은 무슨 뜻인지, 곱셈식은 무슨 뜻인지 설명도 해 보게 하였다. 설명은 아직 모두가 완벽하게 하지는 못하였지만 그래도 정확한 의미에 가깝게 말하려고 노력하는 모습이 보였다. 물론 소수의 아이들은 아직 힘들어한다. 100%는 바라지 않는다. 다만 그에 가까운 결과를 보려고 노력할 뿐이다.

이렇게 40분이 거의 다 지나서 활동을 마무리하고 심화 질문은 그냥 개별적으로 해 볼 사람들은 풀어 보라고 하였다. 정확히 풀어오는 사람에게는 비타민 5개 보상을 내걸었다. 단, 확인받으러 오는 사람은 왜 그렇게 되는지 선생님에게 정확히 설명하여야 한다는 조건이 있었다. 이렇게 수업을 마무리하고 여기까지에 해당되는 교과서 문제 및 수학 익힘책 문제를 가정학습 과제로 제시하였다. 비록 본래 계획했던 바와 같이 진행된 수업은 아니었지만 오늘처럼 수업 디자인을 바꾼 것이 오히려 잘된 것이라 생각된다.

 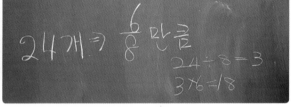

나눗셈식과 곱셈식을 활용한 문제 해결 사례

6~7차시 여러 가지 분수 알아보기(진분수, 가분수, 대분수)

수업 흐름		교사의 발문

도입

교사 · 분수도 모양에 따라 3종류가 나뉜다. 무엇, 무엇, 무엇일까?

아이들 · 진분수, 가분수, 대분수요!

교사 · 진분수는 무슨 뜻일까?

아이들 · "진짜 분수요!"라고 대답할 수도 있음.

교사 · 그렇다면 가분수는 무슨 뜻일까?

아이들 · "가짜 분수요!"라고 대답할 수도 있음.

교사 · 그렇다면 대분수의 뜻은?

아이들 ● "큰 분수요!"라고 대답할 수도 있음.

교사 ● 과연 진분수, 가분수, 대분수의 뜻이 그런 것일까? 지금부터 3종류의 분수와 각각의 특징을 차근차근 알아보도록 하자.

전개　교사 ● 우선 진분수에 대해서 알아보도록 하자. $\frac{1}{4}$, $\frac{2}{4}$, $\frac{3}{4}$을 통해 설명하도록 하겠다. $\frac{1}{4}$, $\frac{2}{4}$, $\frac{3}{4}$의 뜻은 무엇일까?

교사 ● 이런 분수들은 항상 전체 중에서 얼마만큼의 ㅂㅂ을 나타낸다. □ 안에 들어갈 말은?

교사 ● 그래요. 부분입니다. 그러다 보니 그 크기는 항상 전체보다 어떨까요?

교사 ● 그러다 보니 분자와 분모 사이의 크기를 비교해 보면 어떤 특징이 나타날까요?

교사 ● 맞아요. 그래서 이런 분수들을 가장 일반적(보통, 평범함, 균형이 맞음)이고 이상하게 보이지도 않으면서 표준(이상적인 모델과 같은 뜻)적인 모습을 갖고 있다고 해서 '진'이라는 말을 앞에 붙여서 이름을 만들었지요. 그것이 무엇일까요?

교사 ● 그러면 그림을 이용하여 $\frac{1}{4}$, $\frac{2}{4}$, $\frac{3}{4}$을 표현해 볼까요?(2018년, 8월 15일 출판 3학년 2학기 수학 교과서 84쪽 분수 모형)

교사 ● 수직선에 표현을 해 보도록 합시다. (2018년, 8월 15일 출판 3학년 2학기 수학 교과서 84쪽 수직선)

교사 ● 그런데 $\frac{1}{4}$이 4개 있으면 어떻게 표현할까요?

아이들 ● 전체를 똑같이 4개로 나눈 것 중 1개를 $\frac{1}{4}$이라 할 때 그것이 1개, 2개, 3개 있는 것입니다.

아이들 ● 〈부분〉입니다.

아이들 ● 작습니다.

아이들 ● 분자가 분모보다 항상 작습니다.

아이들 ● 〈진분수〉입니다.(아, 진분수가 그런 뜻이었군요. 이제 제대로 알겠습니다.)

아이들 ● 단위분수를 기반으로 생각하여 아래와 같이 표현할 수 있도록 교사가 이끌어 준다.

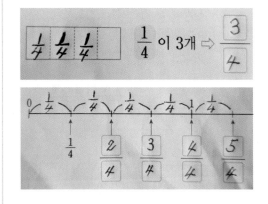

(반드시 위와 같이 단위분수 표시가 이루어질 수 있게 한다.)

아이들 ● $\frac{4}{4}$입니다.

교사 • $\frac{4}{4}$는 전체를 등분하기 전과 크기가 어떤가요?

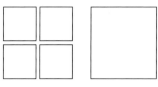

4등분한 것   4등분하기 전

교사 • 전체는 등분하기 전에 크기가 얼마였나요?

교사 • 그렇다면 $\frac{4}{4}$는 또 다른 방법으로 어떻게 표현할 수 있을까요? 그리고 이와 같은 분수의 특징은 무엇인가요?

교사 • 네, 좋습니다. 그러면 아래와 같이 $\frac{4}{4}$가 2번 있는 것을 보고 철수는 $\frac{8}{8}$이라고 표현했습니다. 맞지요? 아니라면 바르게 고쳐 보세요. 왜 틀렸는지 이유를 말해 봅시다.

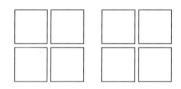

교사 • 네, 맞아요. $\frac{4}{4}$가 2번 있으면 2가 되지요. 3번 있으면 3, 4번 있으면 4 …가 됩니다. 이와 같이 1, 2, 3, 4 …와 같은 수를 우리는 무엇이라 할까요?

교사 • 아래와 같이 2장의 색종이가 있는데 각각의 색종이를 아래와 같이 4등분을 하였습니다.

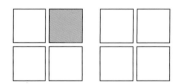

위의 그림에서 색칠된 부분과 같이 1조각의 크기를 철수는 분수로 $\frac{1}{8}$이라 표현하였습니다. 왜

아이들 • 같습니다.

아이들 • 1입니다.

아이들 • 1입니다. 특징은 분자와 분모의 크기가 같습니다.

아이들 • $\frac{4}{4}$는 $\frac{1}{4}$이 4개 있는 것이고, $\frac{4}{4}$는 1과 같은 것이니까 $\frac{4}{4}$가 2번 있으면 1이 2번 있는 것이라서 $\frac{8}{8}$이 아니라 2라고 해야 합니다. $\frac{8}{8}$도 분자와 분모의 크기가 같으므로 1이 되는 것입니다.

| $\frac{1}{4}$ | $\frac{1}{4}$ | $\frac{1}{4}$ | $\frac{1}{4}$ |
| $\frac{1}{4}$ | $\frac{1}{4}$ | $\frac{1}{4}$ | $\frac{1}{4}$ |

아이들 • 자연수입니다.

아이들 • 처음에 있었던 색종이 1장을 4등분 하였으니까 그중에 1조각은 $\frac{1}{4}$이라고 표현해야 맞는 것입니다. $\frac{1}{8}$은 색종이 1장을 똑같이 8장으로 나눈 것 중 1조각을 말하는 것인데, 선생님께서 보여 주신 색종이 그림은 똑같이 4장으로 나눈 것이라서 $\frac{1}{8}$은 잘못된 것입니다.

냐하면 색종이가 모두 8조각으로 나누어진 것 가운데 1조각이기 때문입니다. 어떤가요? 틀렸다면 왜 틀렸는지 바로잡아 보세요.

교사 ● 아래와 같이 2장의 색종이를 각각 4등분하였을 때, 색칠된 부분과 같이 3조각의 크기를 분수로 나타내면? 왜 그렇게 답을 할 수 있는가요?

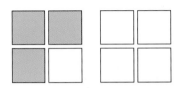

교사 ● 아래와 같이 2장의 색종이를 각각 4등분하였을 때, 색칠된 부분과 같이 6조각의 크기를 분수로 나타내면? 왜 그렇게 답을 할 수 있는가요?

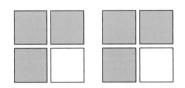

교사 ● 그렇다면 $\frac{1}{4}$이 5개, 6개, 7개, 8개 … 있으면 어떻게 표현하고, 그런 분수들을 무엇이라 부를까요? 또한 그런 분수들의 특징은 무엇인가요?

교사 ● 네, 가분수라고 합니다. 그런데 가분수는 가짜분수가 아니라 진분수와 달리 무엇인가 불편해 보이기도 하고 평범해 보이지도 않거든요. 그래서 사람들은 가분수를 표준적이고 평범한 모습(균형이 맞는 모습)으로 바꾸려고 노력을 하게 되었답니다. 그리고 균형이 맞는 모습을 갖추기 전까지 임시적인 형태로 있는 모습에 따로 이름을 붙여 주어서 가분수라고 한 것입니다. 여기서 말하는 '가'라는 글자의 뜻은 '임시-한시적'('영구적'이라는 말과 반

아이들 ● $\frac{3}{4}$입니다. $\frac{3}{4}$은 $\frac{1}{4}$이 3개 있기 때문입니다.

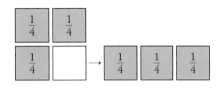

아이들 ● $\frac{6}{4}$입니다. $\frac{6}{4}$은 $\frac{1}{4}$이 6개 있기 때문입니다.

아이들 ● $\frac{5}{4}$, $\frac{6}{4}$, $\frac{7}{4}$, $\frac{8}{4}$이라 표현하고, 이것들을 가분수라고 합니다. 가분수의 특징은 분자가 분모보다 큽니다.

아이들 ● 아, 그런 뜻이군요. 처음 알게 되었습니다.

대말)이라는 것입니다. 그리고 우리 주변에 몸에 비해 머리가 매우 커서 균형이 맞지 않는 사람들을 보고 '가분수'라고 부르기도 하지요. 그렇다고 해서 그 사람들이 '가짜 사람'은 아니잖아요.

교사 ● 아래 그림은 색종이 2장을 각각 4등분한 것 가운데 3조각씩만 나타낸 것입니다. 등분된 조각 가운데 1조각을 그림과 같이 이동시켰습니다. 이를 분수로 표현하면 어떻게 될까요?

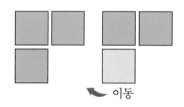
← 이동

교사 ● 이렇게 생긴 분수를 무엇이라 부를까요? 그리고 진분수와 가분수와 비교하여 다른 점은 무엇인가요?

교사 ● 그렇지요. 이와 같이 자연수가 진분수의 옆(허리춤)에 허리 티처럼 둘러쳐 있다고 하여 '대'라는 말을 앞에 붙여서 '대분수'라고 이름을 붙여 준 것입니다. 이때 '대'라는 글자는 한자로 '큰 대(大)'가 아니라 '띠 대(帶)'랍니다. 이제 진분수, 가분수, 대분수의 정확한 의미를 알겠지요?

교사 ● 자, 오늘의 마지막 질문. 자연수는 가분수일까요, 아닐까요? 왜 그럴까요?

정리 교사 ● 네, 자연수는 가분수에 포함이 된답니다. 오늘 수업은 이것으로 마치겠습니다. 오늘 공부한 내용에 해당되는 부분까지 교과서와 수학 익힘책을 지금 해결하기 바랍니다.(시간이 부족하면 과제로 해결) 수고하였습니다.

아이들 ● 처음 색종이 1장과 똑같은 크기와 $\frac{1}{4}$ 조각 2개가 만들어집니다. 그래서 1과 $\frac{2}{4}$, $1\frac{2}{4}$라고 표현합니다.

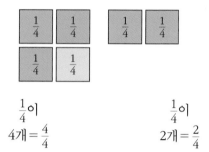

$\frac{1}{4}$이
4개 = $\frac{4}{4}$

$\frac{1}{4}$이
2개 = $\frac{2}{4}$

아이들 ● 대분수라고 합니다. 그리고 진분수, 가분수와 비교하여 다른 점은 자연수가 진분수와 함께 있다는 점입니다.

아이들 ● 아, 그런 뜻이었군요. 새로운 사실을 한 가지 더 알게 되었습니다.

아이들 ● 맞습니다. 왜냐하면 자연수를 분수로 바꾸어 표현하면 진분수가 아닐 뿐만 아니라 $1 = \frac{4}{4}$, $2 = \frac{8}{4}$, $3 = \frac{12}{4}$와 같이 가분수와 같은 모습을 갖기 때문입니다.

아이들 ● 네, 감사합니다.

오늘 수업은 동료장학 및 학부모 공개수업 차원에서 진행되었다. 5교시 1시간 공개가 예정되어 있어서 6차시는 4교시에, 7차시는 점심 먹고 5교시에 이어서 진행할 생각으로 준비하였다.

4차시는 수업 디자인한 내용에 있는 질문을 그대로 PPT로 만들어 제시하면서 차근차근 진행해 나갔다. 어떤 질문은 아이들이 자신의 생각을 개인칠판에 보드마카로 적어서 들어 보이면서 그것을 확인, 보충하면서 넘어갔고 어떤 질문은 개인칠판에 자신의 생각을 적은 뒤에 모두 일어서서 나누기를 하거나 곧바로 모둠 토론에 들어간 뒤 토론 결과를 발표하고 확인, 보충하면서 넘어가기도 하였다. 특히 전반부에서 진분수의 공통점, 분자와 분모의 크기가 같은 분수의 공통점을 찾는 질문은 모둠 토론으로 진행하였고, 나머지 부분은 개인칠판에 답을 써서 들어 보이면서 확인을 하였다. 아이들에게 이해를 돕기 위해 미리 만들어 둔 조작활동 자료를 칠판에 붙여 가면서 이해를 도와주는 작업도 병행하였다. 여기까지는 순조롭게 잘 진행되었다.

6~7차시에 제시된 PPT 자료

이어서 아래와 같은 질문이 아이들에게 던져졌는데, 여기부터 아이들은 개념을 잡아 나가는 데 매우 힘들어하였다(PPT 11번 슬라이드). 쉽게 말해서 난개념을 형성하기 시작하였던 것이다.

"$\frac{4}{4}$가 2번 있는 것을 보고 철수는 $\frac{8}{8}$이라고 표현했습니다. 맞지요?"

→ PPT와 함께 칠판에 조작활동 자료로 $\frac{1}{4}$조각 4개를 한곳에 모아 1을 만들고 그 옆에 다시 $\frac{1}{4}$조각 4개를 한곳에 모아 또 다른 1을 만들어 제시도 해 주었다. 칠판에 제시된 조작활동 자료를 눈으로 확인하고도 개념을 잡아 나가지 못하였다. 여기서부터 수업은 꽉 막혀서 앞으로 나아가지 못하였다. 물론 어려운 개념이기도 하였지만 공개수업이라서 교실 뒤쪽과 양옆 가장자리 부분까지 꽉 찬 다른 선생님들과 학부모님들로 인하여 아이들 사고가 경직되어 있었던 탓도 분명히 한몫을 한 것 같다는 생각이 들었다. 학부모님은 15분 내외(나의 반 학생 수는 총원 25명이다.) 정도 참석해 주신 것 같았고 동료 교사들도 그 못지않게 많은 분들이 오셔서 처음부터 끝까지 계속 자신들이 수업하고 있는 모습을 지켜보고 있으니 긴장할 수밖에 없었으리라 짐작이 되고도 남는다.

어찌 되었든 막히는 부분이 발생하여서 이 부분을 뚫지 않으면 그냥 뒤로 넘어가는 것은 의미 없다고 생각하여 본래 계획된 시간을 초과하면서까지 토론 및 발표, 다른 아이들의 보충 발표, 아이들의 발표를 바탕으로 개념을 바로 잡기 위해 노력한 나의 설명 등이 지속적으로 이어졌다. 이 질문만으로도 약 15분 가까이 시간이 사용되었다. 이 질문에서 아이들이 개념을 이해하는 데 가장 힘들었던 점은 바로 이런 것이었다.

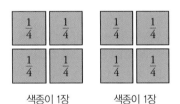

색종이 1장   색종이 1장

위와 같이 단위분수 카드(각각의 단위분수 카드마다 보드마카로 $\frac{1}{4}$이라고 적어 주기까지 하였다.)를 칠판에 붙여 가면서 힌트를 주었고 이전 시간까지도 분모는 전체 1을 몇 등분하였는가에 대한 정보를 담고 있다고 지속적으로 강조해 주기도 하였지만 꽤 많은 아이들이 $\frac{8}{8}$이 맞다고 하는가 하면 철수의 생각이 틀린 것은 알겠는데 왜 틀렸는지는 모르겠다는 아이들도 있었고, 어느 정도 개념을 이해하고 정확한 설명에 가깝게 발표하는 아이

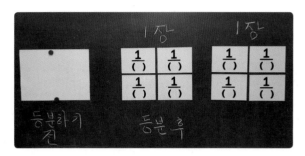

조작활동 자료 제시 장면

도 있었다. 조금씩 이해를 해 나가는 것 같기는 하였지만 좀 더 많은 소통과 자기 반성적 성찰이 필요하다고 생각되었다. 그래도 어느 정도는 개념을 잡아 자신의 것으로 받아들이기 시작한 소수의 아이들도 있어서 다행이라는 생각이 들었다. 아이들에게서 흘러나온 발표 내용을 보면 아래와 같다.

"분모는 더하면 안 되는데 철수는 분모까지도 더하였으니까 잘못된 것입니다."
→ 이 경우 왜 분모를 더하면 안 되는지 물어보았지만 정확한 답변이 나올 것이라 기대하지는 않았다. 어찌 보면 답변을 하지 못하는 것이 당연한 것일 수도 있다. 비록 모든 아이들이 여기에 답변을 할 수 없을지 모르겠지만 그래도 나는 몇 명의 아이들이라도 답변할 수 있는 수준에 도달할 때까지 이끌고 가고자 마음먹고 있다. 그러다 보면 다른 아이들도 그 정도 수준까지는 아니더라도 조금씩 개념을 잡아나갈 것이라는 기대와 확신을 갖고 있기 때문이다. 지금까지 경험으로 볼 때. 다음 수업 시간에는 이 질문으로 수업을 열어 나가야겠다는 생각이 든다.

"$\frac{4}{4}$가 2번 있는 것이니까 $\frac{4}{4}$에 2를 곱하여 $\frac{8}{8}$이 된 것이라 철수의 생각이 맞는 것입니다."
→ 이 경우는 분모가 어떻게 결정되고 분모에는 어떤 정보가 담겨져 있는지를 정확히 이해하고 있지 못한 데서 형성된 오개념의 결과일 것이라 예상하고 있다. 다시 말해서 색종이 2장을 각각 4등분하였지만 분모는 1장을 몇 등분하였는지에 의해서 결정된다는 것을 잊고 있는 것이라 생각된다. 기준량 1에 대한 중요성이 크게 대두된 대목이라 할 수 있겠으며 다음 시간에 내가 반드시 해결해 주어야 할 중요한 숙제이기도 하다는 생각이 들었다.

"잘라진 조각이 모두 8개가 있으니까 $\frac{8}{8}$이 되는 것입니다."
→ 이 경우도 위에서 설명한 바와 같이 단위분수 및 기준량 1에 대한 개념 형성이 아직 되어 있지 않기 때문에 생긴 결과라고 진단을 내려 본다.

"$\frac{4}{4}$는 1이고 $\frac{1}{4}$이 2번 있으니까 1이 두 번 있어서 2가 되는 것이 잖아요. 그런데 $\frac{8}{8}$은 분자와 분모가 같으니까 1이 되기 때문에 철수의 생각은 잘못된 것입니다."
→ 이 경우는 어느 정도 개념을 잡아 나가고 있는 것 같다는 생각은 들지만 약간 아쉬움이 남는 사례이다. 이런 발표를 한 아동도 자연수로 생각하기보다는 단위분수를 기초로 아래와 같이 풀어서 설명할 수 있기를 기대해 본다.

"$\frac{4}{4}$는 $\frac{1}{4}$이 4번 있는 것이고 또 $\frac{4}{4}$는 $\frac{1}{4}$이 4번 있는 것이니까 모두 $\frac{1}{4}$이 8번 있는 것이어서 $\frac{8}{4}$이 되는 것인데 철수는 $\frac{8}{8}$이라고 해서 틀린 것입니다."
→ 비교적 정확한 개념을 잡고 있는 아이의 답변이라는 생각이 들었다. 이 아이의 답변이 퍼지자 아이들 사이에서 "그게 맞는 것 같아요."라는 말이 흘러나왔다. "정말 다른 사람들도 그렇게 생각하니?"라고 되물었더니 자신 없는 목소리로 "네."라는 대답이 흘러나왔다. 그래서 내가 다시 한 번 정확한 설명을 덧붙여 주었다. 이렇게 첫 번째 난관을 어렵게 넘기면서 '지난 시간까지 조작활동 및 토론, 개념 설명 등을 통해 이해를 도와 가며 안내했던 모든 것이 아직은 부족하다는 것을 말해 주고 있구나. 다음 시간에 다시 중요한 핵심을 되짚어 가면서 막힌 부분을 뚫어 주어야겠다.'고 생각하였고, 곧바로 다음 질문으로 넘어갔다. 그런데 다음 질문에서도 또 다른 난관에 봉착하고 말았다.

이어진 다음 질문은 아래와 같이 이전의 질문과 같은 맥락이면서 약간의 상황만 바꾼 것인데 아이들은 또 다시 수렁에 빠진 것처럼 난개념 속에서 허우적대고 있었다(PPT 13번 슬라이드).

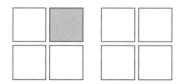

"위의 그림에서 색칠된 부분과 같이 1조각의 크기를 철수는 분수로 $\frac{1}{8}$이라 표현하였습니다. 왜냐하면 색종이가 모두 8조각으로 나누어진 것 가운데 1조각이기 때문입니다. 어떤가요?"

역시나 질문과 함께 조작활동 자료도 함께 칠판에 그대로 붙여 두고 이해를 도와주었다. 일단 색칠된 부분이 얼마가 되어야 하는지 개인칠판에 적어 보고, 왜 그렇게 되는지 사고의 중심을 맞추어 설명도 적어 보라고 안내하였다. 그런 뒤 살펴보았더니 역시나 답만 적어 놓고 설명은 적지 못하고 고민만 하고 있는 모습이 대부분이었다. 그래도 이전보다 조금 나은 것처럼 보이는 점도 있었다. 왜냐하면 색칠된 부분은 $\frac{1}{4}$이 된다고 적은 아이들의 수가 과반수 이상 되었기 때문이다. 10명 정도는 아직도 $\frac{1}{8}$이 맞는 것 같다고 생각하고 있었다. 분명히 한 걸음 앞으로 나아간 것은 분명했다. 바로 이전 활동으로 인하여 어느 정도 개념을 바로 잡은 것처럼 보였다. 다행이었다. 이렇게 충분한 시간을 준 뒤 또다시 모둠 토론으로 들어갔다. 모둠 토론 시간을 충분히 가진 뒤에 전체 발표로 이어갔다. 몇 명의 아이들이 손을 들고 발표하였는데 기대하는 만큼은 아니지만 그래도 단위분수 개념을 이용하여 설명하려고 노력하는 기색이 역력하였다. 또한 모둠 토론 결과 $\frac{1}{8}$이라는 답도 소수는 남아 있었고 모둠원들과 토론하면서도 자신의 생각이 틀리지 않다고 생각하여 모둠원들과 합의를 보지 않고 발표를 할 때 자신의 생각대로 설명을 해 주었다. 이것도 나는 매우 좋은 현상이라 생각한다. 자신의 생각에 확신을 갖지 못하고 무조건 다른 사람 생각을 따라가는 것도 분명 문제가 있는 것이니까 말이다. 여기에서 나온 발표 사례를 보면 아래와 같다.

"전체가 $\frac{1}{4}$짜리 8개니까 $\frac{8}{8}$이 되는 것인데 그중에 1개만 색칠이 되어 있으니까 $\frac{1}{8}$이 맞는 것입니다."

→ 이 경우 이전 질문과 현재 질문이 같은 맥락이라는 것을 이해하지 못하고 있을 뿐만 아니라 분모가 어떻게 결정되는지, 기준량 1이 무엇인지 등에 대한 개념이 아직 덜 형성되어 있기 때문에 빚어진 결과라 진단을 내렸다. 색종이 1장이든 2장이든 3장이든 무조건 등분하면 등분된 모든 조각의 수가 분모라 생각하고 있기 때문이었다.

"$\frac{1}{4}$이 8개 중 1개니까 $\frac{1}{4}$이라고 할 수 있습니다. 그러니 철수의 생각은 틀린 것입니다."

"$\frac{1}{4}$짜리가 1개니까 $\frac{1}{4}$입니다. 그러니까 철수는 잘못된 것입니다."

→ 이 두 경우는 그래도 비교적 개념은 잡고 있는 것처럼 보였다. 단위분수를 중심으로 바라보고 있다는 것이 확인되었으니까 말이다. 하지만 여기에도 보완할 점은 분명히 있어 보였다. 전체, 즉 기준량에 대한 개념을 잘 잡고 있는지에 대한 확인을 한 번 해봐야겠다는 생각이 들었다. 이 부분은 다음 시간에 꼭 반영할 생각이다.

아이들에게서 나온 발표를 토대로 내가 다시 한 번 정리를 해 주면서 이번 질문을 마무리해 주었는데 여기에도 약 12분 정도 시간이 사용되었다.

다음으로 아래와 같이 이전 사례들과 같은 맥락에서 진행되는 질문이 또 이어졌다(PPT 14번 슬라이드).

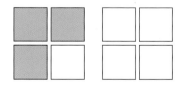

"위와 같이 색칠된 부분을 분수로 나타내면 어떻게 되는가?

왜 그렇게 생각하는가?"

이 질문에 먼저 분수를 쓰고 왜 그렇게 되는지는 곧바로 모둠 토론에 들어가 보도록 하였다. 시간이 너무 많이 지났기 때문이었다. 답을 쓰고 모둠 토론하는 것을 관찰하며 다녀 보았더니 이제는 $\frac{3}{8}$이라고 쓰는 아이는 거의 없었다. 대부분 $\frac{3}{4}$이라는 답을 쓰기는 하였는데 아직은 왜 $\frac{3}{4}$이 되는지에 대한 설명이 힘든 것처럼 보였다. 다만 아직 답을 적지 못하는 소수의 아이들도 눈에 띄기는 하였다. 그중에 한두 명은 주변에서 선생님들과 부모님들이 지켜보고 있다는 것을 느껴서 불안한 마음에 자신의 생각을 소신 있게 적지 못하는 것처럼 보였다. 이 활동도 앞에서와 마찬가지로 약 6분 정도 답도 쓰고 모둠 토론도 이어졌다. 그런 뒤에 몇 명에게 발표를 시켜 보았다. 그랬더니 제법 기대하는 만큼의 설명이 나오기 시작하였다. 물론 수학적 사고 및 이해가 비교적 빠른 아동에게서만 말이다.

한편 아직도 많은 아이들이 자신 있게 설명을 하지 못하고 있고 발표도 적극적으로 하지 못하고 있는 것을 보면서 만일 공개수업이 아니었더라면 어떻게 되었을지 궁금해지기도 하였다. 왜냐하면 평소 수학 시간에 발표를 적극적으로 해 왔던 몇 명의 아이들이 전혀 손도 안 들고 발표를 하지 않는 모습을 보았기 때문이다.(사실 나는 수학 시간에 손을 들어 발표 의사를 보이는 아이들과 그렇지 않은 아이들의 비중을 약 50%씩 섞어서 발표를 부탁한다. 그러나 오늘 같은 공개수업 때는 조금 다르게 접근한다. 주로 손을 들고 발표 의사를 보인 아이들을 중심으로 발표 기회를 주는 편이다. 보는 눈이 많기 때문에.)

시간이 조금 남았지만 다음 질문까지 이어가고 수업을 마무리해야겠다는 생각으로 계속 PPT 슬라이드를 넘겼다. 다음 질문도 맥락은 같았다(PPT 15번 슬라이드).

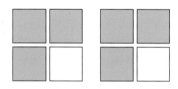

"위와 같이 색칠된 부분을 분수로 나타내면 어떻게 되는가? 왜 그렇게 생각하는가?"

이 질문을 끝으로 공개수업은 마무리되었는데 50분 정도 시간을 사용한 것으로 최종 확인되었다. '마지막 질문을 뺐더라면 40분으로 끝냈을 것인데' 하는 생각도 들었다.

마지막 질문에서는 거의 대부분이 $\frac{6}{4}$이라고 답을 적어 주었고, $\frac{1}{4}$이 6개이니까 $\frac{6}{4}$이 된다는 발표도 있었다.

이런 과정을 거치면서 단위분수, 진분수, 가분수의 이해로 이어가려고 했지만 예상과는 많이 다르게 흘러간 수업이었다. 하지만 오늘같이 어려움이 많았던 수업에서도 아이들은 자신만의 폭과 깊이와 속도로 배움을 얻어 나갔다고 믿는다. 그리고 내게도 나름의 수확과 과제가 있었다. 자연수, 가분수를 알아가는 과정에서 아이들이 단위분수 개념과 연결 짓기를 시작하였다는 점, 그것을 내가 먼저 말한 것이 아니라 아이들 스스로 말하기 시작하였다는 점이 수확이라고 한다면 과제도 생겼다. 앞에서 얻은 수학을 좀 더 명확히 할 수 있는 방안 찾기가 내가 풀어야 할 숙제이기도 하였다. 자연수, 가분수, 대분수와 단위분수의 연결. 그리고 기준량에 대한 이해. 오늘 수업 결과로 교육과정상 수업 시간을 어떻게 해서라도 1시간 더 확보하여 오늘 수업에 대한 보완을 이루어 나갈 생각이다.

수업이 끝나고 동학년 선생님들과 잠시 이야기를 나누었다. 생각 같아서는 많은 시간 동안 토론도 하고 싶었지만 그렇게 되지 않아서 아쉬웠다. 그래도 선생님들에게서 몇 가지 질문이 나왔다. 그 질문은 모두 이런 맥락이었다.

"수업이 너무 어려운 것 아닌가요? 아이들 수준과 비교해 볼 때 너무 높은 것 아닌가요? 아이들이 답을 쓰고 그것에 대해 설명한다는 것이 3학년 아이들에게 무리인 것 같아 보였어요. 3학년 아이들에게 개념을 설명한다는 것은 아직 힘든 것 같은데요."

이런 생각에 대해서 물론 나도 일정 부분은 공감한다. 하지만 모든 아이들을 그렇게 높은 수준까지 안내하고자 하는 것이 나의 목표는 아니다. 몇 명의 아이들만이라도 그 수준까지 갈 수 있게 하되 그 과정에서 다른 아이들도 명확하게 설명할 수 있는 높은 수준까지는 아니더라도 정확히 답을 찾아낼 수 있게 하자는 것이 나의 의도이자 목표이다. 분수에 대한 개념을 정확히 잡지도 못한 상태에서 아이들이 어려워한다는 이유로, 아이들 수준과 맞지 않는다는 이유로 수박 겉핥듯이 얕은 수준의 내용만, 단편적인 지식과 정보만 넣어 주는 것으로 수업을 진행하는 것은 오히려 아이들로 하여금 수학적 사고력 향상과 개념, 원리의 이해로부터 더 멀어지도록 만드는 어리석은 일이라 나는 분명히 확신한다. 속된 말로 찍어서 틀린 것인지 맞는 것인지 답을 쓰는 것이 아니라 정확히 말과 글로 설명할 수는 없을지라도 틀렸다는 것 또는 맞다는 것을 확신할 수 있는 수준까지 최대한 많은 아이들을 인도할 수는 있다는 확신을 나는 갖고 있다. 그리고 그 과정에서 최대한 많은 아이들이 더듬거리거나 불완전하더라도 자신만의 언어로 자기 말을 할 수 있다면 매우 성공적인 수업을 하였다고 믿는다. 끝으로 나는 경험을 통해 아래와 같이 아이들에 대한 믿음, 배움이라는 것에 대해 확신을 갖게 되었고 앞으로도 그 믿음을 이어갈 생각이다.

(1) 수업은 사람과 사물, 사람과 정보와의 만남이고 그 만남이 아이들을 성장시킨다.
(2) 모든 아이들을 교과서 속에 가둔다면 수업이 단조로워져서 배움과 성장에 깊이가 없어져 버린다.
(3) 대상을 조금씩 인식하고 표현하면서 자기 자신을 나타내고 타인과 소통관계를 맺어 가는 것이 배우는 행위라고 한다면 완벽하지는 않더라도 주춤거리거나 더듬거리는 사고와 표현 그리고 기대에 미치지 못한 수준의 개념과 이해일지라도 정확하고도 완벽한 사고와 표현만큼이나 중요하다는 것이 나의 신념이다.
(4) 모두가 정확하고 확실한 개념을 잡아 나가야 하고 확실하고 명석한 발표를 해야 한다는 신념과 기대를 버리지 않는 교사들은 아이들의 더듬거리는 발언의 위대함, 불완전하고 애매모호한 사고나 판단의 굉장함, 아이들 마음속에서 일어나고 있는 복잡한 감정들의 위력을 이해하지 못하고 있는 것이라 생각한다.
(5) 모든 배움은 더듬거리는 수준에서부터 시행착오를 통해 탐구적으로 이루어지는 행위이며 아이들마다 그 수준, 폭과 깊이, 속도는 모두 다르다. 따라서 여기에 어떤 선을 그어 획일적인 수준으로 모든 아이들을 맞추려는 행위는 가능한 최소화되거나 사라져야 한다는 것이 나의 신념이다.
(6) 비록 지금 당장은 주춤거리고 있고, 불완전하거나 더듬거리는 말을 할지라도 다른 아이들의 마음에 깊게 와 닿으면 그 아이의 말과 행동은 교사의 설명보다 더 큰 설득력을 갖는다.
(7) 그리고 이 모든 만남과 의사소통의 밑바탕에는 적극적인 발표보다 적극적으로 듣는 힘이 작용한다. 다시 말해서 발표력보다 듣는 힘을 기르는 것이 아이들의 배움에 더 큰 힘이 된다는 것이다.
(8) 진정한 배움은 협동적이고 활동적이며 반성적인 행위를 통해 이루어진다. 이는 알맹이만 뽑아 던져 주면서 받아먹게 만드는 것이 아니라 사물이나 타인과 대화를 하고 자신과 대화하는 과정에서 자연스럽게 이루어지는 것이다. 따라서 이를 위해서는 알고 있는 것, 생각한 것을 표현하고 공유하는 학습으로의 이행, 아이들 개개인이 지식이나 기능을 반성적으로 고민하고 자신만의 것으로 만들어 나갈 수 있도록 돕는 수업 설계, 교육 내용의 재구성, 자신 및 타인과 대화가 가능한 소재(心震—심진을 일으키는 핵심 발문이나 대상)가 꼭 필요하다.
(9) 교육과정이라는 것은 교과서가 아니다. 교육과정은 교과연구실에서 만들어지는 것도 아니다. 교육과정은 일상적인 교실에서 나날이 창조되는 것이다. 그래서 오늘 수업의 결과가 내일의 교육과정과 수업 내용을 만든다. 다시 말해서 교육과정은 매일매일 교실에서 만들어진다.
(10) 수업은 교사 중심의 가르침의 장이 아니라 소통과 나눔을 통한 배움의 장이 되어야 한다. 그래야만 아이들은 대화를 통해 자신만의 속도, 폭, 깊이로 배움의 향상적 변용을 이루어 나갈 수 있게 된다.

이번 시간 수업은 본래 계획에 없었던 시간으로 지난 시간에 부족했던 점들을 보완하여 추가로 실시한 수업이기도 하고 지난 시간에 마무리하지 못했던 부분을 이어가기 위한 수업이기도 하였다. 수업 시작과 동시에 지난 시간에 던졌던 질문을 그대로 다시 가져와 아이들로부터 생각을 이끌어 내기 시작하였다.

우선 분수에서 분모가 어떻게 결정되는지부터 살펴보았다. 1학기부터 분모가 의미하는 정보는 전체를 몇 등분하였는지를 나타내는 것이라는 사실을 강조해 온 바 있고 현재 공부 과정에서도 지속적으로 강조한 바가 있다. 그런데 지난 시간에는 이전까지와 전혀 다른 상황, 즉 연속량을 1개만 제시한 것이 아니라 2개를 제시하고 생각하게 하니까 아이들은 전체라는 것을 1이 아닌 제시된 모든 것으로 보아 모든 조각을 헤아려 분모로 생각하고 있는 것이 분명하였다. 그래서 오늘 그 부분부터 뚫어야겠다고 마음먹고 연속량이 2장이 아니라 10장, 100장이 제시되어도 분모는 무조건 1장을 몇 등분하였는지에 따라 결정된다는 것을 알게 해 주는 것으로부터 열어 나갔다. 그런데 의외로 쉽게 막힌 부분이 뚫어졌다.

단위분수카드 4장을 제시하고 그것이 등분되기 전에 전체 1장이 어떤 크기인지 이해하게 하고, 그것을 몇 등분하였는지, 그래서 분모가 얼마가 되었는지부터 차근차근 짚어 나갔다. 다시 단위분수카드 6장을 다시 제시하고 이전과 똑같은 과정을 밟아 나갔다. 그러면서 분모가 어떻게 결정되었는지 이해할 수 있게 도와주었다. 그런 뒤에 다시 단위분수카드 4장을 전체 1로 하여 단위분수카드 8장, 1이 2개 있는 상황을 제시하면서 분모를 얼마로 해야 하는지 생각해 보는 시간을 가졌다. 그랬더니 이제야 알겠다는 대답이 여기저기에서 흘러나왔다. 발표를 통해 확인해 보았다. "자르기 전 1장을 몇 개로 나누었는지가 분모입니다.", "○○의 발표를 듣고 너희들은 어떤 생각이 들었니?", "그게 맞는 것 같습니다. 이제 알겠습니다." 이렇게 이야기가 흘러나와 내가 정확히 정리해 주었다. "그래. 그게 맞아. 분모는 종이가 2장이 있든 3장이 있든 더 많은 수가 있는 무조건 1장을 몇 등분하였는지에 따라 정해진다. 그런데 너희들은 어제 종이 2장을 잘라 만들어진 조각 수가 모두 몇 개인지를 헤아려 분모로 만들어서 문제가 되었지. 이제 알겠지?" 이렇게 말한 뒤에 혹시나 하여 좀 더 확실하게 다지기 위해 4개 사례 정도를 칠판에 그림으로 더 제시하여 분모가 얼마이고, 왜 그렇게 되는지, 그럴 때 조각 ○개를 분수로 나타내면 어떻게 되는지 질문과 답변을 주고 받았다. 거의 대부분 아이들이 분수로 얼마가 되는지 정확히 표현할 줄 알게 되었고 70% 정도 아이들은 완전하지는 않지만 어느 정도 설명도 할 줄 알게 되었다. 생각보다 힘들지 않게 막혔던 부분이 뚫어졌다. 시간도 약 15분 정도밖에 걸리지 않았

다. 그래서 어제 다 하지 못한 수업 디자인의 뒷부분을 마무리할 생각으로 PPT를 다시 아이들에게 보여주었다. 그렇게 가분수에 대한 이해와 설명을 마치고 대분수로 넘어가면서 아래와 같은 상황에서 재배치하면 어떤 상황이 만들어지고, 그때 가분수 말고 다른 분수로 쓰려면 어떻게 써야 하는지 생각하여 말하게 해 보았다. 여기에서 여러 가지 대답이 나왔다. "$\frac{4}{4}$와 $\frac{2}{4}$요.", "$\frac{4}{4} + \frac{2}{4}$요.", "1하고 $\frac{2}{4}$요.", "1과 $\frac{2}{4}$요." 그래서 아이들에게서 나온 답변을 바탕으로 대분수 표현을 만들어 보았다. "좋습니다. $\frac{4}{4}$는 1과 같고, 여기에 $\frac{2}{4}$만큼이 더 있으니 이것을 덧셈, 뺄셈, 곱셈, 나눗셈 등과 같은 식으로 나타내면 어떻게 될까요?" "$1 + \frac{2}{4}$입니다.", "네. 맞아요. 그런데 이렇게 쓰면 불편해 보여서 사람들이 덧셈 기호를 그냥 빼버리고 1과 $\frac{2}{4}$를 붙여 쓰자고 약속을 하였지요. 이렇게 말입니다. $1\frac{2}{4}$. 그리고 이것을 이렇게 읽었답니다. 일과 사분의 이. 이와 같은 분수를 우리는 무엇이라 부를까요?", "대분수입니다." 적지 않은 아이들이 가분수, 진분수, 대분수라는 이름을 알고 있었다. 그래서 좀 더 수월했다. 여기에서 대분수의 대(帶)라는 글자가 무슨 뜻인지도 물어보았는데 의외로 1명이 정확하게 알고 있었다. 놀라웠다. "띠 대입니다." 그래서 '띠'가 무얼 의미하는지 보충 설명을 해 주었다. 그랬더니 아이들도 공감이 된다는 표정이었다. 이어서 대분수가 모양으로 드러나는 특징도 함께 생각해 보게 하였는데 이에 대한 대답도 쉽게 찾아내었다. 자연수와 진분수가 함께 있다는 것을. 여기에 내가 자연수와 진분수의 합으로 되어 있다고 추가 설명을 해 주는 것으로 정리하였다.

마지막으로 자연수 1, 2, 3 등을 분수로 표현하였을 때 그것은 가분수인지, 진분수인지, 대분수인지 생각해 보라고 하였다. 그랬더니 아이들이 심각한 표정으로 생각에 잠겼다. 토론에 들어갔다. 힌트도 주었다. 가분수, 진분수, 대분수의 뜻이 무엇인지 생각해 보면 답을 찾을 수 있다고. 그러기를 4~5분 정도 지났을까. 한 명이 찾았다고 발표를 해 보겠다고 해서 시켜 보았다. 아주 정확히 설명해 주었다. 그 아이는 평상시에도 수학적 개념과 사고가 무척 뛰어나 좋은 생각과 발표를 많이 하는 아이였다. 이번에도 다른 아이들에게 도움을 주어서 무척 기뻤다. "분자가 분모보다 작으면 진분수인데 $\frac{4}{4}$는 그렇지 않고, 자연수가 있어야 대분수인데 $\frac{4}{4}$에는 자연수 부분도 없으니 남은 것은 가분수여서 답은 가분수입니다." 와우, 놀라웠다. 매우 논리적이었다. 3학년에게서 쉽게 나올 수 있는 논리적인 대답이라 생각되지 않았다. 그래서 무척 많이 칭찬을 해 주었다. 이렇게 수업을 마치고 나니 딱 44분이 지났다. 아이들에게 이렇게 말해 주었다. "어제 공개수업을 하면서 여기까지 수업을 하려고 했는데 너희들이 너무 힘들어해서 하지 못했어. 그런데 오늘 해 보니까 40분 정도 딱

걸리네. 어제는 왜 그랬을까?" 그랬더니 아이들이 이렇게 말한다. "그러게요. 왜 그랬을까요?", "저는 그래도 어제 답을 알고 있었어요. 그런데 일부러 발표를 안 했어요.", "저는 어제 끝나고 집에 가서 엄마에게 배워서 알게 되었어요." 공개수업을 본 부모님들께서 아이들의 이해를 도와주었나 보다. 고맙고 감사했다. 그렇게 오늘 보충 수업도 잘 지나갔다.

8차시 가분수 ↔ 대분수로 나타내기

수업 흐름	교사의 발문

도입 지난 시간에 공부했던 가분수 → 대분수로 고치는 과정 되짚어 보기

※ 아래와 같이 똑같은 크기의 색종이 조각이 10개 있다. 이것을 대분수로 나타내 보자.

$\frac{1}{6}$	$\frac{1}{6}$	$\frac{1}{6}$	$\frac{1}{6}$	$\frac{1}{6}$
$\frac{1}{6}$	$\frac{1}{6}$	$\frac{1}{6}$	$\frac{1}{6}$	$\frac{1}{6}$

(1) 위의 조각을 모두 합하여 가분수로 나타내면? (　　　　　)

(2) $\frac{1}{6}$조각 (　　)개로 자연수 1을 만들고 나면 $\frac{1}{6}$조각 (　　)개가 남는다.

(3) 1을 만든 것과 남은 조각을 합하여 대분수로 표현하면? (　　　)

전개 • 아래와 같은 방법을 사용하여 가분수를 대분수로 고쳐 보자.

$$\frac{7}{3} = \frac{3}{3} + \frac{3}{3} + \frac{1}{3} = 2\frac{1}{3}$$

(1) $\frac{7}{4} =$ (2) $\frac{12}{5} =$

(3) $\frac{14}{3} =$ (4) $\frac{19}{6} =$

• 대분수 $1\frac{2}{4}$를 가분수로 고치는 과정에 대해 알아보도록 하자.

(1) 대분수를 가분수로 고칠 때 가장 먼저 무엇부터 생각해야 하는가?

　→ $\frac{2}{4}$는 $\frac{1}{4}$이 2개라는 것을 가장 먼저 생각해야 한다.

(2) 두 번째로 생각해야 할 점은 무엇인가?

　→ 자연수 1도 4등분해야 한다는 것을 생각해야 한다.

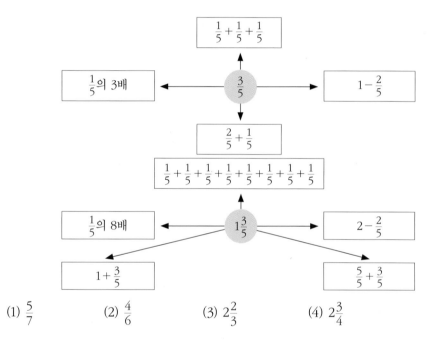

그래서 답은 $\frac{6}{4}$

(3) 위의 과정을 식으로 나타내면 아래와 같다.

$$1\frac{2}{4} = \frac{4}{4} + \frac{2}{4} = \frac{6}{4}$$

- 위의 (3)번과 같은 방법을 이용하여 대분수를 가분수로 고쳐 보자.

(1) $1\frac{3}{4} =$ (2) $2\frac{4}{5} =$

(3) $3\frac{3}{6} =$ (4) $4\frac{2}{3} =$

정리 · 주어진 분수를 예시와 같이 바꾸어 보자.

(1) $\frac{5}{7}$ (2) $\frac{4}{6}$ (3) $2\frac{2}{3}$ (4) $2\frac{3}{4}$

수학 3-2	**4. 분수(8차시)** 가분수 ↔ 대분수로 나타내기	서울 초등학교
		3학년 반 번
		이름 :

1. 아래와 같이 똑같은 크기의 색종이 조각 10개를 대분수로 나타내어 보자.

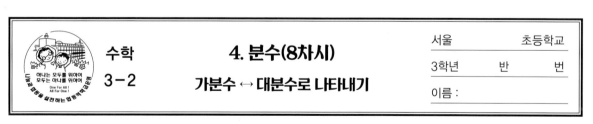

(1) 위의 조각을 모두 합하여 가분수로 나타내면? (　　　)

(2) $\frac{1}{6}$조각 (　　)개로 자연수 1을 만들고 나면 $\frac{1}{6}$조각 (　　)개가 남는다.

(3) 1을 만든 것과 남은 조각을 합하여 대분수로 표현하면? (　　　)

2. 아래와 같은 방법을 사용하여 가분수를 대분수로 고쳐 보자.

$$\frac{7}{3} = \frac{3}{3} + \frac{3}{3} + \frac{1}{3} = 2\frac{1}{3}$$

(1) $\frac{7}{4} =$ 　　　　　　　　　　　　(2) $\frac{12}{5} =$

(3) $\frac{14}{3} =$ 　　　　　　　　　　　　(4) $\frac{19}{6} =$

3. 대분수 $1\frac{2}{4}$를 가분수로 고치는 과정에 대해 알아보도록 하자.

(1) 대분수를 가분수로 고칠 때 가장 먼저 무엇부터 생각해야 하는가?

→ $\frac{2}{4}$는 (　　　)이(가) (　　　)개라는 것을 가장 먼저 생각해야 한다.

(2) 두 번째로 생각해야 할 점은 무엇인가?

→ (　　　)도 (　　)등분해야 한다는 것을 생각해야 한다.

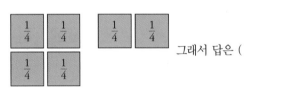

그래서 답은 (　　　　　)

(3) 위의 과정을 식으로 나타내면 아래와 같다.

$$1\frac{2}{4} = (\quad\quad) + (\quad\quad) = (\quad\quad)$$

위의 (3)번과 같은 방법을 이용하여 대분수를 가분수로 고쳐 보자.

(1) $1\frac{3}{4} =$ 　　　　　　　　　　　　(2) $2\frac{4}{5} =$

(3) $3\frac{3}{6} =$ 　　　　　　　　　　　　(4) $4\frac{2}{3} =$

4. 주어진 분수를 아래 예시와 같이 바꾸어 보자.

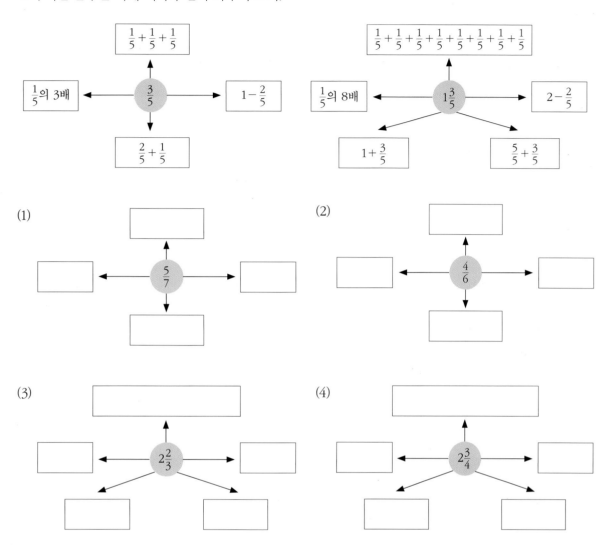

(1)

(2)

(3)

(4)

오늘 수업도 걱정되는 부분이 있기는 하지만 그래도 아이들을 믿고 먼저 활동지를 해결해 보게 한 후 나와 함께 차근차근 가분수 ↔ 진분수 간의 변환에 대해 그 원리를 정확히 알아나가도록 할까 생각도 했었다. 그런데 지난 공개수업의 경험이 이번에는 그렇게 하지 말아 달라고 말리는 것 같았다. 또한 기대와 달리 잘 되지 않아 지난 시간처럼 추가로 수업 시간을 한 시간 더 확보해야 하는 난감한 상황이 올지도 모른다는 생각이 나를 움츠러들게 만들었다. 그래서일까? 다시 한 번 분모가 어떻게 결정되는지 알아보는 활동으로 수업의 시작을 열었고, 그것을 통해 자연스럽게 가분수 ↔ 대분수 변환 과정으로 연결 지어 보았

다. 칠판에 몇 개 사례를 제시하고 가분수 ↔ 대분수 변환에 대해 전체 질문과 답변 방식으로 차근차근 원리를 알아보았는데 50% 조금 넘는 아이들만이 나름대로 충분히 소화하는 듯 느껴졌고 꽤 많은 아이들은 아직 받아들이기 힘들어하는 것처럼 보였다. 특히 대분수를 가분수로 고치는 과정에서 자연수를 가분수로 고칠 때 분모가 얼마인지, 왜 그렇게 정해지는지 생각해 보자는 질문에 10명 내외의 아이들은 잘 알고 있는 듯했고, 다른 10명 정도의 아이들은 답은 알겠는데 이유 설명은 못하겠다는 눈치였으며, 5~6명 정도는 답을 알 수 없다는 표정이었다. 그래도 아이들과 질문, 답변을 주고받으면서 대분수의 진분수 부분

가분수 ↔ 진분수 변환에 대한 칠판 판서 사례

과 같아져야 하기 때문이라는 결론도 얻어 내기는 했지만 무엇인가 부족한 느낌을 지울 수 없었다. 물론 다른 사례를 통해 보충 설명과 이해를 도와주기도 하였다. 여기까지 약 20분 정도의 시간을 사용하였다.

일단 이렇게 한 후 활동지를 제시하고 개별활동 및 모둠활동을 통해 어느 정도는 잘 해결할 수 있을 것이라 희망하며 활동을 관찰해 보았다. 7~8명 정도는 굉장히 빠른 속도로 해결해 나갔고 8~9명 정도는 조금 느리지만 답을 정확히 적어 나갔는데 약 10명 내외의 아이들은 활동지에 답을 적지 못하거나 자신이 생각한 답에 확신을 갖지 못하고 썼다가 지웠다가 하며 혼란을 겪고 있는 모습이 눈에 띄었다. 그래서 다른 시간보다 더 자주 "필요하면 모둠원들에게 도움을 구해서라도 알아 나갈 수 있

모둠별로 도움 주고받기를 하면서 활동지를 해결하는 장면

도록 해야 한다."고 강조하였다. 그러면서 '오늘 아무래도 활동지의 맨 마지막 문항까지 모든 아이들이 이해할 수 있도록 하는데는 무리가 따르겠구나.' 하고 생각하고 미리 "4번 문항은 다음 시간에 이어서 할 터이니 3번 문항까지만 해결하기 바란다. 그러나 빨리 해결한 사람들은 할 수 있는 만큼 개인적으로 답을 써 보아도 좋다."고 말해 주었다. 그렇게 15분 정도 아이들은 모둠별로 도움을 주고받으면서 3번 문항까지 해결을 해 나갔다. 남은 시간이 5분 정도밖에 없어서 일단 빠른 시간 내에 답을 맞추어 보고 다음 시간에 활동지 설명과 함께 부족한 부분을 보충해 주기로 마음을 먹었다. 그래도 다음 시간은 분모가 같은 분수 간의 크기 비교라서 아이들에게 그다지 어려운 내용은 아닐 것이라 예상하기에 약간의 시간 여유는 있을 것으로 판단되었다. 혹시나 하는 마음으로 오늘 집에 가서 각자 공책에 가분수 → 대분수로 고치는 문제 10개, 대분수 → 가분수로 고치는 문제 10개를 적고 풀어 오라고 과제도 내 주었다. 아이들은 과제에 대해 불만이 있었지만 복습 차원에서 중요하다는 판단이 들어 아이들을 이해시키고 스스로 복습을 하면서 지금보다 더 확실히 깨우칠 수 있도록 부탁을 하였다.

아이들을 보내고 수업을 돌아보면서 마지막 4번 문항에 대한 고민을 해 보았다. 이것을 생략하고 넘어가는 것이 나은 것인지, 아직 3학년 아이들 모두에게 이 활동은 무리인 것인지, 시간을 더 확보해서라도 해 보는 것이 나은 것인지, 심화활동으로 수학적 사고력이 높은 아이들만 도전해 보게 하는 것이 나은 것인지 쉽게 판단을 할 수가 없었다. 왜냐하면 다른 단원보다 특히 이번 분수 단원에서 3학년 아이들의 사고 수준 및 언어적 역량에 대해 제고를 해 봐야겠다는 생각을 많이 한 적이 없었기 때문이다. 또한 시작 전부터 경험을 통해 아이들이 분수 개념에 대해 무척 어려움을 많이 느끼고 있다는 것은 알고 있었지만 현재 내가 지도하고 있는 아이들이 예전에 지도했던 3학년 아이들보다 더 어려움을 많이 호소하고 있는 것 같다는 느낌이 곳곳에서 발견되었기 때문이기도 하다. 일단 다음 시간 상황을 보고 그에 맞게 접근해야 할 것 같다는 생각을 가지며 오늘을 정리하였다.

9차시 분모가 같은 분수의 크기 비교하기

※ 9차시 수업 활동은 8차시까지의 과정을 잘 이해하였다면 많은 시간을 할애하지 않아도 되는 활동이라 판단된다. 따라서 8차시와 9차시를 블록으로 묶어 8차시에 좀 더 시간을 할애하고 남은 시간으로 9차시 활동을 진행하는 방향으로 시간 계획을 짜는 것도 한 번 생각해 볼 점이다.

※ 아래 활동지를 먼저 개인별로 해결한 뒤 모둠별로 서로 답을 점검해 보도록 한 다음 전체가 함께 다시 확인하고 정리한다. 이 활동에서 중요하게 다룰 것은 단지 '크다, 작다'의 결과보다 왜 큰 것인지, 왜 작은 것인지에 대한 설명에 집중하도록 해야 한다는 점이다.(수업이 마무리되면 관련된 부분까지 교과서 및 수학 익힘책 풀이를 하되 시간이 부족하면 과제로 제시한다.)

	수학 3-2	**4. 분수(9차시)** 분모가 같은 분수의 크기 비교하기	서울 초등학교 3학년 반 번 이름 :

1. $\frac{6}{5}$, $\frac{8}{5}$을 아래 수직선에 각각 표시하여 봅시다.

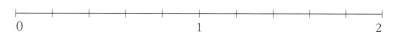

(1) 두 분수 중에서 어느 분수가 더 큰가? (   )

(2) 그 이유는 무엇인지 설명해 보세요.

---

2. $2\frac{2}{4}$, $1\frac{3}{4}$을 아래 수직선에 각각 표시하여 봅시다.

(1) 두 분수 중에서 어느 분수가 더 큰가? (   )

(2) 그 이유는 무엇인지 설명해 보세요.

---

3. $\frac{8}{3}$, $2\frac{1}{3}$을 아래 수직선에 각각 표시하여 봅시다.

(1) 두 분수 중에서 어느 분수가 더 큰가? (   )

(2) 그 이유는 무엇인지 설명해 보세요.

---

4. $\dfrac{7}{2}$, $3\dfrac{1}{2}$을 아래 분수막대에 각각 표현하여 봅시다.

- $\dfrac{7}{2}$ → | | | | |

- $3\dfrac{1}{2}$ → | | | | |

(1) 두 분수 중에서 어느 분수가 더 큰가? (   )

(2) 그 이유는 무엇인지 설명해 보세요.

9차시 수업 소감

어제 과제로 내 주었던 것들(대분수 ↔ 가분수로 변환하기 각각 10문제씩)은 아침에 오자마자 1교시 시작 전에 모두 확인하였다. 수학 시간이 시작되고 9차시 수업을 열면서 지난 시간에 하지 못했던 활동지 남은 부분을 함께 해결해 보기로 하고 시작부터 그에 대한 안내를 먼저 해 주었다. 먼저 제시된 예시 자료를 어떻게 볼 것인지 5분 정도 시간을 내서 설명해 주었더니 어느 정도는 할 수 있겠다는 대답이 나왔다. 그래서 직접 해 보면서 이해 안 되는 것들은 서로 도움을 주고받으면서 해결해 볼 수 있도록 하였다. 4개 문제 해결에 약 10분 정도 시간을 사용하였고 5분 간 모둠원들과 협의하여 답을 확인하고 최종 정리도 하였다. 다니면서 살펴보았는데 모든 모둠이 잘 해결해 주었다. 물론 부족한 점들은 짚어 주면서 수정도 할 수 있도록 하였다. 그래서 따로 설명할 필요가 없다고 생각하여 9차시 마지막 수업으로 바로 넘어갔다.

마지막 차시 수업은 생각보다 어렵지 않을 것이라 생각하고 아무런 안내 없이 아이들에게 먼저 해결해 보라고 하였다. 다른 것들은 잘해 나갔는데 "더 큰 이유는 무엇인가?"에 대한 답을 어떻게 써야 하는지 힘들어하였다. 모둠마다 함께 의논해 보아도 어떻게 답을 써야 할지 감을 잡을 수 없다는 말이 마구 터져 나왔다. 그래서 전체 활동을 잠시 멈추게 하고 첫 번째 질문만 예를 들어 설명해 주었다. 그랬더니 그다음부터는 일사천리였다. "$\dfrac{8}{5}$은 $\dfrac{1}{5}$이 몇 개지?", "8개요!", "$\dfrac{6}{5}$은 $\dfrac{1}{5}$이 몇 개지?", "6개요!", "그러면 무엇이 더 크지?", "$\dfrac{8}{5}$이요!", "얼마만큼 더 크지?", "$\dfrac{2}{5}$만큼이요!", "그러면 어떻게 정리하면 좋을까?", "$\dfrac{8}{5}$이 $\dfrac{6}{5}$보다 $\dfrac{2}{5}$만큼 더 크기 때문입니다", "네. 그렇게 하면 됩니다. 이제 여러분 스스로 해결해 보세요."

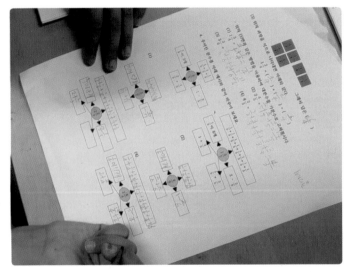
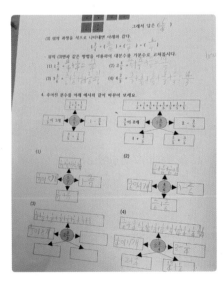

분수에 대한 다양한 표현활동 결과

시간이 15분 정도밖에 남지 않아 정답 확인은 활동지를 선생님이 직접 걷어서 확인하기로 하고 오늘 수업을 마무리하였다. 활동지를 모두 걷어 확인해 보았다. 대체로 잘 해결해 주었다. 수직선에 표현도 잘해 주었고, 단원 학습이 마무리되었기 때문에 알림장을 적어 주면서 금요일에 단원평가를 하겠다고 미리 공지를 하였다. 여기저기에서 "선생님. 너무 어렵게 내지 말아 주세요."라는 말이 흘러나왔다. "너희들이 열심히 했다면 어렵게 출제를 해도 쉬울 것이고, 그 반대라면 아무리 쉽게 내도 어려울 수밖에 없지. 일단 오늘이 월요일이니 남은 4일 동안 열심히 앞에서 했던 것들을 복습하고 선생님이 강조했던 것들을 되짚어 보기 바란다."라고 말하고 집으로 아이들을 보냈다.

이번 단원을 지도하면서 3학년 아이들의 수학적 사고력과 언어적 능력에 대해 다시 한 번 고민해 봐야겠다는 생각을 많이 하였다. 사실 올해 이전에 3학년 아이들을 지도했던 것이 약 8년 정도 전이라서 3학년 아이들의 수학적 사고력과 언어적 능력 등의 수준에 대한 나의 판단과 이해가 많이 희미해져 있을 수도 있다는 생각도 있었지만 지금까지 2번 정도 3학년 아이들을 지도했던 경험 및 몇몇의 희미한 기억과 비교해 볼 때 꽤 많은 차이가 느껴지는 것처럼 보였기 때문이다. 아무튼 나 스스로 좀 더 많은 고민과 과제를 떠안은 것 같은 느낌을 지울 수 없는 단원 지도 시간이었다. 좀 더 고민해서 깔끔하고 간결하면서도 분수 개념에 대한 아이들 생각을 잘 이끌어 낼 수 있는 수업 디자인이 되도록 보완을 해야겠다.

10차시　단원평가

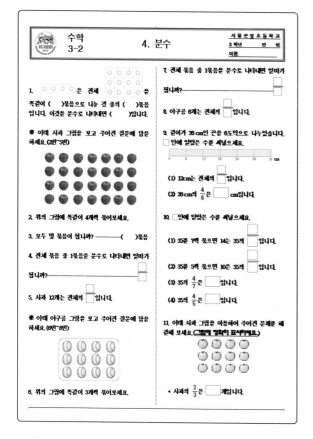

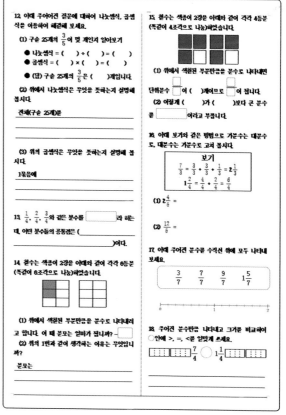

제7장

4학년 분수　분모의 크기가 같은 분수의 덧셈과 뺄셈

분모의 크기가 같은 분수의 덧셈과 뺄셈을 이해시키는 데 있어서
가장 중요한 요소는 분수에 대한 정확한 이해와
단위분수에 대한 확고한 배경지식을 확립하는 일이다.
그리고 여기에는 자연수의 덧셈과 뺄셈에 주어지는 의미가
분수의 덧셈, 뺄셈으로 확장되어야 하는데
단순히 알고리즘을 지도하기 전에
분자끼리 더하거나 빼면 된다는 것의 의미가 무엇인지부터
이해할 수 있도록 돕는 일이 최우선으로 이루어져야 한다.

3학년 단계에서 이루어졌던 등분할의 이해, 분수의 개념 이해, 분수의 표현, 진분수·가분수·대분수의 이해, 분모가 같은 분수의 크기 비교, 단위분수의 이해를 기반으로 4학년 2학기에는 분모의 크기가 같은 분수의 덧셈과 뺄셈을 학습하게 된다. 분수를 공부하는 3~6학년 과정에서 분수를 다루는 단원이 가장 적은 학년이라 말할 수 있다. 그러나 5~6학년 분수 학습을 생각한다면 매우 중요한 위치를 차지하고 있는 학년이자 단원 내용이라 말할 수 있다.

　4학년 분모의 크기가 같은 분수의 덧셈과 뺄셈 교육과정 내용은 분모가 같은 진분수끼리의 덧셈과 뺄셈, 분모가 같은 대분수의 덧셈과 뺄셈을 다루고 있다. 그리고 이런 내용을 다루기 위해 약 8차시 정도 내외의 시간을 배정해 두고 있다.* 얼핏 생각하면 내용이 매우 단순하여 충분한 시간이라 여겨질 수도 있겠지만 좀 더 깊이 파고 들어가 보면 그리 넉넉한 시간이 아니라는 사실을 이후의 내용을 통해 알 수 있다. 필자의 생각으로는 5~6학년 분수 학습을 생각해 볼 때 분수의 연산에 대한 기초를 튼튼히 쌓도록 돕기 위해 1시간

---

* 교과서 내용을 살펴보면 〈진분수의 덧셈, 진분수의 뺄셈, 대분수의 덧셈, 대분수의 뺄셈, 자연수와 대분수의 뺄셈〉으로 나누어져 있다. 순서를 보면 순차적으로 계단을 밟아 올라가는 것처럼 되어 있음을 알 수 있다. 그런데 좀 더 깊이 생각해 보면 이렇게 따로 나누고 분류하여 지도할 필요가 있는지에 대하여 의구심을 품을 수밖에 없다. 필자의 생각으로는 지나치게 세분화되어 있다는 생각이 든다. 이후에 전개되는 문제의식 및 재구성 방향성을 살펴보면서 이 문제를 어떻게 극복할 것인가에 대한 판단을 내려 보기 바란다.

정도의 시간을 더 확보할 필요가 있다고 판단이 된다. 이렇게 확보한 시간을 더하여 아래와 같이 교육과정을 재구성하여 실제 수업을 진행하였다.

차시	재구성 이후	수업의 목적
1~2	3학년 교육과정 되짚어 보기	단위분수를 기반으로 한 분수의 이해, 진분수·가분수·대분수의 이해 돕기
3~4	진분수끼리의 덧셈과 뺄셈	진분수끼리의 덧셈과 뺄셈을 할 수 있다.
5	대분수의 덧셈	대분수의 덧셈, 대분수와 가분수가 함께 있는 분수의 덧셈을 할 수 있다.
6~7	대분수의 뺄셈	대분수의 뺄셈, 대분수와 가분수가 함께 있는 분수의 뺄셈을 할 수 있다.
8	자연수-진분수, 자연수-대분수 해결하기	자연수-진분수, 자연수-대분수 계산을 할 수 있다.
9	단원평가	단원 정리(문제풀기)

위와 같이 재구성한 이유에 대하여 살펴보면 다음과 같다.

교육과정 재구성의 이유와 방향성

문제의식 갖기

01 단원 학습 배정 시간을 보면 8차시 정도로 되어 있어 충분하다고 볼 수 있겠지만 단원 도입, 탐구활동, 평가 등의 시간을 제외하면 5~6차시가 실제 학습활동 시간이라 할 수 있어 그리 넉넉하다고 볼 수만은 없는 일이다. 게다가 4학년 1학기에는 분수 학습 활동이 없어서 3학년 과정에서 학습했던 분수에 대한 기본 이해를 다시 점검해 보는 시간도 반드시 필요하기 때문에 이를 위한 시간 확보도 단원 학습에 매우 중요한 관건이라 말할 수 있는데, 이를 위한 시간적 고려도 반영되어 있지 못하다는 점에서 아쉬움이 남는다.

02 단원 학습 내용 구성을 살펴보면 분수의 종류 및 연산 활동에 따라 진분수의 덧셈, 진분수의 뺄셈, 대분수의 덧셈, 대분수의 뺄셈, 자연수와 대분수의 뺄셈과 같이 차근차근 단계를 밟아 올라가는 모양처럼 구성되어 있다. 그리고 그 원리는 매우 단순하다. 이를 간략히 정리해 보면 아래와 같다.

내용 구성	진분수와 대분수를 구분하여 덧셈과 뺄셈하기 진분수와 대분수의 혼합 계산
학습 원리	분모가 같은 분수끼리의 계산은 아래와 같이 분자끼리 더하거나 빼면 답을 구할 수 있다. $$\frac{1}{5}+\frac{2}{5}=\frac{1+2}{5}=\frac{3}{5}\qquad\qquad\frac{4}{5}-\frac{2}{5}=\frac{4-2}{5}=\frac{2}{5}$$

이렇게 정리해 놓고 보면 단원 학습 내용 및 활동은 매우 단순하고 간단하다고 할 수 있다. 그런데 여기에 8차시 정도의 긴 시간을 배정하였다면 무엇인가 중요한 의도가 담겨 있다고 보아야 마땅하다. 그러나 교과서 및 지도서 속에는 이에 대한 언급이 하나도 없어 문제의식을 갖게 만든다.[*]

03　교과서 내용 구성을 살펴보면 다행히도 단원 초반 수업차시에서 아래와 같이 단위분수에 기초하여 분수의 덧셈과 뺄셈을 할 수 있도록 안내하고 있다.(2018년, 8월 15일 출판 4학년 2학기 수학 교과서 10~11쪽 사례)

예1　아래 분수 모형에 색칠을 해서 $\frac{1}{4}+\frac{2}{4}$의 답을 구하시오.

두 개의 도형에 각각의 분수만큼 표현하기

(1) 색칠된 부분은 전체의 얼마인지 구하는 식 써 보기

(2) $\frac{2}{4}$는 $\frac{1}{4}$이 몇 개인가?

(3) $\frac{1}{4}+\frac{2}{4}$는 $\frac{1}{4}$이 모두 몇 개인가?

(4) $\frac{1}{4}+\frac{2}{4}$를 계산하는 방법 말해 보기: $\frac{1}{4}+\frac{2}{4}=\frac{\square+\square}{4}=\frac{\square}{4}$

두 번째 활동도 수직선을 활용하되 위와 같은 맥락으로 전개되어 있다. 단위분수를 기초로 하여 덧셈을 할 수 있도록 안내한 것은 매우 바람직하다 할 수 있지만 여기가 끝이고 그다음 차시부터는 더 이상 제시되지 않고 있다. 분수모형에 색칠하기 또는 조작활동, 수식으로의 계산과정 익히기를 통해 분수 계산의 답을 구하는 방법을 알게 하거나 답을 구하는 계산 과정에만 초점을 맞추고 있는 것처럼 보인다는 점에서 교육과

---

[*] 지금의 시점에서 현실적으로 고민해 본다면 그 의도는 지도하는 교사가 알아서 파악하고, 찾아내어 지도하라는 것밖에 되지 않는다. 따라서 이 단원 학습을 시작하기 전에 교사는 8차시라는 많은 시간을 할애하여 단원 내용을 구성하고 지도하라고 한 의도와 이유가 무엇(필자는 '분수 계산의 원리를 이해하고 설명할 수 있다.'가 그 의도이자 단원 학습의 목표라고 주장한다.)인지를 고민하고 그 결과를 실제 수업활동에 반영시킬 수 있도록 교육과정을 재구성하고 디자인해야만 한다.

정 재구성 필요성이 대두된다고 말할 수 있다.

이런 방식의 제시는 다음과 같은 두 가지 큰 문제점을 갖는다.

첫째, 아이들은 별 생각 없이 색칠만 하게 되는 모습을 발견하게 된다.

둘째, 이런 활동 속에 분수 덧셈과 뺄셈의 원리는 들어 있지 않다는 점에 있다.

이런 식으로는 아이들이 분수 계산의 원리*를 제대로 이해하고 그에 대한 자신만의 그림을 머릿속에 그릴 수 없다는 점에서 깊이 있는 고민이 요구된다.

대분수의 뺄셈 과정도 크게 다르지 않게 제시되어 있다.(2018년, 8월 15일 출판 4학년 2학기 수학 교과서 16~17쪽)

예2 리본 $3\frac{3}{4}$m에서 선물을 포장하는 데 $1\frac{1}{4}$을 사용하였다. 남은 리본의 길이를 알아봅시다.

(1) 구하는 식 써보기

(2) 남은 리본이 2m보다 긴지 짧은지 말해 보고, 그 이유도 말해 보자.(이 질문이 꼭 필요한 것인가? 이 질문은 무엇을 의도하는 것인지, 왜 이 단계에서 제시되어야 하는지 뜬금없다는 생각을 갖게 만드는 대목이다.)

(3) 분수막대 모형을 이용하여 리본의 길이를 나타내고, 사용한 리본의 길이만큼 X표시하기

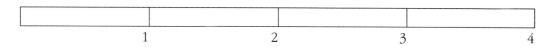

(4) 사용하고 남은 리본은 몇 m인가?

(5) 어떻게 구했는지 말해 보기

▶ 이어지는 다음 활동을 통해 결론적으로 아래와 같은 해결방법 알기

$$3\frac{3}{4}-1\frac{1}{4}=(3-1)+(\frac{3}{4}-\frac{1}{4})=2+\frac{3-1}{4}=2+\frac{2}{4}=2\frac{2}{4}$$

이런 방식의 내용 제시는 답을 구하는 절차와 방법에 초점이 맞추어져 있다는 점을 증명해 주는 내용이다. 이런 방식으로는 왜 분자끼리 빼주어야 하는지에 대한 설명이 불가능해진다. 이런 내용은 진분수끼리의 연산이든, 대분수가 포함된 연산이든 분모가 같은 분수의 덧셈, 뺄셈 원리를 충분히 이해하고 설명이 가능해진 뒤에 비로소 할 수 있는 활동이라 말할 수 있다.

04 현재 4학년 분수 교육과정 및 교과서 내용을 살펴보면 그 중심이 $\frac{1}{4}+\frac{2}{4}=\frac{3}{4}$이라는 답을 구할 수 있다는 결과에 맞추어져 있는 것 같다는 점에 문제점이 있다. $\frac{1}{4}+\frac{2}{4}=\frac{3}{4}$이라는 답을 쓸 줄 아는 것보다 왜 $\frac{1}{4}$

---

* 왜 분자끼리 더하거나 빼야 하는지, 왜 분모는 더하거나 빼지 않고 그대로 두어야 하는지에 대한 내용이 담겨 있지 않고, 이런 식의 활동을 통해서는 설명이 불가능하다.

$+\frac{2}{4}=\frac{3}{4}$이 되는지 설명할 수 있어야 한다는 점을 염두에 두고 지도해야만 8시간 정도의 결코 짧지 않은 시간을 할애한 것에 대한 충분한 이유가 될 수 있다고 필자는 믿는다.

05 어떤 식으로든 선행학습을 한 아이들은 특별히 할 것이 없다는 점에서 또 다른 문제가 발생한다고 볼 수 있다. 분자끼리 더하거나 빼면 된다는 식의 사고로 본 단원 학습을 접한다면 그리 많은 시간을 할애하지 않아도 되는 내용이다. 이렇게 본다면 학교 교육과 학원 교육이 뭐가 다르고, 아이들과 학부모들은 어느 쪽을 더 신뢰하게 될지 의구심마저 들게 만드는 지점이다. 학교 교육은 분명히 학원 교육과 달라야 한다. 그리고 그것만이 무너진 공교육의 신뢰를 다시 회복할 수 있는 유일한 대안이라 필자는 확신한다. 예를 들자면 아래와 같은 질문을 아이들에게 던져 생각하고 토론할 수 있도록 해 보자는 것이다. 사교육에서 이런 질문을 통해 공부를 가르치지 않으니까 말이다.

교사 • $\frac{1}{4}+\frac{2}{4}$는 얼마지?

아이들 • $\frac{3}{4}$입니다.

교사 • 그래 $\frac{3}{4}$이란다. 그런데 왜 $\frac{3}{4}$이 나왔지?

아이들 • 분자끼리 더하면 되니까요.

교사 • 그렇구나. 그런데 왜 분자끼리 더하여 답을 구하였지? 그리고 왜 분모끼리는 더하지 않았지? 분모끼리도 더하면 안 될까? 분모끼리도 더하여 $\frac{1}{4}+\frac{2}{4}=\frac{3}{8}$이 되어야 하지 않을까? 그리고 분자끼리 더한다는 것은 어떤 의미일까? 그것을 그림으로 설명하면 어떻게 될까?

이에 대하여 아이들이 정확히 설명하고 답을 할 수 있다면 본 단원의 학습을 제대로 마쳤다고 말할 수 있을 것이라 필자는 확신한다.

재구성 방향성

01 단원 교육과정을 재구성하면서 갖게 되는 중요한 질문 첫 번째는 이런 것이다.

> 왜 분자끼리 더하거나 빼서 분수의 덧셈과 뺄셈을 하는 것일까?
> (분수의 덧셈, 뺄셈의 원리는 무엇인지 설명할 수 있는가?)
> (예) 왜 $\frac{1}{4}+\frac{2}{4}=\frac{3}{4}$이 되는지 설명할 수 있어야 한다.

그리고 4학년 분수 단원 학습의 목표는 이에 대한 답을 찾아 설명할 수 있어야 한다는 점에 있다는 점을 염두에 두고 수업을 디자인해 보았다. 그래야만 8시간 정도의 시간을 할애했던 이유가 충분히 설득력을 가질 수 있을 것이라 판단하였다.

02 재구성 과정에서 1~2차시 정도는 3학년 교육과정을 좀 더 촘촘히 되짚어 볼 수 있도록 출발점 상황 점검 시간을 할애할 수 있도록 해 보았다. 이를 위해 본래 주어진 시간 중 1시간과 다른 교과목 시간의 재구성 등을 통해 확보한 1시간을 더하여 약 2시간 정도 출발점 행동을 점검하고 4학년 분수의 덧셈과 뺄셈 학습을 하는 데 필요한 분수의 기초 개념들*을 확실히 갖추어 놓고 시작할 수 있도록 하였다.

03 본 단원 학습의 목표를 아래와 같이 설정하고 교육과정 재구성 및 수업을 디자인할 수 있도록 해 보았다.

4학년 분수의 덧셈과 뺄셈 단원 학습 목표
❶ 분모가 같은 분수의 덧셈과 뺄셈 원리를 이해하고 설명하기
❷ 위의 과정이 충분히 가능해진 후에 분모가 같은 분수의 덧셈과 뺄셈 계산 활동에 집중하기

04 단원 교육과정을 재구성하면서 갖게 되는 중요한 질문 두 번째는 이런 것이다.

> 분수의 덧셈과 뺄셈 원리는 무엇인가?

분수의 덧셈과 뺄셈 원리를 이해하고 설명하기 위해서는 단위분수에 대한 정확한 이해가 수반되어야 한다. 따라서 단원 시작 초반부터 단위분수를 중심으로 아이들이 분수를 생각하고 이해하고 머릿속에 자신만의 개념지도를 그릴 수 있도록 지속적으로 지도하는 것이 매우 중요한 일이다. 그 예시는 아래와 같다.

분모가 같은 분수의 덧셈과 뺄셈 원리 이해 및 설명을 위한 핵심
→ 단위분수 개념을 바탕으로 연산을 이해

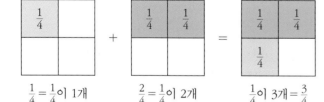

$\frac{1}{4} = \frac{1}{4}$이 1개 $\frac{2}{4} = \frac{1}{4}$이 2개 $\frac{1}{4}$이 3개 $= \frac{3}{4}$

$\frac{1}{4}$이 1개$+\frac{1}{4}$이 2개$=\frac{1}{4}$이 3개가 되는 것(분자끼리 더한 것이 아니라는 사실이 이 과정 속에 그대로 드러난다.)

(1) 위의 그림을 좀 더 정확히 설명하자면 아래와 같다.

$\boxed{\frac{1}{4}}$ + $\boxed{\frac{1}{4}}$ $\boxed{\frac{1}{4}}$ = $\boxed{\frac{1}{4}}$ $\boxed{\frac{1}{4}}$ $\boxed{\frac{1}{4}}$ 이 된다. 이를 재배치하면 아래와 같다.

---

* 등분할에 대한 의미, 분수의 개념, 분자와 분모의 의미, 가분수, 진분수, 대분수의 의미 및 가분수 ↔ 대분수 변환을 핵심만 뽑아 2시간 안에 녹여 내서 지도할 수 있도록 해야 한다. 그 과정에서 특히 단위분수를 기초로 한 분수의 개념 이해에 무게중심을 더 두어야 한다.

이것은 $\frac{1}{4}$이 3개가 되는 것, 그래서 결과가 $\frac{3}{4}$이 된다는 것

(2) 분자가 갖는 의미는 단위분수가 몇 개인지를 나타내는 것이라는 것을 아이들이 정확히 인지할 수 있도록 끊임없이 강조하고 또 강조해야 한다.

(3) 색종이나 어떤 사물을 활용하여 아이들이 직접 조작활동을 하더라도 위와 같이 단위분수 표시를 꼭 하거나 단위분수 개념을 기반으로 주어진 분수(진분수든, 가분수든, 대분수든)를 이해하고 받아들이고 자신의 생각을 밖으로 꺼내 표현할 수 있어야 한다는 점에 초점을 맞추어야 한다.

(4) 계산 결과가 가분수 또는 대분수로 되는 경우에도 원리는 같다.

예 1 $\frac{3}{4} + \frac{3}{4} = \frac{6}{4}$ 또는 $1\frac{2}{4}$가 됨을 설명하기

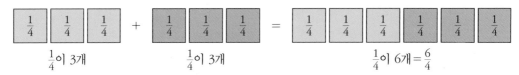

그래서 답은 $\frac{6}{4}$이 되는 것이다.*

예 2 위의 결과를 재배치하면 자연스럽게 가분수 ↔ 대분수 간의 전환이 이루어진다는 점에서 이와 같은 지도 방식 및 수업 설계는 매우 큰 의미를 갖는다고 할 수 있다.

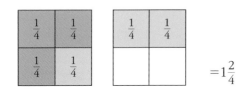 $= 1\frac{2}{4}$

(5) 뺄셈도 덧셈과 그 원리가 같다. 특히 뺄셈에서는 수직선 모형을 중요하게 다룬다.

---

* 분수를 이해함에 있어서 다음과 같은 두 가지 방식이 있다. ① '전체–부분' 간의 관계로 이해하기 ② 단위분수를 기반으로 이해하기. 그런데 분수의 덧셈과 뺄셈 원리 이해는 단위분수를 기반으로 이해하기에 초점을 맞추지 않으면 제대로 이해하고 설명할 수가 없다. 예를 들어 설명하자면 아래와 같다.

'전체–부분' 간의 관계를 통해 분수의 덧셈과 뺄셈을 설명하게 되면 $\frac{3}{4} + \frac{3}{4} = \frac{6}{4}$ → 분자가 3, 3이니까 분자끼리 더하면 $3+3=6$이 되어서 $\frac{6}{4}$이 되는 것이라고 말할 수밖에 없게 되고 이를 그림으로 설명하게 되면 이렇게 된다. 물론 답은 틀리지 않게 구할 수 있다. 그러나 분명한 것은 정확한 개념과 원리를 설명할 수 없다는 것을 잊지 말아야 한다.

$\square$ ($\frac{1}{4}$이 3개 있는 것이 아니라 그냥 $\frac{3}{4}$) + $\square$ ($\frac{1}{4}$이 3개 있는 것이 아니라 그냥 $\frac{3}{4}$)

= '4등분한 것 중 3개' + '4등분한 것 중 3개' = $\frac{6}{4} = 1\frac{2}{4}$ $\square$ $\square$

(6) 가분수 또는 대분수가 포함되어 있거나 가분수 ↔ 대분수의 전환이 포함된 경우에도 그 원리는 똑같기 때문에 별 어려움은 없을 것이라 판단된다.

(7) 여기에서 재배치라는 활동이 갖는 의미는 매우 크다. 왜냐하면 등분할하기 전의 기준량 1에 대한 개념과 그림을 정확히 갖고 있느냐, 머릿속에 그리고 있느냐의 문제이기 때문이다. 재배치에 대한 이해 부족 및 기준량 1에 대한 개념의 부족은 뒤에 제시될 심진을 일으키는 핵심질문 1번, 2번과 같은 질문에 대하여 정확히 답하고 설명할 수 없게끔 만든다. 이런 내용을 수업의 실제 과정 속에 잘 담아낼 수 있도록 수업을 디자인할 필요가 있다.

05 단원 교육과정을 재구성하면서 갖게 되는 중요한 질문 세 번째는 이런 것이다.

> 분수의 덧셈과 뺄셈 원리 이해를 돕기 위해 어떻게 지도할 것인가?

위의 4번 단계에서 설명하였던 과정을 있는 그대로 수업 디자인 속에 반영하여 지도한다면 아이들은 자연스럽게 분모가 같은 분수의 덧셈과 뺄셈 원리를 이해하고 설명할 수 있게 될 것이라 확신한다.* 그리고 수업의 실제 설계 과정에서는 아이들이 단위분수 개념을 기반으로 분수의 덧셈과 뺄셈의 원리를 이해하고 설명할 수 있도록 돕기 위해 협동학습을 통한 의사소통 과정, 토의 토론 과정이 반드시 시간마다 중요한 활동으로 자리매김할 수 있어야 한다. 다만 여기에서도 잊지 말아야 할 사항은 아래와 같다.

실제 수업 활동 과정에서 이루어지는 협동학습을 통한 의사소통 및 토의 토론 활동 자체가 중요한 것이 아니다. 진짜로 중요한 것은 아래와 같다.

❶ 아이들 간 의사소통 과정 속에서 이루어지는 생각의 충돌 내용이 무엇인가 하는 점에 대한 파악과 이해
❷ 아이들 간 사고의 연결 및 그 내용을 중요하게 여기기
❸ 타인의 생각을 듣고 그것을 자신의 것으로 소화하여 다시 설명할 수 있는지에 대한 여부 파악하기
❹ 타인의 생각에 대한 자신의 찬, 반 의견 및 이유 제시 여부 파악하기
❺ 분수의 덧셈과 뺄셈 원리에 대한 정확한 이해 및 설명 여부 정도 파악하기

이런 점들은 분모가 같은 분수의 덧셈과 뺄셈을 공부하면서 아이들에게 배움이 일어났는지 여부를 판단하는 중요한 척도가 된다.(신개념, 오개념, 난개념의 정도 파악에 매우 중요한 단서가 된다.)

---

* 3학년 과정에서 가분수, 대분수에 대한 이해 및 상호 간 전환에 대한 이해가 잘 갖추어져 있다는 가정하에만 가능한 일이다. 따라서 반드시 단원 학습 출발점 단계에서 1~2시간 정도를 할애하여 3학년 과정에 대한 핵심만 뽑아 복습을 해 주는 과정이 반드시 교육과정 재구성 및 수업 디자인 속에 반영되어야 한다는 것을 잊지 않아야 한다.

06 분수의 뺄셈에서 '자연수-진분수, 자연수-대분수' 활동은 별도로 1시간 정도 다루어 줄 필요가 있다고 판단된다. 왜냐하면 자연수에서 어떻게 진분수 또는 대분수로 전환되는지, 그때 분모는 얼마로 해 주어야 하는지에 대한 이해가 필요하기 때문이다. 이 활동은 교과서에 있는 대로 진행해 주는 것보다 $2-\frac{3}{4}$, $4-1\frac{2}{5}$ 등의 문제를 제시하고 다양한 방법으로 직접 해결해 본 뒤 모둠원들과 자신이 해결한 방법들에 대해 이야기 나누어 보면서 '자연수-진분수, 자연수-대분수'에 대한 이해 및 계산 방법을 알아갈 수 있도록 하는 것이 더 좋을 것이라 판단된다. 다만 여기에서도 중요한 것 한 가지가 있다. 분수모형을 이용하여 해결하는 것, 수직선을 이용하여 해결하는 것을 꼭 다루어 줄 필요가 있고, 특히 분수모형을 이용하여 해결하면서 연산 과정과 분수모형이 서로 일치하는지 여부를 꼭 확인해 보아야 한다. 왜냐하면 처음에 주어진 분수모형을 무작정 모두 등분하는 아이들이 많기 때문이다. 이는 분수를 생각하면서 모든 사물이나 주어진 도형을 무작정 등분하고 보는 오개념에서 비롯된 것이기 때문이다. 굳이 등분하지 않아도 되는 것은 등분하지 않도록 해야 한다는 것 또한 아이들이 이해할 수 있도록 도와주어야 한다. 이에 대하여 분수모형과 수식으로의 해결 과정을 통해 이해를 돕고자 한다면 아래와 같다.

수식으로 해결 : $2-\frac{3}{4}=(1+1)-\frac{3}{4}=1+\frac{4}{4}-\frac{3}{4}=1+\frac{1}{4}=1\frac{1}{4}$

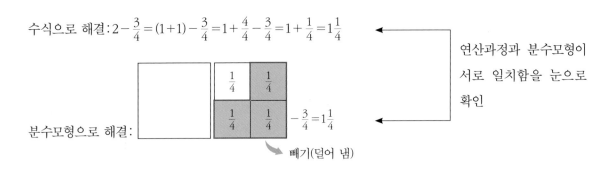

연산과정과 분수모형이 서로 일치함을 눈으로 확인

1. 가장 먼저 단원 학습 시작 단계에서 단위분수를 기반으로 한 분수의 이해, 가분수와 대분수 간의 전환에 대한 이해를 돕는 활동을 1~2시간 정도 충분히 갖도록 하는 것이 필수다.

2. 분모가 같은 분수의 덧셈과 뺄셈은 단위분수를 기반으로 이해와 설명할 수 있도록 돕는 것이 본 단원 학습의 핵심이자 중심이라는 것을 잊지 말고 수업 디자인의 초점을 여기에 맞추도록 한다.

$$\frac{1}{4} + \frac{2}{4} = \frac{3}{4}$$에 대한 설명

$$\boxed{\frac{1}{4}} + \boxed{\frac{1}{4}} \ \boxed{\frac{1}{4}} = \boxed{\frac{1}{4}} \ \boxed{\frac{1}{4}} \ \boxed{\frac{1}{4}}$$ 이 된다.

이를 재배치하면 다음과 같다.

 이것은 $\frac{1}{4}$이 3개가 되는 것, 그래서 결과가 $\frac{3}{4}$이 된다는 것

3. 수업의 실제 과정은 모둠 기반의 협동학습을 활용한 의사소통, 토의 토론 활동이 중심이 될 수 있도록 한다.

4. 아이들에게 심진(心震)을 일으킬 수 있는 핵심질문을 제시하여 집중 토론이 일어날 수 있게 하여 분수 및 분수의 덧셈과 뺄셈에 대한 오개념, 난개념 형성을 막고 신개념을 도와 진정한 배움이 아이들 각자에게서 일어날 수 있도록 돕는다. 그 예시는 아래와 같다.

심진(心震)을 일으키는 핵심질문 1

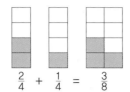

철수는 왼쪽의 그림에서 보는 바와 같이 계산을 하였습니다. 그래서 $\frac{2}{4} + \frac{1}{4} = \frac{3}{8}$이라는 결과를 얻었습니다.
철수의 계산은 맞나요? 틀렸다면 왜 틀렸는지 설명해 보시오.

심진(心震)을 일으키는 핵심질문 2

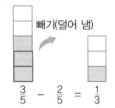

철수는 왼쪽의 그림에서 보는 바와 같이 계산을 하였습니다. 그래서 $\frac{3}{5} + \frac{2}{5} = \frac{1}{3}$이라는 결과를 얻었습니다. 철수의 계산은 맞나요? 틀렸다면 왜 틀렸는지 설명해 보시오.

5. 뺄셈 활동에서는 특별히 수직선으로 해결하기 과정을 중요하게 다루도록 한다. 왜냐하면 단위분수를 기반으로 한 뺄셈 원리를 가장 잘 설명할 수 있는 모형이기 때문이다. 예를 들자면 아래와 같다.

$$\frac{4}{5} - \frac{2}{5}$$를 수직선으로 해결하는 과정

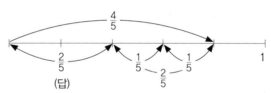

4학년 분수 수업의 실제를 시작하며

4학년 분수 수업의 실제는 필자가 직접 수업을 한 내용이 아니다. 필자가 직접 수업을 할 것이라는 가정하에 단원 분석 및 수업 디자인을 해 놓고 필자와 같은 학교에 근무하고 있는 동료 교사 한 분에게 부탁하여 진행해 본 것이다. 이렇게 진행했던 이유는 아래와 같다.

(1) 필자가 직접 분석하고 진행했던 3학년, 5학년, 6학년 실제 수업 사례들을 다른 교사들이 책을 통해 접하고 자신의 교실에 적용하게 될 것이라는 생각을 바탕으로 4학년 분수 수업도 같은 맥락에서 교육과정을 분석하고 수업의 실제 과정을 디자인하였다.

(2) 수업의 실제 과정만은 필자가 아닌 다른 동료 교사가 대신 진행한 뒤 필자의 생각과 수학 교육의 방향성, 필자의 단원 분석 및 수업 설계 등이 어떠하였는지 수업 교사와 수시로 직접 만나 이야기 나누면서 생생한 소감과 느낌 등을 듣고 싶었기 때문이다. 일종의 검증 차원이라 바라보았던 것이다.

(3) 현장 동료 교사에 대한 컨설팅 차원으로 접근해 보았다. 필자(컨설턴트)와 컨설턴티(수업 교사)가 단원 교육과정 및 수업의 실제 과정에 대한 공동 이해를 바탕으로 보다 질 높은 수업 실현, 바람직한 수학 교육에 대한 방향성 모색, 혁신학교 교사로서 수업 혁신 이루어 내기, 수업 전문가로서 교사 스스로 자부심 갖기 등의 목적을 달성하기 위한 차원에서 진행해 보고자 하였기 때문이다. 이를 위해 필자는 사전에 컨설턴티(수업 교사)와 필자의 의도와 목적, 관련된 지식, 경험, 정보 등을 공유하고 여러 차례 만나 수업과 관련된 제반 사항에 대해 이야기를 나누면서 분석-진단-처방-실행-수업 혁신을 이루어 나가고자 최선을 다하였다.

(4) 2018년 7월 초에 수업 교사를 직접 만나 필자의 취지와 목적을 설명하고 부탁을 하였고, 수업 교사는 필자의 생각을 이해하여 흔쾌히 수락을 해 주었다.

(5) 2018년 여름 방학 동안 필자는 새로 개정된 4학년 교육과정 및 교과서를 분석하여 정리, 수업의 방향성과 목표 설정, 그에 따른 실제 수업 과정을 디자인하여 수업 교사에게 메일로 전달하였고, 개학 전날 만나 그에 대해 자세히 이야기 나눌 수 있게 꼼꼼히 살펴봐 달라고 부탁을 하였다. 분석은 필자가 직접 하여 안내하고 수업 설계는 수업 교사가 하되 필자가 옆에서 조언을 하는 방식으로 할 수도 있었지만 앞서서 밝힌 바와 같은 취지에서 진행하고자 하였기에 수업 설계도 1차적으로 필자가 모든 차시를 디자인하여 제안하였다.

개학 하루 전에 만나 장시간 이야기를 나누었다. 수업 교사도 필자가 전해 준 내용을 꼼꼼히 읽어 보면서 필자의 분석 내용과 수업의 취지, 방향성, 수업 설계 내용 등 전체적인 것들에 적극 공감한다는 말을 해 주었다.

(6) 개학 하루 전 이야기를 충분히 나눈 후 개학날 다시 만나 본격적인 수업 준비를 위해 먼저

1~4차시까지 수업 디자인 내용을 함께 살펴보면서 수업 교사 자신이 실제로 수업할 내용을 조정할 수 있도록 제안하였다. 왜냐하면 필자의 교실과 상황이 다르고 필자와 같은 방향성을 가지고 지속적으로 수학 교육을 해 온 것이 아니라서 약간의 조정이 필요할 수도 있었기 때문이었다. 필자가 제안한 수업 디자인 내용을 내일까지 살펴보면서 큰 틀이 흐트러지지 않는 범위 내에서 내용을 추가 혹은 과감히 삭제할 수 있도록 안내하였다. 이와 함께 40분 또는 블록 수업을 진행하면서 시간 배분도 어떻게 할 것인지, 수업 진행 과정마다 어떤 방식으로 수업을 진행할 것인지 등도 생각해 보면서 개학 후 바로 만나 좀 더 구체적으로 이야기를 나누기로 약속하고 이야기를 정리하였다.

(7) 개학 당일 수업 교사가 나름 생각하고 고민해 온 내용들을 함께 나누면서 수업 디자인을 좀 더 세밀하게 다듬어 나갔다. 필자의 수업 디자인을 대부분 그대로 수용하였으나 수업 교사의 생각이 반영되어 약간의 내용 수정도 있었다. 또한 도입-전개-정리 과정까지 어떤 방식으로 수업을 진행하고 활동은 어떻게 할 것이며 어떤 내용에 좀 더 비중을 두어 다룰 것인지, 시간 배분은 어떻게 할 것인지, 교수용 자료 및 활동지는 어떻게 만들고 제시할 것인지, 아이들에게서 나타나는 다양한 양상과 각종 반응에 대한 예상과 함께 그것들을 어떤 식으로 교사가 받아들여 활발한 의사소통 활동과 사고활동이 일어날 수 있도록 도움을 줄 것인지, 실제 수업 후 언제-어떻게 이야기를 나누고 자료를 정리할 것인지 등에 대하여 추가적으로 이야기를 나누었다. 특히 시간 안배 측면에서 교사가 중요한 의도를 가지고 던지는 핵심질문과 그를 해결하기 위한 조작활동 및 아이들의 협동학습 과정(토의 토론 등의 의사소통 활동, 특히 돌아가며 말하기, 모두 일어서서 나누기, 모둠칠판을 활용한 발표 사례, 아이들의 반응 이끌어 내기 및 아이들 간의 생각 연결 짓기 사례, 아이들이 분수의 덧셈과 뺄셈 원리를 스스로 발견해 나갈 수 있도록 안내하고 이끌어 내기 위한 노하우 등)을 먼저 염두에 두고 그에 필요한 시간을 먼저 확보한 뒤 남은 시간들을 단계별로 적절히 안배하여 교사가 수업을 설명, 질의 및 발표, 개별활동, 활동지 해결 등으로 진행해 나갈 수 있도록 안내하였다.

(8) 수업은 화요일 블록 수업, 목요일 블록 수업으로 진행하기로 하였지만 상황에 따라 40분씩 진행할 필요도 있는 곳은 그렇게 진행하기로 하였고, 개학 후 수학 수업이 본격적으로 이루어지기까지 며칠 더 여유가 있어서 수업 교사 스스로 필자와 나눈 이야기들을 자신의 것으로 만들어 달라고 부탁을 하였다. 또한 1차시 수업을 시작하기 전날 한 번 더 만나 마지막 점검을 한 번 더 하기로 하고 사전 준비 활동을 정리하였다.

(9) 본격적인 수업이 이루어지기 전날 다시 만나 1~2차시 블록 수업에 대하여 시뮬레이션도 해 보고 세밀하게 점검도 하였다. 이후에 이루어지는 실제 수업 과정 및 소감, 협의회 활동 등의 내용은 차시별로 분리하여 제시해 보았다.

3학년 과정 되짚어 보기

※ 아래 활동지를 먼저 개별활동으로 해결해 보게 한 뒤 적절한 시간이 지나면 모둠원들끼리 답을 맞추어 보면서 수정해 나가도록 안내한다. 아이들 상황에 따라 모둠원들끼리 수정해 나가는 데까지 30~40분 정도 사용될 수 있다. 모둠원들끼리 확인이 끝나면 전체가 함께 다시 확인하고 정리하도록 한다.

수학 4-2	**1. 분수(1~2차시)** 3학년 과정 되짚어 보기	서울 초등학교 / 4학년 반 번 / 이름:

단위분수 개념을 바탕으로 진분수, 가분수, 대분수 이해하기

1. 예를 들어 $\frac{1}{4}$처럼 분자가 1인 분수를 무엇이라 부르는가? → (단위분수) → $\frac{1}{4}$은 무슨 뜻인가? → 전체를 똑같이 4개로 나눈 것 중 1개를 $\frac{1}{4}$이라고 할 때 그것이 1개 있는 것.(또는 $\frac{1}{4}$이 1개 있는 것)

2. $\frac{3}{4}$이란 무슨 뜻인가? → 전체를 똑같이 4개로 나눈 것 중 1개를 $\frac{1}{4}$이라고 할 때 그것이 3개 있는 것.(또는 $\frac{1}{4}$이 3개 있는 것)

3. 아래 종이 띠를 주어진 분수에 맞게 똑같이 나누고 단위분수를 표시하며 $\frac{3}{4}$만큼 되도록 색칠해 보자.

4. $\frac{1}{4}, \frac{2}{4}, \frac{3}{4}$과 같은 분수를 무엇이라 부르는가? → 진분수

5. $\frac{1}{4}$이 4개 있을 때 표현할 수 있는 방법 두 가지는? → $1, \frac{4}{4}$

6. $\frac{4}{4}$가 2번, 3번 … 있으면 무엇이 되는가? → $\frac{8}{4}=2, \frac{12}{4}=3$… ($\frac{8}{8}$이라고 말하는 아이도 있을 수 있다. 이와 같은 오개념이 발생하지 않도록 정확히 개념을 잡아 줄 필요가 있다.)

7. 이와 같은 수를 무엇이라 하는가 ? → 자연수

8. 아래 수직선 위에 단위분수만큼씩 뛰어 세기를 표시하면서 $\frac{5}{4}, \frac{7}{4}$을 표시해 보자.

```
|----|----|----|----|----|----|----|----|
                    1                    2
```

9. $\frac{7}{4}$이란 무슨 뜻인지 설명해 보자. → 전체를 똑같이 4개로 나눈 것 중 1개를 $\frac{1}{4}$이라고 할 때 그것이 7개 있는 것.(또는 $\frac{1}{4}$이 7개 있는 것)

10. $\frac{4}{4}, \frac{5}{4}, \frac{6}{4}, \frac{7}{4}$과 같은 분수를 무엇이라 부르는가? → 가분수

11. 아래와 같은 색종이가 6장이 있다. 이것을 모두 합하여 가분수로 나타내면 얼마가 되는가? ($\frac{6}{4}$)

$\frac{1}{4}$	$\frac{1}{4}$	$\frac{1}{4}$	$\frac{1}{4}$	$\frac{1}{4}$	$\frac{1}{4}$

12. 위의 색종이 조각들을 다시 배치하여 (4)개로 자연수 (1)을 만들고 나면 $\frac{1}{4}$조각 (2)개가 남는다.

13. 1을 만든 것과 남은 조각을 합하여 대분수로 표현하면? ($1\frac{2}{4}$)

14. 아래와 같은 방법을 사용하여 가분수를 대분수로 고쳐 보자.

$$\frac{7}{3} = \frac{3}{3} + \frac{3}{3} + \frac{1}{3} = 2\frac{1}{3}$$

(1) $\frac{12}{5} =$

(2) $\frac{19}{6} =$

15. 아래 그림과 같이 $1\frac{3}{4}$을 가분수로 고치려고 한다.

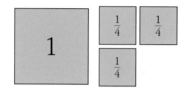

(1) 가장 먼저 생각해야 할 점은 무엇인가? → $\frac{3}{4}$은 $\frac{1}{4}$이 3개라는 것

(2) 두 번째로 생각해야 할 점은 무엇인가? → 자연수 1도 4등분해야 한다는 것

(3) 그래서 답은? → $\frac{7}{4}$

(4) 위의 과정을 식으로 나타낸다면 아래와 같다.

$$1\frac{3}{4} = 1 + \frac{3}{4} = (\qquad) + (\qquad) = \frac{7}{4}$$

(5) 위의 ④번과 같은 방법을 이용하여 아래 대분수를 가분수로 고쳐 보자.

• $1\frac{3}{4} =$

• $2\frac{4}{5} =$

16. 아래 주어진 분수를 예시와 같이 바꾸어 보자.

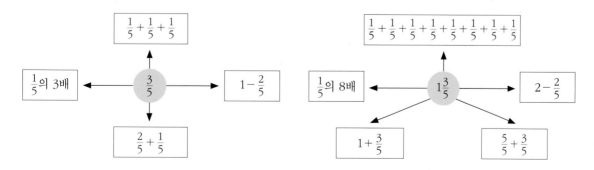

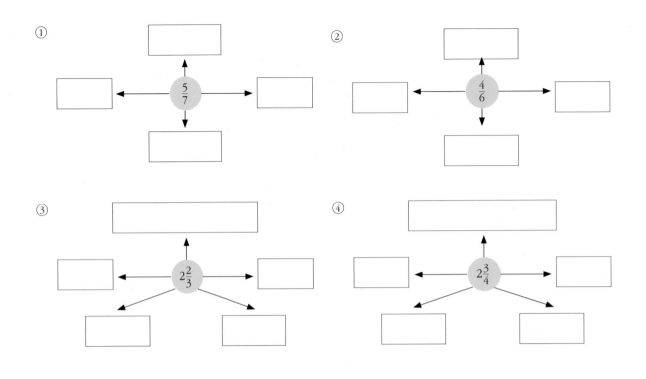

① $\dfrac{5}{7}$

② $\dfrac{4}{6}$

③ $2\dfrac{2}{3}$

④ $2\dfrac{3}{4}$

1~2차시 사전 수업 협의

8월 24일 사전 협의 사항 기록

컨설턴트 교사 이상우 선생님께서 직접 고민하신 1~2차시 수업에 대한 이야기를 먼저 해 주시기 바랍니다.

컨설턴티 교사 ○○○ 지도서를 살펴보니까 도입 부분에서 색종이를 전체 1로 생각하고 접거나 잘라서 다양한 분수로 나타내는 활동이 나오더라고요. 이 활동을 통해 등분할이 중요하다는 것을 다시 한 번 알게 해 주고, 분수의 의미에 대한 개념적 이해, 분수 수업에 대한 흥미와 재미를 주고 싶어서 선생님께서 디자인해 주신 것의 제일 앞부분을 살짝 수정해 보았습니다.

컨설턴트 교사 이상우 네. 실제 조작활동을 통해 도입 부분을 열어 가는 것도 좋은 아이디어인 것 같습니다. 그러면 이 활동 진행은 어떻게 되나요?

컨설턴티 교사 ○○○ 모둠별 활동으로 생각해 보았습니다. 일단 색종이를 각 개인에게 나누어 줍니다. 다음으로 제가 제시한 분수만큼을 색종이로 어떻게 표현할 수 있는지 각자 접어 보거나 잘라 본 뒤에 모둠별로 돌아가며 이야기하고, 다른 사람들이 어떤 방법을 사용하였지 함께 알아볼 수 있도록 할 생각입니다.

컨설턴트 교사 이상우 좋습니다. 그런 뒤에는 다음 활동으로 어떻게 넘어가나요?

컨설턴티 교사 ○○○ 아이들의 조작활동을 지켜본 뒤 제가 미리 색종이를 잘라서 준비해 둔 분수모형을 칠판에 제시하면서 등분할, 단위분수에 대한 이야기로 자연스럽게 넘어갈 수 있도록 할 생각입니다. 그런데 아이들이 단위분수라는 용어를 잘 알까요?

컨설턴트 교사 이상우 3학년 교육과정에서 '단위분수'라는 개념과 용어를 다루었습니다. 물론 시간이 많이 지났기 때문에 잊어버린 아이들도 있겠지만 상대적으로 기억하고 있는 아이들도 있을 것이라서 걱정하지 않으셔도 됩니다. 그리고 지금 선생님께서 진행하시는 활동은 출발점 상황을 점검하면서 다시 한 번 아이들의 기억을 되살려 주기 위한 것이니까 매우 바람직하다고 할 수 있겠지요.

컨설턴티 교사 ○○○ 네. 그다음에는 선생님께서 설계해 주신 내용대로 학습지를 활용하여 진행할 것입니다. 학습지를 나누어 주고 개별활동을 하게 한 뒤에 그 내용을 함께 확인하고 점검해 보면서 3학년 과정에서 공부했던 것들을 복습하고 정리하는 시간을 적절히 가질 생각입니다. 그러다가 "$\frac{4}{4}$가 2번, 3번 … 있으면 무엇이 되는가?" 하는 질문 단계에 오면 선생님께서 말씀해 주신 바와 같이 분수에 대한 아이들의 개념을 보다 명확히 다져 주고 혹시나 생겼을지도 모를 오개념을 바로잡아 주는 차원에서 "철수는 $\frac{4}{4}$가 1번 있으면 $\frac{4}{4}$, 2번 있으면 $\frac{8}{8}$, 3번 있으면 $\frac{12}{12}$라고 생각했습니다. 철수의 생각에 대해 여러분은 어떻게 생각하나요? 잘못되었다면 무엇이 왜 잘못되었는지 설명해 봅시다."라는 질문을 제시하고 모둠 중심 협동학습 '모두 일어서서 나누기' 활동을 적용해 볼 생각입니다.

컨설턴트 교사 이상우 동감입니다. 제가 수업을 한다면 저도 그렇게 하고 싶었습니다. 좋네요.

컨설턴티 교사 ○○○ 그다음은 선생님께서 디자인해 주신 내용과 같이 활동지를 보면서 답을 확인하고 보충 설명하기, 전체 질문과 답변 주고받기 등의 활동을 하면서 계속 진행할 생각입니다.

컨설턴트 교사 이상우 네. 그렇게 진행해도 좋은 내용들이니까요.

컨설턴티 교사 ○○○ 그리고 활동지를 아이들이 해결하면서 어떤 것은 먼저 빈칸을 채워 보고 곧바로 교사와 함께 정답만 확인해 보는 것도 있을 것이고, 어떤 것은 아이들이 자신의 생각을 먼저 활동지 또는 공책에 적어 본 뒤 전체 발표를 하면서 개념이나 원리 등을 정확하게 이해하고 있는지 확인해 보는 것도 있을 것이고 먼저 자신의 생각을 정리해 본 뒤 모둠원들과 이야기를 나눈 결과를 다시 다른 모둠원들과 발표를 통해 공유하면서 개념이나 원리를 바로잡아 나가는 과정도 있을 것이라 생각합니다.

컨설턴트 교사 이상우 네. 그렇게 하는 것이 맞아요. 어떤 부분들은 선생님께서 개념이나 원리 등에 대해 전체 설명을 먼저 하고 나서 그것을 바탕으로 '~~~'와 같은 질문에 대해 "여러분이 먼저 생각을 정리해 보세요."라고 한 뒤 그것과 관련하여 모둠활동으로 연결 지어도 좋고 그 과정을 생략하고 곧바로 전체 발표로 이어지도록 하는 것도 나쁘지는 않지요. 제 경우에는 좀 더 중요하다고 생각하는 부분이 있다면 반드시 개인 생각을 먼저 정리하게 한 후 반드시 모둠중심 협동학습을 통해 토의 토론으로 이어 나가면서 개념을 잡아갈 수 있도록 하고 있습니다.

컨설턴티 교사 ○○○ 그런데 활동지 내용을 확인하는 과정에서 예시 문제를 각자 풀어 보게 한 뒤에 그것을 확인하는 방법으로 아이들 몇 명이 칠판 앞으로 나와 풀어 보게 하는 것도 괜찮겠지요?

컨설턴트 교사 이상우 물론입니다. 그것도 좋습니다. 나쁘지 않아요. 그런데 선생님 교실에 개인용 화이트보드를 가져다 놓고 1인당 1세트씩 활용하게 할 수 있다면 저는 이 방법을 더 권해드리고 싶습니다. 우리 학교에도 자료지원실에 가면 한 학급 아이들 모두가 사용할 수 있도록 준비되어 있습니다. 아이들이 화이트보드에 보드마카 펜을 활용하여 문제를 풀어 보게 한 뒤 적당한 시간이 지나면 교사가 '하나, 둘, 셋'을 외쳐 들어 보이게 하는 것이지요. 이때 글씨 크기는 좀 크게 적어 보라고 하는 것도 중요하고요. 그런 뒤에 아이들이 들어 보여 준 것을 교사가 꼼꼼히 확인하고 점검해 보면서 "맞아요. 잘 풀었습니다. 답이 다른 친구들은 어떤 부분에서 실수가 있었는지 다시 한 번 풀어 보세요. 답을 쓰지 못한 친구들은 어떤 부분에서 어려움이 있는지 친구들의 도움을 받아 다시 해결해 봅시다."와 같이 정리를 해 주면 됩니다. 이때 예시 문제는 한 문제씩 차근차근 접근해 나가는 것이 제일 좋습니다.

컨설팅티 교사 ○○○ 아, 그렇게 할 수도 있겠군요.

컨설턴트 교사 이상우 네. 그리고 저는 이런 방법을 더 선호하는 이유가 있습니다. 왜냐하면 아이들이 칠판 앞에 직접 나와서 할 때 모든 사람이 쳐다보기 때문에 틀릴지도 모른다는 불안감, 혹시나 틀렸을 경우 자신에게 돌아올 따가운 시선과 창피함 등으로 어려움을 겪는 경우가 많고, 시간도 꽤 많이 걸리기 때문입니다. 문제를 풀 때 각자 풀이할 시간도 필요하고 발표할 사람도 찾고 그 몇 명이 나와서 칠판에 직접 풀이과정을 쓰고 확인하는 시간도 필요한데 이 시간들이 꽤 만만치 않거든요. 그리고 모든 아이들이 다 발표하는 것이 아니라서 모든 사람들이 정확히 잘 풀었는지 여부에 대해 빠른 시간 내에 확인할 수 없다는 한계를 지니고 있는 데 비하여 이런 방법은 그런 문제점들이 모두 해소되거나 최소화된다는 장점을 지니고 있기 때문이기도 합니다. 때로는 풀이하는 과정에서 잘 모르는 내용에 대하여 아이들끼리 도움을 주고받는 활동들도 일어나서 또래 가르치기 활동, 비구조화된 협동학습이 자연스럽게 실현된다는 점도 매우 긍정적이라 할 수 있습니다.

컨설팅티 교사 ○○○ 아, 그 방식이 훨씬 좋겠네요. '골든 벨'처럼.

컨설턴트 교사 이상우 네. 그렇습니다. 그래서 예시 문제풀이를 할 때 저는 화이트보드에 하도록 안내하고 그것을 동시에 들어 보게 하여 시간 절약도 하고 누가 실수를 했는지, 누가 아직 해결을 하지 못했는지, 누구배움의 속도가 느린지, 누구에게 오개념이 발생했는지 등을 확인할 목적으로 이 방법을 자주 사용한답니다.

컨설팅티 교사 ○○○ 그렇다면 이럴 경우 예시 문제를 굳이 학습지에 제시할 필요가 없겠군요.

컨설턴트 교사 이상우 네. 그렇게 해도 됩니다. 이럴 경우 선생님께서 예시 문제를 아이들에게 불러 주거나 칠판에 써 주고 아이들이 그것을 받아 적은 뒤 화이트보드에 해결해 나가도록 하면 됩니다. 아니면 학습지에 예시 문제를 제시하고 미리 그것들만 학습지에 해결하지 말고 화이트보드에 순차적으로 함께 해결해 나갈 것이라는 안내를 한다면 큰 무리는 없겠지요.

컨설팅티 교사 ○○○ 아, 그렇군요. 새로운 것을 알게 되었습니다. 그런 뒤에는 마련된 수업 디자인대로 끝까지 진행해 나갈 터인데 제일 마지막 부분에서 예시와 같이 바꾸어 보는 부분은 두 가지 사례 모두 제가 설명해 주고 예시 문제를 학습지에 해결해 보라고 할 생각입니다.

컨설턴트 교사 이상우 네. 큰 무리는 없습니다. 다만 그 부분에 있어서도 아이들에게 설명해 주지 말고 예시 문제를 살펴보면서 스스로 해결해 볼 수 있게 하는 것도 좋고, 두 가지 가운데 한 가지만 설명해 주고 나머지는 큰 차이가 없으니 직접 예시를 보면서 해결해 보라고 할 수도 있답니다. 자신이 지도하고 있는 학습 아이들의 상황과 수준에 따라서 분명히 달리 적용할 수 있다고 봅니다.

컨설턴티 교사 ○○○ 네. 알겠습니다. 이렇게 하면 수업이 마무리될 것 같습니다.

컨설턴트 교사 이상우 그런데 한 가지 더 생각해 볼 점이 있습니다. 이 수업 내용이 블록 타임, 80분 안에 이루어져야 하거든요. 과연 지금 디자인한 수업 내용이 80분에 적당한 것인지, 부족한 것인지, 너무 많아 무리가 따를 것인지에 대한 세심한 점검이 필요합니다. 자신이 지도하고 있는 아이들을 생각했을 때 이 정도의 분량이 적당한지에 대한 판단은 선생님 스스로 하셔야 합니다. 특히 조작활동, 모둠중심 활동이 많아질수록 시간은 더 많이 필요하기 때문에 생각에 따라서 현재 디자인한 1~2차시 수업 내용은 블록 수업 시간 내에 해결하기 어려울 수도 있다는 점을 반드시 고려해야 합니다.

컨설턴티 교사 ○○○ 네. 맞아요. 그럴 염려도 분명히 있습니다.

컨설턴트 교사 이상우 예를 들어서 처음 제시하고자 했던 조작활동을 생각해 볼 때 현재 선생님께서 담당하고 있는 아이들이 3학년 때 조작활동을 얼마나 경험해 보았는지 확인할 길이 없지만 실제로 진행해 보면 의외로 시간이 꽤 걸린다는 것을 알게 됩니다. 상황에 따라서 각자 실행한 조작활동 내용들을 소개하고 설명하고 확인하고, 잘 안 되는 아이들 또는 잘못된 아이들을 바로잡아 주다 보면 이 활동만으로도 5분 정도, 심한 경우에는 10분 정도까지 사용하게 될 것입니다. 이 정도 시간이면 꽤 많이 할애하는 셈이지요. 그리고 이런 상황은 다음에 이어질 활동에 시간적으로 큰 부담을 주게 됩니다.

컨설턴티 교사 ○○○ 그렇겠군요. 그런 부분들이 많이 고민됩니다.

컨설턴트 교사 이상우 네. 맞아요. 그래서 어떤 부분에 시간을 좀 더 많이 할애하여 조작활동을 하거나 모둠 활동을 하게 할 것인지 또 어떤 부분은 빠른 시간 안에 핵심만 간략히 설명하거나 안내하여 개념 및 원리 이해를 도울 것인지 등에 대한 고민을 충분히 하셔야 합니다. 예상해 본다면 처음 도입부분의 조작활동, 선생님께서 말씀해 주셨던 모두 일어서서 나누기 활동, 예시 문제를 화이트보드에 풀이하기 활동, 가분수를 대분수로 바꾸는 과정에서 재배치 활동을 위한 조작활동과 관련된 사고 과정, 제일 마지막 문제 해결 등은 시간이 많이 필요로 하는 것들일 것입니다. 그렇게 본다면 생각에 따라서 현재 수업 디자인한 내용이 빠듯하거나 시간이 부족할 수 있어요.

컨설턴티 교사 ○○○ 네. 그렇군요. 그런데 생각해 보면 선생님께서 잡아 주신 내용이 모두 꼭 필요하다고 생각되어서 특정한 어떤 부분을 빼기도 어렵습니다.

컨설턴트 교사 이상우 그렇다고 한다면 중요하다고 생각되는 활동을 제외한 나머지 활동은 최대한 간략히 하되 학습지를 중심으로 함께 답을 확인하면서 필요하면 개념이나 원리에 충실하여 핵심만 간추려 설명하고 이해를 도와 가면서 빨리 진행해 나가는 것도 방법일 수 있습니다. 왜냐하면 지금 1~2차시 내용은 3학년 과정에 대한 복습이기도 하고 앞으로 이어질 수업 속에서도 지속적-반복적으로 다루어질 수밖에 없는 내용이기도 하기 때문입니다.

컨설턴티 교사 ○○○ 네. 최대한 시간 내에 이루어질 수 있도록 노력해 보겠습니다.

컨설턴트 교사 이상우 끝으로 한 가지 더 제안을 드리고자 합니다. 가분수를 대분수로 고치는 과정에 대한 것입니다. 무작정 단위분수를 분모의 수만큼 떼어내서 대분수로 만드는 것이 아니라 실제 조작활동을 통해 단위분수를 재배치하는 과정에서 자연수가 만들어지고 나머지 진분수와 합해져서 대분수가 된다는 과정을 꼭 중요하게 다루어 주면 좋겠다는 생각이 듭니다. 특히 재배치한다는 개념이요.

컨설턴티 교사 ○○○ 네. 저도 그 부분을 생각해 보았습니다. 선생님께서 말씀해 주신 것처럼 단위분수 조작물을 미리 코팅하여 뒷면에 판자석을 붙이고 칠판에 붙였다가 떼었다가 할 수 있게 하여 조작활동을 통해 대분수의 생성 과정을 경험적으로 이해해 나갈 수 있게 도울 생각입니다. 특히 재배치 과정은 아이들이 직접 조작할 수 있게 할 것입니다.

컨설턴트 교사 이상우 네. 고민 많이 하셨네요. 지금까지 이야기 나눈 것들을 다시 한 번 되짚어 보시면서 시간 조절까지 세밀하게 다듬어 실제 수업을 해 보시기 바랍니다. 필요하다면 수업 전날 다시 한 번 이야기 나누어 보도록 하되 이야기 나눌 내용이 없다면 시간적인 부분까지 고려한 최종 수업 디자인을 완성시켜서 수업을 하신 후 사후 협의회를 통해 이야기를 이어 나가도록 하겠습니다. 수고 많으셨습니다.

※ 위와 같은 과정을 거쳐서 만들어진 수업 디자인은 아래와 같다. 아래 수업 디자인에서 붉은색으로 된 부분은 본래 필자가 설계해 준 것에서 컨설턴티 선생님이 자신의 생각을 담아 수정해 본 것이다.

차시 (블록)	주요 성취 기준 및 학습요소	수업 내용(공책정리)	유의점
1블록	* 단위분수 개념을 바탕으로 진분수, 가분수, 대분수 이해하기	*색종이 1장을 1로 하여 다양한 분수를 색종이로 표현하기 예) $\frac{1}{2}$ → □ $\frac{1}{3}$ → □ $\frac{1}{4}$ → □ -색종이를 접는 활동을 통해 분수에서 등분할이 중요함을 다시 인식하게 한다. -주어진 분수를 색종이로 다양하게 나타내도록 하여 창의적인 사고를 유도한다. -단위분수의 개념을 자연스럽게 도입한다. *예를 들어 $\frac{1}{4}$과 같이 분자가 1인 분수를 무엇이라고 부를까요? (단위분수요) 그렇다면 $\frac{1}{4}$은 무슨 뜻일까요? (전체를 똑같이 4개로 나눈 것 중에 1개를 $\frac{1}{4}$이라고 할 때 그것이 1개 있는 것이요) 그럼 $\frac{3}{4}$는 무슨 뜻일까요? (전체를 똑같이 4개로 나눈 것 중에 1개를 $\frac{1}{4}$이라고 할 때 그것이 3개 있는 것이요) *그럼 선생님이 준 학습지에 있는 종이 띠를 보고 아래 종이 띠를 주어진 분수에 맞게 똑같이 나눈 다음 단위분수를 표시하여 $\frac{3}{4}$만큼 되도록 색칠해 보세요. [ ] *그럼 이번에는 $\frac{1}{4}$, $\frac{2}{4}$, $\frac{3}{4}$과 같은 분수를 무엇이라고 부를까요? (진분수요) *진분수에 진(眞)은 무슨 뜻일까요?(참 진은 맞지만 참이라는 뜻이라기보다는 Original(원형)의 의미를 가지고 있음. 즉 분수의 원래 모습을 의미한다고 볼 수 있음) *$\frac{1}{4}$이 4개 있을 때 표현할 수 있는 방법 2가지는 뭘까요? (1이요, $\frac{4}{4}$요) *맞아요. 그럼 여기서 선생님이 한 가지 문제를 내 보겠습니다. **철수는 $\frac{4}{4}$가 2번이면 $\frac{8}{8}$, $\frac{4}{4}$가 3번이면 $\frac{12}{12}$라고 생각했어요. 철수가 바르게 생각했나요? 그렇지 않다면 왜 잘못되었는지 이유를 생각해볼까요?** 먼저 자신의 생각을 화이트보드에 적어보세요. 생각을 끝내고 다 적은 친구는 자리에서 일어서세요. (이어서 어느 정도 일어서면 모둠별 의사소통하기. 다 이야기되면 자리에 앉기. 교사가 지목하여 대답해보게 하기) ⇨ 모두 일어서서 나누기 활동(협동학습 구조) *그래요 단위분수인 $\frac{1}{4}$이 8개 있으면 $\frac{8}{4}$이 되고, 이것을 $\frac{4}{4}$씩 따로 분리하여 정리하면 1이 2개가 되어 2가 되는 것이지요. 마찬가지로 $\frac{1}{4}$이 12개 있으면 3이 되는 것이랍니다. *이런 수를 무엇이라고 할까요?(자연수요)	*다양한 방법을 찾은 학생들이 모둠원과 방법을 나눌 수 있게 모둠별 의사소통 시간을 가진다. *교사가 접은 색종이를 칠판에 게시하면서 단위분수로 자연스럽게 넘어간다. *학습지 제시 후 교사의 설명과 함께 학습지 함께 해결하기 *3학년 때 배웠던 분수의 개념에 대해 정리하게 넘어가는 차시이므로 교사의 설명이 주가 되어 함께 정리하는 방식으로 수업을 진행하나, 오개념을 사용한 문제를 제시하여 수학적 의사소통의 방식을 사용한 모둠토의를 중간에 섞을 수 있다(굵은 글씨)

2블록

*이번에는 수직선 위에 단위분수만큼씩 뛰어 세기를 표시해 볼까요? $\frac{5}{4}$, $\frac{7}{4}$을 표시해 보세요.

*그럼 여기서 $\frac{7}{4}$을 단위분수의 개념으로 설명해 볼 사람 있나요?(전체를 똑같이 나눈 것 중 1개를 $\frac{1}{4}$이라고 할 때 그것이 7개 있는 거요.

*잘 했습니다. 그럼 이번에는 다른 형태의 분수로 가 보겠습니다.

$\frac{4}{4}$, $\frac{5}{4}$, $\frac{6}{4}$, $\frac{7}{4}$과 같은 분수를 무엇이라 부르나요?(가분수요)

*가분수의 가(假)는 무슨 뜻일까요?(거짓 가는 맞지만 거짓이라는 뜻이기보다는 Temporary (임시)의 의미를 가짐. 즉 가건물 같이 임시적으로 지어진 건물임. 즉 가분수가 임시 분수 라는 의미로 생각한다면 분수의 원형인 진분수의 형태가 되도록 바꾸는 것이 초등에서는 더 자연스러움)

*그럼 아래와 같은 색종이가 6장이 있다고 할 때, 이것을 모두 합하여 가분수로 나타내면 얼 마가 될까요? ($\frac{6}{4}$이요)

*빈칸을 한번 채워 봅시다. 위의 색종이 조각들을 다시 배치하여 ( )개로 자연수 ( )을 만들고 나면 $\frac{1}{4}$조각 ( )개가 남는다. 여기에서 ( )안을 채워 볼까요?

*그럼 1을 만든 것과 남은 조각을 합쳐서 대분수로 표현해 볼까요? ($1\frac{2}{4}$)

*여기서 대분수의 대(帶)는 무슨 뜻일까요? (띠라는 뜻으로 진분수 옆에 자연수가 띠처럼 둘 러 있는 모습을 가리키는 말)

*아래와 같은 방법을 사용하여 가분수를 대분수로 고쳐봅시다.

$$\frac{7}{3} = \frac{3}{3} + \frac{3}{3} + \frac{1}{3} = 2\frac{1}{3}$$

① $\frac{12}{5} =$ 　　　　　　② $\frac{19}{6} =$

*이번에는 다음 그림과 같이 $1\frac{3}{4}$을 가분수로 고치려고 해요.

*분수카드를 칠판에 붙여 서 제시한 후 카드를 재 배치하는 방식으로 보여 준다.

*고치기 위해서 생각해야 할 점은 무엇인가요? ($\frac{3}{4}$은 $\frac{1}{4}$이 3개라는 거요)(자연수 1도 4등분 해야 한다는 것이요)

*그럼 답은? ($\frac{7}{4}$) 식으로 나타내 볼까요? ($1\frac{3}{4}$ = 1 + $\frac{3}{4}$ = ( ) + ( ) = $\frac{7}{4}$)

*위의 방법과 같은 방법으로 아래 대분수를 가분수로 고쳐보세요.

①$1\frac{3}{4} =$

②$2\frac{4}{5} =$

*해당 문제는 학습지에 제시하지 않으며 칠판에 문제를 적어주고 개인별 화이트보드에 풀게 한 후 적정한 시간 후에 들어보 게 한다.

*이제 여러분이 지금까지 배웠던 분수의 개념을 정리해 보려고 해요. 분수는 다양한 방법으 로 나타낼 수가 있죠? 단위분수를 사용해서 나타내는 방법, 대분수를 가분수로 바꿀 수도 있 을 거구요. 분수의 합과 차를 이용해서 나타낼 수도 있을 것입니다. 예시를 한번 같이 볼까요?

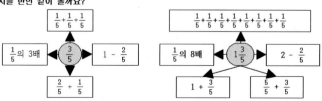

첫 번째는 $\frac{3}{5}$을 $\frac{1}{5}$만을 이용하여 합으로 나타내었죠. 그 다음에는 $\frac{1}{5}$의 3배로, 그리고 자연 수인 1에서 $\frac{2}{5}$을 뺀 것으로 나타내었습니다. 옆에 있는 것도 마찬가지예요. 예시를 보고

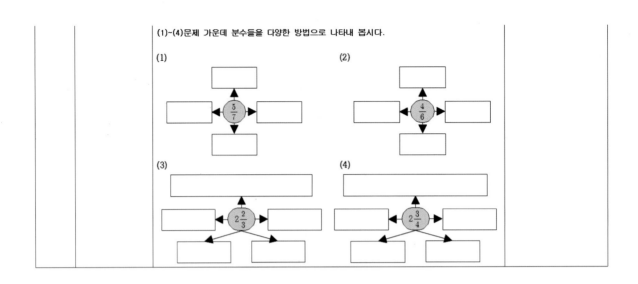

(1)~(4)문제 가운데 분수들을 다양한 방법으로 나타내 봅시다.

(1)   (2)

$\frac{5}{7}$ $\frac{4}{6}$

(3)   (4)

$2\frac{2}{3}$ $2\frac{3}{4}$

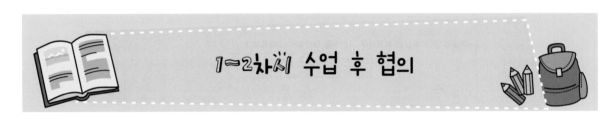

1~2차시 수업 후 협의

8월 28일 수업 후 협의 사항 기록

컨설턴트 교사 이상우 오늘 수업 잘 하셨는지요? 여건이 허락된다면 제가 직접 선생님 수업을 보고 싶었지만 저도 담임교사로서 수업을 해야 했고 교과전담 수업 시간도 잘 맞지 않았기 때문에 그럴 수 없었습니다. 물론 동영상으로 녹화하여 보면서 이야기할 수도 있었겠지만 그러기에는 시간이 너무 많이 걸려서 또 다른 어려움이 있을 것이라 생각하여 이런 방식으로 수업 후 협의를 진행하게 되었습니다. 이 점 이해 바랍니다. 그러면 먼저 오늘 수업에 대한 소감부터 이야기해 주시기 바랍니다.

컨설턴티 교사 ○○○ 오늘 수업은 개인적으로 만족합니다. 선생님과 함께 많은 준비를 하여 수업에 임하게 되다 보니 자신감도 생겼고 준비한 만큼 효과도 본 것 같아서 매우 좋았습니다. 1학기에 비하여 아이들이 수학 시간에 보여 주는 모습이 매우 활동적이고 열심히 하는 모습이었습니다.

컨설턴트 교사 이상우 다행이네요. 좋습니다. 그렇다면 수업 디자인 첫 단계부터 좀 더 자세히 수업의 실제 전개 상황 및 관찰한 내용, 잘된 부분, 아쉬운 점, 아이들 활동을 보면서 고민되는 점 등을 말씀해 주시면 감사하겠습니다.

컨설턴티 교사 ○○○ 처음에는 계획한 대로 각 모둠에 색종이를 여러 장씩 나누어 주고 $\frac{1}{2}$, $\frac{1}{3}$, $\frac{1}{4}$을 나타내 보게 하였습니다. 주어진 색종이를 각각 2등분, 3등분, 4등분할 수 있도록 시간을 주고 접어 보게 하였습니다. 그런 뒤에 각자 접어 본 뒤에 어떤 방법으로 접었는지 친구들과 자신이 찾은 방법을 이야기 나누어 보게 하였습니다. 그랬더니 아이들이 열심히 색종이를 접어서 서로 보여 주면서 다양한 방법을 찾아보려고 노력하더군요. $\frac{1}{2}$은 너무나 쉬워서 그냥 넘겼고, $\frac{1}{2}$과 마찬가지겠지만 $\frac{1}{3}$은 지도서를 보니까 색종이를 돌려 보았을 때 다른 등분할 방법이 발견될 수 있다고 나와 있어서 아이들에게 몇 가지 방법으로 등분을 해 보았는지 물어보았어요. 그랬더니 아이들이 한 가지 방법밖에 없다고 하더군요. 그래서 제가 "한 번 색종이를 오른쪽 또는 왼쪽으로 돌려 보자. 그렇게 돌려 보면 다른 방법이 보이지 않을까?" 하고 다시 질문을 하였습니다.

컨설턴트 교사 이상우 돌려 본다는 것은 색종이를 가로로 등분하는 방법과 세로로 등분하는 방법이 있다는 것을 말하는 것이지요?

컨설턴티 교사 ○○○ 네. 맞습니다. 그랬더니 아이들이 색종이를 돌려 보더니 이해를 하더군요. 이어서 $\frac{1}{4}$도 몇 가지 방법으로 등분할 수 있는지 찾아보라고 해 보았습니다. 그랬더니 여러 가지 방법을 찾아냈습니다. 가로로 등분하기, 세로로 등분하기, 十자 모양으로 등분하기, ×자 모양으로 등분하기 등. 그런데 특이한 아이가 한 명 있었습니다. 그 아이는 이렇게(아래 그림 모양) 등분을 한 뒤 자신이 찾은 방법이 맞는지 질문을 하더군요. "선생님, 이 방법은 아닌가요?" 그래서 바로 답변을 해 주었습니다. "이 방법은 틀린 것이란다. 왜냐하면 분수에서는 똑같이 나누어야 하는데 여기는 똑같아 보이지가 않거든."

컨설턴트 교사 이상우 네. 좋네요. 여기에서 한 가지 짚고 넘어갈 것이 있습니다. 이런 사례들을 교사들이 어떻게 바라보고 활용하느냐에 따라 아이들의 개념이나 원리 이해에 큰 차이를 보이게 됩니다. 이런 사례들은 바로 오개념 사례인데요. 아이들에게서 나타나는 잘못된 사례를 통해 다른 아이들과 공유하면서 어떤 점들이 잘못되었고 어떻게 수정해야 하는지 함께 생각해 보게 하는 시간을 가져 보도록 하는 것은 매우 중요한 일입니다. 특히 도형 등에서는 반례를 통해 직관적으로 아이들이 이해하고 깨달을 수 있도록 하는 것이 매우 큰 효과를 발휘한답니다. 이와 같이 수업 중에 발견되는 자료들이 진짜로 좋은 자료라고 할 수 있습니다. 그래서 저는 아이들 활동을 잘 관찰하고 다녀 보면서 이런 사례들이 발견되면 꼭 모두에게 소개하고 함께 생각해 볼 시간을 갖는답니다. 그리고 그와 같은 반례를 만들어 낸 아이에게 "고맙다. 너의 생각으로 인해서 친구들이 중요한 점을 알게 되었단다. 그리고 너도 새로운 사실을 알게 되었지?"와 같이 이야기해 줍니다.

컨설턴티 교사 ○○○ 아, 그렇군요. 새로운 생각과 관점, 수업의 노하우를 배우게 되었습니다.

컨설턴트 교사 이상우 그리고 선생님께서 말씀해 주신 내용 가운데 생각해 볼 점이 한 가지 더 있어요. 그 아동이 자신이 찾은 방법이 맞는지 물어보았을 때 분수에서는 똑같이 나누어야 하는데 여기는 똑같아 보이지가 않아서 틀렸다고 말씀해 주셨잖아요. 여기에서 좀 더 명확히 짚어 주지 못한 점이 발견되었기 때문에 말씀드리는 것입니다. 똑같이 나눈다는 것의 정확한 개념이 무엇일까요?

컨설턴티 교사 ○○○ 모양과 크기입니다.

컨설턴트 교사 이상우 그렇지요. 모양과 크기. 그렇다면 이 조건을 아이들과 함께 찾아보았더라면 좋았을 것이라는 아쉬움이 남는다는 것이지요. 3학년 단계에서 등분이라는 개념은 '합동 분할'을 의미합니다. 이 개념을 아이들이 명확히 깨달을 수 있도록 돕는 것은 매우 중요한 점이라 생각됩니다. 그냥 똑같이 나눈다는 것은 무엇인가 개념적으로 부족하고 명확하지 않다는 것이지요.

컨설턴티 교사 ○○○ 아, 그렇겠군요. 한 가지 더 배웠습니다.

컨설턴트 교사 이상우 그리고 끝으로 이 부분과 관련하여 짚어야 할 점이 더 있습니다. 3학년, 4학년 과정에서 분수를 공부할 때 중요한 것은 등분의 의미와 분수의 개념을 명확히 이해하는 것입니다. 다양한 등분할 방법을 최대한 많이 찾아보는 것은 3, 4학년 과정에서 중요한 것이 아니라는 것이 저의 관점입니다. 제가 올해 3학년을 지도하고 있는데 어떤 반에서 아이들과 등분할 방법을 여러 가지 알아보았더니 아이들이 매우 희한한 방법, 다양한 방법을 찾아냈다고 말씀하시는 것을 들은 적이 있어요. 물론 시간적 여유가 있다면 그렇게 부가적인 활동을 하는 것도 나쁘지는 않다고 봅니다. 하지만 제 관점으로는 3학년 분수 과정이 그리 여유 있을 만큼 녹록지 않았습니다. 그래서 저는 이런 활동이 아이들에게 오히려 부담만 더 가중시켜 줄 우려가 크기 때문에 과감히 빼버리거나 간략히 다루고 넘어가는 것이 좋지 않을까 사료됩니다. 참고로 정사각형을 등분할하는 방법이 수학, 생각의 기술(박종하 저, 김영사, 2015년)이라는 책에 여러 가지 소개되어 있습니다. 인터넷을 찾아보아도 여러 가지 방법이 소개되어 있어요. 참고하시기 바랍니다.(아래)

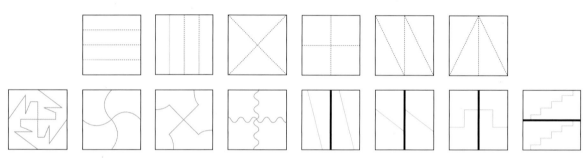

수학, 생각의 기술(박종하 저. 김영사, 2015년) 중 정사각형 등분할 사례

컨설턴티 교사 ○○○ 아, 그렇군요. 수학 시간에 등분을 다룰 때는 쉽게 접거나 잘라서 나눌 수 있는 방법 정도 선에서 생각해 보는 것으로도 충분하다는 말이시군요. 알겠습니다. 복잡하게 접거나 잘라서 등분하는 방법 등은 수학 시간에 다루지 않아도 되겠군요. 다음에 수업할 때는 이 점을 꼭 반영시켜야겠네요.

컨설턴트 교사 이상우 그렇습니다. 저도 동감입니다. 핵심은 등분을 했을 때 각 조각들은 모양과 크기가 같다는 점만 아이들이 명확히 이해하고, 실제로 조작활동을 통해 등분하였을 때 아이들이 그것만 확인하여 구분할 수 있다면, 그것이 왜 등분인지 설명할 수 있다면 수업의 목적은 달성되었다고 할 수 있는 것이지요. 그런데 5학년부터는 등분의 개념이 확장되니까 또 상황이 달라집니다. 예를 들어 5학년에서는 평면도형의 넓이를 공부하기 때문에 아래와 같은 분할도 등분하였다고 볼 수 있답니다. 왜냐하면 4개의 영역 각각은 모두 넓이가 같기 때문이지요. 그러나 3학년 아이들에게 아래와 같은 분할은 등분이라 말하기 어렵습니다.

그러니 아이들 현재 수준 및 교육과정에 맞게 지도하는 것은 매우 중요한 일이고, 이를 위해서는 학년별로 교육과정에 대한 정확한 지식과 이해, 각 영역이나 분야에 대한 체계적 이해가 교사에게 먼저 갖추어져 있어야만 합니다.

컨설턴티 교사 ○○○   아, 그렇겠군요. 저도 좀 더 노력을 해야겠습니다. 다행히 말씀하신 것처럼 오늘 수업에서 다른 아이들과 그 사례를 공유해 보았고, 그 친구의 등분 사례가 무엇이 왜 잘못되었는지를 함께 찾아가면서 잘 해결하였습니다.

컨설턴트 교사 이상우   다행입니다. 오늘 수업 경험이 선생님께 아주 큰 도움이 되었을 것이라 생각됩니다.

컨설턴티 교사 ○○○   이 활동이 마무리되고 이어서 분자가 1인 분수를 무엇이라 말하는지 각 모둠에서 아이들과 이야기를 나누어 보라고 했습니다. 잠시 뒤에 모둠에서 이야기 나눈 결과에 대해 몇 명을 지목하여 발표를 하게 하였더니 '진분수요. 자연수요.'라는 말이 나오는가 하면 대부분 모른다고 하면서 잠시 동안 정적만 흘렀습니다. 그러다가 제가 "활동지를 나누어 줄게." 하고 말하면서 나누어 주고 "이 활동지 속에서 답을 찾아보렴." 하고 말해 주었더니 활동지 속에 단위분수라는 용어가 적혀 있는 것을 보고 곧바로 "아, 단위분수요."라는 답변이 흘러나왔습니다. 저는 그 답변을 받아치면서 "단위분수가 무엇인지 기억이 나는 사람?" 하고 물어보았습니다. 그랬더니 한 명이 이렇게 말을 하였습니다. "아, 배우기는 했는데 교과서에서 배웠는지는 기억이 잘 나지 않고 선생님께서 지나가듯이 말씀해 주셨어요." 그래서 "아, 그렇구나. 그래도 괜찮아. 다시 배우면 되거든." 하고 말해 주었고 바로 이어서 수업 계획에 나타난 바와 같이 단위분수에 대한 정의를 칠판에 다시 한 번 써 주고 그것을 자신의 활동지에 기록하게 한 뒤에 몇 번 말로 반복해서 외쳐 보도록 시간을 주었습니다. 그런 뒤에 진분수 $\frac{3}{4}$이 무슨 뜻인지 써 보라고 하였고 아이들이 어떻게 썼는지도 관찰해 보았습니다. 그러나 기대와는 달리 제대로 쓰는 아이들이 거의 없었습니다. 단위분수를 기반으로 쓰기보다는 '전체를 4개로 나눈 것 중 3개'와 같이 쓰는 아이들이 많았고 소수의 아이들은 그 뜻을 쓰지 못하였습니다. 안 되겠다 싶어서 활동을 잠시 멈추고 "그렇게 설명하는 것도 틀리지는 않지만 단위분수를 알게 되었으니 단위분수라는 말을 사용하여 다시 설명해 보도록 하자."라고 조언을 다시 하였습니다. 그러나 아이들이 어떻게 설명해야 할지 난감해 하더라고요. 그래서 어쩔 수 없이 제가 가르쳐 주기로 마음먹고 설명을 해 주었습니다. "전체를 똑같이 4등분한 것 중 1개가 $\frac{1}{4}$이지? 그 $\frac{1}{4}$이 3개가 있는 것이 $\frac{3}{4}$이란다. 알겠지? 그리고 앞으로는 분수를 설명할 때 이렇게 말하는 것으로 약속하자."라고 말한 뒤 아이들이 다시 고쳐 적게 하였습니다.

컨설턴트 교사 이상우   그렇군요. 일단 여기까지는 수업 디자인한 대로 잘 흘러갔네요. 여기에서 한 가지 확실히 짚고 넘어갈 것이 있습니다. 3학년 1학기에 분수를 공부하면서 아이들은 분수의 개념을 '전체 ↔ 부분' 간의 관계로 파악하여 $\frac{3}{4}$을 '전체를 4개로 나눈 것 중 3개'와 같이 배웠답니다. 그리고 2학기에는 단위분수를 기반으로 하여 '전체를 똑같이 4등분한 것 중 1개가 $\frac{1}{4}$이라고 할 때, $\frac{1}{4}$이 3개가 있는 것'과 같이 배웠습니다. 특히 2학기에 가분수를 설명할 때 이런 맥락으로 이해할 수 있도록 교과서에 소개되어 있습니다. 그런데 아이들은 1학기 때 공부한 개념만 기억하고 있고 2학기 때 공부한 개념은 잊고 있는 것이지요. 그럴 수밖에 없는 것이 2학기 분수를 공부할 때 이산량 분수를 주로 공부하다가 가분수를 다루는 차시에서만 잠깐 다루게 되다 보니 별로 중요하지 않은 것처럼 느낄 수밖에 없었던 것이고 그냥 스쳐 지나가듯이 접할 수밖에 없었을 것입니다. 그래서 기억을 제대로 하지 못하였던 것이라 생각됩니다. 이런 현상은 교사들이 제가 생각하는 것처럼 단위분수를 중요하게 다루고 강조하지 못한 데서 기인한다고 볼 수밖에 없습니다. 교사들조차도 단위분수를 중요하게 생각하고 있지 못하다는 것을 증명해 주는 것이라 저는 바라보고 있습니다. 저는 그런 실수를 범하지 않기 위해 현재 3학년 아이들을 지도하면서 단위분수를 무척 중요하게 다루고 모든 차시에 녹여 내고 단위분수라는 용어를 저도, 아이들도 수시로 사용하여 말하고 쓰도록 하고 있답니다. 결국 현재 선생님 반 아이들이 보여주고 있는 양상은 지난해 수업의 결과를 그대로 보여 주는 것이라 생각할 때 조금 씁쓸한 마음이 드네요. 그건 그렇고 여기까지 진행하는 데 있어서 특히 색종이 조작활동에 얼마 정도 시간이 사용되었나요?

컨설턴티 교사 ○○○ 여기까지 약 15분 정도 시간이 사용되었습니다.

컨설턴트 교사 이상우 생각보다 시간이 많이 사용되었지요? 사전 협의에서도 이미 한 번 언급하였던 기억이 있네요. 수업 경험이 쌓이게 되면 이런 상황을 보면서 의외로 간단한 것 같아 많은 시간이 사용되지 않을 것 같은 활동도 생각보다 10~15분 정도 적지 않은 시간을 잡아먹게 된다는 것을 알게 됩니다. 그게 경험이고 노하우인 것이지요. 경험이 부족하면 이런 활동을 계획하면서 '5~7분 정도면 되겠지.' 하고 시간 계획을 세우게 됩니다. 하지만 직접 해 보고 나면 그게 아니라는 것을 깨닫게 됩니다. 이런 경험을 여러 번 반복해야만 노하우가 쌓이게 됩니다.

컨설턴티 교사 ○○○ 네. 저도 그 부분을 잘 생각하고 기억해 두겠습니다. 여기까지 한 뒤에 분수막대 모형을 보고 활동지에 $\frac{3}{4}$만큼 등분하여 표현해 보라고 했고 돌아다니면서 관찰도 해 보았습니다. 대체로 잘 표현하였지만 소수의 아이들은 등분을 제대로 하지 못하더군요(아래 사례). 그리고 제가 미처 강조를 하지 못한 탓에 등분된 영역마다 단위분수를 표시하지 못하였습니다. 이런 실수를 하지 말아야 할 터인데 말입니다.(웃음)

실제 활동지에 등분하여 표현한 오개념 사례

컨설턴트 교사 이상우 괜찮아요. 이후에 이루어질 4학년 과정 수업에서 꾸준히 단위분수를 기록하고 명시해 나갈 것이라고 본다면 이번 수업에서 그 내용이 빠졌다고 하여 큰 문제는 되지 않을 것입니다. 제가 더 안타깝게 여기는 점이 있다면 교과서가 이런 중요한 점들을 반영하고 있지 못하다는 점입니다. 교과서를 보면 아이들이 직접 등분하는 것이 아니라 이미 다 나누어진 상태로 제시되어 있지요. 그 상황에서 아이들은 색칠 공부만 할 뿐이고 직접 등분을 해 봄으로써 분수에 대한 명확한 개념을 자신의 것으로 만들어 나갈 수 있는 중요한 기회를 빼앗기고 마는 결과를 맞이할 수밖에 없다는 점에서 저는 현재 우리나라 수학 교과서가 매우 큰 문제를 안고 있다고 생각하고 있습니다.

컨설턴티 교사 ○○○ 네. 그런 것 같아요. 선생님 생각에 충분히 공감합니다.

컨설턴트 교사 이상우 그래서 저는 가능하면 교과서 없이 제가 중심을 잡아 교육과정 자체를 재구성하고 수업을 디자인하여 수업을 해 나가고 있지요. 그렇게 수업을 한 뒤에 교과서 및 익힘책은 워크북-문제집과 같은 자료로 활용해 나가고 있습니다.

컨설턴티 교사 ○○○ 그렇다면 아이들이 언제 교과서나 익힘책을 풀게 되나요? 그리고 그 확인은 어떻게 하고 계시나요?

컨설턴트 교사 이상우 저는 수학 수업을 한 날 그 내용과 관련 있는 부분까지 과제로 다음 수학 시간이 있는 날까지 꼭 해결해 오게 합니다. 물론 당일 수학 시간에 조금이라도 시간적 여유가 생긴다면 그 시간에 해결해 보고 다 못하면 과제로 제시합니다. 그렇게 하면 어떤 아이들은 집에서 하지 않으려고 놀이 시간에 다 해 놓고 자기 시간을 갖기도 하지요. 그리고 점검은 다음 수학 수업이 있는 날 아침에 1교시 수업 시작 10분 전부터 아이들을 자리에 앉게 하고 과제 점검을 합니다. 때로는 수학 시간에 과제 점검을 할 때도 있어요. 그리고 그 내용 가운데 잘 모르는 문제나 이해가 안 되는 것이 있는지 확인도 해 보고 필요하다면 보충설명도 해 준답니다. 그렇게 교과서나 익힘책을 활용한다면 교과서는 아주 훌륭한 문제집이 되는 셈이지요. 또한 과제를 제시할 때 미리 내용을 살펴본 뒤 불필요한 질문이나 굳이 하지 않아도 될 문제들은 아예 답을 쓰지 말도록 미리 안내를 해 줍니다. 왜냐하면 제 관점에서 볼 때 '굳이 이런 질문을 왜 하는 것일까? 이런 질문이 꼭 필요한 것일까? 도대체 이 질문에 답을 어떻게 해야 할까? 교사인 나조차도 답을 쓰기 어려운 질문인데. 수학 공부가 집필진이 요구하는 답을 찾아나가는 것이 아니라고 한다면 이런 질문에 모두 답을 할 필요는 없어.'라고 생각하기 때문입니다.

컨설턴티 교사 ○○○ 아, 선생님 말씀을 듣고 보니 그렇네요. 제가 생각해도 교과서 속에 그런 질문이 많은 것 같아요. 특히 '왜 그렇게 생각하지?'와 같은 질문이 많거든요. 저도 이런 질문은 불필요하다고 생각하고 있습니다. 그래서 때로는 이런 질문은 그냥 넘길 때도 있어요.

컨설턴트 교사 이상우 잘하고 계십니다. 다만 그렇게 해도 큰 문제는 없으나 교과서를 중심으로 수학 수업을 진행하더라도 어떤 질문이 불필요한지, 어떤 질문은 꼭 다루지 않아도 되는 것인지, 어떤 질문은 어떻게 바꾸어서 아이들에게 생각해 볼 수 있도록 제시할 것인지 등에 대하여 세심하게 점검하고 미리 고민하는 과정이 꼭 필요하다는 것만 잊지 않으면 됩니다.

컨설턴티 교사 ○○○ 네. 꼭 기억하고 고민하도록 하겠습니다.

컨설턴트 교사 이상우 이번 수업 시간에 아이들을 통해 수집한 이 자료는 초등학교 단계에서 아이들에게 구체물을 통한 조작활동이 얼마나 중요한지를 증명해 주는 사례인 만큼 앞으로도 아이들이 어떤 개념이든 명확히 이해할 할 수 있도록 돕기 위해 최대한 조작활동을 많이 경험할 수 있게 해 주어야 한다는 점 또한 잊지 마시고 수업 설계에 꼭 반영시킬 것을 부탁드립니다.

컨설턴티 교사 ○○○ 네. 수업 시간에 가능한 한 아이들이 직접 무엇인가에 대해 말하고 활동하고 조작할 수 있는 시간을 많이 확보할 수 있도록 해 보겠습니다.

컨설턴트 교사 이상우 네. 고맙습니다. 그다음 수업은 어떻게 이어졌는지요?

컨설턴티 교사 ○○○ 그다음에는 진분수에 대한 내용으로 이어졌는데 이 부분은 아이들이 잘 알고 있는 것 같아 보였습니다. 진분수라는 용어도 거의 대부분 기억하고 있었고요. 그래서 진분수라는 용어의 뜻만 한 번 설명해 주고 다음 과정으로 넘어갔습니다. 특히 진분수에서 '진'이라는 글자가 어떤 의미인지를 아이들에게 구체적으로 설명해 주었는데 아이들이 새로운 사실을 알게 되었다는 반응을 보여 주어서 내심 뿌듯하였습니다.

컨설턴트 교사 이상우 그렇겠네요. 좋습니다. 그다음에는요?

컨설턴티 교사 ○○○ 이어서 $\frac{1}{4}$이 4개면 $\frac{4}{4}=1$이 된다는 것을 안내하고자 하였는데 이것도 아이들은 잘 알고 있었습니다. 그래서 많은 시간을 사용하지 않고 빨리 넘어갔습니다. 이어서 사전 협의회 때 이야기 나누었던 바와 같이 '철수'의 생각을 통해 무엇이 잘못되었는지를 알아보는 모둠 토의 토론 질문을 제시하고 아이들이 모두 일어서서 나누기 활동을 할 수 있도록 안내해 보았습니다. 또한 아이들에게서 나타나는 다양한 반응과 모습들을 관찰해 보기도 하였고 충분한 논의 시간이 지난 뒤에 발표를 시켜 보았습니다. 예상보다 아이들이 자신의 생각 정리도 잘해 주었고 서로 생각을 공유하는 활동도 잘해 주었다고 생각하였습니다. 그런데 철수의 생각이 잘못되었다는 것을 대부분 알기는 하였지만 왜, 무엇이, 어떻게 잘못되었는지를 정확히 짚어 내는 아이나 모둠은 하나도 없었습니다. 그래서 제가 직접 만든 단위분수 활동자료를 이용하여 $\frac{1}{4}$ 크기 분수 조각을 칠판에 붙여 가면서 $\frac{4}{4}$를 2번, 3번 만들어 보여 주기도 하였지만 역시나 아이들에게서 내가 기대한 답은 나오지 않더라고요. "분모가 커질 수 없다. 분모가 2배, 3배 커질 수는 없다."고 답을 하는 아이가 있었지만 그것은 이유가 될 수 없는 것이잖아요. 단지 현상을 있는 그대로 말한 것일 뿐. 그러다가 비교적 수학적 사고력이 잘 갖추어진 아동이 발표를 하였는데 제법 의미 있는 답을 내놓더라고요. "만약에 $\frac{4}{4}$ 2개가 $\frac{8}{8}$이라면 $\frac{4}{4}$도 1이고 $\frac{8}{8}$도 1이 되어 다 같아진다는 것인데 $\frac{4}{4}$ 2개와 $\frac{8}{8}$이 같을 수는 없는 것이잖아요. 그래서 철수의 생각은 잘못된 것이라 할 수 있습니다. 그리고 $\frac{4}{4}$가 2개면 $\frac{8}{4}$이 되는 것이고 3개면 $\frac{12}{4}$가 되는 것입니다."라고요.

컨설턴트 교사 이상우 와우. 그 아동은 비교적 분수에 대한 개념을 잘 이해하고 있는 것 같아 보입니다. 거의 완벽한 답을 내놓았네요. 훌륭합니다.

컨설턴티 교사 ○○○ 네. 맞습니다. 이 아동이 제가 담임하고 있는 반에서 수학을 제일 잘하는 아동이거든요.(웃음)

컨설턴트 교사 이상우 아. 그렇군요. 그 정도의 생각을 한다는 것은 분수에 대한 의미 이해, 분자, 분모가 무엇을 의미하는지 비교적 정확히 이해하고 있다고 말할 수 있을 것 같습니다. 철수의 생각에 대해 좀 더 정확히 설명한다면 "$\frac{1}{4}$이 4개면 $\frac{4}{4}=1$이 되는 것인데 $\frac{4}{4}$가 2개 있다고 하였으니 $\frac{1}{4}$이 8개 있는 것과 같다는 것이고 $\frac{8}{4}$은 $\frac{4}{4}+\frac{4}{4}=1+1$이 되어서 결국 2가 된다고 볼 수 있다. 그래서 철수의 생각은 잘못되었다고 말할 수 있다."라고 해야 맞겠지요. 그런데 그 친구의 설명은 거의 이 설명에 상당히 근접했습니다. 그래서 박수를 쳐주고 싶네요. 한편 아이들에게서 바람직한 설명이나 답이 나오지 않을 때는 선생님께서 아이들 생각을 끌어낼 수 있을 만한 힌트나 보조 설명, 자료 제시 등을 추가로 해 주어야 한답니다.

컨설턴티 교사 ○○○ 아, 그렇게 해 보았습니다. 비교적 정확한 설명에 가까운 발표를 한 아이의 말을 이용하여 다른 아이들의 이해를 돕기 위해 $\frac{1}{4}$ 크기 분수 조각을 4개 모아서 $\frac{4}{4}$를 만들어 보여 주었고, 그 옆에 다시 $\frac{1}{4}$ 크기 분수 조각을 4개 모아서 $\frac{4}{4}$를 한 번 더 만들어 보여 주면서 "$\frac{1}{4}$자리 4개가 2번 있는 것이잖아. $\frac{4}{4}$

가 2번 있는 것이 보이지? 그렇다면 이것을 어떻게 읽을 수 있을까?" 하고 질문을 던졌더니 이것을 보면서부터 아이들에게서 비교적 바람직한 답변이 조금씩 흘러나오기 시작했어요. "아, $\frac{1}{4}$이 8개요. $\frac{8}{4}$입니다."와 같은 답이 나오기 시작했답니다. 그래서 "맞아. $\frac{1}{4}$이 8개야. $\frac{8}{4}$이라는 것이지. $\frac{1}{4}$이 4개면 $\frac{4}{4}$가 되는 것이고 그것은 1과 같은 것인데 $\frac{8}{4}$에는 그것이 1번 더 있다고 볼 수 있으니 2가 되는 것이라 할 수 있지."라고 설명해 주었습니다.

컨설턴트 교사 이상우 잘해 주었습니다. 조작활동을 통해 어떻게 해서 1이 되고, 어떻게 해서 2가 되는지를 미리 보여준 셈이 되었네요. 사실 이와 관련된 활동이 뒤에 나오는데요.

컨설턴티 교사 ○○○ 네. 맞아요. 그리고 아이들은 가분수를 꼭 자연수나 대분수로 바꾸어야만 편안해하는 것 같아 보였습니다. 그런데 아이들은 이렇게 조작활동을 통해 자연수, 대분수가 된다는 것을 경험적으로 알아본 적이 없었던 것 같아 보였습니다. 그래서인지 숫자 계산을 통해 기능적으로만 가분수를 대분수, 자연수로 고치는 것에만 익숙해져 있을 뿐 왜 그렇게 되는지에 대한 개념적 이해와 설명은 할 수 없는 상황에 놓여 있는 것처럼 느껴졌습니다.

컨설턴트 교사 이상우 네. 선생님의 지적이 정확하다고 봅니다. 우리 아이들이 조작활동을 통해 개념적 이해를 하지 못하고 수식이나 연산활동을 통해 알고리즘만을 익혀왔기 때문에 이런 현상을 보일 수밖에 없다고 봅니다. 그것을 우리 교사들이 매우 큰 실수를 범하고 있기 때문에 일어난 결과라고 본다면 그 책임은 교사들에게 있는 것이지요. 물론 조작활동을 통해 정확히 지도해 주신 선생님도 계실 것입니다. 만약 그렇다면 아이들이 그 과정을 자신의 것으로 만들지 못하여 발생한 현상이라 보고 다시 한 번 기억을 되살려 주면 됩니다. 그러나 그렇게 지도해 주신 선생님들이 과연 몇 분이나 될까 궁금해집니다. 지금도 3학년 때 그렇게 배우지 못하였기 때문에 4학년 과정을 공부하면서도 기초가 부실하여 그만큼 분모가 같은 분수의 덧셈과 뺄셈에 대한 원리 및 개념 이해를 완벽히 해낼 가능성이 떨어질 수밖에 없고 현재 담임교사의 부담이 가중될 수밖에 없는 결과가 초래된 것이라 본다면 틀림이 없을 것입니다. 색종이를 예로 들어 전환과정을 설명한다면 다음과 같아요. 등분할하기 전의 색종이 1장이 4등분된 뒤에 $\frac{1}{4}$짜리 조각 4개로 바뀌었고, 거꾸로 $\frac{1}{4}$짜리 조각 4개를 모았을 때 그 모양과 크기가 등분할하기 전 색종이 1장과 똑같아진다는 것을 경험적으로 이해하여야만 비로소 가분수와 대분수 간의 전환과 그에 대한 이해가 정확히 이루어졌다고 할 수 있는 것이랍니다. 이 과정에서 바로 '재배치'라는 개념이 매우 중요했던 것이고요. 그래서 3학년 과정을 복습하는 수업 디자인 과정에 이 내용을 고스란히 담아 반영시켰던 것입니다. 뒤에 나오잖아요.

컨설턴티 교사 ○○○ 아, 그렇군요. 교사의 책임이 막중하네요.

컨설턴트 교사 이상우 그럼요. 당연하지요. 그렇다고 너무 부담 갖지 마세요. 그렇게 되면 갑자기 아이들 가르치기 무서워진답니다.(웃음) 몇 가지 더 추가하여 설명해 드릴 것이 있어요. 그것은 $\frac{4}{4}$라는 분수를 보는 것만으로도 다양한 정보를 읽을 수 있어야만 한다는 것입니다. 여기에서 먼저 분모 4라는 것은 어떤 뜻인가요?

컨설턴티 교사 ○○○ 전체를 4등분하였다는 뜻이지요.

컨설턴트 교사 이상우 네. 그렇습니다. 분모는 전체 1을 몇 개의 조각으로 똑같이 등분하였는가에 대한 정보를 담고 있지요. 그리고 분자는요?

컨설턴티 교사 ○○○   등분된 조각 중 몇 조각인지를 뜻합니다.

컨설턴트 교사 이상우   그래요. 전체 1을 똑같이 4개로 나누었을 때 그중 1조각이 바로 $\frac{1}{4}$이고, 그 $\frac{1}{4}$이 4개 모여서 등분하기 전과 똑같은 크기의 전체 1이 된다는 뜻이 담겨져 있어요. 이렇게 분수에서 분자와 분모는 각각 매우 중요한 정보를 담고 있는데 아이들이 이런 정보를 정확히 읽어 낼 수 있느냐 없느냐에 따라 분수와 관련된 다양한 개념 및 원리 이해의 성패가 좌우된다고 볼 수 있습니다. 그리고 이런 정보는 분수 교육을 시작하는 3학년 때부터 확실하게 넣어 줄 수 있어야 하겠지만 현재 선생님 학급 아이들을 보면 그런 과정을 제대로 거치지 못하였다고 해도 과언이 아닐 것이라 조심스럽게 추측해 봅니다. 그래서 4학년 단계 지금이라도 그런 내용들을 반드시 짚어 주면서 개념을 제대로 잡아 나가고 정확히 이해를 해 나갈 수 있도록 도와주어야 하는 것입니다. 이것이 바로 선생님의 책임이자 의무인 것입니다.

컨설턴티 교사 ○○○   알겠습니다. 저도 최선을 다해 노력하도록 하겠습니다.

컨설턴트 교사 이상우   선생님께서 수업하신 이야기를 들어 보니 이 단계 활동에서도 꽤 많은 시간이 사용되었을 것이라 생각됩니다. 사전 협의를 할 때도 이 활동은 제법 많은 시간을 필요로 할 것이라 말씀드렸던 기억이 나지요? 그다음에는 어떤 활동이 이어졌나요?

컨설턴티 교사 ○○○   이어서 자연수에 대한 이해를 도와주었는데 이것은 바로 이전 활동과 관련이 있어서 금방 넘어갈 수 있었습니다. 그다음으로 가분수를 이해하기 위해 수직선에 주어진 분수만큼 표현해 보기를 하였는데 비교적 아이들이 그 위치는 잘 표시하였습니다. 하지만 선생님께서 말씀해 주신 것처럼 단위분수만큼씩 뛰어 세기를 해 보고 각각 뛰어 세기 한 만큼마다 단위분수를 써 보라고 제대로 설명하고 강조했어야 했는데 미처 그렇게 짚어 주지를 못하였습니다. 그래서인지 아이들은 주어진 질문을 읽고서도 단위분수만큼씩 뛰어 세기를 정확히 수직선 위에 나타내지 못한 결과를 보게 되었습니다. 모든 아이들이 한 번에 분수만큼 표시를 하였더라고요.(아래 참고)

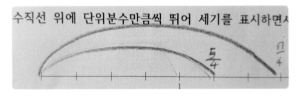

모든 아이들이 이와 같은 방법으로 표현함

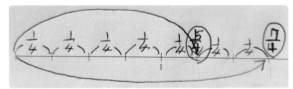

이와 같이 표현하는 것이 바람직한 사례

컨설턴트 교사 이상우   괜찮습니다. 지금 이 내용들은 3학년 과정의 복습차원이니까 크게 걱정하지 않으셔도 됩니다. 그리고 앞으로 있을 수업에서 제대로 지도해 주시면 됩니다. 다만 지속적으로 수직선을 통해 이해를 도와가면서 꼬박꼬박 단위분수를 표시하고 꾸준히 강조하여야 한다는 점(위의 사례처럼)만 잊지 않으시면 될 것 같습니다. 그런 점들을 예상하여 이후에 있을 수업 차시에서 수직선을 통해 이해를 도울 수 있는 활동들을 적절히 배치해 두었습니다.

컨설턴티 교사 ○○○   네. 그렇게 하겠습니다. 그래도 이렇게 수직선을 통해 가분수 위치를 확인하고, 이런 분수를 가분수라고 한다는 것을 아이들은 잘 기억하고 있었습니다. 다만 시간을 주고 모둠별로 가분수에 대한 설명을 어떻게 해야 하는지 이야기를 나누어 보라고 하였는데, 사실 아이들에게 단위분수라는 개념이 아직 익숙하지 않을 뿐만 아니라 이와 같이 말로 설명해 보는 활동들이 처음이라서 그런지 여전히 어려워하였습니다. 아주 소수의 아이 몇 명은 조금이나마 개념을 잡아 가면서 단위분수를 이용하여 설명해 보려고 애쓰기는 하였지만 제대로 되지는 않더라고요. 시간문제도 있고 해서 제가 아이들에게 정확히 설명한 사례를 칠판에 적어 주고 따라서 여러 번 읽어 보고 이해할 수 있도록 지도하였습니다. 그런 뒤에 몇 가지 가분수를 칠판에 제시한 후 3명 정도를 지목하여 설명하게 해 보았습니다. 그랬더니 제법 잘 설명해 주었습니다. 그래서 이런 말을 하면서 단위분수가 얼마나 중요한지 다시 한 번 더 강조하였습니다. "앞으로 분수의 덧셈과 뺄셈을 공부할 때 모든 분수는 단위분수를 이용하여 생각하고 설명하고 말하게 될 거야. 그러니 오늘 알려 준 내용은 반드시 정확하게 이해하고 기억하고 있어야 한다. 알겠지?" 이렇게 말을 하기는 하였지만 걱정은 됩니다. 앞으로 계속해 나가면 분명히 나아지겠지요?

컨설턴트 교사 이상우 네. 맞아요. 분명히 그렇게 됩니다. 할수록 좋아지는 것을 느끼실 수 있습니다. 그리고 설명을 좀 더 쉽고 간단하게 할 수 있게끔 도와주고자 하신다면 단위분수가 만들어진 과정에 대한 설명은 생략하고 "$\frac{3}{4}$은 $\frac{1}{4}$이 3개 있는 것이다."라고 설명할 수 있게 해 주어도 충분하다고 봅니다. 어찌 보면 4학년 아이들 수준에서 이렇게 깔끔하게 토시 하나 틀리지 않고 암송하듯이 분수에 대한 개념 설명을 정확히 한다는 것 자체가 결코 쉽지 않은 일일 것이기 때문입니다.

컨설팅티 교사 ○○○ 네. 알겠습니다. 다음 수업 시간부터는 그렇게 말할 수 있도록 지도해 보겠습니다. 이어서 가분수에 대한 뜻을 설명해 주었고, 단위분수를 기반으로 한 가분수가 어떻게 대분수가 되는지에 대하여 활동지를 보면서 괄호 안에 알맞은 숫자를 써 보게 하였더니 이것은 틀리지 않고 쉽게 잘하더라고요. 다음으로 대분수의 뜻을 제가 설명해 주고 나서 가분수를 대분수로 고치는 과정을 수식으로 써 보라고 하였습니다. 이것 또한 큰 무리 없이 아이들이 잘 해결해 주었습니다. 이 과정에서 한 아이가 대분수의 '帶(대)'라는 글자의 의미에 대하여 이런 질문을 던지더라고요. "선생님, 띠라는 것이 위에도 옆에도 모두 감싸고 있어야 하는 것 아닌가요?" 그래서 이렇게 답변을 해 주었습니다. "물론 그럴 수도 있겠지만 선생님 바지를 보면 허리띠가 선생님 허리 옆을 빙 둘러쳐 있는 것 보이지? 이처럼 자연수가 진분수의 옆부분, 다시 말해서 허리춤에 붙어 있는 것처럼 보인다고 하여 띠 대(帶)라는 글자를 사용하여 대분수라고 이름을 붙였던 것이지. 알겠지?" 그러자 잘 이해하였다는 듯 고개를 끄덕였습니다.

컨설턴트 교사 이상우 좋네요. 저는 그런 질문이나 궁금한 것을 곧바로 말해 주는 아이들을 무척 좋아합니다. 흥미와 호기심을 갖고 수업에 참여하면서 궁금한 것은 곧바로 질문으로 바꾸어 말하는 아이들이 많을수록 수업의 질은 높아지고 재미있어질 수밖에 없답니다. 교사와 아이들 모두요.

컨설팅티 교사 ○○○ 아, 저의 반에 그런 아이가 2~3명 있어요.

컨설턴트 교사 이상우 그래요? 선생님 반에 그런 아이가 있다고 하니 무척 다행이 아니고 무엇이겠습니까? 오히려 그런 질문을 하는 아이가 한 명도 없다는 것이 무척 슬픈 일인 것이지요.

컨설팅티 교사 ○○○ 아, 그렇네요.

컨설턴트 교사 이상우 생각해 보세요. 그 아이들의 상상력이 얼마나 풍부하고 창의적입니까? 앞서서 질문한 것과 같이 생각과 상상을 해 본다는 것이 결코 쉬운 일은 아니잖아요.

컨설팅티 교사 ○○○ 맞아요. 그런 아이들 때문에 수업하는 재미가 나는 것이 사실입니다.(웃음) 다음으로 대분수를 가분수로 고치는 활동을 조작적으로 해 보았습니다.

컨설턴트 교사 이상우 잠깐만요. 혹시 가분수를 대분수로 고치는 과정에서 재배치 활동을 통해 대분수가 만들어지는 활동을 조작적으로 해 볼 수 있도록 안내하였는지요? $\frac{6}{4}$을 $1\frac{2}{4}$로 고쳐 보는 과정 속에서 단위분수 조각들을 하나씩 떼어다가 재배치하여 등분하기 전과 똑같은 모양과 크기의 전체 1을 만들어 보고, 남은 조각이 2개의 단위분수이니 1장과 $\frac{2}{4}$가 되어 결국 $1\frac{2}{4}$가 된다는 사실을 조작활동을 통해 아이들이 이해하고 개념을 확실히 잡을 수 있도록 해 보았는가를 묻는 것입니다.(아래 그림 참조)

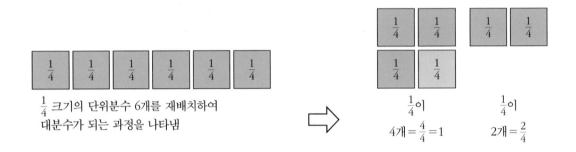

$\frac{1}{4}$ 크기의 단위분수 6개를 재배치하여
대분수가 되는 과정을 나타냄

$\frac{1}{4}$이
4개$=\frac{4}{4}=1$

$\frac{1}{4}$이
2개$=\frac{2}{4}$

컨설팅티 교사 ○○○ 아, 이제야 생각이 나네요. 선생님께서 짚어 주셨는데 제가 이 과정을 생략하고 말았네요. 대분수를 가분수로 고치는 과정만 조작활동으로 다루어야겠다고 고민을 했었기 때문인 것 같아요.

컨설턴트 교사 이상우 괜찮아요. 이후에 있을 대분수가 가분수로 되는 과정을 조작적으로 설명해 주셨다면 그 과정의 반대가 지금 제가 말하는 과정이 되니까요. 가분수가 대분수로, 대분수가 가분수로 되는 과정을 조작적으로 이해한다는 것은 매우 중요한 일이라 저는 생각합니다. 그런데 대부분 아이들은 이렇게 배워 본 적이 없었을 것이라 추정해 봅니다. 수식으로 가분수 ↔ 대분수 전환 과정에 대한 알고리즘만 배워 익혀 계산할 줄만 알았지 그에 대한 개념적 이해 과정을 조작적으로 경험해 보지 못한 탓에 어떻게 대분수가 가분수가 되고 가분수가 대분수가 되는지 구체물을 이용하여 눈에 보일 수 있게 제대로 설명할 수 있는 아이들은 아마 거의 없을 것이라 예상해 봅니다. 이런 이유 때문에 앞서 있었던 사전 협의회 때 제가 재배치라는 용어를 무척 강조했던 것입니다. 특히 조작활동을 통해 어떤 개념을 이해한다는 것은 자신의 머릿속에 자신만의 인지지도를 그려 나가는 활동이기 때문에 초등학교 아이들에게 매우 중요하고 필수적인 활동이라 말할 수 있습니다. 그러니 앞으로도 조작활동을 최대한 많이 할 수 있도록 수업을 설계해 나가 보시기 바랍니다.

컨설팅티 교사 ○○○ 네. 알겠습니다. 그런데 오늘 수업 과정에서 개념과 원리 중심으로 진행해 나가다 보니 아이들이 이렇게 배워 본 적이 없어서인지 무척 어렵게 생각하더군요. 그런 도중에 한 아이가 이렇게 질문을 했어요. "선생님, 왜 이렇게 어렵게 배워야 하나요?"

컨설턴트 교사 이상우 아, 그 아이가 참 좋은 질문을 하였네요. 그래서 어떻게 답변을 해 주었나요?

컨설팅티 교사 ○○○ "이렇게 해야 너희들이 분수를 제대로 이해하고 분수에 대한 개념과 원리를 알아 나갈 수 있기 때문이지."라고 대답해 주었습니다.

컨설턴트 교사 이상우 저도 매년 이와 같은 방식으로 수업을 진행하다 보면 그런 경험이 거의 없었던 아이들이라 처음에는 무척 힘들어하는 모습을 보게 됩니다. 그리고 그 아이와 같은 질문을 하는 아이들도 꽤 있어요. 그냥 답만 쓸 줄 알면 되지 않느냐는 식이지요. 어떤 아이들은 그런 식으로 배우는 것을 별로 중요하지 않게 여기기도 해요. 그래서 아이들에게서 이런 반응이나 질문이 나올 때 이렇게 설명해 줍니다. "$\frac{1}{4} + \frac{2}{4}$는 얼마지?", "$\frac{3}{4}$입니다.", "그렇지. $\frac{3}{4}$. 그런데 왜 $\frac{3}{4}$이 되지? 이를 설명할 수 있겠지?", "아니요. 잘 모르겠습니다.", "그렇군. 답을 쓸 줄은 아는데 설명할 수는 없다? 그렇다면 너는 이것에 대해 정확히 이해할 수 있다고 말할 수 있겠니? 답을 쓸 줄은 아는데 왜 그렇게 되는지 설명할 수 없다면 너는 이것을 정확히 이해하였고, 제대로 알고 있다고 말할 수 있는 것일까? 아마도 그렇게 말할 수는 없을 것이라 생각된다. 앵무새가 '안녕하세요.'라고 말하였다고 해서 앵무새가 그 말의 뜻을 정확히 이해하고 말하였다고 선생님은 생각하지 않는다. 뜻은 모른 채 그냥 그 말을 기억하고 있을 뿐이지. 혹시 너희들도 답을 내는 방법만 익혀서 기억하고 있을 뿐 그것에 대한 정확한 개념이나 원리에 대한 이해를 하지 못하고 있는 것은 아닐까? 그렇기 때문에 선생님은 너희들이 개념과 원리를 정확히 이해하고 설명할 수 있도록 도와주기 위해 이렇게 가르치고 있는 것이다. 처음이라서 그렇지 계속 이렇게 공부해 나가다 보면 어느새 익숙해지면서 어렵다는 생각이 조금씩 사라져 갈 것이다. 그러니 선생님을 믿고 열심히 함께 탐구해 나가기 바란다. 알겠지? 답을 쓰는 것은 조금만 노력하면 누구나 할 수 있는 일이다. 그런데 왜 이런 답이 나오게 되었는지 설명하는 일은 누구나 할 수 있는 일이 아니지. 그러니까 왜 그런 답이 나오게 되었는지 설명할 수 있다면 그 사람은 진짜로 실력이 있는 사람이라 말할 수 있는 것이겠지? 반대로 왜 그런 답이 나오게 되었는지 설명할 수 없다면 그 사람은 진짜로 실력이 있는 사람이라 말할 수 없는 것이겠지? 이런 이유 때문에 수업 시간에 선생님이 자꾸만 너희들에게 토론하고 말하게 하고 왜 그렇게 되는지 설명해 보라고 하는 것이다. 그러니 너희들이 답을 쓸 줄 안다고 해서 잘 이해하고 있는 것처럼 착각하여 선생님과 하는 수업을 소홀히 하지 않기를 바란다." 이렇게 강조하고 또 강조하다 보면 어느새 아이들이 저에게 동화가 되고 저의 수업 방식에 익숙해져 더 이상 어렵다는 말을 하지 않게 되더라고요. 그리고 점점 실력도 향상되어 가는 것을 확실히 느낄 수 있게 됩니다. 분명히 말씀드리지만 '답을 쓸 줄 안다'와 '이해하여 설명할 수 있다'는 것의 수준 차이는 분명히 큽니다. 차원이 매우 다르다는 것이지요. 그리고 이런 수업을 위해서 아이들이 스스로 정확히 이해를 하고 있는 것이 아니었다는 것을 깨달을 수 있도록 돕기 위해 이와 같은 사례와 질문들을 연구하고 개발하려고 늘 최선을 다해 노력하고 있는 중입니다. 이번 수업이 선생님 반 아이들에게 지난해 자신들이 공부해서 알고 있다고 생각했던 것들이 제대로 이해하고 있는 것이 아니었다는 것을 깨닫는 중요한 시간이 되었을 것이라 저는 생각합니다.

컨설턴티 교사 ○○○ 네. 그렇겠네요. 생각해 보니까 지금까지 저는 어떤 것을 설명한 뒤 질문을 하면 아이들이 저에게만 답변을 하거나 발표하게만 해 왔고 모둠별로 아이들이 서로 토론해 보거나 의사소통을 할 수 있도록 해오지 않았던 것 같아요. 그러다 보니 많은 아이들이 무엇인가에 대한 개념을 제대로 이해하거나 원리 및 과정을 설명할 수 있는 수준까지 갈 수가 없었다는 생각이 드네요.

컨설턴트 교사 이상우 그럴 가능성이 크지요. 그렇게 수업하다 보면 아이들은 정확히 이해하지 못하고 잘 모르면서도 그냥 "네. 네. 알겠어요." 하고 넘어가는가 하면 몰라도 아무 질문도 하지 않고 넘어갈 수밖에 없게 됩니다. 그리고 이런 모습이 지금까지 우리나라 수학 교육의 현주소이기도 했던 것이고요. 결국 이런 결과를 보게 된 것은 우리 교사들의 책임이라 저는 말하고 싶습니다. 그래서 저는 이런 문제를 어떻게 극복할까 고민해 오다가 오늘에 이르게 된 것입니다. 끝으로 저와 함께하는 수업이 어렵다고 말하는 아이들을 설득했던 그런 말들을 수업 시간에 자주 하고 강조해 주는 것이 좋습니다. 특히 학원이나 부모님의 지도를 통해 선행 학습을 한 아이들이 많을수록 이런 식의 수업은 더 큰 깨달음을 주게 된답니다. 한 번 선생님도 고민해 보시기 바랍니다.

컨설턴티 교사 ○○○　네. 그렇게 해 보겠습니다.

컨설턴트 교사 이상우　다음 수업 진행은 어떻게 하셨나요?

컨설턴티 교사 ○○○　대분수를 가분수로 고쳐 보는 활동을 조작적으로 해 보았습니다. $1\frac{3}{4}$만큼 조작물을 칠판에 붙여 놓고 아이들에게 차근차근 전체 질문을 해 나가면서 답변을 이끌어 내 보려고 했습니다. 그런데 수업 디자인에 제시된 바와 같이 "가분수를 대분수로 고치기 위해 무엇을 가장 먼저 생각해야 할까?" 하고 질문을 던져 보았더니 아이들에게 답이 쉽게 나오지 않더라고요. 그래서 시간문제가 걸려서 그냥 전체 아이들을 대상으로 직접 질문과 답변 방식으로 이끌어 나가 버렸습니다. "전체는 얼마지?", "$1\frac{3}{4}$이요.", "그렇다면 1이라는 것은 $\frac{1}{4}$이 몇 개가 있는 것일까?", "4개입니다.", "그렇지, 그것을 아는 것이 매우 중요한 일이야. 그리고 남은 것은 $\frac{1}{4}$이 몇 개일까?", "3개요.", "맞아. 그렇다면 $\frac{1}{4}$짜리 4개와 $\frac{1}{4}$짜리 3개를 각각 $\frac{1}{4}$ 크기로 모두 분리하여 나열해 볼게.(칠판에 $\frac{1}{4}$ 크기의 단위분수 모형 7개를 일렬로 늘어놓는다.) 이렇게 되면 $\frac{1}{4}$이 모두 몇 개가 되는 것일까?", "7개요.", "그래. 그게 바로 대분수를 가분수로 고쳐 나가는 원리이고 개념인 것이지." 이렇게 진행하였습니다.

컨설턴트 교사 이상우　네. 그렇게 해도 큰 문제가 되지 않는다고 봅니다. 다만 한 가지 더 생각해 볼 점이 있답니다. $1\frac{3}{4}$을 가분수로 고칠 때 가장 먼저 보아야 할 것은 $\frac{3}{4}$이고, 그것을 보면서 $\frac{3}{4}$은 $\frac{1}{4}$이 3개라는 것을 먼저 이해하는 것이 선행되어야 하잖아요. 다음으로 자연수 1을 보면서 이것을 몇 등분해야 할지 판단해야 하는데 이 정보를 어디서 얻을 것인지 알아야 하겠지요. 그 정보는 어디서 얻겠습니까?

컨설턴티 교사 ○○○　진분수 $\frac{3}{4}$이겠지요.

컨설턴트 교사 이상우　네. 맞아요. 그래서 자연수 1을 4등분하여 단위분수 4개가 된다는 것을 깨닫게 되고 결국 $1\frac{3}{4}$은 $\frac{1}{4}$이 7개로 이루어졌다는 것을 알게 되어 $\frac{7}{4}$이라는 결론을 얻게 된다는 것입니다. 이 개념과 원리를 바탕으로 교사는 아이들에게 이렇게 질문을 해 나갈 수 있겠지요. "$1\frac{3}{4}$을 가분수로 고칠 때 1은 몇 등분해야 할까?", "1을 가분수로 고칠 때 1은 어떻게 바뀔까?", "그렇게 바뀌는 이유는 무엇일까?", "그 정보를 어디에서 얻었을까?" 이런 질문 속에 대분수가 가분수로 바뀌는 과정과 관련된 중요한 개념과 원리가 자연스럽게 스며들어 가 있다는 것을 느끼실 수 있겠습니까?

컨설턴티 교사 ○○○　네. 그렇네요. 왜 자연수를 4등분해야 하는지 설명할 수 있도록 하는 일. 이게 매우 중요한 개념이네요.

컨설턴트 교사 이상우　네. 맞아요. 그래서 교과서를 보면 분수모형 그림으로 제시된 대분수 사례를 보면 $1\frac{3}{4}$을 것이지요. 자연수이기 때문입니다. 만약 분모가 7이라면 자연수 1을 7등분해야 한다는 점을 알아 가는 일. 이 과정 속에 개념과 원리가 들어 있는 것입니다.

컨설턴티 교사 ○○○ 제가 그런 부분까지 생각해 내지 못하였네요. 앞으로 이 부분을 어떻게 보완할 것인지 꼭 고민하여 보도록 해야겠습니다. 그다음으로 수식만을 이용하여 대분수를 가분수로 고쳐 보는 활동을 해 보았는데 이것은 쉽고 빠르게 잘하더라고요.

컨설턴트 교사 이상우 맞아요. 우리 아이들은 바로 이런 방식에 익숙해져 있어요. 알고리즘만 익혀서 답을 구하는 형식이에요. 왜냐하면 수학 교과서가 바로 그런 맥락으로 제작되었기 때문이지요. 그래서 지금 선생님께서 하고 계신 수업을 처음 접하면서 어렵다고 말할 수밖에 없는 것입니다. 학원 등에서 선행학습을 한 아이들도 그렇게 말할 수밖에 없겠지요. 왜냐하면 학원에서 이런 방식으로 아이들을 지도하지 않으니까요. 그리고 이렇게 지도했다면 평가도 같은 방식으로 할 수밖에 없겠지요? 이렇게 지도해 놓고 답만 구하라고 할 수는 없는 것이잖아요. 그래서 평가문항도 답만 구해서 쓰는 것보다 증명하기, 설명하기 등에 대한 질문을 많이 출제한답니다. 이럴 경우 답만 구하는 것에 익숙해졌던 아이들, 문제풀이식 공부에 익숙했던 아이들과 부모님들이 충격을 받곤 하지요. 그래서 가끔 부모님께 전화를 받아요. 자신의 아이들이 학교에서 어떻게 공부하기에 이런 결과를 받게 되었는지 궁금하다고 말입니다. 이런 경우 있는 그대로 말씀드립니다. 제가 지도하는 방식에 익숙하여 자신의 것으로 받아들이지 않으면 그런 결과가 나올 수밖에 없고, 그렇게 공부하는 것이 개념과 원리를 제대로 이해하는 길이라는 것을 잘 설명해 드립니다. 그러면 모든 부모님들은 적극 공감해 주시면서 수업 시간에 꼭 선생님 말씀을 잘 듣고 빠짐없이 기억할 수 있도록 노력하라고 자녀들을 지도해 보내 주신답니다. 때로는 학원에 다니던 아이들도 학원을 그만두기도 합니다. 꽤 많은 아이들이요. 왜냐하면 저의 반에서는 학원 다니는 효과를 전혀 볼 수 없기 때문이지요. 저는 이런 방향의 수업만이 사교육의 폐단을 극복하고 공교육이 바로 설 수 있는 길이고 학부모님들로부터 공교육의 신뢰를 다시 얻어 쌓아 나갈 수 있는 유일한 길이며 최근 들어서 우리가 부르짖고 있는 수업 혁신의 대표적인 사례이자 방안이라 확신하고 있습니다.

컨설턴티 교사 ○○○ 그렇겠군요. 저도 지속적으로 이렇게 수업을 해 나가도록 노력해야겠습니다. 아무튼 여기까지 수업을 진행하고 나니 예정된 80분 수업이 거의 다 되어 가더군요. 그래서 맨 마지막 활동인 '진분수와 가분수를 다양한 방식으로 표현하기'를 할 수가 없을 것 같아 다음 시간을 좀 더 여기에 투입하여 끝까지 마무리하기로 마음먹고 계속 진행해 나갔습니다. 보다 시간을 단축하기 위해 예시를 보고 직접 풀어 보라고 안내하고 바로 문제 해결에 들어갔습니다. 개별적으로 풀어 보면서 잘 이해가 안 되면 모둠원들과 도움을 주고받도록 하라고 안내도 해 주었습니다. 그런 뒤 마무리된 모둠별로 함께 나와 점검 받으라 했는데 모든 모둠을 다 확인해 보았더니 대체로 잘 해결해 주었습니다. 굳이 내가 설명해 주는 것을 듣고 해 보라고 할 필요가 없었던 것이더라고요. 앞으로도 이런 방식으로 수업을 자주 해 볼 생각입니다. 모둠별로 답을 맞추어 본 뒤 가져온 활동지를 보면서 의심 가는 아이도 몇 명 있었습니다. 수학과에 어려움을 겪는 아이가 몇 명 있는데 틀리지 않고 잘 적어 왔더라고요. 다른 아이들 것을 보고 그대로 베껴 왔나 하는 생각도 들었습니다.

컨설턴트 교사 이상우 네. 그럴 수도 있지요. 그럴 때는 그 아이보다 다른 아이에게 먼저 질문을 하여 설명해 보게 하고, 이어서 의심 가는 아이에게 비슷한 질문을 하여 설명하고 답을 쓸 수 있는지 물어보면 됩니다. 잘 안 된다면 모둠원들과 함께 다시 돌아가 정확히 이해하여 답을 써서 올 수 있게 하면 조금 더 노력하여 문제를 해결해 오더라고요. 오늘 수업 정말 수고 많았습니다. 그렇다면 여기까지 총 몇 분 동안의 수업이 이루어졌나요?

컨설턴티 교사 ○○○ 약 100분 정도 사용되었습니다. 20분 정도 초과되었습니다. 조금 아쉬웠습니다. 고민이 부족한 점도 많았고요. 그러나 제대로 수업을 해 보고 싶은 욕심도 분명히 있었습니다. 그래도 만족스러운 수업이었습니다.

컨설턴트 교사 이상우 그렇군요. 사전 협의 때 예상한 바이기도 하지요. 그러나 큰 문제가 될 것은 없다고 봅니다. 교육과정 재구성을 통해 수업 시간 확보는 얼마든지 할 수 있는 문제이니까요. 그러나 좀 더 세밀하게 고민하고 수업 전에 혼자 머릿속으로 시뮬레이션도 해 가면서 시간 배분도 잘 하여 좀 더 완성도 높은 수업을 할 필요는 분명히 있다고 봅니다. 그러기 위해서는 보다 많은 경험이 필요하겠지요? 앞으로도 이런 수업을 많이 해 보신다면 충분히 가능한 일이라 확신합니다. 정말 수고 많았습니다. 그리고 다음 차시 수업에 대한 사전 협의를 오늘 하는 것은 무리일 것 같으니 내일 다시 만나 8월 30일에 있을 3~4차시 수업에 대한 고민을 함께 나누어 보도록 하겠습니다. 오늘 돌아가셔서 제가 설계해 드린 3~4차시 수업 디자인 내용을 보시면서 선생님 생각이 반영된 수업 계획을 짜 오시기 바랍니다.

컨설턴티 교사 ○○○ 네. 많이 고민하여 내일 찾아뵙겠습니다. 감사합니다.

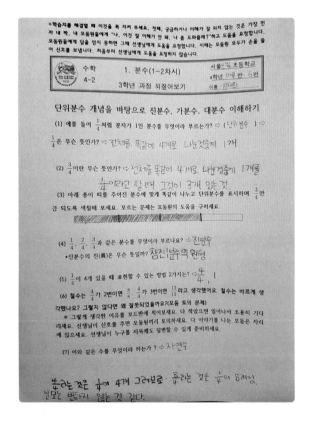

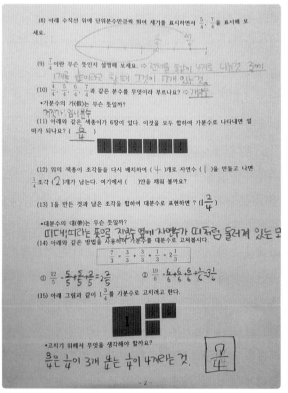

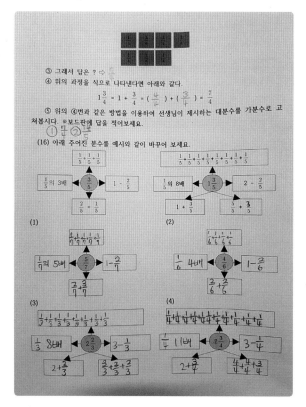

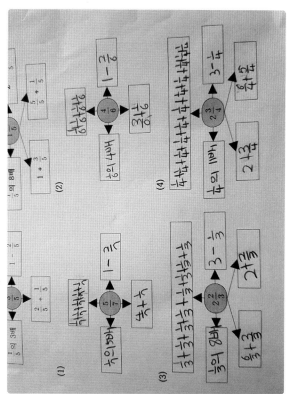

1~2차시 활동지 결과물 사례

진분수끼리의 덧셈과 뺄셈

수업 흐름	교사의 발문

도입

- $\frac{3}{4}$은 무슨 뜻인가요? → $\frac{1}{4}$이 3개 있는 것입니다.

- $\frac{10}{4}$을 대분수로 고치면? → $\frac{4}{4} + \frac{4}{4} + \frac{2}{4} = 2\frac{2}{4}$가 됩니다.

전개   💡 **기본 활동 1** $\frac{2}{6} + \frac{3}{6}$을 알아봅시다.

(1) $\frac{2}{6}$는 $\frac{1}{6}$이 몇 개?　　　　　　　(2) $\frac{3}{6}$은 $\frac{1}{6}$이 몇 개?

(3) $\frac{2}{6} + \frac{3}{6}$은 얼마가 되는가? 왜 그렇게 되는가?

→ $\frac{1}{6}$ → 2개와 $\frac{1}{6}$ → 3개를 더하면 $\frac{1}{6}$ → 5개가 되므로 $\frac{5}{6}$가 됨

∴ 절대로 분자끼리 더하면 된다고 말하지 않기

💡 **기본 활동 2** $\frac{4}{6} + \frac{5}{6}$를 수직선에 나타내 봅시다.

(1) 가장 먼저 해야 할 일은? → 수직선 위에 $\frac{4}{6}$ 나타내기

($\frac{4}{6}$는 $\frac{1}{6}$씩 몇 번 뛰어 세기를 한 것인가?)

(2) 두 번째로 할 일은? → $\frac{4}{6}$ 위치에서 $\frac{5}{6}$만큼 오른쪽으로 이동한 위치 표시하기

(3) $\frac{5}{6}$만큼 오른쪽으로 이동한다는 것은 무슨 뜻? → $\frac{1}{6}$씩 5번 이동하라는 뜻($\frac{1}{6}$씩 5번 뛰어 세기를 한 것)

(4) $\frac{4}{6}$ 위치에서 $\frac{5}{6}$만큼 오른쪽으로 이동한 결과는 어떻게 되는가?

→ $\frac{9}{6}$ → 대분수로 고치면? → $\frac{6}{6} + \frac{3}{6} = 1\frac{3}{6}$

💡 **기본 활동 3** $\frac{6}{8} - \frac{2}{8}$를 알아봅시다.

(1) $\frac{6}{8}$은 $\frac{1}{8}$이 몇 개?　　　　　　　(2) $\frac{2}{8}$는 $\frac{1}{8}$이 몇 개?

(3) $\frac{6}{8} - \frac{2}{8}$는 얼마가 되는가? 왜 그렇게 되는가?

→ $\frac{1}{8}$ → 6개에서 $\frac{1}{8}$ → 2개를 빼면 $\frac{1}{8}$ → 4개가 되므로 $\frac{4}{8}$가 됨

∴ 절대로 분자끼리 빼면 된다고 말하지 않기

💡 **기본 활동 4** $\frac{6}{8} - \frac{2}{8}$를 수직선에 나타내 봅시다.

(1) 가장 먼저 해야 할 일은? → 수직선 위에 $\frac{6}{8}$ 나타내기

($\frac{6}{8}$은 $\frac{1}{8}$씩 몇 번 뛰어 세기를 한 것인가?)

(2) 두 번째로 할 일은? → $\frac{6}{8}$ 위치에서 $\frac{2}{8}$만큼 왼쪽으로 이동한 위치 표시하기

(3) $\frac{2}{8}$만큼 왼쪽으로 이동한다는 것은 무슨 뜻? → $\frac{1}{8}$씩 2번 이동하라는 뜻($\frac{1}{8}$씩 2번 뛰어 세기를 한 것)

(4) $\frac{6}{8}$ 위치에서 $\frac{2}{8}$만큼 왼쪽으로 이동한 결과는 어떻게 되는가? → $\frac{4}{8}$

정리　　**수직선으로 해결하기 보충 활동**　　아래 주어진 뺄셈을 수직선으로 해결하기

① $\frac{4}{5} - \frac{2}{5}$

② $\frac{6}{7} - \frac{2}{7}$

🔍 **심화 질문 1**　개인 생각 → 모두 일어서서 나누기 활동 → 전체 공유

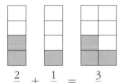

$\frac{2}{4}$ + $\frac{1}{4}$ = $\frac{3}{8}$

철수는 왼쪽의 그림에서 보는 바와 같이 계산을 하였습니다. 그래서 $\frac{2}{4} + \frac{1}{4} = \frac{3}{8}$이라는 결과를 얻었습니다. 철수의 계산은 맞는가요? 틀렸다면 왜 틀렸는지 설명해 보시오.

[설명하기]

심화 질문 2 개인 생각 → 모두 일어서서 나누기 활동 → 전체 공유

철수는 왼쪽의 그림에서 보는 바와 같이 계산을 하였습니다. 그래서 $\frac{3}{5} - \frac{2}{5}$ $= \frac{1}{3}$이라는 결과를 얻었습니다. 철수의 계산은 맞는가요? 틀렸다면 왜 틀렸는지 설명해 보시오.

[설명하기]

수학 4-2	**1. 분수(3~4차시)** **진분수끼리의 덧셈과 뺄셈**	서울 ___ 초등학교
		4학년 ___ 반 ___ 번
		이름 : ___

기본 활동 1 $\frac{2}{6} + \frac{3}{6}$을 알아봅시다.(개별활동 → 모둠 확인 → 전체 확인)

(1) $\frac{2}{6}$는 $\frac{1}{6}$이 몇 개?　　　　　　　　　　(2) $\frac{3}{6}$은 $\frac{1}{6}$이 몇 개?

(3) $\frac{2}{6} + \frac{3}{6}$은 얼마가 되는가? 왜 그렇게 되는가?

기본 활동 2 $\frac{4}{6} + \frac{5}{6}$를 수직선에 나타내 봅시다.(개별활동 → 모둠 확인 → 전체 확인)

(1) 가장 먼저 해야 할 일은? → (　　　　　　　　　　　　　　　　　　　)

• $\frac{4}{6}$는 $\frac{1}{6}$씩 몇 번 뛰어 세기를 한 것인가? (　　　　　)번

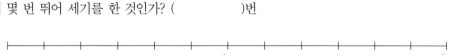

(2) 두 번째로 할 일은 ? → $\frac{4}{6}$ 위치에서 $\frac{5}{6}$만큼 오른쪽으로 이동한 위치 표시하기

(3) $\frac{5}{6}$만큼 오른쪽으로 이동한다는 것은 무슨 뜻?

---

(4) $\frac{4}{6}$ 위치에서 오른쪽으로 $\frac{5}{6}$만큼 이동한 결과는 어떻게 되는가?

　　→ (　　　) → 대분수로 고치면? → (　　　)

기본 활동 3 $\frac{6}{8} - \frac{2}{8}$를 알아봅시다.(개별활동 → 모둠 확인 → 전체 확인)

(1) $\frac{6}{8}$은 $\frac{1}{8}$이 몇 개?　　　　(2) $\frac{2}{8}$는 $\frac{1}{8}$이 몇 개?

(3) $\frac{6}{8} - \frac{2}{8}$는 얼마가 되는가? 왜 그렇게 되는가?

기본 활동 4 $\frac{6}{8} - \frac{2}{8}$를 수직선에 나타내 봅시다.(개별활동 → 모둠 확인 → 전체 확인)

(1) 가장 먼저 해야 할 일은? → (   )

- $\frac{6}{8}$은 $\frac{1}{8}$씩 몇 번 뛰어 세기를 한 것인가? (   )번

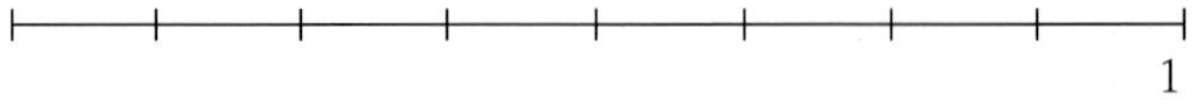

(2) 두 번째로 할 일은? → (   )

(3) $\frac{2}{8}$만큼 왼쪽으로 이동한다는 것은 무슨 뜻?

---

(4) $\frac{6}{8}$ 위치에서 왼쪽으로 $\frac{2}{8}$만큼 이동한 결과는 어떻게 되는가? (   )

수직선으로 해결하기 보충 활동   아래 주어진 뺄셈을 수직선으로 해결하기

① $\frac{4}{5} - \frac{2}{5}$

② $\frac{6}{7} - \frac{2}{7}$

- **심화 질문 1**   개인 생각 → 모두 일어서서 나누기 활동 → 전체 공유

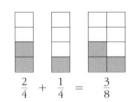

$\frac{2}{4}$ + $\frac{1}{4}$ = $\frac{3}{8}$

철수는 왼쪽의 그림에서 보는 바와 같이 계산을 하였습니다. 그래서 $\frac{2}{4} + \frac{1}{4} = \frac{3}{8}$이라는 결과를 얻었습니다. 철수의 계산은 맞는가요? 틀렸다면 왜 틀렸는지 설명해 보시오.

[설명하기]

- **심화 질문 2**   개인 생각 → 모두 일어서서 나누기 활동 → 전체 공유

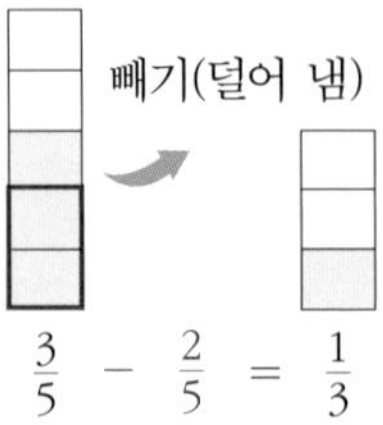

빼기(덜어 냄)

$\frac{3}{5}$ - $\frac{2}{5}$ = $\frac{1}{3}$

철수는 왼쪽의 그림에서 보는 바와 같이 계산을 하였습니다. 그래서 $\frac{3}{5} - \frac{2}{5} = \frac{1}{3}$이라는 결과를 얻었습니다. 철수의 계산은 맞는가요? 틀렸다면 왜 틀렸는지 설명해 보시오.

[설명하기]

3~4차시 사전 수업 협의

8월 29일 사전 협의 사항 기록

컨설턴트 교사 이상우 내일 3~4차시 수업이 있는 날이네요. 어제 수업 협의 후에 제가 설계해 드린 3~4차시 수업 디자인 내용을 보시면서 선생님 생각을 반영하여 이야기 나누어 보자고 말씀드렸었습니다. 그에 대해서 말씀해 주시기 바랍니다.

컨설턴티 교사 ○○○ 선생님께서 디자인해 주신 내용을 꼼꼼히 살펴보았습니다. 그런데 크게 바꾸거나 빼거나 추가할 내용이 별로 없는 것 같아 그대로 진행해 보고자 마음을 먹었습니다. 다만 이전 차시 사전 수업 협의 때에도 강조해 주신 바와 같이 시간 안배에 좀 더 많이 주의를 기울여 보았고, 선생님께서 디자인해 주신 내용에서 활동 2와 활동 3의 순서를 한 번 바꾸어 보았습니다. 왜냐하면 활동 1과 3이 진분수끼리의 덧셈과 뺄셈이지만 같은 맥락에서 이루어지는 활동이라서 큰 차이가 없다고 생각했기 때문입니다. 그리고 활동 2와 4의 경우는 진분수끼리의 덧셈, 뺄셈이지만 덧셈의 경우 결과가 가분수이어서 대분수로 고치는 활동이 추가되거나 두 가지 모두 수직선을 이용하여 문제를 해결하는 과정이 추가되기 때문에 함께 묶어서 다음 순서로 다루되 원리는 활동 1, 3과 같아서 한 번 저의 설명 없이 아이들이 스스로 해결해 보게 할 생각입니다.

컨설턴트 교사 이상우 그 의견에 동의합니다. 그렇게 바꾸어도 좋을 것 같습니다. 고민 많이 하셨네요. 다만 수직선 모형을 이용할 때 꼭 주의하셔야 할 점이 있습니다. 단위분수에 기초한 덧셈과 뺄셈의 원리가 그대로 드러날 수 있도록 반드시 단위분수만큼씩 뛰어 세기 및 단위분수 표시가 정확히 나타나야 한다는 점이 바로 그것입니다. 그리고 한 가지 더 팁을 드리자면 이렇습니다. 활동 1, 2는 선생님과 아이들이 함께하고 활동 3, 4는 아이들이 먼저 스스로 해결해 본 뒤에 선생님과 확인해 나갈 수 있도록 하는 방법으로 수업을 진행할 수 있습니다. 그렇게 되면 활동 1, 2를 통해 알게 된 지식을 바탕으로 아이들은 스스로 활동 3, 4를 해결해 나가면서 근접 발달 영역에서 잠재적 발달 수준으로 한 걸음 더 나아갈 수 있을 것이라 생각됩니다.

컨설턴티 교사 ○○○ 네. 알겠습니다. 이번에는 단위분수 표시하기 부분을 잊지 않고 반드시 지도할 수 있도록 하겠습니다. 그리고 선생님께서 수업 진행에 대하여 주신 팁도 꼭 반영시켜 보겠습니다. 아울러 심화 질문 1, 2를 모둠원들이 토의 토론하여 문제를 해결할 수 있도록 할 생각입니다. 그런데 이 부분에서 질문 한 가지가 있습니다. 아이들끼리 토론하여 문제 해결을 해 나갔지만 바라는 수준만큼의 이야기가 나오지 않았을 때 어떻게 아이들을 이끌어 주어야 하나요?

컨설턴트 교사 이상우 저의 경우는 아이들에게 문제 해결에 중요한 실마리가 되는 단서를 제공하거나 힌트를 줍니다. 절대로 직접적인 해결 방법이나 내용을 제공하지 않으려고 노력한답니다. 그리고 힌트를 주는 것도 나름의 요령을 가지고 제공하지요. 보통 두 가지 방법을 많이 사용합니다. 첫 번째 방법은 모든 아이들의 활동을 멈추게 하고 나에게 시선을 집중하게 한 뒤 전체에게 단서를 제공하고 나서 다시 토의 토론 활동을 주는 것입니다. 두 번째 방법은 각 모둠에서 선생님의 설명이나 안내를 꼼꼼하게 새겨듣고 모둠원들에게 다시 돌아가 제대로 설명할 수 있는 사람 1명씩 나오라고 한 뒤 그 아동들만을 모아 힌트나 단서를 제공해 주고 나면 그것을 잘 받아들인 아동들이 자기 모둠원들에게 돌아가서 들은 대로 이야기를 해 주고 그것을 통해 모둠원들이 다시 문제 해결을 해 나가도록 하는 방법입니다. 저는 이 두 번째 방법을 주로 사용합니다. 그렇게 되면 제가 따라 아이들을 모아 설명해 주는 시간 동안에도 다른 아이들은 토의 토론을 지속할 수 있을 뿐만 아니라 제게 힌트나 실마리를 받아 가는 아이들과 다른 아이들 간의 수학적 의사소통 능력 및 타인의 말을 집중하여 듣는 힘, 도움 주고받는 역량을 함께 길러 나갈 수 있기 때문입니다. 협동학습을 위해 개발한 팁이라 할 수 있지요.

컨설턴티 교사 ○○○ 아, 그런 방법도 있었네요. 선생님 말씀을 들으면서 저도 선생님의 협동학습 강의를 꼭 듣고 싶다는 생각이 드네요. 많이 배우고 싶습니다.

컨설턴트 교사 이상우 여건이 된다면 그런 시간을 갖고 싶네요. 저도.

컨설턴티 교사 ○○○ 안내하는 방법은 그렇고요. 힌트는 어떤 내용으로 아이들에게 제공해야 할까요? 생각해 보았는데 잘 떠오르지 않아서요.

컨설턴트 교사 이상우 저라면 이렇게 힌트를 주겠습니다. 심화 질문 두 가지 사례 모두 같은 맥락에서 생각해야만 문제 해결을 할 수가 있거든요. "제시된 분수모형에서 색칠이 안 된 부분은 실제로 존재하는 부분일까?" 또는 "물병에 물이 제시된 분수만큼 차 있다는 것을 생각해 보기 바란다." 실제로 이렇게 진행해 본 경험을 갖고 있거든요.

컨설턴티 교사 ○○○ 아, 그렇게 제시하면 아이들이 문제 해결의 실마리를 이용하여 심화 질문에 대한 토의 토론을 끝까지 이어나갈 수 있겠네요. 저도 선생님 생각을 저의 수업에 반영시켜 진행해 보도록 하겠습니다. 고맙습니다.

컨설턴트 교사 이상우 좋습니다. 그렇게 하셔서 수업을 진행해 보시기 바랍니다. 그리고 끝으로 시간 계획을 잘 세워 밀도 높은 수업이 이루어질 수 있도록 해 주시기 바랍니다.

컨설턴티 교사 ○○○ 네. 일단 예상하기로는 심화 질문 1, 2 전까지 약 50~60분 정도 사용하고 남은 시간을 심화 질문 1, 2에 할애하려고 생각 중입니다. 그렇게 되도록 노력해 보겠습니다.

컨설턴트 교사 이상우 네. 제가 수업을 한다 해도 그렇게 나눌 수밖에 없지 않을까 생각됩니다. 그러면 30일에 수업을 진행하신 후 다시 만나 이야기를 나누도록 하겠습니다. 오늘도 수고 많으셨습니다.

※ 위와 같은 과정을 거쳐서 만들어진 수업 디자인은 아래와 같다. 아래 수업 디자인에서 붉은색으로 된 부분은 본래 필자가 설계해 준 것에서 컨설턴티 선생님이 자신의 생각을 담아 수정해 본 것이다. 주목해서 바라볼 점이 있다면 기본활동 1, 2는 선생님과 함께 차근차근 해결해 나가고 기본활동 3, 4는 먼저 아이들이 스스로 또는 협동적으로 해결해 본 뒤에 선생님과 답을 확인해 나가도록 한다는 점이다. 이런 부분이 바로 근접 발달 영역에 해당되는 활동이며 아이들이 잠재적 발달 수준으로 한 걸음 더 나아갈 수 있도록 도울 수 있는 활동이라 확신한다.

차시 (블록)	주요 성취 기준 및 학습요소	수업 내용 (공책정리)	유의점
1블록		* 지난 시간에 배웠던 단위분수 기억하나요? (분자가 1인 분수요) * 그림 $\frac{3}{4}$을 단위분수의 개념을 이용해서 한번 말해볼까요? (전체를 똑같이 4개로 나눈 것 중에 1개를 $\frac{1}{4}$이라고 할 때 그것이 3개 있는 것이요) * 좋아요. 조금 더 줄이면 이렇게도 말할 수 있겠죠? [전체를 똑같이 ~ 1개를]까지 지운다. * 다 같이 이야기해 봅시다. ($\frac{1}{4}$이 3개 있는 것이요) * 그림 $\frac{10}{4}$을 대분수로 고쳐볼까요? ($\frac{4}{4}+\frac{4}{4}+\frac{2}{4}=2\frac{2}{4}$)	
	단위분수를 이용한 진분 수끼리의 덧 셈과 뺄셈	* 기본활동 1인 $\frac{2}{6}+\frac{3}{6}$을 선생님과 같이 한번 해보겠습니다. (1) $\frac{2}{6}$은 $\frac{1}{6}$이 몇 개?　　　(2) $\frac{3}{6}$은 $\frac{1}{6}$이 몇 개? (3) $\frac{2}{6}+\frac{3}{6}$은 얼마가 되는가? 왜 그렇게 되는가?　⇨ $\frac{1}{6}$⇨2개와 $\frac{1}{6}$⇨3개를 더하면 $\frac{1}{6}$⇨5개 가 되므로 $\frac{5}{6}$가 됨 * 다음은 기본활동 2인 $\frac{6}{8}-\frac{2}{8}$을 함께 해봅시다.	* 기본활동 1과 2는 선 생님이 학생 모두를 대상으로 설명한 후 함께 문제를 해결하는 방식으로 진행한다. * 절대로 분자끼리 더하 면 된다고 말하지 않 는다. * 절대로 분자끼리 빼면 된다고 말하지 않는 다.
		(1) $\frac{6}{8}$은 $\frac{1}{8}$이 몇 개?　　　(2) $\frac{2}{8}$은 $\frac{1}{8}$이 몇 개? (3) $\frac{6}{8}-\frac{2}{8}$은 얼마가 되는가? 왜 그렇게 되는가? 　⇨ $\frac{1}{8}$⇨6개에서 $\frac{1}{8}$⇨2개를 빼면 $\frac{1}{8}$⇨4개가 되므로 $\frac{4}{8}$가 됨 * 이번에는 선생님이 먼저 설명을 하지 않고 여러분들이 과제를 먼저 해결해 볼게요. [기본활동 3] $\frac{4}{6}+\frac{5}{6}$을 수직선에 나타내 봅시다. (1) 가장 먼저 해야 할 일은 ? ⇨ 수직선 위에 $\frac{4}{6}$ 나타내기 ($\frac{4}{6}$은 $\frac{1}{6}$씩 몇 번 뛰어 세기를 한 것인가?) (2) 두 번째로 할 일은 ? ⇨ $\frac{4}{6}$위치에서 $\frac{5}{6}$만큼 오른쪽으로 이동한 위치 표시하기 (3) $\frac{5}{6}$만큼 오른쪽으로 이동한다는 것은 무슨 뜻? ⇨ $\frac{1}{6}$씩 5번 이동하라는 뜻($\frac{1}{6}$씩 5번 뛰어 세기를 한 것) (4) $\frac{4}{6}$위치에서 $\frac{5}{6}$만큼 오른쪽으로 이동한 결과는 어떻게 되는가? 　⇨ $\frac{9}{6}$ ⇨ 대분수로 고치면 ? ⇨ $\frac{6}{6}+\frac{3}{6}=1\frac{3}{6}$	* 기본활동 3과 4는 학 생들이 먼저 문제를 해결할 수 있는 시간 을 준 다음 부족한 부 분은 모둠별로 협력하 여 문제를 해결할 수 있게 하며 이후 전체 설명으로 마무리한다. * 해당 차시에서는 단위 분수를 이용한 뛰어 세기를 강조하고 있으 므로 수직선위에 뛰어 세기를 올바르게 표시 할 수 있도록 강조한 다. 또한 뛰어 세기를 한 표시위에 단위분수 를 적을 수 있도록 강 조하여 지도한다.

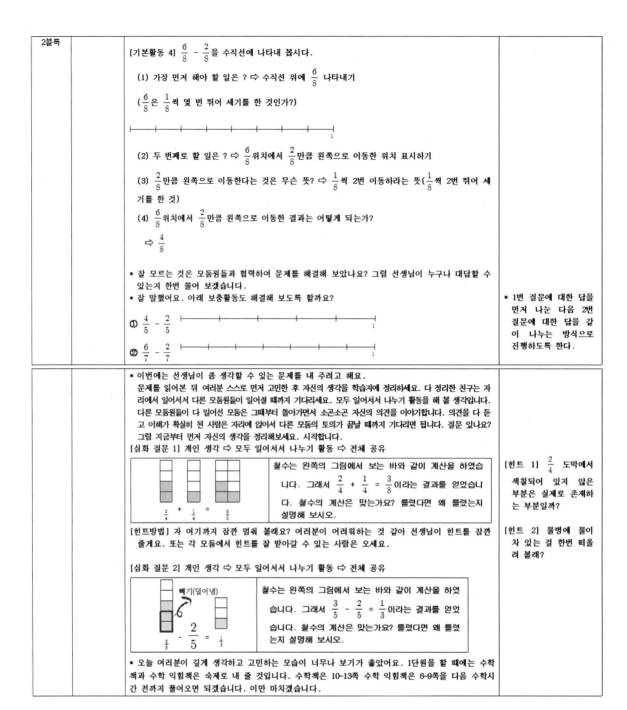

2블록

[기본활동 4] $\frac{6}{8} - \frac{2}{8}$ 을 수직선에 나타내 봅시다.

(1) 가장 먼저 해야 할 일은 ? ⇨ 수직선 위에 $\frac{6}{8}$ 나타내기

($\frac{6}{8}$ 은 $\frac{1}{8}$ 씩 몇 번 뛰어 세기를 한 것인가?)

(2) 두 번째로 할 일은 ? ⇨ $\frac{6}{8}$ 위치에서 $\frac{2}{8}$ 만큼 왼쪽으로 이동한 위치 표시하기

(3) $\frac{2}{8}$ 만큼 왼쪽으로 이동한다는 것은 무슨 뜻? ⇨ $\frac{1}{8}$ 씩 2번 이동하라는 뜻($\frac{1}{8}$ 씩 2번 뛰어 세기를 한 것)

(4) $\frac{6}{8}$ 위치에서 $\frac{2}{8}$ 만큼 왼쪽으로 이동한 결과는 어떻게 되는가?

⇨ $\frac{4}{8}$

* 잘 모르는 것은 모둠원들과 협력하여 문제를 해결해 보았나요? 그럼 선생님이 누구나 대답할 수 있는지 한번 물어 보겠습니다.
* 잘 말했어요. 아래 보충활동도 해결해 보도록 할까요?

① $\frac{4}{5} - \frac{2}{5}$

② $\frac{6}{7} - \frac{2}{7}$

(우측 메모) * 1번 질문에 대한 답을 먼저 나눈 다음 2번 질문에 대한 답을 같이 나누는 방식으로 진행하도록 한다.

---

* 이번에는 선생님이 좀 생각할 수 있는 문제를 내 주려고 해요.
문제를 읽어본 뒤 여러분 스스로 먼저 고민한 후 자신의 생각을 학습지에 정리하세요. 다 정리한 친구는 자리에서 일어서서 다른 모둠원들이 일어설 때까지 기다리세요. 모두 일어서서 나누기 활동을 해 볼 생각입니다. 다른 모둠원들이 다 일어선 모둠은 그때부터 돌아가면서 소곤소곤 자신의 의견을 이야기합니다. 의견을 다 듣고 이해가 확실히 된 사람은 자리에 앉아서 다른 모둠의 토의가 끝날 때까지 기다리면 됩니다. 질문 있나요? 그럼 지금부터 먼저 자신의 생각을 정리해보세요. 시작합니다.

[심화 질문 1] 개인 생각 ⇨ 모두 일어서서 나누기 활동 ⇨ 전체 공유

철수는 왼쪽의 그림에서 보는 바와 같이 계산을 하였습니다. 그래서 $\frac{2}{4} + \frac{1}{4} = \frac{3}{8}$ 이라는 결과를 얻었습니다. 철수의 계산은 맞는가요? 틀렸다면 왜 틀렸는지 설명해 보시오.

[힌트방법] 자 여기까지 잠깐 멈춰 볼래요? 여러분이 어려워하는 것 같아 선생님이 힌트를 잠깐 줄게요. 또는 각 모둠에서 힌트를 잘 받아갈 수 있는 사람은 오세요.

[심화 질문 2] 개인 생각 ⇨ 모두 일어서서 나누기 활동 ⇨ 전체 공유

철수는 왼쪽의 그림에서 보는 바와 같이 계산을 하였습니다. 그래서 $\frac{3}{5} - \frac{2}{5} = \frac{1}{3}$ 이라는 결과를 얻었습니다. 철수의 계산은 맞는가요? 틀렸다면 왜 틀렸는지 설명해 보시오.

* 오늘 여러분이 깊게 생각하고 고민하는 모습이 너무나 보기가 좋았어요. 1단원을 할 때에는 수학책과 수학 익힘책은 숙제로 내 줄 것입니다. 수학책은 10-13쪽 수학 익힘책은 6-9쪽을 다음 수학시간 전까지 풀어오면 되겠습니다. 이만 마치겠습니다.

(우측 메모) [힌트 1] $\frac{2}{4}$ 도막에서 색칠되어 있지 않은 부분은 실제로 존재하는 부분일까?

[힌트 2] 물병에 물이 차 있는 걸 한번 떠올려 볼래?

3~4차시 수업 후 협의

8월 30일 수업 후 협의 사항 기록

컨설턴트 교사 이상우　오늘도 수업을 하시느라 수고 많으셨습니다. 오늘 수업을 어떻게 진행하셨는지 그리고 그 과정에서 어떤 점들을 관찰하셨고 무엇을 느끼셨는지 이야기 나누어 보도록 하겠습니다.

컨설턴티 교사 ○○○　수업을 시작하면서 가장 먼저 학습 목표 및 성취기준을 칠판에 제시하였습니다. 그런 뒤에 도입활동으로 지난 시간에 공부했던 것을 점검해 보았습니다. 단위분수 개념을 사용하여 주어진 분수를 설명해 보자고 하였더니 여전히 전체 ↔ 부분 관계로 분수를 설명하는 아이들도 있었지만 그래도 꽤 많은 아이들이 "전체를 똑같이 4등분한 것 중 1조각을 $\frac{1}{4}$이라고 한다면 $\frac{1}{4}$이 3개 있는 것이요."라고 설명을 해 주었습니다. 한 번의 수업만으로도 아이들이 변화한 것을 느낄 수 있었습니다. 그래도 더 많은 아이들이 단위분수를 바탕으로 분수를 이해할 수 있도록 돕기 위해 "전체를 똑같이 4등분한 것 중 1조각을 $\frac{1}{4}$이라고 한다면 $\frac{1}{4}$이 3개 있는 것"이라고 칠판에 적은 뒤에 "이 문장을 더 간단히 줄여서 말할 수 없을까?" 하고 물어 보았어요. 그랬더니 "$\frac{3}{4}$은 $\frac{1}{4}$이 3개 있는 것"이라고 말하면 더 간단해질 것 같다고 발표하는 아이가 있었습니다. 내심 기뻤습니다. 그 아동을 칭찬해 주고 나서 "앞으로는 분수를 이렇게 이해하고 설명하도록 하자."라고 강조한 뒤 가분수를 대분수로 고치는 과정에 대한 복습을 이어 나갔습니다. 이 활동은 아이들이 쉽게 고쳐 나갔습니다. $\frac{10}{4}$은 $\frac{4}{4}$가 2번 있고 $\frac{2}{4}$가 남기 때문에 $2\frac{2}{4}$가 된다는 것을 잘 말해 주었습니다. 기대한 만큼 답변이 나와 기분이 좋았습니다.

컨설턴트 교사 이상우　네. 좋네요. 여기에서 한 가지 질문을 드리겠습니다. 1, 2차시 수업을 통해 3학년 과정을 되짚어 보면서 1, 2차시 수업 초반에 아이들에게서 흘러나왔던 분수에 대한 개념 및 용어 등의 이해가 '1, 2차시를 마치고 3, 4차시 수업에 접어들면서 나름 발전적으로 변하고 성장해 나가고 있구나.' 하고 느껴지시는지요?

컨설턴티 교사 ○○○　그렇죠. 어떤 부분은 시간 관계상 제가 먼저 설명해 주고 그렇게 해야 한다고 주입시킨 내용도 있었지만 비록 짧은 시간일지라도 계속 고민하고 자신의 생각을 말하게 하고 반복 연습도 해 나갔더니 처음보다 확실히 분수 개념 및 분수에 대한 이해가 좋아지고 있다는 것을 느낄 수 있었습니다.

컨설턴트 교사 이상우　그렇지요? 단순히 분수에 대해 교사가 먼저 설명해 주고 "이해하였지? 알겠지?"라고 말하면서 교과서 문제를 풀어 보게 하라고 할 때와 수업 시간의 대부분을 아이들에게 주고 아이들이 직접 말하거나 활동하게 할 때와의 차이, 어떤 한 가지 상황에 대하여 아이들 간에 의사소통이 충분히 이루어질 수 있도록 할 때와의 차이는 분명히 큽니다. 그런 시간을 많이 가질수록 아이들은 분명히 나아집니다. 선생님께서 좋은 역할을 해 주셨기 때문에 그렇게 아이들이 성장하고 변화한 것입니다.

컨설턴티 교사 ○○○　네. 벌써 차이가 많이 느껴지더라고요. 오늘도 수업이 진행될수록 이전 수업보다 확실히 단위분수를 바탕으로 분수를 설명하고 이해하고 말하는 아이들의 수가 더 많이 늘어났다는 것을 느낄 수 있었습니다.

컨설턴트 교사 이상우   네. 아주 바람직합니다. 그래서 수업 시간에 아이들이 주인이 되게 하라고 했던 것이지요. 수업 시간의 대부분을 아이들이 사용할 수 있게 해야 한다는 것의 의미가 바로 이런 것이었지요. 공자가 이런 말을 했습니다. '들은 것은 잊히고 본 것은 기억되며 직접 행한 것은 이해된다.'고 말입니다. 그래서 내가 설명한 것을 들은 것에서 끝나지 않게 해야만 하는 것이지요. 지속적으로 아이들이 들은 것과 똑같이 말하도록 돕고 자신이 말한 것을 그대로 조작활동으로 연결 짓고 자신이 관찰하고 생각하고 경험한 것을 또래 아이들과 이야기 나누면서 이해의 폭과 깊이를 넓혀 나가도록 돕는 것, 이것이 바로 교사의 역할이 아닐까 생각됩니다. 어찌 보면 말하는 것도 행위라 할 수 있답니다. 그래서 말하는 기회를 자주 갖는 것만으로도 충분히 이해될 수 있어요. 그래서 저는 공자의 이 말을 매우 좋아한답니다.

컨설턴티 교사 ○○○   네. 저도 이번 수업활동을 통해 많이 느끼고 있습니다. 앞으로도 그런 활동을 많이 해 나갈 수 있도록 하겠습니다. 이어서 기본활동 1번을 진행해 나갔습니다. 이 활동은 저와 아이들이 함께 질문과 답변을 주고받으면서 진행하였습니다. 우선 기본 질문에서 $\frac{2}{6}$와 $\frac{3}{6}$은 각각 $\frac{1}{6}$이 2개, 3개라는 답을 잘 해 주었습니다. 그런데 $\frac{2}{6} + \frac{3}{6}$에 대한 답을 구하는 과정에서 왜 그렇게 되는지 말해 보라고 하면 여전히 분자끼리 더하면 된다고 말하는 아이들도 꽤 있더라고요. 답을 구하는 것 자체에 대해서는 모르는 아이들은 하나도 없어 보였습니다(아래 사례). 그러나 왜 그렇게 되는지 말해 보라고 하는 부분에 있어서는 여전히 힘들어하였고, 그에 대한 원리 및 개념 이해를 잘 하고 있지 못하고 있다는 느낌이 많이 들었습니다.

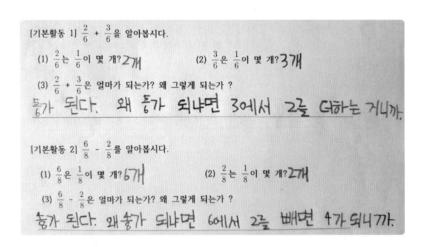

컨설턴트 교사 이상우   네. 여전히 그런 아이들은 충분히 있을 수 있습니다. 학원 학습 영향도 많고요. 자신이 한 번 알았던 것을 쉽게 바꾸기 힘들어하는 경향도 있고요.

컨설턴티 교사 ○○○   그래서 "그렇게 설명하는 것도 틀린 것은 아니지만 선생님이 알려 준 대로 다시 한 번 설명을 해 보자. 단위분수를 이용해서."라고 지속적으로 강조하면서 바꾸어 설명할 수 있도록 계속 노력하였습니다. 그랬더니 내가 말하는 것의 의도를 파악하고 다시 바꾸어 설명하려고 노력하는 모습을 보이는 아이들이 분명히 점점 늘어나기는 하였습니다.

컨설턴트 교사 이상우   그것은 당연한 것입니다. 빠른 시간에 확 늘어날 수도 있겠지만 대부분은 서서히 늘어나지요.

컨설턴티 교사 ○○○   네. 그런 것 같습니다. 이후에도 지속적으로 강조하면서 "우리 모두 단위분수를 이용하여 이야기를 계속해 보자. 지금은 단위분수를 이용하여 분수의 덧셈과 뺄셈을 하고 그것에 대하여 말해 보는 활동을 하는 시간이기 때문에 그것에 집중하기 바란다."라고 말해 주었습니다. 그랬더니 분명히 1명이 2명이 되고, 2명이 4명, 5명, 10명으로 점점 늘어나는 것이 눈에 보였습니다.

컨설턴트 교사 이상우   그래요. 사실 분모가 같은 분수의 덧셈 $\frac{2}{6}+\frac{3}{6}$을 예로 들어 개념 이해 없이 답만 구하려고 한다면 결국 2+3을 한다는 것인데 왜 2와 3을 더해야 하는지, 2와 3은 각각 무슨 뜻인지에 대한 정확한 개념 정리 및 이해가 이루어지지 않았기 때문에 "분자끼리 더하면 됩니다."라고 말하는 아이들에게 "왜 분자끼리 더해야 하지?"라고 말하면 말문을 닫아버리고 침묵으로 일관하는 결과를 접할 수밖에 없는 일이지요. 어찌 보면 이런 결과는 현재 분수 교육의 문제점을 그대로 보여 주고 있는 것이라 말할 수 있습니다. 개념 및 원리 이해보다는 답을 내는 방법, 알고리즘만 익혀 문제를 풀기만 하면 된다는 식의 수학 교육. 이것이 현재 우리나라 수학 교육의 현주소가 아닐까 생각됩니다. 그러니 아이들 탓을 할 수는 없는 일이지요. 그것의 영향을 받아 학원 교육도 현재의 모습으로 이루어지고 있는 것이기도 하고요. 2와 3은 각각 단위분수의 개수를 말하는 것인데, 이 개념을 바탕으로 분수 덧셈과 뺄셈의 원리를 이해할 수 있도록 돕지는 못하고 결국 분자끼리 더하면 빨리 답을 구할 수 있다는 식으로 아이들을 지도하였기 때문에 답을 쓸 줄은 알지만 왜 그렇게 되는지 설명할 수 없는 아이들이 되어 버린 안타까운 현실을 선생님과 제가 마주하고 있는 것입니다.

컨설턴티 교사 ○○○   네. 선생님 말씀에 절대 공감입니다. 사실 뒤에 기본활동 3, 4를 이야기하면서 말하려고 했지만 지금 해 볼까 합니다. 현재 저의 반에는 집중력이 떨어지는 아이들이 조금 많아요. 그런데 이 아이들은 제가 꾸준히 강조하고 말해 주는데도 불구하고 기존에 자신들이 3학년 때 또는 학원 학습을 통해 알게 된 방법을 벗어나 제가 강조하고 안내하는 대로 이해하고 받아들이는 것을 거부하는 것처럼 느껴져요. 사실 어떻게 배웠고 개념과 원리가 어떠한지와 상관없이 분자끼리 더하기면 하면 쉽게 답을 구할 수 있잖아요. 단순 계산만 해도 되고. 그래서 실제 수업 활동을 진행하며 관찰하고 말하게 해 보니 그 아이들은 내가 설명하고 말한 바와 달리 그냥 "분자끼리 더하면 됩니다."라고 일관하더라고요.

컨설턴트 교사 이상우   사실 그런 아이들이 분명히 있습니다. 그럴 수밖에 없는 일이고요. 자신의 생각을 바꾼다는 것이 결코 쉬운 일이 아님을 아이들을 통해서도 다시 한 번 깨닫고 있는 중입니다.(웃음) 그러나 교사가 어떻게 노력하느냐에 따라 아이들은 분명히 변합니다. 빠르지는 않더라도 말입니다.

컨설턴티 교사 ○○○   그래서 그 아이들 및 다른 아이들에게도 "분자끼리 더하는 것은 그냥 계산을 하여 결과만 내는 것이야. 답만 구하는 것이지. 그런데 이것보다 더 중요한 것은 왜 분자끼리 더해야 하는지를 깨닫는 일이고, 선생님은 이것을 여러분이 이해할 수 있도록 도와주려고 이렇게 노력하는 것이란다." 이렇게 말하면서 미리 만들어 놓은 단위분수모형을 활용하여 $\frac{1}{6}$ 2개와 $\frac{1}{6}$ 3개를 칠판에 제시하고 $\frac{1}{6}$ 2개와 3개가 모여서 $\frac{1}{6}$ 5개가 되니까 $\frac{5}{6}$가 되는 것이라는 개념과 원리를 이해할 수 있도록 질문과 답변 방식으로 안내해 주었습니다. 그러면서 "왜 분자끼리 더하는 것이 아니라 단위분수를 이용하여 단위분수의 개수가 몇 개인지를 헤아리는 방법으로 분수의 덧셈과 뺄셈을 해야 하는지를 이해하고 깨달으면 좋겠어."라고 말해 주었더니 좀 더 많은 아이들이 알아듣는 것 같기는 하였습니다.(아래 활동 사례)

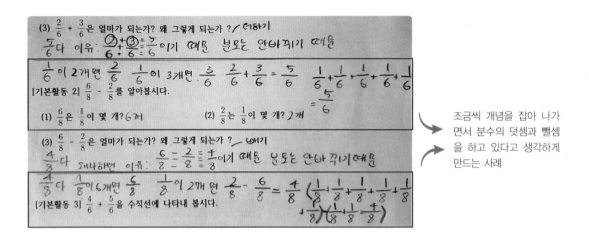

조금씩 개념을 잡아 나가면서 분수의 덧셈과 뺄셈을 하고 있다고 생각하게 만드는 사례

컨설턴트 교사 이상우 그럴 때 저는 아이들에게 이런 말을 해 줍니다. "답만 구해서 정답을 쓸 줄 아는 것보다 왜 그렇게 되는지, 왜 그런 답이 나왔는지 설명할 줄 아는 것이 더 중요한 것이다. 그 사람의 수준이 더 높고 실력이 더 뛰어나다는 뜻이지. 답만 구할 줄 아는 사람과 왜 그런 답이 나왔는지 설명할 줄 아는 사람과의 수준은 천지 차이란다. 진짜로 실력이 있는 사람은 왜 그런 답이 나왔는지 설명할 줄 아는 사람이다." 그렇게 되면 적지 않은 아이들이 자신도 그런 대열에 끼고 싶다는 생각을 갖게 되고 자신도 그렇게 되고 싶다는 열망과 함께 이전보다 저의 안내와 설명, 그리고 개념 탐구를 위한 다양한 활동, 문제 해결 활동에 보다 적극적으로 참여하려는 노력을 보이게 됩니다. 자극을 받았다는 것이지요. 어떤 아이들은 저를 통해 알게 된 다양한 사실과 개념들을 부모님께 가서 자랑하기도 하고 자기가 엄마 또는 아빠보다 더 정확히 알고 있다고 뿌듯해하기도 합니다. 여기에서 저는 아이들을 그렇게 끌고 간 것이 아니라 아이들 스스로 그런 방향으로 나갈 수 있도록 긍정적인 자극을 주고 안내만 해 준 것뿐입니다. 선생님도 이런 저의 생각과 관점을 한 번 고민해 보시기 바랍니다.

컨설턴티 교사 ○○○ 아, 저도 그런 이야기를 아이들에게 해 주어야겠네요. 들어 보니 선생님 말씀이 분명히 맞아요.

컨설턴트 교사 이상우 그렇지요. 그리고 저는 이렇게 강조하기도 합니다. 평가를 들먹이면서 말입니다. "우리가 공부를 했으니까 단원 학습이 끝나면 분명히 평가가 있을 거야. 그리고 선생님은 이렇게 가르쳤고 너희들은 이렇게 공부를 했으니 평가문제도 이런 문제들이 나올 수밖에 없겠지? 그러니 평가에서 좋은 결과를 받으려면 답만 쓸 줄 아는 것만으로는 절대로 불가능한 일이라는 것을 알 수 있겠지? 선생님은 반드시 답만 쓰기보다 왜 그렇게 되는지 설명하고는 질문을 할 수밖에 없다는 것을 꼭 마음속에 새겨두기 바란다." 그러면 아이들은 분명히 선택을 할 수밖에 없지요.

컨설턴티 교사 ○○○ 아, 그렇겠네요. 평가 이야기.

컨설턴트 교사 이상우 그런 뒤에 실제로 평가문항을 그렇게 출제합니다. 그리고 평가 결과는 평가문항 그대로 집에 가져가서 부모님 확인을 받아 다시 제출하도록 하고 있습니다. 그렇게 하면 어떤 아이들은 바로 이해하여 그렇게 공부하고 평가에서도 좋은 결과를 보지만 어떤 아이들은 그냥 생각 없이 이전처럼 수학 공부를 하다가 평가 결과를 받아 손에 쥔 뒤에 후회를 하고 걱정을 하곤 하지요. 실제로 어떤 아이의 부모님께서는 전화를 주시기도 해요. 왜냐하면 학원 교육도 잘 받고 있고, 지난해까지는 수학 성적이 좋았는데 갑자기 좋지 않은 평가 결과가 고스란히 담겨 있는 평가지 자체를 들고 가서 눈으로 직접 확인하게 되니 걱정하지 않을 수 없는 일이겠지요. 일부 아이들은 부모님께 혼나고 오기도 한답니다. 그런 의도는 아니었는데 말입니다. 그래서 있는 그대로 말씀을 드려요. 그러면 그 부모님께서도 저의 수학 교육 방식에 대해 충분히 공감하시고는 반드시 선생님 설명을 잘 들어야 한다고 하시면서 아이들을 잘 지도해서 보내 주시기도 합니다. 그리고 가능하면 모든 부모님과 아동 상담을 할 때도 이런 의도를 충분히 설명해 드리고 안내해 드립니다. 그래서 다음부터 그 아이는 제 수업 시간에 귀를 쫑긋 세우고 한 마디도 놓치지 않으려고 노력하는 모습을 보이기도 합니다. 실제로 어떤 부모님들께서는 제가 하는 수학 교육 방식이 학원에서는 절대로 해 줄 수 없는 것이라는 사실을 깨닫고는 학원 수강을 중단하시기도 한답니다.

컨설턴티 교사 ○○○ 아, 정말 그렇겠네요. 그럴 수밖에 없겠군요.(웃음)

컨설턴트 교사 이상우 저는 지금까지 꾸준히 이런 수학 교육을 해 왔습니다. 평가를 할 때도 지금 수업 디자인에 나타나 있는 이런 발문은 반드시 평가 문항에 그대로 반영시킵니다. 그러면 적지 않은 아이들이 그것을 자신의 것으로 받아들이려고 노력하는 모습을 보게 됩니다. 물론 모든 아이들이 다 그런 것은 아니지만 꽤 많은 아이들이 그런 모습을 보입니다.

컨설턴티 교사 ○○○ 저도 앞으로 있을 다른 단원 수학 수업도 이런 방식으로 진행해 나가야 그게 소용이 있는 것이겠지요?

컨설턴트 교사 이상우 당연하지요.

컨설턴티 교사 ○○○ 음. 많은 고민과 숙제가 생겼네요.(웃음) 일단 이에 대한 이야기는 여기서 마무리하고 다음 수업 내용에 대해 더 말씀드리겠습니다. 앞에서 이야기 나눈 바와 같이 활동 2까지는 큰 무리 없이 진행해 나갔습니다. 아직 의도한 바와 같이 안 되는 아이가 소수 있기는 하였지만 시간이 지날수록 그 아이들도 변화되어 나갈 것이라는 기대를 하면서 다음 과정으로 넘어갔습니다.

컨설턴트 교사 이상우 한 가지 궁금한 것이요, 여기까지 진행하는 데 전체 80분 가운데 얼마의 시간이 사용되었나요? 도입부터요.

컨설턴티 교사 ○○○ 약 40분 정도 사용되었습니다. 예상보다 조금 더 많이 사용되기는 하였지만 그것도 나쁘지는 않았던 것 같아요. 충분한 시간 동안 말하고 설명하면서 단위분수를 기준으로 분수를 이해하고 덧셈과 뺄셈을 이해할 수 있게 도와주려고 했는데 그 결과가 잘 나타나는 것 같아서 잘했다는 생각이 듭니다.

컨설턴트 교사 이상우 그러면 되었지요. 본래 의도와 달리 조금씩 예상 시간에서 벗어나는 일이 많지만 반드시 예상한 바와 같이 맞출 필요도 없는 것이라는 것을 잘 알고 계실 것입니다. 시간을 잘 맞추기보다 오히려 아이들이 어디에서 주춤하고 오개념, 난개념을 형성하고 있는지 파악하고 그 문제점들을 해결하기 위해 충분한 시간을 투입하는 일이 저는 더 중요하다고 생각합니다. 본래 수업 디자인처럼 진행되지 않더라도 말입니다. 수업 계획은 어디까지나 계획일 뿐입니다. 상황에 따라 교사는 판단하여 그에 맞게 수업 디자인을 변경시킬 수 있어야 하고 그게 진짜로 전문성이고 교사의 실력입니다.

컨설턴티 교사 ○○○ 네. 공감합니다. 다음으로 활동 3, 4는 계획한 바에 따라 저와 함께 해결하는 것이 아니라 활동지를 보면서 먼저 개별적으로 해결해 보고 이해가 되지 않는 부분에 대해서는 모둠원들과 토의 토론을 해 나가면서 완성시켜 보라고 하였습니다. 그게 끝나면 선생님과 함께 전체적으로 함께 확인해 나갈 것이라는 안내도 하였습니다. 그렇게 충분한 시간을 모둠별로 가진 뒤에 첫 번째 수직선에 나타내기 활동부터 차근차근 중요한 부분들을 짚어 나갔습니다.

컨설턴트 교사 이상우 아이들이 수직선을 이용하여 분수의 덧셈과 뺄셈을 잘 표현하고 해결하던가요?

컨설턴티 교사 ○○○ 아니더라고요. 가장 먼저 할 일이 무엇인지를 생각해 보는 것부터 막히는 아이들이 생각보다 많았습니다. 그래도 한두 명 정도가 $\frac{4}{6}+\frac{5}{6}$를 수직선에 표현하고자 할 때 가장 먼저 $\frac{4}{6}$ 위치 표시를 해야 한다고 말하여서 다행이라는 생각도 하였습니다. 그래서 단위분수를 이용하여 몇 번 뛰어 세기를 해야 하고 그것을 수직선에 어떻게 표시하는 것이 맞는지 한 번 함께 생각해 보자고 하면서 칠판 앞에 나와 그려 보라고 아이들을 지목하여 발표하게 해 보았습니다. 활동지에 이를 암시하는 질문도 있었음에도 불구하고 아이들은 $\frac{1}{6}$씩 4번 뛰어 세기를 하여 $\frac{4}{6}$를 표시하기보다는 한 번에 $\frac{4}{6}$ 위치에 점을 찍거나 포물선을 그려 나갔습니다. 정말로 아쉽다는 생각이 많이 들었습니다. 그래서 다시 한 번 활동지의 질문을 짚어 보면서 그것들이 있는 그대로 수직선 위에 표시되려면 어떻게 해야 하는지 질문을 던지고 아이들 답변을 들어 보면서 내가 원하는 방향으로 안내를 해 주었습니다. 그 결과 단위분수를 기반으로 수직선 위에 분수의 덧셈과 뺄셈을 조금씩 표현할 줄 아는 아이들이 늘어갔습니다.(아래 사례)

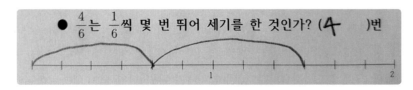

단위분수를 기반으로 수직선 위에서 분수의 덧셈과 뺄셈 원리를 알아보기 이전 사례

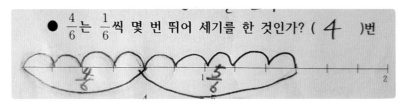

단위분수를 기반으로 수직선 위에서 분수의 덧셈과 뺄셈 원리 알아보고 수정한 사례

컨설턴트 교사 이상우 네. 그럴 것입니다. 수직선을 통해 수 또는 연산을 이해하고 직접 표현해 본 경험이 많지 않기 때문에 그럴 수밖에 없다고 저는 봅니다. 그래서 이런 기회를 자주 가져 볼 수 있도록 최선을 다해야만 하는 것입니다.

컨설턴티 교사 ○○○ 그런 것 같아요. 다음으로 1명씩 지목하여 $\frac{5}{6}$만큼 오른쪽으로 이동한다는 것의 의미를 물어보았는데 처음에는 "$\frac{5}{6}$를 더하는 것이요."라고 답을 하는 아이가 대부분이었습니다. 그러나 다르게 설명할 수 있는 사람을 찾아 몇 명을 더 지목해 발표를 시켜 보았더니 "$\frac{1}{6}$씩 오른쪽으로 5칸을 이동하는 것이요."라고 정확히 말하는 아이도 나왔습니다. 사실 오른쪽 또는 왼쪽으로 이동한다는 사실 자체를 이해하지 못하는 소수의 아이도 있었습니다.

컨설턴트 교사 이상우   그만큼 경험이 중요하다는 뜻이겠지요. 분명히 그 아이들도 수직선을 통해 수나 분수 또는 수의 연산을 이해하는 기회가 몇 번 있었을 것입니다. 하지만 그 몇 번만의 경험으로는 아이들이 어떤 경험이든 제대로 자신의 것으로 만들 수 없다는 사실을 증명해 주는 일인 만큼 우리가 앞으로 어떤 노력을 기울여야 할지 더 생각해 보는 계기로 삼아 보자고요.

컨설턴티 교사 ○○○   네. 알겠습니다. 그 뒤 과정들은 활동지에 안내되어 있는 대로 결과만을 채우는 활동이라 별 어려움은 없었습니다. 기본활동 4도 3과 같았습니다. 그래도 기본활동 3을 경험해 보았기 때문에 수직선에 나타낸 것을 스스로 수정하는 아이들도 꽤 있었고 나와 차근차근 수정 과정을 거쳐 나가면서 개념을 알아 나가는 아이들도 있었습니다. 그런 뒤에 수직선으로 해결하기 보충 활동도 해 보았고 확인도 하였습니다. 잘 안 되는 아이들도 있었지만 분명히 나아지는 모습을 보이는 아이들도 많이 보이기 시작하였습니다. 단위분수 표시도 꾸준히 하라고 하였는데, 이것을 잊어버리고 그냥 뛰어 세기 또는 위치만 표시하는 아이들도 있었지만 이것까지 정확히 표시하여 나타내는 아이들도 꽤 있었습니다.(아래 사례)

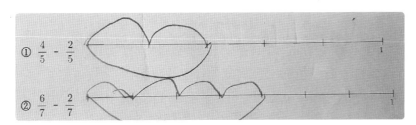

계산 결과만 수직선 위에 표현한 사례

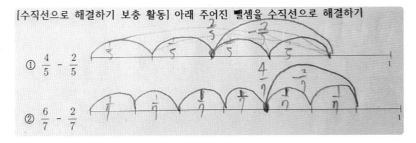

개념과 원리 이해를 통해 수직선 위에 비교적 정확히 표현한 사례

컨설턴트 교사 이상우   좋습니다. 조금씩 나아지는 모습이 나타나고 있어 다행입니다. 여기까지 어느 정도 시간이 사용되었나요?

컨설턴티 교사 ○○○   60분 정도 사용되었습니다. 남은 활동에 20분 사용되었습니다.

컨설턴트 교사 이상우   사전 협의회 때 예상한 바와 거의 맞아떨어지네요.

컨설턴티 교사 ○○○　네. 그렇게 되었습니다. 우선 심화 질문 1을 제시하고 모두 일어서서 나누기 활동을 해 보라고 하였는데 지난 시간에 해 본 경험이 있어서 그런지 금방 본격적인 활동에 몰입하고 순서와 절차에 따라 일어서고 토의 토론을 한 뒷자리에 앉더라고요.

컨설턴트 교사 이상우　그럼요. 경험이 그래서 무서운 것입니다. 백 번 설명하는 것보다 한 번의 경험이 너 나은 것이니까요.

컨설턴티 교사 ○○○　네. 분명히 나아졌어요. 하지만 돌아다니면서 세밀히 관찰하고 나오는 이야기를 들어보니 간간이 몇 명의 아이들은 관련 없는 이야기를 하면서 활동에 집중하지 못하기도 하더라고요.

컨설턴트 교사 이상우　그것은 당연한 것입니다. 아이들이잖아요. 제가 선생님들을 대상으로 강의하면서 이 활동을 하다 보면 비슷한 모습을 보이는 경우도 많아요. 선생님들도 그런데 아이들은 어떻겠습니까? 그래도 어른들이든 아이들이든 조금만 기다리면 금방 중심을 찾아 원래 자리로 돌아옵니다. 그래서 믿음이 필요한 것이지요. 하지만 너무 오랜 시간 동안 다른 데로 빠져나가 있을 경우 교사가 살짝 옆으로 가서 무슨 이야기가 나오고 있는지 들어보는 척하면 본인들도 선생님을 의식하여 다시 본래의 활동에 집중하기 시작하게 됩니다.

컨설턴티 교사 ○○○　네. 그건 그렇고, 활동 결과를 살펴보고 아이들에게서 나오는 이야기를 들어 보니 아쉬움이 많았습니다.

컨설턴트 교사 이상우　어떤 점이 아쉬웠는지요?

컨설턴티 교사 ○○○　활동지를 살펴보면 아시겠지만 이렇게 그림을 보고 문제를 해결하면서 무엇이 잘못되었는지를 말할 때는 그림을 통해 설명하고 그 그림에서 무엇이 잘못되었는지 지적하며 그것을 바로잡아 듣는 사람을 이해시켜 주어야 하잖아요. 그런데 그림과 아무런 상관없이 수식을 통해 답을 낸 방법으로 설명하든가 아니면 분모가 같으면 분모는 그냥 놔두고 분자끼리 더하거나 빼면 된다는 식으로 설명하고 답을 쓴 아이들, 모둠이 전부였습니다. 그래서 일단 발표를 통해 자신들의 생각을 공유하게 한 뒤에 어떤 점이 왜 잘못되었는지 함께 찾아나가는 시간을 가졌습니다.

컨설턴트 교사 이상우　좋습니다. 그래서 어떻게 아이들의 생각에 변화를 주려고 노력하셨나요?

컨설턴티 교사 ○○○　이렇게 말해 주었습니다. "그래, 선생님은 너희들 생각이 모두 잘못되었다고 생각하지는 않아. 그런데 좀 더 고민해야 할 점이 있어. 이 질문 상황에서 철수는 그림을 통해 문제를 해결하고 자신의 생각을 정리하여 말한 것이지 수식으로 답을 계산하여 말한 것이 아니잖아. 그렇지? 그렇다면 너희들도 철수가 한 것처럼 그림을 통해 철수의 생각이 왜, 어디가 잘못되었는지 찾아내 설명할 수 있어야 한단다. 알겠지? 다시 한 번 생각해 볼까?"

컨설턴트 교사 이상우　그랬더니요?

컨설턴티 교사 ○○○　우리 반에서 그래도 수학을 꽤 하는 아이 중 한 명이 손을 번쩍 들어 답변을 하더라고요. 이렇게요. "선생님, 철수는 그림에서 검은색 부분만 더해야 하는데 흰색 부분까지 더했으니까 잘못된 답을 얻을 수밖에 없었습니다. 흰색 부분은 실제로 없는 부분이거든요. 없는 부분까지 더하면 안 되는 것이잖아요."

컨설턴트 교사 이상우 와우. 그 아동은 그래도 어느 정도 개념을 갖고 있는 것이라 말할 수 있겠네요.

컨설턴티 교사 ○○○ 네. 그런 것 같습니다. 그런 발표가 있은 뒤에 그 아이의 말을 잘 이해하고 받아들인 몇 명의 아이들이 "와 ~. 맞아. 그렇구나." 하고 탄성을 질렀고 박수도 함께 터져 나왔습니다.

컨설턴트 교사 이상우 그래요. '유레카!'가 뭐 별것인가요? 이게 바로 유레카지요. 와우, 아주 훌륭하네요.

컨설턴티 교사 ○○○ 그래서 저도 함께 박수와 칭찬을 아끼지 않았습니다. 그러고 나서 또 다른 의견이 있거나 다르게 설명할 수 있는 사람이 있는지 물었습니다. 그랬더니 더 나오지 않더라고요.

컨설턴트 교사 이상우 그래서 어떻게 하셨나요?

컨설턴티 교사 ○○○ 이렇게 말해 주었습니다. "선생님이 여기에서 힌트를 한 가지 더 줄게. 2개의 물병에 물이 각각 $\frac{1}{4}$, $\frac{2}{4}$만큼씩 들어 있다고 생각해 보렴." 그랬더니 또 다른 수학적 사고력이 높은 한 아동이 바로 손을 들고 이렇게 답을 하더라고요. "선생님, 두 물병의 물을 더한다고 할 때 물병 속의 물만 더하는 것이지 물병끼리도 합쳐지는 것이 아니잖아요. 그러니까 철수는 물병 속의 물만 합쳐야 하는데 물병끼리도 합쳐진 것처럼 계산했어요. 그러니까 철수의 생각은 잘못된 것입니다."

컨설턴트 교사 이상우 우와. 쏙 와 닿게 설명해 주었네요. 그래서요?

컨설턴티 교사 ○○○ 그 아이가 이렇게 발표를 하였더니 거의 대부분은 이제야 알겠다는 눈치를 보였습니다. 이렇게 심화 질문 1을 정리하고 심화 질문 2로 넘어갔더니 앞의 사례로 인해서 심화 질문 2에 대한 설명과 이해는 그리 어렵지 않았습니다. 아이들이 물병 사례를 예로 들어가며 설명을 잘해 주었습니다.

컨설턴트 교사 이상우 네. 그럴 수밖에 없었겠네요.

컨설턴티 교사 ○○○ 이렇게 심화 질문 1, 2까지 해결하고 나니 약 5분 정도 시간이 남더라고요. 그래서 아이들에게 개념 이해를 돕는 활동을 추가하였습니다. $\frac{2}{4}$를 예로 들어 분수 모형을 칠판에 그린 뒤에 설명을 이어 나갔습니다. "본래 $\frac{2}{4}$를 그림으로 정확히 그리려면 이렇게 해야만 한다. ▨▨☐☐ 심화 질문에 제시된 그림, 교과서에 제시된 그림과 다르지? 무엇이 다른지 찾았니?", "네. 점선부분이 있어요.", "그래 맞아. 점선 부분이 있지. 이 부분은 실제로는 없는 부분이란다. 그런데 왜 이렇게 없는 부분까지 표시하였을까?" 그러나 이 질문에 답변하는 아이는 한 명도 없었습니다. 그래서 설명을 해 주었습니다. "없는 부분까지 표시한 이유는 전체 크기 1이 어떻게 되는지를 알게 해 주기 위함이란다. 전체 ☐을 똑같이 4등분하였기 때문에 4칸이 나타나 있는 것이고 이것을 분모 4로 쓴 것이지. 또한 본래 전체 크기 1은 ▨이 4칸이 있어야 하는데 현재는 ▨이 2칸밖에 없기 때문에 ▨▨☐☐와 같이 나타낸 것이고 ▨이 2칸 더 있으면 전체 1이 된다는 것을 이 그림은 말해 주고 있는 것이지."

컨설턴트 교사 이상우 잘 설명해 주셨네요. 맞아요.

컨설턴티 교사 ○○○ 그랬더니 아이들이 보다 더 정확히 이해를 하게 되었다는 눈치였습니다. 심화 질문 1, 2에 대한 보충 설명도 이어 나갔습니다. "그래서 없는 부분까지 우리가 더하거나 뺄 수는 없는 일이니 철수의 생각에서 무엇이 잘못되었는지 이제 잘 이해가 가겠지?" 그러자 아이들에게서 곧바로 "네!"라는 답변이 큰 소리로 울려 퍼졌습니다. 이렇게 마무리하고 나니 시간이 다 되어서 활동지를 모두 모은 뒤에 수업을 끝냈습니다. 그러고 나서 활동지에 각자 정리하여 쓴 내용을 살펴보았습니다. 역시 대부분 아이들은 "분자는 더하

거나 빼는 게 맞지만 분모는 더하거나 빼서
는 안 된다." 또는 지금까지 공부했던 단위분
수 개념을 활용하여 "$\frac{3}{5}$은 $\frac{1}{5}$이 3개이고 $\frac{2}{5}$는
$\frac{1}{5}$이 2개이니까 답은 $\frac{1}{5}$이 된다."라는 식의 답
을 써 놓았더군요. 이런 답이 잘못되었다고
말할 수는 없겠지만 왜 분자끼리는 더하거나
빼는 것이 가능하지만 분모끼리는 왜 더
하거나 빼서는 안 되는지에 대한 명확한 설
명은 하나도 없었습니다(오른쪽 사례). 물론
오늘 수업 끝에 이와 관련된 내용을 설명해

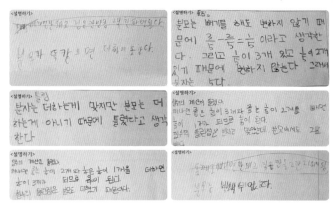

심화 질문 1, 2번에 대한 아이들의 생각이 그대로 나타나 있는 사례

주면서 그에 대한 중심을 잡아 주기는 하였지만 그것을 어느 정도까지 받아들이고 소화하였는지는 알 길이
없네요.

컨설턴트 교사 이상우 그랬겠군요. 궁금하시면 다음 차시 도입 활동에서 이것을 다시 한 번 짚어 주시는 것도
생각해 보시기 바랍니다. 그런데 여기에서 제가 질문 하나 던지겠습니다. 수업 시간에 아이들에게서 "분자끼
리 더하면 된다. 분모끼리는 더하면 안 된다."라는 말이 나왔을 때 그 말을 그대로 수업 시간에 이야기 재료
로, 아이들 간의 생각을 연결 지어 주는 재료로, 아이들의 오개념, 난개념, 신개념을 잡아 주기 위한 재료로
사용해 보려는 노력이 있었는지요?

컨설턴티 교사 ○○○ 생각해 보니까 아이들에게서 바람직한 답변이 나오기를 바라기만 하였을 뿐 아이들에
게서 나온 이야기를 가지고 수업 시간에 생각을 나누어 보면서 서로 토의 토론하고 개념을 바로잡거나 원리
를 생각해 보면서 생각의 폭과 깊이를 확장시키려는 나의 노력은 없었던 것 같습니다.

컨설턴트 교사 이상우 그렇지요? 저의 경우는 아이들에게 발표를 시키면서 그들에게서 나오는 이야기나 생각
들을 꽤 주의 깊게 들으려고 한답니다. 매우 많은 경우 아이들에게서 나온 이야기가 생각을 나누기 매우 좋
은 재료로 활용되는가 하면 서로의 생각을 연결 지어 주면서 토의 토론하기에 매우 좋은 재료로 활용되기
도 하며, 그 시간에 발생한 오개념을 바로잡고 난개념을 극복할 수 있는 훌륭한 토대가 되기도 합니다. 예를
들자면 이런 것이지요. "분자끼리 더하면 된다? 왜 분자끼리 더해서 답을 구하였지? 그렇다면 분모끼리는 더
하면 안 될까? 왜 분모끼리는 더하면 안 되는 것일까?"라고 질문을 이어 가면서 아이들의 생각을 계속 이끌
어 낼 수 있지 않을까요? 만약 이런 질문에 아무런 답변이 나오지 않는다면 약간의 힌트를 주어 가면서 아
이들이 말했던 지점을 토대로 그들이 갖고 있는 개념에 대한 수정, 이해의 폭과 깊이를 더하는 활동을 지속
적으로 이어 나가면 됩니다. 이처럼 아이들의 발표를 통해 그들 생각의 폭과 깊이를 확장시키는 경우는 매우
많습니다. 저의 생각과 경험처럼 선생님께서도 이번 시간에 아이들에게서 나온 발표를 토대로 꾸준히 생각
의 꼬리를 물고 계속 이어 나가면서 질문과 답을 주고받았더라면 좋았을 것이라는 생각이 지금 막 저의 뇌
리를 스치고 지나갔습니다. 이런 점들은 선생님께서도 앞으로 꾸준히 자신의 노하우로 만들어 나가기 위해
노력하지 않으면 안 될 부분이라 생각합니다. 지금 이후부터라도 아이들 발표를 잘 들어 보고 그들의 발표

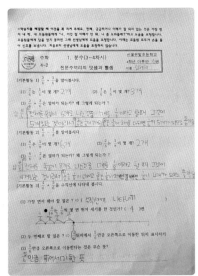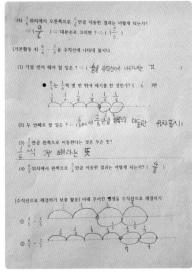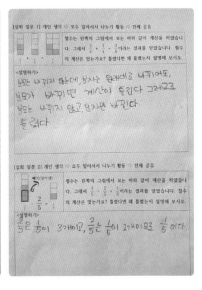

3~4차시 활동지 결과물 사례

가 잘못되었거나 틀렸다고 하여 "땡, 다른 사람?" 또는 "아닌데? 다른 의견 없니?" 하면서 그냥 넘어갈 것이 아니라 "왜 그렇게 생각하였는지 그 이유를 좀 말해 주겠니?" 또는 "그런 생각을 하게 된 이유나 근거가 있니?" 또는 "○○와 의견이 같은 사람 중 누가 보충 설명을 해 주겠니?" 또는 "○○의 생각과 다른 의견을 가진 사람 없니? 누가 이야기를 해 볼까?"라면서 발표한 아이부터 시작하여 다른 아이들의 생각까지도 읽어 내고 연결할 수 있는 도구로 활용할 수 있는 노련함과 지혜를 쌓아 나가실 것을 권해 드립니다.

컨설턴티 교사 ○○○ 네. 선생님 말씀 꼭 가슴 깊이 새기겠습니다.

컨설턴트 교사 이상우 감사합니다. 끝으로 이런 질문 한 가지 더 드리고자 합니다. 지난 1, 2차시와 3, 4차시 수업을 이렇게 개념과 원리 중심 블록 수업으로 해 보시면서 어떤 생각이 들었나요?

컨설턴티 교사 ○○○ 이렇게 수업을 진행해 나가다 보니 어떤 아이가 이런 질문을 하더군요. 지난 수업에서는 "선생님 너무 어려워요."라고 하였고 이번 시간에는 "왜 이렇게 복잡하게 하죠?"라고 말입니다.

컨설턴트 교사 이상우 그래서 어떻게 답변을 해 주었나요?

컨설턴티 교사 ○○○ 그래서 이렇게 답을 해 주었습니다. "우리가 수식만으로 문제를 풀이하는 것보다 개념과 원리를 정확히 알아 나가는 것이 더 중요하지 않겠니?" 그랬더니 한 아동이 이런 말을 툭 던지더군요. "아, 공식과 원리네요.", "그래, 공식과 원리."

컨설턴트 교사 이상우 어딘가에서 이것저것 주워들은 것은 있었나 보군요.

컨설턴티 교사 ○○○ 네. 그런가 봅니다. 그리고 보충 설명도 이어졌습니다. "우리가 원리를 활용하여 문제풀이 과정을 수식으로 간단히 나타낸 것이 공식이지. 하지만 이렇게 공식을 이용하여 문제를 풀었다 하여 그 것을 모두 다 정확히 이해하였다고 말할 수는 없는 일이지. 그런 것처럼 선생님은 너희들에게 분수에 대한 개념과 원리를 보다 확실히 알게 해 주기 위해서 이렇게 수업을 진행하고 있는 거야. 그러니까 조금 힘들더라도 너희들이 선생님의 말을 잘 들어 주었으면 좋겠고, 선생님이 던지는 질문에 대한 답을 구하기 위해 계속 생각을 하고 다른 사람들과 의견을 나누어 가면서 열심히 수업에 참여해 주기를 바라." 그랬더니 앞에서 했던 그런 말들이 쏙 들어가더라고요.

컨설턴트 교사 이상우 다행이네요. 아이들도 아는 것입니다. 이런 식의 활동이 계속되면 아이들도 분수의 개념과 원리를 조금씩 터득해 나가면서 '어? 나도 조금씩 답변을 할 수 있게 되었네!'라고 생각하면서 자신의 실력이 조금씩 나아지는 것을 깨닫게 된답니다.

컨설턴티 교사 ○○○ 네. 맞는 것 같아요. 말씀하신 대로 지금 우리 반 아이들이 조금씩 나아지고 있다는 것을 느낄 수 있는 시간들이었습니다. 그 시간에 공부하는 내용에 대하여 생각하고 말하기 활동을 꾸준히 지속하다 보니 아이들이 단위분수 개념을 사용하여 답을 쓰거나 말하려는 모습들이 나타나는 것을 보면서 제 스스로가 무척 기쁘고 뿌듯하였습니다.

컨설턴트 교사 이상우 이 몇 차례의 수업만으로도 많이 좋아졌네요. 정말 수고 많으셨습니다. 고생하셨어요. 오늘 활동을 하면서 특별히 더 이야기 나눌 만한 부분이 혹시 있나요?

컨설턴티 교사 ○○○ 생각해 보면 이런 고민이 들기도 합니다. 다른 반은 잘 모르겠는데 제 관점에서 보면 우리 반 아이들이 무척 생각하기를 싫어하는 것처럼 보여서 걱정입니다. 무엇인가에 대하여 생각을 해 보자고 하면 잘하는 몇 명 아이들을 빼고는 기대하는 만큼의 답변이나 반응이 나오지 않아 속상할 때가 많습니다. 다양한 생각을 좀 더 창의적으로 표현해 주면 좋겠는데 그냥 쉬운 대로, 편한 대로, 복잡하지 않게만 생각을 하고 더 이상은 고민을 안 하려 하는 것 같다는 생각이 들어요.

컨설턴트 교사 이상우 그런가요? 그렇다면 그들은 왜 우리가 '이 아이들은 생각하기를 싫어하는구나.'라고 느끼게끔 말하고 행동하는 것일까요? 정말 생각하기 자체를 싫어하는 것일까요? 아니면 다른 이유가 있는 것일까요?

컨설턴티 교사 ○○○ 본래 인간이라는 존재가 생각하기를 싫어하지 않나요?

컨설턴트 교사 이상우 물론 그런 사람도 있겠지요. 하지만 모든 사람들이 다 그렇다고 볼 수는 없지 않을까요? 아이들도 마찬가지일 것입니다. 그렇다면 왜 아이들은 그런 모습을 보이는 것일까요?

컨설턴티 교사 ○○○ 그런 훈련을 받지 않아서 그런 것 같습니다.

컨설턴트 교사 이상우 그럴 수도 있겠지요. 사고 훈련을 통해 분명히 나아지는 부분도 있으니까요. 공부도 같은 맥락에서 진행되는 것이거든요. 그런데 대체로 아이들을 잘 관찰해 보면 생각하기 자체를 싫어하는 아이들도 분명히 몇 명 있지만 모두가 다 그런 것은 아니더군요. 또한 생각하기 싫어하는 모습을 보이는 아이들 대부분은 생각하기 자체를 싫어하는 것보다 그런 모습을 보이는 더 큰 이유가 분명히 있었어요. 그 이유는 무엇인가에 대해 생각해 보라고 하면 잘 이해가 되지 않거나 생각 자체가 떠오르지 않아 머릿속이 하얀 백지 상태가 되어 버리기 때문이었습니다. 그렇다면 왜 백지 상태가 되었을까요? 그것은 질문과 관련된 지식이나 개념 자체 또는 그와 관련된 직-간접적인 경험이 자신의 머릿속에 없기 때문입니다. 일부 아이들은 발표 또는 자신의 생각을 표현하는 과정에서 겪었던 수치심과 같은 트라우마 때문에 발표를 꺼리거나 마치 생각이 없는 것처럼 보이기도 합니다만 어찌 되었든 이 모든 것을 그들 탓으로만 돌리거나 그런 아이들을 보며 답답함 또는 속상한 마음을 가질 수는 없는 일 아닐까요? 그와 반대로 무엇인가에 대하여 조금이라도 아는 것이 있거나 개념을 갖고 있는 아이들은 분명히 달랐습니다. 그들은 끊임없이 말을 하거나 생각을 하려고 노력을 하는가 하면 조금이라도 생각한 것이 있다면 주저 없이 말하거나 자신감이 부족하더라도 어떻게 해서든 표현을 하고자 하는 경향을 강하게 보여 주었지요. 그 이유는 더 알고자 하는 욕구, 비록 미미한 만큼일지라도 자신이 그것에 대해 알고 있다는 것을 겉으로 드러내면서 타인 또는 선생님으로부터 관심과 인정을 받고 싶은 욕구, '나 여기에 있어요.'라고 말하는 것과 같이 자신이 이곳에 존재함을 알리고 싶은 욕구 등이 생겼기 때문이라는 것을 우리는 잘 알고 있습니다. 그런데 생각하기 자체를 싫어하는 것처럼 보이는 아이들에게 자꾸만 무엇인가 말하라고 하면 그들은 개념과 이해도 부족하고 직-간접적인 경험도 없고 아는 바도 없어서 "아직 생각 못했어요."라고 말하거나 발표에 대한 트라우마가 있어서 자꾸만 위축되는 모습을 보이기도 합니다. 그런가 하면 생각해야 할 시간에 생각이 잘 떠오르지 않아 자꾸만 불필요한 행동을 보이거나 "왜 이런 것을 해요? 꼭 생각해야 하나요? 한 개만 쓰면 안 되나요? 이만큼을 꼭 다 채워야 하나요? 다른 것을 하면 안 되나요? 화장실 다녀오면 안 되나요? 선생님, 저 갑자기 배가 아파요. 머리가 아파요."와 같은 말을 하거나 선생님의 눈에 거슬리는 행동을 하거나 멍 때리고 앉아 있는 모습을 보이고 있어서 생각 자체를 싫어하거나 귀찮아하는 것처럼 보이게 되었던 것입니다.

컨설턴티 교사 ○○○ 아. 그렇군요. 돌이켜 생각해 보면 그런 경향을 저도 많이 관찰했던 것 같아요. 이제야 알겠습니다. 그 아이들에 대한 이해가 좀 더 필요하다는 생각이 드네요.

컨설턴트 교사 이상우 네. 맞습니다. 아이들에 대한 이해. 생각을 싫어하는 것처럼 보였던 아이들도 조금씩 개념과 원리를 터득해 나가고 그것에 대해 조금씩 알아 나가기 시작하면 분명히 달라집니다. 발표를 하려고 손을 들기 시작하는 순간이 오게 되는 것입니다. "나 여기 존재합니다. 나도 아는 것이 있으니 인정받고 싶어요. 저 좀 시켜 주세요."라고 신호를 선생님께 보내는 것이지요. 그런 아이들을 도와주어야 하는 것이 교사들인데 우리 수학 교육은 그렇게 이루어지지 못했던 것이지요. 아니, 비단 수학 교육만은 아닐 것입니다. 저는 수업 시간에 수시로 아이들이 생각하게 하고, 자신의 생각을 노트에 기록하게 하고, 모둠원들과 의사소통을 할 수 있게 하고, 무엇인가를 자꾸만 조작하거나 만들어 보게 하는데, 그 이유는 모두 앞서 말했던 이야기들과 맥을 같이합니다. 아이들이 수업 시간에 주인이 되도록 만드는 가장 좋은 방법, 아이들을 수업 시간 속으로 끌어들이는 가장 좋은 방법이 무엇인지 생각해 보신 적 있나요? 무엇인 것 같습니까?

컨설턴티 교사 ○○○ 생각해 본 적이 없는 것 같아요.

컨설턴트 교사 이상우 제 생각을 말해 보겠습니다. 가장 좋은 방법은 아이들이 저의 질문에 답변할 수 있는 '거리'를 갖게 만들어 주는 일이라고 저는 생각합니다. 말할 '거리'를 갖고 있는 아이들치고 수업 시간으로부터 멀어지려고 하는 아이들, 발표를 아예 하지 않으려 하거나 발표를 못하는 아이들은 거의 없지요. 반대로 말할 '거리'를 갖고 있지 못한 아이들치고 수업 시간에 주인이 되려고 노력하거나 적극적으로 발표를 하려 하면서 수업 속으로 발을 푹 담그려고 하는 아이들 또한 거의 없습니다. 이런 아이들에게 있어서 수업과 발표는 그 자체가 두렵고 힘들고 괴로운 일이겠지요. 교실에 와서 앉아 있다고 해서 다 수업에 참여하고 있다고 볼 수는 없는 일입니다. '출석'과 '참여'는 분명히 의미가 크게 다릅니다. 수업에 자기 생각을 가지고 참여하는 아이와 달리 자기 생각을 갖고 있지 못해 적극적으로 참여하지 못하는 아이들은 참여보다는 '출석'에 의미가 있다고 볼 수밖에 없습니다. 물리적인 공간만 차지하고 있는 셈이지요. 그런 아이들이 수업에 참여할 수 있도록 돕기 위해 저는 협동학습을 교실로 적극 끌어들였고 정말 큰 도움을 받았습니다. 예를 들자면 이런 것입니다. 일반적인 교실 상황을 보면 자기 생각을 갖게 한 뒤에 곧바로 전체 발표로 이어지는 것이 보통이지요. 교사가 질문을 던지고 잠시 생각할 시간을 주고 손을 든 아이가 발표를 하고. 이런 상황에서 생각하는 것을 싫어하는 것처럼 보이는 아이들에게 발표를 시키면 그 아이들은 매우 힘들어하는 모습을 보일 수밖에 없지요. 그런데 협동학습을 하면 그 전에 두 단계를 더 거치게 됩니다. 첫 번째 단계는 자기 생각을 가질 수 있는 충분한 시간을 가지고 떠올린 생각들을 노트에 기록하게 하는 것입니다. 말할 '거리'를 갖도록 만들어 주는 것이지요. 그러나 생각하는 것을 싫어하는 것처럼 보이는 아이들은 이 첫 번째 단계를 제대로 거치지 못하고 두 번째 단계로 갈 수밖에 없지요. 그래도 별 문제는 없습니다. 두 번째 단계에 또 다른 중요한 의도를 두고 있으니까요. 두 번째 단계는 자신이 생각한 것을 다른 모둠원들에게 순서대로 이야기하면서 정보, 아이디어 등을 공유하는 것입니다. 두 번째 단계의 핵심 의도는 미처 생각을 하지 못한 아이들이 자기 차례가 왔을 때 "나, 생각하지 못했어."라고 말하면 자연스럽게 다음 차례로 넘어가게 하되 자기 앞 또는 뒤에 말을 한 아이들의 생각이나 설명을 잘 들어 보면서 그 가운데 좋은 이야기나 정보, 아이디어들을 자신의 것으로 받아들이려고 노력하도록 돕는 데 있습니다. 그 과정에서 자신이 몰랐던 것이나 미처 생각하지 못했던 것들에 대해 자신의 것으로 만들 수 있는 기회를 주고 그 자리에서 나온 이야기들을 가져가 자신의 것으로 만들어 발표하는 것을 인정해 주는 것이 두 번째 단계의 핵심이고 중요한 의도인 것입니다. 그렇게 하면 생각하는 것을 싫어하는 것처럼 보였던 아이들도 모둠 내 협동학습 과정을 통해 발표할 '거리'를 만들어 자신감을 얻게 되고 그 과정에서 아이들은 소속감, 안정감, 배움에 대한 열정과 호기심, 욕구 충족, 배움에 대한 즐거움과 성취를 이루어 나갈 수 있게 됩니다. 실제로 이렇게 해 보면 그런 아이들에게서 눈에 띄는 변화가 금방 나타납니다. 무엇인가 말할 '거리'를 얻어 발표하는 모습을 곧바로 관찰할 수 있게 되니까 말입니다. 사실 배움이라는 것, 지식을 쌓아 나가는 과정도 그런 것 아니겠습니까? 지식은 사회적 산물인 만큼 지식을 얻는 과정도 사회적이어야 한다면 협동학습은 그것을 정말 잘 뒷받침해 주고 있고 그 과정을 잘 구현할 수 있도록 도와주고 있어서 정말 큰 힘이 된답니다.

컨설턴티 교사 ○○○ 선생님 말씀을 듣고 있다 보면 저도 협동학습을 배우고 싶다는 생각이 가득해집니다. 꼭 배우고 싶네요. 제가 그런 의도를 가지고 있다면 일단 일관성 있게, 꾸준히 실천하는 것이 답이겠네요. 했다가 안 했다가 한다면 효과는 별로 없을 것 같고요.

컨설턴트 교사 이상우 그렇지요. 꾸준히 활용하는 것 밖에는 답이 없어요. 앞으로 그렇게 꼭 해 보시기 바랍니다. 이제 총 8차시 중에 반이 지났네요. 다음 주에 5차시부터 수업이 시작되는데 이번 주말에 제가 디자인해 드린 수업 계획을 보시고 5~8차시까지 먼저 고민하신 뒤 선생님 생각을 반영시킨 선생님만의 수업 계획을 가지고 월요일에 만나기로 해요. 다만 제가 수업 디자인을 이렇게 한 의도를 먼저 간략히 말씀드리자면 이렇습니다. 지금까지 수업은 블록으로 2시간을 묶어 해 왔는데 5차시만 단위차시 수업으로 따로 분리하여 하면 좋겠다는 생각을 하였습니다. 왜냐하면 보통 아이들은 대분수가 섞인 덧셈을 별로 어렵지 않게 생각하는 모습을 보입니다. 그런데 대분수가 섞인 뺄셈을 만나게 되는 순간 난개념을 형성하거나 주춤거리는 아이들이 많이 보이거든요. 그래서 대분수가 섞인 덧셈은 1차시로 계획하였고, 대분수가 섞인 뺄셈은 2차시로 계획하여 충분한 시간을 가지면서 그 개념과 원리를 이해할 수 있게 블록 수업으로 설계해 보았습니다. 그리고 마지막 8차시는 '자연수-진분수, 자연수-대분수' 과정인데 이 과정 또한 1차시면 충분할 것 같다는 생각이 들었습니다. 특히 8차시는 교사가 아무런 설명도 하지 않고 수업 시작과 동시에 '자연수-진분수, 자연수-대분수' 상황을 제시한 뒤 아이들 스스로 그 원리와 개념을 조작적으로 탐구해 낼 수 있게 해 보았습니다. 왜냐하면 이미 앞에서 뒷받침되는 개념과 원리를 다 공부했다고 볼 수 있기 때문입니다. 선생님께서도 한 번 생각해 보시고 다음 수업 시작 전날 만나 자세한 이야기를 나누도록 해요. 오늘도 수고 많으셨습니다.

5차시 대분수의 덧셈

※ 본 차시 내용은 교과서와 크게 다르지 않기 때문에 아래와 같이 진행해도 좋고, 교과서를 그대로 활용해도 무방하다.

수업 흐름	교사의 발문

도입 및 전개

🔍 **기본 질문 1** $1\frac{2}{4}+2\frac{1}{4}$을 알아봅시다.(개별활동 및 모둠 토론)

(1) 그림으로 해결해 보세요.

$1\frac{2}{4}$

$+$

$2\frac{1}{4}$

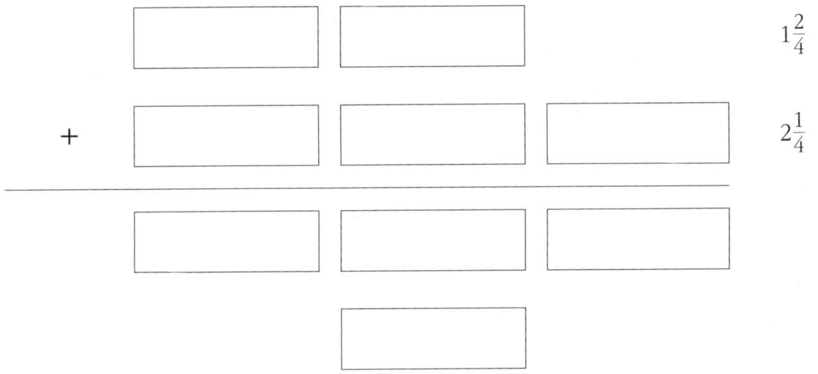

(2) 위에서 그림으로 해결한 과정을 그대로 수식으로 옮겨 봅시다.

- $1\frac{2}{4}+2\frac{1}{4}=(1+2)+(\frac{2}{4}+\frac{1}{4})=3+\frac{3}{4}=3\frac{3}{4}$

(3) 모두 가분수로 고쳐서 해결해 봅시다.

- $1\frac{2}{4}+2\frac{1}{4}=\frac{6}{4}+\frac{9}{4}=\frac{15}{4}=\frac{4}{4}+\frac{4}{4}+\frac{4}{4}+\frac{3}{4}=3\frac{3}{4}$

🔍 **기본 질문 2** $1\frac{3}{4}+2\frac{2}{4}$를 알아봅시다.(개별활동 및 모둠 토론)

(1) 그림으로 해결해 보세요.

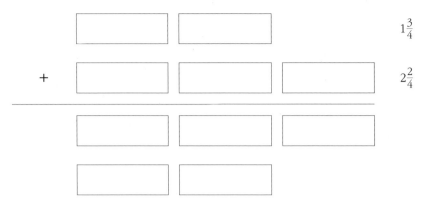

$1\dfrac{3}{4}$

$+$ 　　　　　　　　　　$2\dfrac{2}{4}$

(2) 위에서 그림으로 해결한 과정을 그대로 수식으로 옮겨 봅시다.

- $1\dfrac{3}{4}+2\dfrac{2}{4}=(1+2)+(\dfrac{3}{4}+\dfrac{2}{4})=3+\dfrac{5}{4}=3+\dfrac{4}{4}+\dfrac{1}{4}=4\dfrac{1}{4}$

(3) 모두 가분수로 고쳐서 해결해 봅시다.

- $1\dfrac{3}{4}+2\dfrac{2}{4}=\dfrac{7}{4}+\dfrac{10}{4}=\dfrac{17}{4}=\dfrac{4}{4}+\dfrac{4}{4}+\dfrac{4}{4}+\dfrac{4}{4}+\dfrac{1}{4}=4\dfrac{1}{4}$

∴ 교과서 및 수학 익힘책 문제 해결하기

5차시 사전 수업 협의

9월 3일 사전 협의 사항 기록

컨설턴트 교사 이상우　지난 주말에 이번 주에 수업하실 부분에 대한 수업 디자인 내용을 잘 살펴보셨지요? 선생님께서 고민하신 5차시 수업에 대한 내용을 한 번 이야기해 주시기 바랍니다.

컨설턴티 교사 ○○○　5차시는 단위분수 개념을 바탕으로 $\dfrac{2}{6}+\dfrac{3}{6}$은 각각 $\dfrac{1}{6}$이 2개, 3개씩이어서 모두 더하면 $\dfrac{1}{6}$이 5개가 되므로 답은 $\dfrac{5}{6}$가 된다는 것을 함께 알아보면서 시작을 열어 볼 계획입니다. 물론 이 과정은 미리 잘라 놓은 분수모형을 칠판에 제시하고 조작활동을 통해 눈으로 확인도 할 수 있게 할 것입니다.

컨설턴트 교사 이상우　네. 좋은 아이디어입니다. 그다음은요?

컨설턴티 교사 ○○○　대분수끼리의 덧셈을 공부하기 전에 대분수에 대한 개념 설명을 다시 한 번 해 주고 대분수의 구조를 먼저 살펴볼 생각입니다. 왜냐하면 자연수와 진분수의 합으로 되어 있는 대분수의 구조를 먼저 이해하고 나면 대분수끼리의 덧셈을 할 때 그 원리를 좀 더 쉽고 빠르게 원리를 파악해 나갈 수 있을 것 같아서입니다. 무엇끼리 먼저 더하고 무엇끼리 나중에 더하고.

컨설턴트 교사 이상우　네. 그것도 좋은 아이디어입니다. 저의 생각에서 한 걸음 더 세밀하게 들어가셨네요. 저도 거기까지는 생각 못하였는데 말입니다. 저도 나중에 꼭 참고하겠습니다. 좋습니다.

컨설턴티 교사 ○○○ 그렇게 구조를 파악한 뒤에 대분수끼리의 덧셈 사례를 제시하고 이를 해결하기 위해 어떤 계산 과정을 거쳐야 하는지 말해 보자고 질문을 할 것입니다. 그렇게 하면 아이들에게서 "자연수끼리 더하고 진분수끼리 더하면 됩니다."라는 답변이 나올 것으로 예상됩니다. 그런 뒤에 "계산 결과가 가분수가 나오면 어떻게 하지?"라고 추가 질문을 하면 또 아이들에게서 "가분수를 대분수로 고치면 됩니다."라고 답변이 나올 것입니다. 여기까지 진행되면 곧바로 활동지를 나누어 주고 기본활동 1을 먼저 해결해 보게 할 생각입니다. 먼저 각자 해결할 수 있게 시간을 준 뒤 충분한 시간이 지나고 나서 모둠원들과 확인하고 점검할 수 있게요.

컨설턴티 교사 이상우 네. 좋습니다. 고민 많이 하셨네요. 그런데 여기서 질문 한 가지 드리겠습니다. 막대 모양으로 분수모형을 제시할 때 $1\frac{2}{4}$는 [   ] [   ] 처럼 생긴 분수막대에 어떻게 표시하는 것이 맞을까요?

컨설턴티 교사 ○○○ 자연수 부분은 등분을 하지 않고 진분수 부분만 등분을 하는 것이 맞는 것 같은데요? [   ] [   ] 이렇게요.

컨설턴트 교사 이상우 네. 맞습니다. 그렇다면 이것처럼 아이들도 정확히 그릴 수 있을까요?

컨설턴티 교사 ○○○ 확신이 없는데요.

컨설턴트 교사 이상우 그렇다면 활동 1을 시작하기 전에 이렇게 분수모형을 이용하여 대분수를 표현하는 것 먼저 이해할 수 있게 도와주고 아이들 스스로 활동 1을 해결하라고 해야 맞는 것 같습니다.

컨설턴티 교사 ○○○ 네. 그렇군요. 그러면 이 부분을 먼저 간략히 안내하는 시간을 가져 보도록 하겠습니다. 그런 뒤에 활동 1을 해결하게 하겠습니다.

컨설턴트 교사 이상우 네. 그림으로 대분수를 표현하는 방법부터 알려준 뒤 그림으로 대분수끼리의 덧셈 문제를 해결해 보라고 하면 아이들도 빠른 시간 내에 그림을 그려 가면서 그 원리를 탐구할 수 있을 것이라 판단됩니다.

컨설턴티 교사 ○○○ 알겠습니다.

컨설턴트 교사 이상우 만약 대분수를 그림으로 표현하는 방법을 알아 가는 과정 속에서 아이들에게 이런 질문이 나올 수도 있습니다. "자연수 1에 해당되는 부분은 왜 나누면 안 되나요?" 그리고 이런 질문이 나오지 않더라도 선생님께서 이런 질문을 해 보시는 것도 좋을 것이라 생각됩니다. 이 질문에 선생님은 어떻게 답변을 하시겠습니까?

컨설턴티 교사 ○○○ 음~! 이렇게까지 세세하게 생각해 본 적이 없어서 금방 답이 안 나오네요.

컨설턴트 교사 이상우 그럴 것입니다. 우리 교사들도 이런 방식으로 수업을 받아 본 적이 없으니까요. 이렇습니다. [   ]은 1이 아니라 $\frac{4}{4}$를 표현한 것입니다. 크기는 같고 1을 $\frac{4}{4}$로 바꾸어 쓸 수는 있겠지만 1과 $\frac{4}{4}$, [   ]과 [   ]은 표현상 분명히 다르지요. 그리고 [   ]은 분모가 얼마인가에 따라 2등분이 될 수도, 3등분이 될 수도, 5등분이 될 수도 있다는 것을 아이들이 정확히 이해할 수 있도록 도와주는 것이 필요합니다.

컨설턴티 교사 ○○○ 네. 그렇게 하겠습니다.

컨설턴트 교사 이상우　이것만 아이들이 이해한다면 그림으로 대분수끼리의 덧셈 원리를 파악하는 데 별 무리가 없을 것이라 생각됩니다.

컨설턴트 교사 이상우　그러면 지금까지의 말씀을 그대로 반영시켜 아이들의 이해를 도운 다음 활동 1을 먼저 해결해 보게 한 뒤 그 결과를 나누면서 수정 절차를 거치도록 하겠습니다. 이렇게 한 번 경험하고 나면 좀 더 나아지겠지요? 그런 뒤에는 곧바로 활동 2를 아이들 스스로 해결하게 하면 매끄럽게 수업이 진행될 것이라 생각됩니다. 물론 이 과정에서 개별적으로 먼저 해결해 보고 모둠원들과 서로 확인하면서 도움을 주고받는 활동도 거치도록 할 생각입니다.

컨설턴트 교사 이상우　네. 활동마다 아이들이 먼저 해결해 보도록 한 뒤에 발표를 통해 선생님과 최종 확인 과정을 거치면 될 것 같습니다.

컨설턴티 교사 ○○○　알겠습니다. 그런데 그렇게 확인 과정을 모두 거친 다음에 수업의 끝부분에서 한 번 이런 질문을 던져 보는 것이 어떨지 모르겠습니다.

컨설턴트 교사 이상우　무슨 질문인가요?

컨설턴티 교사 ○○○　"자연수끼리 더하고 진분수끼리 더하는 방법과 가분수로 고친 뒤에 더하는 방법 중에 어떤 것이 더 편한 것 같니? 어떤 방법이 더 좋은 것 같니?" 하고 물어보려고 합니다.

컨설턴트 교사 이상우　네. 그렇군요. 사실 교과서를 보면 여러 가지 문제 해결 방법을 함께 제시하고 이런 식의 질문을 하는 경우가 꽤 많아요. 그렇다면 저도 선생님께 그대로 질문을 하고 싶네요. 선생님께서 이런 질문을 받는다면 어떻게 답을 하시겠습니까?

컨설턴티 교사 ○○○　저는 사실 가분수로 고쳐서 계산하는 것이 더 빠르고 편한 것 같거든요. 직관적으로 하면 되니까요. 그래서 "가분수로 고쳐서 계산하는 것이 더 쉽고 빠를 것 같아요."라고 대답할 것 같습니다. 그런데 선생님께서 이렇게 되물으시는 것을 보니 이렇게 하면 안 될 것 같다는 생각이 확 드네요.(웃음)

컨설턴트 교사 이상우　제가 바라보는 관점에서는 다른 연산도 마찬가지겠지만 결과 값을 얻는 다양한 방법들이 있는데 수학책에서 제시하는 "어떤 방법이 더 좋은지 말해 봅시다."와 같은 질문만큼 어리석은 것은 없다고 생각합니다. 왜냐하면 주어진 상황에서 뽑아 낸 수가 어떠한가에 따라 매우 달라지기 때문입니다. 예를 들어 선생님께서 $1\frac{1}{4}+2\frac{1}{4}$을 계산할 때 가분수로 고쳐서 하시겠습니까?

컨설턴티 교사 ○○○　아. 이 경우는 자연수끼리 진분수끼리 더하는 것이 더 빠르고 쉬울 것 같은데요.

컨설턴트 교사 이상우　그렇지요. 그런데 상황이 달라지면 가분수로 고쳐서 계산하는 것이 편할 때도 분명히 있을 것입니다. 그래서 저의 경우는 이렇게 지도합니다. "그때 그때 다르단다. 그러니 상황에 따라 너희가 편한 방식대로 문제를 해결하면 돼. 선택은 너희들이 하는 것이야. 다만 어떤 한 가지 방법으로만 풀이해서는 안 된다. 두 가지 방법으로 모두 해결할 줄 알아야 한다는 것이지. 이런 생각을 선생님은 경계한다. '난 어떠한 경우에도 이런 한 가지 방법으로만 해결할 거야. 그러니 다른 해결 방법은 몰라도 돼. 그런 방법은 익히지 않을 거야.'라고 생각하는 사람이 있어서는 안 된다. 알겠지?"

컨설턴티 교사 ○○○　그렇군요. 그러면 이렇게 지도하면 되겠네요. 제가 어떤 방법이 더 좋은지 물어보고 나서 아이들에게서 나오는 다양한 반응을 보면서 선생님께서 말씀해 주신 대로 이야기해 주면 되지 않을까요?

컨설턴트 교사 이상우   그렇게 하는 것도 방법이겠네요. 그렇게 질문을 던졌을 때 아이들에게서 '상황에 따라 달라요.'라는 답변이 나온다면 그 아이는 이런 점들에 대해서 매우 잘 알고 있다고 봐도 되겠지요. 그리고 수학의 경우 단원마다 지필평가를 하는 경우가 많은데 이때 선생님께서는 평가문항에 반드시 '자연수끼리 더하고 진분수끼리 더하는 방법으로 해결하기' 또는 '가분수로 고쳐서 해결하기'와 같은 조건을 달아 제시하여야만 할 것입니다. 또한 이런 경우 반드시 해결과정이 나타나게 답을 쓰라고 하면 더 좋을 것입니다. 필요하다면 아이들에게 이런 점도 반드시 공지를 하셔야 할 것입니다. 저의 경우는 이렇게 꼭 지도합니다. 만일 아이들에게 어떤 한 가지 방법으로만 풀 줄 알면 된다고 말하면서 선택하라고 하면 대부분 아이들은 한 가지 방법만 익힐 가능성이 크겠지요.

컨설턴티 교사 ○○○   음. 그렇겠군요. 두 가지 방법을 모두 알아야 상황에 따라 효율적으로 답을 이끌어 낼 수 있다는 점. 아이들에게도 이것을 꼭 강조하겠습니다.

컨설턴트 교사 이상우   네. 고맙습니다.

컨설턴티 교사 ○○○   일단 이렇게 하다 보면 5차시가 끝날 것 같습니다.

컨설턴트 교사 이상우   네. 그럴 것 같네요. 시간 여유가 좀 더 있다면 교과서와 익힘책 풀이를 하라고 하면 될 것입니다. 시간이 부족하면 과제로 제시하시고요.

컨설턴티 교사 ○○○   네. 알겠습니다.

컨설턴트 교사 이상우   그러면 오늘 수업 협의는 이렇게 짧게 마치고 내일 화요일 수업 후에 다시 만나 수업 소감을 나누어 보도록 하겠습니다. 수고 많으셨습니다.

 **5차시 수업 후 협의**

9월 4일 수업 후 협의 사항 기록

컨설턴트 교사 이상우   오늘 수업하시느라 수고 많으셨습니다. 오늘 수업에 대하여 먼저 이야기를 해 주시기 바랍니다.

컨설턴티 교사 ○○○   일단 계획한 대로는 잘 진행되었습니다. 먼저 도입 단계에서 진분수끼리의 덧셈 상황을 제시하고 단위분수를 이용해서 설명해 보라고 하였는데 이제는 제법 설명을 잘하더라고요. 누구한테 물어봐도 대답이 잘 나왔습니다. 단위분수를 바탕으로 한 분수의 개념이 몇 시간 동안 진행되면서 아이들에게 자연스럽게 스며들어간 것 같았습니다.

컨설턴트 교사 이상우   그렇지요? 그래서 꾸준하게 접하여 익숙하게 만들어 주는 것, 습(習)이 참으로 무서운 것이지요.

컨설턴티 교사 ○○○   이어서 분수카드를 이용하여 다시 한 번 진분수끼리의 덧셈에 대한 이해를 도와주었고, 오늘 공부하게 될 대분수끼리 덧셈의 기초가 될 대분수에 대한 뜻 설명과 그 구조를 잠깐 살펴보는 시간을 가졌습니다. 예를 들어서 $1\frac{2}{4}$를 칠판에 제시하고 "대분수는 두 부분으로 나눌 수 있지. 무엇과 무엇으로 나눌 수 있을까?"라고 질문을 하였는데 금방 답변이 나왔습니다. "자연수와 진분수요.", "자연수와 진분수의 합이요." 3학년 과정 및 이번 단원 도입 차시에서 학습한 것이 기억에 잘 남아 있는 것 같았습니다. 계속 이어서 $1\frac{2}{4}$에서 자연수 부분은 얼마이고 진분수 부분은 얼마인지, '자연수와 진분수의 합' 형태로 고치면 어떻게 되는지 등을 알아보았고 특히 '자연수와 진분수의 합'으로 이루어졌다는 발표를 다시 한 번 강조해 주면서 이를 바탕으로 오늘 대분수끼리의 덧셈을 하게 될 것이라는 힌트를 던져 주었습니다.

컨설턴트 교사 이상우   오늘 수업의 도입부를 비교적 잘 짚어 주신 것 같네요. 별로 와 닿지 않는 어정쩡한 스토리텔링으로 차시 도입부를 열어 나가는 것보다 훨씬 더 훌륭해 보입니다.

컨설턴티 교사 ○○○   네. 감사합니다. 그리고 뒤를 이어서 곧바로 오늘 공부의 핵심인 대분수끼리의 덧셈은 어떻게 하면 되는지에 대하여 질문을 던져 보았습니다. 그랬더니 아이들이 무슨 말을 한 것인지 잘 이해를 하지 못하는 눈치였습니다. 그래서 제가 칠판에 $1\frac{2}{4}+2\frac{1}{4}$을 제시하면서 이것을 해결하려면 어떻게 해야 하는지 그 방법을 말해 보자고 하면서 잠시 시간을 주었습니다. 그래도 선뜻 자신의 생각을 발표하는 아이들이 없어서 "대분수는 자연수와 진분수의 합으로 이루어져 있지? 그리고 그것이 오늘 공부에 매우 중요한 바탕이 된다고 앞서서 강조한 적 있었지? 그것을 잘 생각해 보기 바란다."라고 보충 발언을 해 주었습니다. 그랬더니 잠시 뒤에 "자연수끼리, 진분수끼리 각각 더하면 될 것 같아요."라는 답변이 아이들로부터 나왔습니다. "그렇게 하면 될까? 한 번 여러분이 직접 해결해 봅시다."라고 말한 뒤에 활동지를 나누어 주었습니다. 그런 뒤에 곧바로 활동지 해결에 들어가기보다는 대분수를 분수막대 모형에 어떻게 표현할 것인지에 대하여 주의를 기울여야 한다는 점, 정확히 표현하는 것이 매우 중요하다는 점을 강조해 주었고, 처음부터 선생님이 알려 주지는 않을 것이니 자연수 부분은 어떻게 하고 진분수 부분은 어떻게 할 것인지 신중하게 생각하여 표현해 보라는 말과 함께 기본질문 1까지만 먼저 해결한다는 말을 끝으로 모든 안내를 마쳤습니다. 제 안내가 끝났다고 하자 아이들은 금방 활동지에 몰입하였고 저는 문제를 해결하는 아이들 모습 관찰에 들어갔습니다. 그런데 관찰하다 보니까 혼자 해결하다가 자연스럽게 짝 또는 모둠원들에게 궁금한 것을 물어보기도 하고 그에 대하여 알려 주기도 하면서 협동적으로 활동을 해 나가더라고요. 이제는 아이들이 대체적으로 협동학습을 조금씩 몸에 익혀 나가는 것처럼 보였습니다. 이렇게 하는 것이 협동학습을 제대로 하는 것인지는 아직 모르겠지만요.

컨설턴트 교사 이상우   네. 잘하고 계시는 것입니다. 정답과 같은 매뉴얼, 그리고 척도는 없어요. 아이들 스스로 도움을 주고받으면서 함께 성장하는 모습을 보이는 활동이면 모두 협동학습이라 말할 수 있답니다. 아주 좋습니다.

컨설턴티 교사 ○○○   감사합니다. 일단 아이들 스스로 잘해 보려는 노력을 보여 주었고 충분한 시간이 지난 뒤에 대부분의 모둠이 다 해결한 것을 확인하였습니다. 정확히 해결하였는지의 여부를 떠나서 말입니다. 그리고 활동하는 모습을 관찰해 보니까 생각보다 아이들이 그림으로 해결하는 과정에서 시간이 꽤 많이 걸리는 것을 볼 수 있었습니다.

컨설턴트 교사 이상우 아마도 그럴 것입니다. 저는 분수 단원에서 특히 그림으로 해결하거나 조작하는 활동을 매우 중요하게 여기고 있지만 선생님 반 아이들이 3학년 때 그런 과정을 충분히 경험한 상태에서 지금 4학년 과정을 공부하고 있는지는 알 길이 없네요. 어떤 아이들은 사교육도 받았겠지만 학원에서 이렇게 그림으로 그려 가면서 원리와 과정 중심으로 지도하는 경우를 저는 본 적이 없습니다. 그래서 저는 사교육을 받은 아이들이나 그렇지 않은 아이들이나 큰 차이가 나지 않는 것으로 바라보고 지도하고 있습니다. 결국 분수에 대하여 그림이나 분수모형, 조작활동 등을 통해 원리, 개념을 이해하면서 공부해 본 경험이 많지 않은 데서 오는 영향일 것이라 보고 있습니다.

컨설턴티 교사 ○○○ 네. 그렇겠네요. 아무튼 아이들끼리 활동을 모두 마친 뒤에 선생님과 함께 확인을 해 보겠다고 말하면서 제가 먼저 활동지에 제시된 것처럼 분수막대 모형을 그려 놓고 발표를 부탁하였습니다. 그러자 1명이 그려 보겠다고 해서 발표를 시켰는데 아주 정확히 잘 그려 놓았습니다(아래 사례). 혹시나 하여 이와 다른 생각이 있는지 물어보았는데 아무도 없었습니다. 그래서 이 그림은 아주 정확히 잘 그린 그림이라고 칭찬을 해 주었습니다.

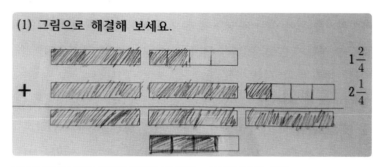

발표한 아동이 대분수끼리의 덧셈을 활동지에 그림으로 해결한 사례

컨설턴트 교사 이상우 네. 그 아동은 개념을 정확히 갖고 있는 아동이네요. 그렇다면 이 아동처럼 활동지에 제대로 해결해 놓은 아이들이 얼마나 되던가요?

컨설턴티 교사 ○○○ 지금 살펴보니까 절반이 조금 넘네요.

컨설턴트 교사 이상우 그렇군요. 생각에 따라서 많다고 볼 수도 있고 적다고 볼 수도 있겠네요.

컨설턴티 교사 ○○○ 네. 그런 것 같아요. 저는 많지 않을 것 같았는데 생각보다 많이 나와서 내심 기뻤습니다. 그 아동의 발표가 끝난 후에 아이들 각자 자기 활동지를 살펴보고 수정해야 할 것은 수정할 수 있게 한 뒤에 이런 질문을 이어 나갔습니다. "한 번 이렇게 생각해 보자. $1\frac{2}{4}$를 그림으로 이렇게 표현하면 안 될까?"

컨설턴트 교사 이상우 아, 좋은 질문을 던지셨군요. 제가 사전 협의회 때 말씀드린 것을 이번 시간에 활용하셨네요. 역시, 굿입니다. 그랬더니 아이들에게 어떤 반응이 나왔나요?

컨설턴티 교사 ○○○ 그랬더니 저의 반에서 그래도 수학을 어느 정도 하는 아이가 안 된다고 발표를 하더라고요. 그래서 왜 안 된다고 생각하는지 이유를 설명하라고 부탁하였습니다. 그런데 이 부분에서 말문이 막히더군요. 그런데 다른 아이가 이유를 설명해 보겠다고 손을 들어서 발표를 시켜 보았습니다.

컨설턴트 교사 이상우 네. 그래서 정확한 설명이 나오던가요?

컨설턴티 교사 ○○○ 그 아이가 이렇게 말하더군요. "｜▭▭▭▭｜은 1이 아니라 $\frac{4}{4}$를 그린 것이라서 안 되는 것입니다."

컨설턴트 교사 이상우 와우. 정확히 짚었네요. 대단합니다.

컨설턴티 교사 ○○○ 맞아요. 그래서 제가 다시 한 번 모두에게 물었습니다. "이 친구의 설명을 잘 들었지? 뭐라고 말했지?", "네, 1이 아니라 $\frac{4}{4}$를 그린 것이라 안 된다고요." 이렇게 답변을 들은 뒤에 제가 보충 설명을 해 주었습니다. "얘들아, 1과 $\frac{4}{4}$는 크기로 보면 같은 것이잖아. 그런데 그림으로 나타내면 1은 등분하기 전의 모습이고 $\frac{4}{4}$는 등분하고 난 뒤에 $\frac{1}{4}$조각 4개가 모여 있는 것과 같은 모습이야. 그래서 자연수 부분은 등분을 하면 안 되는 것이고 진분수 부분만 등분을 해서 표시를 해야 정확히 표현하였다고 말할 수 있는 것이란다. 알겠지?" 그랬더니 "네!" 하고 큰 목소리가 교실에 울려 퍼졌습니다.

컨설턴트 교사 이상우 보충 설명을 아주 잘해 주셨습니다.

컨설턴티 교사 ○○○ 그렇게 하고 나서 가분수로 고쳐서 계산하는 방법과 자연수끼리, 진분수끼리 더하는 방법으로 해결하는 과정은 아이들이 풀이 과정을 불러 주면 제가 칠판에 받아 적으면서 함께 확인해 보았습니다. 그리고 이 내용은 아이들이 그리 어렵지 않게 잘하더라고요. 시간이 많이 걸리지도 않았고 대답도 크게 잘하고요.

컨설턴트 교사 이상우 아마도 그럴 것입니다. 그림으로 해결하는 것보다 수식만으로 해결하는 것을 아이들은 훨씬 더 쉽게 생각하는 것 같고, 이 두 가지 과정이 그리 어렵게 보이는 것은 아니니까요.

컨설턴티 교사 ○○○ 그런데 자신들이 수식으로 해결해 나간 과정을 말로 설명해 보라고 하였더니 술술 막힘없이 설명을 잘하지는 못하더라고요. 그래서 제가 먼저 과정을 설명해 주고 난 뒤 따라서 몇 번 반복하여 말해 보게 하였습니다. 그렇게 활동 1을 마치고 나서 활동 2로 넘어갔는데 활동 1에 대한 경험이 있었기 때문에 혼자 제대로 잘할 수 있을 것이라 생각하고 적당한 시간을 주면서 먼저 풀어 보게 하였습니다.

컨설턴트 교사 이상우 네. 잘하셨습니다. 그랬더니 어떻던가요?

컨설턴티 교사 ○○○ 활동 1에서는 오개념을 갖고 정확히 그리지 못한 아이들이 그래도 많았었는데 선경험을 통해 오개념을 바로잡아서인지 활동 2에서는 그림을 모두 정확히 잘 그리더라고요.

컨설턴트 교사 이상우 네. 그게 바로 오개념, 실수를 통해 배운다는 것을 그대로 증명해 준 것이지요. 한 번 스스로의 힘으로 먼저 해 본 뒤에 그것에서 어떤 점이 잘못되었는지를 파악하여 자신의 인지지도를 바꾸어 나가면서 아이들은 배우게 되는 것입니다. 이런 과정이 구성주의에서 이야기하는 배움의 과정이랍니다. 그런데 만약 처음부터 이것을 선생님께서 설명해 주고 "알았지? 그러면 다음 문제를 한 번 풀어 봐."라고 했다면 아이들에게서 어떤 결과가 나왔을지 모를 일입니다. 그래서 저는 수학 수업에서 이런 방법을 자주 사용합니다. 아이들 스스로 먼저 해 보고 자신들이 해결한 것을 공유하면서 스스로 오개념을 바로잡아 나가도록 하는 방법 말입니다.

컨설턴티 교사 ○○○ 네. 저도 배웠습니다. 앞으로 많이 고민하여 여러 과정에서 잘 활용해 보도록 하겠습니다.

컨설턴트 교사 이상우 꼭 그렇게 해 보시길 바랍니다.

컨설턴티 교사 ○○○ 네. 아무튼 활동 2도 그림으로 해결하는 과정을 아이들이 발표하게 하고 제가 그 과정을 차근차근 다시 한 번 짚어 주면서 정리를 해 주었습니다. 특히 2번 활동은 가분수가 나타나고 그것을 다시 대분수로 고치는 과정이 추가되었는데 이것을 이해하는 것도 그리 어렵지 않은 것처럼 보였습니다. 그림에 있는 그대로 과정이 잘 드러났으니까요.

컨설턴트 교사 이상우 네. 맞아요. 그래서 수식만으로 해결하는 것보다 그 개념과 원리를 그림 또는 조작활동을 통해 이해할 수 있도록 돕는 과정이 반드시 선행되어야 하는 것이랍니다. 그런 다음은요?

컨설턴티 교사 ○○○ 바로 이어서 수식으로 해결하는 과정을 함께 짚어 나갔는데 이 부분도 무리 없이 잘 넘어갔습니다. 이렇게 빨리 넘어간 뒤에 제가 마지막 질문을 아이들에게 던졌습니다. "지금까지 대분수끼리의 덧셈 방법을 세 가지 알아보았지? 첫 번째는 그림으로 알아보기, 두 번째는 자연수끼리 진분수끼리 더하기, 세 번째는 가분수로 고쳐서 계산하기. 그런데 너희들은 이 세 가지 방법 중에 어떤 방법이 제일 쉽고 편하다고 생각이 드니? 생각을 해 봐. 1분간!" 그렇게 주어진 시간이 지난 뒤에 손을 들어 보게 하였습니다. 첫번째 방법이 편한 사람, 두 번째 방법이 편한 사람, 세 번째 방법이 편한 사람. 그랬더니 첫 번째 방법은 많지 않았는데 두 번째 방법과 세 번째 방법은 각각 비슷하게 나왔습니다. 그래서 일부러 제가 이렇게 말했습니다. "그런데 세 번째 방법이 더 빠르지 않니? 선생님은 그 방법이 더 쉽던데?" 그랬더니 어떤 아이들은 이상하다는 표정을 지어 보이는가 하면 어떤 아이는 "맞아요, 선생님. 저도 그렇거든요. 그래서 저는 앞으로 세 번째 방법으로만 문제풀이를 할 거예요."라고 맞장구를 쳐 주기도 하였습니다. 그런데 저의 반에서 수학적 사고력이 제일 뛰어난 아이가 그 의견에 반론을 제기하더라고요. "선생님. 그러면 $87\frac{1}{4}$ 더하기 $56\frac{2}{4}$도 가분수로 고쳐서 하면 더 빠른가요? 그것은 아니잖아요." 이렇게 말입니다. 지난 사전 협의 시간에 선생님께서 말씀해 주신 것과 같은 맥락으로 딱 이야기를 해 주더라고요. 내심 기뻤습니다. 속으로 생각했습니다. '역시, 너는 나의 기대주야!'

컨설턴트 교사 이상우 와. 그 아동 대단하네요. 그 아동은 개념을 알고 있는 것입니다. 숫자가 커질수록 수에 대한 이해 및 계산이 어렵고 복잡하다는 것을. 거꾸로 숫자가 작을수록 수에 대한 이해 및 계산이 간단해진다는 것을.

컨설턴티 교사 ○○○ 그래서 제가 칠판에 예를 들어 가면서 다시 한 번 모든 아이들의 이해를 도왔습니다. "얘들아, $87\frac{1}{4}$, $56\frac{2}{4}$를 각각 가분수로 먼저 고쳐 봐. 어때. 금방 고쳐지니? 빠르게 안 되지? 그런데 두 번째 방법으로 하면 자연수끼리만 계산하고 나면 진분수끼리는 금방 더할 수 있잖아. 그러니까 세 가지 방법 가운데 두 번째 방법이 훨씬 더 편한 것이라 할 수 있겠지?" 그랬더니 그것은 또 아니라고 아이들이 말하더라고요. "그러면 어떻게 우리는 이 세 가지 방법에 대해서 생각해 봐야 할까?"라고 물어보았습니다. 그랬더니 한 명이 이렇게 말했습니다. "세 가지 방법을 다 할 줄 알아야 합니다." 이런 답변에 대해 저는 "그래. 그게 맞아. 세 가지 방법을 다 할 줄 알아야 해. 상황에 따라 첫 번째 방법으로 해결해야 할 때도 있고 상황에 따라 두 번째 방법이 쉬울 때도 있고 상황에 따라 세 번째 방법이 쉬울 때도 있어. 그러니 너희들이 잘 판단하여 상황에 맞는 해결하는 방법을 선택해야 해."라고 안내를 해 주었습니다. 이렇게 결론을 내려 주고 수업을 마무리하였는데 약 5분 정도 시간이 초과되었습니다.

컨설턴트 교사 이상우   그 정도면 훌륭하네요. 끝으로 한 가지 짚고 넘어갈 것이 있어서 안내해 드리겠습니다. 사실은 아이들이 대분수끼리의 덧셈 원리가 어떻게 이루어지는지 눈으로 확인할 수 있게 도와주기 위해 분수모형이 제시된 것이거든요. 물론 앞부분도 마찬가지겠지만요. 그렇다면 분수모형을 통해 대분수끼리의 덧셈 원리, 즉 자연수끼리 더하고 진분수끼리 더하면 된다는 것을 아이들이 만들어 내는 과정이 있었더라면 더 좋았을 것 같다는 생각도 듭니다. 분수모형으로 해결하는 것 따로, 수식으로 해결하는 것 따로 지도하면 두 가지 사례 간의 연결지점이 생길 수가 없거든요. 교과서에 그렇게 제시된 데에는 분명 이유가 있을 터인데 교사들이 이 두 가지 간의 연결 짓기를 잘 해 주지 않는 바람에 아이들은 그림으로 해결하는 과정을 무척 소홀히 하여 원리를 이해하기보다는 알고리즘만 익혀서 답을 구하는 것에만 관심을 갖는 것 같다는 생각이 듭니다.

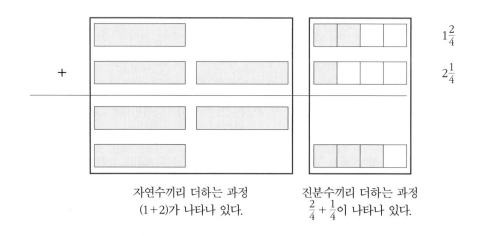

자연수끼리 더하는 과정
(1+2)가 나타나 있다.

진분수끼리 더하는 과정
$\frac{2}{4}+\frac{1}{4}$이 나타나 있다.

컨설턴티 교사 ○○○   아, 생각해 보니 그렇군요. 그런 것들까지 깊이 고민해 보지 않아 놓치고 있었습니다. 다음 시간에 한 번 고민해 보겠습니다.

컨설턴트 교사 이상우   네. 한 번 생각해 보시기 바랍니다. 꼭 해야만 한다는 것은 아닙니다만 여건이 된다면 해 보시는 것도 좋지 않을까 생각됩니다. 지금 상황으로 보면 시간이 더 걸릴 것 같아 고민은 됩니다만. 오늘 협의회는 이것으로 마무리할까 합니다.

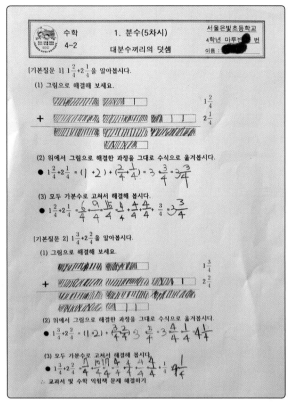

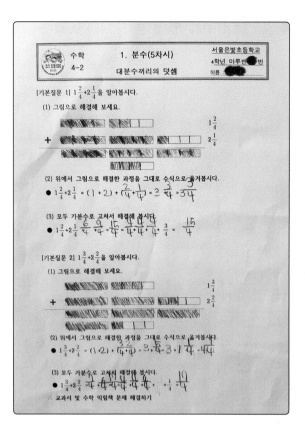

5차시 활동지 결과물 사례

6~7차시 대분수의 뺄셈

도입
및
전개

기본 질문 1 $2\frac{3}{4} - 1\frac{1}{4}$ 을 알아봅시다.(개별활동 및 모둠 토의)

(1) 먼저 $2\frac{3}{4}$ 만큼 그림으로 표현해 보세요.

(2) 위의 그림에서 $1\frac{1}{4}$ 만큼 X표를 하여 빼 보세요.**(덜어 내기)**

(3) 남은 것은 얼마인가요?

(4) 그림으로 해결한 과정을 그대로 수식으로 옮겨 봅시다.

$$2\frac{3}{4} - 1\frac{1}{4} = (2-1) + (\frac{3}{4} - \frac{1}{4}) = 1 + \frac{2}{4} = 1\frac{2}{4}$$

(5) 모두 가분수로 고쳐서 해결해 봅시다.

$$2\frac{3}{4} - 1\frac{1}{4} = \frac{11}{4} - \frac{5}{4} = \frac{6}{4} = \frac{4}{4} + \frac{2}{4} = 1\frac{2}{4}$$

기본 질문 2 $4\frac{1}{4} - 2\frac{3}{4}$ 을 알아봅시다.(개별활동 및 모둠 토의)

(1) **크기 비교**를 통해 그림으로 해결해 보세요.

$4\frac{1}{4}$

$-$

$2\frac{3}{4}$

(2) 위에서 그림으로 해결한 과정을 그대로 수식으로 옮겨 봅시다.

$$4\frac{1}{4} - 2\frac{3}{4} = 3\frac{5}{4} - 2\frac{3}{4} = (3-2) + \left(\frac{5}{4} - \frac{3}{4}\right) = 1 + \frac{2}{4} = 1\frac{2}{4}$$

(3) 모두 가분수로 고쳐서 해결해 봅시다.

$$4\frac{1}{4} - 2\frac{3}{4} = \frac{17}{4} - \frac{11}{4} = \frac{6}{4} = \frac{4}{4} + \frac{2}{4} = 1\frac{2}{4}$$

◉ 기본 질문 3 $3\frac{1}{4} - 1\frac{3}{4}$을 수직선으로 알아봅시다.(개별활동 및 모둠 토의)

(1) 가장 먼저 해야 할 일은 무엇인가? → 수직선 위에 $3\frac{1}{4}$을 표시

(2) 두 번째로 해야 할 일은 무엇인가? → $3\frac{1}{4}$ 위치에서 $1\frac{3}{4}$만큼 왼쪽으로 이동하기

(3) $3\frac{1}{4}$ 위치에서 $1\frac{3}{4}$만큼 왼쪽으로 어떻게 이동할 것인가? → $1\frac{3}{4}$은 $\frac{1}{4}$이 7개 있는 것이므로 $\frac{1}{4}$씩 7칸을 왼쪽으로 이동한다.

(4) 이동한 결과가 수직선의 어느 지점에 나타나는가? (　$1\frac{2}{4}$　)

수직선으로 알아보기 보충 질문　아래 뺄셈을 수직선으로 해결하기

(1) $3\frac{2}{3} - 1\frac{1}{3}$

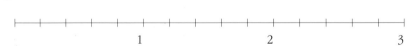

(1) $2\frac{1}{5} - 1\frac{4}{5}$

(1) $3\frac{2}{6} - 1\frac{5}{6}$

∴ 교과서 및 수학 익힘책 문제 해결하기

기본질문 1 $2\frac{3}{4} - 1\frac{1}{4}$ 을 알아봅시다.(개별활동 및 모둠 토의)

(1) 먼저 $2\frac{3}{4}$ 만큼 그림으로 표현해 보세요.

(2) 위의 그림에서 $1\frac{1}{4}$ 만큼 X표를 하여 빼 보세요.**(덜어 내기)**

(3) 남은 것은 얼마인가요? → (　　　　　　　)

(4) 그림으로 해결한 과정을 그대로 수식으로 옮겨 봅시다.

$$2\frac{3}{4} - 1\frac{1}{4} =$$

(5) 모두 가분수로 고쳐서 해결해 봅시다.

$$2\frac{3}{4} - 1\frac{1}{4} =$$

기본질문 2 $4\frac{1}{4} - 2\frac{3}{4}$ 을 알아봅시다.(개별활동 및 모둠 토의)

(1) **크기 비교**를 통해 그림으로 해결해 보세요.

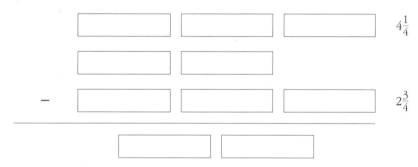

(2) 위에서 그림으로 해결한 과정을 그대로 수식으로 옮겨 봅시다.

$$4\frac{1}{4} - 2\frac{3}{4} =$$

(3) 모두 가분수로 고쳐서 해결해 봅시다.

$$4\frac{1}{4} - 2\frac{3}{4} =$$

기본질문 3 $3\frac{1}{4} - 1\frac{3}{4}$ 을 수직선으로 알아봅시다.(개별활동 및 모둠 토의)

(1) 가장 먼저 해야 할 일은 무엇인가? → (　　　　　　　　　　　　　　　　　　)

(2) 두 번째로 해야 할 일은 무엇인가?

(3) $3\frac{1}{4}$ 위치에서 $1\frac{3}{4}$만큼 왼쪽으로 어떻게 이동할 것인가?

(4) 이동한 결과가 수직선의 어느 지점에 나타나는가? (　　)

수직선으로 알아보기 보충 질문　아래 뺄셈을 수직선으로 해결하기

(1) $3\frac{2}{3}-1\frac{1}{3}$

(2) $2\frac{1}{5}-1\frac{4}{5}$

(3) $3\frac{2}{6}-1\frac{5}{6}$

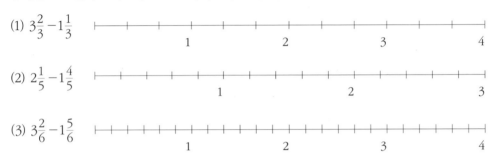

6~7차시 사전 수업 협의

9월 5일 사전 협의 사항 기록

컨설턴트 교사 이상우　대분수끼리의 뺄셈에 대한 수업 고민은 어떻게 하셨는지 말씀해 주시기 바랍니다.

컨설턴티 교사 ○○○　기본적인 과정은 5차시 덧셈과 같은데 아이들이 뺄셈을 좀 더 어렵게 생각하는 것 같아 그 부분을 좀 더 천천히 다가갈 수 있도록 하려고 합니다. 우선 선생님께서 디자인해 주신 내용을 살펴보니까 진행은 그대로 하는 것이 더 좋겠다는 생각을 하였습니다. 다만 분수모형으로 뺄셈을 하는 방법을 알아가는 과정에서 덜어 내기 방식과 비교하기 방식을 그냥 제시하고 해결해 보라고 하는 것보다 그런 뺄셈과 관련된 상황을 문장으로 먼저 제시하는 것이 좋겠다는 생각을 하여 이 부분을 추가하였습니다. 왜냐하면 실제 상황에서 대분수끼리의 뺄셈을 생각하고 머릿속으로 그려 볼 수 있도록 하는 것이 좋을 것 같아서입니다.

컨설턴트 교사 이상우　아주 좋습니다. 제가 디자인할 때 그 부분까지 생각하지는 않았는데 제가 빠뜨린 부분을 선생님께서 보완해 주셨네요. 감사합니다.

컨설턴티 교사 ○○○　그리고 뺄셈 과정에서 피감수의 진분수 부분이 감수의 진분수 부분보다 크기가 작아 피감수의 자연수 중 1만 가분수로 바꾸어 피감수의 진분수와 합해 준 후 뺄셈을 한다는 과정이 그림 속에 잘 나타나도록 하는 데 신경을 써야 할 것 같다는 생각을 하였습니다.

컨설턴트 교사 이상우 당연하지요. 그래서 분수모형을 제시하여 그림으로 이해할 수 있도록 한 것이라 말씀 드렸던 것 기억이 나지요?

컨설턴티 교사 ○○○ 네. 그 부분에 신경을 쓰도록 하겠습니다. 그런데 이 부분을 그냥 아이들 스스로 먼저 해 보라고 하는 게 좋은지 아니면 제가 설명을 먼저 해 주거나 어떤 힌트를 주고 나서 해결해 보라고 하는 것이 좋은지 모르겠습니다.

컨설턴트 교사 이상우 네. 저의 경우는 이렇습니다. 아이들 스스로 먼저 해 보게 한 뒤 잘했든 못했든 그 속에서 스스로 깨달을 수 있도록 하는 경우가 더 많습니다. 왜냐하면 수학 교육과정은 어제까지의 내용 체계를 바탕으로 오늘 딱 한 걸음씩만 더 나아가는 방식으로 수업이 진행되기 때문이거든요. 조금만 생각해 보면 오늘 공부하는 수업 내용은 현재 발달 수준을 기반으로 잠재적 발달 수준으로 나아가기 위해 지난 시간까지의 내용에 무엇인가 한 가지만 더 추가한 것과 같은 상황의 과제가 근접 발달 영역 수준 범위 내에서 제시되기 때문에 아이들 스스로 먼저 해 보게 해도 큰 무리가 없다는 것을 알 수 있습니다. 그게 바로 구성주의에서 말하는 배움의 과정이고 학습이 발달을 선도한다는 것의 의미이기도 합니다. 만약 아이들 스스로 해결하면서 다행히 잘했다면 좋은 것이고, 틀린 부분이 있더라도 걱정하지 않으셔도 됩니다. 오히려 틀린 부분, 오개념이 형성된 부분, 난개념을 겪은 부분에서 아이들은 자신들이 이해하지 못하고 있는 부분이 무엇인지를 깨닫게 될 것이고 그 난관을 극복하였을 때 비로소 아이들은 스스로 한 걸음 더 성장하였다는 기쁨을 느낄 수도 있거든요. 어떤 부분은 틀린 사례를 통해, 오개념 사례를 통해 배우게 될 때 훨씬 더 이해가 빠르고 쉽게 받아들일 수 있습니다. 바로 오늘 저의 학급에서 이산량 분수를 공부하면서 그런 상황이 있었거든요(아래 사례 참고). 이산량에서 분수만큼이 얼마인지 알아보는 활동에서 그림으로 해결하는 방법을 제가 먼저 설명해 주지 않고 스스로 먼저 해결해 보게 한 뒤 발표를 하면서 오개념을 수정해 나가기 시작했습니다. 이 과정에서 저는 좀 더 생각할 점들이 있다는 점만 짚어 준 것밖에 한 일이 없었지요.(4개의 묶음이 각각 나타나 있고 그 가운데서도 3개의 묶음을 다시 한 번 묶어서 분수만큼을 정확히 나타내기) 선생님 반에

최초 발표 내용(결과만 표시되었음)

2차 수정 발표 사례(3묶음만 각각 표시됨)

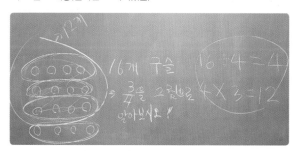

3차 수정 발표를 통해 완성된 사례

그림으로 해결하기에 대한 또 다른 사례

서도 충분히 이런 일들이 일어날 수 있습니다. 그러니 믿고 아이들에게 그냥 맡기세요.

컨설턴티 교사 ○○○   네. 그렇군요. 그러면 저도 한 번 아이들 스스로 먼저 해결해 보도록 해야겠네요.

컨설턴트 교사 이상우   그리고 지난 5차시 수업 후 협의회 때 말씀드린 바와 같이 분수모형 그림을 통해 해결하는 과정이 어떻게 수식으로 해결한 대분수끼리의 뺄셈과 연결되는지에 대해서도 한 번 신경 써 보기 바랍니다.

컨설턴티 교사 ○○○   네. 고민해 보도록 하겠습니다. 그리고 마지막 수직선으로 해결하기 과정도 일단 아이들 먼저 해 보게 한 뒤 발표 사례를 통해 개념을 잡아 나가도록 하겠습니다. 이전 활동처럼.

컨설턴트 교사 이상우   네. 그렇게 하는 것이 좋겠다는 생각이 듭니다. 이렇게 하면 80분이 훌쩍 지나갈 것 같네요. 좀 더 세밀하게 다듬고 시간 계획까지 잘 세워 수업에 임해 주시기 바랍니다. 수업 후에 뵙도록 해요. 수고 많으셨습니다.

※ 위와 같은 과정을 거쳐서 만들어진 수업 디자인은 아래와 같다. 아래 수업 디자인에서 붉은색으로 된 부분은 본래 필자가 설계해 준 것에서 컨설턴티 선생님이 자신의 생각을 담아 수정해 본 것이다.

차시 (블록)	주요 성취 기준 및 학습요소	수업 내용(학습지 정리)	유의점
4블록	*대분수의 뺄셈	* 지난 시간에 대분수의 덧셈에 대해서 배운 것 기억하나요? * $1\frac{2}{4}+2\frac{1}{4}$ 을 더해볼까요? 어떤 방법이 있나요? (자연수끼리 더하고 진분수끼리 더해요. 가분수로 고쳐서 더한 후 대분수로 고쳐요) * $1\frac{3}{4}+2\frac{2}{4}$ 을 어떤가요? 어떤 방법이 있나요? (자연수끼리 더하고 진분수끼리 더한 후 대분수로 고쳐요. 가분수로 고쳐서 더한 후 대분수로 고쳐요) * 이번 시간에는 대분수의 뺄셈에 대해 공부해 보겠습니다. 덧셈은 좀 쉬웠죠? 뺄셈은 어떨 것 같아요? (어려울 것 같아요. 자연수를 분수 형태로 바꾸어서 빼야 하니까 귀찮아요) 한번 살펴볼까요? (학습지를 배부한다) * 먼저 [기본질문 1] $2\frac{3}{4}-1\frac{1}{4}$ 을 보기를 읽고 스스로 해 보세요. [보기] 철수는 $2\frac{3}{4}$ 만큼의 종이테이프를 가지고 있었는데, 이 중에서 $1\frac{1}{4}$ 만큼을 사용하였습니다. 남은 종이테이프의 길이는 얼마인가요? (1) 먼저 $2\frac{3}{4}$ 만큼 그림으로 표현해 보세요. 도막은 정확하게 나누어야 합니다. (2) 위의 그림에서 $1\frac{1}{4}$ 만큼 X 표를 하여 빼 보세요.(덜어내기) (3) 남은 것은 얼마인가요? (4) 그림으로 해결한 과정을 그대로 수식으로 옮겨봅시다. ● $2\frac{3}{4}-1\frac{1}{4} = (2-1) + (\frac{3}{4}-\frac{1}{4}) = 1 + \frac{2}{4} = 1\frac{2}{4}$ (5) 모두 가분수로 고쳐서 해결해 봅시다. ● $2\frac{3}{4}-1\frac{1}{4} = \frac{11}{4}-\frac{5}{4} = \frac{6}{4} = \frac{4}{4}+\frac{2}{4} = 1\frac{2}{4}$ * 이번에는 [기본질문 2] $4\frac{1}{4}-2\frac{3}{4}$ 을 해볼까요? 마찬가지로 보기를 읽고 해결해 보세요. [보기] 영희는 $4\frac{1}{4}$ 만큼의 종이테이프를 가지고 있고 철수는 $2\frac{3}{4}$ 만큼의 종이테이프를 가지고 있습니다. 영희는 철수보다 종이테이프를 얼마나 더 많이 가지고 있나요?	* 무작위로 지목하여 대답하게 한다. * 기본질문 1과 2, 3 모두 학생들에게 해결할 수 있는 시간을 먼저 주고 그림의 경우 나와서 해보게 한 다음에 질문과 대답 형태로 수업을 진행한다. * 연필만 사용하게 한다.

(1) 크기 비교를 통해 그림으로 해결해 보세요.

$4\frac{1}{4}$

$2\frac{3}{4}$

★ 뺄셈에서 받아내림의 원리와 같음을 이해할 수 있도록 지도한다.

(2) 위에서 그림으로 해결한 과정을 그대로 수식으로 옮겨봅시다.

● $4\frac{1}{4}-2\frac{3}{4} = 3\frac{5}{4}-2\frac{3}{4} = (3-2)+\left(\frac{5}{4}-\frac{3}{4}\right) = 1+\frac{2}{4} = 1\frac{2}{4}$

(3) 모두 가분수로 고쳐서 해결해 봅시다.

● $4\frac{1}{4}-2\frac{3}{4} = \frac{17}{4}+\frac{11}{4} = \frac{6}{4} = \frac{4}{4}+\frac{2}{4} = 1\frac{2}{4}$

★ 수직선으로도 활동이 가능합니다. [기본질문 3] $2\frac{1}{4}-1\frac{3}{4}$을 수직선으로 알아봅시다.

(1) 가장 먼저 해야 할 일은 무엇인가? ⇨ 수직선 위에 $2\frac{1}{4}$을 표시

★ 먼저 문제를 해결해보게 한 다음에 다른 의견을 수용함으로서 정답에 가까워지게 의도한다.

(2) 두 번째로 해야 할 일은 무엇인가? ⇨ $2\frac{1}{4}$위치에서 $1\frac{3}{4}$만큼 왼쪽으로 이동하기

(3) $2\frac{1}{4}$위치에서 $1\frac{3}{4}$만큼 왼쪽으로 어떻게 이동할 것인가? ⇨ $1\frac{3}{4}$은 $\frac{1}{4}$이 7개 있는 것이므로 $\frac{1}{4}$씩 7칸을 왼쪽으로 이동한다.(이 방법 외에도 다양한 방법이 있을 수 있다.)

(4) 이동한 결과가 수직선의 어느 지점에 나타나는가? ($\frac{2}{4}$)

★ [수직선으로 알아보기 보충 질문] 아래 뺄셈을 수직선으로 해결하기

(1) $3\frac{2}{3}-1\frac{1}{3}$

(2) $2\frac{1}{5}-1\frac{4}{5}$

(3) $3\frac{2}{6}-1\frac{5}{6}$

9월 6일 수업 후 협의 사항 기록

컨설턴트 교사 이상우 오늘도 수업하시느라 수고 많으셨습니다. 오늘 수업에 대하여 자평을 해 주시기 바랍니다.

컨설턴티 교사 ○○○ 지난 시간에 공부했던 것을 되짚어 보면서 시작을 열었는데 비교적 잘 이해하고 있었습니다. 그런 후에 오늘 공부할 뺄셈에 대해서 어떻게 생각하고 있는지 물어보았더니 어려울 것 같다고 대답하는 아이들이 몇 명 있었고 덧셈이 쉬웠으니 뺄셈도 어렵지 않을 것 같다고 대답하는 아이들도 몇 명 있었습

니다. 이렇게 다양한 느낌을 가진 아이들에게 가장 먼저 던진 질문은 $1\frac{1}{4} - \frac{3}{4}$이었습니다. 오늘 공부할 내용에 대한 열쇠가 되기도 하는 부분이라서 먼저 아이들에게 이 부분을 생각해 볼 수 있도록 하기 위해서였습니다. "얘들아, 여기에서 $\frac{1}{4} - \frac{3}{4}$을 할 수 없잖아. 그러면 어떻게 해야 할까?" 그랬더니 아이들에게서 "1을 가분수로 고쳐서 $\frac{5}{4} - \frac{3}{4}$을 하면 됩니다."라고 답변이 나왔습니다. 잘 알고 있었습니다. 그래서 아이들 스스로 잘 해결해 나갈 것이라 믿고 활동지를 곧바로 나누어 준 뒤 기본질문 1만 먼저 해결해 보라고 하였습니다. 그런 뒤에 아이들 활동 장면을 관찰해 보았는데 가면 갈수록 모둠 내에서 도움 주고받기 활동이 잘 이루어져가는 것을 볼 수 있었습니다. 이제 스스로 하다가 잘 이해가 안 되는 부분이 있으면 바로바로 모둠원들에게 질문을 하고 그에 대한 답변을 주고받으면서 수학적 의사소통을 해 나가고 있는 것이 저의 반에서 낯설지 않게 되었습니다. 그렇게 충분한 시간이 지나서 아이들이 다 해결한 것을 확인하고 함께 답을 확인해 보는 시간을 가졌습니다. 먼저 칠판에 그림을 제가 그려 주고 발표할 아동을 지목하여 해결해 보게 하였는데 한 번에 잘 그려 냈습니다.

컨설턴트 교사 이상우   그렇겠지요. 지난 시간에 먼저 경험한 것이 있으니까요. 다행이네요. 아이들이 한 걸음 더 성장하였네요. 그다음은요?

컨설턴티 교사 ○○○   그런데 이 부분에서 참 재미있는 표현을 한 아이를 발견하였습니다. 지우는 방법으로 뺄셈을 하는데 이렇게 하는 아이가 있었습니다(아래 사례). 이미 등분이 된 것에서 지우면 되는데 그것을 놓아 두고 다시 자연수 부분을 등분하여 그곳에서 한 칸을 지우더군요.

이미 등분된 것에서 빼기를 하지 않고 자연수 부분을 또 등분하여 빼기를 한 사례

컨설턴트 교사 이상우   아. 그렇군요. 그래서 어떻게 하셨는지요?

컨설턴티 교사 ○○○   "얘들아. 이것을 보며 어떤 생각이 드니?"라고 질문을 던졌습니다. 그랬더니 아이들에게서 "틀린 것은 아닌데, 맞기는 맞는데 다른 방법으로 하는 것이 더 쉬울 것 같아요. 이것은 더 복잡해요."라는 대답이 나왔습니다. "그래, 선생님도 그렇게 생각해. 좀 더 쉽게 할 수 있는 방법이 있을까?"라고 했더니 한 명이 해 보겠다고 해서 시켜 보았습니다. 그 아이는 기대하는 대로 잘 해결해 주었습니다. "얘들아. 이것과 먼저 것을 비교해 보니 어떤 것이 더 쉽고 빠르니?", "이번 방법이 더 좋은 것 같아요.", "그렇지? 이제 잘 이해하였지? ○○(이)도 먼저 것을 잘하였어. 그런데 이번 것을 보면서 조금 다른 점을 보았고 이해도 하였지? 앞으로 ○○(이)도 이렇게 해 보자. 알겠지?" 이렇게 말해 주고 나서 첫 번째 활동을 정리하려고 하는데 한 아이가 결과 값을 보고 "선생님, 이거 약분해야 하는 것 아닙니까?"라고 묻더라고요.

컨설턴트 교사 이상우   네? 약분을요? 4학년 과정이 아니라 5학년 과정 내용을요?

컨설턴티 교사 ○○○   맞아요. 그래서 물어보았어요. "약분은 다음 학년에 가서 공부할 것인데, 그것을 어디서 배워 알게 되었니?" 그랬더니 "3학년 때 선생님께서 알려 주셨습니다. 약분되면 해야 한다고요."라는 대답이 나왔습니다. 미리 알려 줄 수도 있잖아요. 그럴 수 있다는 생각은 들었습니다. 그리고 자기는 약분을 해야 한다고 생각해서 약분을 해서 답을 썼다고 하더라고요.

컨설턴트 교사 이상우 네. 그렇군요. 그래서 어떻게 답변을 하셨나요?

컨설턴티 교사 ○○○ "그래. 그렇게 답을 해도 된단다. 약분을 알고 있으면 그것도 잘못된 것은 아니야. 그렇지만 다른 친구들은 아직 약분을 공부한 것이 아니니까 약분을 안 했다고 해서 틀린 것도 아니지. 만일 약분을 해야 한다는 조건이 있다면 반드시 해야 하지만 그런 조건이 없으면 하지 않아도 되는 것이야."라고 이야기를 해 주고 넘어갔습니다.

컨설턴트 교사 이상우 잘하셨어요. 아쉬운 마음은 들지만요. 3학년 과정에서 약분을 이야기한다는 것이 참 이해가 안 되네요. 약분이라는 것이 사실 꼭 해야만 하는 것도 아니고 크기가 같은 다양한 분수, 즉 동치분수에 대해 공부하면서 가장 간단한 동치분수로 표현한 것이 약분인데 아이들 수준과 교육과정을 뛰어넘어 그것을 꼭 해야만 하는 것으로 아이들에게 지도한다면 이것은 분명히 심각한 문제라고 사료되네요. 물론 3학년 과정에서 분수막대 모형(오른쪽 사례)을 이용하여 크기가 같은 분수를 생각해 보는

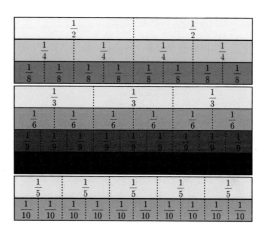

활동은 아주 좋은 것이라 생각됩니다. 하지만 약분과 연계하여 지도한다는 것은 또 다른 과정(곱셈과 나눗셈에 충분히 익숙해져야 한다는 것, 최대공약수 및 최소공배수를 이해하여야만 한다는 것 등)이 함께 다루어져야 하는데 3학년 아이들에게 무리라는 것 정도는 조금만 생각해도 알 수 있다는 점에서 매우 큰 걱정과 우려가 제 가슴속에 밀려옵니다. 5학년 아이들도 어려워하는 약분 과정을 3학년에게 …. 그래서 제대로 가르치려면 수학 교육과정에 대한 체계성과 학문적인 이해가 제대로 뒷받침되어야 한다는 것을 저는 다시 한 번 강조하고 싶습니다.

컨설턴티 교사 ○○○ 네. 저도 그렇게 생각됩니다. 앞으로 본인 생각대로 가르쳐서는 안 된다는 점을 명심하고 잘 지도하려고 노력할 생각입니다.

컨설턴트 교사 이상우 네. 앞으로 그렇게 꼭 부탁드립니다. 그다음은 어떻게 되었나요?

컨설턴티 교사 ○○○ 아, 이런 질문도 나왔습니다. 수식으로 해결하는 과정에서 '$\frac{6}{4} = \frac{4}{4} + \frac{2}{4}$'와 같은 과정을 꼭 써야 하느냐는 것이었습니다. 이 질문에는 "꼭 써야 하는 것은 아니지. 다만 가분수를 대분수로 고치는 과정이 잘 드러나게 써 주었을 뿐이지. 이것에 익숙한 사람은 안 써도 상관이 없단다."라고 답변을 해 주었습니다.

컨설턴트 교사 이상우 네. 좋습니다.

컨설턴티 교사 ○○○ 그런 뒤에 기본질문 2를 함께 읽어 보면서 다음 과제로 넘어갔습니다. 여기에서 곧바로 문제 해결로 들어가지 않고 기본질문 1과 기본질문 2에 어떤 차이점이 있는지 먼저 알아보라고 질문을 하였습니다. 그랬더니 아이들에게서 이런 답변이 나왔습니다. "1에는 받아내림이 없는데 2에는 있는 것 같

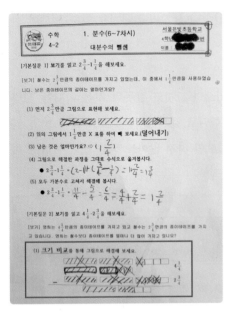

활동지 사례(앞면)

아요. 1은 덜어 내는 것이고 2는 크기를 비교하는 것입니다." 사실 활동지만 잘 봐도 알 수 있는 것이었거든요. 다행히 그것을 보았든 스스로 발견해 낸 것이든 기대하는 답변이 나왔습니다. 그래서 뺄셈은 이렇게 두 가지 경우가 있을 수 있다는 것을 한 번 짚어 주고 스스로 문제를 해결할 수 있도록 시간을 주었습니다. 이전과 마찬가지로 충분한 시간을 가진 뒤에 그림으로 칠판에 나와서 해결할 수 있는 아이에게 발표를 부탁하였습니다. 그 아이가 잘했습니다. 한 번에. 다른 의견을 갖고 있는 아이들도 없었고요.

컨설턴트 교사 이상우　네. 그렇군요. 그런데 여기에서 수식으로 해결하는 과정과 그림으로 해결하는 과정이 어떻게 연결되는지 알아보는 과정, 그림을 통해 수식으로 해결하는 과정을 유추해 내는 활동이 있었는지요? 지난 덧셈 과정에서 제가 협의회 때 말씀드렸던 부분 말입니다.

컨설턴티 교사 ○○○　아. 그 부분은 제가 진행하지 못하였습니다. 시간도 많이 걸릴 것 같고 복잡할 것 같기도 해서요. 그래도 고민은 해 보았습니다.

컨설턴트 교사 이상우　네. 좋습니다. 꼭 해야만 한다는 것은 아니었습니다. 수업 설계상으로 봐도 뒷부분에 수직선으로 나타내는 부분도 있으니까요. 물론 선생님께서 짧은 시간을 할애해서 직접 설명해 주셨더라면 좋았을 것이라는 아쉬움도 있지만요. 너무 신경 쓰지는 마시되 분수모형을 활용하여 문제를 해결하는 과정이 왜 들어가 있고 이것이 해당 차시 수업활동에서 어떤 역할을 하는 것인지, 다음 내용 또는 1과정과 어떻게 연결되는지, 그림으로 해결하는 과정과 수식으로 해결하는 과정이 결코 다르지 않다는 것에 대한 이해와 판단은 꼭 하고 계셔야만 한다는 것을 말씀드리고 싶었을 뿐입니다.

컨설턴티 교사 ○○○　네. 잊지 않겠습니다. 그런데 수식으로 해결하는 과정을 보면서 아이들이 가분수 ↔ 대분수 간의 변환은 잘할 줄 알았지만 부분 변환하는 과정은 좀 어렵게 생각하고 있다는 것을 알게 되었습니다. $4\frac{1}{4}-2\frac{3}{4}=3\frac{5}{4}-2\frac{3}{4}$으로 바꾸는 것 말입니다. 이 과정을 쉽게 쓰거나 말로 설명하지 못하더라고요. 이렇게 쓰는 아이들이 꽤 많았습니다.(아래 사례) 그렇게 하고 나서 기계적으로 답만 계산해서 쓴 것이지요. 그런데 이것을 설명하기가 참 어렵더라고요.

(2) 앞에서 그림으로 해결한 과정을 그대로 수식으로 옮겨봅시다.

● $4\frac{1}{4}-2\frac{3}{4}=\boxed{(4-2)+\left(\frac{1}{4}-\frac{3}{4}\right)}=1\frac{2}{4}=1\frac{2}{4}$

컨설턴트 교사 이상우　그럴 수밖에 없겠지요. 교육과정 속에서 이 부분을 그리 중요하게 다루고 있는 것처럼 보이지 않으니까요. 그래서 제가 그림으로 해결하는 과정을 중요하게 여겼던 것입니다. 그림에서는 이 과정이 그대로 드러나잖아요.

컨설턴티 교사 ○○○　아, 그렇네요. 그림에서 자연수 1을 추가로 4등분하는 과정이 나타났었지요. 다시 생각해 보니 꼭 필요한 과정이었네요. 그림을 통해 수식을 유도해 내는 과정이 말입니다.

컨설턴트 교사 이상우　또한 이런 과정은 어떻게 보면 3학년 과정에서 관련된 부분을 잘 설계하여 다루어 주는 것이 좋겠다는 생각을 저는 하고 있거든요. 이런 이유 때문에 지금 단원을 열어 가면서 3학년 과정 되짚어 보기에 이와 관련된 활동을 제일 뒷부분에 제시했던 것입니다. 그리고 현재 제가 지도하고 있는 3학년 아이들에게도 이 부분을 반영시켜 지도하고 있는 중이기도 하고요. 자연수도 마찬가지입니다. 2라는 것은 통째로 2라는 의미만 있는 것이 아니라 1+1이라는 의미도 갖고 있다는 것, 마찬가지로 4라는 것은 1+3이 될 수도 있고 3+1이 될 수도 있고 2+2가 될 수도 있다는 것을 이해할 수 있도록 돕는 일이 1학년 과정에서부터 차근차근 그리고 꾸준히 이루어져야 하는데, 그런 것들이 교육과정 속에 잘 반영되고 있지 못하다는 생각이 저는 듭니다. 그러다 보니 전반적으로 아이들의 수 감각이 떨어질 수밖에 없는 현실을 우리가 직면하고 있는 것이라 봐도 과언이 아닐 것입니다. 그런 부분이 막혀 있다 보니 뒤에 나오는 다른 과정에서도 전이가 이루어지지 않아 계속 정체된 아이들의 사고를 우리가 보고 있는 것은 아닐까 생각됩니다. 지금 공부하고 있는 분수의 경우 단위분수를 기초로 하여 '$\frac{3}{4}$은 $\frac{1}{4}$이 몇 개, $\frac{1}{4}$의 몇 배'와 같은 개념으로 지도해야만 한다는 점, 대분수 $1\frac{1}{4}$은 $1+\frac{1}{4}$과 같다는 점, 3은 $2+\frac{4}{4}$로 고쳐 쓸 수 있다는 점 등을 3학년 과정부터 꾸준히 지도해야만 한다는 것도 지금 이야기하고 있는 것과 맥을 같이하는 것이랍니다. 아무튼 이 부분은 꾸준히 반복하여 지도하는 수밖에 없을 것이라 생각은 됩니다. 이렇게 하여 막힌 부분을 뚫어 주게 되면 아이들의 실력이 갑자기 크게 향상된 것처럼 보일 것입니다. 마치 운동선수에게 슬럼프가 왔다가 극복하였을 때처럼 말입니다. 그래서 아이들에게 경험이 중요하다고 말하는 것 같습니다. 직접 해 본 것은 이해된다는 공자의 말씀처럼. 때마침 저의 교실에서도 어제 그런 일이 있었습니다. 어제 공개수업으로 3학년 2학기 분수단원을 지도하면서 진분수, 가분수, 대분수에 대한 이해를 돕는 과정이 전개되었었는데 분모가 어떻게 정해지는지에 대한 이해가 부족하여 수업 진행이 잘 이루어지지 않았었습니다. 왜냐하면 이전까지는 연속량 분수에서 전체를 1만 가지고 생각하였었는데 갑자기 연속량이 2개 제시되면서 각각의 연속량을 등분한 뒤 몇 조각을 분수로 써 보라고 하니 혼란스러울 수밖에 없었던 것이라 생각되었습니다. 그래서일까. 아이들은 자꾸만 ▭▭▭▭▭▭과 같은 상황에서 색칠된 부분을 $\frac{3}{8}$으로 생각하고 말하였습니다. 일단은 아이들끼리 계속 생각해 보고 말하게 하면서 스스로 찾아낼 수 있도록 공개수업을 진행해 나갔습니다만 이제 막 생긴 오개념, 난개념을 해당 시간에 완전히 해결해 줄 수 없었습니다. 당연히 본래 수업을 설계한 만큼 진도를 나갈 수 없었고요. 그래도 큰 성과는 있었습니다. 아이들이 어떤 지점에서 힘들어하고 주춤거리는지를 알게 되었으니까요. 그리고 본래 교육과정은 그렇게 교실에서 수시로 만들어지는 것이니까요. 그래서 그다음 날 바로 이에 대한 보충을 해 주어야겠다 마음먹고 계획에 없던 1시간을 추가로 확보하여 막힌 부분을 뚫어 주려는 노력을 하였습니다. 물론 잘 해결되었고요. 그랬더니 분수에 대한 아이들의 이해 수준이 갑자기 확 높아지는 것을 느낄 수 있었습니다. 관련된 여러 가지 질문에 대하여 완벽한 수준까지는 아니더라도 나름의 생각을 반영하여 오개념 없이 답변이 잘 나왔거든요.(자세한 부분은 3학년 2학기 분

수 단원 7~8차시 내용을 참고하기 바람)

컨설턴티 교사 ○○○ 아. 듣고 보니까 그렇네요. 1~2차시 활동지의 맨 뒷부분 활동 내용에 그런 의도가 들어 있었던 것이군요. 이제 알겠습니다. 한 가지 더 알게 되었습니다(아래 사례).

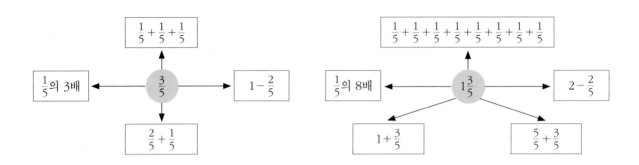

다음 과정은 수직선으로 해결하기 과정이었는데 지난 시간에 해 본 경험이 있어서 그런지 어느 정도는 잘 해내고 있다는 것을 관찰할 수 있었습니다. 그리고 여기에서 아이들이 다양한 방법으로 수직선 위에 뺄셈 과정을 나타내고 있다는 것을 발견하게 되었습니다(아래 사례). 가장 먼저 피감수를 어떻게 나타내는가 보았 더니 한꺼번에 통째로 나타내는 아이도 있어서 이것만은 정확히 나타내야 한다는 것을 지도해 주었습니다. 선생님께서 말씀해 주신 것처럼 이렇게 말입니다(아래 사례). 그리고 나서 아이들에게 자신의 활동지를 수정 하게 안내하였습니다.

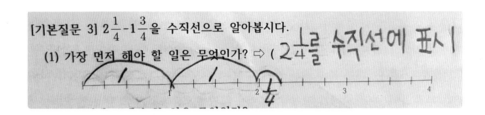

그런 뒤에 빼는 수를 어떻게 표시하는지 살펴보았습니다. 매우 다양한 방법이 나왔습니다(다음 쪽 사례). 어떤 아이는 빼는 수를 가분수로 바꾸어 단위분수만큼씩 이동시켜 빼기도 하였고, 어떤 아이는 자연수와 진분수로 분할하여 이동시켜 빼기도 하였고, 어떤 아이는 자연수를 기준으로 진분수도 분할하여 빼기도 하 였고, 어떤 아이는 빼는 수를 한 번에 결과 중심으로 표시를 하더라고요. 각자 자신의 현재 상황에서 이해한 바를 바탕으로 창의적으로 문제를 해결하는 것을 보면서 개념, 원리 이해가 정말 중요한 것이라는 것을 다시 한 번 생각해 보게 되었습니다. 아무튼 아이들이 각자 해결한 것을 발표로 공유하고 확인도 하면서 마무리 를 하였는데 거의 시간에 딱 맞게 수업이 진행된 것 같아 좋았습니다. 제가 할 만큼 한 것 같았고 아이들도 모둠 내에서 서로 도움을 주고받으면서 과제를 해결해 나가는 모습을 보면서 기쁘기도 하였고요.

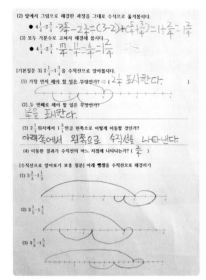
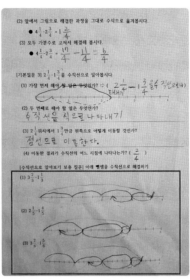
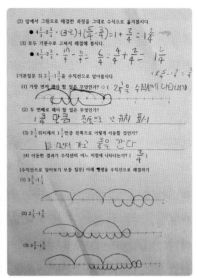

활동지 해결 사례(뒷면)-특히 가운데 활동지 사례가 눈에 많이 띄었다.

컨설턴트 교사 이상우   잘 지도해 주셨네요. 아이들과 의미 있는 시간을 가졌던 것 같습니다. 이제 교사가 먼저 가르쳐 주지 않아도 아이들 스스로 원리나 개념을 탐구해 나가면서 수업 목표에 도달할 수 있다는 것을 알게 되신 것 같아 저도 참 좋습니다. 다만 이를 위해서는 교사가 먼저 학문적 지식을 바탕으로 교육과정을 알맞게 재구성, 디자인해야만 한다는 조건이 선행되어야 하겠지만요. 그것은 길게 보고 가면 될 것 같습니다. 선생님께서도 어느 한 개 교과목만이라도 이렇게 전문성을 갖추어 나갔으면 좋겠다는 것이 저의 바람입니다. 이왕이면 수학이면 좋겠고요.(웃음)

컨설턴티 교사 ○○○   쉽지는 않겠지만 저도 고민해 보도록 하겠습니다.

컨설턴트 교사 이상우   네. 오늘도 수고 많으셨습니다. 이제 다음 한 차시 남았네요. 수업 전날 마지막 사전 협의회를 진행하도록 하겠습니다. 그리고 한 가지 더 부탁을 드리고자 합니다. 평가문제입니다. 아이들에게 적어도 3~4일 이상, 일주일 정도 여유를 두고 미리 평가 공지를 하시고, 지금 공부한 내용 그대로 평가에 반영시키겠다는 말을 확실히 강조해 주시기 바랍니다. 그래야 이렇게 과정, 원리를 중심으로 공부했던 효과가 나타날 수 있답니다. 수업은 이렇게 해 놓고 평가는 결과 중심으로 간다면 아이들은 굳이 이렇게 힘들게 원리, 과정을 알아 갈 필요성을 느끼지 못할 뿐만 아니라 개념을 정확히 이해하고 넘어갈 수 없다는 점을 반드시 잊지 말아야 합니다.

컨설턴티 교사 ○○○   네. 알겠습니다. 끝나 갈 때가 되니까 슬슬 걱정도 됩니다. 다음 단원은 어떻게 해야 할까 고민이 됩니다.

컨설턴트 교사 이상우   그 부분은 고민하시지 마세요. 제가 다른 단원까지 모두 지금처럼 단원 설계를 해드리기에는 무리가 따르겠지만 선생님께서 원하신다면 재구성에 필요한 부분들을 분석하여 알려드리도록 하겠습니다. 그러려면 선생님께서 의지를 가지고 시간을 내셔서 제게 요청을 먼저 하셔야 합니다. 그런 요청이 없다면 저는 선생님께 도움을 드릴 수 없다는 점 꼭 알고 계시기 바랍니다.

컨설턴티 교사 ○○○ 그렇게 해 주신다면 정말 감사하고요. 그러면 제가 다른 단원 시작하기 전에 미리 시간을 내어 요청을 드리도록 하겠습니다. 꼭 시간을 내주시기 바랍니다.

컨설턴트 교사 이상우 물론이지요. 그렇게 하신다면 저도 무척 기쁠 것입니다. 그러면 다음 주에 뵙겠습니다.

8차시 자연수 - 진분수, 자연수 - 대분수 해결하기

수업 흐름	교사의 발문

도입 및 전개

(1) $1-\dfrac{1}{4}$을 계산하여 봅시다.

- 개별활동 → 모둠별 협동학습(각자 해결한 방법에 대해 공유)
- 수업을 시작하자마자 이렇게 문제를 제시하고 각자 다양한 방법으로 해결해 볼 수 있도록 시간을 준다.(각자 이전 시간까지 공부했던 분수막대 또는 정사각형 모형, 수직선 모형, 수식으로 해결하기 등 다양한 방법을 활용하여 자신의 노트에 해결할 수 있도록 한다.)
- 각자 해결한 방법을 모둠원들과 공유하고 다른 사람이 생각한 방법에 대해서도 자신의 것으로 받아들여 이해하고 설명할 수 있도록 한다.(잘 이해가 되지 않는 부분에 대해서는 모둠원들끼리 서로 도움 주고받기)
- 모둠활동을 가진 후에 1명을 지목하여 해결한 방법 한 가지를 발표하게 한다.(손을 든 아동보다 임의 지명 또는 추첨 등을 통해 결정하는 것이 좋다. 그래야만 누구나 발표를 하게 될 수도 있으니 그를 대비하여 공유하는 내용들을 자신의 것으로 만들어 나가는 노력을 보다 많이 하게 될 것이기 때문이다.) 가능한 수식으로 해결, 수직선으로 해결, 분수막대 등의 모형으로 해결한 방법들이 모두 발표로 이어질 수 있도록 한다.
- 발표하는 아동의 설명을 다른 친구들이 잘 듣고 이해하고 있는지, 들은 것을 이해한 대로 다시 발표하게 하거나 발표하는 아동의 설명 속에서 생각해 볼 점, 오개념을 갖기 쉬운 내용, 난개념 등에 해당되는 내용을 교사가 잘 들은 뒤 그 지점을 출발점으로 하여 아이들에게 꼬리에 꼬리를 무는 식의 질문을 계속 이어 나가면서 아이들의 이해를 넓고 깊게 돕는다.

※ 이전 차시 수업을 통해 본 차시와 같은 활동을 할 수 있는 기본 역량과 개념들은 충분히 갖추었다고 판단하였기 때문에 이와 같이 수업을 디자인하였다.

(2) $4-1\dfrac{3}{4}$을 계산하여 봅시다.

- 앞서 진행했던 방법으로 해결하기
- 모둠원들과 함께 다양한 방법으로 해결한 사례를 공유하고 이해하기, 잘 이해가 안 되는 부분들은 모둠원들끼리 서로 도움 주고받기

∴ 모든 과정이 마무리되면 교과서, 수학 익힘책 문제 해결을 할 수 있게 안내한다. 시간이 부족하면 과제로 제시한다.

8차시 사전 수업 협의

9월 10일 사전 협의 사항 기록

컨설턴트 교사 이상우   이제 마지막 1차시 수업만 남겨 놓았네요. 마지막까지 최선을 다해 보도록 해요. 이번 마지막 차시 수업에 대한 고민은 어떻게 하셨는지요?

컨설턴티 교사 ○○○   생각해 보았습니다만 선생님께서 설계를 해 주신 것 그대로 하는 것이 좋겠다는 생각을 하여 따로 수정 본 것은 없습니다. 이전 차시까지 필요한 모든 학습은 다 마쳤다고 생각이 되어서 그렇습니다.

컨설턴트 교사 이상우   네. 사실상은 그러합니다. 그러면 특별히 협의할 내용은 없는 것 같네요. 다만 제시된 두 가지 질문 모두 그림으로 해결하기, 수식으로 해결하기 등 다양한 방법으로 해결한 사례 모두 발표가 이루어질 수 있도록 해 주시는 것만 잊지 않으시면 될 것입니다.

컨설턴티 교사 ○○○   네. 그 부분이 가장 중요한 것이니까 잘 만들어 보도록 하겠습니다.

컨설턴트 교사 이상우   좋습니다. 그건 그렇고. 평가 공지는 하셨는지요?

컨설턴티 교사 ○○○   네. 말씀해 주신 바와 같이 오늘 미리 공지하였습니다. 목요일에 평가를 한다고. 그리고 수업 시간이 학습한 내용 모두가 평가 내용에 포함된다는 것도 강조를 하였습니다.

컨설턴트 교사 이상우   잘하셨습니다. 제가 평가문항도 제작하여 보았습니다. 한 번 살펴봐 주시고 바꾸시고 싶은 것이 있다면 얼마든지 바꾸셔도 됩니다.

컨설턴티 교사 ○○○   네. 살펴보고 다음 협의회 때 말씀드리도록 하겠습니다. 그리고 다음 단원에 대한 분석 및 설명도 부탁을 드리고자 합니다. 선생님께서 가장 좋은 시간을 잡아 주시면 제가 맞추도록 하겠습니다.

컨설턴트 교사 이상우   좋습니다. 이번 주 목요일 단원평가 후 협의회를 마무리하면서 다음 단원에 대한 핵심을 짚어 드리도록 하겠습니다. 오늘 이야기는 이것으로 마치도록 하겠습니다. 수고하셨습니다.

8차시 수업 후 협의

9월 11일 수업 후 협의 사항 기록

컨설턴트 교사 이상우   드디어 마지막 차시 수업을 마치셨습니다. 수고 많으셨습니다. 먼저 오늘 수업에 대한 이야기 부탁드립니다.

컨설턴티 교사 ○○○ 네. 일단 수업 진행은 설계한 바와 같이 진행하였습니다. 시작 초반에 분수식을 제시하고 어떤 방법으로 해결할 수 있는지 전체 질문을 통해 함께 알아보는 시간을 가졌습니다. 아이들에게서 식으로 해결하기, 수직선으로 해결하기와 같은 답변이 나왔지만 분수모형과 같이 그림을 이용하여 해결하기 방법은 나오지 않아 힌트를 주어 가며 끌어냈습니다. 이렇게 세 가지 방법을 칠판에 적어 주고 세 가지 방법 모두 활용해서 풀어 볼 수 있도록 하고 시간을 주었습니다. 아이들이 해결해 나가는 것을 관찰해 보니 50% 정도 아이들은 큰 무리 없이 잘 해결해 나가고 있는가 하면 나머지 50% 정도 아이들은 모둠 친구들의 도움을 받아가며 천천히 해결해 나갔습니다. 그래도 끝까지 모두 해결한 것을 확인할 수 있었습니다.

컨설턴트 교사 이상우 네. 좋네요. 그동안 수업을 통해 경험하고 깨닫게 된 것들을 잊지 않고 잘 간직하고 있었나 봅니다. 그다음은요?

컨설턴티 교사 ○○○ 발표를 통해 해결한 각각의 방법들을 공유해 보았습니다. 어떤 방법은 손을 들고 발표를 해 보겠다는 아이를 지목하기도 하였고 어떤 방법은 제가 직접 시켜 보고 싶은 아이가 있어서 직접 호명을 하였습니다. 다행히 아이들 모두 한 번에 정확히 해결 과정을 칠판에 써 주었고 아이들도 동의를 하였습니다. 비교적 빨리 끝난 것 같아 흐뭇하고 좋았습니다. 그러나 여유를 가질 틈이 없는 것 같아 곧바로 두 번째 수식을 제시하고 이전 과정과 똑같은 절차를 거치도록 시간을 주었습니다. 이번 질문도 잘 해결하기는 하였지만 $4-1\frac{3}{4}$을 수식으로 해결하는 과정에서 아이들이 $4-1\frac{3}{4}=3\frac{4}{4}-1\frac{3}{4}$으로 고치는 것이 잘 안 되는 것 같았습니다. 물론 꼭 이렇게 해결해야만 하는 것은 아니지만 이런 생각을 쉽게 하기는 어려운 것 같았습니다. 대체로 아이들은 $\frac{16}{4}-\frac{7}{4}$로 고쳐서 해결하였습니다. 그것도 나쁘지는 않았습니다. 그래도 지도는 하는 것이 좋을 것 같아서 자연수 4를 대분수 형태로 표현하면 어떻게 써야 하는지 묻자 잠시 뒤에 $3\frac{4}{4}$로 고칠 수 있다는 답변이 나왔습니다. 그런 뒤에야 "아, 이렇게 하는 방법도 있었지." 하고 고개를 끄덕이거나 알고 있었는데 제대로 생각을 끄집어 내지 못하였다는 표정을 보이는 아이들이 다수 있었습니다. 그리고 분수모형 그림 및 수직선을 이용하여 해결하는 방법도 모든 아이들이 잘 해결하였습니다. 분수모형의 경우 모두가 덜어 내기 방법(지우는 방식)을 활용하여 잘 해결하였고 수직선도 정확히 표시하였는데, 빼는 수만큼 왼쪽으로 옮길 때는 역시 아이들마다 다양한 방법을 사용하는 것을 관찰할 수 있었습니다. 어떤 아이는 1부터 옮기는가 하면 어떤 아이는 $\frac{3}{4}$만큼 먼저 옮기기도 하였고 어떤 아이는 가분수로 고친 뒤 단위분수 개수만큼 뛰어 세기를 하여 옮기는 아이도 있었습니다. 모두 맞게 잘한 것이잖아요. 그래서일까, 오늘따라 기특하기도 하고 대견해 보이기도 하였습니다.

컨설턴트 교사 이상우 선생님께서 잘 지도해 주신 덕분이지요. 잘 마무리하시고 나니 얼마 정도 시간이 사용되었나요?

컨설턴티 교사 ○○○ 약 35분 정도 지난 것 같았습니다. 그래서 교과서 및 익힘책 풀이를 할 수 있도록 안내해 주고 마무리하였습니다.

컨설턴트 교사 이상우 네. 정말 긴 시간 동안 수고 많으셨어요. 이렇게 끝나고 나니까 어떠세요? 다시 말해서 교과서대로 1학기와 같이 진행하였을 때와 저와 함께 분석적으로 교과서를 살펴보고 개념과 원리를 기반으로 분수의 덧셈과 뺄셈 개념 및 원리에 대하여 조작적·협동적 의사소통 과정을 거쳐 알아 나갈 수 있도록 수업을 진행하였을 때 사이에서 나름대로 차이점들이 느껴지셨는지요?

컨설턴티 교사 ○○○　1학기에는 일방적 설명과 전달, 전체 질문에 대한 소수 아이들의 답변 방식 수업으로 인하여 아이들이 정확하게 그 개념에 대하여 제대로 이야기해 볼 기회를 갖지 못하였던 것 같았고, 이해가 부족한 아이들도 잘 모른 채 그냥 넘어가는 경우도 적지 않았을 것이라 생각되었습니다. 그런데 선생님께서 단원분석을 해 주시고 각 차시별로 기본 설계를 해 주신 것을 바탕으로 수업을 해 나가다 보니 아이들이 집중하지 않으면 안 된다고 느끼고 있는 것처럼 보였고, 시간이 지날수록 자연스럽게 수업 속으로 빨려 들어오는 것 같았습니다. 그 과정 속에서 기본 개념 및 원리에 대하여 지속적으로 강조하고 반복하여 말하게 하고, 자신이 스스로 먼저 해결한 것을 바탕으로 서로 이야기도 나눌 수 있게 해 주고, 발표를 통해 각 개인 또는 모둠에서 알아낸 다양한 생각과 정보들을 공유할 수 있도록 해 주니까 제가 직접 설명하거나 전달해 주지 않았는데도 자연스럽게 원리를 터득하고 개념을 잡아 나가더라고요. 그래서 정말 좋았습니다. 그래서일까 수학책을 중심으로 그대로 따라서 익혀 나가는 수업보다 훨씬 더 밀도 높고 질적으로도 우수한 수업을 할 수 있었습니다. 선생님께서 해 주신 수업 디자인 속에는 꼭 필요한 개념과 원리에 대한 질문, 활동, 과제만 들어 있었기 때문에 이런 수업이 가능했던 것 같았습니다.

컨설턴트 교사 이상우　그렇게 생각해 주신다니 정말 다행입니다. 사실 하나의 단원에는 차시별로 흐르는 일관된 개념과 원리가 존재합니다. 그것들을 각 차시에 잘 녹여내서 전체 차시가 마치 하나의 덩어리인 것처럼, 그러면서도 차시별로 조금씩 더 나아간 무엇인가가 기다리고 있는 것처럼 수업을 설계하려고 최선을 다하였는데 그렇게 느끼셨다면 제 설계는 성공적이라 말할 수 있을 것 같아 저도 무척 기쁩니다. 현재의 교과서는 그렇게 되어 있지 못하고 각각의 차시가 별개의 것처럼 느껴지고, 한 차시 내에서도 각각의 활동들이 서로 연결되지 못한 것처럼 되어 있어서 저는 무척 아쉽다는 생각을 많이 하고 있습니다. 결론적으로 이번 분수 단원 전체의 밑바탕에 흐르는 기본 개념과 덧셈, 뺄셈의 원리는 딱 하나 단위분수고, 그것을 차시마다 자연스럽게 녹여내면서 일관된 흐름과 방향을 유지하려고 최선을 다해 디자인하였는데 최소한 합격점은 받은 것 같아서 저는 대만족입니다. 이제 남은 것은 평가입니다. 미리 보내드린 평가문항을 살펴보셔서 아시겠지만 아이들은 이런 평가문항에 노출된 경험이 거의 없어서 무척 힘들어할지도 모를 일입니다. 어쩌면 선생님께서 기대하신 것보다 결과가 나쁠 수도 있습니다. 그러나 그런 상황이 오더라도 실망하지 않기를 바랍니다. 시간적 여유가 되신다면 다른 출판사 혹은 인터넷 교육 서비스 사이트에서 제공해 주는 평가문항을 내려받아 한 번 더 평가해 보시면 아실 것입니다. 그런 문제들은 아이들이 전혀 문제없이 잘 풀어 나가는 모습을 보시게 될 것이니까요. 저는 그렇게 믿고 있습니다. 왜냐하면 이런 믿음은 지금까지 제가 지도해 온 아이들을 통해서 갖게 된 것이기 때문이니까요.

컨설턴티 교사 ○○○　네. 평가문항을 보니까 수업 속에서 다루었던 내용들과 개념, 원리들이 자연스럽게 문항 속에 스며들어 가 있는 것처럼 보였습니다. 그래서 훨씬 더 좋게 느껴졌습니다. 그리고 평가 공지를 하면서 아이들에게 몇 번씩 강조하였습니다. "이번 수업 시간 동안 다루었던 활동지를 집으로 가져가서 다시 복습하면서 평가 준비를 꼭 하기 바란다. 이번 평가문항은 수업 시간에 선생님이 강조한 것들을 바탕으로 문제를 냈으니까 말이다." 그랬더니 아이들이 활동지를 잘 챙겨서 가방 속에 넣기도 하더라고요.

컨설턴트 교사 이상우　그래요. 아이들이 선생님 말씀을 잘 새겨들었나 봅니다. 아무쪼록 평가까지 잘 마무리하시고 평가 후 선생님께서 결과를 검토해 보시면서 제 도움 없이 스스로 한 번 피드백해 보시기 바랍니다. 수업 속에서 어떤 점들을 보완하여야 할지, 어떤 점들이 부족한지, 어떤 것들이 잘 되었는지 등에 대해서 말입니다. 그런 뒤에 다음을 위해 그 기록들을 어딘가에 잘 갈무리해 두실 것을 부탁드리고 싶습니다. 그러면 오늘은 여기서 정리하도록 하겠습니다. 수고 많으셨습니다.

9차시　단원평가

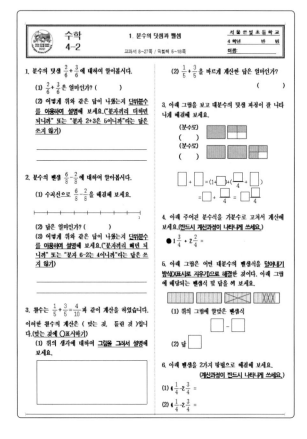

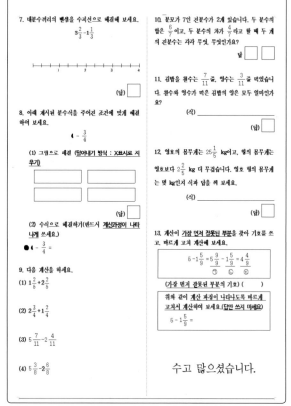

수업 컨설팅을 마치면서

수업 교사의 소감문

컨설턴티 교사 ○○○

혁신학교인 은빛초등학교에 와서 가졌던 여러 가지 경험들은 제 교사생활에 있어 튼튼한 밑거름으로 남을 것 같습니다. 그중에서도 이번에 수학 교육과정을 재구성하여 수업해 볼 수 있는 기회를 가졌던 것이 가장 기억에 남을 것이며 저에게 큰 의미가 있었던 시간이었다고 생각됩니다. 이런 기회를 주신 이상우 선생님께 감사의 말씀을 전합니다.

지난 시간 동안 수업 혁신과 관련된 연수를 꽤 많이 들으면서 나만의 수업, 나만의 교실을 만드는 것이 결국은 교사의 정체성, 전문성을 드러낼 수 있는 유일한 길이라는 것을 수도 없이 들어왔지만 정작 그 철학과 주장을 공감하는 선에서 멈출 수밖에 없었던 저의 한계가 부끄럽게 느껴진 시간들이었습니다. 변명에 불과할 수도 있겠지만 그러한 경험을 가질 수 있게 자신의 시간과 곁을 내줄 수 있는 선배 교사를 만나지 못했던 것이 사실이고 저 또한 그러한 선배교사를 찾아 삼고초려하지도 않았던 것 또한 사실입니다.

지금까지 저는 담임교사의 특성상 수업 한 차시 분량을 준비하여 1회 수업을 진행하는 것으로 더 이상 돌이킬 수 없는 순간들을 매일, 매시간 만나기 때문에 수업에 시행착오를 겪는다는 것은 학생들을 외면한다는 말과 다름없다고 생각해 왔습니다. 철저한 연구와 고민을 통해 수업을 준비하고 계획하고 실천해야만 그러한 시행착오를 최소화할 수 있음에도 불구하고 저는 세세한 수업준비는 고사하고 단원에 대한 깊이 있는 통찰과 연구부터 부족했다는 사실을 이번 경험을 통해 처절하게 깨달을 수 있었고 깊이 반성하지 않을 수 없었습니다. 이러한 저에게 4학년 분수의 덧셈과 뺄셈 단원을 함께 재구성하여 수업해 보자고 제안해 주신 이상우 선생님께 다시 한 번 진심으로 감사하다는 말을 전합니다.

지난 3주 동안 매 차시 사전 협의와 사후 협의를 진행하는 동안 너무 바쁘기도 하였고 힘든 순간도 많았지만 막상 협의회가 시작되고 나면 제가 생각하지 못했던 부분을 짚어 주시고, 제게 어떤 깨달음과 고민할 거리들을 던져 주시고, 실제 수학 수업에 유용한 지도법 및 다양한 노하우를 알려 주실 때는 정말 기뻤고 '나도 이렇게 수업을 하면 아이들과 의미 있는 시간을 가질 수 있겠구나!' 하는 생각이 들기도 하였습니다. 또한 실제로 실행에 옮기면서 협의회 시간에 가졌던 기대만큼 수업이 나름 잘 이루어지는 것을 제 눈으로 확인하면서 매시간 선생님께서 제게 전해 주시는 지혜와 노하우들을 저의 것으로 만들기 위해 노력하는 저 자신도 느낄 수 있었습니다. 비록 어설프게 따라한 협동학습이었지만 앞으로도 꾸준히 공부해 나간다면 배움이 있는 교실을 구현하는 데 훨씬 큰 도움을 받을 수 있지 않을까 하는 기대도 갖게 되었습니다.

이번 경험을 통해 가장 크게 느끼고 깨달았던 점이 있다면 '선생님의 수업에 대한 관점'이었다는 생각이 듭니다. 선생님의 시각과 관점에 의해 디자인된 수업을 공유하고 이해하여 저의 교실에 적용해 보면서 수업에 열심히 참여하는 학생들, 생각을 하려고 노력하는 학생들뿐만 아니라 그동안 수업에 소극적이었던 아이들에게도 많은 도움이 되었다는 생각을 하게 되었습니다.

한편 기계적으로 알고리즘만 익혀서 문제를 해결하고 답을 얻는 것을 당연하게 생각하였던 종전의 수업과 달리 왜 그렇게 되는지 이유를 알아보고 설명도 해 보고, 무엇이 문제인지 함께 모둠원들과 토론해 보기도 하고, 나름대로 터득한 개념과 원리 이해를 바탕으로 스스로 먼저 문제를 해결한 뒤 다른 친구들과 공유도 해 보는 경험을 거듭해 나가면서 아이들은 조금씩 변하기 시작하였고, 그런 모습을 관찰해 보면서 나는 아이들 스스로가 수업 속의 주인이 되어 실타래처럼 꼬인 상황을 풀어 나가 '아 그래서 그런 것이었구나!' 하고 깨달음을 얻게 될 수 있는 수업이 지금보다 더 자주 나의 교실에서 현실로 다가올 수 있을 것이라는 희망과 기대도 갖게 되었습니다.

앞으로도 이런 기회가 또 주어진다면 적극적으로 참여해 보고 싶다는 생각과 함께 나의 수업을 지속적으로 돌아보면서 깊이 있는 수업 연구를 기반으로 한 수업 설계와 실천을 통해 교실에서 기적을 만들어 보아야겠다는 생각, 아이들 스스로 의문을 가지고 문제를 해결해 나가기 위해 노력하는 모습이 넘쳐나는 교실을 만들어 나가야겠다는 꿈을 간직하며 3주간 진행되었던 수업 컨설팅 활동에 마침표를 찍어 봅니다.

2018년 9월 17일 컨설팅 과정을 회고하며

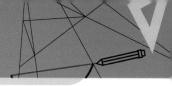

제8장

5학년 분수(1) 약분과 통분

약분과 통분은 분수의 중요한 개념 가운데 하나인 동치를 이해하고
같은 양의 다양한 표현을 능숙하게 할 수 있도록 하는 데 초점을 두고 있다.
그리고 약분과 통분은 분수의 연산으로 나아가는
관문과 같은 역할을 하기 때문에 아이들이 그 의미를
확실하게 이해하고 넘어갈 수 있도록 최선을 다해 지도해야 한다.
따라서 단순히 최대공약수, 최소공배수를 이용한
약분과 통분의 기능적 접근에 초점을 맞출 것이 아니라
아이들이 분수막대와 같은 구체물과 기호를 연결지어
개념 및 원리를 이해할 수 있도록 돕는 일에 중심을 두어야 한다.

본 단원 학습 이전에 약수와 배수에 대하여 학습한 경험을 바탕으로 이어서 5학년 아이들은 약분과 통분을 공부하게 된다. 교육과정상 지도서 등에 제시된 단원목표를 보면 후속 학습은 분수의 덧셈과 뺄셈을 위한 선수학습 개념으로 그 의미가 있다고 소개하고 있는 것을 볼 수 있다. 하지만 필자의 관점은 좀 다르다. 물론 그런 목표가 없는 것도 아니고 잘못된 것도 아니지만 분수라는 영역이 중학교 과정에서 유리수라는 이름으로 다루어진다는 것을 생각해 본다면 오직 유리수만이 가진 독특한 특성, 즉 동치분수를 이해할 수 있도록 하는 데 더 큰 목적이 있다고 필자는 생각하고 있다.[*]

위와 같은 목표를 염두에 두고 이와 관련된 내용을 다루기 위해 필자는 다음과 같이 10차시로 교육과정을 재구성하여 실제 수업을 진행하였다.[**]

---

[*] 오직 유리수(분수)만이 가지고 있는 특징인 크기가 같은 분수, 하나의 분수를 표현하는 방법은 매우 많다는 점(동치분수)을 이해할 수 있도록 하는 데 핵심 목표가 있다고 필자는 생각한다.

[**] 실제 교육과정도 10차시 내외로 구성하고 있다. 다만 교육과정 구성상 차시별 세부 내용을 살펴보면 교과서는 스토리텔링, 평가, 문제 해결 등에 3~4차시 정도를 배정하여 실제로 아이들이 분수의 특성과 약분, 통분에 대한 원리의 탐구, 발견, 이해의 폭을 넓힐 수 있는 활동시간이 6차시 정도밖에 안 된다는 것을 알 수 있다. 필자는 이런 점을 감안하여 불필요한 활동은 줄이거나 실제 수업활동과 연결 지어 재구성하려고 최선을 다하였다.

차시	재구성 이후	수업의 목적
1	크기가 같은 분수 알기 (개별활동-협동학습)	▪ 크기가 같은 분수에 대한 이해(분수막대, 분수 모형 활용-활동지 해결)
2~3	크기가 같은 분수 만들기 (개별 활동-협동학습)	▪ 크기가 같은 분수 만들어보기(색종이 접기를 통한 이해), 크기가 같은 분수를 만드는 방법 알기(분모와 분자에 0이 아닌 같은 수를 곱하거나 나누면 크기가 같은 분수를 만들 수 있다.)
4~5	약분이 무엇인가요?	▪ 약분의 뜻, 약분의 이유를 알고 약분하기 ▪ 기약분수의 뜻을 알고 기약분수로 나타내기(분수 모형, 분수막대 활용)
6~7	통분이 무엇인가요?	▪ 공통분모, 통분의 뜻, 통분의 이유 알기 ▪ 분수막대, 분수 모형을 활용하여 통분하기
8	최대공약수, 최소공배수를 이 용한 기약분수 만들기와 통분	▪ 최대공약수를 이용한 약분하기 ▪ 최소공배수를 이용한 통분하기
9	분수의 크기를 비교할 수 있 어요	▪ 분모가 다른 두 분수의 크기 비교하기 ▪ 분모가 다른 세 분수의 크기 비교하기
10	단원평가	▪ 단원 정리(문제풀기)

위와 같이 재구성한 이유에 대하여 살펴보면 다음과 같다.

교육과정 재구성의 이유와 방향성

문제의식 갖기

01 단원 도입의 목적 및 내용 구성에 대한 고민

잠시 5학년 교과서 내용 구성에 대하여 생각해 보도록 하겠다. 초등학교 5학년 1학기 수학 교과서의 구성을 보면 분수 관련 단원이 $\frac{1}{2}$ 이상을 차지한다는 것을 알 수 있다. 단원의 순서를 바꾸어 분수 관련 단원을 앞으로 모두 몰아 지도한다면 거의 3, 4, 5월을 분수만 공부하다가 시간을 보내게 된다는 말이다. 그런데 그 내용을 자세히 들여다보면 먼저 학습하게 되는 앞 단원(약수와 배수)과 마찬가지로 약분과 통분 단원도 분수의 연산 활동을 위한 기초 활동처럼 구성되어 있다는 것(후속 학습인 분수의 덧셈과 뺄셈을 위한 선수학습 개념)을 알 수 있다.

약분과 통분이라는 단원이 분수 개념에 대한 확실한 이해(특히 동치 개념)를 돕는 수학적 활동에 의미를 부여할 수 있도록 구성되어 있어야 마땅함에도 불구하고 내용을 살펴보면 연산적인 측면만 강조되어 있는 것 같아서 매우 아쉽다. 연산 및 문제풀이 중심의 학습이 끝나고 나서 아이들이 문제를 풀 수 있다고 하여 충분한 이해 및 학습이 되었다고 말할 수 있을까에 대해서는 한 번 깊이 생각해 볼 일이다. 단지 연산 기능에 초점을 맞춘다면 단 몇 시간만으로 이 단원의 학습을 끝낼 수 있다. 비판적 관점에서 바라본다면 단원 도입의 목적이 덧셈과 뺄셈을 위한 선수학습 및 연산 기능 강화가 아니라 또 다른 그 무엇에 있다는 것을 교사 스스로 찾아내지 않으면 안 된다.

02 5학년 아이들 수준에 맞지 않는 질문과 색칠공부

5학년 아이들에게 3학년 수준의 질문이 제시되어 있는 것을 곳곳에서 볼 수 있다. 예를 들자면 다음과 같다.

분수 모형을 제시하고 "분수만큼 색칠하시오."라는 지시문이 있는 것을 볼 수 있는데 그 내용은 이런 것이다.

'$\frac{2}{3}$와 $\frac{3}{4}$을 통분한 후 크기에 맞게 색칠하기'

하지만 상황을 보면 왜 분수막대가 12칸으로 되어 있는지 고민할 필요도 없이 무조건 색칠만 하게 되어 있어서 아이들의 사고 활동을 자꾸만 막고 있다는 생각이 들게 만든다. 아이들에게 수학적 사고가 가능하게 하고 스스로 탐구하는 과정을 통해 개념이나 원리를 발견해 내는 기쁨을 맛볼 수 있는 기회를 제공해 주려면 아이들 스스로가 두 분모의 공배수는 여러 개가 있으나 그리기 쉽게 가장 작은 공배수(최소공배수)인 12를 이용하여 통분하고, 이를 표시하기 위해 수 모델을 12등분을 해야 한다는 것까지도 스스로 생각해 내고 분수모형 위에 직접 그릴 수 있어야 하지 않을까? 교과서에 제시된 이 문제를 이렇게 바꾸면 어떨까 생각해 본다.

바꾸기 전	바꾼 후
"분수만큼 색칠하시오."	"분모가 같게 만들고 각각의 크기만큼 색칠하시오."
$\frac{2}{3}$ |__|__|__|__|__|__|__|__|__|__|__| 1 □/12 $\frac{3}{4}$ |__|__|__|__|__|__|__|__|__|__|__| 1 □/12	$\frac{2}{3}$ |_____| 1 □/□ $\frac{3}{4}$ |_____| 1 □/□

위와 같은 질문이나 지시문 외에도 지도서 안내를 보지 않으면 교사 자신도 선뜻 답하기 어려운 질문, 조작활동이나 생각할 수 있는 유도 과정 등도 없이 특정한 답 또는 기정 사실화한 답을 요구하는 질문, 집필진이 요구하는 답을 유도하는 질문, 구태의연한 답을 유도하거나 빼버리고 지도해도 별 무리가 없는 질문, □나 ( )를 만들어 놓고 별 고민 없이 칸을 채우기만 하면 되는 식의 질문 등도 꽤 많이 등장한다. 이런 질문들에 대해서는 교사가 심사숙고하여 바꾸거나 과감히 빼버리고 재구성할 필요가 있다.*

---

* 예를 들자면 이런 것들이다.
(1) "분모와 분자를 같은 수로 나누려고 합니다. 어떤 수로 나눌 수 있습니까? 그 수의 특징을 이야기해 보시오."와 같은 질문에서 분자와 분모를 동시에 나눌 수 있는 수는 아이들이 쉽게 찾을 수 있다고 치더라도 그것이 어떻게 분모와 분자의 공약수라는 것을 곧바로 답할 수 있겠는가? 분자와 분모를 동시에 나눌 수 있는 수를 모두 찾아보고 분자와 분모의 공약수를 함께 구해 본 뒤에 비교하는 과정을 통해 공통점을 파악하고, 그것이 바로 분자와 분모의 공약수라는 것을 발견해 내는 과정이 필요한 것 아닐까?
(2) "분수만큼 색칠하시오."와 같은 질문에 대하여 \|____\|____\| 1 이렇게 제시하고 색칠하라고 하는 것보다 \|_____\| 1 이렇게 제시하고 직접 등분하여 제시된 분수만큼 색칠하게 하는 것이 더 좋은 질문이라 할 수 있다. 이

03　약분과 통분이라는 단원을 지도해야 할 본질적인 이유에 대한 고민

교사들도 아이들도 흔히 약분과 통분이라는 단원의 내용에 대하여 그냥 분수의 연산을 위한 기본 활동이자 도구로서 배운다고 생각하는 경향이 강하다. 그래서 약분과 통분을 단순히 이렇게 생각하기도 한다.

약분		통분
분자와 분모를 같은 수(최대공약수)로 나누는 것		분자와 분모에 같은 수(최소공배수)를 곱하는 것

이런 시각으로 바라본다면 약분과 통분은 단순히 곱셈과 나눗셈 연산 가운데 하나로 여겨지게 되며 곱셈과 나눗셈 연산은 이미 많은 아이들에게 익숙한 내용이어서 별로 어려운 내용이라 할 수 없다.

　하지만 이 단원을 이렇게만 바라본다면 매우 위험하다. 이렇게 단순한 활동을 별도의 단원으로 구성하여 10차시 분량만큼 지도하라고 제시한 데에는 분명히 나름대로의 이유가 있을 것이다.

　이미 앞에서도 제시한 바와 같이 본 단원 학습의 본질적인 목적은 (1) 분수 사칙연산을 위한 기초 활동이라는 목적과 함께 (2) 분수만이 가진 고유한 성질에 대한 이해라는 목적을 동시에 달성하라는 차원에서라고 바라보아야 한다. 분수는 중학교에서 유리수라는 이름으로 공부하게 되는데 유리수(분수)만의 고유한 특성이라고 한다면 바로 하나의 유리수(분수)를 표현하는 방법이 매우 많다는 것(똑같은 크기를 나타내는 분수가 매우 많다는 것＝동치)이라 할 수 있다. 그렇다면 이러한 특성을 초등학교 5학년 아이들이 이해할 수 있도록 돕기 위해 수업 내용을 어떻게 디자인하고 전개할 것인가 하는 고민 또한 굉장히 중요한 일이 아닐 수 없다. 하지만 교과서에는 이런 의미를 가진 활동은 전혀 제시되어 있지 않고 단지 약분과 통분을 위한 절차와 답만 그대로 나열하고 써 나가기만 하면 되는 방식으로 기술되어 있어 대안이 시급한 상황이다. 이를 극복하기 위해 가장 좋은 활동은 역시 분수막대를 도입하여 자연스럽게 크기가 같은 분수 및 약수, 배수, 약분, 통분 등의 개념을 구성적으로 쌓아 나감과 동시에 분수가 가진 독특한 성질을 이해할 수 있도록 돕는다면 매우 바람직한 활동이 될 수 있을 것이다.*

재구성 방향성

01　분수막대를 적극 활용할 수 있도록 하였다. 분수만이 가지고 있는 특성, 즉 "하나의 분수를 표시하는 방식은 끝이 없다는 것"이라고 말할 수 있다. 이를 위해 연산 중심이 아닌 조작적 활동이 필요하다고 판단하

와 같은 맥락에서 본다면 수직선을 제시한 질문이나 다양한 형태의 분수모형들은 이미 칸을 점선으로 다 나누어 놓고 제시하였다는 점에서 아쉬움이 남는다. 이런 상황에서는 아이들이 분자와 분모와의 관계를 제대로 생각하고 이해하기보다는 주어진 숫자만큼 색칠하는 활동만 하게 되어 기계적인 수학 학습만 이루어질 가능성이 높아진다. 이렇듯 우리 교과서는 개념 이해보다는 문제풀이 칸 채우기, 답 내기 방식만 배워 훈련하면 된다는 식의 질문이 너무 많아 고민이 된다.

* 분수막대 모형도 아이들이 실제로 만들어 보면 가장 좋겠지만 교구나 인쇄물로 만들어 제시하는 것도 나쁘지는 않다.

였고, 여기에 분수막대가 가장 큰 도움이 된다고 생각하여 적극 도입해 보았다.*

02 분수모형(원이나 막대 모양 등)을 제시할 때 점선으로 미리 칸을 나누어 주지 말고 제시하여 아이들이 분수에서 분자와 분모 사이의 관계를 이해할 때, (최대)공약수로 약분된 이후의 분자와 분모 사이의 관계를 이해할 때, 분모 사이의 최소공배수를 구하여 통분하고 두 수의 크기를 비교할 때 수 모델의 칸을 등분할하고 분수의 크기만큼 표현해 나가면서 스스로 원리나 개념을 발견하고 배움이라는 성취감을 느낄 수 있도록 하였다.

03 초등에서 다루는 수의 범위는 그리 큰 것이 아니기 때문에 굳이 최대공약수, 최소공배수를 다루지 않고도 분수막대를 이용하여 약분과 통분이 가능함을 알고 크기가 같은 분수 개념에 대한 이해와 조작적 활동에 더 많은 시간 할애를 할 수 있도록 수업을 디자인하였다.

04 최대공약수 및 최소공배수를 활용한 약분과 통분을 익히는 일은 크기가 같은 분수 개념을 충분히 이해하고 난 후에 활용할 수 있는 알고리즘이라 말할 수 있다. 따라서 크기가 같은 분수 만들기 및 이해에 대한 감각을 충분히 익히고 난 후에 도입할 수 있도록 신중한 접근이 필요하다고 판단하였다.

05 통분을 공부하는 이유는 대상이 되는 분수의 분모를 같게 만들어 주는 것으로 크기를 비교하거나 덧셈, 뺄셈 활동을 하기 위함이며 약분을 공부하는 이유는 분수의 크기는 같지만 사용되는 수의 크기를 최소화하여 이해를 보다 쉽게(큰 수보다는 작은 수를 통해 이해하는 것이 더 쉽고 빠름) 할 수 있도록 도와주기 위함이다. 그리고 약분과 통분을 공부하는 공통된 이유이자 가장 핵심은 장차 중학교에서 공부하게 될 유리수의 이전 단계로서 분수만이 가지고 있는 특징인 크기가 같은 분수, 하나의 분수를 표현하는 방법은 매우 많다는 점(동치분수)을 이해할 수 있도록 하기 위함이다. 따라서 이런 사실이 매 차시 수업 디자인에 반영될 수 있도록 최선을 다하였다.

06 간략히 접근할 수 있는 부분은 시간을 줄이고 아이들이 이해에 어려움을 겪는 부분 또는 조작적 활동이 많이 필요한 부분에 시간을 더 할애하여 충분한 이해를 돕는다는 생각으로 교육과정을 재구성해 보았다.

---

* 분수 개념에 대한 확장이라는 차원에서 꾸준하게 크기가 같은 분수를 만들어 보고 분수막대 등을 이용하여 눈으로도 확인해 보는 활동이 꼭 필요하다.

먼저 앞에서 살펴본 문제의식을 바탕으로 분수만의 특징이라 할 수 있는 크기가 같은 분수의 이해 및 크기가 같은 분수 만들기 활동에 매우 큰 의미를 두어 3시간(크기가 같은 분수 알기 1시간, 크기가 같은 분수 만들기 2시간)을 할애하여 단순히 숫자로만 파악하기보다 구체적인 조작활동(색종이, 분수막대 모형을 활용)을 통해 보다 눈으로 직접 확인(크기는 같으나 모양은 달라진다는 것)해 볼 수 있도록 하였다.

둘째, 크기가 같은 분수에 대한 이해 및 크기가 같은 분수 만들기 활동을 바탕으로 약분에 대한 이해, 약분하는 방법 알기, 기약분수에 대하여 구체적인 조작활동(젠가 또는 쌓기나무, 분수막대 등을 활용)을 통해 아이들이 눈으로 직접 확인(크기는 같으나 분수가 점점 간단해지는 것)해 가면서 이해할 수 있도록 하였다.

셋째, 크기가 같은 분수에 대한 이해 및 크기가 같은 분수 만들기 활동을 바탕으로 통분에 대한 이해, 통분하는 방법 알기(최소공배수 활용, 분모의 곱 활용)에 대하여 아이들이 눈으로 직접 확인(분수막대, 분수모형 활용)해 가면서 천천히 이해할 수 있도록 하였다.

넷째, 상황에 따라 기본 이해를 바탕으로 모둠원들이 협동학습 구조 활동을 통해 약분과 통분에 익숙해질 수 있도록 하거나 미션 과제를 협동적으로 해결하도록 수업을 디자인해 보았다. 이를 통해 아이들은 學과 習 활동의 적절한 조화, 수학적 사고 및 의사소통 능력, 문제 해결력, 협동하는 마음, 지식이나 정보 또는 지혜의 나눔을 경험할 수 있는 장이 마련되도록 하였다.

다섯째, 약분과 통분 또한 숫자상으로만 이해할 것이 아니라 분수 모델을 통해 눈으로 직접 확인할 수 있도록 디자인하였다. 특히 분수 모델을 제시할 때부터 등분되지 않은 상태로 제시하여 아이들 스스로 분수의 기본 개념(등분)을 감각적(특히 시각)으로 이해할 수 있도록 함과 동시에 크기가 같은 분수 및 약분과 통분에 대하여 자신이 직접 표시한 분수 모델을 통해 눈으로 확인하고 이해할 수 있도록 돕는 것을 매우 중요하게 다루었다.

1차시 | 크기가 같은 분수 알기

약분과 통분 단원 첫 시간입니다. 재미있는 이야기로 열어 볼까요? '남의 떡'이 커 보인다고? 정말 그럴까요?

옛날 옛날에 아주 지독한 구두쇠 부인이 있었어요. 이 부인이 얼마나 지독한 구두쇠인지 알려 줄 만한 일화가 있어요. 어느 날 구두쇠 부인의 간장독에서 파리 한 마리가 나왔어요. 구두쇠 부인은 이 파리를 끝까지 쫓아갔어요. 왜냐고요? 파리의 몸에 묻은 간장이 아까웠기 때문이지요. 구두쇠 부인은 파리를 물에 헹궈 그 물로 국을 끓여 먹었어요.

구두쇠 부인은 마을에 잔치가 있는 날이면 어김없이 잔칫집에 이른 아침부터 나타났죠. 해가 떨어질 때까지 그 집에서 머물렀어요. 하루 세 끼를 모두 해결하고 집으로 돌아가곤 했죠.

오늘도 이 부인은 일을 돕는다는 핑계로 잔칫집에 머물렀어요. 하루 세 끼를 잔칫집에서 모두 해결하고 다음 날 먹을거리까지 챙겨 집으로 돌아가려고 했죠. 그런데 갑자기 떡 때문에 사건이 터졌어요. 구두쇠 부인이 가진 떡이 이웃이 가진 떡보다 양이 적다는 생각이 들었던 거죠. 떡의 크기도 문제였어요. 결국 구두쇠 부인은 집에 돌아가려는 이웃에게 한마디를 던졌어요.

"여보게! 내가 나이도 위이고, 이 집 잔치를 가르쳐 준 것도 난데 떡을 얻어도 자네보다 내가 더 가져가야 옳지 않겠나?"

"형님! 형님 떡이 더 많은데 무슨 말씀이세요. 그렇게 큰 덩어리를 가지고 뭘 제 것을 탐을 내세요?" 하고 이웃 부인이 말을 받아쳤죠.

"아니, 이 사람이! 그래도 윗사람이 말을 하는데 고분고분 따를 것이지. 어서 이리 내놔!"

구두쇠 부인은 이웃 부인이 가진 떡이 더 많은 게 틀림없다 생각하고 다짜고짜 내놓으라며 이웃이 든 떡을 잡아당기기 시작했어요.

"형님, 정 그러시면 정말 누구의 떡이 더 큰지 이 집주인에게 물어봅시다." 하고 이웃 부인이 집주인에게 떡의 크기를 비교해 달라고 했습니다. 결국 주인이 와서 마당에 그림으로 그려 가며 떡의 크기를 비교해 줬어요.

"내가 똑같은 시루떡을 구두쇠 부인에게는 한 장의 1/2을 주었고, 당신에게는 한 장의 3/8을 주었으니까 그림을 그려 보면 다음과 같겠네요!"(여러분이 직접 주인이 되어 그림을 그려서 설명해 보세요. ─보드마카, 개인 칠판)

떡의 크기를 비교해 보니 구두쇠 부인은 자신이 가진 떡이 더 많다는 것을 알게 됐어요. 그리고는 무슨 일이 있었느냐는 듯 자신이 갖고 있던 떡을 집어 들고 유유히 집으로 돌아갔어요. 구두쇠 부인은 집으로 돌아가는 길에 속으로 이렇게 생각했답니다.

'휴, 하마터면 손해 볼 뻔했네.' 하면서 말이지요.

자료 : 소년조선일보 창의력 UP 수학동화 구두쇠 부인 이야기

교사 ● 자, 이야기 재미있었지요? 이 이야기 속에는 '이번 단원에서 공부할 분수의 크기 비교'에 대한 내용이 숨어 있습니다. 그런데 지금까지 여러분이 공부했던 분수의 크기 비교와 다른 점이 있어요. 무엇이 다른가요?

아이들 ● 분모의 크기가 달라요.

교사 ● 맞아요. 여러분은 지금까지 분모의 크기가 같은 분수들을 중심으로 공부해 왔습니다. 그 내용을 바탕으로 지금 5학년 1학기 3단원에서는 분모의 크기가 다른 분수들의 크기를 비교할 줄 아는 '살아가는 힘'을 길러 나가게 될 것입니다. 그런데 여러분이 앞에서 들려준 이야기 내용을 듣고 어떤 떡이 큰 떡인지 그림으로 그려 보고 설명할 줄 아는 것을 보니 이 단원은 이미 공부를 다 한 것과 같네요. 이 단원도 그리 어렵지 않게 공부할 수 있을 것 같아요. 어때요?

아이들 ● 정말 그럴 것 같아요.

교사 ● 그래요. 자신이 쉽다고 생각하면 쉬워집니다. 자, 지금부터 하나하나 차근차근 선생님과 좀 더 자세히 알아보도록 해요. 오늘 첫 시간은 크기가 같은 분수에 대하여 알아보는 시간을 가져보도록 하겠습니다. 지금부터 나누어 주는 활동지를 차근차근 읽어 보고 생각하면서 각자 해결해 보도록 합니다. 활동할 때 이것을 꼭 지켜 주세요. 첫째, 궁금하거나 이해가 잘 되지 않는 것은 가장 먼저 내 짝, 내 모둠원들에게 "나, 이것 잘 이해가 안 돼. 나 좀 도와줄래?" 하고 도움을 요청합니다. 모둠원들에게서 답을 얻지 못하면 그때 선생님에게 도움을 요청합니다. 이때는 모둠원 모두가 손을 들어 신호를 보냅니다(모둠 질문). 처음부터 선생님에게 도움을 요청하지 않습니다.

아이들 ● 알겠습니다.(선생님께서 나누어 주는 활동지를 받아들고 해결합니다.)

수학 5-1	3. 약분과 통분 크기가 같은 분수 알기	서울　　　　　초등학교 5학년　　반　　번 이름 :

1. 연필의 길이에 해당되는 만큼의 크기를 띠 모양의 모델(띠 모델)에 색칠하고 크기가 어느 정도 되는지를 분수로 표현해 보시오.

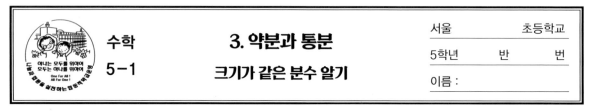

2. 위의 연필 크기에 해당되는 분수와 크기가 같은 분수를 두 가지만 만들어 봅시다. (조건 : 분모의 크기가 10을 넘지 않도록 하고, 위의 1번과 크기가 같게 색칠하기)

	1	

	1	

3. 지금 나누어 주는 분수막대 모형을 보고 위의 연필 크기에 해당되는 분수와 크기가 같은 분수를 더 찾아봅시다.

$\dfrac{1}{\square}$이 $\square$ 개 모여 이루어진 분수 $\dfrac{\square}{\square}$	
$\dfrac{1}{\square}$이 $\square$ 개 모여 이루어진 분수 $\dfrac{\square}{\square}$	$\dfrac{\square}{\square}$
$\dfrac{1}{\square}$이 $\square$ 개 모여 이루어진 분수 $\dfrac{\square}{\square}$	

4. 분수막대 모형을 이용하여 주어진 분수와 크기가 같은 분수를 모두 찾아봅시다.

(1) $\dfrac{2}{3} =$ (2) $\dfrac{3}{5} =$ (3) $\dfrac{4}{12} =$ (4) $\dfrac{4}{6} =$

(5) $\dfrac{4}{10} =$ (6) $\dfrac{3}{4} =$ (7) $\dfrac{6}{8} =$ (8) $\dfrac{6}{9} =$

- 한 명도 빠짐없이 자신의 모둠원이 문제를 다 해결했으면 함께 확인합니다.
- 확인이 다 된 모둠(오답 확인 및 수정까지 모둠 내에서 해결, 해결이 안 되면 선생님께 도움 요청하기) 수학책 ○~○쪽까지 스스로 해결합니다.
- 학교에서 수학책 해결이 안 된 사람은 집에서 복습으로 할 수 있도록 합니다.

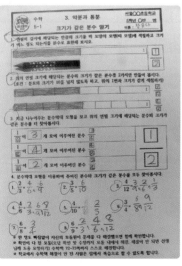

2015년 4월 필자의 교실 약분과 통분 1차시 활동 및 도움 주고받기, 결과 확인, 결과물 사례

● 지금까지 크기가 같은 분수에 대하여 알아보았습니다. 이렇게 분수는 이름이 달라도 크기가 같은 것을 많이 만들 수 있답니다. 다음 시간에는 이름이 달라도 크기가 같은 분수를 만드는 방법에 대하여 알아보도록 하겠습니다.

1차시 수업 소감

1단원은 수월했지만 2단원 분수에 대한 공부가 본격적으로 시작되면 아이들이 힘들어하는 모습을 보일 것이라는 예상을 했다. 왜냐하면 진단활동 결과 분수 개념이 많이 흐트러져 있는 모습을 보았기 때문이다. 3단원 1차시 활동지를 시작하면서 분수에 대한 기본 개념이 자리 잡혀 있지 않은 아이들이 초반부터 눈에 띄었다. 그래서 적극적으로 다가가 기본 개념을 세워 주려고 최선을 다하였고, 모둠활동을 하면서 모둠원들에게 도움 주고받기 덕분에 보다 쉽게 어려움을 극복할 수 있었다. 역시 아이들은 교사의 설명보다 또래의 설명이 훨씬 이해하기 쉽고 빠르다는 것을 다시 한 번 확인하는 자리였다.

분수막대 모형을 처음 보는 아이들이 대부분이어서 모형을 활용한 과제 해결 초반에는 잠시 주춤하는 모습을 보이더니 금방 적응하면서 오히려 더 쉽게 과제를 해결해 나가는 모습을 볼 수 있었다. 역시 분수막대의 위력은 대단하였다. 대부분의 아이들이 분수막대를 활용하여 분수의 크기를 눈으로 직접 확인하고 이해하면서 크기가 같은 분수를 보다 쉽게 받아들이고 있는 것 같았다. 속도가 느린 아이들은 쉬는 시간까지 조금 할애하였지만 내가 의도한 수업의 목표에 빠짐없이 도달한 것 같아 만족스러웠다. 아직 분수에 대한 기본 이해가 부족한 아이들이 꽤 있지만 오늘을 시작으로 매시간 아이들이 자신들의 부족한 점을 보완해 나갈 수 있도록 수업을 디자인하고 모둠원들끼리 협동학습을 통해 도움을 주고받을 수 있는 상황을 만들기 위해 최선을 다해야겠다.

2~3차시 크기가 같은 분수 만들기

수학 5-1	3. 약분과 통분 크기가 같은 분수 만들기	서울　　　　초등학교 5학년　반　번 이름 :

1. 정사각형 모양의 색종이를 사용하여 위의 분수와 크기가 같은 분수를 알아봅시다.

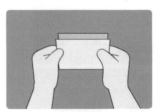

1번 접으면	2번 접으면	3번 접으면	4번 접으면	…
$\dfrac{1}{2}$ ⟶	$\dfrac{\square}{\square}$ ⟶	$\dfrac{\square}{\square}$ ⟶	$\dfrac{\square}{\square}$	…

2. 원 모양의 색종이를 사용하여 위의 과정과 똑같이 활동해 봅시다.

3. 위의 1, 2번 활동과정 및 결과에서 알 수 있는 규칙(원리)은 무엇인가?(분모와 분모 사이의 규칙, 분자와 분자 사이의 규칙 살펴보기)

_____

_____

4. 활동을 통해 알게 된 원리(위의 3번)를 이용하여 아래와 같이 정리하였습니다. ☐ 안에 알맞은 수를 쓰시오.

※ 색종이를 1번 접었을 때를 기준으로 하여 2번 접었을 때, 3번 접었을 때, 4번 접었을 때 만들어지는 각각의 분수를 만들어 보았다.(모두 크기가 같은 분수가 됨)

1번 접으면		2번 접으면		3번 접으면		4번 접으면
$\dfrac{1}{2}$	=	$\dfrac{1\times\square}{2\times\square}=\dfrac{\square}{\square}$	=	$\dfrac{1\times\square}{2\times\square}=\dfrac{\square}{\square}$	=	$\dfrac{1\times\square}{2\times\square}=\dfrac{\square}{\square}$

4번 접은 경우		3번 접은 경우		2번 접은 경우		1번 접은 경우
$\dfrac{8}{16}$	=	$\dfrac{8\div\square}{16\div\square}=\dfrac{\square}{\square}$	=	$\dfrac{8\div\square}{16\div\square}=\dfrac{\square}{\square}$	=	$\dfrac{8\div\square}{16\div\square}=\dfrac{\square}{\square}$

※ 크기가 같은 분수 만들기

   (1) 분모와 분자에 0이 아닌 같은 수를 [＿＿＿＿＿] 크기가 같은 분수가 된다.

   (2) 분모와 분자를 0이 아닌 같은 수로 [＿＿＿＿＿] 크기가 같은 분수가 된다.

5. $\dfrac{1}{3}$과 크기가 같은 분수를 2개만 만들어 보자.(분자와 분모에 같은 수를 곱하기)

	1	$\dfrac{1}{3}$

	1	$\dfrac{\square}{\square}$

	1	$\dfrac{\square}{\square}$

$$\frac{1}{3}=\frac{1\times\square}{3\times\square}=\frac{1\times\square}{3\times\square}$$

6. $\dfrac{6}{12}$과 크기가 같은 분수를 3개만 만들어 보자.(분자와 분모를 같은 수로 나누기)

	1	$\dfrac{6}{12}$

$$\frac{6}{12} = \frac{6 \div \square}{12 \div \square} = \frac{6 \div \square}{12 \div \square} = \frac{6 \div \square}{12 \div \square}$$

7. 아래 주어진 분수와 크기가 같은 분수를 3개씩 만들어 보시오.

분자와 분모에 같은 수를 곱하기	분자와 분모를 같은 수로 나누기
$\dfrac{3}{4} =$	$\dfrac{36}{42} =$
$\dfrac{4}{5} =$	$\dfrac{16}{24} =$

※ 한 명도 빠짐없이 자신의 모둠원이 문제를 다 해결했으면 함께 확인합니다.

※ 확인이 다 된 모둠(오답 확인 및 수정까지 모둠 내에서 해결, 해결이 안 되면 선생님께 도움 요청하기) 수학책 ○~○쪽까지 스스로 해결합니다.

※ 학교에서 수학책 해결이 안 된 사람은 집에서 복습으로 할 수 있도록 합니다.

참고하기　　　　　보다 간단히 이렇게 할 수도 있어요.(형성평가지로 활용해도 좋음)

크기가 같은 분수

오른쪽 그림과 같은 3장의 색종이가 있습니다. 각각의 색칠된 부분의 크기를 차례대로 분수로 나타내 보시오.

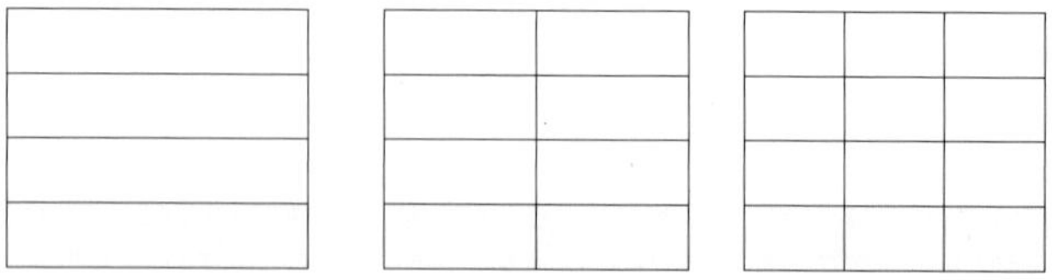

처음 분수의 분자와 분모에 0이 아닌 같은 수를 곱하였다.

$\dfrac{1}{4}$　　　$\dfrac{\square}{\square}$　　　$\dfrac{\square}{\square}$

$$\frac{1 \times 2}{4 \times 2} = \frac{\square}{\square} \qquad \frac{1 \times 3}{4 \times 3} = \frac{\square}{\square} \qquad \frac{1 \times 4}{4 \times 4} = \frac{\square}{\square} \qquad \frac{1 \times 5}{4 \times 5} = \frac{\square}{\square}$$

$$\Rightarrow \frac{1}{4} = \frac{\square}{\square} = \frac{\square}{\square} = \frac{\square}{\square} = \frac{\square}{\square}$$

오른쪽 그림과 같은 3장의 색종이가 있습니다. 각각의 색칠된 부분의 크기를 차례로 분수로 나타내 보시오.

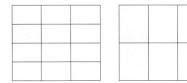

$\dfrac{4}{12}$ $\dfrac{\Box}{\Box}$ $\dfrac{\Box}{\Box}$

처음 분수의 분자와 분모를 0이 아닌 같은 수로 나누었다.

$\dfrac{4 \div 2}{12 \div 2} = \dfrac{\Box}{\Box}$ $\dfrac{4 \div 4}{12 \div 4} = \dfrac{\Box}{\Box}$ $\Rightarrow$ $\dfrac{4}{12} = \dfrac{\Box}{\Box} = \dfrac{\Box}{\Box}$

아이들 ● (주어진 시간 동안 활동지를 해결하고 모둠별로 확인한다.)

교사 ● 시간이 다 되었네요. 수고하였습니다. 오늘 스스로 배움공책에 크기가 같은 분수 만들기 문제를 10개 이상 만들고 해결해 보도록 합니다. 문제 내기 어려운 사람은 수학 익힘책 문제를 옮겨 쓰고 해결해도 좋습니다.

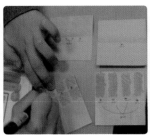

2015년 4월 필자의 교실 약분과 통분 2~3차시 활동 및 스스로 배움공책 활동 사례

4~5차시 ## 약분이 무엇인가요?

교사 ● 지난 시간까지 크기가 같은 분수를 이해하고 크기가 같은 분수를 만드는 방법에 대하여 알아보았습니다. 이번 시간에는 약분에 대하여 알아보도록 하겠습니다. 자, 지금부터 선생님이 보여 주는 분수들 중에서 크기가 같은 것끼리 짝을 지어 보세요.

아이들 ● (열심히 짝을 만들어 보지만 쉽지 않다.) 어, $\dfrac{3}{4}$과 $\dfrac{18}{24}$이 짝이고 …. 너무 어려워요, 선생님!

교사 ● 어떤 점이 어려운가요?

아이들 ● 분자와 분모에 나타나 있는 숫자의 크기가 커서 빨리 알아볼 수가 없어요.

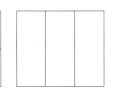

크기가 같은 분수끼리 짝 만들기

$\dfrac{34}{51}$ $\dfrac{1}{6}$ $\dfrac{1}{2}$

$\dfrac{3}{4}$ $\dfrac{60}{75}$ $\dfrac{8}{48}$

$\dfrac{62}{124}$ $\dfrac{4}{5}$ $\dfrac{2}{3}$ $\dfrac{18}{24}$

교사 ● 그렇군요. 분명이 여러분이 보고 있는 분수들은 짝이 있어요. 그런데 어떤 분수는 분자와 분모에 나타나 있는 숫자가 커서 빨리 알아보기 힘들다는 말이지요? 그렇다면 짝을 찾기 위해 지금까지 여러분이 공부했던 방법 가운데 어떤 방법을 사용하면 좋을까요?

아이들 ● 숫자가 큰 분수의 분자와 분모를 0이 아닌 같은 수로 나누어 봅니다.

교사 ● 숫자가 큰 분수의 분자와 분모를 0이 아닌 같은 수로 나누면 어떻게 되나요?

아이들 ● 분수의 크기는 변하지 않지만 분수의 분자와 분모에 나타나 있는 숫자의 크기가 작아져 짝을 빨리 찾을 수 있게 됩니다.

교사 ● 숫자를 작게 해서 알아보면 어떤 점이 좋을까요?

아이들 ● 분수의 크기를 쉽게 이해할 수 있어요. 이해하기가 편해요. 큰 숫자보다는 작은 숫자로 되어 있는 분수가 알아보기 더 쉽고 좋아요. 크기가 같은 분수를 빨리 알아볼 수 있어요. 분수의 크기를 쉽게 비교할 수 있어요.

교사 ● 그래요. 생활하면서 큰 숫자보다는 작은 숫자를 볼 때 알아보거나 이해하기가 더 쉽지요. 분수도 마찬가지랍니다. 그래서 사람들은 크기가 같은 분수 만들기 방법을 이용하여 분수에 사용된 숫자의 크기를 작게(간단히) 하여 이해하려고 노력했답니다. 그렇게 해서 탄생한 것이 바로 '약분하기'입니다. 지금부터 '약분하기'에 대하여 좀 더 자세히 알아보도록 하겠습니다. 준비해온 '젠가' 또는 '쌓기 나무'를 꺼내 놓고 선생님이 안내하는 대로 한 번 만들어 보세요.

아이들 ● (교사의 안내에 따라 '젠가' 또는 '쌓기 나무'를 이용하여 조작활동을 한다.)

18개를 3층으로 쌓기

18개를 2층으로 쌓기

18의 $\frac{6}{18}$은 6개임을 확인

18의 $\frac{3}{9}$은 6개임을 확인

18의 $\frac{2}{6}$는 6개임을 확인

18의 $\frac{1}{3}$은 6개임을 확인

18의 $\frac{1}{3}$은 6개임을 확인

교사 ● 18의 $\frac{6}{18}, \frac{3}{9}, \frac{2}{6}, \frac{1}{3}$은 모두 젠가 6개로 크기가 같은 분수임을 확인해 보았습니다.

$$\frac{6}{18} = \frac{6 \div 2 = 3}{18 \div 2 = 9} = \frac{6 \div 3 = 2}{18 \div 3 = 6} = \frac{6 \div 6 = 1}{18 \div 6 = 3}$$

분자와 분모를 똑같은 수로 나누면서 분수가 간단해졌습니다.(크기를 알아보기 쉽게 되었음)

교사 ● 여기에서 $\frac{6}{18}$의 분자와 분모를 똑같이 나눈 수 2, 3, 6에 대해 살펴보도록 하겠습니다. 먼저 6의 약수와 18의 약수를 각각 구해 봅시다.

아이들 ● 6의 약수는 (1, 2, 3, 6)이고 18의 약수는 (1, 2, 3, 6, 9, 18)입니다.

교사 ● 6과 18의 공약수는 무엇인가요?

아이들 ● 1, 2, 3, 6입니다.

교사 ● $\frac{6}{18}$의 분자와 분모를 똑같이 나눈 수 2, 3, 6과 16과 18의 공약수를 비교하면서 우리는 약분에 대한 정의를 내릴 수 있습니다. 자, 약분이란 무엇인가요?

아이들 ● 분수의 분자와 분모를 공약수로 나누어 간단히 하는 것입니다.

교사 ● 좋아요. 그럼 다른 분수를 예로 들어 다시 한 번 확인해 보도록 하겠습니다. 선생님이 안내하는 대로 '젠가' 또는 '쌓기 나무'를 다시 한 번 쌓아 보세요.

아이들 ● (교사의 안내에 따라 '젠가' 또는 '쌓기 나무'를 이용하여 조작활동을 한다.)

24개를 3층으로 쌓기

24의 $\frac{1}{2}$은 12개임을 확인

24의 $\frac{2}{4}$는 12개임을 확인

24의 $\frac{4}{8}$는 12개임을 확인

24개를 2층으로 쌓기

24의 $\frac{1}{2}$은 12개임을 확인

24의 $\frac{2}{4}$는 12개임을 확인

24의 $\frac{3}{6}$은 12개임을 확인

24의 $\frac{6}{12}$은 12개임을 확인

24의 $\frac{12}{24}$는 12개임을 확인

교사 ● 24의 $\frac{12}{24}, \frac{6}{12}, \frac{4}{8}, \frac{3}{6}, \frac{2}{4}, \frac{1}{2}$은 모두 젠가 12개로 크기가 같은 분수임을 확인해 보았습니다.

$$\frac{12}{24} = \frac{12 \div 2 = 6}{24 \div 2 = 12} = \frac{12 \div 3 = 4}{24 \div 3 = 8} = \frac{12 \div 4 = 3}{24 \div 4 = 6}$$
$$= \frac{12 \div 6 = 2}{24 \div 6 = 4} = \frac{12 \div 12 = 1}{24 \div 12 = 2}$$

교사 ● 분자와 분모를 똑같은 수로 나누면서 분수가 간단해졌습니다(크기를 알아보기 쉽게 되었음). 그리고 $\frac{12}{24}$의 분자와 분모를 똑같이 나눈 수 2, 3, 4, 6, 12는 분자 12와 분모 24의 공약수라는 것 또한 알 수 있습니다. 그런데 $\frac{6}{18}$을 가장 간단히 나타낸 분수는 $\frac{1}{3}$이고, $\frac{12}{24}$를 가장 간단히 나타낸 분수는 $\frac{1}{2}$이라고 한다면 보는 바와 같이 가장 간단히 되어서 1을 제외한 분자와 분모의 공약수가 더 이상 없는 상태인 분수를 우리는 '기약분수(이미 약분이 다 된 분수)'라고 합니다. 자, 그러면 $\frac{6}{18}$이 기약분수 $\frac{1}{3}$로 되기 위해 분자와 분모를 어떤 수로 나누었나요? 그리고 그 수는 분자와 분모의 공약수 중 어떤 수라고 말할 수 있나요?

아이들 ● 6입니다. 6은 분자와 분모의 최대공약수입니다.

교사 ● 좋습니다. 그러면 $\frac{12}{24}$가 기약분수 $\frac{1}{2}$로 되기 위해 분자와 분모를 어떤 수로 나누었나요? 그리고 그 수는 분자와 분모의 공약수 중 어떤 수라고 말할 수 있나요?

아이들 ● 12입니다. 12는 분자와 분모의 최대공약수입니다.

교사 ● 좋습니다. 그러면 지금까지 알아본 내용들을 간략히 정리해 보도록 하겠습니다. 다음 ☐ 안에 들어갈 말이 무엇인지 생각해 봅시다.

- 분자와 분모를 그들의 공약수로 나누어 간단히 하는 것을 ☐☐☐☐☐☐ 한다고 한다.
- 분자와 분모의 ☐☐☐☐☐☐ 이(가) 1뿐이라서 더 이상 약분이 되지 않는 상태가 되었을 때 이 분수를 우리는 ☐☐☐☐☐☐ (이)라고 한다.
- 기약분수를 만들 때 분자와 분모의 ☐☐☐☐☐☐ 을(를) 이용하면 된다.

아이들 ● 약분, 공약수, 기약분수, 최대공약수입니다.

교사 ● 좋습니다. 그러면 기약분수의 의미를 좀 더 확실하게 알아보기 위해 분수막대 모형을 활용하여 살펴보도록 하겠습니다. 선생님이 나누어 주는 활동지를 꼼꼼히 살펴보면서 주어진 문제들을 모둠원들과 함께 협동적으로 해결해 나가도록 합시다. 활동할 때 이것을 꼭 지켜 주세요. 첫째, 궁금하거나 이해가 잘 되지 않는 것은 가장 먼저 내 짝, 내 모둠원들에게 "나, 이것 잘 이해가 안 돼. 나 좀 도와줄래?" 하고 도움을 요청합니다. 모둠원들에게서 답을 얻지 못하면 그때 선생님에게 도움을 요청합니다. 이때는 모둠원 모두가 손을 들어 신호를 보냅니다(모둠 질문). 처음부터 선생님에게 도움을 요청하지 않습니다.

아이들 ● 알겠습니다.(선생님께서 나누어 주는 활동지를 받아들고 해결합니다.)

수학 5-1	3. 약분과 통분 기약분수 만들기	서울 초등학교 5학년 반 번 이름 :

※ 주어진 첫 번째 분수막대를 보고, 두 번째 분수막대에 가장 적은 개수의 막대로 표시하여 색칠하고 분수로 표현해 봅시다.(분수막대 모형 활용)

1. □ 안에 알맞은 수를 쓰시오.

$\frac{1}{8}$	$\frac{1}{8}$	$\frac{1}{8}$	$\frac{1}{8}$	$\frac{1}{8}$	$\frac{1}{8}$		$\frac{\square}{\square}$	분수

$\frac{1}{4}$	$\frac{1}{4}$	$\frac{1}{4}$		$\frac{\square}{\square}$	기약분수

2~4. 분수막대 모형을 활용하여 위의 1번과 같이 해결해 봅시다.

2.

$\frac{1}{10}$	$\frac{1}{10}$	$\frac{1}{10}$	$\frac{1}{10}$	$\frac{1}{10}$		$\frac{\square}{\square}$	분수

	$\frac{\square}{\square}$	기약분수

3.

$\frac{1}{6}$	$\frac{1}{6}$		$\frac{\square}{\square}$	분수

	$\frac{\square}{\square}$	기약분수

4.

$\frac{1}{12}$	$\frac{1}{12}$	$\frac{1}{12}$	$\frac{1}{12}$	$\frac{1}{12}$	$\frac{1}{12}$	$\frac{1}{12}$	$\frac{1}{12}$	$\frac{1}{12}$		$\frac{\square}{\square}$	분수

	$\frac{\square}{\square}$	기약분수

5. 아래 주어진 수를 기약분수로 나타내 보시오.(분자와 분모의 최대공약수 활용)

(1) $\dfrac{8}{10} = \dfrac{\square}{\square}$　　　　(2) $\dfrac{16}{32} = \dfrac{\square}{\square}$　　　　(3) $\dfrac{20}{24} = \dfrac{\square}{\square}$　　　　(4) $\dfrac{44}{66} = \dfrac{\square}{\square}$

※ 분수막대 모형을 활용해서 기약분수를 만드는 방법은 기약분수를 이해하는 데 도움은 되지만 시간이 많이 걸린다는 문제점이 있습니다. 이를 해결하기 위해 우리는 분모와 분자의 최대공약수를 이용하여 보다 쉽게 기약분수를 만들 수 있습니다.

※ 한 명도 빠짐없이 자신의 모둠원이 문제를 다 해결했으면 함께 확인합니다.

※ 확인이 다 된 모둠(오답 확인 및 수정까지 모둠 내에서 해결, 해결이 안 되면 선생님께 도움 요청하기) 수학책 ○~○쪽까지 스스로 해결합니다.

※ 학교에서 수학책 해결이 안 된 사람은 집에서 복습으로 할 수 있도록 합니다.

교사 ▶ 지금까지 약분하기, 기약분수에 대하여 알아보았습니다. 어때요? 약분하기, 기약분수 잘 이해가 되었지요? 다음 시간에는 통분에 대하여 알아보도록 하겠습니다. 오늘 스스로 배움공책에 기약분수로 만들기 10문제 이상 문제 내고 해결해 보도록 합니다. 문제 내기 어려운 사람은 수학 익힘책 문제를 옮겨 쓰고 해결해도 좋습니다.

4~5차시 수업 소감

분자와 분모의 크기가 작은 분수와 큰 분수를 제시하면서 서로 크기가 같은 분수를 골라 보게 하는 활동으로 도입을 시도하였다. 아이들은 예상대로 분자, 분모에 사용된 숫자의 크기가 크면 알아보기 어렵다고 하였다. 그래서 보다 알아보기 쉽게 할 수 있는 활동으로 분자와 분모에 사용된 수의 크기를 줄이면서도(모양은 다르게 바꾸지만) 분수의 크기는 변하지 않게 만드는 방법(크기가 같은 분수 만들기)을 사용할 수 있다는 것을 생각해 낼 수 있도록 질문을 이어갔다. 이어서 숫자의 크기를 작게 하면 좋은 점을 함께 알아본 뒤 숫자의 크기를 줄여 나가는 것에 대하여 실제 사물의 조작활동을 통해 알아보기 위해 젠가(카프라, 쌓기 나무도 좋음)를 활용하였다. 실제 조작활동을 하기 전에 숫자의 크기를 줄여나가는 과정을 약분(분수를 간단하게 나타내는 것)이라 하고, 젠가 조작활동을 통해 약분에 대하여 눈으로 확인하면서 알아보는 시간을 가질 것이라 안내하였다.

드디어 젠가를 꺼내 놓고 조작활동을 시작하였다. 먼저 18개를 준비하여 한 줄로 펼쳐 놓으라고 하였다. 이후 앞의 사진에 안내해 놓은 것과 교사인 내가 제시하는 분수의 크기를 아이들이 젠가로 조작활동을 하여 표현할 수 있도록 하였다. 실제로 분수와 관련하여 사물을 이용한 조작활동을 도입하여 수업해 본 경험이 거의 없는 아이들이라서 그런지 몇 명의 아이들은 역시나 처음에 굉장히 난감해하였다. 그래서 약간의 시간을 할애하여 천천히, 차근차근 기본적인 내용부터 안내를 해 주었다.(18개의 젠가를 6개씩 3층으로 쌓아 보자. 이렇게 쌓은 것을 6등분해 보자. 6등분했을 때 한 덩어리를 분수로 어떻게 표현할까? 그 한 덩어리에는 젠가 조각이 몇 개가 있을까? 4덩어리를 분수로 어떻게 표현할까? 그 4덩어리에는 젠가 조각이 몇 개가 있을까?) 이렇게 한 번 짚어 주고 나서 본 차시 수업 활동으로 돌아오니 아이들이 제대로 이해하고 활동을 하기 시작하였다. 활동 과정에서 교사인 내가 제시하는 대로 조작활동을 빨리 끝낸 아이들은 틈틈이 젠가 조각을 가지고 다양한 활동을 하면서 시간을 보냈다. 역시 아이들은 손에 무엇인가를 쥐어 주면 가만히 있지 않았다. 그러다가 다음 과정을 제시하면 또 그대로 빨리 끝내 놓고 상상하는 대로 젠가 조각을 가지고 무엇인가를 끊임없이 만들어 보면서 시간을 보냈다. 그러면서도 잘 안 되는 주변 친구들을 보거나 도움을 달라는 요청이 들어오면 친절하게 도움을 주는 아이들도 눈에 띄었다.(활동을 시작하기 전에 모둠별로

1세트 또는 2인 1세트로 활동을 하려고 했으나 조작활동에 자신 없어 하는 아이들이 실제 활동을 하지 않거나 다른 사람이 하는 대로 눈으로 보고만 있을 것 같아서 모둠활동으로 하지 않고 개별활동으로 해 보았다. 역시나 개별활동이 더 좋았다. 이해가 조금 느리거나 이해에 어려움을 느끼는 아이들이 누구인지 파악하고 그에 따라 적절한 도움을 주기가 더 수월하였기 때문이다.)

이렇게 $\frac{6}{18}$을 $\frac{3}{9} \rightarrow \frac{2}{6} \rightarrow \frac{1}{3}$로, $\frac{12}{24}$를 $\frac{6}{12} \rightarrow \frac{4}{8} \rightarrow \frac{3}{6} \rightarrow \frac{2}{4} \rightarrow \frac{1}{2}$로 만들어 보는 조작활동을 통해 분수의 크기는 변하지 않으면서도 모양이 간단(분수의 분자, 분모에 사용된 수의 크기가 작아지는 것)해지는 것, 즉 약분이라는 것을 눈으로 직접 확인하였다. 그리고 더 이상 간단해질 수 없게 만들어진 분수를 기약분수라고 약속한다는 것까지 함께 정리해 보았다. 이후에 약분의 과정 및 방법, 기약분수 만들기에 대하여 $\frac{6}{18}$, $\frac{12}{24}$를 다시 예로 들어 알아보았다.(분자와 분모를 0이 아닌 같은 수로 나눌 때 제시한 분수의 분자와 분모를 나눌 수 있는 같은 수에는 무엇이 있고, 그 수는 제시한 분수의 분자와 분모의 공약수와 어떤 관계가 있는지, 기약분수를 만들 때 빨리 만들고자 한다면 최대공약수를 활용하

면 된다는 것을 이해할 수 있도록 안내하였다.) 본래 1차시로 되어 있는 교과서에 비하여 이렇게 차근차근 조작활동과 함께 탐구해 나가자 아이들은 크게 어려워하지 않는 모습이었다. 오히려 더 적극적으로 수업 활동에 참여하는 모습이 눈에 띄었다. 여기까지 활동을 하는 데 80분 블록수업 가운데 약 65분 정도를 사용하였다. 나머지 15분 동안 활동지 및 분수막대 모형을 나누어 주고 모둠별로 활동하면서 도움을 주고받고 결과도 확인할 수 있도록 안내하였다. 역시나 빠른 아이들은 쉽게 활동지를 마무리하고 교과서를 펴고 오늘 공부한 부분까지 문제 해결을 하였다. 거의 대부분의 모둠은 주어진 시간에 맞추어 해결을 하였고 한두 모둠 정도만 시간을 약간 초과하여 마무리하였다. 시간을 약간 초과한 모둠에서 조금 일찍 마친 아이들이 늦게 마무리한 아이들을 배려하면서 기다리고 재촉하지 않는 모습도 보여서 참으로 대견해 보이고 고맙기도 했다. 3월 한 달 동안 협동학습 및 협동적 학급운영, 모둠활동에 대한 이유, 나눔의 가치 등에 대하여 틈나는 대로 설명하고 이해를 돕고 있는데 아이들이 조금씩 몸으로 실천해 나가고 있는 것 같았다.

2015년 4월 필자의 교실 약분 4~5차시 젠가(카프라, 쌓기 나무) 활용 조작활동 사례

2015년 4월 필자의 교실 분수막대 모형을 활용한 약분 활동지 사례

통분이 무엇인가요?

어느 날 흥부와 놀부는 동네 생일잔치에 갔다가 돌아오는 길에 형인 놀부는 떡 1개의 $\frac{8}{12}$을 받았고 동생인 흥부는 같은 떡 1개의 $\frac{3}{4}$을 받게 되었습니다. 그런데 갑자기 형이 물었습니다.

놀부 : 아우야, 너는 떡을 얼마만큼 받았니?

흥부 : 네, 형님. 저는 떡을 $\frac{3}{4}$만큼 받았습니다.

놀부 : 우하하, 그러냐? 내 떡은 $\frac{8}{12}$만큼이고 네 떡은 $\frac{3}{4}$만큼이니 내 떡이 더 많구나. 아이 좋구나.

신이 난 놀부는 휘파람을 불며 집으로 유유히 돌아갔습니다. 아우는 형님의 뒷모습을 지켜보며 씁쓸한 표정을 지어 보였습니다.

흥부 : 형님, 그게 아닌데요.

교사 ● 오늘은 통분에 대해서 알아보도록 하겠습니다. 이야기 하나 들려줄 터이니 잘 들어 보기 바랍니다. 자, 이 이야기에서 놀부는 떡을 $\frac{8}{12}$만큼, 흥부는 떡을 $\frac{3}{4}$만큼 받았다고 했습니다. 누가 떡을 많이 받았는지 바로 알 수 있나요?

아이들 ● 아니요. 바로 알아보기가 쉽지 않아요.

교사 ● 바로 알아보기가 쉽지 않은 이유는 무엇인가요?

아이들 ● 분모가 서로 달라서 그렇습니다.

교사 ● 좋아요. 그러나 분모가 다르다고 하여 어떤 떡이 더 큰지 알 수 없는 것은 아니겠지요? 그러면 어떤 방법을 사용하면 좋을까요?

아이들 ● 그림으로 그려 봅니다. 분모의 크기를 같게 해 줍니다. 분수막대 모형을 이용하여 알아볼 수 있습니다.

교사 ● 그림으로 그려서 알아본다면 어떻게 될까요? 누가 한 번 그림으로 해결해 볼까요?

아이들 ● (한 아이가 칠판에 아래와 같이 그림을 그려 해결한다.) 이렇게 하면 됩니다.

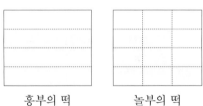

흥부의 떡   놀부의 떡

교사 ● 그렇군요. 훌륭합니다. 다음으로 분수막대 모형을 이용한다면 쉽게 크기를 비교할 수 있겠지요.

그러면 분모의 크기를 같게 하여 해결한다면 어떻게 해야 할까요?

아이들 ● 두 분수의 분모가 같아질 때까지 크기가 같은 분수를 만들어 봅니다.

교사 ● 좋아요. 지난 시간에 크기가 같은 분수를 만드는 방법에 대하여 알아보았지요? 그 방법을 이용하여 두 사람이 가지고 있는 떡의 양과 크기가 같은 분수를 $\frac{3}{4}$은 6개, $\frac{8}{12}$은 3개 정도씩 만들어 보도록 합니다.

아이들 ● $\frac{3}{4} = \frac{6}{8} = \frac{9}{12} = \frac{12}{16} = \frac{15}{20} = \frac{18}{24}$, $\frac{8}{12} = \frac{16}{24} = \frac{24}{36} = \frac{32}{48}$

교사 ● 네. 좋습니다. 여러분이 만든 크기가 같은 분수에서 두 수의 분모가 같아지는 곳이 있었습니다. 어디인가요?

아이들 ● $\frac{9}{12}$와 $\frac{8}{12}$, $\frac{18}{24}$과 $\frac{16}{24}$입니다.

교사 ● 네, 그렇군요. $(\frac{3}{4}, \frac{8}{12}) \rightarrow (\frac{9}{12}, \frac{8}{12})$, $(\frac{18}{24}, \frac{16}{24})$ 이렇게 여러분이 바꾸어 본 결과를 볼 때 분모들 사이에 특징을 하나 발견할 수 있습니다. 그게 무엇인가요?

아이들 ● 분모가 같아졌습니다.

교사 ● 그렇지요? 이렇게 분모가 같아지도록 만드는 것을 '통분한다'고 하고, 통분한 분모를 '공통분모'라고 합니다. 자, 이렇게 공통분모로 통분을 하고 나니 누구의 떡이 더 많다는 것을 알 수 있나요?

아이들 ● 흥부의 떡이 더 많습니다.

교사 ● 그렇지요? 놀부는 분수를 잘 몰라서 그런 것 같습니다. 자, 여기에서 한 가지 더 알아볼 것이 있습니다. 아래 분수를 잘 살펴보기 바랍니다.

$$\left(\frac{9}{12} \quad \frac{8}{12} \right) \rightarrow \left(\frac{18}{24} \quad \frac{16}{24} \right)$$

공통분모로 통분된 분수를 살펴보면 첫 번째 공통분모로 통분된 분수와 두 번째 공통분모로 통분된 분수 사이에 분자와 분모가 어떻게 변하였나요?

아이들 ● 분자와 분모가 각각 2배씩 늘어났습니다.

교사 ● 네, 그렇습니다. 제일 처음 공통분모로 통분된 분수에 각각 2배를 하여 크기가 같은 또 다른 분수가 만들어졌습니다. 이 다음에 있을 크기가 같은 또 다른 분수는 어떻게 만들 수 있나요? 그리고 그렇게 만들어진 두 분수는 얼마인가요?

아이들 ● 네, 처음 만들어진 두 분수의 분자와 분모에 각각 3배를 하면 됩니다. 그렇게 하면 $(\frac{27}{36}, \frac{24}{36})$가 됩니다.

교사 ● 좋습니다. 그렇다면 교과서 ○쪽에 있는 질문을 각자 해결해 봅시다. 그리고 다 해결된 사람은 모둠원들과 함께 확인해 보도록 합니다. 해결하는 과정에서 궁금한 것, 잘 이해되지 않는 것이 있으면 먼저 모둠원들에게 도움을 요청합니다.

아이들 ● (주어진 시간 동안 교과서 속의 문제 해결 및 모둠원들끼리 확인도 한다.)

교사 ● 자, 교과서 문제 다 해결하였지요? 그렇다면 지금부터 선생님과 함께 두 분수를 통분하는 방법에 대하여 좀 더 자세히 알아보도록 하겠습니다.(아래의 내용을 자세히 설명해 준다.)

통분이란

분모가 다른 분수들의 분모를 같게 하는 것을 말한다. 통분한 분모를 공통분모라고 한다. 예를 들어 $\frac{3}{4}$, $\frac{5}{6}$를 통분하는 방법은 아래와 같다.

(1) 분수막대 모형을 활용하여 통분한다.

① 분수막대 모형에서 각각의 단위분수인 $\frac{1}{4}$, $\frac{1}{6}$의 크기를 비교한다.

② 두 단위분수 $\frac{1}{4}$, $\frac{1}{6}$의 크기의 차이가 어느 정도인지 분수막대 모형에 나타나 있는 분수의 크기를 통해 알아본다.(두 단위분수의 크기의 차이는 $\frac{1}{12}$임을 알 수 있다.)

③ 두 단위분수의 크기의 차이가 $\frac{1}{12}$임을 통해 두 분수의 분모가 12로 통분된다는 사실을 알 수 있다.

$$\left(\frac{3}{4}, \frac{5}{6}\right) = \left(\frac{3\times3}{4\times3}, \frac{5\times2}{6\times2}\right) = \left(\frac{9}{12}, \frac{10}{12}\right)$$

(2) 분모의 곱을 공통분모로 하여 통분한다.

$$\left(\frac{3}{4}, \frac{5}{6}\right) = \left(\frac{3\times6}{4\times6}, \frac{5\times4}{6\times4}\right) = \left(\frac{18}{24}, \frac{20}{24}\right)$$

(3) 분모의 최소공배수를 공통분모로 하여 통분한다.

$$\left(\frac{3}{4}, \frac{5}{6}\right) = \left(\frac{3\times3}{4\times3}, \frac{5\times2}{6\times2}\right) = \left(\frac{9}{12}, \frac{10}{12}\right)$$

교사 ● 지금까지 통분하는 방법에 대하여 함께 알아보았습니다. 이제부터 교과서 ○~○쪽의 질문에 각자 답을 하고 모둠원들과 함께 확인해 보도록 합니다. 해결하는 과정에서 궁금한 것, 잘 이해되지 않는 것이 있으면 먼저 모둠원들에게 도움을 요청합니다.

아이들 ● (주어진 시간 동안 교과서 속의 문제 해결 및 모둠원들끼리 확인도 한다.)

교사 ● 다 해결하였군요. 지금까지 두 분수를 통분하는 방법에 대하여 알아보았습니다. 세 가지 방법 가운데 어떤 방법이 더 좋다고 생각하나요?

아이들 ● (정답이 따로 있는 것이 아니므로 나름의 생각과 이유를 자유롭게 이야기한다. 다만 분수막대 모형의 경우는 통분하는 원리를 이해하는 데는 도움이 되지만 분수막대 모형에 없는 분수의 경우는 해결할 수 없다는 단점을 아이들이 이야기할 수 있도록 하면 된다.)

교사 ● 이제 두 분수의 통분에 대한 공부는 모두 마무리되었습니다. 지금부터는 개인 칠판과 보드마카를 이용하여 모둠원들끼리 '돌아가면서 문제 내기' 활동을 해 보도록 하겠습니다.

(1) 각 모둠 1번부터 차례대로 돌아가면서 모둠원들에게 2개의 분수를 불러 준다.

(2) 조건을 말한다.(분모의 최소공배수로 통분하기 또는 분모의 곱으로 통분하기)

(3) 조건에 따라 각자 문제를 해결한다.(문제를 낸 사람도 함께 해결한다.)

(4) 해결한 뒤 함께 답을 확인한다.(틀린 모둠원은 다른 모둠원이 도움을 준다.)

(5) 다음에는 각 모둠 2번이 문제를 낸다.(위의 순서에 따라 활동을 반복한다.)

※ 주의할 점:혼란을 막기 위해 문제를 낼 때 분수의 크기를 너무 크게 하지 하도록 미리 안내를 한다.(분모의 크기가 10을 넘지 않게 하기, 대분수 또는 가분수로는 질문하지 않기)

아이들 ● (주어진 시간 동안 모둠별로 돌아가며 문제 내기 활동을 한다.)

교사 ● 시간이 다 되었네요. 수고하였습니다. 오늘 스스로 배움공책에 분모의 최소공배수를 활용한 두 분수 통분하기 관련 문제를 10개 이상 만들고 해결해 보도록 합니다. 문제 내기 어려운 사람은 수학 익힘책 문제를 옮겨 쓰고 해결해도 좋습니다.

6~7차시 수업 소감

스토리텔링을 바탕으로 도입에서 이야기를 통해 두 분수의 크기를 비교해 보는 활동을 해 보았다. 특히 아이들이 칠판에 직접 그림을 그려서 설명하는 과정에서는 아직 확실한 개념 이해가 부족한 아이들이 꽤 있다는 것 또한 알게 되었다. 2명이 나와서 해결해 보려 했지만 제대로 된 그림을 그리지 못해서 다른 아이에게 차례가 넘어갔고 3번째 아이가 나와서 정확하게 그림을 그려서 설명하고 해결하였다. 그림으로 두 분수의 크기를 비교하는 활동은 아이들에게 역시 참으로 힘들고 어려운 것이라는 것을 다시 한 번 느끼는 순간이었다. 하지만 이후에도 꾸준히 비슷한 활동을 이어가면서 분수 관련 수업을 진행한다면 배움이 느린 아이들도 잘 이해할 수 있게 되는 날이 올 것이라 믿는다. 그래도 상당히 많은 아이들이 본 단원에서 시도한 조작활동 및 띠 모델에 표현하기 활동을 통해 분수에 대한 개념을 보다 잘 이해할 수 있게 되었다는 사실 또한 큰 성과가 아닐 수 없다고 생각되었다. 이후에는 통분에 대한 의미, 공통분모에 대한 설명, 통분하는 방법에 대하여 자세히 설명해 주었는데, 이전 단계까지의 직접적인 조작활동 및 충분한 시간 확보를 통한 수업의 재구성과 플립 러닝 덕분에 아이들은 통분하기에 대하여 보다 수월하게 이해를 하였다. 이 단계까지 진행하고 나니 약 25분 정도의 시간이 남았다. 그래서 계획된 대로 개인칠판 및 보드마카를

2015년 4월 필자의 교실 통분하기 6~7차시 돌아가며 문제 내기 구조 활동 사례

나누어 주고 '돌아가며 문제 내기' 활동을 통해 통분하기 활동에 보다 익숙해질 수 있도록 협동학습을 실시하였다. 이 활동 또한 아이들이 너무나도 열심히, 적극적으로 참여해 주었다. 약 15분 정도 시간이 흐른 뒤에 남은 10분 정도 동안은 스스로 교과서에 있는 문제를 해결할 수 있도록 안내하고 아이들이 교과서 문제를 개인적으로 풀이하는 동안 아이 한 명 한 명을 살피면서 도움을 주었다. 오늘 수학 시간의 백미는 역시 '돌아가며 문제 내기'였다고 생각된다. 그 시간에 아이들의 표정을 보니 너무나도 재미있게 참여하면서 수학 시간을 보냈다. 역시 협동학습은 아이들도 신나게 하고 교사인 나도 신나게 하는 훌륭한 교육이론이자 철학이라 여겨진다.

8차시 최대공약수, 최소공배수를 이용한 기약분수 만들기와 통분

교사 ▶ 이번 시간에는 최대공약수를 이용한 기약분수 만들기, 최소공배수를 이용한 통분하기를 활용하여 모둠별로 협동 미션과제를 해결해 보도록 하겠습니다. 이를 통해 생활 속에서 기약분수와 통분의 유용함을 경험해 보게 될 것입니다. 지금부터 나누어 주는 미션 과제를 협동적으로 해결해 보기 바랍니다.

수학 5-1	3. 약분과 통분 최대공약수, 최소공배수 활용	서울 초등학교 5학년 반 번 이름 :

모둠 미션 1 : 기약분수를 이용한 크기 비교

아래 주어진 분수 중 어떤 수가 더 큰지 알아보시오.(반드시 분자와 분모의 최대공약수를 이용하여 기약분수로 만들고 해결해 보시오.)

$$\frac{234}{702}, \quad \frac{198}{594} \rightarrow (답 : \qquad\qquad)$$

해결 과정

_____

_____

이 활동을 통해 알 수 있는 점(기약분수를 이용하면 좋은 점)

_____

_____

모둠 미션 2 : 최소공배수를 활용한 통분

❶ 워밍업 문제

한 아버지가 자신이 기르고 있는 돼지 12마리를 형과 동생에게 각각 $\frac{2}{4}$, $\frac{2}{6}$씩 나누어 주려고 한다. 두 사람은 돼지를 각각 몇 마리씩 받게 되는가?(반드시 최소공배수로 통분하여 해결하시오.)

❷ 협동과제

옛날 아라비아의 어떤 상인이 낙타 17마리를 유산으로 두 아들에게 남기고 죽으면서 첫째 아들에게는 낙타의 $\frac{1}{2}$을, 둘째 아들에게는 낙타의 $\frac{4}{9}$를 주겠노라고 하였다. 아버지께서 돌아가시고 나서 두 아들은 낙타를 나누어 가지려고 하였다. 그러나 17마리는 나누어지지 않았다. 어떻게 나누어 가질 수 있을까를 고민하던 차에  우연히 낙타 한 마리를 타고 여행을 하면서 마을을 지나던 한 청년이 두 아들의 집에서 하룻밤을 지내게 되었고 두 아들의 고민을 듣자마자 잠시 고민을 하더니 자신이 바로 해결해 줄 수 있다고 하였다. 과연 이 청년은 두 아들의 고민을 어떻게 해결해 주었을까?(조건: 반드시 낙타는 살아 있어야 한다.)

해결 과정

모둠 미션 2의 협동과제 해결 방법

여행을 하던 청년은 자신이 타고 온 낙타를 두 아들에게 보태어 주면서 낙타를 나누어 가지라고 하였다. 그러자 두 아들은 한사코 사양하였다. 하지만 청년이 그렇게 해야만 나누어 가질 수 있다고 하여 어쩔 수 없이 한 마리를 보태어 나누어 가지기로 하였다. 그런데 웬걸? 첫째가 18마리의 $\frac{1}{2}$인 9마리를, 둘째가 18마리의 $\frac{4}{9}$인 8마리를 나누어 가지니까 한 마리가 남는 것이었다. 결국 두 아들은 여행을 하던 청년 덕분에 자신들의 고민을 해결하였고, 여행을 하던 청년도 자신이 타고 온 낙타를 다시 돌려받아 여행을 떠날 수 있게 되었다.

> **아이들** ● (주어진 시간 동안 모둠별로 미션 활동을 해결한다.)

> **교사** ● 시간이 다 되었네요. 수고하였습니다. 오늘 스스로 배움공책에 최대공약수를 활용한 통분, 최소공배수를 활용한 약분 관련 문제를 10개 이상 만들고 해결해 보도록 합니다. 직접 문제 내기 어려운 사람은 수학 익힘책 문제를 옮겨 쓰고 해결해도 좋습니다.

9차시 수업 소감

수업 도입 단계에서 지난 시간에 공부했던 통분하기 방법을 다시 한 번 짧게 설명하고 그를 바탕으로 미션 활동을 수행할 수 있도록 하였다. 활동지를 나누어 주자마자 아이들은 활동에 몰입하여 개별적으로 해결해 보고 모둠원의 생각과 비교해 보기도 하였다. 답이 다르면 어떤 것이 맞는지 서로가 자신의 해결 과정 및 결과를 제시하기도 하면서 모둠 토론활동을 꾸준히 이어갔다. 적절한 도전의식을 자극하는 활동지는 아이들을 수학 시간에 주인이 되도록 한다. 그리고 그 속에서 아이들은 스스로 협동적인 활동에 빠져든다. 이번 미션 활동지는 그것을 그대로 보여주었다. 7모둠 가운데 4모둠 정도가 다른 모둠원의 도움 없이 해결하는 데 약 20분 정도 걸렸다. 그래서 이 정도에서 멈추고 미션 과제 해결을 완수한 모둠원에게 설명을 할 수 있도록 하였다. 해결을 하지 못한 모둠에서는 "아, 그거였구나!" 하는 말들이 자연스럽게 터져 나왔다. 그렇게 오늘도 과제 해결 과정에 대한

아이들 간의 연결 짓기를 통해 협동학습의 성공적인 실현을 내 눈으로 직접 목격하는 즐거움을 맛보았고 한 아이는 큰 소리로 내게 "선생님, 매일 수학 시간 이렇게 하면 좋겠어요."라고 외치며 필자의 마음에 어떤 울림을 전해 주었다. '그래 나도 매일 그런 수업을 하고 싶단다. 그러기 위해서 더 열심히 연구하고 노력하도록 할게!'

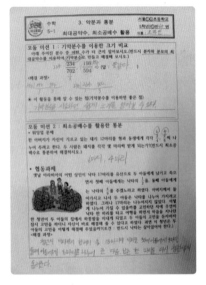

2015년 4월 필자의 교실 약분과 통분-8차시 미션 과제 해결 사례

2015년 4월 필자의 교실 약분과 통분-8차시 미션 과제 해결 활동 장면

9차시 분수의 크기를 비교할 수 있어요

※ 세 분수를 둘씩 서로 짝지어 크기를 비교하는 내용으로 구성되어 있어서 따로 수업 과정(수업 디자인 내용)을 생략하였다.

9차시 수업 소감

두 분수의 크기 비교는 이전 과정에서 충분히 다루었기 때문에 처음부터 바로 세 분수의 크기 비교에 들어갔다. 우선 2개씩 짝을 지어 통분하기를 통해 비교하고 순서를 정하는 방법으로 아이들의 이해를 도왔다. 다음으로 세 분수 분모의 최소공배수로 한 번에 통분하여 비교하고 순서를 정하는 방법으로 아이들의 이해를 도왔다. 그러나 이 경우 세 수의 최소공배수를 구하는 방법을 공부하지 않기 때문에 분수의 분모가 충분히 클 경우에는 하기가 쉽지 않다는 한계가 있음을 알게 되었다. 세 분

수의 분모가 작을 경우 세 수의 최소공배수를 구하는 것은 그리 어렵지 않음을 아이들은 잘 이해하고 있었다.(직관적으로 이해하는 아이들도 있었고 세 수의 배수를 각각 구한 후 공배수를 찾는 아이들도 있었고 학원에서 세 수의 최소공배수를 구하는 방법을 배워서 구하는 아이들도 있었다.) 마지막 방법으로 흔하지는 않지만 $\frac{4}{9}$, $\frac{8}{15}$, $\frac{12}{21}$와 같은 경우에서 $\frac{4}{9}$의 분자와 분모를 살펴보면 분자의 크기가 분모의 $\frac{1}{2}$보다 작지만 나머지 두 분수는 분자의 크기가 분모의 $\frac{1}{2}$보다 크기 때문에 $\frac{4}{9}$는 통분해 보지 않아

도 세 분수 중 가장 작은 분수임을 직관적으로 이해하고 나머지 두 분수의 크기만 통분하여 비교하면 된다는 것을 아이들이 이해할 수 있도록 하였다. 이렇게 안내를 하고 나니 25분 정도 시간이 소요되었다. 나머지 시간은 단원 학습을 모두 마무리한 것과 마찬가지라서 교과서 3단원 끝까지 각자 문제를 해결하고 어려운 것이 있거나 질문이 있으면 먼저 모둠원에게 도움을 구하여 해결하고 그래도 해결이 되지 않을 때에만 선생님에게 도움을 구하라고 안내를 해 주었다. 아이들이 스스로 과제를 해결하는 동안 나는 배움이 느린 소수의 아이들 곁을 맴돌면서 그들의

과제 해결을 도왔다. 그들 역시 아주 천천히, 조금씩 배움의 기쁨을 경험해 나가고 있다는 사실을 느끼고 있었다. 그래서일까 우리 반에서 수학이라는 과목, 수업 시간에 대한 부담이 천천히 줄어들고 있다는 이야기들이 점점 늘고 확산되고 있음을 아이들의 말과 스스로 배움공책에 표현한 생각이나 소감을 통해 확인할 수 있게 되었다. 이것은 올해 수업 연구를 통해 얻은 가장 큰 성과가 아닐까 생각한다. 이런 현상이 지속될 수 있도록 최선을 다해 노력해야겠다.

2015년 4월 필자의 교실 약분과 통분 최종 마무리 복습 활동 장면(돌아가며 문제 내기)

10차시 단원평가

재미있는 수학 협동학습 교구
분수막대 모형

$\frac{1}{2}$				$\frac{1}{2}$			
$\frac{1}{4}$		$\frac{1}{4}$		$\frac{1}{4}$		$\frac{1}{4}$	
$\frac{1}{8}$	$\frac{1}{8}$	$\frac{1}{8}$	$\frac{1}{8}$	$\frac{1}{8}$	$\frac{1}{8}$	$\frac{1}{8}$	$\frac{1}{8}$

$\frac{1}{3}$				$\frac{1}{3}$				$\frac{1}{3}$			
$\frac{1}{6}$		$\frac{1}{6}$		$\frac{1}{6}$		$\frac{1}{6}$		$\frac{1}{6}$		$\frac{1}{6}$	
$\frac{1}{9}$		$\frac{1}{9}$		$\frac{1}{9}$		$\frac{1}{9}$		$\frac{1}{9}$		$\frac{1}{9}$	
$\frac{1}{12}$	$\frac{1}{12}$	$\frac{1}{12}$	$\frac{1}{12}$	$\frac{1}{12}$	$\frac{1}{12}$	$\frac{1}{12}$	$\frac{1}{12}$	$\frac{1}{12}$	$\frac{1}{12}$	$\frac{1}{12}$	$\frac{1}{12}$

$\frac{1}{5}$		$\frac{1}{5}$		$\frac{1}{5}$		$\frac{1}{5}$		$\frac{1}{5}$	
$\frac{1}{10}$	$\frac{1}{10}$	$\frac{1}{10}$	$\frac{1}{10}$	$\frac{1}{10}$	$\frac{1}{10}$	$\frac{1}{10}$	$\frac{1}{10}$	$\frac{1}{10}$	$\frac{1}{10}$

서울은빛초등학교 교사 이상우 제작
서울초등협동학습연구회 아해미래

(   )학년 (   )반 이름 (   )

MEMO

제9장

5학년 분수(2)
분모의 크기가 다른 분수의 덧셈과 뺄셈

분모의 크기가 다른 분수의 덧셈과 뺄셈은

자연수의 덧셈과 뺄셈과 비슷한 원리를 갖고 있으나

그 밑바탕에 분수의 동치라는 개념이 녹아들어 있다는 것을 아이들이

이해할 수 있도록 도와주어야 할 뿐만 아니라

단순히 기능적으로 알고리즘만을 익혀 계산하는 수준을 넘어서

분모가 다른 두 분수끼리 더하거나 뺄 때

분모의 크기를 왜 맞추어 주어야 하는지를 이해할 수 있도록

돕는 일이 매우 중요한데 분수막대와 다양한 분수모형은

매우 유용한 수업 도구가 될 수 있다.

교육과정상으로는 단원 도입 목적이 자연수의 연산과 같은 맥락에서 분모가 다른 분수의 덧셈과 뺄셈의 계산 원리(통분)를 이해하고 그 방법을 익히는 것이라 안내하고 있다. 그러나 실제 교과서 내용 구성을 살펴보면 통분의 필요성과 원리의 이해에 중점을 두기보다 실생활 속 상황을 제시하여 통분의 필요성을 느끼도록 구성한 뒤 이어서 통분의 절차와 방법 안내, 통분을 통한 분수의 덧셈과 뺄셈 문제풀이에 집중되어 있고 그 과정도 아이들이 스스로 탐구하고 알아가는 것이 아니라 빈칸 채우기, 안내된 대로 색칠하기, 제시된 조건대로 문제풀기 중심으로 구성되어 있는 것 같아 아쉬움이 많이 남는다.[*] 또한 교육과정상 이런 내용을 다루기 위해 약 10차시 내외 정도의 시간을 배정해 두고 있는데[**] 필자가 생각할 때 현재 교과서 내용 구성으로

---

[*] 3학년, 4학년에서 이미 학습했던 분수에 대한 명확한 개념, 동분모 분수의 덧셈과 뺄셈에 대한 원리 이해를 바탕으로 이전 단원에서 학습한 통분의 개념을 얹어서 이분모 분수의 덧셈과 뺄셈 원리를 통합적으로 이해할 수 있도록 돕는 것을 핵심으로 삼아야 한다. 그러나 현행 교육과정에 따른 교과서 내용 구성을 보면 개념과 원리 이해보다는 알고리즘 습득과 문제풀이, 즉 연산 활동에 중심이 놓여 있는 것 같아 안타까운 마음이 든다.

[**] 스토리텔링을 통한 단원 도입, 문제 해결, 체험마당, 평가 등의 시간을 제외하고 나면 이분모 분수 덧셈과 뺄셈이 필요한 상황의

는 아이들이 분모의 크기가 다른 분수 덧셈과 뺄셈의 개념과 원리를 바르게 이해할 수 있도록 돕는 데 어려움이 있다는 생각이 들어 수업 시간을 좀 더 확보하여 진행하기로 마음먹고 아래와 같이 교육과정을 재구성하여 실제 수업을 진행하였다.

차시	재구성 이후	수업의 목적
1~2	출발점 상황 점검하기	동분모 분수의 덧셈과 뺄셈 개념에 대한 확실한 이해 여부를 점검함(단위분수 바탕)
3	받아올림이 없는 이분모 진분수의 덧셈	이분모 분수의 덧셈에서 통분의 필요성 깨닫기, 받아올림이 없는 이분모 진분수의 덧셈 원리 이해하기 • 분수막대 모형 활용을 중심
4	받아올림이 있는 이분모 진분수의 덧셈	받아올림이 있는 이분모 진분수의 덧셈 원리 이해하기, 받아올림이 있는 이분모 분수의 덧셈을 할 수 있는 여러 가지 방법 탐구 • 분수막대 모형 활용을 중심
5	받아올림이 있는 이분모 대분수의 덧셈	받아올림이 있는 이분모 대분수의 덧셈 원리 이해하기, 받아올림이 있는 이분모 대분수의 덧셈을 할 수 있는 여러 가지 방법 탐구하기 • 분수막대 모형 활용 중심 활동에서 알고리즘 중심으로 넘어가는 단계의 중요한 차시
6	이분모 분수의 덧셈 총정리	• 분수막대를 활용하지 않고 최소공배수 또는 분모의 곱을 활용한 이분모 분수의 덧셈
7	받아내림이 없는 이분모 진분수의 뺄셈	이분모 진분수의 뺄셈에서 통분의 필요성 깨닫기, 받아내림이 없는 이분모 진분수의 뺄셈 원리 이해하기 • 분수막대 모형 활용을 중심
8	받아내림이 없는 이분모 대분수의 뺄셈	받아내림이 없는 이분모 대분수의 뺄셈 원리 이해하기, 받아내림이 없는 이분모 대분수의 뺄셈을 할 수 있는 여러 가지 방법 탐구하기 • 분수막대 모형 활용을 중심
9	받아내림이 있는 이분모 대분수의 뺄셈	받아내림이 있는 이분모 대분수의 뺄셈 원리 이해하기, 받아내림이 있는 이분모 대분수의 뺄셈을 하고 자신의 방법 설명하기(분수막대 모형 활용하지 않음)
10	이분모 분수의 뺄셈 총정리	최소공배수 또는 분모의 곱을 활용한 이분모 대분수의 뺄셈에 대한 알고리즘 중심 활동으로 넘어가는 단계의 중요한 차시(분수막대 모형 활용하지 않음)
11	단원평가	단원 정리(문제풀기)

위와 같이 재구성한 이유에 대하여 살펴보면 다음과 같다.

이해, 이분모 분수 덧셈과 뺄셈 원리의 탐구, 발견, 이해, 이분모 분수 덧셈과 뺄셈과 관련된 문제 해결 능력 향상이라는 단원 학습 목표를 달성하는 데 있어서 약 6시간 정도밖에 시간적 여유가 주어지지 않아 학습활동 시간이 턱없이 부족한 꼴이 되어 버리고 만다. 이 문제를 극복하기 위해 심도 깊은 고민을 통한 교육과정 재구성이 꼭 필요하다.

교육과정 재구성의 이유와 방향성

문제의식 갖기

01 분모의 크기가 다른 분수의 덧셈과 뺄셈은 자연수의 덧셈과 뺄셈 문제의 연장선 위에 있음(분자끼리의 덧셈, 뺄셈으로 이해)을 알고 식을 도입하기 이전에 여러 가지 조작활동을 통해 아이들이 계산 원리를 이해할 수 있도록 도와주어야 한다. 그러나 교과서 내용을 살펴보면 미리 칸을 다 나누어 놓고 단순히 색칠하는 활동을 제외하면 조작활동이라고 말할 수 있는 내용들이 전혀 보이지 않는다는 사실을 알게 된다.

02 자연수의 덧셈과 뺄셈 문제의 연장선 위에 있다는 점을 강조하고는 있지만 실제로 분수의 덧셈과 뺄셈을 제대로 이해하기 위해서는 분수 개념에 대한 확실한 이해가 전제되지 않으면 안 된다. 실제로 2009 개정 교육과정에 따른 수학과 교사용 지도서 5학년 1학기(2015년. p. 231) 내용을 살펴보면 단원 배경 지식에 '통분의 필요성'에 대하여 다음과 같이 안내하고 있기도 하다.

> 분수의 개념을 확실하게 이해한다면 자연수의 연산을 바탕으로 분수의 덧셈과 뺄셈에 큰 무리가 없을 것이다. 그러나 자연수는 더하거나 빼는 수 자체의 자릿값에 의해 단위가 결정되므로 단위 통일이 필요 없으나 분수의 덧셈과 뺄셈은 단위가 분모에 의해 결정되므로 분모가 다른 경우에는 단위의 통일이 필요하다.(중략) $\frac{2}{3} + \frac{3}{4}$에서 $\frac{2}{3}$는 $\frac{1}{3}$이 단위가 되고 $\frac{3}{4}$은 $\frac{1}{4}$이 단위가 되므로 더하기 전에 먼저 두 수의 단위를 통일할 필요가 있다. (중략) $\frac{1}{3}$과 $\frac{1}{4}$의 공통 단위인 $\frac{1}{12}$을 구하여 $\frac{8}{12} + \frac{9}{12} = \frac{17}{12}$처럼 계산해야 한다. 뺄셈도 마찬가지다.

이렇게 볼 때 단순히 자연수의 덧셈과 뺄셈 문제의 연장선 위에 있다고 말할 것이 아니라 "분수의 덧셈과 뺄셈은 3학년, 4학년 과정에서 이미 학습했던 단위분수 개념에 기초한 분수의 이해를 바탕으로 자연수의 덧셈과 뺄셈 문제의 연장선 위에 있다."고 해야 보다 정확한 설명이 된다. 그리고 이를 위해서는 5학년 아이들이 단위분수 개념에 기초한 분수의 이해라는 선개념이 정확히 형성되어 있는지를 파악하는 과정이 단원 학습 출발 시점에서 꼭 필요하다고 볼 수 있다. 그러나 이런 과정이 교과서 속에 포함되어 있지 않아 매우 아쉽다.

03 2009 개정 교육과정에 따른 수학과 교사용 지도서 5학년 1학기(2015년. p. 231) 단원지식 내용을 살펴보면 수감각의 중요성에 대하여 아래와 같이 소개하고 있다.*

---

* 교육과정이 바뀌고 그에 따라 지도서 및 교과서가 개편되면 이 부분이 어떻게 바뀔지 궁금해진다. 지금까지의 과정을 보면 크게 달라질 것으로 기대하지는 않는다.

분수의 덧셈을 처음 접한 아이들에게 흔히 발생하는 오류 중 하나는 $\frac{1}{2} + \frac{3}{4} = \frac{4}{6}$와 같이 분모는 분모끼리, 분자는 분자끼리 더하는 것이다. 아이들이 왜 이런 오류를 범하는지 이해하고 아이들 스스로 그 오류를 수정해 나가도록 돕는 일이 필요하다.(중략) 분수의 의미를 우선적으로 강조할 필요가 있다. 다음으로 오류 수정과 관련하여 아이들의 수와 연산 감각을 적극적으로 활용할 것을 권장한다. 예를 들어 $\frac{3}{4}$은 $\frac{1}{2}$(반)보다 크므로 $\frac{1}{2} + \frac{3}{4}$의 계산 결과는 1보다 클 것으로 예상할 수 있다. 그런데 계산한 값은 $\frac{4}{6}$로 1보다 작으므로 오답임을 쉽게 알 수 있다. 이런 형태의 감각을 발달시키면 문제에 대한 합리적인 답을 보다 쉽게 구할 수 있을 것이고 오류도 수정하는 데 도움이 될 것이다.(중략) 예를 들어 분수의 덧셈과 뺄셈 문제를 해결하기 전에 가능한 답의 범위를 말하게 할 수 있다. 이때 어림은 답을 판단하기 위한 근거로 이용할 수 있다.

이는 직관적 사고, 어림에 대한 필요성을 강조하기 위해 제시한 것이라고 봐야 할 것이다. 그러나 '분수 계산 원리의 이해 및 알고리즘 습득'에 어림과 직관적 사고가 과연 도움이 될까, 그리고 이것이 그렇게 중요할까?' 하고 생각해 본다면 필자는 전혀 아니라고 생각한다.

이분모 분수의 덧셈과 뺄셈에서는 자연수의 덧셈과 뺄셈처럼 추측이나 직관이 필요한 것이 아니다. 이분모 분수의 덧셈과 뺄셈은 단위분수 개념에 대한 분수의 이해, 통분은 왜 하고 어떻게 하는지, 통분한 후에는 분수의 덧셈과 뺄셈이 단위분수 개념을 바탕으로 한 자연수의 덧셈과 뺄셈의 연장선에 있다는 것에 초점을 맞추어야 한다고 필자는 생각한다. 그래서 다양한 방법으로 통분을 할 수 있지만 결국 최소공배수로 통분하는 것이 가장 좋다는 것을 자연스럽게 알아 가는 것 말고 더 중요한 것이 이 단원에 있을까 하는 생각을 가져 본다.

04 2009 개정 교육과정에 따른 수학과 교사용 지도서 5학년 1학기(2015년. p. 232) 단원지식 내용을 살펴보면 분수의 덧셈과 뺄셈의 지도에 있어서 구성주의적 접근을 매우 강조하고 있다. 그리고 구성주의적 접근법은 최근의 큰 흐름이자 방향성이기도 하다. 그런데 구성주의적 접근에서도 아래와 같이 다시 한 번 어림해 보게 하는 것의 중요성을 강조하고 있어서 안타깝기만 하다. 교육과정이 개편되고 교과서가 바뀌게 되면 어떻게 바뀔지 궁금해진다. 내용을 자세히 들여다보면 아래와 같다.

이분모 분수의 덧셈과 뺄셈을 지도할 때 구성주의적 이해를 돕기 위해 도식을 사용하는 경우가 적지 않다. 그런데 이 도식들은 그 목표가 통분의 과정을 이해시키기 위한 것이 대부분이다. 즉, 이분모 분수의 덧셈과 뺄셈에서 가장 중요한 것은 통분의 과정이며 통분의 과정을 거치고 나면 남는 것은 동분모 분수의 덧셈과 뺄셈이다. 따라서 이분모 분수의 덧셈과 뺄셈 학습에서 구성주의적 접근을 할 때 노력을 집중해야 하는 부분은 통분 과정이라고 말할 수 있다. 통분 과정을 이해하도록 지도하는 일의 첫 단추는 통분의 필요성을 인식하도록 돕는 일이다. 이를 위해 아이들로 하여금 계산 알고리즘을 접하기 전에 계산의 결과가 얼마일지를 어림해 보게 하는 것이 중요하다. 예를 들어 $\frac{1}{3} + \frac{1}{2}$이라는 덧셈 상황이 주어졌을 때 곧바로 계산에 들어가기보다는 이 덧셈의 결과가 1보다 클지 작을지를 어림해 보는 것이 좋다.

도식들의 사용 목적이 통분 과정을 이해시키기 위한 것이라는 점에서는 충분히 공감이 간다. 이 단원에서 도식들이 갖는 가치는 통분을 통한 이분모 분수 덧셈의 알고리즘을 이해할 수 있도록 돕는 재료로서의 역할이다.[*] 분수의 덧셈과 뺄셈 단원이 단지 알고리즘만을 익혀 답을 내는 것이 목적이라면 그렇게 많은 시간을 들여 지도할 필요도 없는 것이고 도식도 필요 없다. 그냥 이해하지 못해도 꾸준한 반복적 훈련만 시켜서 답을 내도록 지도할 수 있다. 이렇게 볼 때 구성주의적 접근이라는 배경지식도 사실상 필요 없게 된다. 그런데 도식의 가치에 대하여 강조한 점은 좋았지만 여기까지가 한계라는 데 문제가 있다. 구성주의적 접근에 의한 도식의 표현이라 해놓았지만 실제로 교과서 속에 제시되어 있는 수많은 도식들은 아이들 스스로 이분모 분수 덧셈의 알고리즘에 대한 이해를 구성해 나갈 수 있는 형식으로 구성되어 있지 않고 단지 안내와 지시에 따라 빈칸을 채우고 색칠만 하면 되는 방식으로 전개되어 있어 구성주의적 사고에 입각한 수업이 제대로 이루어질 수 있을까에 대하여 확신이 서지 않는다.[**] 그래서 대부분의 아이들은 도식을 보면서 문제는 풀어도 왜 그렇게 해야만 하는지, 왜 그렇게 되는지에 대한 설명은 제대로 하지 못한다. "이분모 분수의 덧셈과 뺄셈을 할 수 있다."와 "이분모 분수의 덧셈과 뺄셈을 이해한다."는 분명히 다르다는 점을 우리는 잊지 말아야 한다.

문제점은 여기서만 그치지 않는다. 통분의 필요성을 인식하는 단계에서 계산 결과가 얼마나 될지에 대한 어림셈을 또 한 번 강조하며 '직관적 사고'가 재차 등장한다는 점, 어림셈이나 직관을 강조해 놓고도 교과서 내용을 살펴보면 직관적 사고를 묻는 질문은 1차시, 5차시에 단 2번만 등장한다는 점에서 앞뒤가 맞지 않는다는 생각을 지울 길이 없다.[***] 이 또한 교육과정이 바뀌고 교과서가 바뀌면서 어떻게 변화될지 궁금해진다.

05 교과서 내용 구성에 대한 문제점은 본 단원에만 국한된 것이 아니다. 이분모 분수의 덧셈과 뺄셈 개념 및 원리에 대한 확실한 이해를 돕는 수학적 활동에 의미를 부여하고자 한다면 불필요한 활동에 들어가는 시간을 아껴서 좀 더 많은 생각과 활동이 필요한 시간으로 돌려서 의미 있는 배움이 일어날 수 있도록 재구성할 필요가 있다.[****]

---

[*] 무엇이든 그것이 지니고 있는 역할을 충분히 해낼 때만 그것의 존재 가치가 빛난다. 그 역할을 제대로 못하고 있다면 존재 가치, 제시의 이유가 사라져 버린다.

[**] 2009 개정 교육과정에 따른 수학과 교사용 지도서 5학년 1학기(2015. p. 187)을 살펴보면 분수의 그림 표현으로 다양한 수 모델의 예시를 안내하고 있다. 그 종류로는 띠 모델, 원 모델, 직사각형 모델, 들이 모델, 수직선 모델이 있다. 현재 교과서 속에서도 다양한 종류의 수 모델들이 제시되어 있는데 아이들이 통분에 따른 공통분모의 개수만큼 스스로 생각하여 칸을 나눌 수 있도록 제시되어 있어야 마땅하겠지만 실제 내용은 이미 점선으로 칸이 다 그어져 있어 왜 그렇게 나누어야 하고 왜 그렇게 통분을 해야만 하는가에 대한 의미와 그에 따른 지식을 아이들 스스로 구성해 나갈 수 있도록 돕지 못하고 있는 상황이다. 교육과정 및 교과서가 바뀌면 이 부분이 어떻게 수정될지 궁금해진다.

[***] 2009 개정 교육과정에 따른 수학과 교과서 5학년 1학기 4단원 2차시(2015. p. 102. p. 108) "질문 내용 : 분수만큼 색칠하고 $\frac{1}{3} + \frac{1}{2}$이 얼마다 될지 이야기해 보시오. 분수만큼 색칠하고 $\frac{3}{4} - \frac{2}{3}$가 얼마나 되는지 이야기해 보시오."라는 질문 2번만 제시되어 있고 이후로는 더 이상 찾아볼 수 없다.

[****] 예를 들어 스토리텔링 또는 문제 해결이나 이야기 마당 등의 활동을 실제 수업 속에서 다루거나 생략하고 그 활동에 들어가는 시간을 좀 더 많은 생각과 활동이 필요한 시간으로 돌려서 사용한다거나 1차시 스토리텔링 대신에 분수 개념에 대한 확실한 이해를 돕기 위한 출발점 행동의 점검 차원에서 4학년까지 학습했던 분수 개념에 대한 이해를 돕는 내용으로 수업을 설계해 보는 것도 생각해 볼 일이다. 또한 4학년까지의 분수 학습에서 아이들에게 분수 개념이 잘 형성되어 있고 동분모 분수의 덧셈과 뺄셈을 확실히 잘 이해하고 있다면 이분모 분수의 덧셈과 뺄셈 활동에 각각 배정된 차시를 1차시 정도 줄여서 지도하는 방법도 나쁘지

06 실제 교과서 내용 구성에서 가장 눈에 많이 띄는 부분은 바로 분수 모델 제시 방법에 대한 문제점이다. 배경지식에는 구성주의적 관점을 가지라고 되어 있지만 실제의 내용 구성은 아이들 스스로 생각하면서 지식을 구성해 나가는 방식이 아니라 안내하는 대로 색칠만 하면 되는 방식으로 제시되어 있다는 점에서 많은 아쉬움이 남는다. 차시마다 띠 모델, 직사각형 모델, 들이 모델, 수직선 모델 등이 제시되어 있는데 하나같이 모두 점선으로 미리 칸이 나누어져 있어서 아이들은 왜 그렇게 칸이 나누어져 있는가에 대한 별 생각 없이 색칠만 하면 되어 분수에 대한 수학적 사고가 별로 일어나지 않을 뿐만 아니라 개념 이해에도 별 도움이 되지 않는다. 그리고 이 부분은 교육과정이 바뀌고 교과서가 바뀌어도 별로 달라질 것 같지 않다는 생각이 들어 걱정이 앞선다. 예를 들자면 이런 것이다.

예시 "그림을 이용하여 통분하고 $\frac{1}{6}+\frac{1}{3}$을 계산하시오."라고 제시된 교과서 질문*에 따른 띠 모델을 살펴보면 다음과 같이 제시되어 있다.

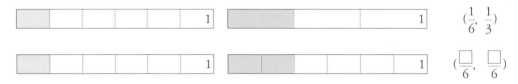

그런데 분모 6과 3의 공배수인 6으로 통분한다는 생각을 아이들 스스로 발견해 내야 하고 그에 따라 띠모델을 6칸으로 등분한 뒤에 분자의 수만큼 색칠할 수 있도록 제시되었어야 함에도 불구하고 아이들에게 생각의 결과로 발견의 기쁨을 누릴 수 있는 기회, 구성적으로 지식을 쌓아 나갈 수 있는 기회를 박탈해 버렸다는 점에서 정말로 많은 아쉬움이 남는다. 교사는 이 부분을 지도할 때 재구성하여 활동지의 형태로 아이들에게 제시할 필요가 있다고 한다면 그때에는 아래와 같이 제시하는 것이 좋겠다고 생각한다.

위의 두 분수를 통분할 때 공통분모는 얼마로 해야 좋은지 생각해 보고, 그 결과에 따라 아래 수 모델을 나누고 분자의 수만큼 색칠해 보시오.

1	1	($\frac{\square}{\square}$, $\frac{\square}{\square}$)

예시 "$\frac{1}{2}$과 $\frac{2}{3}$를 통분하여 색칠하고 $\frac{1}{2}+\frac{2}{3}$를 계산하시오."라고 제시된 교과서 질문**에 따른 수 모델을 살펴보면 아래와 같이 제시되어 있다.

않다고 볼 수 있다. 하지만 이 부분에서 아이들이 힘들어한다면 1차시를 더 늘리고 문제 해결 또는 체험 마당 등과 같은 활동에 배당된 시간을 이 활동으로 돌려서 수업을 진행할 수도 있다. 이 모두는 각 학교 및 학급의 아이들 상황에 따라 얼마든지 달라질 수 있으니 다양한 각도에서 살피고 고민하여 수업을 펼쳐 나가기 바란다.
* 2009 개정 교육과정에 따른 수학과 교과서 5학년 1학기 4단원 2차시. 2015. p. 103.
** 2009 개정 교육과정에 따른 수학과 교과서 5학년 1학기 4단원 3차시. 2015. p. 104.

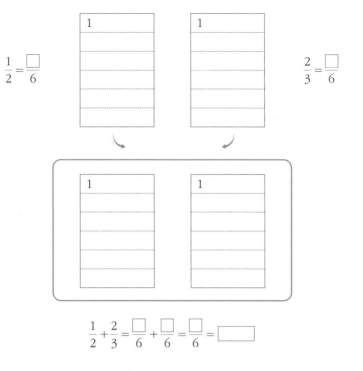

$\frac{1}{2} = \frac{\square}{6}$

$\frac{2}{3} = \frac{\square}{6}$

$\frac{1}{2} + \frac{2}{3} = \frac{\square}{6} + \frac{\square}{6} = \frac{\square}{6} = \boxed{}$

(1) $\frac{1}{2}$과 $\frac{2}{3}$를 계산하는 방법을 이야기해 보시오.

수 모델이라는 훌륭한 분수 이해의 도구를 제시하였다는 점은 매우 긍정적이지만 그의 활용이라는 측면에서는 바람직하지 못한 형태로 제시되어 있어서 매우 아쉽다. 위와 같은 제시 형태는 결국 "주어진 수로 통분하라. → 분자를 계산하여 □ 안에 알맞은 수를 써라. → 그 결과를 수 모델에 색칠하라. → 주어진 식의 □ 안에 알맞은 수를 넣어라."와 같이 아이들은 생각하고 받아들일 수밖에 없게 된다. 또한 맨 아래에 제시된 질문은 어찌 보면 불필요한 질문에 해당된다고 볼 때 이를 아래와 같이 변형하여 제시한다면 아이들은 현재 교과서에 제시된 것을 보면서 하는 생각과 똑같은 사고 과정을 겪게 될까? 나는 훨씬 더 많은 생각과 차원이 다른 고민을 하게 될 것이라 본다.

(2) $\frac{1}{2}$과 $\frac{2}{3}$를 통분하여 색칠하고 $\frac{1}{2} + \frac{2}{3}$를 계산하시오.

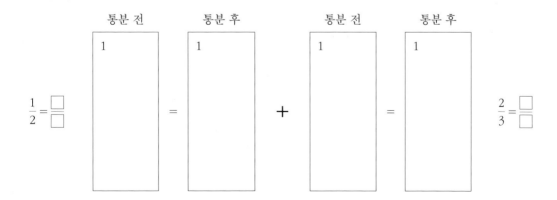

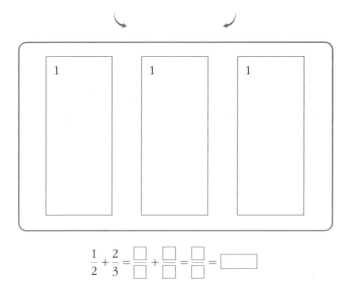

$$\frac{1}{2} + \frac{2}{3} = \frac{\square}{\square} + \frac{\square}{\square} = \frac{\square}{\square} = \boxed{}$$

위의 도식에서 아래 □ 안에 수 모델을 3개 제시한 이유는 아이들이 각자 통분한 결과에 따라 1개 모두를 색칠하고 나머지 한 개는 6등분한 후 1칸만 색칠하며 나머지 1개는 아무런 조작활동 없이 그냥 놓아 두어 색칠된 부분에 따라 답을 $1\frac{1}{6}$이라고 구할 수 있게 해 두었다. 분수에 대한 정확한 개념이 형성되지 않은 아이들은 3개의 수 모델에 모두 색칠을 하거나 "1개가 남는데 이것은 어떻게 해요? 왜 □이(가) 3개인가요?"와 같은 식의 질문을 하게 될 것이다. 하지만 이 모두는 잘못된 것이 아니다. '이런 아이들은 분수 개념에 대한 명확한 지도를 할 필요가 있겠구나!' 하는 교사의 생각이 필요하고 아이들은 이런 상황을 '배움의 기회'로 삼아 자신의 지식을 새롭게 구성해 나가는 기회로 만들어 갈 필요가 있다.

예시 통분이라는 것을 최소공배수 또는 분모의 곱이 아니라 분수막대를 활용하여 지도하고자 한다면 이와 다르게 수 모형이 제시되어야 한다. 바로 여기에서 분수막대의 유용성이 제대로 드러난다고 볼 수 있다. 이런 이유 때문에 앞의 약분과 통분 단원에서 굳이 최대공약수, 최소공배수를 구하는 방법을 굳이 지도하지 않고서도 이분모 분수의 덧셈과 뺄셈이 가능하다고 말했었던 것이다. 이에 대하여 앞에 제시했던 질문을 다시 가져와 설명해 보고자 한다.

(1) 그림을 이용하여 통분하고 $\frac{1}{6} + \frac{1}{3}$을 계산하시오.

$\left(\frac{1}{6}, \frac{1}{3}\right)$

위의 질문을 분수막대 모형을 활용하여 해결할 수 있도록 한다면 아래와 같이 제시해 주어야 한다. 특히 수 모형을 가로 형태가 아니라 세로(아래, 위)로 서로의 크기를 비교할 수 있도록 제시해 주어야 한다는 점에 주목하여 보기 바란다.

▶ $(\frac{1}{6}, \frac{1}{3})$ 두 분수에 해당되는 만큼 각각의 띠 모델에 색칠하시오.

	1

	1

위와 같이 제시하면 아이들은 아래와 같이 띠 모델을 각각 주어진 분수만큼 등분하고 색칠을 할 것이다.

▶ 위의 띠 모델의 색칠된 부분을 비교해 볼 때 차이가 나는 만큼의 크기는 어느 정도인지 분수막대를 이용하여 찾아보자.(답:　　　　　　　)

▶ 분모를 같게 해 주고자 할 때 분모를 얼마로 하면 좋겠는가?(답:　　　　　　)

▶ 자신이 찾은 분모의 크기로 통분하여 띠 모델에 각각 색칠하고 $\frac{1}{6} + \frac{1}{3}$ 을 계산해 보시오.

	1

	1

위의 상황에서는 아이들이 띠 모델을 활용하여 등분할을 정확하게 하고 색칠을 제대로 하였다면 분수막대를 이용하지 않고 조금만 생각해도 쉽게 답을 찾을 수 있다.($\frac{1}{6}$, $\frac{1}{3}$ 두 분수 사이에 차이가 나는 크기는 🔲 만큼이고 이 크기는 $\frac{1}{6}$ 에 해당된다. 이 경우 분모의 크기는 6으로 통분된다는 것을 알 수 있다.)

예시 뺄셈 사례를 활용하여 다시 한 번 설명해 보도록 하겠다.

(1) $\frac{3}{4} - \frac{2}{3}$ 를 계산하는 방법을 알아보시오.[*]

▶ 분수만큼 색칠하고 $\frac{3}{4} - \frac{2}{3}$ 가 얼마나 될지 이야기해 보시오.[**]

				1	$\frac{3}{4}$

			1	$\frac{2}{3}$

띠 모델을 제시하는 형식은 좋았으나 미리 칸을 나누어 놓고 색칠만 하라는 점에 있어서는 띠 모델을 제대로 활용하고 있지 못하다고 볼 수 있다.

▶ $\frac{3}{4}$ 과 $\frac{2}{3}$ 를 통분하여 색칠하고 $\frac{3}{4} - \frac{2}{3}$ 를 계산하시오.[***]

											1	$\frac{3}{4} = \frac{\square}{12}$

---

[*] 2009 개정 교육과정에 따른 수학과 교과서 5학년 1학기 4단원 5차시. 2015. p. 108.
[**] 앞서 살펴본 바와 같이 예상을 통한 직관적 사고를 묻는 질문으로 이는 부적절한 것이라 생각된다.
[***] 위와 같은 문제점을 그대로 보여 주고 있음을 알 수 있다.

$$\frac{2}{3} = \frac{\square}{12}$$

$$\frac{3}{4} - \frac{2}{3} = \frac{\square}{12} - \frac{\square}{12} = \boxed{}$$

미리 공통분모를 제시해 놓고 통분하라고 말하고 있다. 띠 모델에 색칠하기 이전에 통분을 위한 공통분모를 얼마로 해야 할지 아이들에게 생각할 시간을 주어야 하지만 이런 식의 전개는 생각할 필요 없이 이미 정해져 있어서 아이들은 별 고민 없이 몇 칸인지 계산하여 색칠 및 빈칸 채우기 활동만 하고 만다. 끝으로 아래와 같은 질문이 마지막에 제시되어 있는데 이 또한 불필요한 질문이라 생각한다. 교사의 고민에 따른 적절한 판단이 또한 요구된다.

(2) $\frac{3}{4} - \frac{2}{3}$를 계산하는 방법을 이야기해 보시오.

이와 같은 문제점들을 극복하고 분수막대를 활용하여 이를 지도할 수 있도록 재구성한다면 아래와 같이 제시해 볼 수 있다.

▶ 띠 모델에 각각의 분수만큼 색칠해 보시오.

$$1 \quad \frac{3}{4}$$

$$1 \quad \frac{2}{3}$$

이렇게 제시하면 아이들은 아래와 같이 띠 모델에 색칠을 하게 될 것이다.

$$1 \quad \frac{3}{4}$$

$$1 \quad \frac{2}{3}$$

▶ 두 분수의 단위분수인 $\frac{1}{4}$, $\frac{1}{3}$을 비교해 볼 때 차이가 나는 만큼의 크기는 어느 정도인지 분수막대를 이용하여 찾아보자.(답 :   )

이런 질문에 대하여 아이들은 분수막대를 살펴보면서 차이 나는 만큼의 크기가 어느 정도에 해당되는지 찾아내게 될 것이다.(아래에서 보는 바와 같이 차이가 나는 크기는 [   ]만큼이고 이 크기는 분수막대에서 찾아볼 때 $\frac{1}{12}$에 해당된다. 따라서 이 경우 분모의 크기는 12로 통분된다는 것을 알 수 있다.)

$$1 \quad \frac{1}{4}$$

$$1 \quad \frac{1}{3}$$

$$1 \quad \frac{1}{12}$$

▶ 두 분수의 분모를 같게 해 주고자 할 때 분모를 얼마로 하면 좋겠는가?

▶ 자신이 찾은 분모의 크기로 통분하여 띠 막대에 색칠을 하고 $\frac{3}{4} - \frac{2}{3}$ 를 계산해 보시오.

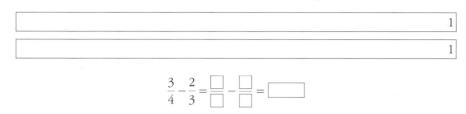

$$\frac{3}{4} - \frac{2}{3} = \frac{\square}{\square} - \frac{\square}{\square} = \boxed{}$$

위와 같이 재구성하여 아이들에게 활동지 형식으로 제시한다면 교과서를 가지고 학습할 때와는 사뭇 다른 교실에서의 수업 상황이 펼쳐질 것이라 본다.

예시 수직선 모델이 등장하는 경우도 있는데, 수직선 모델은 이분모 분수 뺄셈의 이해를 돕기 위해 연속량의 개념을 가진 수직선과 그 위에서 화살표를 이용하여 뺄셈을 할 수 있다는 장점을 잘 살릴 수 있다는 점에서 긍정적이라 할 수 있다. 하지만 제시 형식에 있어서는 아래에서 보는 바와 같이 역시나 띠 모델에서처럼 똑같은 문제점을 갖고 있어서 역시 아쉬움이 남는다.

(1) 수직선을 이용하여 통분하고 $\frac{4}{5} - \frac{1}{3}$ 을 계산하시오.[*]

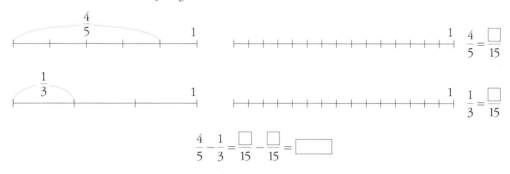

$$\frac{4}{5} - \frac{1}{3} = \frac{\square}{15} - \frac{\square}{15} = \boxed{}$$

이 모델의 제시 형식에 있어서도 역시 앞에서와 마찬가지로 공통분모가 15라는 사실을 아이들이 고민하지 않아도 되게끔 미리 제시되어 있고, 칸도 미리 나누어져 있어 아이들은 별 고민 없이 화살표로 표시만 하게 되어 있다는 점에서 매우 큰 아쉬움이 남는다. 제대로 제시하려면 아래와 같이 제시했어야 했다.

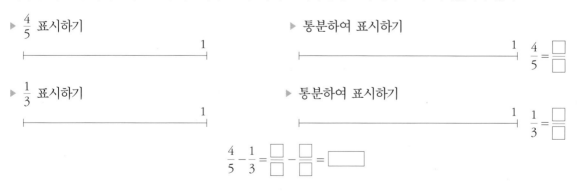

$$\frac{4}{5} - \frac{1}{3} = \frac{\square}{\square} - \frac{\square}{\square} = \boxed{}$$

---

[*] 2009 개정 교육과정에 따른 수학과 교과서 5학년 1학기 4단원 5차시. 2015. p. 109.

이 부분 역시 분수막대 모형을 통해 해결할 수 있도록 재구성하여 제시할 필요가 있다고 판단된다.

끝으로 분수막대에 대한 가치를 짧게 정리해 보고자 한다.

분수막대의 의의는 통분이라는 절차적 지식과 내용을 예술적인 차원으로 승화시킨 훌륭한 교수학적 도구이자 모델이며 이를 활용한 이분모 분수의 덧셈과 뺄셈에 대한 이해 및 문제 해결이 본 단원의 핵심 가치가 아닐까 생각한다. 따라서 분수막대에 대한 유용성과 그 힘을 제대로 아이들이 느낄 수 있도록 교사는 교육과정 및 교과서 내용을 재구성하여 아이들에게 제시하고, 아이들은 분수막대를 활용한 조작적 활동을 통해 탐구 및 발견의 기쁨을 느끼며 스스로 자신의 지식을 구성해 나갈 수 있는 기회를 가질 수 있어야 한다.

❶ 분수막대를 충분히 활용하여 최소공배수나 분모의 곱, 최대공약수를 이용하지 않고도 약분과 통분을 할 수 있도록 한다는 점, 약분과 통분의 의미를 확실히 다질 수 있다는 점에서 큰 가치를 둘 수 있다.

❷ 통분의 의미와 과정을 재확인하고 조작적 활동 및 시각화 활동을 통해 분수 학습에 재미와 즐거움(수학, 약분과 통분, 분수의 덧셈과 뺄셈이 어렵지 않다.)을 느낄 수 있도록 한다.

❸ 분수막대 활용의 한계를 정해야 한다. 분수막대를 활용하여 통분과 약분을 할 수는 있지만 불편함이 있다는 것을 아이들이 느끼게 하고 이를 해결하기 위해 약분과 통분을 위한 다른 절차와 방법(알고리즘)이 있다는 것, 그리고 이를 도입하여 보다 쉽게 문제를 해결할 수 있다는 것을 알게 해 주는 과정이 필요하다. 이후부터는 분수막대의 활용이 줄어들 것이다.

재구성 방향성

01 5학년 1학기 수학에서 분수와 관련된 단원이 절반 이상을 차지하는 만큼 분수 개념에 대한 확실한 기초와 체계를 다시 한 번 잡아 나갈 필요가 있다는 판단이 든다. 따라서 분수 연산의 첫 시작인 이 단원에서 출발점 행동에 대한 진단활동을 확실히 하여 이후에 이루어질 분수 연산 지도를 위한 확실한 기초공사가 이루어질 수 있도록 1~2시간 정도를 할애하고 재구성하여 진행할 필요가 있다. 특히 4학년에서 학습한 동분모 분수의 덧셈과 뺄셈을 제대로 이해하고 있는지를 파악하는 것에 집중하는 것이 단원을 시작하는 단계에서 매우 중요한 일이다. 자세히 안내해 보면 다음과 같다.

동분모 분수의 덧셈과 뺄셈을 이미 공부했다고 해서, 답을 구할 수 있다고 해서 아이들이 확실히 이해했다고 가정해서는 안 된다. 그 이유는 대체로 개념 원리나 이해보다는 답을 구하고 문제를 풀이하는 절차와 방법을 배우는 학습에 익숙해져 있기 때문에 기초지식과 개념이 상당히 부실할 가능성이 매우 높다. 이를 위해 분수의 기초지식을 확실하게 다지고 분수의 덧셈과 뺄셈에 대한 기본 질문을 통해 이 단원을 위한 기본 개념을 튼튼히 하고자 하는 데 최선을 다해야 한다.

◎ 기본 질문 1 $\frac{3}{4} + \frac{2}{4}$ 는 얼마인가?

아이들 • $\frac{5}{4} = 1\frac{1}{4}$ 입니다.(이렇게 답은 잘한다.)

확장 질문 1.1 왜 분모는 그대로 두고 분자끼리만 더할까?*

확장 질문 1.2 이렇게 하면 안 될까?

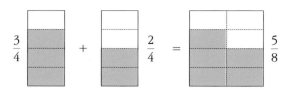

> **위의 질문에 대한 이상적인 답**
>
> $\frac{3}{4}$은 $\frac{1}{4}$(단위분수에 대한 이해와 그 활용이 분수 기초지식의 핵심)이 3개, $\frac{2}{4}$는 $\frac{1}{4}$이 2개 있는 것이다. 그래서 이를 더하면 $\frac{1}{4}$이 3개+2개=5개, 즉 $\frac{5}{4}$가 되는 것이다. 그리고 이를 대분수로 바꾸어 표현하면 $1\frac{1}{4}$이 되는 것이다. 따라서 위의 그림을 고쳐 보면 다음과 같다.
>
>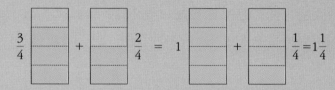
>
> ※ 분수의 덧셈에서도 단위분수 및 가분수의 개념과 역할이 매우 중요하다는 것, 그리고 이를 활용하여 자연수의 덧셈의 원리를 적용하게 된다는 것을 이해하는 것이 기본 개념의 핵심인 것이다.

기본 질문 2 $3\frac{1}{4}-1\frac{2}{4}$는 얼마인가?(아래와 같이 답변은 잘한다.)

> **아이들** · $\frac{13}{4}-\frac{6}{4}=\frac{7}{4}=1\frac{3}{4}$입니다.

> **아이들** · $2\frac{5}{4}-1\frac{2}{4}=(2-1)+(\frac{5}{4}-\frac{2}{4})=1+\frac{3}{4}=1\frac{3}{4}$입니다.

확장 질문 2.1 $3\frac{1}{4}$이 왜 $\frac{13}{4}$이 되지?

확장 질문 2.2 $3\frac{1}{4}$이 $2\frac{5}{4}$로 어떻게 바뀌는지 그림으로 설명해 보시오.

> **위의 질문에 대한 이상적인 답**
>
> (기본 질문 2) 일단 대분수를 모두 가분수로 고치면 $3\frac{1}{4}$은 $\frac{1}{4}$이 13개, $1\frac{2}{4}$는 $\frac{1}{4}$이 6개 있는 것과 같다. 그래서 $3\frac{1}{4}-1\frac{2}{4}$는 $\frac{1}{4}$이 13개에서 6개를 빼주는 것과 같다. 그렇게 하면 $\frac{1}{4}$이 7개 남는다. 따라서 $\frac{7}{4}$이 되고 이를 대분수로 바꾸어 주면 $1\frac{3}{4}$이 되는 것이다. 다른 방법은 이렇다.

---

* (확장질문 1.1)을 도식화하여 제시하면 (확장질문 1.2)와 같이 바뀐다. 이와 같은 도식을 제시하고 질문을 하면 거의 모든 아이들의 급 당황한 모습을 보게 된다. 문제를 푸는 절차와 방법을 익혀 답을 구할 수 있다고 하여 그 내용을 제대로 이해하였다고 판단해서는 안 되는 이유가 바로 여기에 있다. 수학은 절차와 방법을 익히는 과목이 아니다. 각 영역에 대한 개념이나 원리를 이해하며 수학적 사고력을 넓히고 각자의 수학교과에 관련된 인지지도를 그려 나갈 수 있도록 하는 것이 수학 교육의 주된 목적이다. 그러나 선행학습 및 문제풀이 중심의 교육에 익숙해져 있는 아이들은 그런 지점에 매우 취약함을 여실히 드러내게 되는데, 이 대목이 바로 그런 부분이다.

자연수끼리, 진분수끼리 계산을 할 수도 있는데 이 경우 진분수 부분을 보면 $\frac{1}{4}-\frac{2}{4}$가 되어 계산을 할 수 없게 된다. 따라서 앞의 자연수 1을 받아내림 하여 $3\frac{1}{4}$을 $2\frac{5}{4}$로 바꾸어 계산하면 위와 같은 답을 얻을 수 있게 된다.

(확장질문 2.1) 분모가 4일 경우 1은 단위분수 $\frac{1}{4}$이 4개 있다는 것을 의미한다. 따라서 $3\frac{1}{4}$에서 3은 ($\frac{1}{4}$이 4개=1)×3=$\frac{1}{4}$이 12개가 되는 것이고 본래 있었던 $\frac{1}{4}$ 1개가 더해져 $\frac{13}{4}$이 되는 것이다.

(확장질문 2.2) $3\frac{1}{4}$이 $2\frac{5}{4}$로 바뀌는 과정(각각 위, 아래의 3번째 띠 모델 표현에 주목할 필요가 있다. 분수는 무엇보다도 정확성, 제대로 된 개념, 원리 이해가 핵심이다.)

| 1 | 1 | 1 | 1 | $3\frac{1}{4}$ |
| 1 | 1 | 1 | 1 | $2\frac{5}{4}$ |

※ 분수의 뺄셈서도 단위분수 및 가분수의 개념과 역할이 매우 중요하다는 것, 그리고 이를 활용하여 자연수의 뺄셈의 원리를 적용하게 된다는 것을 이해하는 것이 기본 개념의 핵심인 것이다.

단위분수의 중요한 역할

$$1= \begin{cases} \frac{1}{2}\text{이 2개 있는 것} \\ \frac{1}{3}\text{이 3개 있는 것} \\ \frac{1}{4}\text{이 4개 있는 것} \end{cases}$$

단위분수라는 것을 왼쪽에서 예를 들어 설명한 것과 같이 이해하는 것이 매우 중요하다. 지금까지의 기본 질문 1, 2를 통해 설명한 바와 같이 문제풀이는 할 수 있지만 제대로 설명할 줄 모르는 아이들은 대부분 분수라는 것에 대한 기본 개념 및 기초지식을 제대로 갖추지 않았기 때문이라 봐도 틀리지 않다. 그리고 그런 아이들이 거의 대부분이라는 것을 전제로 한다면 1차시를 반드시 4학년 과정 동분모 분수의 덧셈과 뺄셈 및 분수에 대한 기초지식 재정비에 두어야만 한다는 대전제가 만들어진다. 왜냐하면 결국 이분모 분수의 덧셈과 뺄셈도 동분모 분수의 덧셈과 뺄셈을 기본 바탕으로 하기 때문이다. 다만 여기에 통분이라는 과정 하나가 더 추가되었을 뿐이다.

⊙ **기본 질문 3** 가분수는 꼭 대분수로 고쳐야 하는가?(대분수로 고치지 않고 그냥 가분수로 놓아 두면 틀린 답이 되는가?)

위의 질문에 자신 있게 대답할 수 있는 아이들은 없을 것이다. 또한 교사들도 이에 대하여 논리적으로 설명하기 쉽지 않을 것이다. 이는 유리수*와 분수**의 개념적 차이 및 다루는 수의 범위라는 한계에 의해 만들

---

* 유리수(有理數, rational number)는 두 정수의 분수 형태(단 분모는 반드시 0이 아니다)로 나타낼 수 있는 실수를 말한다. 좀 더 쉽게 설명하자면 실수 중에서 정수와 분수 전체를 가리키는 수라고 할 수 있다. a와 b가 정수이고 b가 0이 아닐 때 $\frac{a}{b}$로 나타낼 수 있는 수를 유리수라고 한다. 분모가 0인 경우를 제외하고 분자와 분모가 모두 정수인 경우는 모두 유리수이다. 또 유리수는 정수와 정수가 아닌 유리수로 나눌 수 있다. 예를 들어 $\frac{4}{2}=2$이므로 정수인 2는 유리수이다. 정수가 아닌 유리수는 유한소수나 순환소수로 나타낼 수 있다. $\frac{1}{2}=0.5$로 유한소수이고, $\frac{1}{3}=0.33333\cdots$ 으로 순환소수이다.

** 분수는 a를 0이 아닌 정수 b로 나눈 몫을 $\frac{a}{b}$의 형식으로 나타낸 수를 가리킨다. 이를 b분의 a라고 읽는다. 분수 $\frac{3}{4}$의 예에서 가로 선분의 위쪽에 있는 수를 분자라 하고, 아래쪽에 있는 수를 분모라 한다. 이때 $\frac{3}{4}$과 같이 분자가 분모보다 작은 분수를 진분수

어진 해프닝이라 생각해도 될 만한 일이다. 이에 대하여 수학적 설명을 해 본다면 다음과 같다.

초등학교 수학에서 시험문제 채점 결과를 보면 가끔 가분수를 대분수로 고치지 않았다고 하여 틀린 답이라고 통보를 받는 경우를 접하게 된다. 과연 틀린 답이라 할 수 있을까?

수학이라는 학문의 입장에서 분수 개념을 살펴보면 분수는 유리수의 다른 표현이다. 그리고 분수보다 유리수가 그 개념이 훨씬 넓다. 그래서인지 초등에서는 분수라는 용어를 사용하지만 중학교에서는 유리수라는 확장된 수 개념으로 공부한다. 그런데 중학교에서 공부하는 유리수 개념에 입각해서 본다면 $\frac{13}{4}$이라는 분수는 엄연한 독립적인 유리수의 하나로서 그 가치를 인정받고 있다. 그런데 초등에서는 $\frac{13}{4}$은 독립적인 수로서 인정받지 못하고 $3\frac{1}{4}$이라고 바꾸어 써야만 인정을 받는다는 이상한 학문적 정서가 자리하고 있다. 그 이유는 뭘까? 학문적으로 이것이 정답이라고 말할 수는 없겠지만 필자의 견해를 밝히자면 이렇다.

분수라는 정의 및 초등학교에서 다루는 수의 범위를 살펴보면 '자연수＋진분수'라는 한정된 수를 다룬다. 이는 분수의 세 가지 형태(초등수학에서만 다룬다. 중학교 이후에서는 구분 없이 유리수로 정의된다.)의 의미에서도 고스란히 드러나고 있다.

- 진분수＝'眞'이란 참, 거짓의 뜻이 아니라 Original(원형)의 의미를 지니고 있다.
- 가분수＝'假'란 참, 거짓의 뜻이 아니라 Temporary(임시)의 의미를 지니고 있다.

예를 들자면 건축물에서 가건물이라 할 때는 '거짓건물'이라는 뜻이 아니라 '임시적으로 지어진 건물'이라는 뜻을 갖고 있는 것과 같은 의미이다. 따라서 가분수는 단지 분수의 원형이라 할 수 있는 진분수와 구분하기 위해 붙여진 이름일 뿐이라 생각해야만 한다.

- 대분수＝대체로 '대'자를 '大'로 알고 있는 사람들이 많은데 여기에서의 '대'자는 '帶(띠 모양)'를 사용한다. 진분수 옆에 자연수가 띠처럼 둘러 있는 모습을 가리키는 말이다.

이렇게 놓고 볼 때 초등에서 다루는 수의 범위가 아직은 자연수 중심이어서 $\frac{13}{4}$과 같은 유리수를 하나의 독립된 수로 인정하지 않으려는 생각이 작용하고 있다고 볼 수 있다. 또한 사용되는 대분수(자연수＋진분수)라는 용어에 영향을 받기도 해서 더욱더 그렇다고 볼 수 있다. 하지만 중학교로 넘어가면 진분수, 가분수, 대분수라는 용어는 더 이상 나오지 않는다. 오직 유리수만 존재한다.(중학교에 가면 자연수라는 용어도 더 이상 다루지 않는다. 오직 정수만 존재한다. 그리고 그 개념은 점점 더 넓은 의미의 수 영역과 체계로 확장된다. 자연수＜정수와 0＜유리수, 무리수＜실수, 허수＜복소수) 때문에 $\frac{13}{4}$과 같은 가분수도 독립된 수로 인정을 받아 대분수로 굳이 고칠 필요가 없게 된다. 따라서 초등에서도 가분수를 대분수로 고치는 과정을 공부

라 하고 특히 $\frac{1}{4}$처럼 분자가 1인 분수를 단위분수라 한다. 또 분자와 분모가 같거나($\frac{4}{4}=1$) 분자가 분모보다 큰 분수($\frac{7}{4}$)를 가분수라고 한다. 가분수는 다시 자연수와 진분수의 합($\frac{7}{4}=1+\frac{3}{4}=1\frac{3}{4}$)으로 나타낼 수 있는데 이와 같은 분수($1\frac{3}{4}$)를 대분수라고 한다.

했다고는 하더라도 질문에 "가분수를 대분수로 반드시 고치시오."라는 조건을 두지 않았다면 "가분수로 답을 썼더라도 맞다."는 사고의 전환이 필요하다. 이런 사례와 비슷한 상황은 약분에서도 볼 수 있다. 약분을 공부한 이후에는 $\frac{2}{4}$를 꼭 $\frac{1}{2}$로 써야만 답이 된다고 볼 수는 없다. 왜냐하면 크기가 같은 분수라는 것을 우리는 이미 알고 있기 때문이다. 약분을 왜 공부하는가에 대한 이유는 이미 알고 있다. 따라서 군이 약분을 해야만 답이 된다는 논리는 성립될 수가 없다. 따라서 이 또한 질문에 "반드시 약분을 하시오."라는 조건을 두지 않았다면 "약분을 하지 않았더라도 맞다."는 사고의 전환이 필요하다.

02 분수에 대한 개념, 원리 이해, 동분모 분수의 덧셈과 뺄셈에 대한 원리 이해를 바탕으로 통분의 개념을 얹어서 이분모 분수의 덧셈과 뺄셈 원리를 통합적으로 이해할 수 있도록 돕는 것을 핵심으로 삼아야 한다.

03 수 모델을 제시할 때 점선으로 미리 칸을 나누어 주지 말고 제시하여 아이들이 분수에서 분자와 분모 사이의 관계를 이해할 수 있도록 하면서 스스로 수 모델의 칸을 등분할하고 분수의 크기만큼 표현해 나가면서 원리나 개념을 발견하고 배움이라는 성취감을 느낄 수 있도록 해야 한다. 아울러 분모의 크기를 맞추는 과정에서 어떤 수를 분모로 해야 하고 그 수의 크기만큼 스스로 등분할하여 이분모 분수의 덧셈과 뺄셈 원리 및 알고리즘을 익혀 나갈 수 있도록 도와야 한다.

04 초등에서 다루는 수의 범위는 그리 큰 것이 아니기 때문에 군이 최소공배수를 다루지 않고도 분수막대를 이용하여 통분이 가능함을 알고 크기가 같은 분수 개념에 대한 이해와 조작적 활동에 더 많은 시간 할애를 할 수 있도록 해야 한다.

05 분수막대를 활용한 충분한 수업 이후에 이의 불편함을 느낀 결과로 최소공배수 또는 분모의 곱을 활용한 통분 알고리즘을 도입하여 익힐 수 있도록 해야 한다는 것을 아이들 스스로 깨우쳐 나갈 수 있도록 도와야 한다.

06 받아내림이 있는 대분수의 뺄셈에서만큼은 수 모델을 활용한 직관적 활동이 원리의 이해 차원에서 충분히 필요한 만큼 이를 고려한 재구성 및 자료 개발에 신경을 써야 한다. 실제 사례를 통해 그 이유를 살펴보면 다음과 같다.

예시 $2\frac{1}{4}-1\frac{1}{2}$을 계산하는 방법을 알아보자.

▶ 분수만큼 색칠하고 $2\frac{1}{4}-1\frac{1}{2}$을 계산하시오.

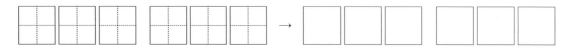

바람직한 수 모델의 제시는 위와 같이 칸은 나누어 주지 않고 제시해야 한다. 그리고 이를 색칠할 때 아이들

은 아래와 같이 색칠해야 한다.(자연수 부분은 등분하여 칸을 나누지 않는 것이 좋다.)

이런 상태에서 대분수를 가분수로 고쳐서 계산한다면 별 상관이 없겠지만 자연수는 자연수끼리, 진분수는 진분수끼리 계산하고자 할 때 받아내림이 필요하다는 것을 바로 알아낸다는 것은 쉽지 않은 일이다. 분수 개념 및 분수의 크기에 익숙해져 있는 사람은 직관적으로 느낄 수 있겠지만 5학년 수준의 아이들이 이를 바로 생각해 낸다는 것은 결코 쉬운 일이 아니다. 이런 이유 때문에 이분모 분수의 덧셈과는 달리 이분모 분수의 뺄셈 활동에 좀 더 시간 배분이 필요하다고 볼 수 있다. 그리고 이를 알도록 하기 위해 수 모델을 활용하여 직관적으로 "받아내림이 필요하겠구나." 하는 발견을 아이들 스스로 해낼 수 있도록 돕는 과정이 꼭 필요하다.

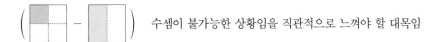

수 모델을 통해서 이와 같은 활동이 불가능하다는 사실, 그래서 받아내림이 필요하다는 사실을 직관적으로 느낄 수 있어야만 한다면 이 차시에서만큼은 직관적 사고가 당연히 강조되어야 할 유일한 부분이 아닐까 생각한다.

07 간략히 접근할 수 있는 부분은 시간을 줄이고 아이들이 이해에 어려움을 겪는 부분 또는 조작적 활동이 많이 필요한 부분에 시간을 더 할애하여 충분한 이해를 돕는다는 생각으로 교육과정을 재구성할 필요가 있다.

5학년 1학기 분수의 덧셈과 뺄셈 교육과정 재구성의 핵심 요약

먼저 앞에서 살펴본 문제의식을 바탕으로 워밍업 및 출발점 상황의 점검 차원에서 분수에 대한 기본 개념 다지기 및 동분모 분수의 덧셈과 뺄셈에 대한 확실한 이해를 돕기 위해 2시간을 할애하여 아이들의 기초(특히 단위분수 개념과 역할의 중요성)를 확고히 다질 수 있도록 디자인하였다.

둘째, 분수의 덧셈과 뺄셈 부분을 각각 4차시로 계획하였다. 특히 각각의 부분에서 2차시는 분수막대 모형을 활용하여 이분모 분수의 덧셈과 뺄셈 개념 및 원리를 감각적(특히 시각)으로 이해할 수 있도록 하였고 나머지 2차시는 개념 및 원리 이해를 바탕으로 이분모 분수의 덧셈과 뺄셈에 대한 알고리즘 중심 활동으로 넘어갈 수 있도록 하였다.

셋째, 본시 활동은 미션 활동지 제시 또는 협동학습 구조 (부채 모양 뽑기, 돌아가며 문제 내기, 모두 일어서서 나누기, 짝 점검 등) 적용이 가능하도록 디자인하여 협동학습이 꾸준히 이루어질 수 있도록 하였다.

끝으로, 이전의 다른 단원에서도 그랬지만 본 단원 및 이후의 단원에서도 직관적 이해를 돕기 위해 수 모델을 제시할 때 특별한 상황이 아니라면 띠 모델 한 가지로 일관되게 제시하여 개념 이해를 돕고자 한다. 다양한 모델을 사용하는 것도 나쁘지 않겠지만 띠 모델 한 가지로 일관성 있게 제시함으로써 아이들이 혼란스러움을 막고 쉽게 이해할 수 있도록 돕기 위함이다.(실제로 이렇게 하였더니 띠 모델 하나로 모든 분수 문제를 쉽게 해결할 수 있을 것 같다는 생각을 밝히는 아이들이 꽤 많았기 때문이다.)

수학 5-1	4. 분수의 덧셈과 뺄셈 출발점 상황 점검-워밍업	서울 초등학교
		5학년 반 번
		이름 :

워밍업 1. $\frac{3}{4} + \frac{2}{4}$는 얼마인가?(모두 일어서서 나누기 활동으로 해결)

확장질문 1.1 왜 분모는 그대로 두고 분자끼리만 더할까?

확장질문 1.2 이렇게 하면 안 될까?

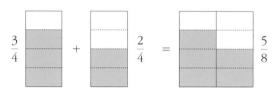

워밍업 2. $3\frac{1}{4} + 1\frac{2}{4}$ 해결하기(모두 일어서서 나누기 활동으로 해결)

(1) 해결하기 위한 방법에는 어떤 것이 있는가?(두 가지 방법)

(2) 각각의 방법으로 해결해 보시오.

확장질문 2.1 $3\frac{1}{4}$이 왜 $\frac{13}{4}$이 되지?

확장질문 2.2 $3\frac{1}{4}$이 $2\frac{5}{4}$로 어떻게 바뀌는지 그림으로 설명해 보시오.

워밍업 3. 가분수는 꼭 대분수로 고쳐야 하는가?(모두 일어서서 나누기 활동)

    이 활동은 활동지 형식으로 제시해도 좋겠지만 PPT 형태로 제시하는 것이 더 좋겠다. 왜냐하면 한 단계씩 천천히(이전까지의 활동을 바탕으로 하여 관련된 확장 질문을 제시 → 생각 → 협동학습 → 해결) 심화된 질문에 대해 좀 더 깊이 생각해 보면서 분수의 덧셈과 뺄셈에 대한 기초를 차근차근 협동적으로 다져 나갈 수 있도록 하는 데 더 유리하기 때문이다.(PPT+모두 일어서서 나누기 구조 활용)

1~2차시 수업 소감

예상한 바와 같이 동분모 분수의 덧셈과 뺄셈에 대한 기초가 제대로 잡혀 있지 않았다. 단위분수 개념부터가 제대로 잡혀 있지 않았기 때문이라 생각되었다. 출발점 상황 점검을 1시간으로 마무리할까 생각하다가 2시간으로 늘려서 잡은 것도 바로 이런 우려 때문이었다. 2시간을 할애한 것이 정말 다행이고 잘한 일이

라는 생각이 들었다.

    PPT를 아이들에게 보여 주면서 질문으로 수업을 시작하였다. $\frac{3}{4}$은 어떤 뜻이냐는 질문에 1을 4등분한 것 중 3개라는 대답이 많이 나왔다. 하지만 $\frac{1}{4}$이 3개인 분수라는 대답은 한 명도 없었다. 그러면 $\frac{3}{4} + \frac{2}{4}$는 얼마이냐 물었더니 바로 $\frac{5}{4}$라는 답변이 나

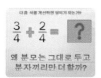

2015년 4월 필자의 교실 분수의 덧셈과 뺄셈 출발점 상황 점검(모두 일어서서 나누기)

왔다. 그래서 확장질문 1.1을 바로 제시하고 '모두 일어서서 나누기 구조'를 활용하여 모둠 토의를 하게 하였다. 그런 후에 임의로 몇 명 아이들에게 모둠 토의한 결과를 이야기해 보라고 하였더니 제대로 된 답을 내놓지 못하였다. 그 이유는 단위분수 개념 및 그 역할에 대한 명확한 이해가 없었기 때문이었다. "$\frac{5}{4}$는 무엇을 의미하는가?"라는 질문으로부터 단위분수의 개념 및 역할을 다시 지도하고자 마음먹었다. 아이들에게서는 "1을 4등분한 것 중 5개입니다."라는 대답이 나왔다. 나는 다시 되물었다. "1을 4등분했는데 5개가 나올 수 있는 것인가?" 그랬더니 아이들이 멍하니 내 얼굴만 바라보면서 의아해하였다. 이쯤에서 단위분수를 제시하고 $\frac{3}{4}$은 $\frac{1}{4}$이 3개, $\frac{2}{4}$는 $\frac{1}{4}$이 2개라는 것을 확실히 알려 주면서 그 개념부터 명확히 하였다. 그랬더니 아이들은 곧바로 받아들이기 시작하였다. "$\frac{5}{4}$는 $\frac{1}{4}$인 5개인 분수입니다. $\frac{3}{4}$은 $\frac{1}{4}$이 3개이고, $\frac{2}{4}$는 $\frac{1}{4}$이 2개이니 이 두 분수를 더하면 $\frac{1}{4}$이 5개가 됩니다. 그래서 $\frac{5}{4}$가 되는 것입니다." 이렇게 답변이 나오기 시작하였다. 이제야 동분모 분수의 진의를 깨닫기 시작하는 것 같았다.

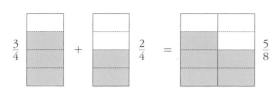

위의 그림과 같은 확장 질문에서는 분수 개념에 대한 이해가

역시 부족한 아이들이 꽤 많았다. 그래도 '1'의 의미를 잘 이해하고 있는 아이들도 적지 않았다. 이 활동 또한 '모두 일어서서 나누기'를 하였다. 이후 모둠 토의 결과를 발표하는 과정에서 이 결과가 $\frac{5}{8}$가 맞는다는 한 아이의 말에 "다른 의견이 있는 사람 있나요?" 하고 아이들 간의 연결 짓기를 하였더니 한 아이가 이런 말을 했다. "2개의 물통에 각각 $\frac{3}{4}$만큼과 $\frac{2}{4}$만큼 담겨 있을 때 두 통에 담긴 물을 합친다고 하여 물통까지 합쳐지는 것은 아닙니다. 그러니 이것은 잘못된 것입니다." 그 아이의 말에 거의 대부분 아이들은 이 그림이 잘못되었다는 것을 확실하게 알게 되었다. 아주 적절한 비유여서 나도 깜짝 놀랐다. 그리고 즉각적으로 칭찬을 아낌없이 해 주었다. 이게 바로 협동학습의 묘미가 아닐까 생각되었다.

두 번째 질문인 대분수의 뺄셈에서는 술술 풀리는가 싶더니 $3\frac{1}{4}$이 $2\frac{5}{4}$로 어떻게 바뀌는지 그림으로 설명하는 부분에서 역시 막히기 시작하였다.

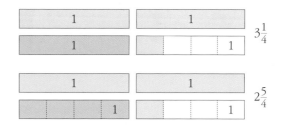

모두 일어서서 나누기 활동으로 상당히 오랜 시간 동안 토론을 벌였지만 결론이 나지 않아 한 모둠도 자리에 앉지 못하였다. 결론을 내지 못했더라도 지금까지 토론한 내용을 발표해 보라 하였지만 역시 위의 그림과 같이 설명하는 모둠이 하나도 없었다. 이런 사실로 볼 때 아이들은 위의 그림에서 다른 색으로 표현된 부분이 바로 받아내림을 나타낸 것이라는 것을 제대로 배우지 못했던 것이라 생각되었다. 그래서 위와 같이 그림을 그리고 설명을 해 주었다. 특히 다른 색으로 표현된 부분 간의 차이점을 집중해서 이해할 수 있도록 안내하였다. 받아내림하기 전에는 등분된 표시가 없었지만 받아내림을 한 이후에는 4등분 표시가 된 것, 이것이 정확한 표현이라는 것을 아이들은 이제야 받아들이기 시작하였다. 마치 처음 배운다는 듯이 신기한 표정을 지어 보였다. 나는 아이들에게 이렇게 설명해 주었다. "여러분이 4학년에서 이것을 배울 때 교과서에는 분명히 이렇게 제대로 표현되어 있었습니다. 그리고 지금 5학년 교과서에도 이렇게 표현되어 있습니다.(실제로 교과서를 펴서 보여 주기도 하였다. 그랬더니 아이들은 이구동성으로 "어, 정말이네!"라고 말하였다.) 하지만 여러분은 그런 것들에 관심을 두지 않았습니다. 그리고 미안한 이야기지만 여러분의 선생님들은 이것을 정확하게 안내해 주시지 않았던 것 같습니다. 그래서 여러분은 지금 처음 배운 것처럼 느껴질 것입니다. 분수의 계산을 수식으로 해결하였다고 하여 제대로 이해하였다고 생각하면 안 됩니다." 아이들은 이제야 조금씩 동분모 분수의 덧셈과 뺄셈에 대하여 눈을 제대로 뜨기 시작하고 있는 것 같았다. 이렇게 하고 나니 2시간이 훌쩍 가버렸다. 여기까지의 내용들을 아이들이 잘 이해하고 있다면 이분모 분수의 덧셈과 뺄셈은 별로 어려울 것이 없을 것이라는 생각을 하면서 출발점 상황 점검 시간을 마무리하였다.

3차시 받아올림이 없는 이분모 진분수의 덧셈

교사 ● 지난 시간에는 4학년에서 공부했던 분모가 같은 분수끼리의 덧셈과 뺄셈에 대하여 알아보았습니다. 자, 이제부터는 4단원 분수의 덧셈과 뺄셈에 대한 공부를 본격적으로 시작해 보도록 하지요. 그 첫 번째 활동은 여러분이 좋아하는 '사랑' 이야기로 열어보도록 하겠습니다.

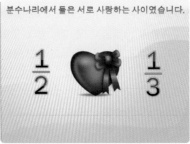

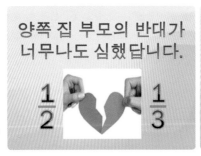

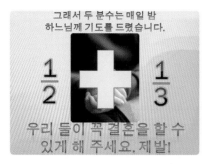
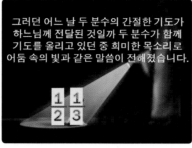

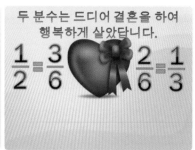

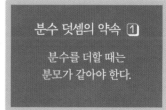

교사 ▶ 자, 어떤 말씀이 전해졌을까요?(9번째 슬라이드까지만 제시하고 멈춘다.)

아이들 ▶ 통분이요.(10번째 슬라이드까지만 제시하고 멈춘다.)

교사 ▶ 네, 맞습니다. 통분입니다. 그렇다면 통분이란 무엇이라고 공부하였었나요?

아이들 ▶ 분모가 다른 분수들의 분모를 갖게 해 주는 것입니다.

교사 ▶ 그래요. 그렇다면 지금 두 분수의 사랑이 이루어지기 위해 필요한 것은 무엇인가요?

아이들 ▶ 공통분모입니다.

교사 ▶ 훌륭하군요. 공통분모이지요. 그래서 필요한 것이 통분이랍니다. 여기에서 분수의 덧셈에 대한 중요한 약속 한 가지를 알게 되었네요. 그게 무엇인가요?

아이들 ▶ 분수의 덧셈은 분모가 같아야 한다는 것입니다.

교사 ▶ 와우, 좋았어요. 자, 그렇다면 두 분수 $\frac{1}{2}$과 $\frac{1}{3}$의 사랑 이야기, 통분에 대하여 수 모델(띠 모델)과 분수막대 모형을 통해 좀 더 자세히 알아보도록 합시다.(아래 활동지 제시)

> **분수 덧셈의 약속 ①**
>
> 분수를 더할 때는
> 분모가 같아야 한다.

수학
5-1

4. 분수의 덧셈과 뺄셈

받아올림이 없는
분모가 다른 분수의 덧셈

서울   초등학교

5학년   반   번

이름 :

1. $\frac{1}{2}$을 표시하시오.

2. $\frac{1}{3}$을 표시하시오.

3. 두 분수의 단위분수 $\frac{1}{2}$과 $\frac{1}{3}$의 차이만큼에 해당되는 크기를 분수막대 모형에서 찾아보시오. 그 차이만큼의 크기는 얼마인가요?

4. 그렇다면 바로 위의 '차이만큼의 크기'에 해당되는 분수의 분모 및 분수막대 모형을 이용하여 $\frac{1}{2}$과 $\frac{1}{3}$을 각각 '모양은 다르지만 크기가 같은 분수'로 나타내어 보고 아래의 띠 모델에 다시 표시하여 보시오.

$$\frac{1}{2} = \frac{\square}{\square}$$

$$\frac{1}{3} = \frac{\square}{\square}$$

5. 두 분수의 공통분모는 얼마인가요?

6. 위의 띠 모델을 이용하여 두 분수의 합을 구하여 봅시다.

$$\left(\frac{1}{2} = \frac{\square}{\square}\right) + \left(\frac{1}{3} = \frac{\square}{\square}\right) = \frac{\square}{\square}$$

7. 공통분모를 구하기 위해 분수막대 모형을 이용하지 말고 우리는 어떤 방법으로 알 수 있나요?(두 가지 방법)

8. 두 분수 $\frac{1}{2}$과 $\frac{1}{3}$의 합을 구하여 봅시다.

$$\frac{1}{2} + \frac{1}{3} = \frac{1 \times \square}{2 \times \square} + \frac{1 \times \square}{3 \times \square} = \frac{\square}{\square} + \frac{\square}{\square} = \frac{\square}{\square}$$

교사 ▶ 자, 활동이 마무리되었군요. 드디어 두 분수 $\frac{1}{2}$과 $\frac{1}{3}$은 사랑을 이룰 수 있게 되었네요.(11번째 슬라이드부터 끝까지 제시하며 정리한다.) 두 분수의 사랑 이야기 어땠나요?

아이들 ▶ 재미있었어요.

교사 ▶ 분모가 다른 두 분수를 더하거나 뺄 때에는 통분을 꼭꼭 약속해요!! 뭐라고요?

아이들 ▶ 통분을 꼭꼭 약속해요!!(큰 함성으로!)

> **분수 덧셈의 약속** ②
> • 두 분모의 최소공배수를 활용한 통분
> • 두 분모의 곱을 활용한 통분

교사 ● 좋습니다. 이제 남은 시간은 교과서 ○~○쪽을 스스로 해결해 보도록 하겠습니다. 다 한 후에는 모둠원들과 함께 결과를 확인해 보기 바랍니다. 틀린 것이 있으면 다시 풀어 보고 확인해 가면서 서로 도움을 주고받도록 하세요. 시작합니다.

3차시 수업 소감

오늘은 분수의 덧셈에 대한 내용부터 본격적으로 공부를 시작하면서 '분수 나라의 사랑 이야기'로 열어 가겠다고 했더니 아이들은 말을 꺼내자마자 난리다. "우 ~ 워! 사랑이요! 야해요. 이상해요." 하고 난리다. 5학년만 해도 사랑이라는 말만 꺼내면 별별 상상에 얼굴이 빨개지는 아이부터 부끄러운 표정을 짓는 아이부터 눈을 동그랗게 뜨고 관심을 적극적으로 표현하는 아이까지 다양한 모습을 보인다. 그런 모습을 잘 받아 넘기면서 구연동화를 펼쳐 가듯이 PPT를 시작했다. 그러자 아이들은 웃음을 가득 머금은 얼굴로 이야기를 들어주었다. "서로 ○○하여라!" 하는 대목에서는 모두 한 목소리로 "통분입니다."를 외쳤다. 그렇게 정리하고 나니 이 단원의 내용은 어찌 보면 더 이상 공부할 내용이 없는 것과 다름없다는 생각이 들었다. 그리고 그런 생각을 아이들에게 고스란히 설명해 주었다. "분모가 같은 분수의 덧셈과 다른 점이 있다면 무엇일까요?", "분모가 다른 것입니다.", "그러면 이 문제를 해결하기 위해서는 무엇이 필요할까요?", "공통분모를 이용한 통분입니다.", "그래요 그것만 할 줄 안다면 이 단원은 더 이상 선생님이 설명해 줄 것이 없어요. 분모가 같아지고 나면 나머지 내용들은 4학년에서 이미 공부한 내용들이니까요. 그래도 한 단계씩 차근차근 함께 앞으로 나아가 봅시다. 지금부터 선생님이 제시하는 활동지를 각자 해결하고 모둠원들과 함께 확인해 봅시다. 활동지 해결 시간은 5분을 주겠습니다. 그 전에 분수막대 모

형을 이용하여 공통분모를 알아내는 방법을 안내해 주도록 하겠습니다." 아이들에게 분수막대 모형을 이용하여 공통분모를 알아내는 방법을 설명해 주고 예를 들어가며 2회 정도 두 분수를 불러 주고 공통분모를 찾아보라 했더니 쉽게 찾아내었다. 그런 후에 모둠별로 개별 활동지 해결 및 확인과정을 잘 마무리하였다. 그렇게 3차시 활동을 쉽게 정리한 후에 모둠칠판과 보드마카를 활용하여 '돌아가며 문제 내기' 활동을 하였다. 약 15분 정도 모둠별로 진행하였는데, 이 활동을 통해 아이들은 수학 시간에 대한 이전까지의 불편한 감정을 조금씩 내려놓는 것 같아서 참 뿌듯했다. '돌아가며 문제 내기' 활동을 아이들은 참 좋아할 뿐만 아니라 활동을 하면서 차시별로 이루어지는 핵심 개념 및 원리의 이해, 적용에 대한 學과 習을 자연스럽게 해결해 나가고 있는 모습을 보며 1석 2조라는 말이 바로 이럴 때 쓰는 것이라는 생각을 했다. 협동학습은 역시 어쩌다 한 번 하게 되면 별 효과가 없다는 것이 진리라는 것을 다시 한 번 확인하는 순간이었다. 한 가지 구조만을 적용하더라도 적재적소에, 늘 꾸준히 활용할 때 그 가치와 위력이 제대로 발휘될 수 있다는 것을 협동학습 실천가들은 절대로 잊지 말아야 할 것이다. 그렇게 시간이 흘러 수업 시간 5분을 남겨 놓고 마무리하면서 각자 개별적으로 오늘 공부한 부분까지 수학책을 해결하도록 하였다. 대부분의 아이들이 시간 내에 잘 마무리하고 놀이시간을 가졌다.

2015년 4월 필자의 교실 분수의 덧셈 3차시 개별 학습지 활동 및 모둠별 점검하기

2015년 4월 필자의 교실 분수의 덧셈 3차시 돌아가며 문제 내기 활동

4차시 **받아올림이 있는 이분모 진분수의 덧셈**

| 수학
5-1 | **4. 분수의 덧셈과 뺄셈**

받아올림이 있는
분모가 다른 분수의 덧셈 | 서울   초등학교
5학년   반   번
이름 : |

1. $\frac{1}{2}$을 표시하시오.

2. $\frac{2}{3}$를 표시하시오.

3. 두 분수의 단위분수 $\frac{1}{2}$과 $\frac{1}{3}$의 차이만큼에 해당되는 크기를 분수막대 모형에서 찾아보시오. 그 차이만큼의 크기는 얼마인가요?

4. 그렇다면 바로 위의 '차이만큼의 크기'에 해당되는 분수의 분모 및 분수막대 모형을 이용하여 $\frac{1}{2}$과 $\frac{2}{3}$를 각각 '모양은 다르지만 크기가 같은 분수'로 나타내어 보고 아래의 띠 모델에 다시 표시하여 보시오.

$$\frac{1}{2} = \frac{\Box}{\Box}$$

$$\frac{2}{3} = \frac{\Box}{\Box}$$

5. 두 분수의 공통분모는 얼마인가요?

6. 위의 띠 모델을 이용하여 두 분수의 합을 구하여 봅시다.

$$(\frac{1}{2} = \frac{\Box}{\Box}) + (\frac{2}{3} = \frac{\Box}{\Box}) = \frac{\Box}{\Box} \rightarrow (\text{대분수로}) \Box\frac{\Box}{\Box}$$

7. 공통분모를 구하기 위해 분수막대 모형을 이용하지 말고 우리는 어떤 방법으로 알 수 있나요?(두 가지 방법)

8. 두 분수 $\frac{1}{2}$과 $\frac{2}{3}$의 합을 구하여 봅시다.

$$\frac{1}{2} + \frac{2}{3} = \frac{1 \times \square}{2 \times \square} + \frac{2 \times \square}{3 \times \square} = \frac{\square}{\square} + \frac{\square}{\square} = \frac{\square}{\square} \rightarrow \text{(대분수로)} \; \square\frac{\square}{\square}$$

교사 ● 자, 지금까지 분수막대 모형을 통해 분모가 다르면서 받아올림이 있는 두 분수의 덧셈을 알아보 았습니다. 하지만 분수막대 모형이 없어도 충분히 할 수 있습니다. 일단 분모가 다를 경우 가장 먼저 무엇을 생각해야 합니까?

아이들 ● 통분이요.

교사 ● 좋아요. 통분을 하려면 가장 먼저 무엇을 구해야 하나요?

아이들 ● 공통분모입니다.

교사 ● 네, 잘 기억하고 있네요. 통분을 하는 방법으로 두 가지를 알아보았습니다. 그 두 가지는 각각 무 엇이었습니까?

아이들 ● 분모의 곱으로 통분하기, 분모의 최소공배수로 통분하기입니다.

교사 ● 훌륭합니다. 자, 그럼 지금부터 교과서 ○~○쪽까지 스스로 해결하고 모둠원들과 함께 결과를 확 인해 보기 바랍니다. 틀린 것이 있으면 다시 풀어 보고 확인해 가면서 서로 도움을 주고받도록 하세요. 시작 합니다.

아이들 ● (열심히 교과서 속 문제를 해결하고 결과도 함께 공유하면서 도움을 주고받는다.)

4차시 수업 소감

지난 시간에 이어서 받아올림이 있는 이분모 진분수의 덧셈에 대한 수업을 진행하였다. 이미 받아올림이 있는 동분모 진분수 의 덧셈에 어느 정도 익숙해져 있고 통분하기도 어느 정도 잘 되고 있다는 판단 아래에 시작부터 바로 활동지를 나누어 주 고 개별활동 및 모둠별 점검에 들어갔다. 모든 모둠이 10분 안 에 활동지를 해결하고 점검까지도 마무리하였다. 이어서 약 20 분 동안 모둠별로 모둠칠판을 이용하여 돌아가며 문제 내기 활 동에 들어갔는데, 이 활동도 매우 활기차게 진행되었다. 어떤 모 둠에서는 문제를 내는 아이가 분모의 크기를 너무 큰 분수를 불 러 준다고 계산하는 데 시간이 많이 걸린다면서 아우성이다. 그 래도 집중하여 열심히 해결한다. 어느 정도 이 활동에 재미가 붙 었다. 10분 정도 시간을 남기고 활동을 멈춘 뒤 오늘 한 부분까 지 각자 워크북처럼 교과서 문제 해결을 하였다. 정말로 깔끔하 게 한 시간이 마무리되었다.

2015년 4월 필자의 교실 분수의 덧셈 4차시 활동지 해결 및 점검, 도움 주고받기 장면

2015년 4월 필자의 교실 분수의 덧셈 4차시 돌아가며 문제 내기 및 교과서 워크북처럼 풀기

5차시 받아올림이 있는 이분모 대분수의 덧셈

수학 5-1	**4. 분수의 덧셈과 뺄셈** **분모가 다른 대분수의 덧셈**	서울 _____ 초등학교 5학년 ___반 ___번 이름 : _____

1. $1\frac{4}{5}$를 표시하시오.

2. $1\frac{1}{2}$을 표시하시오.

3. 두 분수의 단위분수 $\frac{1}{5}$과 $\frac{1}{2}$의 차이만큼에 해당되는 크기를 분수막대 모형에서 찾아보시오. 그 차이만큼 의 크기는 얼마인가요?

4. 그렇다면 바로 위의 '차이만큼의 크기'에 해당되는 분수의 분모 및 분수막대 모형을 이용하여 $1\frac{4}{5}$와 $1\frac{1}{2}$을 각각 '모양은 다르지만 크기가 같은 분수'로 나타내어 보고 아래의 띠 모델에 다시 표시하여 보시오.

- 두 분수의 공통분모는 얼마인가요?

$1\frac{4}{5}=1\frac{\square}{\square}$

$1\frac{1}{2}=1\frac{\square}{\square}$

5. 방법 1 위의 띠 모델을 이용하여 두 분수의 합을 구하여 보시오.

$$(1\frac{4}{5}=1\frac{\square}{\square})+(1\frac{1}{2}=1\frac{\square}{\square})=(1+1)+\frac{\square}{\square} \rightarrow (대분수로)\ \square\frac{\square}{\square}$$

6. 방법 2 두 분수를 각각 가분수로 고쳐 보시오.

$$1\frac{4}{5} = \frac{\square}{\square} \qquad\qquad 1\frac{1}{2} = \frac{\square}{\square}$$

- 두 가분수를 통분하여 보시오.

$$\frac{\square\times\square}{5\times\square} + \frac{\square\times\square}{2\times\square} = \frac{\square}{\square} + \frac{\square}{\square} = \frac{\square}{\square} \rightarrow \text{(대분수로)}\ \square\frac{\square}{\square}$$

교사 ▸ 자, 지금까지 받아올림이 있는 대분수의 덧셈을 두 가지 방법으로 알아보았습니다. 첫 번째는 어떤 방법이었나요?

아이들 ▸ 자연수는 자연수끼리, 진분수는 진분수끼리 더한 후 두 수를 합하였습니다.

교사 ▸ 좋아요. 두 번째는 어떤 방법이었나요?

아이들 ▸ 대분수를 가분수로 고쳐서 더한 후 다시 대분수로 고쳤습니다.

교사 ▸ 좋습니다. 자, 그럼 지금부터 교과서 ○~○쪽까지 스스로 해결하고 모둠원들과 함께 결과를 확인해 보기 바랍니다. 틀린 것이 있으면 다시 풀어 보고 확인해 가면서 서로 도움을 주고받도록 하세요. 시작합니다.

아이들 ▸ (열심히 교과서 속 문제를 해결하고 결과도 함께 공유하면서 도움을 주고받는다.)

5차시 수업 소감

오늘은 대분수의 덧셈에 대한 수업을 진행하였다. 이전 시간과는 달리 대분수의 덧셈은 (자연수+자연수)+(진분수+진분수) 방식과 가분수로 고쳐서 계산하는 방식에 대한 안내 및 이해가 선행되어야 해서 수업 시작 초반부에 이에 대한 이전 학년 학습 내용인 동분모 대분수의 덧셈에 대하여 기억을 떠올리는 시간을 약 5분 정도 진행하였다. 현재 공부하는 내용과 다른 것이 있다면 무엇이냐는 질문에 모든 아이들이 '통분' 한 가지라고 답변하였다. 이 점을 명확히 하고 바로 이어서 활동지 및 분수막대 모형을 나누어 주고 개별활동 및 모둠별 점검 시간을 주었다. 약 7분 정도 안에 모든 모둠에서 활동이 마무리되었다. 이후에 약 15분 정도 돌아가며 문제 내기 활동을 실시하였다. 이전 시간과 같이 매우 활발히 아이들이 활용하였다. 돌아가며 문제 내기 활동 시간을 마무리하고 교과서 문제 해결 활동에 들어갔다. 개별활동 시작 전에 교과서 ○쪽에 있는 그림으로 대분수의 덧셈을 해결하는 것만 먼저 해 보라고 하였다. 왜냐하면 아이들은 그림으로 해결하는 데 매우 취약하기 때문이었다. 역시 내 생각은 적중하였다. 생각보다 그림으로 대분수의 덧셈을 해결하는 것에 대한 개념 정리가 확실히 되어 있지 못하였다. $1\frac{4}{5}+1\frac{1}{2}$을 그림으로 해결하는 데 있어서 왼쪽 사진과 같이 위와 아래가 결국 똑같

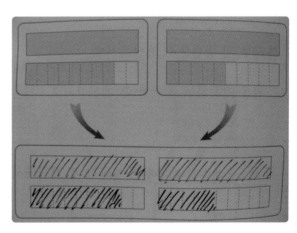

대부분 아이들의 해결 사례

은 그림이 되고 말았는데도 불구하고 그냥 색칠을 해 버리고는 제대로 해결하였다고 넘기는 아이들이 꽤 많았다. 그런데 몇몇의 아이가 제대로 해결한 것을 보고 그 아이들 중 한 명과 나머지 아이들 간의 연결 짓기를 시도해 보았다. 칠판에 나와서 그림으로 그리고 왜 그렇게 되는지 설명을 해 보라고 하였다. 지목된 아이는 다른 아이들 앞에서 정확히 설명해 주었다. "두 분수를

합하게 되면 진분수 부분의 조각들을 한쪽에 먼저 다 채우고 나머지 조각들을 다른 쪽에 표시하면 됩니다. 그래서 답은 $3\frac{3}{10}$이 되는 것입니다." 하고 잘 설명해 주었다. 그랬더니 아이들이 여기저기에서 "아, 그렇구나!" 하며 자신의 활동 결과를 수정하기 시작하였다. 이후부터는 나머지 교과서 문제들을 수월하게 해결하고 모둠원들끼리 확인 후에 시간을 잘 마무리하였다.

2015년 4월 필자의 교실 분수의 덧셈 5차시 분수막대 모형 활용 활동지 해결 및 점검 장면

2015년 4월 필자의 교실 분수의 덧셈 5차시 돌아가며 문제 내기 및 교과서 워크북처럼 풀기

6차시 이분모 분수의 덧셈 총정리

이분모 분수의 덧셈 활동에 익숙해질 수 있도록 모둠별로 돌아가며 문제 내기 활동 시간을 갖도록 한다.

돌아가면서 문제 내기

(1) 각 모둠 1번부터 차례대로 돌아가면서 모둠원들에게 2개의 분수를 불러 주면서 덧셈을 해 보라고 한다.
- 조건 ①:진분수＋진분수, 진분수＋대분수, 대분수＋대분수
- 조건 ②:분모의 곱으로 통분하기, 최소공배수로 통분하기
- 조건 ③:가분수로 고쳐서 계산하는 방법, 자연수끼리의 합＋진분수끼리의 합을 이용하는 방법

(2) 조건을 말한다.

(3) 조건에 따라 각자 문제를 해결한다.(문제를 낸 사람도 함께 해결한다.)

(4) 해결한 뒤 함께 답을 확인한다.(틀린 모둠원은 다른 모둠원이 도움을 준다.)

(5) 다음에는 각 모둠 2번이 문제를 낸다.(위의 순서에 따라 활동을 반복한다.)

※ 주의할 점:혼란을 막기 위해 문제를 낼 때 분수의 크기를 너무 크게 하지 하도록 미리 안내를 한다.(분모의 크기가 10을 넘지 않게 하기, 자연수 부분도 5를 넘지 않게 하기)

6차시 수업 소감

오늘은 분모가 다른 분수의 덧셈에 대한 총정리 시간을 가졌다. 분수의 덧셈에 대한 원리를 수업 초반에 간략히 살펴보고 모둠별로 돌아가며 문제 내기 활동으로 시간을 모두 사용하였다. 이 활동을 아이들은 참 즐거워한다. 보드마카 하나와 모둠칠판 하나가 제일 부담스러워하는 교과 수업에 즐겁게 참여하도록 만든다는 게 참으로 신기하고 재미있다. 10분 정도의 시간을 남기고 활동을 정리한 후 교과서 문제를 ○쪽까지 해결하도록 하였다.

7차시   받아내림이 없는 이분모 진분수의 뺄셈

교사 ▶ 지난 시간까지는 분모가 다른 분수의 덧셈에 대하여 알아보았습니다. 지금부터는 분모가 다른 분수의 뺄셈에 대하여 알아보도록 하겠는데 모든 원리는 덧셈과 똑같습니다. 다른 것이 있다면 더하지 않고 뺀다는 것입니다. 그러니 이 부분은 선생님 설명 없이 여러분 스스로 해결할 수 있을 것이라 생각합니다. 지금부터 나누어 주는 활동지를 각자 해결하고 모둠원들과 함께 확인도 해 보기 바랍니다.

 수학 5-1 **4. 분수의 덧셈과 뺄셈**
받아내림이 없는
분모가 다른 분수의 뺄셈

서울   초등학교
5학년   반   번
이름 :

1. $\frac{3}{4}$을 표시하시오.

2. $\frac{2}{3}$를 표시하시오.

3. 두 분수의 단위분수 $\frac{1}{4}$과 $\frac{1}{3}$의 차이만큼에 해당되는 크기를 분수막대 모형에서 찾아보시오. 그 차이만큼의 크기는 얼마인가요?

4. 그렇다면 바로 위의 '차이만큼의 크기'에 해당되는 분수의 분모 및 분수막대 모형을 이용하여 $\frac{3}{4}$과 $\frac{2}{3}$를 각각 '모양은 다르지만 크기가 같은 분수'로 나타내어 보고 아래의 띠 모델에 다시 표시하여 보시오.

$$\frac{3}{4} = \frac{\square}{\square}$$

$$\frac{2}{3} = \frac{\square}{\square}$$

5. 두 분수의 공통분모는 얼마인가요?

6. 위의 띠 모델을 이용하여 두 분수의 차를 구하여 봅시다.

$$\left(\frac{3}{4} = \frac{\square}{\square}\right) - \left(\frac{2}{3} = \frac{\square}{\square}\right) = \frac{\square}{\square}$$

7. 공통분모를 구하기 위해 분수막대 모형을 이용하지 말고 우리는 어떤 방법으로 알 수 있나요?(두 가지 방법)

8. 두 분수 $\frac{3}{4}$과 $\frac{2}{3}$의 차를 구하여 봅시다.

$$\frac{3}{4} - \frac{2}{3} = \frac{3 \times \square}{4 \times \square} - \frac{2 \times \square}{3 \times \square} = \frac{\square}{\square} - \frac{\square}{\square} = \frac{\square}{\square}$$

아이들 ● (열심히 활동지를 해결하고 결과도 함께 공유하면서 도움을 주고받는다.)

교사 ● 다 된 모둠은 도우미가 모둠칠판과 보드마카를 가져와서 나누어 주고 돌아가며 문제 내기 활동을 진행합니다.

돌아가면서 문제 내기

• 조건 ①: 진분수 − 진분수
• 조건 ②: 분모의 곱으로 통분하기, 최소공배수로 통분하기

※ 주의할 점: 혼란을 막기 위해 문제를 낼 때 분수의 크기를 너무 크게 하지 하도록 미리 안내를 한다.(분모의 크기가 20을 넘지 않게 하기)

아이들 ● (모둠별로 돌아가며 문제 내기 활동을 한다.)

교사 ● 지금까지 수고 많았습니다. 모둠칠판과 보드마카는 걷어서 본래의 자리에 놓아 두기 바랍니다. 그리고 교과서 ○~○쪽까지 스스로 해결하고 모둠원들과 함께 결과를 확인해 보기 바랍니다. 틀린 것이 있으면 다시 풀어 보고 확인해 가면서 서로 도움을 주고받도록 하세요.

아이들 ● (개인별로 교과서 속 문제를 해결하고 모둠별로 확인하면서 도움을 주고받는다.)

8차시 받아내림이 없는 이분모 대분수의 뺄셈

교사 ● 지금부터 나누어 주는 활동지를 각자 해결하고 모둠원들과 함께 확인도 해 보기 바랍니다.

아이들 ● (열심히 활동지를 해결하고 결과도 함께 공유하면서 도움을 주고받는다.)

4. 분수의 덧셈과 뺄셈

**받아내림이 없는
분모가 다른 대분수의 뺄셈**

서울	초등학교
5학년	반	번
이름 :	

1. $1\frac{1}{2} - 1\frac{2}{5}$의 계산 방법 알아보기

1.1 분수막대 모형에서 $\frac{1}{2}$과 $\frac{1}{5}$의 차이만큼에 해당되는 크기를 찾아보고 공통분모를 말하여 봅시다.

1.2 $1\frac{1}{2} - 1\frac{2}{5}$의 계산을 그림으로 해결해 보시오.

통분하기 전	공통분모로 통분한 후
$1\frac{1}{2}$	$1\frac{\square}{\square}$
$1\frac{2}{5}$	$1\frac{\square}{\square}$

※ 통분한 그림에서 $1\frac{2}{5}$만큼 ×표시로 지우고 계산해 보시오. (답) $\frac{\square}{\square}$

2.1 자연수는 자연수끼리, 진분수는 진분수끼리 계산하여 해결하시오.

$$1\frac{1}{2} - 1\frac{2}{5} = 1\frac{\square}{\square} - 1\frac{\square}{\square} = (\boxed{} - \boxed{}) + (\frac{\square}{\square} - \frac{\square}{\square}) = \boxed{}$$

3.1 가분수로 고쳐서 해결하시오.

$$1\frac{1}{2} - 1\frac{2}{5} = \frac{\square}{2} - \frac{\square}{5} = \frac{\square}{\square} - \frac{\square}{\square} = \boxed{}$$

교사 ● 다 된 모둠은 도우미가 모둠칠판과 보드마카를 가져와서 나누어 주고 부채 모양 뽑기 활동을 진행합니다.

아이들 ● (모둠별로 부채 모양 뽑기 활동을 한다.)

부채 모양 뽑기

(1) 각 모둠의 1번이 문제카드를 부채 모양으로 펴들고서 말한다. "아무거나 한 장 뽑으세요."

(2) 2번이 한 장의 문제카드를 뽑아 모둠원에게 읽어 준다.

(3) 나머지 모둠원은 개인 칠판에 문제를 받아 적고 풀이를 시작한다.

(4) 모둠원들이 풀이를 마치면 2번이 정답을 점검한다.

- 풀이를 잘한 모둠원에게는 칭찬을, 틀린 모둠원에게는 격려를 해 준다.
- 풀이 과정에서 해결이 잘 되지 않는 모둠원이 있으면 적극적으로 도움을 구하고, 다른 모둠원들은 친절하게 도움을 준다.
- 풀이 과정에 대하여 논의가 필요한 부분이 있으면 모둠원들끼리 토의 토론을 한다.

(5) 2번이 문제카드를 부채 모양으로 펴 들면 3번이 한 장의 문제카드를 뽑아 모둠원들에게 읽어 준다.(이후의 과정을 계속 반복한다.)

<그림으로 해결하시오 : X로 지우기>	<그림으로 해결하시오 : 티 모형째 X로 지우기>
$2\frac{2}{3} - 1\frac{1}{4} = 1\frac{5}{12}$	$3\frac{5}{6} - 1\frac{2}{3} = 2\frac{1}{6}$
<가분수로 고쳐서 계산하기>	<가분수로 고쳐서 계산하기>
$1\frac{5}{6} - \frac{2}{3} = 1\frac{1}{6}$	$2\frac{2}{5} - 1\frac{1}{4} = 1\frac{3}{20}$
<자연수끼리, 진분수끼리 계산하기>	<자연수끼리, 진분수끼리 계산하기>
$3\frac{3}{8} - 2\frac{1}{6} = 1\frac{5}{24}$	$5\frac{4}{7} - 2\frac{1}{3} = 3\frac{5}{21}$
<각자 편한 방법으로 계산하기 : 반드시 약분하여 기약분수로 나타내기>	<각자 편한 방법으로 계산하기 : 반드시 약분하여 기약분수로 나타내기>
$4\frac{3}{10} - 1\frac{1}{6} = 3\frac{2}{15}$	$4\frac{3}{5} - 2\frac{4}{8} = 2\frac{1}{10}$

교사 ● 지금까지 수고 많았습니다. 모둠칠판과 보드마카는 걷어서 본래의 자리에 놓아 두기 바랍니다. 그리고 교과서 ○~○쪽까지 스스로 해결하고 모둠원들과 함께 결과를 확인해 보기 바랍니다. 틀린 것이 있으면 다시 풀어 보고 확인해 가면서 서로 도움을 주고받도록 하세요.

아이들 ● (개인별로 교과서 속 문제를 해결하고 모둠별로 확인하면서 도움을 주고받는다.)

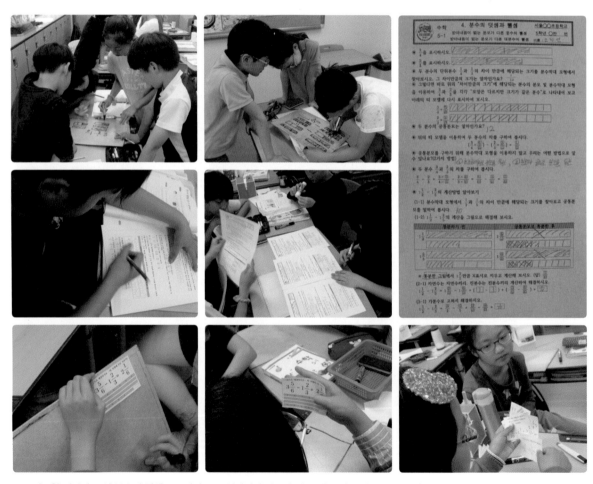

2015년 5월 필자의 교실 분수의 뺄셈 7~8차시 모두 일어서서 나누기 및 부채 모양 뽑기

분모가 다른 분수의 뺄셈을 처음 시작하면서 블록 수업으로 2시간 분량을 진행해 보았다. 시작 초반에 모두 일어서서 나누기 활동으로 $2\frac{1}{2}-1\frac{1}{3}$을 가분수로 고치고 통분하여 계산한 것이 그림으로 표현되도록 모둠원들과 협의해 보라고 하였다. $2\frac{1}{2}$을 가분수로 고치고 통분하였을 때 [그림] 와 같이 표현하는 것이 맞는다고 생각하는 모둠과 [그림] 와 같이 표현하는 것이 맞는다고 생각하는 모둠으로 나뉘었다. 두 가지 생각의 차이점을 서로 이야기하는 가운데 두 번째와 같이 표현하는 것이 맞는다는 쪽으로 모두의 생각이 기울었다. "가분수로 표현해야 한다면 각각의 자연수 부분도 공통분모와 같이 6등분된 표시가 있어야 하기 때문에 두 번째 표현이 맞는 것입니다."라고 발표하는 아이의 생각에 모두가 설득되었기 때문이다. 정확히 표현하였다. 지금까지 개념 중심의 분수 학습을 해 온 덕분이라 여겨진다. 여기에 약 10분 정도의 시간이 사용되었다.

이어서 2차시 분량에 해당되는 활동지를 나누어 주고 개별활동 및 모둠별 확인 시간을 가졌다. 개별활동 및 모둠별 확인 시간은 각기 달랐지만 대체로 15분 정도 안에 모두 마무리하였다. 활동지 해결이 다 된 모둠은 보드마카와 모둠칠판을 활용하여 돌아가며 문제 내기 활동을 하도록 안내하였다. 약 20분 정도 시간을 가진 뒤에 부채 모양 뽑기 활동을 위해 문제가 적힌 종이를 나누어 주었다. 또 다른 활동인지라 아이들은 나름대로 재미를 느끼며 참여하였다. 이를 해결하는데도 약 20분 정도의 시간이 사용되었다. 나머지 시간은 교과서 문제 해결 시간으로 사용되었다. 2시간이라는 시간이 크게 부담스럽지 않으면서도 아이들은 웃으며 즐겁게 참여하는 모습을 보였다. 역시 아이들은 스스로 재미를 느껴서 능동적으로 참여할 때 참다운 배움의 자세 및 효과가 확실히 나타난다는 것, 아이들도 사실은 알고자 하는 욕구, 배우고자 하는 마음을 갖고 있다는 것, 그리고 협동학습은 그것을 정말로 잘 끌어내 준다는 것을 오늘도 확인하는 시간이었다.

9차시 받아내림이 있는 이분모 대분수의 뺄셈

교사 이번 시간에는 분수의 뺄셈 마지막 단계인 받아내림이 있는 대분수의 뺄셈에 대하여 알아보도록 하겠습니다. 이에 앞서 기초가 되는 내용을 먼저 살펴보도록 하겠습니다. 대분수 $2\frac{1}{4}$을 그림으로 표현한다면 어떻게 그릴 수 있습니까? 또한 $2\frac{1}{4}$을 가분수로 고치면 $\frac{9}{4}$가 되는데 이를 그림으로 표현한다면 어떻게 그릴 수 있습니까? 지금부터 모두 일어서서 나누기 활동을 해 보도록 하겠습니다. 모둠별로 일어서서 협의 후 논의가 된 모둠은 자리에 앉도록 하겠습니다. 협의할 때 보드마카와 모둠칠판을 활용하면 됩니다.

아이들 (모둠별로 일어서서 열심히 협의한 후 논의를 마치고 자리에 앉는다.)

교사 자, 그러면 협의된 것을 발표해 보도록 합니다. ○○모둠 ○번이 이야기 칠판에 그림으로 표현해 보도록 합니다.

아이들 (지목된 아이가 모둠에서 협의한 대로 칠판에 그림으로 표현한다.) $2\frac{1}{4}$은 자연수 2와 진분수 $\frac{1}{4}$로 나누어 다음과 같이 그리면 됩니다. [그림] 그리고 가분수 $\frac{9}{4}$는 [그림] 와 같이 그리면 됩니다.

교사 다른 모둠의 생각은 어떤가요?

아이들 저희들도 똑같이 생각하였습니다.(만일 최초 발표 아이가 그림을 다르게 그렸을 경우 발표한 내용과 다르게 생각한 모둠의 아이들과 연결 짓기 하여 수정해 나가도록 돕는다.)

교사 좋아요. 그렇다면 $2\frac{1}{4}-1\frac{1}{2}$을 두 가지 방법으로 해결하는 과정을 수식이 아니라 그림으로 표현해 보도록 합시다. 지금부터 설명하는 것을 잘 듣기 바랍니다.

(1) 먼저 받아내림이 있는 자연수끼리, 진분수끼리 계산하는 방법입니다.

$2\frac{1}{4}$ (받아내림이 있기 때문에 1은 4등분 표시)

$1\frac{1}{2}=1\frac{2}{4}$ (공통분모로 통분한 상태)

$2\frac{1}{4}$에서 $1\frac{2}{4}$를 빼고 나면(×표시를 하여 지우고 나면) $\frac{1}{4}$이 3개가 남게 됩니다. 그러므로 결과는 $\frac{3}{4}$이 됩니다. 어떻게 표현해야 하는지 잘 보았지요?

(2) 다음은 가분수로 고쳐서 계산하는 방법입니다.

$2\frac{1}{4}$ (가분수로 고친 것)

$1\frac{1}{2}=1\frac{2}{4}$ (공통분모로 통분한 후 가분수로 고친 것)

$2\frac{1}{4}$에서 $1\frac{2}{4}$를 빼고 나면(×표시를 하여 지우고 나면) $\frac{1}{4}$이 3개가 남게 됩니다. 그러므로 결과는 $\frac{3}{4}$이 됩니다. 어떻게 표현해야 하는지 잘 보았지요? 지금 설명해 준 것을 잘 이해하고 기억하면서 지금 나누어 주는 활동지를 해결하고 모둠원들과 함께 확인도 해 보기 바랍니다.

아이들 ● (열심히 활동지를 해결하고 결과도 함께 공유하면서 도움을 주고받는다.)

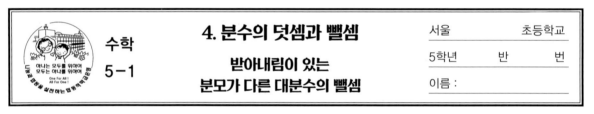

수학 5-1	**4. 분수의 덧셈과 뺄셈** **받아내림이 있는** **분모가 다른 대분수의 뺄셈**	서울	초등학교
		5학년	반 번
		이름 :	

♣ $3\frac{1}{2}-1\frac{2}{3}$를 다양한 방법으로 계산하여 봅시다.

1. 그림으로 해결하기 ①(그림으로 '통분 → 받아내림'이 나타나도록 표현하기)

통분되기 전		통분된 후	
$3\frac{1}{2}$		$3\frac{\Box}{\Box}$	
$1\frac{2}{3}$		$1\frac{\Box}{\Box}$	

→ 위의 그림으로 알아본 결과 $3\frac{1}{2}-1\frac{2}{3}=$ ☐ 입니다.

2. 그림으로 해결하기 ②(그림으로 '통분 → 가분수'로 바뀐 모습이 나타나도록 표현하기)

고치기 전	가분수로 고친 결과	통분된 후	통분된 후의 가분수를 그림으로 표현하기
$3\dfrac{1}{2}$	$\dfrac{\square}{2}$	$\dfrac{\square}{\square}$	
$1\dfrac{2}{3}$	$\dfrac{\square}{3}$	$\dfrac{\square}{\square}$	

→ 위의 그림으로 알아본 결과 $3\dfrac{1}{2}-1\dfrac{2}{3}=\boxed{}$ 입니다.(대분수로 표현하시오.)

3. 수식으로 해결하기 ①(자연수끼리, 분수끼리 계산하는 방법)

→ $3\dfrac{1}{2}-1\dfrac{2}{3}=$

4. 수식으로 해결하기 ②(가분수로 고쳐서 계산하는 방법)

→ $3\dfrac{1}{2}-1\dfrac{2}{3}=$

> **교사** • 다 해결되었지요? 시간이 어느 정도 남았네요. 남은 시간에는 각자 교과서 문제를 해결하고 모둠원들과 함께 확인해 보기 바랍니다.
>
> **아이들** • (각자 교과서 문제를 해결하고 모둠원과 함께 확인한다.)

9차시 수업 소감

분수의 뺄셈 마무리 차시로 받아내림이 있는 대분수의 뺄셈을 다루면서 특히 그림으로 해결하는 과정에 집중을 해 보고자 하였다. 이를 위해 우선 $2\dfrac{1}{4}$을 그림으로, $2\dfrac{1}{4}=\dfrac{9}{4}$를 그림으로 표현하기를 모두 일어서서 나누기 구조 활동으로 함께 알아보았다. 지난 시간의 경험과 함께 협동적으로 상의하는 과정이 서로에게 도움이 되었는지 모두 잘 이해를 하였다. 이어서 $2\dfrac{1}{4}-2\dfrac{1}{2}$을 예로 들어 자연수끼리 분수끼리 뺄셈하는 과정에서 받아내림을 하는 상황이 그림 속에 표현되도록 하는 방법과 가분수로 고쳐서 해결하는 과정이 그림 속에 표현되도록 하는 방법을 함께 알아보는 시간을 가졌다. 본문의 내용처럼 설명을 차근차근 해 준 뒤에 그와 같은 방법으로 나누어 주는 활동지를 해결해 보도록 하였다. 역시 아이

2015년 5월 필자의 교실 분수의 뺄셈 9차시 그림으로 해결하기

들마다 배움의 속도는 크게 달랐다. 하지만 속도는 별 문제가 되지 않았다. 배움이 느린 아이들 몇 명이 있었지만 속도가 빠른 아이들이 느린 아이들을 어느새 도와주고 있는 분위기가 자연스럽게 형성되었다는 점에서 나는 큰 만족감을 갖는다. 아이들도 이제는 자연스럽게 내게 먼저 도움을 요청하지 않는다. 모둠 내의 친구들이 가장 든든한 조력자라는 사실을 확실히 깨달은 듯하였다.

2015년 5월 필자의 교실 분수의 뺄셈 9차시 활동지 해결 과정에서 도움 주고받기 장면 및 결과물

10차시 이분모 분수의 뺄셈 총정리

교사 ● 오늘은 분수의 덧셈과 뺄셈 마지막 시간으로 미션활동 및 교과서 ○~○쪽 "공부를 잘했는지 알아봅시다."로 단원평가 실시 전 간략한 학습활동 상황을 점검해 보도록 하겠습니다. 지금부터 나누어 주는 미션 활동지를 협동적으로 먼저 해결해 보기 바랍니다.

아이들 ● (모둠별로 협동적으로 과제를 해결한다.)

교사 ● 자, 모둠별로 해결한 것에 대하여 확인을 해 보도록 하겠습니다. ○○모둠, ○○○이가 설명해 보도록 하겠습니다.(지목받은 아이가 해결하고 함께 지켜 보면서 확인한다. 수정할 부분이 있다면 다른 아동과 연결 짓기를 통해 스스로 해결해 나갈 수 있도록 기다려 준다.)

	수학 5-1	4. 분수의 덧셈과 뺄셈 단원 종합 미션 과제	서울　　　　초등학교
			5학년　　반　　　번
			이름 :

미션 과제 1

칭기즈칸은 부하들과 10km를 3시간 만에 이동하려고 합니다. 그림을 보고 칭기즈칸의 부대는 마지막 1시간 동안에 몇 km를 전진해야 하는지 알아보시오.

풀이 과정 설명

―――――――――――――――――――――――――――――――――――――

※ 풀이   2시간 동안 이동한 거리 $=3\frac{1}{2}+3\frac{3}{8}=6\frac{7}{8}$

남은 1시간 동안 이동해야 할 거리 $=10-6\frac{7}{8}=9\frac{8}{8}-6\frac{7}{8}=3\frac{1}{8}$

미션 과제 2

칠판에 다음과 같이 3개의 분수와 지워진 식이 있습니다. 창기가 칠판에 있는 세 분수를 지워진 자리에 넣어 계산 결과가 가장 크게 만들었다고 합니다. 창기가 만든 식의 계산 결과는 무엇인지 알아보시오.

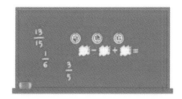

풀이 과정 설명

―――――――――――――――――――――――――――――――――――――

※ 풀이   세 분수를 통분하면 $\frac{13}{15},\frac{1}{6},\frac{3}{5}=\frac{26}{30},\frac{5}{30},\frac{18}{30}$

세 분수를 큰 순서대로 쓰면 $\frac{13}{15}>\frac{3}{5}>\frac{1}{6}$

계산 결과가 가장 크려면 빼야 하는 ㉡에 가장 작은 수가 들어가야 한다.

따라서 ㉡은 가장 작은 수인 $\frac{1}{6}$이 된다. 이를 바탕으로 식을 만들면 아래와 같이 두 가지 식이 만들어 질 수 있다.

(1번 식) $\frac{13}{15}-\frac{1}{6}+\frac{3}{5}=\frac{26}{30}-\frac{5}{30}+\frac{18}{30}=\frac{39}{30}=1\frac{9}{30}=1\frac{3}{10}$

(2번 식) $\frac{3}{5}-\frac{1}{6}+\frac{13}{15}=\frac{18}{30}-\frac{5}{30}+\frac{26}{30}=\frac{39}{30}=1\frac{9}{30}=1\frac{3}{10}$

교사 ● 수고하였습니다. 이제 교과서 ○~○쪽 "공부를 잘했는지 알아봅시다."로 단원평가 실시 전 간략한 학습활동 상황을 점검해 보도록 하겠습니다. 지금부터 각자 해결한 뒤 앞에 나와서 답지를 보고 결과를 확인해 보기 바랍니다. 모둠별로 한 사람 정도 답을 확인한 사람이 있으면 이후부터는 그 사람을 중심으로 정답 확인을 해 주시기 바랍니다. 지금부터 시작합니다.

아이들 ● (개인별, 모둠별로 학습활동 상황 점검 및 결과 확인을 실시한다.)

교사 ● 다 된 친구들은 각자 교과서 문제 중 해결하지 못한 부분을 해결해 나가도록 합니다. 수고 많았습니다.

분수의 덧셈과 뺄셈 단원 총정리를 하는 차원에서 미션 과제 해결 및 교과서 ○~○쪽 "공부를 잘했는지 알아봅시다."로 단원평가 실시 전 간략한 학습활동 상황을 점검해 보았다.

이제 아이들은 어떤 활동을 제시하든 자연스럽게 (1) 혼자 생각하기 → (2) 함께 해결 방법 공유하기를 실천한다. 여기까지 오는 데 두 달 조금 넘는 긴 세월이 걸렸다. 하지만 앞으로의 일들을 생각한다면 충분히 의미 있는 시간이었다고 자신 있게 이야기할 수 있다. 약 10분 정도 시간이 흐르고 나니 대부분의 모둠이 과제를 해결하였다. 번호순으로 구조를 활용하여 결과도 함께 공유해 보았다. 각 모둠에 보드마카 1개, 모둠칠판 1개를 주고 무작위로 번호를 부르면 그 아동이 일어나 옆 모둠으로 이동한 후 자신의 모둠에서 과제를 해결한 과정 및 결과를 그대로 모둠칠판에 쓰도록 하고 필요한 경우에는 설명까지 할 수 있도록 하는 것이 번호순으로 구조 활동이다. 미션 과제 1번은 모둠별로 2번이 다른 모둠으로 이동하여 모둠칠판에 해결해 보고 그 내용을 설명해 주도록 하였다. 한 명도 빠짐없이 제대로 설명해 주었다. 미션 과제 2번은 모둠별로 3번이 하도록 하였는데 이 또한 제대로 설명을 잘해 주었다.

이렇게 미션 활동을 정리한 후에 수학책 "공부를 잘했는지 알아봅시다."로 단원평가 실시 전 간략한 학습활동 상황을 점검해 보았다. 대체로 별 어려움 없이 잘 해결해 나가는 모습을 볼 수 있었다. 마지막 단원평가로 판단하여 피드백을 해 주어야겠다.

2015년 5월 필자의 교실 분수의 덧셈과 뺄셈 10차시 미션 과제 해결 장면

2015년 5월 필자의 교실 분수의 덧셈과 뺄셈 10차시 미션 과제 결과물

2015년 5월 필자의 교실 수학책 "공부를 잘했는지 알아봅시다." 활동

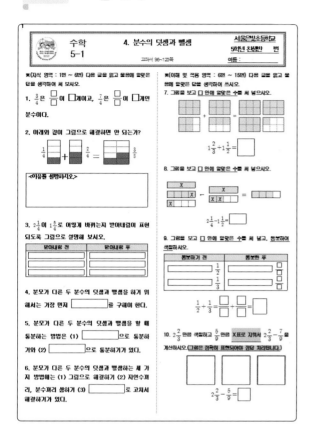

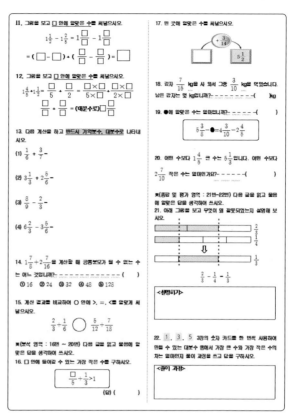

제10장

5학년 분수(3) 분수의 곱셈

분수의 곱셈 알고리즘은 매우 단순하여
굳이 오랜 시간을 할애하여 지도할 만큼의 내용이라 볼 수 없다.
그러나 단순히 기능적으로 계산 절차만 지도하게 된다면
아이들은 왜 그런 결과를 얻게 되었는지에 대하여
이해하지 못하는 결과를 초래할 수밖에 없게 된다.
따라서 알고리즘을 지도하기 전에
분수끼리의 곱셈이 무엇을 의미하는지를 먼저 이해하게 하고
알고리즘의 작동 원리와 개념을 눈으로 직접 확인하면서
깨달아 나갈 수 있도록 돕는 일이 제일 중요하다고 할 수 있다.

이 단원에서는 3, 4, 5학년에서 배운 관련 학습 경험을 바탕으로 분수의 곱셈을 학습하게 된다. 단원 학습
내용을 간략히 살펴보면 구체적인 생활 장면에서 분수의 곱셈의 필요성을 인식하기, 분수의 곱셈을 해결하
기 위한 구체적인 조작활동을 하면서 분수의 곱셈 계산 방법을 알아보기, 분수의 곱셈 계산 방법에 대한 이
해를 바탕으로 약분하여 계산하기 및 익히기 연습으로 구성되어 있음을 알 수 있다. 그런데 이런 식의 내용
구성을 한마디로 요약하면 '분수의 곱셈 방법을 익혀서 연산 활동하기'로 정리된다. 그리고 이에 따라 수업
을 하게 된다면 결국 수업의 실제는 분수 곱셈 알고리즘을 익혀서 문제 해결하기로 진행될 수밖에 없게 된
다. 실제로 교과서 구성도 지금까지 그렇게 이루어져 왔다. 하지만 필자의 생각은 조금 다르다. 본 단원의 목
표는 분수의 곱셈 방법 익히기가 아니라 '분수 곱셈의 의미 및 원리의 발견과 탐구'가 되어야 마땅하고, 이
를 위해서는 조작적 활동이 수업 시간에 핵심적인 활동이 되어야 한다고 생각한다. 왜냐하면 분수 곱셈 방
법 알기 및 문제풀이가 중심 목표라면 그 알고리즘은 매우 간단(분모는 분모끼리, 분자는 분자끼리 곱한다.)
하여 12차시만큼이나 수업 시간을 길게 배정할 필요를 느끼지 못하기 때문이다. 또한 분수 곱셈 알고리즘을
발견하는 과정에서 이루어지는 조작활동은 보다 정확하고 확실한 개념에 기초하여 이루어져야 한다. 하지만
현재 교과서는 그렇게 제시되어 있지 못하다.(이 부분에 대해서는 이어지는 내용에서 보다 구체적인 사례를

통해 다루도록 하겠다.) 이런 문제점을 보완하여 필자는 실제로 아래와 같이 재구성하여 수업을 진행하였다.

차시	재구성 이후	수업의 목적
1	단원 도입 및 (진분수)×(자연수)의 이해	단원 도입 및 (진분수)×(자연수), (자연수)×(진분수)의 의미를 이해, 알고리즘의 원리 이해(수 모델 활용)
2~3	(자연수)×(진분수)의 이해	
4	(단위분수)×(단위분수)의 이해	(단위분수)×(단위분수), (진분수)×(진분수)의 의미를 이해, 알고리즘의 원리 이해(수 모델 활용)
5~6	(진분수)×(진분수)의 이해	
7	(대분수)×(자연수)의 이해	(대분수)×(자연수), (자연수)×(대분수), (대분수)×(대분수)의 의미를 이해, 알고리즘의 원리 이해(수 모델 활용), 분배 법칙의 이해
8	(자연수)×(대분수)의 이해	
9	(대분수)×(대분수)의 이해	
10~11	세 분수의 곱셈 및 가분수로 고쳐서 계산하기, 약분하여 계산하기	분수 곱셈의 의미 및 알고리즘의 원리 이해 완성 및 적용
12	단원평가	단원 정리(문제풀기)

위와 같이 재구성한 이유에 대하여 살펴보면 다음과 같다.

교육과정 재구성의 이유와 방향성

문제의식 갖기

01 교과서 내용 구성을 살펴보면 조작활동이 강조되었다고는 하지만 조작활동과 분수 곱셈 알고리즘의 발견 과정이 제대로 연결되어 있지 못하다. 조작활동은 그냥 하나의 색칠하기 과정처럼, 분수 곱셈 방법 알기는 조작활동과 별개의 것으로 따로 다루어지고 있는 것처럼 느껴진다. 결국 두 개의 과정이 어떻게 연결되는지, 조작활동을 통해 분수의 곱셈 알고리즘이 어떻게 만들어지는지를 발견하는 과정*이 제대로 제시되어

---

* 실제로 교사용 지도서(2009 개정 교육과정에 따른 수학과 교사용 지도서 5학년 1학기. 2015. p. 338.)를 살펴보면 분수 곱셈의 표준 알고리즘에 치우쳐 지도하지 말고 분수 곱셈의 의미(어떤 상황을 말하는 것인가), 분수 곱셈 계산을 사용하는 이유를 알게 하라고 되어 있다. 그리고 계산 방법의 형식화보다는 조작활동을 통한 계산 원리의 이해에 중점을 두어야 한다고 되어 있으며 이를 위해 구체물이나 그림을 이용하여 규칙을 발견할 수 있도록 지도해야 함을 매우 강조하였다. 그렇다면 실제로 교과서는 "왜 분모는 분모끼리 곱하고 분자는 분자끼리 곱하는가?"에 대해 조작활동을 통해 아이들이 발견할 수 있도록 구성되어야 하고, 조작활동은 이 활동에 매우 중요한 과정이 되어야 한다. 하지만 현재의 교과서 구성은 아쉽게도 그러하지 못하다.

있지 못하여 아이들은 조작활동보다 선생님께서 알려 주시는 알고리즘 습득에만 관심을 갖게 될 수밖에 없게 된다. 이런 식의 구성은 결국 단원 학습의 목표를 분수의 곱셈에 대한 알고리즘 습득 및 문제풀이에 있다고 이해하도록 만들 수밖에 없게 된다.

02　단원 배경지식*에 나타난 분수 곱셈의 의미와 그 지도에 대한 문제점도 필자가 앞에 제시한 것처럼 재구성하는 데 큰 영향을 주었다. 어떤 점에서 문제가 있는지를 살펴보면 다음과 같다.

분수의 곱셈의 의미

이 부분의 배경지식 내용을 살펴보면 분수의 곱셈은 승수가 자연수인 경우를 제외하고는 동수 누가의 의미로 설명할 수 없다고 하면서 아래와 같이 설명하고 있다.

> $\frac{1}{2} \times 3$은 $\frac{1}{2}$을 3번 더하는 것으로 이해할 수 있지만 $\frac{1}{2} \times \frac{1}{3}$과 같은 경우에는 이 개념으로 설명하기 어렵다.

이를 이유로 아래의 세 가지 상황을 이용하여 설명할 수 있다고 강조하고 있다.

(가) 묶음 상황

모든 분수의 곱셈은 묶음의 의미로 해석할 수 있다.

(예) $2 \times 3 = 2$개짜리 3묶음. $\frac{1}{2} \times 3$은 $\frac{1}{2}$짜리 3묶음으로 해석, $3 \times \frac{1}{2}$은 3개짜리 묶음으로 해석 →
따라서 $\frac{1}{2} \times \frac{1}{3}$도 $\frac{1}{2}$짜리 $\frac{1}{3}$묶음으로 해석할 수 있다.

필자의 문제 제기

'$3 \times \frac{1}{2}$은 3개짜리 $\frac{1}{2}$묶음으로 해석'에 대하여 그림으로 표현하면 아래와 같다.

그렇다면 아래의 경우에는 어떻게 해석해야 할까?

"$3 \times \frac{5}{7}$는 3개짜리 $\frac{5}{7}$묶음으로 해석한다." 이렇게 해야 하나? 그리고 이를 그림으로 표현하면 어떻게 될까?**

---

* 2009 개정 교육과정에 따른 수학과 교사용 지도서 5학년 1학기. 2015. pp. 339~341. 교육과정 및 교과서가 개편되면 이와 같은 단원 배경지식에 어떤 변화가 나타날지 궁금해진다.
** 위의 사과 그림은 연속량이 아닌 이산량으로 표현하였기 때문에 문제가 된다고 볼 수 있겠지만 $3 \times \frac{5}{7}$를 연속량으로 표현하더라도 이에 대한 그림으로의 표현은 교사나 아이들 모두 힘든 일이라는 점은 쉽게 느낄 수 있을 것이다.

	1	2	3

이렇게 연속량 3이 있다. 여기에 어떻게 $\frac{5}{7}$묶음을 표시할 것인가? 분명히 고민이 될 것이다. 또한 이런 식의 해결 과정은 분수 곱셈 알고리즘 원리의 이해(분모는 분모끼리 곱하고 분자는 분자끼리 곱한다는 것에 대한 이해)라는 것을 돕는다는 점과도 거리가 멀다.

(나) 비율 상황

분수의 곱셈은 비율이 사용되는 상황에도 적용할 수 있다.

(예) 시속 $\frac{1}{2}$km로 $\frac{1}{3}$시간만큼 갔을 때 이동 거리 $= \frac{1}{2} \times \frac{1}{3}$(km)

필자의 문제 제기

비율 상황 또한 묶음 상황과 큰 차이가 없다. (분수×자연수) 상황까지는 설명에 큰 무리가 없어 보이나 (자연수×분수) 상황으로 가면 설명에 어려움이 생긴다. 묶음 상황과 숫자를 그대로 유지하면서 상황만 바꾸어 표현하면 아래와 같다.

"시속 3km의 속도로 $\frac{5}{7}$시간만큼 갔을 때 이동 거리 $= 3 \times \frac{5}{7}$(km)"라고 할 수 있는데, 이를 통해 어떻게 분모는 분모끼리 곱하고 분자는 분자끼리 곱한다는 것에 대한 이해를 도울 수 있을 것인지 의문이 든다.

묶음 상황과 비율 상황에 대한 이해 돕기

필자의 견해로 볼 때 묶음 상황과 비율 상황은 결국 '~배' 개념의 동일한 적용에 불과하다고 여겨진다. 그 이유는 아래와 같다.

초등 수학에서의 곱셈 개념	① 자연수의 곱='동수 누가'의 개념으로 접근하는 것이 일반적 (예) 사과 5개, 3묶음=5×3(배)=5+5+5=15개
	② 분수의 곱='~배(전체-부분)'의 개념으로 접근하는 것이 일반적 (예) 끈 6m, $\frac{1}{2}$배=$6 \times \frac{1}{2}$(배)=전체 6을 2등분한 것 중 1개=3m

위의 두 사례는 예시에서 보는 바와 같이 피승수와 승수가 서로 다른 양(개와 묶음, m와 배)일 경우에 적용될 수 있는 것으로 결국은 '~배'의 개념으로 접근하게 된다. 다만 자연수가 승수일 때는 수의 크기가 커지지만 분수가 승수일 때는 수의 크기가 작아진다는 것을 아이들이 이해하기에 큰 어려움이 있다는 점을 제외한다면 결과를 얻는 데는 큰 어려움이 없는 내용들이다. 그러나 '분모는 분모끼리 곱하고 분자는 분자끼리 곱한다는 분수 곱셈 알고리즘의 이해'라는 측면에서 바라본다면 이 또한 제대로 된 배경지식과 설명이라 말할 수 없다.

(다) 넓이 상황

분수의 곱셈을 넓이를 바탕으로 해석할 수 있다.

(예) $\frac{1}{2} \times 3$이 가로가 $\frac{1}{2}$m, 세로가 3m인 직사각형의 넓이로 해석할 수 있는 것과 마찬가지로 $\frac{1}{2} \times \frac{1}{3}$은 가로의 길이가 $\frac{1}{2}$m, 세로의 길이가 $\frac{1}{3}$m인 직사각형의 넓이로 해석할 수 있다.

직사각형 넓이 상황에 대한 이해 돕기

여기에서 초등 수학에서의 세 번째 곱셈 개념이 등장한다.

초등 수학에서의 곱셈 개념	③ 직사각형 넓이 개념='가로의 길이×세로의 길이' 개념으로 접근 (예) $\frac{3}{4}×\frac{3}{5}$=가로의 길이가 $\frac{3}{4}$m, 세로의 길이가 $\frac{3}{5}$m임이 주어진 문제의 조건에 이미 나타나 있다고 봐야 함

위의 경우에서 볼 때 직사각형 넓이 상황에서는 앞의 묶음 상황이나 비율 상황과 다르게 승수와 피승수가 모두 같은 양('길이'라는 단위)을 사용하고 있다는 점에서 특이한 점을 발견하게 된다. 지금까지 공부했던 것과는 전혀 다른 개념을 도입하고 있다는 점이 바로 그것이다.

그러나 지도서에 제시된 배경지식에는 매우 큰 오류가 포함되어 있다는 것을 교사라면 반드시 알아차려야만 한다. 이를 설명하자면 다음과 같다.

(1) 넓이 상황에 대한 바른 이해 1 → 곱집합 개념(A∩B)

이의 이해를 위해 아래와 같은 상황을 살펴보기로 하자.

주어진 두 수에서 $\frac{1}{2}$을 집합 A로, $\frac{1}{3}$을 집합 B로 약속할 때 $A×B=(A∩B)=\frac{1}{2}×\frac{1}{3}$을 의미하는 것과 같다. 이를 그림으로 표현하면 다음과 같다.

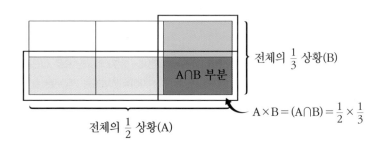

그런데 엄밀히 따지면 이는 중학교 수학에서 다루는 집합 영역에 대한 내용으로 초등학교 5학년 수준을 넘어서는 개념이다. 초등수학에 이런 개념들이 아이들 수준에 맞지 않게 마구 들어와 있다는 점에서 우리는 문제의식을 갖지 않으면 안 된다.

(2) 넓이 상황에 대한 바른 이해 2 → 결론은 '동수 누가'의 개념

바로 이전에 '직사각형 넓이 상황에 대한 이해 돕기'에서 승수와 피승수가 같은 양(길이)을 사용하고 있다는 특징을 이야기한 바 있다. 그런데 이런 사례는 넓이 상황이라는 의미가 갖고 있는 것처럼 직사각형 넓이를 구할 때 자주 접했던 경우라서 큰 거부감이 없다고 봐도 될 것이다. 그러나 지도서의 배경지식이 범하고 있는 가장 큰 오류는 바로 직사각형의 넓이를 구하는 공식에 대한 의미를 잘못 해석하고 있다는 점이다.

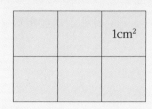

왼쪽의 직사각형에서 작은 □은 각각 가로, 세로의 길이가 각각 1cm라고 할 때 작은 □ 한 개는 단위 넓이로서 1cm²에 해당된다.

- 왼쪽의 직사각형은 가로가 3cm, 세로가 2cm이다.(길이)
- 여기서 주목해야 할 점은 바로 단위 넓이 1칸=1cm²
- 왼쪽의 직사각형의 넓이=단위 넓이 1칸이 가로로 3칸(한 줄에 3개), 세로로 2줄이 있다는 의미를 갖고 있다.(한 줄에 1cm²가 3개씩, 2줄이 있다는 개념 → 3개, 2줄 : 서로 단위가 다르다.)
- 넓이를 구하는 공식에서는 각각의 숫자 2와 3이 길이 개념으로 사용하는 것이 아니라 '칸, 줄'의 의미로 바뀌어 각기 서로 다른 양으로 해석되고 있음을 우리는 꼭 알아 두어야 한다.
- 1cm²×3개×2줄=6cm²('직사각형의 넓이=가로×세로'의 바른 의미)
- 결국 '3개×2줄=3+3'이라는 동수 누가의 개념으로 해석하였다는 것!

이런 해석을 바탕으로 곱셈에 대한 개념 (3) 직사각형 넓이 상황에 대한 의미를 살펴본다면 앞의 (1) 묶음 상황, (2) 비율 상황과 전혀 다른 것이 아니라 〈동수 누가, ~배〉의 개념을 또 다른 모습으로 표현한 것에 지나지 않는다는 사실을 알게 된다.

(3) 넓이 상황에서 주어진 두 수는 길이 개념이 아니다!

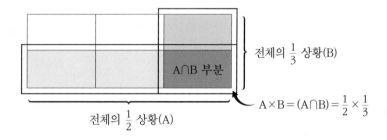

한편 위와 같이 분수의 곱 $\frac{1}{2} \times \frac{1}{3}$ 상황을 그림으로 표현하였을 때 주어진 두 수 $\frac{1}{2}$과 $\frac{1}{3}$은 각각 가로의 길이가 $\frac{1}{3}$cm, 세로의 길이가 $\frac{1}{2}$cm를 나타내고 있는 것이 아니라는 것을 제대로 이해하고 있어야만 한다. 이에 대한 바른 의미 해석은 아래와 같다.

① 위의 그림에서 $\frac{1}{2}$이라는 수가 갖는 의미 : 주어진 직사각형에서 세로 방향으로 $\frac{1}{2}$만큼의 영역에 해당된다는 것을 의미
② 위의 그림에서 $\frac{1}{3}$이라는 수가 갖는 의미 : 주어진 직사각형에서 가로 방향으로 만큼의 영역에 해당된다는 것을 의미
③ $\frac{1}{2} \times \frac{1}{3}$이란 세로 방향으로 $\frac{1}{2}$만큼의 영역과 가로 방향으로 $\frac{1}{3}$만큼의 영역을 표시할 때, 두 영역이 동시에 겹쳐지는 부분의 넓이(두 영역의 공통된 부분의 넓이)를 가리킨다는 것을 의미한다.

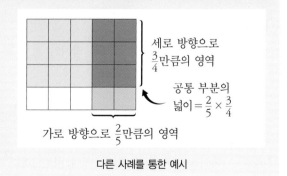

다른 사례를 통한 예시

분수의 곱셈 지도

지도서의 단원 배경지식에서는 분수의 곱셈 지도에 대하여 세 가지 부분으로 나누어 안내하고 있는데 여기에도 몇 가지 큰 문제점들이 나타나고 있다. 각각의 사례 및 문제점들에 대하여 세세하게 살펴보면 다음과 같다.

(가) (분수)×(자연수) 상황

(분수)×(자연수)는 자연수의 곱셈의 의미를 이용하여 지도할 수 있다.

(예) 2×3은 2개씩 3묶음 → 2×3은 $2 + 2 + 2 = 6$과 마찬가지로 $\frac{2}{5} \times 3 = \frac{2}{5} + \frac{2}{5} + \frac{2}{5} = \frac{6}{5}$

(계산 방법의 형식화 지도) $\frac{2}{5} \times 3 = \frac{2 \times 3}{5}$이 됨을 지도하기 위해 $\frac{2}{5}$를 $\frac{1}{5}$이 2개인 한 묶음으로 생각, $\frac{2}{5} \times 3$은 $\frac{1}{5}$이 2개씩 3묶음으로 생각할 수 있어 $\frac{1}{5}$이 $2 \times 3 = 6$개, 즉 $\frac{6}{5}$이 된다. 따라서 $\frac{2}{5} \times 3 = \frac{2 \times 3}{5} = \frac{6}{5}$이 된다는 것을 알 수 있다. 또한 $\frac{2}{5} \times 3 = \frac{2}{5} + \frac{2}{5} + \frac{2}{5} = \frac{2 \times 3}{5}$처럼 분자를 동수 누가를 이용하여 곱셈으로 나타내게 할 수 있다.

> **필자의 문제 제기**

이 부분은 비교적 설명이 잘 되어 있다. 그래도 약간의 보완해야 할 부분이 있어 제시해 본다면 다음과 같다. 설명에서 이 단원의 과제를 해결할 핵심 열쇠에 대한 안내와 강조가 부족했다. 가장 중요한 부분은 바로 이것이다.

> **이 단원 문제 해결의 핵심 열쇠**
>
> - 위의 그림으로 볼 때 색칠된 부분은 $\frac{1}{5}$이 6개 있다는 것(단위분수 개념이 이 단원 과제 해결의 핵심이라는 것!)
> - (분수)×(자연수)에서 (자연수)$= \frac{\text{자연수}}{1}$로 생각할 수 있게 돕는 것=분자끼리 곱한다는 분수 곱셈 알고리즘 이해의 1단계 완성($\frac{2}{5} \times 3 = \frac{2}{5} \times \frac{3}{1} = \frac{2 \times 3}{5} = \frac{6}{5}$이 된다는 것을 이해할 수 있게 돕는 것)

이런 생각에 따라 $\frac{2}{5} \times 3 = (\frac{1}{5} + \frac{1}{5}) + (\frac{1}{5} + \frac{1}{5}) + (\frac{1}{5} + \frac{1}{5}) = \frac{2}{5} + \frac{2}{5} + \frac{2}{5} = (\frac{2 \times 3}{5}) = \frac{6}{5}$이 된다는 것을 아이들이 이해할 수 있도록 해야 한다.

(나) (자연수)×(분수) 상황

(자연수)×(분수)는 자연수의 곱셈의 의미가 적용되지 않기 때문에 주어진 문제 상황이 왜 곱셈인지 이해하는 것에서 출발해야 한다.

질문 리본 6m의 $\frac{2}{3}$를 사용하였습니다. 사용한 리본은 몇 m입니까?

(중략) 사용한 리본의 길이는 $6 \times \frac{2}{3}$로 구할 수 있다. 또한 이를 통해 (자연수)×(분수)에서 '~의' 또는 '~중에서'라는 의미를 파악할 수 있다. 이에 따라 6의 $\frac{2}{3}$를 구하기 위해서는 $6 \times \frac{2}{3} = \frac{6 \times 2}{3}$로 형식화한다. 6의 $\frac{2}{3}$

는 6의 $\frac{1}{3}$이 2개 있다는 것을 의미하므로 6의 $\frac{1}{3}$은 $6 \times \frac{1}{3}$, 6의 $\frac{1}{3}$의 2배는 $6 \times \frac{1}{3} \times 2$가 된다. $6 \times \frac{1}{3} = 2$이므로 $2 = \frac{6}{3}$으로 바꾸어 $6 \times \frac{1}{3} \times 2 = \frac{6}{3} \times 2 = \frac{6 \times 2}{3}$가 된다. 또 다른 접근 방법으로는 교환 법칙을 사용하여 $6 \times \frac{2}{3}$ $= \frac{2}{3} \times 6$으로 나타내어 구할 수 있으나 아이들은 분수의 곱셈에서 '~의'라는 의미를 이해할 수 없을 것이다.

필자의 문제 제기

여기에서 설명한 방식대로라면 아이들이 답은 구할 수 있어도 분수곱셈의 알고리즘(분모는 분모끼리, 분자는 분자끼리 곱한다.)을 제대로 이해하기에는 무리라는 생각이 든다. 이의 바람직한 지도를 위해서는 (자연수)×(단위분수) → (자연수)×(진분수)로 자연스럽게 이어질 수 있도록 설명하는 과정이 꼭 필요하다. 그에 대해 구체적인 사례를 통해 설명해 보면 다음과 같다.

(1) (자연수)×(단위분수)

질문 $3 \times \frac{1}{3}$ →

| | 1 | 2 | 3 | *

→ 이런 식의 풀이 속에는 분자 3이 나타나지도 않을 뿐만 아니라 분수 곱셈의 의미도 전체에 대한 부분(전체 3개의 $\frac{1}{3}$묶음)으로 해석하여 풀이한 것밖에 되지 않는다. 이와 같은 방법으로는 아이들이 분수 곱셈 알고리즘을 이해하도록 도울 수 없다.

필자의 생각 $3 \times \frac{1}{3}$은 $1 \times \frac{1}{3}$이 3개 있는 것이라 생각할 수 있다. 이를 그림으로 그려 보면 다음과 같다.

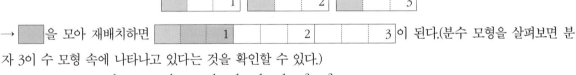

→ ▨을 모아 재배치하면 ▨ 1 | 2 | 3 이 된다.(분수 모형을 살펴보면 분자 3이 수 모형 속에 나타나고 있다는 것을 확인할 수 있다.)

→ ▨이 몇 개 → $\frac{1}{3}$이 3개 $= \frac{1}{3} \times 3 = \frac{1}{3} + \frac{1}{3} + \frac{1}{3} = \frac{1}{3} \times \frac{3}{1} = \frac{3}{3} = 1$ 이렇게 되어야 한다.

> 여기에서도 역시 단위분수 개념이 핵심이라는 것, 이전 단계인 (분수)×(자연수)에서 확인했던 알고리즘이 그대로 적용, 확장된다는 것을 확인할 수 있다.

이 질문은 아이들이 위의 과정을 이해할 수 있도록 돕는 것이 핵심이고, 그 과정은 철저하게 조작활동이 함께 수반되어야 한다. 이럴 때 비로소 수 모형(분수 모형)은 이해의 과정과 의미가 수 모형 속에 그대로 드러날 때만이 존재 가치를 인정받게 된다. 하지만 지도서에 제시된 대부분의 사례는 전혀 그런 상황이 나타나 있지 않아 매우 아쉽다는 생각이 든다.

---

* 아이들에게는 처음부터 아무런 그림도 주지 말고 직접 해 보게 하는 것이 가장 좋을 것이다. 하지만 조금만 친절을 베푼다면 | 1 | 2 | 3 | 처럼 제시하고 주어진 질문 상황에 따라 알맞게 칸을 나누고 색칠하게 하는 것이 더 좋을 것이라 생각한다.

(2) (자연수)×(진분수)

교과서에는 없지만 위의 질문을 (자연수×단위분수) → (자연수×진분수)로 확장시켜 보도록 하겠다.

질문 $3 \times \frac{2}{3}$ [1] [2] [3] 알맞게 색칠하시오.

필자의 생각 [1] [2] [3] → [ ]을 모아 재배치하면

$3 \times \frac{2}{3}$ [1] [2] [3]이 된다.(분자 6이 분수 모형 속에 나타남)

$3 \times \frac{1}{3}$ [1] [2] [3] ($3 \times \frac{1}{3}$의 2배가 된다는 것도 확인 가능)

[ ]이 몇 개? → $\frac{1}{3}$이 6개 $= 3 \times \frac{2}{3} = (3 \times \frac{1}{3}) \times 2$(물론 여기에서 결합법칙이 적용되었다는 것에 대한 이해가 필요) $= \frac{3}{3} \times 2 = \frac{3}{3} \times \frac{2}{1} = \frac{3 \times 2}{3} = \frac{6}{3} = 2$ 이렇게 되어야 한다.

❶ 여기에서도 역시 단위분수 개념이 핵심이라는 것, 이전 단계인 (분수)×(자연수)에서 확인했던 알고리즘 이 (자연수)×(진분수)에서도 그대로 적용된다는 것을 확인할 수 있다.

❷ 결합법칙의 적용에 대한 이해도 위의 수 모형 속에 그대로 나타나 있어 쉽게 이해를 도울 수 있다.($3 \times \frac{2}{3}$ $= 3 \times \frac{1}{3}$의 2배라는 사실 → $3 \times \frac{2}{3} = 3 \times \frac{1}{3} \times 2$ → $(3 \times \frac{1}{3}) \times 2$로 수정이 가능하다.)

(다) (분수)×(분수) 상황

(분수)×(분수)도 동수 누가 개념을 적용할 수 없기 때문에 주어진 문제 상황이 왜 곱셈인지 이해하는 활동 이 먼저 이루어져야 한다.

질문 어느 농부가 가지고 있는 땅의 $\frac{3}{4}$에 나무를 심었는데, 그중 $\frac{4}{5}$가 사과나무입니다. 사과나무를 심은 땅 은 전체의 몇 분의 몇입니까?

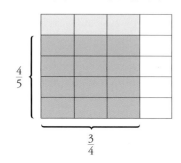

이 문제가 왜 분수의 곱셈 문제인지 알아보기 위하여 다음과 같은 그림 을 이용할 수 있다. 먼저 땅의 $\frac{3}{4}$을 나타낸다. 그리고 이 땅을 똑같이 5로 나누어 사과나무를 심은 땅을 알아본다.

사과나무를 심은 땅은 가로와 세로가 각각 $\frac{3}{4}$과 $\frac{4}{5}$인 직사각형임을 알 수 있다. 따라서 사과나무를 심은 땅의 넓이는 $\frac{3}{4} \times \frac{4}{5}$이다.

이 그림을 통해 두 분수의 분자끼리의 곱이 분자가 되고 분모끼리의 곱 이 분모가 되는 분수의 곱셈 계산 방법을 이해할 수 있다. 땅은 모두 $4 \times 5 = 20$(개)로 똑같이 나누어져 있는 데, 그중 사과나무를 심은 땅인 $3 \times 4 = 12$(개)가 분자가 된다는 뜻이다. 따라서 $\frac{3}{4} \times \frac{4}{5} = \frac{3 \times 4}{4 \times 5} = \frac{12}{20}$이다.

필자의 문제 제기

앞의 넓이 상황에 대한 문제 제기를 통해 넓이 상황이 (분수)×(분수)에 대한 이해를 제대로 돕기에 무리가 따른다는 것을 밝힌 바 있다. 분수 곱셈의 알고리즘을 이해하는 데 있어서 기본 개념 및 원리는 하나다. 단 위분수 개념이 핵심이라는 것. 이를 돕기 위해 (분수)×(분수)라는 상황을 (단위분수)×(단위분수) → (진분 수)×(단위분수) → (진분수)×(진분수)로 나누어 자연스럽게 이어질 수 있도록 설명해 보도록 하겠다.

(1) (단위분수)×(단위분수)

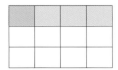

아래와 같은 질문에 대하여 지도서 및 교과서에 제시된 바와 같이 넓이 상황으로 설명하면 왼쪽 그림과 같이 해결할 수 있다. 그러나 이런 방식으로는 분수 곱셈의 알고리즘을 적절히 설명할 수 없다는 한계에 부딪히고 만다.

질문 $\frac{1}{4} \times \frac{1}{3}$

필자의 생각을 바탕으로 이를 재구성하여 제시하면 아래와 같다.

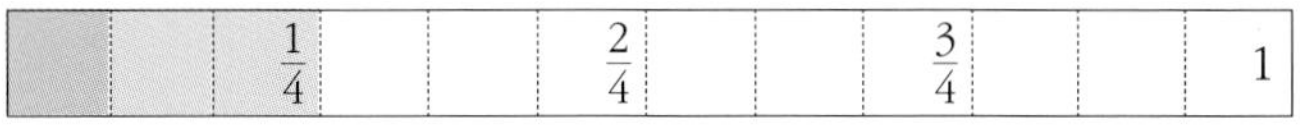

우선 $\frac{1}{4}$을 색칠 → 색칠된 부분을 다시 3등분하여 $\frac{1}{3}$을 표시한다. 그러면 ▨ 1칸은 $\frac{1}{4}$의 $\frac{1}{3}$만큼이 되는 것이고, 전체 1을 기준으로 보았을 때는 12칸 중 1칸, 즉 $\frac{1}{12}$이 된다는 것을 수 모형을 통해 제대로 이해할 수 있게 된다.(역시 단위분수 개념이 중요, 분수 모형이 '12등분된다는 것 – 분모끼리의 곱'을 그대로 보여 주고 있다.)

(2) (진분수)×(단위분수)

교과서에 이 과정은 없지만 (진분수)×(진분수)로 가는 연결고리로서 매우 중요한 의미를 갖기 때문에 이렇게 살려 보았다.

질문 $\frac{3}{4} \times \frac{1}{3}$

필자의 생각을 바탕으로 이를 재구성하여 제시하면 아래와 같다.

① $\frac{3}{4}$을 단위분수인 $\frac{1}{4}$씩 3부분으로 나눈다(가장 중요한 부분). 그리고 나서 각각의 $\frac{1}{4}$에 $\frac{1}{3}$만큼을 색칠하여 표시한다. 그런 다음 이전 단계의 과정과 비교하여 이해를 돕는다.

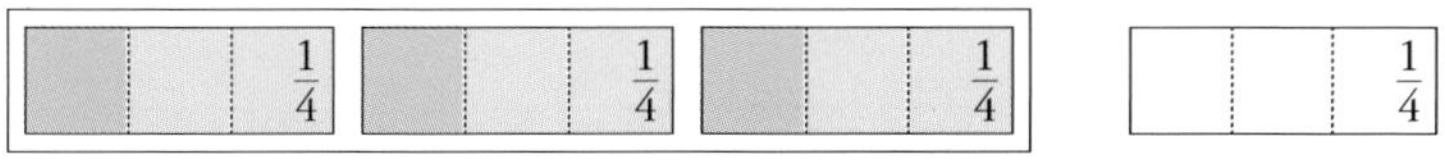

위의 그림에서 서로 흩어져 있는 ▨ 조각들을 모아 정리하면 아래와 같다.

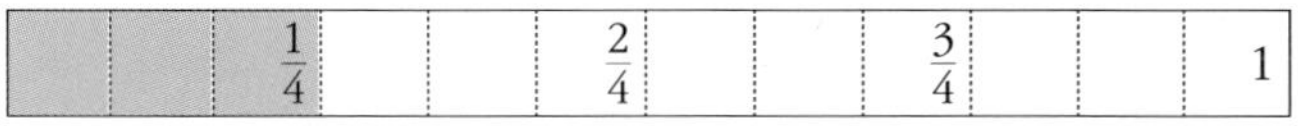

① $\frac{1}{4} \times \frac{1}{3}$과 $\frac{3}{4} \times \frac{1}{3}$을 비교해 보면 아래와 같다.

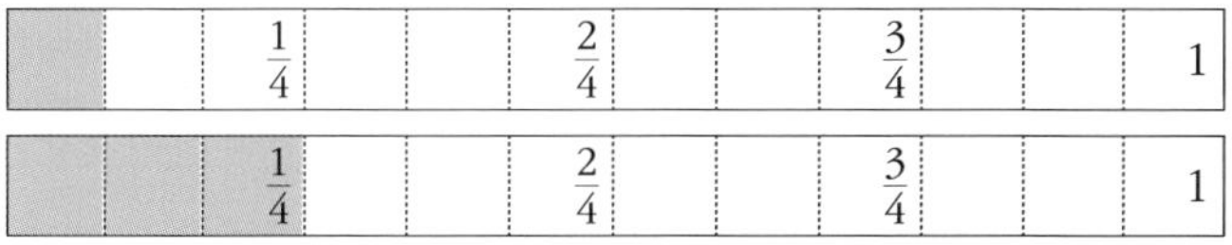

$$\frac{3}{4} \times \frac{1}{3} = \frac{1}{4} \times \frac{1}{3} \times 3(\text{배}) = \frac{3 \times 1}{4 \times 3} = \frac{3}{12}$$

❶ 분수 모형에서 전체 12칸(분모끼리의 곱)과 색칠된 3칸(분자끼리의 곱)이 그대로 표현되어 있음을 확인할 수 있다.

❷ 단위분수의 개념을 바탕으로 이전 단계까지 확인했던 분수의 곱 알고리즘이 그대로 확장되어 가고 있음을 확인할 수 있다.

(3) (진분수)×(진분수)

위의 질문을 그대로 응용하여 아래와 같이 질문을 제시해 보았다.

질문 $\frac{3}{4} \times \frac{2}{3}$

위의 그림에서 서로 흩어져 있는 ▨ 조각들을 모아 정리하면 아래와 같다.

$\frac{3}{4}$을 $\frac{1}{4}$씩 3부분으로 나누고, 각각의 $\frac{1}{4}$에 대한 $\frac{1}{3}$을 통해 분모 12를 얻게 된다. 그리고 ($\frac{1}{4}$의 $\frac{1}{3}$이 2개), 이것이 3개 있는 것이 $\frac{3}{4} \times \frac{2}{3}$이므로 이는 모두 12칸 중 6칸이 된다. 따라서 $\frac{3}{4} \times \frac{2}{3} = \frac{3 \times 2}{4 \times 3} = \frac{6}{12}$이 된다.(6은 분자끼리의 곱, 12는 분모끼리의 곱:수 모형 속에 그대로 표현되어 있다.)

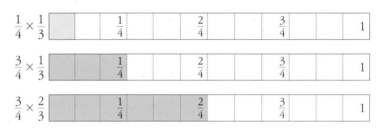

$\frac{1}{4} \times \frac{1}{3}$의 3배 = $\frac{3}{4} \times \frac{1}{3}$ → $\frac{3}{4} \times \frac{1}{3}$의 2배 = $\frac{3}{4} \times \frac{2}{3}$ → $\frac{3}{4} \times \frac{2}{3}$ 는 $\frac{1}{4} \times \frac{1}{3}$의 6배가 된다.

이를 식으로 풀어서 정리하면 다음과 같다.

$$\frac{3}{4} \times \frac{2}{3} = (\frac{3}{4} \times \frac{1}{3}) \times 2 = \{(\frac{1}{4} \times \frac{1}{3}) \times 3\} \times 2 = (\frac{1}{4 \times 3} \times 3) \times 2 = \frac{3 \times 2}{4 \times 3} = \frac{6}{12}$$

이렇게 하여 분수 곱셈의 알고리즘인 "분모끼리 곱하고 분자끼리 곱한다."가 완성된다.

∴ 분수 모형을 통해서도 그 원리가 고스란히 드러나 있어야 한다.

→ 그러나 교과서 속의 차시별 분수 모형들은 곱셈의 계산 원리와 연계되지 않고 있다는 점에 주목해야 한다. 이런 식이라면 이 단원에서 '활동 1'이라는 차시별 최초의 조작활동에 대한 존재 의미(수 모형을 통해 계산 원리가 잘 드러나도록 안내하여 이해를 돕는 일)와 가치는 순식간에 사라져 버리고 만다. → 오직 계산 방법만 알려 주고 결과를 눈으로 확인하는 사례 제시 이외에는 어떤 의미도 없다고 볼 수밖에 없다.

단원 지도를 위한 수업 시수 문제

실제 교과서를 보면 12차시 내외로 차시가 배정되어 있는데 그 가운데 스토리텔링, 단원정리 및 문제 해결, 이야기 마당 등의 활동을 제외하면 각기 다른 분수의 곱 상황에 따라 1차시씩 세세하게 나누어 놓았다는 것을 알 수 있다.[*] 그런데 따지고 보면 이 단원에서 학습해야 할 분량은 매우 작고 단순하다. 아이들이 배워야 할 내용은 단 하나, 분수 곱셈의 알고리즘(분모는 분모끼리, 분자는 분자끼리 곱한다.)이다.

> **분수 곱셈의 알고리즘**
>
> a, b, c, d가 자연수일 때 $\dfrac{a}{b} \times \dfrac{c}{d} = \dfrac{ac}{bd}$

문제의 결과만을 빠르고 쉽게 구하는 것이 목적이라면 굳이 12차시라는 긴 시간을 할애할 이유가 없다. 그럼에도 불구하고 12차시라는 긴 시간을 배정하였다는 것은 무엇인가 중요한 이유가 있다고 봐야 할 것이다.

> **분수의 곱셈 단원 지도 목적**
>
> 분수 곱셈의 의미 및 알고리즘의 발견과 이해(알고리즘 적용 결과 얻기가 아님)

이와 같이 본다면 12차시도 분명히 긴 시간이 아니라고 봐야 할 것이다. 그도 그럴 것이 아이들은 이 단원을 매우 힘들어한다. 왜냐하면 분수 곱셈의 의미가 자연수 곱셈의 의미와 많이 다르기 때문이다.[**] 따라서 이런 문제들을 극복하기 위해서는 단원 전체에 대한 세밀한 검토 및 단계 구분, 순서 및 내용의 재구성 등을 통해 수업 시수를 적절히 조절해야만 한다. 큰 의미를 갖지 않는 활동에 들어가는 시간을 아껴서 좀 더 많은 생각과 활동이 필요한 시간으로 돌려서 의미 있는 배움이 일어날 수 있도록 재구성할 필요가 있다. 예를 들어 스토리텔링 또는 문제 해결이나 이야기 마당 등의 활동을 생략하고 그 활동에 들어가는 시간을 좀 더 많은 생각과 활동이 필요한 시간으로 돌려서 사용하는 방법이 있을 수 있다. 어떤 식의 활동이든 각 학교 및 학급의 아이들 상황에 따라 얼마든지 달라질 수 있으니 다양한 각도에서 살피고 고민하여 수업을 펼쳐 나가기 바란다.

차시별 내용 구성 및 전개에 대한 문제점도 여러 곳에서 눈에 띈다.[***]

분수 곱셈의 의미 및 알고리즘의 발견과 이해를 위해 12차시라는 긴 시간을 배정한 만큼 각각의 차시에서

---

[*] 진분수×자연수, 대분수×자연수, 자연수×진분수, 자연수×대분수, 단위분수×단위분수, 진분수×진분수, 대분수×대분수, 세 분수의 곱셈 등으로 세세하게 구분하여 차시를 나누어 놓았다. 이는 상황마다 분수 곱셈의 의미가 다르기 때문이라고 생각한 것은 아닌가 하는 추측만 가능할 뿐이다.

[**] 예를 들어 자연수에서는 '~배' 하면 결과는 커지지만 분수에서는 반대로 줄어드는 것을 보면서 기존에 갖고 있었던 지식체계가 흔들리는 혼란을 경험하게 된다.

[***] 차시별 내용 구성 및 전개에 대한 문제점은 2018년까지 아이들이 사용하는 교과서를 기준으로 하여 분석해 본 것임을 밝힌다. 여기에서 분석적으로 제시한 문제점들이 이후에 개정된 교과서에서 개선된 상태로 제시된다면 좋겠지만 그렇지 않을 수도 있다는 생각이 든다. 필자는 개선되지 않았을 수도 있다는 전제하에 현재 교과서 사례를 구체적으로 제시하여 분석적으로 설명해 보고자 하였다. 앞으로 개정된 교과서를 바라볼 때는 이전 교과서 사례와 비교하여 어떤 문제점들이 똑같이 나타나고 있는지, 어떤 점들이 개선되었는지 확인하고 보완하여 지도할 수 있기를 희망한다.

세밀한 교수학적 고민에 바탕을 둔 재구성의 필요성이 매우 절실한 단원이라고 해야 마땅할 것이다. 그런 차원에서 매 차시에 대한 아쉬운 점을 차근차근 짚어 보면서 단원 재구성을 위한 방안의 초석으로 삼아 보고자 한다.(문제점이 있다고 생각하는 차시만 짚어 보도록 하겠다.)

❶ 우선 1차시는 스토리텔링을 활용한 단원 도입 차원에서 내용을 구성한 것인데 앞서서도 한 번 짚었지만 분수 곱셈의 의미 및 알고리즘의 이해에 지도 목적을 둔다면 과감히 생략해도 되지 않을까 생각한다.

❷ 2차시 내용을 살펴보면 $\frac{1}{2} \times 6$의 계산 방법에 대하여 알아보는 내용으로 시작되고 있는데 동수 누가의 원리에 의하여 설명을 해 나가고 있음을 알 수 있다. 별 무리는 없다고 봐도 좋겠지만 좀 더 세밀한 부분에 있어서는 분명 아쉬움이 남는다.

- 분수 모형의 제시 형태가 적절하지 못함
- 단위분수라는 핵심 개념을 바탕으로 한 질문의 부재(예를 들자면 "$\frac{1}{2} \times 6$을 수 모형에 표현한 것에서 $\frac{1}{2}$은 몇 개입니까?"와 같은 질문이 없음)
- 분수 곱셈의 알고리즘이 수 모형이나 과정 속에서 세대로 드러나지 않음
- 동수 누가의 개념이 아니라 단위분수 개념을 바탕으로 한 분수 곱셈 과정의 설명 및 알고리즘의 발견과 이해에 초점이 맞추어져야 한다는 점

이런 문제점들에 대한 대안은 바로 앞의 단원 배경지식에 대한 문제점 부분에서 한데 모아 자세하게 안내해 두었으니 그를 참고로 하여 비교해 보면서 살펴보기 바란다.

한편 2차시부터는 차시별로 활동 2 부분에서 최대공약수를 활용하여 약분한 후 풀이한다는 과정이 계속 반복되고 있다. 그러나 이는 우리나라 수학 수업이나 수학을 가르치는 교사들의 수준과 질이 원리나 개념의 이해보다는 쉽고 빠르게 문제풀이를 하여 계산 결과만 얻으면 된다는 생각, 쉽고 빠르게 답을 구하는 방법만 전달하면 된다는 생각이 고스란히 반영된 학원 강의식 수학 수업 수준에서 벗어나지 못하고 있다는 것을 증명해 주고 있는 것이나 다름없다. 왜냐하면 약분이라는 것은 무조건 아무 데서나 함부로 해서는 안 되는 것이기 때문이다.

- 약분이란 분수의 분자와 분모 사이에서 적용되는 것으로, 분자와 분모를 공약수로 나누어 크기가 같은 분수를 만드는 것을 말한다.
- 2차시는 "자연수 12가 결국 분자의 위치로 가서 곱해진다."는 것을 이제 막 알게 해 주는 단계에 있다.
- 이것을 완벽하게 이해하는 단계가 되어야만 비로소 약분이 가능한 것이라 말할 수 있다.
- 분수의 특성은 동치라는 점에 있다. 이렇게 볼 때 굳이 꼭 약분을 해야만 하는 상황에 있지 않거나 약분을 해야만 한다는 조건이 없다면 굳이 약분을 꼭 하지 않아도 된다는 것을 생각해 본다면 이 과정의 필요성에 대하여 고민을 한 번 해봐야 한다.

이 단원의 2차시는 아직 분수 곱셈의 알고리즘 및 이해(분모는 분모끼리 곱하고 분자는 분자끼리 곱한다.)가 완성되기 이전의 단계에 머물러 있는 수준이다. 아무리 앞에서 약분을 미리 공부했다고는 하지

만 $\frac{2}{9} \times 12$를 활동 2에 제시하고 아직 약분의 정의에서 보는 바와 같은 약분 가능한 형태(분수)로 되어 있지 않은 상태(12라는 수는 아직 분수 형태의 모양을 갖추고 있지 못하다.)에서 마구 약분을 하라고 안내되어 있다. 또한 $\frac{2}{9} \times 12$가 $\frac{2 \times 12}{9} = \frac{24}{9}$로 바뀐다는 과정 및 원리에 대한 확실한 이해와 완성이 채 이루어지기도 전에 무조건 약분부터 하고 본다는 계산 방법을 제시하고(그것도 단원의 초반부터) 아무런 문제의식 없이 그대로 가르친다면 이는 분명히 쉽고 빠르게 문제를 풀고 답만 구하면 된다는 식의 생각이 깔려 있는 것으로 볼 수밖에 없는 일이며 수학 교육이나 교과서를 바탕으로 한 수학 수업의 전개 방식에 심각한 문제가 있는 것이라 여길 수밖에 없는 일이다. 결국 이 모든 것은 아이들, 즉 학습자에 대하여 수동적 존재로 인식하는 관점이 깊게 뿌리박혀 있다는 것, 아직도 그 수준이나 상황을 벗어나지 못하고 있다는 것을 증명해 주는 것*에 지나지 않는다는 것, 능동적 학습자관에 입학한 구성주의적 사고 및 이를 돕는 단계로의 이행은 아직도 멀고 험난하다는 사실을 우리에게 재확인시켜 준 셈이 된 것이라고 여기면 된다. 결국 최후의 몫은 고스란히 현장에서 직접 아이들을 지도하는 교사의 것이 될 수밖에 없다고 한다면 교과서를 있는 그대로 지도해서는 안 된다는 생각, 제대로 된 이해를 바탕으로 재구성하여 지도하지 않으면 안 된다는 생각이 다시 한 번 중요하게 다가오는 대목이라 말할 수 있다.

이런 식의 전개는 분수 곱셈의 원리 및 알고리즘 이해를 거의 완성해 나가는 마지막 단계에서 비로소 제시가 가능한 내용이라 말할 수 있다. 따라서 이 부분에 대해서는 교사의 세밀한 검토와 판단의 결과에 따라 적절한 재구성 및 순서의 재배치(분수 곱셈의 이해 및 알고리즘이 완성되는 단계 이후에 제시하여 한꺼번에 지도)가 요구되는 부분이라 말할 수 있다. 필자의 생각에 무리가 없다면 이 단원을 지도함에 있어 적극 반영시켜 볼 것을 권한다.

❸ 3차시는 $1\frac{1}{5} \times 3$의 계산 방법, 즉 (대분수×자연수)에 대하여 알아보는 내용을 다루고 있는데, 역시 막연하게 수 모형을 제시하고 아무런 설명도 없이 덧셈식(동수 누가)으로 계산하라고 안내한 뒤 두 가지 방식(가분수로 고쳐 계산, 분배 법칙을 활용한 계산)으로 계산하여 결과를 비교해 보라고 말하고 있다. 무엇인가 생뚱맞지 않은가? 이를 위해서는 아이들에게 분배 법칙에 대한 명확한 안내와 설명이 필요한 대목이라 말할 수 있다. 이해도 없이 "무조건 이렇게 되니 따라하면 된다."는 식의 전개는 아이들도 교사들도 모두 불편해질 수밖에 없다. 따라서 이에 대한 이해를 돕기 위한 과정과 그 증명이 함께 수반되어야만 한다. 역시 이의 증명에는 분수 모형이 제일 유용하다고 할 수 있다.

분배 법칙

수 연산에 관한 법칙, $A \times (B + C) = (A \times B) + (A \times C)$인 관계가 성립한다.

∴ 핵심 사항 = 수 A만 분배되는 것이 아니라 기호인 '×'도 분배된다는 점

---

* 이런 상황을 '암죽식 수업'이라고 한다. 이 용어는 교사가 학습 내용을 아이들에게 일방적으로 설명하고 주입하는 방식의 수업을 일컫는 말로 과거 우리나라 수업에 대한 평가를 한마디로 압축하여 표현한 것이라 할 수 있다. 암죽식 수업(이종각, 1995, 암기와 주입이 함께 일어남), 암죽식 수업(이인효, 1994, 암죽이란 유아가 소화하기 쉽게 조리하여 만든 영양식-이유식으로 이를 떠 먹여 주면 아이들은 받아먹기만 하면 되듯이 수업이 그런 형태로 진행되고 있음을 가리키는 말로 사용하였음), 교과서 해설식 수업(김정원, 1999, 교사는 교과서 이해에 도움을 주는 해설사)

교과서를 보면 $1\frac{1}{5} \times 3$ 계산 방법 알아보기 수 모형으로 아래와 같이 제시하고 있다.

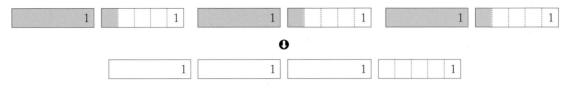

그런데 위의 모델이 $1\frac{1}{5} \times 3 = (1 \times 3) + (\frac{1}{5} \times 3)$으로 분배 법칙에 의해서 변환되는 과정을 제대로 설명하고 있다고 말할 수는 없다. 그래서 분배 법칙을 설명할 수 있도록 바꾸어 제시해 보면 다음과 같다.

$1\frac{1}{5} = 1 + \frac{1}{5} \rightarrow$ ◻ 1 + ◻ 1

$1\frac{1}{5} \times 3 = (1 + \frac{1}{5}) \times 3$이므로 (◻ 1 + ◻ 1)$\times 3$이 된다.

그리고 이를 자연수 부분과 진분수 부분으로 나누어 정리하면 다음과 같다.

$$1\frac{1}{5} \times 3에대한 \ 분배 \ 법칙 \ 과정$$

위와 같이 재구성하여 아이들에게 활동지 형식 또는 아이들의 생각과 사고를 이끌어 내는 질문 형태로 제시한다면 교과서를 가지고 학습할 때와는 사뭇 다른 교실에서의 수업 상황이 펼쳐질 것이라 생각된다.

❹ 4차시에서는 $3 \times \frac{1}{3}$을 다루면서 '~배(전체-부분 관계로 해석)'의 개념으로 안내하고 있다. (3의 $\frac{1}{3} = 3$을 3등분한 것 중 1개) 그래서일까? 교과서의 내용을 살펴보면 수 모형도 그와 같이 안내되어 있다.(전체 3을 3등분하고 1개를 색칠하도록 유도하고 있음)

	1	2	3

• 색칠한 것은 얼마입니까? '1'
• $3 \times \frac{1}{3}$의 값과 비교해 보시오. $\frac{3 \times 1}{3} = \square$
• $3 \times \frac{1}{3}$의 계산 방법을 알아보고 이야기해 보시오.

이와 같은 질문에 뭐라 답해야 할까? "그냥 자연수를 분자에 곱한다."고 해야 할까? 아이들은 이렇게 답을 할 가능성이 크다. 이런 식의 수업 속에서 분수 곱셈 알고리즘의 원리 및 이해는 사라지고 답을 구하는 절차만 남게 된다.

4차시 역시 앞에서 짚었던 문제점들을 고스란히 반복하고 있다. 약분에 대한 문제점도 마찬가지라서 더 이상 언급하지 않도록 하겠다.[*] 다만 활동 2에 제시된 $14 \times \frac{3}{8}$을 통해 14가 왜 분자에 곱해지는지를 다시 한 번 설명해 보면서 분수 곱셈의 알고리즘의 이해 수준을 한층 더 높여 보도록 하겠다.

$$14 \times \frac{3}{8} \rightarrow \boxed{\qquad\qquad\qquad 1}\ \text{이 14개 있는 것}$$

$\frac{3}{8} = \frac{1}{8}$이 3개 있는 것 $\rightarrow 14 \times \frac{3}{8} = (\frac{1}{8} + \frac{1}{8} + \frac{1}{8}) \times 14 = (\frac{1}{8} + \frac{1}{8} + \frac{1}{8}) + (\frac{1}{8} + \frac{1}{8} + \frac{1}{8}) + (\frac{1}{8} + \frac{1}{8} + \frac{1}{8}) + (\frac{1}{8} + \frac{1}{8} + \frac{1}{8}) + (\frac{1}{8} + \frac{1}{8} + \frac{1}{8}) + (\frac{1}{8} + \frac{1}{8} + \frac{1}{8}) + (\frac{1}{8} + \frac{1}{8} + \frac{1}{8}) + (\frac{1}{8} + \frac{1}{8} + \frac{1}{8}) + (\frac{1}{8} + \frac{1}{8} + \frac{1}{8}) + (\frac{1}{8} + \frac{1}{8} + \frac{1}{8}) + (\frac{1}{8} + \frac{1}{8} + \frac{1}{8}) + (\frac{1}{8} + \frac{1}{8} + \frac{1}{8}) + (\frac{1}{8} + \frac{1}{8} + \frac{1}{8}) + (\frac{1}{8} + \frac{1}{8} + \frac{1}{8}) = \frac{3 \times 14}{8}$가 되는 것이다.(결국 자연수 14가 분자의 위치로 가게 되는 것, $14 = \frac{14}{1}$와 같이 이해하여 $14 \times \frac{3}{8} = \frac{14}{1} \times \frac{3}{8} = \frac{14 \times 3}{8}$으로 됨을 알게 됨)

4차시까지의 내용만으로는 아직 분수 곱셈 원리의 완성 및 그에 대한 이해가 확실히 마무리되었다고 볼 수 없다. 이 단계까지의 내용은 이후에 이어질 (진분수×진분수)라는 과정을 통해 분수 곱셈의 원리 (분모끼리 곱하고 분자끼리 곱한다.)를 이끌어 내기 위한 기반을 마련하기 위함이라고 이해하면 좋을 것이다.

4차시의 끝부분에 가서는 활동 3으로 "1보다 작은 분수를 곱하면 곱은 처음 수보다 작아진다는 것 알기"와 관련된 질문이 갑자기 튀어나온다. 이는 조금 황당한 질문이라 여겨진다. 분수의 곱셈 알고리즘 을 이해해 나가는 과정에서 자연스럽게 깨달을 수 있도록 해야 하는 것을 하나의 질문으로 정리해 버리 려 했다는 점에서 역시 아쉬움이 남는다.

❺ 5차시에서는 $6 \times 2\frac{2}{3}$를 제시하면서 (자연수×대분수)에 대한 내용을 다루고 있는데, 이는 3차시에서 짚 어 보았던 (대분수×자연수) 상황과 크게 다르지 않아서 더 이상 언급은 하지 않도록 하겠다.

❻ 6차시는 (단위분수×단위분수)의 의미 및 알고리즘의 이해가 어느 정도 완성 단계에 이르고 있다고 봐 도 좋을 것이다. 다만 처음에는 분수 곱셈의 의미에 초점을 두고 있으나 이후에는 연산과정에 초점을 두 고 있다는 점에서 문제의식을 갖는다. 왜냐하면 $\frac{1}{3} \times \frac{1}{4}$을 통해 자연수가 섞이지 않은 전형적인 분수 곱 셈의 원리를 이해하는 본격적인 첫 단계 활동이 이루어지는 매우 중요한 시간인데 연산 과정 및 절차 설명에 집중을 하고 있으니 개념 및 원리 이해를 제대로 도울 수 있겠는가 말이다. 또한 $\frac{1}{3} \times \frac{1}{4}$을 설명함 에 있어서 활동 1에서는 넓이 상황($\frac{1}{3} \times \frac{1}{4}$을 색칠하기 위하여 전체의 $\frac{1}{3}$만큼 노란색으로 칠한 뒤 색칠한 노란색 부분의 $\frac{1}{4}$만큼 빨간색으로 칠하시오.)으로, 활동 2에서는 단위분수 개념을 활용한 띠 모델($\frac{1}{3}$과 $\frac{1}{3} \times \frac{1}{4}$의 크기 비교하기)로 설명하고 있다. 활동 1에서는 $\frac{1}{3} \times \frac{1}{4}$의 이해를 돕기 위해, 활동 2에서는 두 수 를 곱했을 때 원래의 수인 $\frac{1}{3}$보다 작아진다는 것을 알게 하기 위해 각각 수 모형을 사용하고 있다는 점, 수 모형을 제시함에 있어서도 미리 12칸[**]으로 나누어져 있다는 점에서 아쉬움이 남는다. 제일 처음에서

---

[*] 아직도 아이들은 자연수가 왜 분자와 곱해지는지를 완벽하게 이해하지 못하고 있는 단계에 있을 수 있다. 따라서 함부로 약분이 라는 과정을 도입하여 지도하는 것은 무리라 여겨진다.

[**] 넓이 상황도 가로 4칸, 세로 3칸으로 미리 나누어져 있고, 띠 모델도 미리 12칸으로 나누어져 있는 상황이어서 아이들은 왜 그 렇게 나누어야 하는지에 대한 생각을 하지 않게 된다.

(1) 우리는 보통 곱셈 연산에 있어서 동수 누가 개념에 익숙해져 있다.

(2) (분수×자연수)도 동수 누가 개념(~배)으로 해석하여 안내하고 있다.(어떤 수를 '~배'하면 처음의 수보다 크기가 커진다.)

(3) 그러나 (자연수×분수)는 동수 누가 개념만으로 설명하기에는 어려움이 있다. 왜냐하면 동수 누가 개념은 '~배' 개념과 같은데 자연수에 '(분수)배'를 했더니 처음의 자연수보다 크기가 작아진다는 것을 아이들이 접하면서 기존에 가지고 있었던 가치관과 지식체계에 대한 신념이 무너지는 경험을 하게 되기 때문이다.

(4) 교과서에서는 이런 문제점을 해결하기 위해 동수 누가 개념이 아니라 '전체-부분'의 뜻으로서 '~배' 개념을 도입하여 이해를 도우려 하였다. 그러나 이 또한 분수 곱셈의 알고리즘을 제대로 설명해 주지 못하였다는 한계를 고스란히 안고 있다는 점을 미리 밝힌 바 있다.

(5) $3 \times \frac{1}{3}$이 왜 $\frac{3 \times 1}{3}$이 되는지, $\frac{1}{3} \times 3$이 왜 $\frac{3 \times 1}{3}$이 되는지,

이 둘은 각각 어떤 의미가 있고 무슨 차이가 있는지 잘 이해가 가지 않는 상황 속에서 $\frac{1}{3} \times 3$은 결과가 처음의 $\frac{1}{3}$보다 커졌는데 $3 \times \frac{1}{3}$은 결과가 처음의 3보다 작아지는 결과까지 경험하게 되니 혼란스러울 수밖에 없는 일이다. 게다가 약분까지 하라고 하니 말이다. 어찌 보면 이는 지극히 당연한 일이라 할 수 있다.

(6) 이런 이유 때문에 이 단원에서는 차시별로 8가지 상황으로 나누어 그 의미 및 분수 곱셈의 알고리즘을 세밀하게 살펴 지도하면서 아이들이 각각의 분수 곱셈 상황에 대한 차이점 및 분수 곱셈의 알고리즘을 제대로 이해할 수 있도록 도우라고 했던 것이다. 12차시라는 긴 시간을 배정한 이유가 바로 여기에 있는 것이다.

(7) 하지만 안타깝게도 현재의 교과서 내용 구성 및 진행 방식은 이를 제대로 반영하지 못하고 있는 상황이라고 교사의 고민을 바탕으로 한 재구성이 꼭 필요한 상황이라 할 수 있다.

부터 일관되게 필자의 생각을 정리해 왔던 바와 같이 이 부분 역시 단위분수 개념을 바탕으로 하여 아이들의 이해를 도와야만 제대로 개념 및 원리 이해를 도울 수 있다.

❼ 7차시는 (진분수×진분수)를 다루면서 분수 곱셈의 의미 및 알고리즘 이해를 완성하도록 하는 단계라 할 수 있다. $\frac{2}{5} \times \frac{3}{4}$을 통해 이를 안내하고 있는데 6차시에서와 같은 내용 및 전개 방식(넓이 상황, 분수 모형 제시의 문제점, 연산 과정 설명에 집중)으로 구성되어 있어 역시 재구성은 필수라 여겨진다.

다시 한 번 강조하지만 넓이 상황은 분수 곱셈의 알고리즘을 충분히 설명하고 이해를 돕는 데 자연스럽지 못하고 오직 결과만 알려 줄 뿐이라는 점을 명확히 하고 싶다. 넓이 상황을 통해 $\frac{2}{5} \times \frac{3}{4} = \frac{2 \times 3}{5 \times 4} = \frac{6}{20} = \frac{3}{10}$이라는 결과는 얻을 수 있어도 $\frac{2}{5} \times \frac{3}{4}$이라는 분수끼리 곱셈의 결과가 어떻게 $\frac{6}{20}$에 이르게 되었는지의 과정을 눈으로 확인할 길은 없다. 역시 단위분수 개념을 통한 수 모형만이 가능한 일이다. 그러나 아래와 같이 '전체-부분'의 개념으로 설명한다면 그것 또한 문제가 된다.

$\frac{2}{5}$의 $\frac{3}{4}$만큼을 색칠한 것

위와 같이 설명할 경우 약분된 결과 $\frac{3}{10}$만 얻을 수 있게 되어 결국 넓이 상황과 비슷한 상황을 맞이하게 된다. 또한 $\frac{2}{5} \times \frac{3}{4}$은 '전체-부분'의 개념으로 설명할 수 있을지 모르겠지만 $\frac{2}{5} \times \frac{3}{7}$과 같은 경우는 '전

체-부분' 개념으로 설명하기 쉽지 않을 것이다. 왜냐하면 $\frac{2}{5}$를 7등분하고 그중 3개를 색칠한다는 것은 결코 쉬운 일이 아니기 때문이다.

❽ 8차시는 분수 곱셈의 개념 및 원리 이해가 최종적으로 마무리되는 시간이다. 본 차시의 내용은 (대분수×대분수)에 대한 것으로 $2\frac{2}{5}\times1\frac{3}{4}$에 대한 이해를 돕기 위해 역시 넓이 상황(이것 또한 결과만을 알려 줄 뿐이다.)을 제시하고, 이어서 가분수로 고쳐서 계산하기, 약분하기 순서로 내용을 전개(원리 이해 및 설명보다 연산 과정 설명에 집중하고 있다는 점)를 하였다. 이 또한 앞에서 한 번 다루었지만 분배 법칙을 활용하여 개념 및 원리 이해의 최종 완성을 돕는 것에 초점을 맞추는 것이 더 바람직하다는 것을 잊지 말아야 한다. 그렇다면 수 모형이 아닌 "가분수로 고쳐 보기 → 완성된 분수 곱셈의 원리를 대분수에 적용하여 계산하기 → 분배 법칙이 적용됨을 알기 → 시각적으로 분배 법칙의 적용 확인하기"의 차례로 접근하는 것이 더 바람직하지 않을까 생각해 본다. 개인적으로는 대분수끼리의 곱셈까지 수 모형을 활용하여 세세하게 안내하기에는 무리가 따른다고 생각한다. 왜냐하면 굉장히 복잡한 과정이 전개되기 때문에 아이들이 오히려 더 혼란스러워할 가능성이 크다. 이 경우에는 차라리 아래와 같이 분배 법칙이 적용된다는 것에 대한 안내와 함께 한시적으로라도 넓이 상황 개념을 도입하여 분배 법칙의 적용에 의해 만들어진 각각의 상황(영역)을 눈으로 확인할 수 있도록 해 주는 것도 하나의 방법일 것이라 생각된다.

$$2\frac{2}{5}(가로)\times1\frac{3}{4}(세로)=(2\times1)+(2\times\frac{3}{4})+(\frac{2}{5}\times1)+(\frac{2}{5}\times\frac{3}{4})=2+\frac{2\times3}{4}+\frac{2\times1}{5}+\frac{2\times3}{5\times4}$$

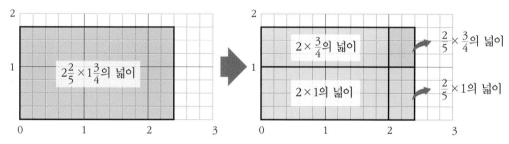

위의 그림에서 작은 ☐ 1칸은 $\frac{1}{20}$임을 알 수 있다. 따라서 색칠된 전체 ☐은 모두 84칸이므로 $\frac{84}{20}=4\frac{4}{20}=4\frac{1}{5}$(약분한 결과)이 됨을 알게 된다. 혹시라도 궁금해할 것 같아서 단위분수 개념을 바탕으로 수 모형으로 표현해 본 결과를 아래에 제시해 본다.[*]

$$2\frac{2}{5}\times1\frac{3}{4}=(2\times1)+(2\times\frac{3}{4})+(\frac{2}{5}\times1)+(\frac{2}{5}\times\frac{3}{4})=\frac{40}{20}+\frac{30}{20}+\frac{8}{20}+\frac{6}{20}=\frac{84}{20}=4\frac{4}{20}=4\frac{1}{5}(약분한 결과)$$

$(2\times1)=$

$(2\times\frac{3}{4})=(1\times\frac{3}{4})\times2=(\frac{5}{5}\times\frac{3}{4})\times2$로 고쳐 수 모형에 표시하면 아래와 같다.

---

[*] 역시 조금 복잡해진 모습을 확인할 수 있다. 조금 복잡하더라도 일관성 있게 단위분수 개념을 바탕으로 이해시키는 것이 좋다면 아래와 같이 안내를 해 보기 바란다.

$(2 \times \frac{3}{4}) =$

| | | $\frac{1}{5}$ | | $\frac{2}{5}$ | | $\frac{3}{5}$ | | $\frac{4}{5}$ | | 1 |

| | | $\frac{1}{5}$ | | $\frac{2}{5}$ | | $\frac{3}{5}$ | | $\frac{4}{5}$ | | 1 |

$(\frac{2}{5} \times 1) =$

| | | $\frac{1}{5}$ | | $\frac{2}{5}$ | | | | | | 1 |

$(\frac{2}{5} \times \frac{3}{4}) =$

| | | $\frac{1}{5}$ | | $\frac{2}{5}$ | | | | | | 1 |

이렇게 표현해 본다면 [　　　　　　　　　1]이라는 크기가 20등분이 된다는 것, 분모가 20으로 통분된다는 것을 의미한다. 이에 따라 위의 수 모형을 다시 정리해 보면 아래와 같다.

$$(2 \times 1) = \frac{40}{20}, \ (2 \times \frac{3}{4}) = \frac{30}{20}, \ (\frac{2}{5} \times 1) = \frac{8}{20}, \ (\frac{2}{5} \times \frac{3}{4}) = \frac{6}{20}$$

$$\frac{40}{20} + \frac{30}{20} + \frac{8}{20} + \frac{6}{20} = \frac{84}{20} = 4\frac{4}{20} = 4\frac{1}{5}(약분한 결과)$$

분수 곱셈 단원의 목표에 대한 확실한 개념 정립

- 목표는 분수 곱셈 문제 해결이 아니다.
- 분수 곱셈의 의미 이해가 1차 목표
- 분수 곱셈 절차 및 원리에 대한 이해가 2차 목표
- 최종 목표 : 아이들이 "~ ~ 이기 때문에 분수 곱셈은 분자는 분자끼리, 분모는 분모끼리 곱하도록 해야 합니다."라고 말할 수 있도록 하는 것!

재구성 방향성

분수의 곱셈 단원 전체를 한눈에 볼 수 있도록 정리하면 다음과 같다.

| 분수 곱셈의 의미 및 알고리즘의 원리 이해 | 분수 곱셈을 할 때 왜 분자는 분자끼리, 분모는 분모끼리 곱해야 하는지를 설명할 수 있다는 것을 의미 |

▼

다양한 수 모형을 통해 이해를 도움

▼

계산 방법 및 절차 설명(가분수변 및 약분)

▼

분수 곱셈 알고리즘의 적용

왼쪽에서 보는 바와 같이 내용이 구성 및 전개되어 가고 있지만 지금까지 살펴본 과정에 의거하여 바라본다면 단원을 마치고 난 후에 아이들이 분수 곱셈의 의미 및 알고리즘의 원리를 충분히 설명할 수 있을 것이라 장담하기 힘들다. 따라서 이에 대한 어려움을 극복하면서 단원의 목표를 달성할 수 있는 방향으로 적절하게 재구성할 수 있는 방안을 제시해 보도록 하겠다.

01 유형별 분수 곱셈 순서의 변경을 우선 고려해 볼 필요가 있다. 이를 위해 일단 대분수가 포함된 부분은 모두 뒤로 미루어 지도한다는 발상의 전환이 필요하다. 그 이유는 대분수가 포함된 분수 곱셈은 분수 곱셈의 알고리즘과 함께 분배 법칙의 원리가 함께 포함되어 있어서 분수 곱셈의 원리를 먼저 제대로 이해하고 나서 분배 법칙을 적용해서 해결하면 된다고 생각하기 때문이다.

02 분수 곱셈의 의미 및 곱셈의 실제 지도에 있어서 지도서에 안내된 배경지식보다 단위분수 개념을 기초로 한 의미 및 원리 이해에 중점을 지도하도록 한다. 이를 위해 분수 모형의 바람직한 제시, 이를 활용한 충분한 조작활동이 필수라 여겨진다.

03 차시별로 계산 절차나 방법보다는 분수 곱셈의 의미 및 원리 이해에 초점을 맞추어 지도하도록 한다.

04 약분 관련, 가분수로 고쳐서 계산하기 등 분수 곱셈의 다양한 계산 방법은 분수 곱셈의 의미 및 원리 이해가 충분히 마무리된 이후에 집중적으로 다루어도 충분하다는 생각이 필요하다.

5학년 1학기 분수 곱셈 교육과정 재구성의 핵심 요약

먼저 앞에서 살펴본 문제의식을 바탕으로 대분수가 포함된 곱셈은 뒤로 미루어 두고 나머지 부분들을 앞에 배치하였다. (진분수)×(자연수) → (자연수)×(진분수) → (단위분수)×(단위분수) → (진분수)×(진분수)까지 원리를 터득하면 나머지 부분은 같은 원리를 바탕으로 자연스럽게 해결되기 때문이다.

둘째, 분수 곱셈 알고리즘의 적용 및 문제풀이 중심이 아닌 알고리즘의 원리 이해하는 것에 중심을 두고 단위분수 개념을 바탕으로 분수 모형을 적극 활용하여 아이들의 이해를 돕고자 하였다. 이 과정에서 조작활동은 매우 중요한 의미와 가치를 지닌다고 할 수 있다.

셋째, 마지막 부분에 가서 대분수가 포함된 분수 곱셈까지 해결하고 분수 곱셈의 의미 및 알고리즘의 원리를 자연스럽게 완성, 적용할 수 있도록 내용을 구성해 보고자 하였다.

넷째, 약분 및 가분수로 고쳐서 계산하기 등 분수 곱셈의 다양한 계산 방법은 분수 곱셈의 의미 및 원리 이해가 충분히 마무리된 이후에 다루어도 충분하다고 판단하여 분수 곱셈의 알고리즘을 이해하는 과정에서 함께 다루지 않고 단원의 뒷부분에 배치하여 집중적으로 다룰 수 있도록 계획하였다.

다섯째, 전체적인 과정에서 모둠원들끼리 협동적으로 생각을 공유하면서 분수 곱셈 알고리즘을 발견하고 이해할 수 있도록 수업을 디자인해 보았다.

단원 도입 및 (진분수)×(자연수)의 이해

교사 ● 이번 시간부터는 1학기 분수와 관련된 마지막 단원인 분수의 곱셈에 대하여 알아보도록 하겠습니다. 본격적인 시작에 앞서 곱셈의 의미부터 한 번 되짚어 보고 넘어가도록 하겠습니다. 자, 2×3은 어떤 의미일까요? 이를 설명하는 방법에는 어떤 것들이 있는지 모두 일어서서 나누기 활동으로 알아보도록 하겠습니다. 한 가지 방법만 있는 것은 아닙니다. 여러 가지 방법을 찾아보도록 합시다.

아이들 ● (모두 일어서서 2×3이 어떤 의미인지 이를 설명하는 다양한 방법에 대하여 협의한다.)

교사 ● 자, ○○모둠 ○○○가 먼저 한 가지 이야기해 봅시다.

아이들 ● 네, 2×3은 2를 3배한 것입니다.(2개짜리 3묶음, 2를 3번 더한 것, 2씩 3번 건너뛴 것 등)

교사 ● 2×3을 덧셈식으로 표현하면 어떻게 되나요?

아이들 ● 2+2+2입니다.

교사 ● 좋습니다. 방금 한 내용을 잘 기억해 두기 바랍니다. 그러면 오늘 분수의 곱셈 첫 번째 활동인 (진분수)×(자연수)에 대하여 알아보도록 하겠습니다. $\frac{1}{2}$×6은 $\frac{1}{2}$을 몇 배 한 것이라는 뜻인가요?

아이들 ● $\frac{1}{2}$을 6배 한 것입니다.

교사 ● 자, 그렇다면 $\frac{1}{2}$을 6배 하였으니 분모인 2도 6배, 분자인 1도 6배를 하면 되겠지요? 그러면 $\frac{1 \times 6}{2 \times 6} = \frac{6}{12}$이 되겠지요? 맞나요? 모두 일어서서 나누기로 알아봅니다. 지금부터 모두 일어나 모둠원들과 이것이 맞는 것인지 틀린 것인지 알아봅시다.

아이들 ● (모두 일어서서 $\frac{1 \times 6}{2 \times 6} = \frac{6}{12}$이 맞는 것인지 틀린 것인지 함께 의논한다. 왜 맞는 것이라고 생각하는지 또는 틀린 것이라고 생각하는지 이유까지 설명할 수 있도록 한다.)

교사 ● 자, ○○모둠 ○○○이 말해 보도록 합니다.

아이들 ● $\frac{1}{2}$을 6배 하였다는 것은 $\frac{1}{2}$을 6번 더했다는 뜻이므로 $\frac{1}{2} + \frac{1}{2} + \frac{1}{2} + \frac{1}{2} + \frac{1}{2} + \frac{1}{2} = \frac{6}{2}$이 되는데, 이때 분모는 더하지 않고 분자끼리만 더하는 것이므로 분모는 그대로 두고 분자만 6배 하여야 제대로 된 것이라 할 수 있습니다.(이렇게 논리적으로 이야기가 나올 때까지 아이들 간에 연결 짓기를 지속적으로 시도한다.)

교사 ● 네, 아주 훌륭합니다. 분모는 그냥 놓아 두고 분자끼리 더한다는 것을 식으로 간단히 표현하면 다음과 같습니다. $\frac{1+1+1+1+1+1}{2} = \frac{1 \times 6}{2} = \frac{6}{2} = 3$이 된다는 것을 이해할 수 있겠지요?

아이들 ● 네. 이해하였습니다.

교사 ● 좋아요. 그렇다면 $\frac{2}{5}$×4는 어떤 의미인가요?

아이들 ● $\frac{2}{5}$를 4배 한 것입니다. $\frac{2}{5}$를 4번 더한 것, $\frac{2}{5} + \frac{2}{5} + \frac{2}{5} + \frac{2}{5}$가 되는 것입니다.

교사 ● 그러면 $\frac{2}{5}$는 어떤 의미인가요?

아이들 ● $\frac{1}{5}$이 2개 있는 것입니다.

교사 ● 네, 맞아요. 그렇다면 $\frac{2}{5}$×4는 "$\frac{1}{5}$이 2개 있는 것"×4묶음으로 생각할 수 있습니다. 다시 말해서 $\frac{1}{5}$이 2×4개=8개, 즉 $\frac{8}{5}$이 된다는 말입니다. 따라서 $\frac{2}{5} \times 4 = (\frac{1}{5} + \frac{1}{5}) \times 4 = (\frac{1}{5} + \frac{1}{5}) + (\frac{1}{5} + \frac{1}{5}) + (\frac{1}{5} + \frac{1}{5}) + (\frac{1}{5} + \frac{1}{5}) = \frac{2+2+2+2}{5} = \frac{2 \times 4}{5} = \frac{8}{5}$이 된다는 것을 알 수 있습니다.

교사 ● $\frac{2}{5} \times 4$를 그림으로 해결하면 어떻게 될까요?

아이들 ● ▱▱▱ + ▱▱▱ + ▱▱▱ + ▱▱▱ = ▱▱▱ ▱▱▱

이 되므로 $\frac{8}{5}$이라는 것을 알 수 있습니다.

교사 ● 잘해 주었습니다. 지금까지 (진분수)×(자연수)에 대하여 알아보았습니다. (진분수)×(자연수)의 곱셈 원리는 어떻게 되는지 말해 볼까요?

아이들 ● 분모는 그대로 두고 분자에 자연수를 곱하면 됩니다.

교사 ● 네, (진분수)×(자연수)와 같은 경우를 보게 되면 "당황하지 말고 분모는 그대로 두고 분자에 자연수를 곱하면 답이 빡! 끝!"

아이들 ● 하하하!!!!

교사 ● 수고하였습니다. 교과서 ○쪽, ○쪽 질문에 답을 해 보기 바랍니다. ○쪽 활동 2는 나중에 한꺼번에 따로 모아서 공부해 보도록 하겠으니 빼놓고 하기 바랍니다.

아이들 ● (각자 해결한 뒤 모둠원들과 함께 확인하며 도움을 주고받는다.)

1차시 수업 소감

오늘 수업은 계획안대로 잘 진행되었다. 처음부터 자연수의 곱셈 2×3을 제시하고 어떻게 이것의 의미를 설명할 수 있는지 모두 일어서서 나누기 활동으로 해 보라고 하였다. 여러 가지 답변이 나왔다. 개중에는 개념이 흐트러져 있는 경우도 있었다. 대표적인 것은 2×3과 3×2를 같은 것으로 이해하고 있는 아이들이 많았다는 점이다. 그래서 예를 들어 설명해 보라고 하면서 아이들 간의 연결 짓기를 시도하여 이해를 도왔다. 사과 2개가 1묶음인데 이것이 3묶음이 있는 것=2×3, 사과 3개가 1묶음인데 이것이 2묶음이 있는 것=3×2라고 한 아이가 정리해 주었다. 그러자 아이들은 "아, 그렇구나!" 하는 반응을 보였다. 2×3의 의미 가운데 특히 2×3=2+2+2라는 동수 누가 개념을 다시 한 번 강조해 주면서 본격적인 분수 곱셈 1차시 내용으로 들어갔다. $\frac{1}{2}$×6은 $\frac{1}{2}$을 6배 한 것으로 분모와 분자에 각각 6배 하여

$\frac{1 \times 6}{2 \times 6} = \frac{6}{12}$이 된다는 것을 제시하면서 이렇게 하는 것이 맞는지 모두 일어서서 나누기 활동으로 모둠 토론을 다시 한 번 시도하였다.

잠시 뒤에 한 아동을 지명하여 설명을 들어 보았다. 이전에 분수 덧셈에서 분모는 더하면 안 된다는 개념 설명을 한 아동이 이렇게 설명한 적이 있었다. 2개의 물통에 물이 들어 있을 때 두 물통의 물을 합치면 물만 합쳐지는 것이고 물통이 합쳐지는 것은 아니니 분수의 덧셈에서 분모는 더하면 안 되고 분자만 더해야 한다고 말했었다. 이를 예로 들어 호명된 아이가 $\frac{1}{2}$×6은 $\frac{1}{2}$을 6배 한 것으로 $\frac{1}{2}$×6은 $\frac{1}{2}$을 6번 더한 것과 같으니 분모는 더하면 안 되고 분자만 더해야 하는데 분모도 더한 것처럼 되어서 틀린 것이라는 설명이었다. 무엇인가 조금 부족한 부분이 있어 보완해야 할 부분이 있다고 생각하는 사람이 있으면 보완해 보

2015년 5월 분수의 곱셈 1차 수업 모두 일어서서 나누기 첫 활동

2015년 5월 분수의 곱셈 1차 수업 모두 일어서서 나누기 두 번째 활동(그림으로 해결)

라고 하였다. 그러자 한 아이가 "$\frac{1}{2} \times 6$은 $\frac{1}{2}$을 6배 한 것으로 $\frac{1}{2} \times 6$은 $\frac{1}{2}$을 6번 더하게 되면 $\frac{1}{2}+\frac{1}{2}+\frac{1}{2}+\frac{1}{2}+\frac{1}{2}+\frac{1}{2}$이 되기 때문에 분모는 더하지 않고 분자만 더해야 하기 때문에 $\frac{6}{2}$이 되어야 하는데 분모인 2도 6번 더한 것이 되어서 잘못된 것이 됩니다."라고 정확하게 짚어 주었다. 그리고 다른 아이들도 이게 더 정확한 설명이라고 공감하면서 더 이상 보완할 부분이 없다고 하였다. 그리고 아이들이 설명해 준 최종 결론을 칠판에 식으로 $\frac{1}{2} \times 6 = \frac{1}{2}+\frac{1}{2}+\frac{1}{2}+\frac{1}{2}+\frac{1}{2}+\frac{1}{2} = \frac{1+1+1+1+1+1}{2} = \frac{1 \times 6}{2} = \frac{6}{2} = 3$이라고 정리해 주었다. 그러면서 한 가지 사례 $\frac{2}{5} \times 4$를 더 제시하면서 같은 방법으로 정리해 보라고 하였다. 잠시 생각할 시간을 갖게 한 뒤 바로 한 아동을 지목하였다. 불러주는 데로 칠판에 적어 보았다. $\frac{2}{5} \times 4 = \frac{2}{5}+\frac{2}{5}+\frac{2}{5}+\frac{2}{5} = \frac{2+2+2+2}{5} = \frac{2 \times 4}{5} = \frac{8}{5}$이라고 말해 준 아이의

발표에 다른 아이들은 수정할 부분이 없다고 이야기해 주었다. 이전까지 분수 덧셈에서 단위분수 개념을 바탕으로 충실하게 원리 중심 수업을 해온 덕분이라는 생각이 든다. 이렇게 정리한 뒤에 $\frac{1}{2} \times 6 = \frac{1 \times 6}{2}$이 되는 과정, $\frac{2}{5} \times 4 = \frac{2 \times 4}{5}$가 되는 과정에서 어떤 원리가 적용되는지 찾아보고 말해 보라 하였는데 바로 답변이 나왔다. 자연수를 분모에는 곱하지 않고 분자에만 곱하면 된다는 것이었다. 다시 한 번 원리를 큰 소리로 3번 반복하여 말해 보라고 한 뒤 띠 모델을 활용하여 눈으로도 그 과정을 확인해 보자고 하였다. 그것으로 질문으로 만들어 $\frac{2}{5} \times 4$를 그림으로 해결해 보라고 모둠 토론 시간을 주었다. 그러고 나서 한 아동을 지목하였는데 정확하게 그려 주었다. 역시 지금까지 수 모형을 통해 확실하게 개념 중심, 이해 중심으로 지도한 결과가 이번 단원에서도 톡톡히 드러나고 있었다.

아동이 그린 그림을 바탕으로 최종 정리를 다시 한 번 해 주었다. 그리고 왜 자연수를 분모에 곱하면 안 되는가에 대하여 다시 한 번 정리해 보았다. 그렇게 하니 아이들이 어렵지 않게 받아들이는 모습이었다. 약간 시간이 남아 교과서 문제풀이로 시간을 마무리하였다. 계획대로 잘 진행된 시간이었다는 생각이 든다.

2015년 5월 분수의 곱셈 1차 수업 그림으로 해결하기 결과 및 칠판 판서

(자연수)×(진분수)의 이해

교사 ● 지난 시간에는 (진분수)×(자연수)에 대하여 살펴보았습니다. 오늘은 (자연수)×(진분수)에 대하여 알아보도록 하겠습니다. 그 전에 (진분수)×(자연수), (자연수)×(진분수)의 의미부터 각각 살펴보도록 하겠습니다. 자, $\frac{1}{3}\times3$과 $3\times\frac{1}{3}$은 서로 의미가 다릅니다. 어떻게 예를 들어 둘의 차이를 잘 설명할 수 있을까요? 끈의 길이를 예로 들어 알아봅시다. 모두 일어서서 나누기 활동으로 함께 알아보도록 합니다.

아이들 ● (모둠원들끼리 일어서서 함께 이야기를 나눈 후 마무리되면 자리에 앉는다.)

교사 ● 좋아요. ○○모둠 ○○○가 발표해 보도록 하겠습니다.

아이들 ● $\frac{1}{3}\times3$은 $\frac{1}{3}$을 3배 한 것으로 $\frac{1}{3}$m 길이의 끈이 3개 있는 것과 같은 뜻이고, $3\times\frac{1}{3}$은 3을 $\frac{1}{3}$배 한 것으로 3m 길이의 끈을 3등분한 것 중 1묶음과 같은 뜻입니다.(오류가 발생하였을 때 아이들 간의 연결 짓기를 통해 수정해 나가도록 돕는다.)

교사 ● 좋습니다. 그러면 오늘 공부할 내용과 관련이 있는 $3\times\frac{1}{3}$을 그림으로 표현하면 어떻게 할 수 있을까요? 생각할 시간을 주겠습니다. 잠시 후에 각자의 생각을 모둠칠판에 그려서 들어 보이도록 하겠습니다. 도움이 필요한 사람은 모둠원들에게 도움을 요청해도 됩니다.

아이들 ● (잠시 시간을 가지면서 모둠칠판에 자기 생각을 그림으로 표현한다. 도움이 필요한 사람은 모둠원들에게 도움을 구한다.)

교사 ● 자, 이제 모둠칠판을 모두 들어 보도록 하겠습니다. 하나, 둘, 셋!!

아이들 ● 짠~짠~짜~~~짠!(각자 모둠칠판을 들어 보인다.)

교사 ● 좋습니다. 다들 잘 표현하였습니다. 그러면 지금 여러분이 표현한 그림을 통해 자연수×진분수의 계산을 알아보도록 하겠습니다. 자, 여러분은 $3\times\frac{1}{3}$을 이렇게 표현하였습니다.

	1m		2m		3m
	$\frac{1}{3}$		$\frac{1}{3}$		$\frac{1}{3}$

즉 $3\times\frac{1}{3}=1$m라고 표현하였습니다. 그렇다면 $3\times\frac{1}{7}$과 같은 경우에는 그림으로 어떻게 표현하여 답을 구할 수 있나요?

	1m		2m		3m

이 그림에 표현하여 봅시다. 어떻게 할 수 있을까요? 모두 일어서서 나누기 활동으로 함께 알아보도록 하겠습니다.

아이들 ● (모둠원들끼리 일어서서 함께 이야기를 나눈 후 마무리되면 자리에 앉는다.)

교사 ● 자, 그림으로 표현하기가 어떤가요?

아이들 ● 어려워요. 쉽지 않습니다. 정확히 표시하기가 어렵습니다.

교사 ● 그렇지요? 쉽지 않을 것입니다. 그렇다면 앞서서 여러분이 해결했던 문제로 돌아가 생각해 보면

	1m		2m		3m
	$\frac{1}{3}$		$\frac{1}{3}$		$\frac{1}{3}$

과 같은 방법은 제대로 된 표현 방법이 아니라는 것을 알 수 있습니다. 단지 우연히 그렇게 표현해도 될 만큼 수가 잘 맞아떨어진 경우라 말할 수 있습니다. 사실 여러분이 해결한 앞의 띠 모델에는 굉장히 중요한 점 한 가지가 표시되어 있지 않습니다. 그 중요한 점 한 가지는 무엇일까요? 모둠원들과 함께 모둠토론에 들어갑니다. 지금부터 시작합니다.

아이들 ● (모둠원들끼리 자리에 앉은 상태에서 모둠토론에 들어간다. 쉽게 알아내는 아이들이 없을 것이라 예상된다. 적당히 시간이 흐를 때까지 토론하는 것을 지켜본 뒤 답을 찾아낸 모둠이 없을 때 모둠토론 활동을 잠시 중지시킨 후 중요한 힌트를 한 가지 제시한다. "힌트 : 지금 우리는 분수를 공부하고 있습니다. 1을 기준으로 생각해 봅니다." 답을 찾은 모둠이 생기면 모둠토론을 중지키시고 전체 발표를 하도록 안내한다.)

교사 ● 답을 찾은 모둠이 나왔네요. ○○모둠의 ○○○가 알아낸 답을 발표해 보도록 합니다.

아이들 ● $3 \times \frac{1}{3}$을 그림으로 표현할 때 그림 속에는 각각 1m마다 진분수의 분모만큼 등분 표시가 되어 있지 않습니다. 그래서 잘못된 표현이라 할 수 있습니다.

교사 ● 그렇다면 앞의 그림을 수정한다면 어떻게 될까요?

아이들 ● | | 1m | | 2m | | 3m |이 됩니다.
$\frac{1}{3}$ $\frac{1}{3}$ $\frac{1}{3}$

교사 ● 이런 표현이 맞기는 합니다만 이런 표현은 $3 \times \frac{1}{3} = \frac{3}{3} = 1$이라는 답을 단지 그림으로 표현한 결과일 뿐 그 과정이 표현되어 있지 않습니다. 그 과정이 그림 속에 나타나도록 하려면 다른 방법이 필요합니다. 자, 이렇게 생각해 봅시다.

$$\boxed{\qquad 1m \qquad} \times \frac{1}{3} + \boxed{\qquad 1m \qquad} \times \frac{1}{3} + \boxed{\qquad 1m \qquad} \times \frac{1}{3}$$

이와 같이 해결한다면 그림으로 표현할 때 어떻게 나타나게 될까요? 누가 한 번 칠판에 표현해 볼까요? ○○○가 한번 해 보세요.

아이들 ● | | 1m | | 1m | | 1m |가 됩니다.

교사 ● 좋아요. 그러면 색칠된 부분을 합하면 어떻게 될까요?

아이들 ● | | 1m |가 됩니다. 그래서 $3 \times \frac{1}{3} = \frac{1}{3} + \frac{1}{3} + \frac{1}{3} = \frac{1+1+1}{3} = \frac{1 \times 3}{3} = \frac{3}{3} = 1$이 되는 것입니다.

$3 \times \frac{1}{4}$을 색종이로 잘라서 알아본 사례 : $3 \times \frac{1}{4} = \frac{1}{4} + \frac{1}{4} + \frac{1}{4} = \frac{1+1+1}{4} = \frac{1 \times 3}{4} = \frac{3}{4}$

교사 ● 그렇습니다. 이게 정확한 것입니다. 그러면 $3 \times \frac{2}{7}$도 같은 방법으로 해결할 수 있을 것입니다. 한 번 ○○○가 해결해 보도록 할까요?

아이들 ● [1m] [1m] [1m]가 되는데 색칠된 부분을 모으면 [1m]가 됩니다. 그래서 $3 \times \frac{2}{7} = (\frac{1}{7} + \frac{1}{7}) + (\frac{1}{7} + \frac{1}{7}) + (\frac{1}{7} + \frac{1}{7})$ $= \frac{2+2+2}{7} = \frac{2 \times 3}{7} = \frac{6}{7}$이 되는 것입니다.

교사 ● 아주 훌륭합니다. 정확히 이해하였습니다. 지금까지 (자연수)×(진분수)에 대하여 알아보았습니다. $3 \times \frac{1}{3} = \frac{1 \times 3}{3}$, $3 \times \frac{2}{7} = \frac{2 \times 3}{7}$에서 알 수 있는 (자연수)×(진분수)의 곱셈 원리는 어떻게 되는지 말해 볼까요?

아이들 ● 분모는 그대로 두고 분자에 자연수를 곱하면 됩니다.

교사 ● 네, 맞습니다. 사실 자연수의 곱셈에서 2×3=2+2+2이고 3×2=3+3이 되어 2×3과 3×2는 분명히 의미가 다르지만 결과는 같다는 것을 여러분은 이미 알고 있습니다. 2×3=3×2가 되는 것이지요. 우리는 이런 것을 교환법칙이라고 말합니다. (자연수)×(진분수)도 사실 의미는 다르지만 지난 시간에 공부했던 (진분수)×(자연수)와 결과는 같다는 것을 우리는 알 수 있습니다. 그러니 앞으로 (자연수)×(진분수)와 같은 분수의 곱셈을 만나게 되면 역시 "당황하지 말고 분모는 그대로 두고 분자에 자연수를 곱하면 답이 빡! 끝!"

아이들 ● 하하하!!!!

교사 ● 수고하였습니다. 이제 마지막으로 매우 중요한 것 한 가지를 더 짚고 넘어가도록 하겠습니다. 오늘까지 (자연수)×(진분수)와 (진분수)×(자연수)에 대하여 알아보았습니다. 예를 들어 $3 \times \frac{1}{3}$과 $\frac{1}{3} \times 3$은 의미는 서로 다르지만 결과는 같다는 사실을 알 수 있었습니다. 그 이유는 어떤 법칙 때문이었습니까?

아이들 ● 교환법칙입니다.

교사 ● 네, 맞습니다. 그런데 $3 \times \frac{1}{3}$에서 3은 피승수(곱해지는 수)이고 $\frac{1}{3}$은 승수(곱하는 수)이지만 $\frac{1}{3} \times 3$에서는 $\frac{1}{3}$이 피승수(곱해지는 수)가 되고 3이 승수(곱하는 수)가 됩니다. 여기에서 여러분이 주목해야 할 것은 승수(곱하는 수)에 있습니다. 승수(곱하는 수)가 1보다 작은 분수(진분수)일 때와 자연수일 때는 매우 큰 차이를 가집니다. 그 차이는 무엇인지 함께 알아보도록 합시다. 승수(곱하는 수)가 각각 자연수, 1보다 작은 분수(진분수)일 때 결과는 피승수(곱해지는 수)보다 크기가 어떻게 변할까요? 그리고 그 이유는 무엇인가요? 모둠토론 활동으로 알아봅시다. 미션 활동입니다.

미션 활동지

(1) $3 \times \frac{1}{3}$ → 승수(곱하는 수: $\frac{1}{3}$)가 1보다 작은 분수(진분수)일 때 결과는 피승수(곱해지는 수: 3)보다 크기가 어떻게 변하였는가?

(2) $\frac{1}{3} \times 3$ → 승수(곱하는 수: 3)가 자연수일 때 결과는 피승수(곱해지는 수: $\frac{1}{3}$)보다 크기가 어떻게 변하였는가?

(3) (1), (2)번과 같은 결과가 나온 이유는 무엇인가?

설명 _____

_____

_____

아이들 ● (모둠별로 미션 활동지를 해결하면서 도움을 주고받는다.)

교사 ● 자, 잘 해결하였지요? ○○모둠 ○○○이 발표해 보도록 하겠습니다.

아이들 ● (1)번은 크기가 작아졌지만 (2)번은 크기가 커졌습니다. 왜냐하면 (2)번은 곱해지는 수가 자연수일 때 곱셈처럼 늘어나는 경우에 해당되지만 (1)번은 곱해지는 수가 1보다 작은 분수(진분수)일 때는 나눗셈처럼 줄어드는 경우에 해당되기 때문입니다.($\frac{1}{3} \times 3$은 $\frac{1}{3}$을 3번 더한다는 뜻이어서 곱해지는 수보다 크기가 늘어나지만 $3 \times \frac{1}{3}$은 3을 3으로 나눈 것 중에 1묶음이라는 뜻이어서 곱해지는 수보다 크기가 줄어들게 된다. 이와 같은 설명이 나올 때까지 아이들 간의 연결 짓기를 계속 시도한다.)

교사 ● 네, 아주 훌륭한 설명이었습니다. 이제 곱하는 수가 자연수일 때와 진분수일 때 결과는 곱해지는 수보다 왜 커지는지 또는 왜 작아지는지 잘 이해하였지요? 이제 마무리 활동으로 각자 교과서 ○쪽, ○쪽 질문에 답을 해 보기 바랍니다. ○쪽 활동 2는 나중에 한꺼번에 따로 모아서 공부해 보도록 하겠으니 빼놓고 하기 바랍니다.

아이들 ● (각자 해결한 뒤 모둠원들과 함께 확인하며 도움을 주고받는다.)

2~3차시 수업 소감

2015년 5월 분수의 곱셈 2~3차시 모두 일어서서 나누기 활동

지난 시간에 공부한 내용을 다시 한 번 되짚어 보고 끈의 길이를 예로 들어 $\frac{1}{3} \times 3$과 $3 \times \frac{1}{3}$의 차이점을 설명해 보라고 하면서 모두 일어서서 나누기 활동을 해 보았다. 생각보다는 이의 설명에도 시간이 꽤 걸렸다. 특히 $3 \times \frac{1}{3}$=3m짜리 끈의 $\frac{1}{3}$배, 즉 3m짜리 끈을 3등분한 것 가운데 1개라는 설명이 쉽게 이루어지지 않았다. 몇 명의 아이들 간 연결 짓기를 통해 겨우 마무리되었다. 역시 분수는 아이들에게 어렵게 느껴지는 것 같았다. 이어서 $3 \times \frac{1}{3}$을 그림으로 해결해 보라는 과제를 제시하면서 각자 모둠칠판에 표현해 보라고 하였다.

각자 표현한 것을 모두 들어 보라고 하였더니 사진에서와 같이 아이들은 각자 모둠칠판에 자신의 생각을 표현해 주었다. 대부분의 아이들은 그래도 개념을 잡고 있었다. 다만 왜 그렇게 해야 하는지에 대한 정확한 설명이 가능한지는 뚜껑을 열어 보아야 알 것 같았다. 그래서 일부러 [1m | 2m | 3m] 와 같은 개념으로 표현한 아이들의 사례를 칠판에 그려 놓고 질

2015년 5월 분수의 곱셈 2~3차시 수업 $3 \times \frac{1}{3}$ 띠 모델로 해결하기 장면

문을 하였다. 이렇게 하는 것이 맞는지, 왜 이렇게 해야 하는지, 다르게 한 사람은 왜 다르게 하였는지, 어떻게 표현한 것이 제대로 한 것인지 등. 자신이 해 놓고도 설명은 역시 힘들어하였다. 아이들 간의 연결 짓기를 여러 번 해 보았지만 정확한 설명은 나오지 않았다. 그래서 하는 수 없이 칠판에 띠 모델을 그려 가면서 내가 설명을 해 주어야 했다.

그렇게 설명을 해 주었더니 한 아이가 "선생님, 그림으로 설명해 주신 것을 보니 지난 시간에 공부했던 (진분수)×(자연수)와 똑같은 그림이 그려졌네요. 왜 그렇게 되나요?"라고 질문을 하였다. 와우, 깜짝 놀랐다. 소수의 아동이지만 이제 보는 눈이 생겼다는 증거라 여겨졌다. "네, 좋은 질문입니다. 이렇게 놓고 보니 지난 시간에 공부했던 것과 같은 결과라는 것이 느껴지나요? (진분수)×(자연수)나 (자연수)×(진분수)는 서로 의미는 다를지 모르지만 곱셈의 원리는 같기 때문입니다. 또한 곱셈에서는 앞의 수와 뒤의 수를 바꾸어 계산하여도 결과는 같아진다는 것을 여러분은 이미 알고 있지요? 수학에서는 이를 중요한 법칙으로 다룹니다. 우리는 이를 교환법칙이라고 말합니다."라고 설명을 해 주

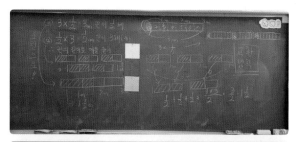

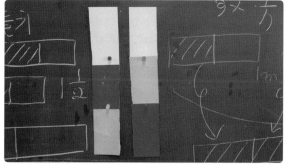

2015년 5월 분수의 곱셈 2~3차시 수업 3×$\frac{1}{3}$의 의미 설명하기 판서

었다. 그랬더니 몇 명의 아이들이 "아, 교환법칙이요. 들어 보았어요."라고 말을 하였다. 이어서 3×$\frac{2}{7}$를 그림으로 해결해 보라고 하였더니 이제는 제법 쉽게 표현하였다. 아무나 지명을 하여 그려 보라고 하였더니 단번에 아래와 같이 정확히 표현하였다.

							1m
							1m
							1m

"그래요. 그렇게 하는 것이 맞습니다. 그런데 이를 과정이 잘 나타나도록 식으로 표현하면 어떻게 될까요?"라고 질문하고 모둠토론을 해 보라고 하였다. 그랬더니 역시 꽤 많은 시간을 보내면서 열띤 논의를 하였다. 충분한 시간을 가진 후에 한 명을 지명하려고 했더니 한 아이가 "제가 해 보면 안 될까요?"라고 자신 있게 손을 들었다. 그래서 해 보도록 기회를 주었다. 그랬더니 3×$\frac{2}{7}$=$\frac{3×2}{7}$=$\frac{6}{7}$이라고 쓰고 들어갔다. 그래서 다시 질문하였다. "수고하였습니다. 일단 해결은 되었습니다. 이렇게 하면 과정이 잘 드러났다고 할 수 있을까요?" 하자 한 아동이 "아닙니다. 보충할 것이 있습니다."라고 하여서 보충할 기회를 주었다. 그랬더니 3×$\frac{2}{7}$=$\frac{2}{7}$+$\frac{2}{7}$+$\frac{2}{7}$=$\frac{3×2}{7}$=$\frac{6}{7}$이라고 수정하였다. 그러자 몇 명의 아이들이 "아, 그렇구나." 하였다. 그래서 "이렇게 하면 다 된 것이지요?" 하였더니 한 명이 "아닌데요. 더 보충할 것이 있어요."하였다. 나도 내심으로는 누군가 보충할 것이 있다고 말하기를 기대하였다. "그래, 그러면 보충해 보렴." 하고 기회를 주자 그 아동은 3×$\frac{2}{7}$=1×$\frac{2}{7}$+1×$\frac{2}{7}$+1×$\frac{2}{7}$=$\frac{3×2}{7}$=$\frac{6}{7}$이라고 수정하였다. "더 보충할 것이 있나요?" 했더니 더 이상은 나서는 아이가 없었다. 여기까지 수정한 것만으로도 나는 꽤 만족스러웠다. 그래서 나는 약간의 과정을 더 세밀하게 풀어서 아이들에게 설명해 주었다.

몇 명의 아이들은 "선생님, 어렵네요."라고 하였고, 몇 명의 아이들은 "꼭 이렇게 해야만 제대로 하는 것이라 할 수 있나요?"라고 하는 아이도 있었다. "꼭 이렇게 해야만 한다는 것은 아닙니다. 다만 왜 3×$\frac{2}{7}$가 $\frac{3×2}{7}$로 되는지를 설명할 수 있다면 그걸로 충분한 것이고, 이를 위해서는 결국 1×$\frac{2}{7}$+1×$\frac{2}{7}$+1×$\frac{2}{7}$=$\frac{2+2+2}{7}$라는 과정(그림으로 알아본 것과 같은 내용의 식)은 꼭

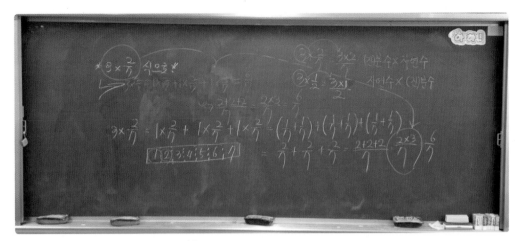

2015년 5월 분수의 곱셈 2~3차시 수업 $3\times\frac{2}{7}$를 식으로 해결하기 판서

필요한 것입니다." 하고 설명해 주었다. 그러자 이제는 어느 정도 알 것 같다는 표정을 지어 보였다. 이를 통해 (자연수)×(진분수)를 종합적으로 정리해 보면서 마지막 미션 과제를 모둠토론으로 제시하였다.

10분 정도 시간이 남아 5분 정도 모둠토론 활동을 지켜보았더니 해결될 기미가 보이지 않았다. 그래서 잠시 고민을 하였다. 더 시간을 주고 힌트를 주면서 나머지 시간을 보내고 발표는 다음 시간으로 미룰까 하다가 그냥 내가 설명을 해 주는 것으로 결정을 내리고 모둠토론을 끝내었다. 예상한 바와 같이 아이들은 자연수를 곱했을 때 결과는 처음 수보다 커지고 분수를 곱했을 때는 처음 수보다 작아진다는 것은 알겠는데 설명은 하지 못

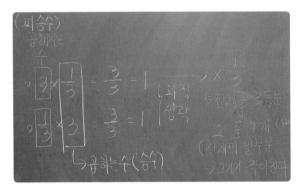

2015년 5월 분수의 곱셈 2~3차시 미션 과제 설명 과정 판서

하였다. 자신 있게 한 아이가 설명을 해 보겠다고 하였지만 "자연수는 1보다 큰 수이기 때문에 곱하면 커지고 분수는 1보다 작은 수이기 때문에 곱하면 작아지기 때문입니다."라고 하여 아쉬웠다. 더 이상의 보충 설명은 나오지 않았다. 모둠토론 시간이 충분하였고 힌트를 주었다면 정확한 설명이 나왔을 가능성도 충분히 있었을 것이라는 생각도 들었다. 그래서 '시간에 쫓겨 괜히 이렇게 하였구나. 차라리 단원의 끝 차시로 보내 충분한 모둠토론 시간을 가져볼걸!'하고 속으로 아쉬워하였다. 결국 최종 설명은 내가 아이들에게 해 주면서 마무리되었다. '자연수만큼의 배' 개념보다는 '분수만큼의 배' 개념을 아이들은 어려워한다는 것을 다시 한 번 깨닫게 되었다. 하지만 이후의 과정을 통해 아이들은 분명히 서서히 깨달아 나갈 것이라 나는 분명히 믿는다. 이후 과정 속에서 '분수만큼의 배' 개념들이 지속적으로 나오니까 꾸준히 반복하다 보면 충분히 설명할 수 있게 될 것이기 때문이다. 비록 힘들었지만 복잡하고 다양한 활동을 통해 아이들 스스로 자신의 시도들을 논리적으로 설명하는 과정을 통해 분수 곱셈 알고리즘의 의미를 생각하고 이해하려는 노력으로 연결 지을 수 있었다는 것, 수학 교육의 본질인 지적 탐구 세계로의 여행을 도와줄 수 있었다는 것만으로도 나는 오늘 수업의 의미를 크게 두고 싶다. 오늘 아이들은 많은 시간 동안 모둠토론을 하고 생각하는 과정을 거치느라 수고를 하였다. 그래서 다음 수업이 체육 시간이라 머리도 풀어 줄 겸 자유 체육 시간을 선물로 안겨 주었다.

(단위분수)×(단위분수)의 이해

교사 ▶ 오늘은 $\frac{1}{3}\times\frac{1}{4}$을 통해 (단위분수)×(단위분수)에 대하여 알아보도록 하겠습니다. 우선 $\frac{1}{3}\times\frac{1}{4}$은 무슨 뜻인지 알아보도록 합시다. 이것은 어떤 의미인가요?

아이들 ▶ $\frac{1}{3}\times\frac{1}{4}$은 $\frac{1}{3}$을 $\frac{1}{4}$배 하였다는 뜻입니다. $\frac{1}{3}$을 다시 4등분한 것 중 1조각이라는 뜻입니다.(이런 설명이 나올 때까지 아이들 간의 연결 짓기를 계속 시도한다.)

교사 ▶ 좋아요. 지난 시간까지 공부했던 분수곱셈의 원리를 떠올려 봅시다.

$3\times\frac{1}{4}$을 색종이로 잘라서 알아본 사례 : $3\times\frac{1}{4}=\frac{1+1+1}{4}=\frac{1\times3}{4}=\frac{3}{4}$

이 분수곱셈의 원리에 따라 $\frac{1}{3}\times\frac{1}{4}$을 그림으로 해결해 보도록 합시다. 각자 $\frac{1}{3}\times\frac{1}{4}$을 모둠칠판에 그림으로 해결해 봅니다.

아이들 ▶ (잠시 시간을 가지면서 모둠칠판에 자기 생각을 그림으로 표현한다. 도움이 필요한 사람은 모둠원들에게 도움을 구한다.)

교사 ▶ 각자 해결한 것을 들어 보여 주세요. 하나, 둘, 셋!!

아이들 ▶ 짠~짠~짜~~~잔!(각자 모둠칠판을 들어 보인다.)

교사 ▶ 좋습니다. 다들 잘 표현하였습니다. ○○모둠의 ○○○가 왜 그렇게 표현하였는지 설명을 해 보도록 합니다.

아이들 ▶ $\frac{1}{3}$을 표현하면 이렇게 됩니다.

	$\frac{1}{3}$	$\frac{2}{3}$	1

그리고 $\frac{1}{3}$의 $\frac{1}{4}$만큼 표시하면 이렇게 됩니다.

$\frac{1}{3}$의 $\frac{1}{4}$					$\frac{1}{3}$				$\frac{2}{3}$				1

여기에서 전체 1은 12등분이 되어 분모가 12로 바뀝니다. ☐ 12칸 중에 ▨ 1칸은 분수로 얼마인가를 묻는 것으로 답은 $\frac{1}{12}$이 됩니다.(아이들에게서 이런 식의 설명이 나올 수 있도록 교사가 아이들 간의 연결 짓기를 돕는다.)

교사 ▶ 매우 훌륭합니다. 띠 모델로 정확하게 표현해 주었습니다. 정사각형 모델로 표현하면 어떻게 되는지 색종이로 한 번 알아봅시다. 먼저 색종이를 접어 $\frac{1}{3}$만큼 빗금표시를 해 보세요. 그리고 표시된 부분의 $\frac{1}{4}$ 만큼 ○표를 그려 봅니다. 그렇게 하고 나면 ○표가 그려진 곳은 분수로 얼마가 되나요?

아이들 ● $\frac{1}{12}$이 됩니다.

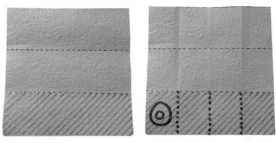

색종이를 $\frac{1}{3} \times \frac{1}{4}$을 표현한 사례(정사각형 모델)

교사 ● 네. 그렇습니다. $\frac{1}{3} \times \frac{1}{4} = \frac{1}{12}$이 되었습니다. 그렇다면 띠 모델 및 정사각형 모델을 통해 알아본 바와 같이 $\frac{1}{3} \times \frac{1}{4} = \frac{1}{12}$이 되는 원리를 식으로 쓴다면 어떻게 될까요? 모둠칠판에 각자 써 봅니다.

아이들 ● (잠시 시간을 가지면서 모둠칠판에 자기 생각을 그림으로 표현한다. 도움이 필요한 사람은 모둠원들에게 도움을 구한다.)

교사 ● 각자 모둠칠판을 들어 보여 주세요. 하나, 둘, 셋!!

아이들 ● 짠~짠~짜~~~잔!(각자 모둠칠판을 들어 보인다.)

교사 ● 맞습니다. $\frac{1}{3} \times \frac{1}{4} = \frac{1 \times 1}{3 \times 4} = \frac{1}{12}$이 됩니다. 여러분이 쓴 식을 바탕으로 (단위분수)×(단위분수)의 원리를 설명한다면 어떻게 말할 수 있을까요? 각자 모둠칠판에 써 봅시다.

아이들 ● (잠시 시간을 가지면서 모둠칠판에 자기 생각을 글로 정리한다. 도움이 필요한 사람은 모둠원들에게 도움을 구한다.)

교사 ● 각자 모둠칠판을 들어 보여 주세요. 하나, 둘, 셋!!

아이들 ● 짠~짠~짜~~~잔!(각자 모둠칠판을 들어 보인다.)

교사 ● 그래요. 분모는 분모끼리, 분자는 분자끼리 곱하면 됩니다. 앞으로 (단위분수)×(단위분수)와 같은 분수의 곱셈을 만나게 되면 어떻게 한다고요?

아이들 ● "당황하지 말고 분모는 분모끼리, 분자는 분자끼리 곱하면 답이 빡! 끝!"

교사 ● 하하하!!!! 좋아요. 그렇게 하면 됩니다. 교과서 ○쪽, ○쪽 질문에 답을 해 보기 바랍니다. ○쪽 활동 2는 다음 시간에 함께 공부해 보도록 하겠으니 빼놓고 하기 바랍니다.

아이들 ● (각자 해결한 뒤 모둠원들과 함께 확인하며 도움을 주고받는다.)

2015년 5월 분수의 곱셈 4차시 수업 $\frac{1}{3}\times\frac{1}{4}$, $\frac{1}{2}\times\frac{1}{3}$을 띠 모델로 표현하기 활동

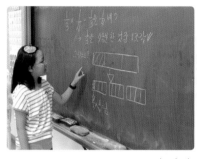

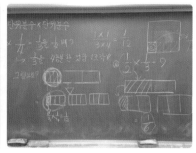

2015년 5월 분수의 곱셈 4차시 수업 $\frac{1}{3}\times\frac{1}{4}$, $\frac{1}{2}\times\frac{1}{3}$ 띠 모델 발표 및 칠판 판서

지난 시간에 공부했던 것을 잠시 되짚어 보고 오늘 공부할 내용인 $\frac{1}{3}\times\frac{1}{4}$을 제시하면서 먼저 이것의 의미를 살펴보는 시간을 가졌다. 생각보다는 '$\frac{1}{3}$을 다시 4등분한 것 중 1조각'이라는 이야기가 늦게 나왔다. 어렵겠다는 생각은 들지만 오늘은 조금 아이들의 반응이 느리다는 생각이 들었다. 기다렸던 답이 나온 관계로 '$\frac{1}{3}\times\frac{1}{4}$은 $\frac{1}{3}$을 다시 4등분한 것 중 1조각'의 의미에 맞게 띠 모델로 모둠칠판에 표현해 보라고 시간을 주었다. 활동하는 것을 돌아보는데 제대로 된 띠 모델을 그리는 아이는 딱 1명밖에 없어서 조금은 아쉬웠다. 개인 간 또는 모둠별로 다양한 이야기가 오고 갔지만 정확한 표현은 아니었다. 그래서 그 아이에게 칠판 앞에 나와서 띠 모델로 표현하고 설명까지 해 보라고 하였다. 제법 설명까지 완벽하게 해냈다. 내가 약간의 보충 설명을 보태고 나서야 아이들은 "아, 그런 것이었구나." 하고 이해를 하였다. 바로 이어서 다른 예시 $\frac{1}{2}\times\frac{1}{3}$을 칠판에 제시하면서 띠 모델에 표현해 보라고 하였다. 그랬더니 별로 시간을 들이지 않고 모둠칠판에 그려 냈다. 이 또한 한 명의 아이에게 앞에 나와 그려

색종이로 알아보는 $\frac{1}{3}\times\frac{1}{4}$

보라고 했는데 제법 잘 해냈다.

이런 과정을 거치면서 어느 정도는 분수 곱셈의 원리가 드러나기 시작했고 아이들은 이를 파악해 내었다. 마지막으로 색종이로 $\frac{1}{3}\times\frac{1}{4}$의 결과가 어떻게 되는지 눈으로 확인해 보는 활동을 해 보았다.

이렇게 띠 모델과 색종이를 통해 $\frac{1}{3}\times\frac{1}{4}$의 의미를 이해하면서 (단위분수)×(단위분수)의 원리를 알아내기에 이르렀다. "$\frac{1}{3}\times\frac{1}{4}=\frac{1}{12}$이 되는데 분모 12는 어떻게 해서 나온 것이지?", "분모끼리 곱해서 나온 것입니다.", "왜 두 수의 분모 3과 4를 곱했을까?", "처음 1을 3등분한 것 가운데 1조각을 다시 4등분하여 1조각을 가져온 것이 되니까 전체 1을 기준으로 볼 때 12등분한 것 중 1조각을 가져온 셈이 되기 때문입니다.", "좋았어요. 그렇다면 (단위분수)×(단위분수)의 계산 원리는 어떻게 된다고 정리할 수 있을까요?", "분모끼리 곱하고 분자끼리 곱하면 됩니다.", "네, 좋습니다. 이럴 때는 당황하지 않고 분모는 분모끼리, 분자는 분자끼리 곱하면 빡, 끝! 이제 남은 시간에는 교과서 문제풀이를 해 보기 바랍니다." 아이들은 어느새 교과서 문제도 빨리 해결하였다. 거의 시간이 딱 맞아떨어졌다. 다음 시간이면 분수 곱셈의 원리에 대한 탐구는 거의 마무리된다. 조금 어려워하는 눈치지만 조작활동 및 눈으로 확인해 보는 작업을 통해 제대로 분수를 개념과 원리 중심으로 공부해 나가고 있는 것 같아서 참 다행이라는 생각이 든다.

5~6차시　(진분수)×(진분수)의 이해

교사 ● 오늘은 $\frac{2}{3} \times \frac{3}{4}$을 통해 (진분수)×(진분수)를 어떻게 계산해야 하는지에 대하여 알아보도록 하겠습니다. 지난 시간에 (단위분수)×(단위분수)는 어떻게 해결하였나요?

아이들 ● 분모는 분모끼리, 분자는 분자끼리 곱하였습니다.

교사 ● 그렇습니다. 오늘 공부할 (진분수)×(진분수)에는 어떤 원리가 들어 있는지 그림으로, 색종이로 함께 알아보도록 합시다. 먼저 정사각형 모델로 표현하면 어떻게 되는지 색종이로 한 번 알아봅시다. 먼저 색종이를 접어 $\frac{2}{3}$만큼 빗금표시를 해 보세요. 그리고 표시된 부분의 $\frac{3}{4}$만큼 ○표를 그려 봅니다. 그렇게 하고 나면 ○표가 그려진 곳은 분수로 얼마가 되나요?

아이들 ● $\frac{6}{12}$이 됩니다.

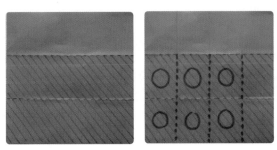

색종이로 $\frac{2}{3} \times \frac{3}{4}$을 표현한 사례(정사각형 모델)

교사 ● 네. $\frac{2}{3} \times \frac{3}{4}$을 정사각형 모델로 알아보았더니 전체 12칸 중 6칸, 즉 $\frac{6}{12}$이 되었네요. 그러면 $\frac{2}{3} \times \frac{3}{4}$을 띠 모델로 알아보도록 합시다. 띠 모델에 그림으로 표현하면 어떻게 되는지 모둠칠판에 각자 그려 보도록 합니다.

아이들 ● (잠시 시간을 가지면서 모둠칠판에 자기 생각을 그림으로 표현한다. 도움이 필요한 사람은 모둠원들에게 도움을 구한다.)

교사 ● 각자 해결한 것을 들어 보여 주세요. 하나, 둘, 셋!!

아이들 ● 짠~짠~짜~~~잔!(각자 모둠칠판을 들어 보인다.)

교사 ● 좋습니다. 다들 잘 표현하였습니다. ○○모둠의 ○○○가 왜 그렇게 표현하였는지 설명을 해 보도록 합니다.

아이들 ● $\frac{2}{3}$를 표현하면 이렇게 됩니다.

			$\frac{1}{3}$			$\frac{2}{3}$				1

그리고 각각의 $\frac{1}{3}$에 $\frac{3}{4}$만큼 표시하면 이렇게 됩니다.

○	○	○	$\frac{1}{3}$	○	○	○	$\frac{2}{3}$			1

$\frac{1}{3}$의 $\frac{3}{4}$　　　　$\frac{1}{3}$의 $\frac{3}{4}$

$\frac{1}{12}$	$\frac{1}{12}$	$\frac{1}{12}$	$\frac{1}{12}$	$\frac{1}{12}$	$\frac{1}{12}$					1

여기에서 전체 1은 12등분이 되어 분모가 12로 바뀝니다. ☐ 12칸 중에 ▨ 6칸은 분수로 얼마인 가를 묻는 것으로 답은 $\frac{6}{12}$이 됩니다.(아이들에게서 이런 식의 설명이 나올 수 있도록 교사가 아이들 간의 연결 짓기를 돕는다.)

교사 ● 매우 훌륭합니다. 띠 모델로 정확하게 표현해 주었습니다. $\frac{2}{3} \times \frac{3}{4} = \frac{6}{12}$이 되었습니다. 그렇다면 띠 모델 및 정사각형 모델을 통해 알아본 바와 같이 $\frac{2}{3} \times \frac{3}{4} = \frac{6}{12}$이 되는 원리를 식으로 쓴다면 어떻게 될까요? 모둠칠판에 각자 써 봅니다.

아이들 ● (잠시 시간을 가지면서 모둠칠판에 자기 생각을 그림으로 표현한다. 도움이 필요한 사람은 모둠원 들에게 도움을 구한다.)

교사 ● 각자 모둠칠판을 들어 보여 주세요. 하나, 둘, 셋!!

아이들 ● 짠~짠~짜~~~잔!(각자 모둠칠판을 들어 보인다.)

교사 ● 맞습니다. $\frac{2}{3} \times \frac{3}{4} = \frac{2 \times 3}{3 \times 4} = \frac{6}{12}$이 됩니다. 여러분이 쓴 식을 바탕으로 (단위분수)×(단위분수)의 원 리를 설명한다면 어떻게 말할 수 있을까요? 각자 모둠칠판에 써 봅시다.

아이들 ● (잠시 시간을 가지면서 모둠칠판에 자기 생각을 글로 정리한다. 도움이 필요한 사람은 모둠원들에 게 도움을 구한다.)

교사 ● 각자 모둠칠판을 들어 보여 주세요. 하나, 둘, 셋!!

아이들 ● 짠~짠~짜~~~잔!(각자 모둠칠판을 들어 보인다.)

교사 ● 그래요. 분모는 분모끼리, 분자는 분자끼리 곱하면 됩니다. 앞으로 (진분수)×(진분수)와 같은 분 수의 곱셈을 만나게 되면 어떻게 한다고요?

아이들 ● "당황하지 말고 분모는 분모끼리, 분자는 분자끼리 곱하면 답이 빡! 끝!"

교사 ● 하하하!!!! 좋아요. 그렇게 하면 됩니다. 이로써 분수 곱셈의 원리가 완성되었습니다. 지금까지 알 아본 모든 분수 곱셈의 원리는 결국 하나였습니다. 그것은 무엇인가요?

아이들 ● "분모는 분모끼리, 분자는 분자끼리 곱한다."입니다.

교사 ● 네. 그렇습니다. 이제 마지막으로 분수 곱셈에서 한 가지 더 짚고 넘어가야 할 것이 있어서 함께 알아보도록 하겠습니다. $\frac{3}{4}$과 $\frac{3}{4} \times \frac{1}{2}$ 중에서 어느 것이 더 큰지, 그리고 그 이유는 무엇인지를 설명할 수 있어 야 합니다. 띠 모델을 통해 설명할 수 있도록 해 봅시다. 지금부터 어떻게 설명해야 할지 각자 생각해 보고 모둠원들과 함께 의견을 나누어 보도록 합니다. 모둠칠판을 활용합니다.

아이들 ● (잠시 시간을 가지면서 모둠칠판에 자기 생각을 그림으로 표현한 후 모둠원들과 자신의 생각을 교환하면서 문제를 해결해 나간다.)

교사 ● 자, 모두 해결하였지요? ○○모둠의 ○○○가 설명해 보도록 하겠습니다. 칠판에 띠 모델을 이용하 여 설명해 보세요.

아이들 ● $\frac{3}{4}$을 띠 모델에 표현하면 이렇게 됩니다.

$\frac{1}{4}$	$\frac{2}{4}$	$\frac{3}{4}$	1

$\frac{3}{4} \times \frac{1}{2}$은 각각의 $\frac{1}{4}$에 $\frac{1}{2}$씩 표현하면 이렇게 됩니다.

$\frac{1}{4}$의 $\frac{1}{2}$	$\frac{1}{4}$	$\frac{1}{4}$의 $\frac{1}{2}$	$\frac{2}{4}$	$\frac{1}{4}$의 $\frac{1}{2}$	$\frac{3}{4}$	1

$\frac{1}{8}$	$\frac{1}{8}$	$\frac{1}{8}$				1

여기에서 전체 1은 8등분이 되어 분모가 8로 바뀝니다. ☐ 8칸 중에 ▨ 3칸은 분수로 $\frac{3}{8}$이 됩니다. 이렇게 놓고 $\frac{3}{4}$과 $\frac{3}{4} \times \frac{1}{2} = \frac{3}{8}$의 크기를 비교하면 $\frac{3}{4}$이 더 크다는 사실을 알 수 있습니다. 그 이유는 $\frac{3}{4} \times \frac{1}{2}$은 $\frac{3}{4}$을 2로 나눈 것 중 1묶음이라는 뜻이기 때문입니다. 곱하는 수가 진분수라면 (진분수)×(진분수)는 항상 곱해지는 수보다 결과가 작아진다는 것을 우리는 알 수 있습니다.(이와 같은 설명이 이루어질 수 있도록 교사는 아이들 간의 연결 짓기를 돕는다.)

교사 ● 네, 아주 훌륭한 설명이었습니다. 이제 (진분수)×(진분수)의 상황을 통해 곱하는 수가 진분수일 때 결과는 곱해지는 수인 처음의 진분수보다 왜 작아지는지 잘 이해하였지요? 이제 각자 교과서 ○쪽의 활동 2, ○~○쪽을 해결해 보도록 합니다. ○쪽의 활동 2는 하지 않습니다. 이 부분은 나중에 한꺼번에 다루도록 할 것입니다.

아이들 ● (각자 해결한 뒤 모둠원들과 함께 확인하며 도움을 주고받는다.)

5~6차시 수업 소감

사실상 분수 곱셈의 알고리즘을 완성하는 단계의 수업이라서 좀 더 확실하게 원리에 대한 설명을 할 수 있도록 2시간을 할애하여 다루고자 하였다. 시작하면서 지난 시간에 공부했던 (진분수)×(진분수)끼리의 핵심을 다시 한 번 되짚어 보았다. 특히 왜 분모끼리 곱하게 되었는지에 대하여 다시 한 번 강조하고 확인하였다. 이를 바탕으로 $\frac{2}{3} \times \frac{3}{4}$을 제시하면서 본격적인 탐구 활동에 들어갔다. 우선 색종이를 나누어 주고 $\frac{2}{3}$를 표시해 보라고 하였다. 그 이후에 다시 표시된 $\frac{2}{3}$의 $\frac{3}{4}$만큼에 ◎표시를 해 보라고 하였다. 이제 아이들은 제법 의미에 맞게 띠 모델 또는 색종이를 활용한 조작활동을 할 줄 안다. 다행이다. 표시한 이후에 ◎표시된 만큼은 전체 색종이의 얼마큼에 해당되는지 물었다. $\frac{6}{12}$이라는 답변이 나왔다. 그래서 같은 결과가 나오는지 띠 모델을 통해 한 번 더 알아보자고 하였다. 아이들에게 모둠칠판과 보드마카를 나누어 주고 $\frac{2}{3} \times \frac{3}{4}$을 띠 모델로 표현해 보도록 하면서 모둠원들과 표현한 것들에 대하여 어떤 것이 정확한 것인지 논의해 보라고 하였다. 대체로 띠 모델에 잘 표시는 하였다. 아이들 가운데 한 명을 지명하여 칠판에 띠 모델로 표현해 보라고 하였다. 이제 필

자의 반 아이들은 여기까지 큰 무리 없이 해낼 줄 안다. 그러나 자신들이 표현해 놓은 것에 대한 설명은 아직까지 제대로 하기에는 무리가 따르는 것 같다.

색종이 및 띠 모델을 통해 $\frac{6}{12}$을 확인하였고 12라는 수는 분모끼리의 곱, 6은 분자끼리의 곱을 통해 나온 것까지 아이들은 알아내었다. 이제 분수 곱셈의 원리는 완성되었다. 하지만 왜 $\frac{2}{3} \times \frac{3}{4} = \frac{2 \times 3}{3 \times 4}$이어야 하는지(왜 분모는 3과 4를 곱해야 하고 분자는 2와 3을 곱해야 하는지)에 대하여 명확히 설명하는 것은 특히 더 어려워한다. 문제를 풀 줄 알지만 제대로 설명할 수 없다면 그것은 정확히 알고 있는 것이라 할 수 없다는 필자의 생각은 분명하다. 물론 몇 명의 아이들은 제대로 설명할 줄 안다. 모든 아이들이 설명하기까지는 더 시간이 걸릴 뿐만 아니라 그것까지는 필자의 욕심일 것이라는 생각도 든다. 3학년에서 분수를 시작할 때부터 제대로 배워 왔다면 지금은 좀 더 나았을 것이라는 생각도 해 본다. 물론 이제서라도 이만큼까지 아이들이 알게 되었다는 것 또한 다행이라고 스스로 위로도 해 본다. 아무튼 천천히 띠 모델을 통해 아이들은 처음 1에서 $\frac{2}{3}$를 표현하면서 3등

2015년 5월 분수의 곱셈 5~6차시 $\frac{2}{3} \times \frac{3}{4}$의 색종이 표현, 띠 모델 그리기 및 발표

분하고 2개를 선택했다는 것 그리고 다시 $\frac{3}{4}$배를 하는 과정에서 각각의 $\frac{1}{3}$마다 다시 4등분한 후 3개를 선택하면 된다는 것을 알아 가게 되었다. 각각의 $\frac{1}{3}$을 다시 4등분하였으니 전체 1을 기준으로 본다면 12등분이 된 것이고 12라는 분모는 3등분의 3과 4등분의 4를 곱해서 나온 수라는 것을 알게 되었고, 각각의 $\frac{1}{3}$을 4등분한 후 3개를 선택하였다는 의미이기 때문에 1개의 $\frac{1}{3}$에서 $\frac{1}{4}$은 3개가 나오고, 이런 $\frac{1}{3}$이 2개 있으니 분자 6은 2와 3을 곱해서 나온 수라는 것을 알게 되었다. 여기까지 알아 가는 데 40분이라는 시간이 다 사용되었다. 이후에는 이것을 좀 더 확고하게 다지는 시간을 가져 보고자 하였다. 본래 계획은 80분이었지만 시간 계획상 40분씩 따로 수업을 진행하게 되어서 남은 부분은 다음 시간으로 넘겼다.

다음 날 수학 시간에 바로 이전 시간에 공부했던 내용을 한 번 더 되짚어 보는 차원에서 $\frac{2}{4} \times \frac{3}{5}$을 아이들에게 제시하고 띠 모델을 이용하여 해결하고 왜 $\frac{2 \times 3}{4 \times 5}$이 되는지를 설명하라고 하

였다. 오늘은 어제보다 조금 나아 보였다. 분수 곱셈의 원리인 분모끼리, 분자끼리 곱한다는 사실은 완전히 깨달았고 그 과정을 설명하는 데 있어서도 오늘 수업 시간을 통해 좀 더 확실하게 알아 갈 수 있게 된 시간이었다고 느껴진다. $\frac{2 \times 3}{4 \times 5}$을 하면서 왜 분모가 20이 되는지(전체 1을 4등분 한 뒤 각각의 $\frac{1}{4}$을 다시 5등분하였기 때문에 전체는 $4 \times 5 = 20$이 된다.), 왜 분자가 6이 되는지(전체 1을 4등분한 것 중 2개에 대하여 각각의 $\frac{1}{4}$을 다시 5등분한 후 3개를 선택한 것이 되므로 결국 $2 \times \frac{1}{20}$ 3개=6이 된다.)를 한 번 더 확인하면서 아이들은 어제보다 이해의 깊이를 좀 더 확실히 더해 갔다.

마지막으로 $\frac{2}{4}$와 $\frac{2}{4} \times \frac{1}{2}$ 중 어느 것이 더 크고 왜 그런 결과가 나오는지 생각해 보는 시간을 가졌다. 모둠원들과 함께 생각해 보는 시간을 가진 뒤 무작위로 한 명을 지명하여 칠판 앞에 나와 띠 모델을 이용하여 설명해 보라고 하였다.

아래의 오른쪽 사진에서 보는 바와 같이 아주 깔끔하게 띠 모

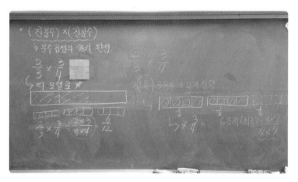

2015년 5월 분수의 곱셈 5~6차시 칠판 판서 및 발표 결과

델로 표현하고 설명을 해 주었다. 발표를 듣고 관찰한 나머지 아이들도 더 이상 보탤 이야기가 없다고 할 정도로 한 번에 정리해 주었다.("곱하는 수가 진분수이면 곱해지는 수를 곱하는 수의 분모만큼 똑같이 나눈 후 분자의 수만큼 선택한 것이기 때문에 처음 크기의 일부분만 선택한 것과 같은 결과가 됩니다. 결국 크기는 처음 수보다 작아질 수밖에 없습니다.") 발표를 들으면서 나는 내심 매우 흡족한 마음을 가졌다. 그리고 아이들에게 이렇게 말해 주었다. "이제 여러분은 분수에 대한 자신의 실력이 한층 더 높아졌다고 생각해도 될 것 같습니다. 앞으로도 꾸준히 자신의 실력을 쌓아 나가기 바랍니다." 이렇게 마무리하고 나니 시간이 약 10분 정도가 남았다. 남은 시간은 교과서 문제풀이 시간으로 활용할 수 있도록 안내하면서 분수 곱셈의 기본 원리를 알아보는 모든 활동을 마무리하였다.

7차시 (대분수)×(자연수)의 이해

교사 ● 오늘은 (대분수)×(자연수)에 대하여 공부해 보도록 하겠습니다. 먼저 대분수란 무엇인가요?

아이들 ● 큰 분수입니다. 진분수 옆에 자연수가 붙어 있는 분수입니다. 자연수와 진분수의 합으로 이루어진 분수를 말합니다.(다양한 이야기가 나온다.)

교사 ● 네, 대분수란 자연수와 진분수의 합으로 이루어진 분수를 말합니다. 대분수의 '대'는 '큰 대(大)'가 아니라 '띠 대(帶)'입니다. 진분수 옆에 자연수를 띠처럼 두르고 있다는 의미입니다. 예를 들어 $1\frac{1}{5}=1+\frac{1}{5}$과 같이 '자연수＋진분수 → 자연수와 진분수의 합'으로 볼 수 있다는 말입니다.

아이들 ● 아, 그렇군요. 이제야 대분수의 뜻을 확실하게 이해하였습니다.

교사 ● 그렇다면 $1\frac{1}{5}$에 3배, 즉 $1\frac{1}{5}\times3$은 어떤 의미일까요?

아이들 ● $1\frac{1}{5}$이 3개 있는 것입니다. $1\frac{1}{5}$을 3번 더한 것입니다. $1\frac{1}{5}$을 3배 한 것입니다. $1\frac{1}{5}+1\frac{1}{5}+1\frac{1}{5}$입니다.

교사 ● 좋아요. 오늘 공부할 내용과 관련하여 질문 한 가지를 더 하겠습니다.

질문 어머니께서 시장에서 사과 3개와 배 2개를 사 오셨습니다. 그런데 아버지께서 저녁에 들어오실 때 어머니께서 사 오신 것의 2배를 사오셨습니다. 아버지께서 사 오신 과일의 개수는 모두 몇 개인가요?

이 질문에 대한 답을 구하기 위해 이렇게 식으로 나타내면 될까요? 맞는지 또는 틀리는지 그리고 왜 그렇게 생각하는지를 모둠칠판에 적어 보도록 하겠습니다.

$$3(사과)+2(배)\times2$$

아이들 ● (잠시 시간을 가지면서 모둠칠판에 자기 생각을 글로 정리한다. 도움이 필요한 사람은 모둠원들에게 도움을 구한다.)

교사 ● 각자 모둠칠판을 들어 보여 주세요. 하나, 둘, 셋!!

아이들 ● 짠~짠~짜~~~잔!(각자 모둠칠판을 들어 보인다.)

교사 ● 훌륭합니다. 식 '3(사과)＋2(배)×2'는 '배만 2배' 한 셈이 되는 것이지요. 그렇다면 식을 바르게 고쳐 쓴다면 어떻게 될까요? 다시 한 번 모둠칠판에 고쳐 써 봅시다.

아이들	(모둠칠판에 식을 고쳐서 쓴다. 도움이 필요한 사람은 모둠원들에게 도움을 구한다.)
교사	각자 모둠칠판을 들어 보여 주세요. 하나, 둘, 셋!!
아이들	짠~짠~짜~~~잔!(각자 모둠칠판을 들어 보인다.)

교사 ● 네, 좋아요. 모두 잘해 주었습니다. '$(3+2)\times2$' 또는 $(3\times2)+(2\times2)$가 되어야겠지요. 그렇다면 $(3+2)\times2$가 어떻게 $(3\times2)+(2\times2)$가 되었을까요? ○○○가 설명해 보도록 합니다.

아이들 ● 사과도 2배, 배도 2배가 되어야 하니 괄호 안의 수 3에 2를 곱하고, 2에 2를 곱한 뒤 두 수를 더해 주어야 하는 것입니다. 그래서 $(3\times2)+(2\times2)$가 됩니다.(이런 설명이 나올 수 있도록 아이들 간의 연결 짓기를 돕는다.)

교사 ● 좋아요. 정확한 설명이었습니다. 이런 과정을 정리하면 이렇게 됩니다.

그리고 우리는 이를 '분배법칙'이라고 이름을 부릅니다. 함께 3번만 외쳐 봅시다.

도형으로 분배법칙 이해하기 사례

아이들 ● 분배법칙, 분배법칙, 분배법칙!!

교사 ● 네, 좋아요. 그렇다면 $1\frac{1}{5}$은 $1+\frac{1}{5}$이니까 $1\frac{1}{5}\times3$을 분배법칙에 의해 다시 표현하면 식으로 어떻게 될까요? 모둠칠판에 써서 들어 봅시다.(잠시 뒤에) 하나 둘 셋!!

아이들 ● (잠시 모둠칠판에 기록할 시간을 가진 뒤 쓴 내용을 모두 들어 보인다.) 짠~짠~짜~~~잔!!! $(1+\frac{1}{5})\times3=(1\times3)+(\frac{1}{5}\times3)$이 됩니다.

함께 ● 네, 맞습니다. 그렇다면 이 과정을 띠 모델을 통해 눈으로 확인해 보도록 하겠습니다.(개별활동으로 모둠칠판에 직접 그려 보도록 한다. 잘 안 되는 사람은 모둠원에게 도움을 주고받도록 한다. 단계별로 '개인 활동 → 모둠칠판 들어 보이기'를 반복한다. 또는 전체 활동으로 칠판을 이용하여 호명된 아이들이 직접 그림을 그려 보도록 하면서 함께 생각하고 확인해 보도록 한다.)

교사의 질문	아동의 활동
$1\frac{1}{5}=1+\frac{1}{5}$ 을 띠 모델로 표현해 본다면?	
$(1+\frac{1}{5})\times 3=(1\times 3)+(\frac{1}{5}\times 3)$ 을 띠 모델로 표현해 본다면?	
자연수 부분과 진분수 부분으로 나누어 정리해 본다면?	
최종 결과는?	$3+\frac{3}{5}=3\frac{3}{5}$입니다.

교사 ● 네, 좋습니다. 이것이 바로 분배법칙을 활용한 (대분수)×(자연수)의 계산 원리입니다. 잘 이해하였지요? 그런데 (대분수)×(자연수)는 대분수를 가분수로 바꾸어 계산하는 방법도 있답니다. 그것은 수식으로 알아보도록 하지요. $1\frac{1}{5}\times 3$에서 $1\frac{1}{5}$을 가분수로 고치면 $\frac{6}{5}$이 됩니다. $1\frac{1}{5}\times 3=\frac{6}{5}\times 3$이 된다는 것이지요. 이후에는 앞에서 공부했던 (진분수)×(자연수)와 같은 원리가 적용됩니다. 수식으로 정리하면 어떻게 될까요?

아이들 ● $\frac{6}{5}\times 3=\frac{6}{5}+\frac{6}{5}+\frac{6}{5}=\frac{6+6+6}{5}=\frac{6\times 3}{5}=\frac{18}{5}$입니다. 대분수로 고치면 $3\frac{3}{5}$이 됩니다.

교사 ● 맞습니다. 그러면 각자 교과서 ○~○쪽을 해결해 보도록 합니다. ○쪽의 활동 2는 하지 않습니다. 이 부분은 나중에 한꺼번에 다루도록 할 것입니다.

아이들 ● (각자 해결한 뒤 모둠원들과 함께 확인하며 도움을 주고받는다.)

7차시 수업 소감

분수 곱셈의 원리 이해를 마무리하고 이를 대분수의 곱셈에까지 확장하는 과정에서 분배법칙이 적용된다는 것을 알고 이를 활용할 수 있도록 돕고자 수업 설계를 해 보았다. 처음 대분수 및 가분수 용어 정리, 대분수는 (자연수+진분수)로 되어 있다는 것을 함께 확인한 후 분배법칙의 이해를 위해 질문을 던지고 '3(사과)+2(배)×2'가 왜 잘못되었는지 알아보는 과정을 통해 분배법칙의 이해를 돕고자 하였다. 모둠원들끼리 자유롭게 토의 토론을 거치기도 하였다. 그런데 생각보다는 이 식이 맞다고 생각하는 아이들이 많았다. 이는 자연수의 사칙연산이 아직 불완전하다는 것을 증명해 주는 것이라 여겨진다. 그래서 아이들 간의

2015년 5월 분수의 곱셈 7차시 분배법칙 관련 모둠 토론하기

2015년 5월 분수의 곱셈 7차시 (대분수×자연수) 분배법칙에 의해 해결하기 장면

연결 짓기를 통해 아이들의 오류를 스스로 수정해 나가도록 하였다. 그래서일까, 여기까지 오는 데 시간이 꽤 많이 걸렸다.

분배법칙을 확인한 이후에는 $1\frac{1}{5}×3$을 제시하고 분배법칙을 활용한 해결 과정을 모둠칠판에 적어 보고 모둠원들과 확인해 보라고 하였다. 분배법칙을 이해하게 되자 $1\frac{1}{5}×3$의 해결은 그리 어렵지 않게 해냈다.

분배법칙에 의해 해결한 내용을 모둠원들과 서로 확인하고 한

명을 지명하여 과정이 잘 나타나도록 칠판에 해결해 보라고 하였다. 비교적 손쉽게 해결하였다. 하지만 분배법칙의 이해를 돕는 활동에 시간이 많이 소요되어 $1\frac{1}{5}×3$을 띠 모델로 확인해 보는 활동은 진행하지 못하였다. 다음 시간은 (자연수)×(대분수)로 오늘 활동과 크게 다르지 않으며 교환법칙에 대하여 이미 학습한 터라서 많은 시간이 걸리지 않을 것이라 생각하여 남은 활동은 뒤로 미루고 활동을 마무리하였다.

2015년 5월 분수의 곱셈 7차시 분배법칙으로 $1\frac{1}{5}×3$ 해결하기 및 칠판 판서

8차시 (자연수)×(대분수)의 이해

교사 ▸ 오늘은 (자연수)×(대분수)에 대하여 공부해 보도록 하겠습니다. 앞에서 곱셈에서는 교환법칙이 적용된다는 것을 공부한 적이 있습니다. 오늘 공부할 내용은 교환법칙과 분배법칙 모두가 적용됩니다. 지난 시간에 (대분수)×(자연수)의 원리에 대하여 알아보았습니다. (대분수)×(자연수)에 교환법칙을 적용하면 바로 오늘 공부할 내용인 (자연수)×(대분수)가 되는 것입니다. 그러니 여러분은 이미 공부한 것과 다름이 없습니다. $2×2\frac{2}{3}$를 통해 (자연수)×(대분수)의 원리를 확인해 보도록 하겠습니다. 먼저 $2×2\frac{2}{3}$의 의미부터 살펴봅시다. 이것은 어떤 의미일까요?

아이들 ▸ 2를 $2\frac{2}{3}$배 한 것입니다. 2를 2배 하고 2의 $\frac{2}{3}$만큼 더한 것입니다. 2를 2번 더한 것에 2의 $\frac{2}{3}$만큼을 더한 것입니다.

교사 ▸ 좋아요. 왜 그런 설명이 가능한지 좀 더 증명해 보도록 합시다. 먼저 $2\frac{2}{3}$를 (자연수＋진분수)로 나

타내면 $(2+\frac{2}{3})$가 됩니다. 따라서 $2\times2\frac{2}{3}=2\times(2+\frac{2}{3})$라는 것을 알 수 있습니다. 여기에 분배법칙을 적용하여 식으로 정리하면 어떻게 될까요? 모둠칠판에 각자 적어 보도록 합니다. 잠시 후에 들어 올려 봅니다. (잠시 뒤에) 하나, 둘, 셋!!

아이들 ● (잠시 모둠칠판에 기록할 시간을 가진 뒤 쓴 내용을 모두 들어 보인다.) 짠~짠~짜~~~잔!!!
$2\times2\frac{2}{3}=2\times(2+\frac{2}{3})=(2\times2)+(2\times\frac{2}{3})=4+\frac{2\times2}{3}=4+\frac{4}{3}=5\frac{1}{3}$이 됩니다.

함께 ● 네, 맞습니다. 이렇게 하고 나면 처음 여러분이 말했던 $2\times2\frac{2}{3}$의 의미가 충분히 설명되었다고 말할 수 있겠지요. 그렇다면 이 과정을 띠 모델을 통해 눈으로 확인해 보도록 하겠습니다.

교사의 질문	아동의 활동
$2\times2\frac{2}{3}=2\times(2+\frac{2}{3})$를 띠 모델로 표현해 본다면?	$2\times(\;\boxed{1}\;\boxed{1}\;+\;\boxed{1}\;)=$ $(2\times\;\boxed{1}\;\boxed{1}\;)+(2\times\;\boxed{1}\;)$
자연수 부분과 진분수 부분으로 나누어 정리해 본다면?	$\boxed{1}$ 4개 $+\;\boxed{1}\;\boxed{1}$
최종 결과는?	$4+\frac{4}{3}=5\frac{1}{3}$입니다.

교사 ● 네. 훌륭합니다. 그러면 중요한 모둠토론 질문 한 가지 해 보도록 하겠습니다. 앞에서 (자연수)×(진분수)를 하면 원래의 자연수보다 크기가 작아진다고 공부한 적이 있었습니다. 그러면 (자연수)×(대분수)를 하면 원래의 자연수보다 크기가 어떻게 변할까요? 그리고 그렇게 되는 이유는 무엇인지 설명해 봅시다. 잠시 시간을 줄 테니 모둠원들끼리 모둠 토론을 시작해 보도록 합니다.

아이들 ● (모둠원들과 토론활동을 하면서 과제를 해결한다.)

교사 ● 토론 결과를 함께 나누어 봅시다. ○○모둠 ○○○가 토론 결과를 발표해 보도록 합시다.

아이들 ● 네. 크기는 원래의 자연수보다 커집니다. 왜냐하면 (자연수)×(대분수)에서 대분수는 (자연수＋진분수)인데 분배법칙을 통해 풀어 보면 (자연수)×(대분수)＝(자연수×자연수)＋(자연수×진분수)가 됩니다. 여기에서 (자연수×자연수)만 살펴보아도 이미 원래의 자연수보다 크기가 커진다는 것을 알 수 있습니다. 그러니 (자연수×진분수)의 결과에 상관없이 (자연수)×(대분수)는 원래의 자연수보다 커진다고 말할 수 있습니다.(이런 설명이 나올 수 있도록 아이들 간의 연결 짓기를 돕는다.)

교사 ● 훌륭한 설명이었습니다. 오늘도 모두 수고 많았습니다. 남은 시간에는 교과서 ○~○쪽을 해결하기 바랍니다. ○쪽의 활동 2는 하지 않습니다. 이 부분은 나중에 한꺼번에 다루도록 할 것입니다.

아이들 ● (각자 해결한 뒤 모둠원들과 함께 확인하며 도움을 주고받는다.)

오늘은 지난 시간에 다루지 못했던 내용인 띠 모델로 (대분수)× (자연수) 해결하기 활동을 시작으로 교환법칙이 적용된 (자연수) ×(대분수) 활동을 본시 활동으로 다루었다. 분배법칙을 바탕으로 수식으로의 해결은 제법 잘되고 있지만 띠 모델로 해결하기 활동으로 들어가면 아직은 시간이 꽤 걸린다. 그래도 제법 띠 모델로 표현을 잘 해내는 아이들도 있고 약간 미흡함이 발견되는 아이들도 있지만 어느 정도 개념을 잡고 표상을 해내는 아이들이 70% 정도는 된다. 나는 이 정도에 충분히 만족한다. 솔직히 100%는 무리라는 생각이 든다. 무작위로 한 아동에게 발표를 부탁했는데 더 이상 설명할 수 없을 만큼 완벽하게 표현하였다.

2015년 6월 분수의 곱셈 8차시 띠 모델을 활용한 $1\frac{1}{5}×3$ 해결하기 및 칠판에 발표하기

2015년 6월 분수의 곱셈 8차시 $2×2\frac{2}{3}$의 협동적 과제 해결 — 수식 및 띠 모델을 활용

이어서 오늘 활동인 $2×2\frac{2}{3}$(자연수 ×대분수)를 제시하고 수식으로 과정이 드러나게 해결하기 활동을 바로 모둠칠판에 해 보라고 안내하였다. 각자 해결하고 모둠원들과 자신들의 활동 결과를 비교해 보면서 도움을 주고받았다. 아직 한 손으로 꼽을 만큼의 아동 몇 명만 조금 힘들어했다. 그래도 모둠원들의 도움을 받아 가며 잘 해결해 나갔다. 모둠칠판을 들어 보게 하여 확인한 뒤에 그것을 띠 모델로 표현해 보라고 하였다. 모둠원들과 협동적으로 의견을 주고받으며 해결하는 데 약 10분 가까이 시간이 흘렀다. 제법 해결을 잘하는 모둠들이 많았다.

이제 아이들은 특별하게 안내를 하지 않아도 자연스럽게 개별적으로 자신의 생각을 표현하고 모둠원들과 도움을 주고받으며 생각들을 나눌 줄 안다. 그리고 그 과정을 통해 자신의 수학적 사고를 넓고 깊게 만들어 나간다. 그래서 아이들은 수학 시간을 과거처럼 크게 부담스럽게 생각하지 않는다. 아주 큰 수확이 아닐 수 없다.

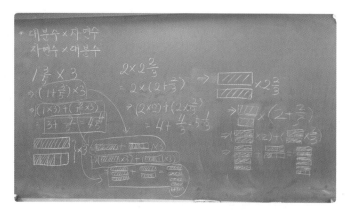

마무리 활동으로 자연수 (자연수)×(대분수)를 하면 원래의 자연수보다 크기가 커지는지 작아지는지를 알아보면서 왜 그런 결과가 나오게 되는지를 모둠토론으로 가져가도록 하였다. 결론을 내리는 데 별로 시간이 많이 걸리지는 않았다. 제법 이번 시간도 잘 마무리되었다. 약간의 남는 시간은 교과서 문제 해결로 활용하였다.

2015년 6월 분수의 곱셈 8차시 판서 및 아동 발표

9차시 　(대분수)×(대분수)의 이해

교사　오늘은 분수 곱셈의 원리를 완성하는 마지막 단계인 (대분수)×(대분수)에 대하여 함께 알아보도록 하겠습니다. 지난 시간까지 분배법칙을 활용한 분수 곱셈 원리의 기초를 알아보았습니다. 오늘은 분배법칙을 활용한 분수 곱셈이 마무리되는 시간입니다. $2\frac{2}{5} \times 1\frac{3}{4}$ 을 통해 정리하도록 하겠습니다. 먼저 분배법칙 적용을 위해 제시된 대분수식을 (자연수＋진분수)×(자연수＋진분수) 형태가 되도록 각자 모둠칠판에 고쳐 써 봅시다. (잠시 시간을 준다. 다 적었다고 생각되면 '하나, 둘, 셋' 신호를 하고 들어 보이도록 한다.)

아이들　(잠시 시간을 가지면서 선생님이 제시한 조건에 따라 식을 고쳐 쓴다.) 짠~짠 짜잔! $(2+\frac{2}{5}) \times (1+\frac{3}{4})$ 입니다.

교사　좋습니다. 그럼 다음 설명을 잘 들어 보기 바랍니다. 여러분이 방금 고쳐 쓴 형태와 같은 모습을 한 분배법칙의 해결 과정입니다.

$$(a+b)(c+d) = \underbrace{ac}_{①} + \underbrace{ad}_{②} + \underbrace{bc}_{③} + \underbrace{bd}_{④}$$

자연수의 예를 통해 알아보도록 하겠습니다. $(3+4) \times (2+3)$ 을 위와 같이 함께 해결해 보도록 합시다. 각자 모둠칠판에 해결해 보세요.

아이들　$(3 \times 2) + (3 \times 3) + (4 \times 2) + (4 \times 3) = 6 + 9 + 8 + 12 = 35$ 입니다.

교사　잘해 주었습니다. 이를 도형으로 알아보도록 하겠습니다. ☐이 1줄에 (3＋4＝7)칸인데 이것이 (2＋3＝5)줄 있다고 생각해 봅니다. 그리고 이것을 그림으로 그려 보도록 하겠습니다. 그리고 여러분이 해결한 식처럼 도형 안에 색을 달리 하여 구분해 보도록 하겠습니다. (3칸×2줄)＋(3칸×3줄)＋(4칸×2줄)＋(4칸×3줄)＝모두 35칸이 됩니다. 눈으로 직접 확인이 되지요? 그러면 이런 과정에 따

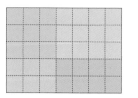

가로 7칸 세로 5줄 도형

라 $(2+\frac{2}{5})\times(1+\frac{3}{4})$을 식으로 정리해 보도록 합시다.

아이들 $(2\times1)+(2\times\frac{3}{4})+(\frac{2}{5}\times1)+(\frac{2}{5}\times\frac{3}{4})=2+\frac{2\times3}{4}+\frac{2\times1}{5}+\frac{2\times3}{5\times4}=2+\frac{6}{4}+\frac{2}{5}+\frac{6}{20}$이 됩니다.

교사 네, 그러면 어떻게 정리하면 될까요? 분모가 다른데?

아이들 통분하면 됩니다.

교사 네, 그렇지요. 통분하여 정리해 봅시다.

아이들 $2+\frac{30}{20}+\frac{8}{20}+\frac{6}{20}=2\frac{44}{20}=4\frac{4}{20}$입니다.

교사 네, 잘해 주었습니다. 이것을 도형으로 알아보면 이렇게 됩니다.

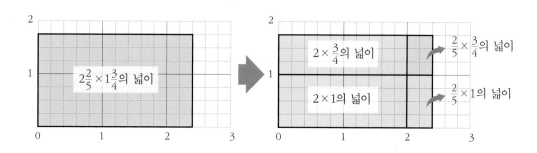

이렇게 도형을 통해 알아보았지만 꼭 이렇게 해결할 필요는 없습니다. 이는 분배법칙이 적용되는 과정을 눈으로 확인하기 위해 필요했던 것입니다. 여러분은 분배법칙으로 해결하는 것을 확실하게 이해하고 이를 바탕으로 (대분수)×(대분수)를 해결해 나가면 됩니다. 자, 지금부터 교과서 문제를 각자 해결해 보기 바랍니다. 반드시 분배법칙 과정이 잘 나타나도록 해결하기 바랍니다.

아이들 (각자 해결한 뒤 모둠원들과 함께 확인하며 도움을 주고받는다.)

9차시 수업 소감

사실상 분수 곱셈의 마지막 이야기라고 할 수 있는 (대분수)×(대분수)에 대하여 자연수를 활용한 분배법칙의 이해로 수업의 시작을 열어 갔다. 이와 함께 왜 그렇게 되는지에 대하여 도형을 활용하여 이해를 도왔다. 하지만 대분수의 곱셈은 굳이 띠 모델

을 활용하여 이해하지 않아도 된다고 판단하여 분배법칙을 활용한 과정에 모든 에너지를 집중하였다.

분배법칙의 설명을 마치고 $2\frac{2}{5}\times1\frac{3}{4}$을 제시하였다. 분배법칙의 적용을 위해 $(2+\frac{2}{5})\times(1+\frac{3}{4})$으로 형태를 바꾸기까지 함께 알

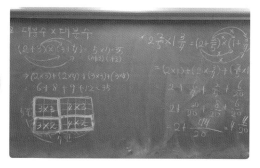

2015년 6월 분수의 곱셈 9차시 대분수 곱셈 분배법칙으로 해결하기 및 칠판 판서

아본 뒤 나머지는 분배법칙에 따라 과정이 잘 나타나도록 해결해 보라고 하였다. 조금 시간이 걸렸지만 대체로 잘 해결하였다. 시간이 걸린 이유는 분배법칙의 적용 및 분모가 달라진 분수의 덧셈을 위해 통분까지 활용해야 하기 때문이었다. 이런 이유로 이 과정을 어렵게 여겨 꽤 많은 시간을 고민하는 아이도 몇 명 있었다. 이 문제의 과정 및 결과를 함께 확인해 본 후 교과서 마무리 질문을 분배법칙에 의하여 해결해 보라고 안내한 뒤 아이

들 하나하나 살펴보았다. 그래도 제법 잘해 주었다. 몇 명의 아이들은 힘들어하면서 모둠원들에게 도움을 요청하기도 했다. 각자 해결한 것을 함께 확인하고 마무리하고 나니 시간이 모두 지나갔다. 다음 시간 초반에 분배법칙을 활용한 대분수끼리의 곱셈을 한 번 더 짚어 보고 남은 내용인 가분수로 해결하기, 약분하기 등에 대하여 살펴보면서 모든 것을 마무리할 계획이다.

10~11차시 세 분수의 곱셈 및 가분수로 고쳐서 계산하기, 약분하여 계산하기

※ 별도로 지도하기보다는 세 분수의 곱셈 사례, 가분수로 고쳐 계산하기 사례, 미리 약분하여 계산하기 사례를 한 가지씩 함께 해결해 보고 각자 편리한 방법으로 해결할 수 있도록 안내한다. 이후에는 교과서 속 과제 중 나중으로 미루었던 질문들을 이 시간에 함께 해결할 수 있도록 개별학습시간을 갖는다. 과제를 정확하게 해결하였는지 모둠원들과 확인도 하고 서로 도움도 주고받는다.

10~11차시 수업 소감

수업 시작 초반에 분배법칙을 활용한 대분수끼리의 곱셈을 한 번 더 짚어 보고 세 분수의 곱셈을 간략히 살펴보았다. 그동안의 활동으로도 이미 세 분수의 곱셈은 우리 반 아이들에게 특별한 활동이 아니었다. 이후에는 그동안 나중으로 미루어 두었던 가분수로 고쳐서 계산하기, 약분하기 등을 함께 짚어 보면서 총정리하는 시간을 약 15분 정도 가졌다. 아이들 입에서 "대분수가 있을 때 가분수로 고쳐서 계산하면 더 쉬울 때도 있어요. 그리고 약분도 미리 하면 더 편리해요."라는 이야기가 나왔다. "그래요. 맞아요. 하지만 수학은 답을 빨리 구하는 것이 목적이 아니랍니다. 왜 그렇게 되는지를 이해하고 설명할 수 있도록 하기 위해 공부하면서 사고력을 키워 나가는 교과랍니다. 그러니 그림으로 표현하여 설명할 수 있어야 한다는 점, 분배법칙이 어떻게 적용되는지 설명할 수 있어야 한다는 점, 분모는 분모끼리 분자는 분자끼리 곱한다는 분수 곱셈의 원리가 어떻게 만들어졌는지를 설명할 수 있어야 한다는 점을 잊지 말아야 합니다." 이렇게 마무리하면서 남은 시간은 교과서 속의 문제를 스스로 해결할 수 있

도록 하였다. 올해 우리 반 스스로 배움공책에는 "수학이 재미있어졌다. 수학이 그렇게 어렵지만은 않다."라는 말을 남기는 아이들이 많아졌다. 그래서일까, 우리 반 아이들의 분수 개념이 정말 많이 발전했다는 것을 느낄 수 있다. 한 학부모에게서도 바로 오늘 이런 문자를 받았다. "○○ 엄마입니다. 아이를 학교에 보내고 EBS 방송을 본 뒤 아이의 수학을 지도하고는 하는데 선생님께서 아이에게 지도하신 내용처럼은 지도하기 어렵네요. 그리고 아이가 선생님께 배운 대로 문제를 해결해야만 제대로 이해하는 것이라 하면서 선생님을 확실히 믿고 따릅니다. 어제 잘 이해하지 못했던 것을 선생님에게 다시 배워서 알아 오라고 했는데 차근차근 다시 알려 주셔서 감사했습니다. 저도 ○○이를 통해 수학을 다시 배우고 있어요. 감사합니다." 학부모님께서도 우리 반 수학 교육에 대하여 믿음을 갖고 계신 것 같아 뿌듯한 마음도 들고 더 열심히 연구하여 수학 수업의 질을 높여야겠다는 각오도 다시 한 번 다지게 된다.

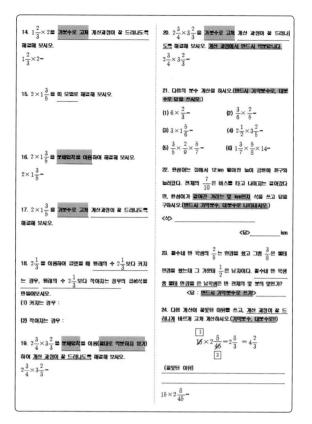

수학 5-1

6. 분수의 곱셈

교과서 172~203쪽

서울연빛초등학교
5학년 친빛반   번
이름:

1. 그림을 보고 □ 안에 알맞은 수를 써넣으시오.

$$\frac{3}{6} \times 3 = \frac{□}{6} + \frac{□}{6} + \frac{□}{6}$$

$$= \frac{3 \times □}{6} = \frac{□}{6}$$

2. $\frac{2}{4} \times 3$을 덧셈식으로 바꾸어 쓰고 위의 1번과 같은 해결 과정이 잘 자타나도록 해결해 보시오.(그림 제외)

3. $\frac{2}{4} \times 3$을 띠 모델로 해결해 보시오.

4. $2 \times \frac{2}{3}$을 띠 모델로 해결해 보시오.

5. $2 \times \frac{2}{3}$의 계산 과정이 잘 드러나도록 해결해 보시오.

$$2 \times \frac{2}{3} =$$

6. $2 \times \frac{2}{3}$의 계산 결과가 곱해지는 수 2보다 작은 이유를 설명해 보시오.

7. $\frac{1}{3} \times \frac{1}{4}$의 계산 과정이 잘 드러나도록 해결해 보시오.

$$\frac{1}{3} \times \frac{1}{4} =$$

8. $\frac{1}{3} \times \frac{1}{4}$을 띠 모델로 해결해 보시오.

9. $\frac{3}{4} \times \frac{2}{3}$을 띠 모델로 해결해 보시오.

10. $\frac{3}{4} \times \frac{2}{3}$을 절대로 약분하지 말고 계산 과정이 잘 드러나도록 해결해 보시오.

$$\frac{3}{4} \times \frac{2}{3} =$$

11. 위의 9번, 10번과 같은 과정을 통해 알 수 있는 분수 곱셈의 원리(분수의 곱셈을 해결하는 방법)는 무엇인지 쓰시오.

12. $1\frac{2}{3} \times 2$을 띠 모델로 해결해 보시오.

13. $1\frac{2}{3} \times 2$을 분배법칙을 이용하여 해결해 보시오.

$$1\frac{2}{3} \times 2 =$$

14. $1\frac{2}{3} \times 2$을 가분수로 고쳐 계산과정이 잘 드러나도록 해결해 보시오.

$$1\frac{2}{3} \times 2 =$$

15. $2 \times 1\frac{3}{5}$을 띠 모델로 해결해 보시오.

16. $2 \times 1\frac{3}{5}$을 분배법칙을 이용하여 해결해 보시오.

$$2 \times 1\frac{3}{5} =$$

17. $2 \times 1\frac{3}{5}$을 가분수로 고쳐 계산 과정이 잘 드러나도록 해결해 보시오.

18. $2\frac{1}{3}$을 이용하여 곱했을 때 원래의 수 $2\frac{1}{3}$보다 커지는 경우, 원래의 수 $2\frac{1}{3}$보다 작아지는 경우의 곱셈식을 만들어보시오.

(1) 커지는 경우 :

(2) 작아지는 경우 :

19. $2\frac{3}{4} \times 3\frac{2}{3}$을 분배법칙을 이용(절대로 약분하지 않기)하여 계산 과정이 잘 드러나도록 해결해 보시오.

$$2\frac{3}{4} \times 3\frac{2}{3} =$$

20. $2\frac{3}{4} \times 3\frac{2}{3}$을 가분수로 고쳐 계산 과정이 잘 드러나도록 해결해 보시오. 계산 과정에서 반드시 약분합니다.

$$2\frac{3}{4} \times 3\frac{2}{3} =$$

21. 다음의 분수 계산을 하시오.(반드시 기약분수로, 대분수로 답을 쓰시오.)

(1) $6 \times \frac{2}{3} =$

(2) $\frac{3}{6} \times \frac{2}{5} =$

(3) $3 \times 1\frac{5}{6} =$

(4) $2\frac{1}{2} \times 3\frac{2}{5} =$

(5) $\frac{3}{5} \times \frac{2}{9} \times \frac{5}{7} =$

(6) $1\frac{3}{7} \times \frac{5}{8} \times 14 =$

22. 윤성이는 집에서 12 km 떨어진 놀이 공원에 친구랑 놀러갔다. 전체의 $\frac{7}{10}$은 버스를 타고 나머지는 걸어갔다면, 윤성이가 걸어간 거리는 몇 km인지 식을 쓰고 답을 구하시오.(반드시 기약분수, 대분수로 나타내시오.)

<식>

<답> _____ km

23. 철수네 반 학생의 $\frac{2}{5}$는 안경을 썼고 그중 $\frac{3}{8}$은 빨대 안경을 썼는데 그 가운데 $\frac{1}{2}$은 남자이다. 철수네 반 학생 중 빨대 안경을 쓴 남학생은 반 전체의 몇 분의 몇인가?

<답 : 반드시 기약분수로 쓰기>

24. 다음 계산이 잘못된 이유를 쓰고, 계산 과정이 잘 드러나게 바르게 고쳐 계산하시오.(기약분수, 대분수로!!)

$$\overset{1}{\underset{3}{\cancel{16}}} \times 2\frac{8}{\underset{}{\cancel{46}}} = 2\frac{8}{3} = 4\frac{2}{3}$$

(잘못된 이유)

$$15 \times 2\frac{8}{46} =$$

제11장

5학년 분수(4) 분수의 나눗셈 1

분수의 나눗셈 알고리즘은 매우 단순하여

굳이 오랜 시간을 할애하여 지도할 만큼의 내용이라 볼 수 없다.

그러나 단순히 기능적으로 계산 절차만 지도하게 된다면

아이들은 왜 그런 결과를 얻게 되었는지에 대하여

이해하지 못하는 결과를 초래할 수밖에 없게 된다.

따라서 알고리즘을 지도하기 전에

(분수÷자연수)가 무엇을 의미하는지를 먼저 이해하게 하고

어떻게 하여 분수÷자연수 = 분수 × $\dfrac{1}{\text{자연수}}$ 이 되는지

알고리즘의 작동 원리를 눈으로 직접 확인하면서

깨달아 나갈 수 있도록 돕는 일이 제일 중요하다고 할 수 있다.

분수의 나눗셈과 관련하여 수많은 교육학 서적들을 살펴보면 실생활 속의 사례나 분수의 나눗셈이 사용되는 빈도는 낮지만 수학적 기식을 다루는 도구로서 분수의 나눗셈이 중요한 역할을 한다고 많은 학자들이 말하고 있다.[*] 그런 분수의 나눗셈에 대하여 아이들이 제대로 이해하고 학습할 수 있도록 돕기 위해서는 현행 교과서로는 어려울 수밖에 없다. 왜냐하면 현재의 교과서 내용 구성은 계산 방법(소위 알고리즘) 안내 위주로 되어 있어서 실제 수업은 계산 방법에 치중한 기능 중심 교육, 문제풀이 위주의 교육으로 흐를 수밖에 없게 된다. 이 과정에서 아이들이 분수 나눗셈의 의미를 이해하고 그 원리를 발견할 수 있을 것이라는 기대는 절대로 할 수가 없다.

　본 단원의 목적은 분수 나눗셈 계산 절차의 의미를 알고 계산 방법을 배워서 주어진 문제 상황을 해결하는 것에 있지 않다는 것이 필자의 생각이다. 본 단원의 목적은 아이들이 분수 나눗셈 상황이 갖는 의미를 이해하고, 분수 나눗셈의 원리를 탐구하여 발견할 수 있도록 하는 데 있다고 생각한다. 그리고 그 과정은 단

---

[*] 분수 곱셈의 역연산으로 연산 기능 과정, 수학적 과학적 자료의 계산에 활용, 정확한 계산이 필요할 때 소수의 나눗셈보다 효과적일 수 있는 경우에 활용, 중학교에서 유리식의 계산을 다룰 때 기초 기능 등이 분수 나눗셈의 역할이라 말할 수 있다.

순히 숫자 계산에 의존하는 것이 아니라 적절한 분수 모형을 활용하여 조작활동을 하고 그 과정에서 아이들이 발견하고 깨달아 나갈 수 있도록 돕는 내용으로 채워져 있어야 한다. 이런 생각을 바탕으로 이와 관련된 내용을 다루기 위해 필자는 다음과 같이 9차시로 교육과정을 재구성하여 실제 수업을 진행하였다.

차시	재구성 이후		수업의 목적
1	실생활과 분수의 나눗셈, 자연수÷자연수	분수의 나눗셈이란?	분수의 나눗셈이 쓰이는 상황 이해, 실생활에 필요함을 느낄 수 있게 하기, 분수의 곱셈과 연결 짓기
2~3		분수의 곱셈과 분수의 나눗셈 연결 짓기 → (자연수)÷(자연수) 계산하기 및 미션 활동	분수의 곱셈(단위분수의 곱)을 통해 (자연수)÷(자연수)＝(자연수)×(자연수)가 된다는 것을 이해하고 설명하기, 띠 모델을 통한 이해, (자연수)÷(자연수) 계산하기, 미션 과제 해결하기(심진[心震]을 일으키는 과제 제시 및 해결하기)
4		3차시까지 활동 종합 정리	분수의 나눗셈에 대한 기본 원리 종합 정리(짝 점검 활동)
5	(진분수)÷(자연수)		(진분수)÷(자연수)를 분수의 곱셈으로 나타내는 방법 및 계산하는 방법을 알게 하기, 이를 통해 (가분수)÷(자연수), (대분수)÷(자연수)를 스스로 해결할 수 있도록 하기, 띠 모델을 통한 이해
6	(가분수)÷(자연수)		
7	(대분수)÷(자연수)		
8	단원 학습 총정리		단원 학습 활동에 대한 총정리－특히 띠 모델을 통한 이해 및 설명에 집중하기
9	단원평가		단원에서 배운 내용을 문제 풀며 정리

위와 같이 재구성한 이유에 대하여 살펴보면 다음과 같다.

교육과정 재구성의 이유와 방향성

문제의식 갖기

01 (분수)÷(자연수) 계산의 핵심은 나눗셈을 곱셈으로 바꾸어 계산하기가 아니다. 지도서의 지도상 유의점 및 단원 배경 지식을 살펴보면 "(분수)÷(자연수) 계산의 핵심은 나눗셈을 곱셈으로 바꾸어 계산할 수 있음을 아는 것, 이때 역수를 곱한다는 표현은 사용하지 않기"라고 되어 있다.* 하지만 나는 이 견해에 다른 생각을 갖는다. 나눗셈을 곱셈으로 바꾸어 계산할 수 있지만 왜 그렇게 바꾸어 계산하는지 설명할 수 없다

---

* 2009 개정 교육과정에 따른 수학과 교사용 지도서 5학년 2학기. 2015. pp. 196~197. 현재의 교사용 지도서를 살펴보면 위와 같이 제시되어 있다. 하지만 교육과정이 바뀌고 교과서가 개편됨에 따라 이런 내용이 어떻게 바뀔지는 지켜볼 일이다. 하지만 바뀔 것이라고는 별로 기대하지는 않는다.

면 그것은 제대로 이해한 것이 아니기 때문이다. 만약 제시된 내용이 목표가 된다면 굳이 세세하게 나누어 9차시까지 지도할 필요가 없다. 2~3차시면 끝낼 수 있다. 왜냐하면 제수의 역수를 구하여 곱해 주면 된다는 사실만 알면 되기 때문이다. 그러나 9차시까지 할애하여 지도하고자 한 이유는 다른 것에 있다고 본다. 필자의 견해로 볼 때 본 단원의 핵심은 '분수의 나눗셈은 왜 제수를 역수로 바꾸어 곱셈을 해야 하는지를 설명할 수 있도록 하는 것'이 되어야 한다. 또한 역수라는 표현을 하지 않는다고 되어 있지만 그리 어려운 개념도 아니라고 본다면 그 표현을 자연스럽게 사용하는 것도 나쁘지 않다고 본다. 고민해 보기 바란다.

02 정확한 원리 이해보다는 문제풀이 중심의 혼란스러운 교과서 내용 구성은 매우 아쉽다는 생각이 든다.

1학기 분수의 곱셈 단원에서와 같은 문제점들이 수정되지 않은 채 문제풀이 중심으로 교과서 내용이 구성되어 있어서 아쉬움이 남는다. 특히 교과서 여기저기에서 직사각형의 넓이 모델을 그대로 도입하는 점이나 1 또는 단위분수 개념을 중요하게 다루지 못하고 있다는 점에서 특히 그러하다.

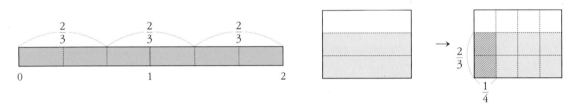

2009 개정 교육과정에 따른 수학과 교사용 지도서 5학년 2학기, 2015, p. 201, 지도 방안 예시

위와 같은 방안을 바탕으로 교과서는 같은 방식의 문제 해결을 제시하고 있다. 그런데 특이한 점은 2차시에서 지도서에 제시된 내용(위의 왼쪽 2÷3 사례)과 교과서에 제시된 내용의 해결 방법이 다르다는 것이다. 교과서 89쪽을 보면 3÷2에 대하여 아래와 같이 제시하고 있다.[*]

$$3 \div 2 = \frac{1}{2} \text{이 } 3\text{개} = \frac{1}{2} \times 3 (\text{또는 } 3 \times \frac{1}{2}) = \frac{3}{2}$$

1학기 분수의 곱셈 지도에서 제안했던 재구성 방안에 의하면 지도서에 제시된 방안보다 교과서에 제시된 방안이 더 바람직하다 할 수 있다. 그리고 이 개념은 이후의 다른 차시에서도 같은 맥락에서 일관성 있게 제시되어야 했으나 그렇지 못하고 넓이 모델을 제시하여 해결하도록 제시하였기에 매우 아쉬움이 남는다. 이에 대한 문제점 및 바람직한 대안에 대해서는 1학기 분수의 곱셈 단원을 다시 한 번 살펴보기 바란다. 이 외에도 띠 모델이나 넓이 모델을 제시하면서 역시나 미리 칸을 다 나누어 주고 아이들에게 색칠 공부하라는 식으로 구성된 문제점은 여전히 수정되지 않고 있다.

---

[*] 교육과정 및 교과서가 개편되면 이와 같은 부분이 어떻게 바뀌어 제시될지 궁금해진다.

01　본 단원은 분수의 나눗셈에서 나누는 수(제수)가 자연수인 경우에 국한된 내용을 다루고 있다.* 이 단원의 핵심은 자연수로 나눌 때 그 자연수를 분모로 하는 단위분수의 곱으로 표현하기(역수)가 목적이 아니라 왜 역수로 바꾸어 곱셈으로 바꾸어 계산하는지를 설명할 수 있도록 하는 일이다.

　　$\square \div 3 = \square \times \frac{1}{3}$로 고쳐서 표현하고 계산하는 일은 지극히 기능적인 면만 강조한 것이며 반복 훈련만으로도 얼마든지 쉽게 목표에 도달할 수 있다. 하지만 왜 그렇게 고쳐서 계산해야 이해하고 설명하는 일은 결코 쉬운 일이 아니다. 본 단원의 목표는 바로 여기에 있다. 그리고 그 해법은 이미 1학기 분수의 곱셈 단원에서 제시한 바 있다. 이를 위해서는 아래와 같은 개념을 아이들이 확실히 이해할 수 있도록 해야 한다.

❶ $\square \div 3 = \square$의 $\frac{1}{3}$배 $= \square \times \frac{1}{3}$과 같다는 점(이의 증명은 아래 그림)

❷ $2 \div 3$의 사례(자연수÷자연수)

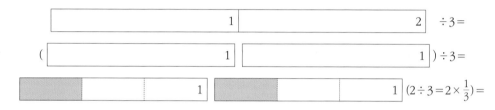

나누는 수 3을 분모로 하는 단위분수의 곱으로 전환된다는 것을 이해하고 설명할 수 있어야 한다.

❸ $\frac{3}{4} \div 2$의 사례(진분수÷자연수)

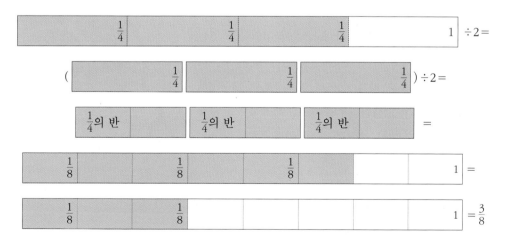

---

* 6학년에서 다루는 분수의 나눗셈은 분수 나눗셈 알고리즘을 완성하는 단계에서 주로 포함제와 관련된 상황을 중심으로 전개되고 있다. 하지만 5학년에서 다루는 분수의 나눗셈은 분수 나눗셈 알고리즘을 발견해 나가는 과정에서 주로 등분제와 관련된 상황을 중심으로 전개되고 있음을 이해하는 일이 필요하다.

→ $\frac{3}{4}$은 $\frac{1}{4}$이 3개 있는 것

→ $\frac{3}{4} \div 2$는 각각의 조각을 2등분한 것 $= \frac{3}{4}$의 $\frac{1}{2} = \frac{3}{4} \times \frac{1}{2} = \frac{1}{8}$이 3개 있는 것

→ $\frac{1}{8} \times 3 = \frac{3}{8}$

→ $\frac{3}{4} \div 2$(2를 분모로 하는 단위분수의 곱으로 전환) $= \frac{3}{4} \times \frac{1}{2}$이 되는 과정의 이해 및 설명이 가능해야 함.(왜 '$\div 2$'가 '$\times \frac{1}{2}$'이 되는지를 설명할 수 있어야 한다.)

❹ $\square \div 3 = \square$를 3등분한 것 $= \square \times \frac{1}{3}$이라는 사실을 이해하기

02 심진(心震)을 일으켜 개념을 명확히 하도록 돕는 일은 매우 유용한 내용의 재구성 방향이 될 수 있다. 앞에서도 꾸준히 강조해 왔지만 문제를 푼다고 해서 그것을 제대로 이해하였다고 할 수는 없는 일이다. 분수의 나눗셈 5학년 과정에서 이러한 문제를 제시하면 아이들은 혼란스러워한다. 이를 통해 개념을 확실히 이해할 수 있도록 돕는 일이 필요하다.

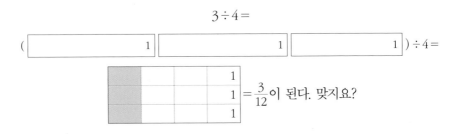

→ 이와 같은 질문을 통해 아이들이 알고 있다고 생각하는 것을 뒤흔들어 놓아 자신이 정확하게 제대로 알고 있지 못했다는 것을 스스로 깨닫게 함으로써 보다 명확한 이해를 도울 수 있다.

03 단원의 핵심을 명확히 하는 일이 최우선이다. 제일 중요한 점은 단순한 연산 능력 향상이 아니라 분수 나눗셈이라는 연산에 대한 '원리 이해를 바탕으로 한 연산 능력 향상'이 되어야 하며, 이 과정을 통해 아이들은 자기 스스로 인지구조를 재구성해 나갈 수 있도록 해야 한다. 교사의 임무는 이를 적극적으로 도울 수 있는 방안을 강구하는 것이 본 단원에서 제일 중요한 과제라 할 수 있다.

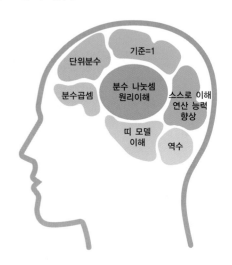

일방적 전달 NO!　　→　　스스로 원리 터득하기 YES!

04　현재 발달 수준(이미 알고 있는 분수 곱셈의 원리:1학기 학습 내용)을 토대로 Scaffolding(재구성된 내용, 또래 아이들, 교사, 핵심질문, 협동학습 등)을 확실하게 세워 아이들이 서로 도움을 주고받으면서 근접 발달 영역(분수 나눗셈의 원리 이해)에까지 도달할 수 있도록 내용을 재구성하도록 한다(학습이 발달을 선도한다는 진리가 그대로 드러날 수 있도록 재구성). 이런 과정을 통해 아이들은 분수 곱셈의 원리를 기반으로 한 분수 나눗셈에 대한 인지구조를 스스로 재구성해 나갈 것이다. 이것이 바로 배움의 과정인 것이다.

5학년 2학기 분수 나눗셈 교육과정 재구성의 핵심 요약

먼저 띠 모델을 통해 '분수의 곱셈＝분수의 나눗셈'이라는 사실, 분수의 나눗셈 과정은 전혀 새로운 내용이 아니라 1학기에 공부한 분수의 곱셈 과정과 다르지 않다는 점을 먼저 이해시키고 띠 모델 조작활동을 통해 '(자연수)÷(자연수)＝분수의 곱셈'이 됨을 설명할 수 있도록 하였다.

둘째, 띠 모델 조작활동을 통해 알게 된 분수 나눗셈의 기본 원리를 바탕으로 나누는 수(제수)가 자연수인 경우의 다양한 분수 나눗셈 사례를 스스로 해결하고 설명할 수 있도록 하고자 하였다. 그 과정에서 수학적 의사소통 및 앎의 나눔과 협동적 배려가 잘 드러날 수 있도록 하였다.

셋째, 이와 같은 재구성을 통해 앞에 제시하였던 문제점을 극복하고 분수 나눗셈의 원리 이해 및 설명, 분수 나눗셈 연산 능력 향상을 꾀할 수 있도록 하였다.

넷째, 전체적인 과정에서 모둠원들끼리 협동적으로 생각을 공유하면서 분수 곱셈 알고리즘을 발견하고 이해할 수 있도록 수업을 디자인해 보았다.

재구성에 반영하지 못한 아쉬운 점

분수를 가장 먼저 사용하였다고 알려진 고대 이집트 사람들은 생산물들을 똑같이 분배하기 위해 분수를 활용하였다고 한다. 그런데 그들의 분수를 사용하는 방법은 오늘날과 매우 달랐다는 것이다. 이집트에서는 단위분수와 $\frac{2}{3}$만을 사용하였다고 알려져 있다. 왜냐하면 생산물들을 나누는 데(분배) 있어서 단위분수만 사용해도 무리가 없기 때문이다. 예를 들자면 다음과 같다.

밭에서 캐낸 커다란 호박 3덩이를 네 명이 똑같이 나누어 가지려 한다고 가정을 하자. 한 덩어리씩 가질 수 없으니 이렇게 나누어 분배할 수밖에 없다.

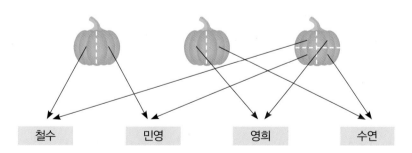

위와 같이 생각한다면 호박 3덩이를 네 사람이 똑같이 나누어 가질 때 한 사람이 갖게 되는 양은 $\frac{1}{2}+\frac{1}{4}$이 된다. 이를 식으로 정리하면 다음과 같다.

$$3 \div 4 = \frac{1}{2} + \frac{1}{4}$$

하지만 오늘날에는 $3 \div 4$를 간단하게 $\frac{3}{4}$으로 나타내고 있다. 몇 개의 사례를 더 살펴보면 아래와 같다.

$$2 \div 5 = \frac{1}{3} + \frac{1}{15} \qquad 2 \div 7 = \frac{1}{4} + \frac{1}{28}$$

이런 내용을 교육과정에 반영하여 1~2차시 정도의 내용으로 수업을 디자인해 보는 것도 매우 의미 있고, 아이들에게 흥미로운 과정이었을 것이라는 생각이 들었다. 이렇게 수업을 해 본 적은 있지만 이번 교육과정 재구성에 직접 반영을 하지 못한 점에서 매우 아쉬운 생각이 든다. 또다시 5학년 아이들을 지도하게 된다면 어떻게 해서라도 수업 시수를 확보하여 꼭 반영시켜야겠다는 다짐을 해 본다. 이 글을 읽는 여러분도 한 번 고민해 보기 바란다.

1~4차시 실생활과 분수의 나눗셈, 자연수÷자연수

수학 첫 시간입니다. 오랜 옛날 조상들의 지혜를 통해 활동을 열어 볼까요?

옛말에 콩 한 조각도 나누어 먹으라는 말이 있지요. 그것은 무슨 뜻일까요? 다 함께 만들어가는 공동체 정신이 아닐까요? 작은 것 하나도 서로 나누고 베풀면서 생활하는 습관을 들이라는 것, 주변에는 나보다 더 어려운 이웃이 필자의 손길을 기다리고 있음을 알라는 것이라 생각됩니다. 여러분도 그런 실천을 해 보시는 것은 어떨까요?

여기에 상우가 빵 한 개를 갖고 있습니다. 늘 베풀며 살라는 부모님 말씀을 기억하며 주변에 있는 세 명의 친구들과 빵을 나누어 먹으려고 합니다. 그러면 한 사람은 얼마씩 먹게 될까요? 색종이를 이용하여 알아봅시다.(모두 4명이 나누어 먹는다는 말)

수업 흐름	교사의 발문
도입	• (자연수÷자연수) 나눗셈이 필요한 상황 제시 : 색종이로 알아보기 – '$1 \div 4$' 상황 = 이것이 가지는 의미, $1 \div 4 = \frac{1}{4}$임을 확인

전개	• 다양한 (자연수÷자연수) 나눗셈 상황 제시 : 각자 활동지에 해결
	    – 등분한 각 칸에 반드시 단위분수 표시를 하도록 안내하기
	    – $1 \div 3$, $1 \div 5$ 등의 상황이 가지는 의미 알아보기
	• 위의 활동과 1학기에 공부했던 분수의 곱셈 상황과 연결 짓기
	    – $1 \div 4 = 1 \times \frac{1}{4}$로 바꿀 수 있음을 설명할 수 있도록 하기
	    → 1을 4등분한 것 가운데 1조각, 1을 $\frac{1}{4}$배 한 것 : 두 가지는 서로 같은 뜻. 따라서 $1 \div 4 = 1 \times \frac{1}{4}$이라 할 수 있다.(서로 바꾸어 쓸 수 있음을 알기)

✔ 문제 상황 1   2÷3은 어떻게 해결할까?(그림으로 해결하기)

• 모둠칠판 활용하기, 혼자 생각 → 모둠 토론 → 발표

$\frac{1}{3}$	$\frac{1}{3}$	$\frac{1}{3}$		$\frac{1}{3}$	$\frac{1}{3}$	$\frac{1}{3}$

　　　　1m　　　　　　　　　1m

• $2÷3=2\times\frac{1}{3}=\frac{2}{3}$ 로 고칠 수 있음을 이해하기(1학기 분수의 곱셈 $2\times\frac{1}{3}$ 을 어떻게 해결했었는지 기억을 떠올리도록 돕기)

✔ 문제 상황 2   3÷5는 어떻게 해결할까?(그림으로 해결하기)

• 모둠칠판 활용하기, 혼자 생각 → 모둠 토론 → 발표

$\frac{1}{5}$	$\frac{1}{5}$	$\frac{1}{5}$	$\frac{1}{5}$	$\frac{1}{5}$
$\frac{1}{5}$	$\frac{1}{5}$	$\frac{1}{5}$	$\frac{1}{5}$	$\frac{1}{5}$
$\frac{1}{5}$	$\frac{1}{5}$	$\frac{1}{5}$	$\frac{1}{5}$	$\frac{1}{5}$

$3÷5=3\times\frac{1}{5}=\frac{3}{5}$ 임을 확인하기

심진(心震)을 일으키는 문제 상황 제시

[1차 기본 활동지]

3L의 오렌지 주스를 4명이 똑같이 나누어 담으려고 한다. 한 명이 몇 L의 오렌지 주스를 먹을 수 있는지 그림으로 그려서 알아보시오.(아래에 그림에 색칠하여 표시하시오.)

※ 4명 : 민영, 은수, 혜정, 다솔
※ 1L들이 오렌지 주스 3개 : 3L(①, ②, ③)

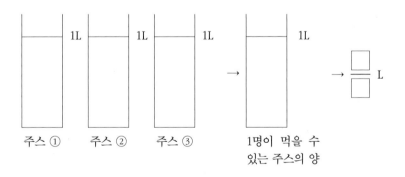

(1) ①번 주스를 먼저 4명에게 똑같이 나누어 주도록 하자.(위의 주스 ①번 그림에 표시하기-4가지 색으로 표시하기 또는 4명의 이름을 넣어 표시하기)

(2) ②번 주스도 4명에게 똑같이 나누어 주도록 하자.(위의 주스 ②번 그림에 표시하기-4가지 색으로 표시하기 또는 4명의 이름을 넣어 표시하기)

(3) ③번 주스도 4명에게 똑같이 나누어 주도록 하자.(위의 주스 ③번 그림에 표시하기-4가지 색

으로 표시하기 또는 4명의 이름을 넣어 표시하기)

(4) ①번과 ②번, ③번 주스 그림을 보고 1명이 먹을 수 있는 주스의 양을 오른쪽 그림에 표시하도록 하자.(색으로 칠하여 표시하기)

(5) 1명이 먹을 수 있는 주스의 양을 분수로 표시하기

(6) 위의 내용을 식으로 정리하고 해결하기

[2차 심화 활동지] 모둠 토론

※ 아래 상우의 설명에 대하여 모둠별로 토론하여 보자. 상우는 활동 1번 문제를 아래와 같이 해결하였다.

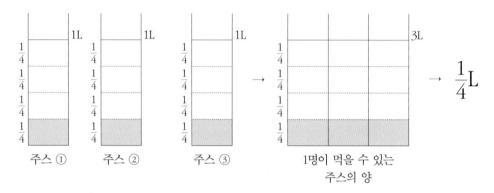

→ 상우의 설명

(1) 주스 ①과 주스 ②, 주스 ③을 합하여 오른쪽 그림과 같이 붙여 놓고 보면 전체 3L를 4등분한 것과 같이 된다.

(2) 전체 3L를 4등분한 후 하나의 덩어리가 1명이 먹을 수 있는 주스의 양이 된다.

(3) 그러므로 결론은 $\frac{1}{4}$이 답이 되어야 하며 $\frac{3}{4}$은 틀린 답이라 할 수 있다.

총정리 4차시에서 지금까지의 활동 과정 총 정리하기 : 짝 점검 활동을 통해 다시 한 번 점검하고 되짚어 보기(활동지 제작 및 배부)

1~4차시 수업 소감

본래의 계획에 따라 간략한 이야기로 시작을 열었다. 이어서 1÷4 상황을 제시하고 '분수의 나눗셈'의 세계로 들어가기 위한 워밍업을 시작하였다. 의미를 생각해 보고 이를 색종이로 표현해 보고 띠 모델로도 표현해 보고.

1시간을 통해 아이들은 1÷4가 1×$\frac{1}{4}$과 같다는 사실, 1÷4를 1×$\frac{1}{4}$로 바꿀 수 있다는 사실 하나를 이해할 수 있도록 도왔고 대체로 잘 이해하였다.(1÷4=1을 4등분한 것 가운데 하나. 1의 $\frac{1}{4}$배)

2차시에는 지난 시간에 알아보았던 내용을 바탕으로 2÷3, 3÷5를 띠 모델로 해결해 보고 각각의 상황이 1학기에 공부했던 분수의 곱셈 상황과 똑같다는 사실을 발견해 내는 수업을 진행해 나갔다. 우선 2÷3을 띠 모델로 모둠칠판에 표현해 보도록 하였다. 1학기에 충분히 활동한 터라서 큰 어려움은 없었다. 그런 뒤에 그 상황을 분수의 곱셈으로 바꾸어 표현해 보게 하였다. 모둠칠판을 활용하여 그림으로 그려 보고 그 그림을 분수의 곱셈으로 바꾸어 표현해 보면서 지난 시간에 공부했던 내용과 다시 연결 짓기를 하였다. 결국 아이들은 이 과정을 통해 2÷3= 2×$\frac{1}{3}$, 3×5=3×$\frac{1}{5}$이 된다는 사실을 이해하기 시작하였다. 그

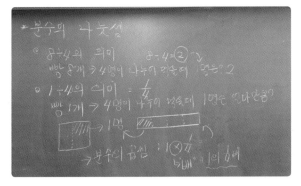
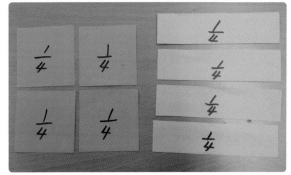

2015년 9월 분수의 나눗셈 단원 도입 1차시 활동 칠판 판서 및 색종이 조작활동물

이후는 1학기에 공부했던 분수의 곱셈 과정과 똑같기 때문에 다른 설명은 필요 없었다.

그렇게 탐구 과정을 마쳤는데 시간이 약 15분 정도 남아서 교과서 내용 해결을 할 수 있도록 안내하였다.

3차시에는 기초적인 문제를 먼저 제시하고 해결하게 한 뒤 그 내용에 대하여 심진(心震)을 일으키는 문제 상황을 제시하고 보다 정확히, 깊이 있게 이해할 수 있도록 돕는 시간을 가졌다.

아이들은 1차 기본 과제를 해결하면서 지금까지 해온 것과 같은 맥락에서 이해하고 해결하였지만 2차 질문지를 받아들면서부터는 고민을 하기 시작했다. 그러나 몇 명의 아이들은 1학기 분수의 덧셈 단원을 시작하기 전 출발점 점검을 해 보는 차원에서 제시했던 질문과 유사하다는 것을 딱 알아채기도 하였다. 그렇게 모둠별로 이 과제를 함께 해결하고 누구를 지목하더라도 설명할 수 있도록 서로 공유하라고 하였다. 충분한 시간이 흐른 뒤 1명을 지목하고 칠판에 그림을 그려 가면서 설명할 수 있도록 하였다. 3명 정도가 차례로 나와 앞사람에게서 부족한 내용들을 조금씩 보충해 가면서 개념을 잡아 나갔다. 하지만 1학기에 했던 그 질문의 영향을 받은 탓인지 자꾸만 아이들은 "물병 이야기-물병에 들어 있는 물이 합쳐지는 것이지 물병까지 합쳐지는 것은 아니다."는 말만 되풀이하였다. 그러던 차에 4번째 보충 발표를 하게 된 아이에게서 매우 중요한 말이 나왔다. 바로 "기준으로서의 1"이 변했기 때문에 '상우'의 해결 방법은 잘못된 것이라는 설명을 하였다. 처음에 기준은 1L였는데 상우가 해결한 결과를 놓고 보면 기준이 3L로 바뀌었기 때문에 잘못된 해결이라는 설명이었다. '옳다구나!' 싶어서 바로 "지금 발표한 ○○의 설명 가운데 다른 사람이 짚어 내지 못한 매우 중요한 것 한 가지가

2015년 9월 분수의 나눗셈 2차시 개인 생각 및 모둠 토론 장면, 칠판 판서 및 발표

2015년 9월 분수의 나눗셈 3차시 모둠 토론 장면 및 발표 장면

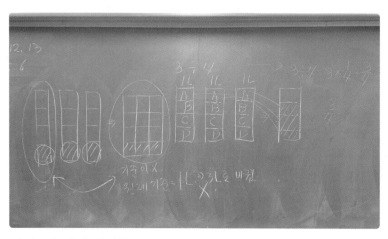

1차 질문 및 2차 질문에 대한 풀이 결과

짝 점검 활동지(분수의 나눗셈 : 자연수÷자연수)

모둠원 1	모둠원 2
1. 2÷3을 띠 모델로 해결해 보시오.	1. 2÷3을 분수의 곱셈으로 바꾸어 해결해 보시오.
2. 3÷5를 분수의 곱셈으로 바꾸어 해결해 보시오.	2. 3÷5를 띠 모델로 해결해 보시오.
3. 4÷5를 띠 모델로 해결해 보시오.	3. 4÷5를 분수의 곱셈으로 바꾸어 해결해 보시오.
4. 3÷2를 분수의 곱셈으로 바꾸어 해결해 보시오.	4. 3÷2를 띠 모델로 해결해 보시오.
5. 5÷3을 띠 모델로 해결해 보시오.	5. 5÷3을 분수의 곱셈으로 바꾸어 해결해 보시오.

4차시 짝 점검 활동지

들어 있다. 그게 무엇인지 잘 들었나요?" 하고 질문하였다. 그랬더니 대체로 아이들이 "기준이 달라졌다는 말이요!"라고 찾아내었다. "그래, 분수에서 기준 1이 흐트러지면 안 됩니다. 이 질문은 여러분이 그것을 제대로 이해하고 있는지 그리고 분수의 나눗셈에서도 이 개념은 매우 중요한 요소로 작용한다는 것을 이해할 수 있도록 돕기 위해 만든 질문이랍니다. 도움이 되었나요?" 아이들은 "아, 그렇구나." 하고 고개를 끄덕였다. 이렇게 하고 나니 40분이 꽉 채워졌다. 오늘 수학 수업도 의미 있는 시간이었다.

4차시에는 이전 시간까지의 원리가 이후의 모든 과정에도 적용된다는 사실을 근거로 하여 좀 더 기초를 다져 보자는 차원에서 짝 점검 활동으로 종합 정리를 해 보았다. 늘 그렇지만 어떤 과정을 진행해도 100% 모든 아이들이 목표에 도달하기는 참으로 힘들다는 생각이 든다. 무엇을 해도 잘 이해하지 못하거나 어려워하는 아이들이 발생한다. 다만 이렇게 할 때가 안 할 때보다 훨씬 낫기 때문에 하는 것이라 여겨진다. 짝 점검 활동 및 칠판에 발표하는 과정을 통해 아직 어려움을 겪고 있는 몇몇의 아이들을 다시 한 번 찾아내었다. 이들을 위한 보완책은 다음 수업을 진행해 나가는 과정을 통해 마련해 보아야겠다.

2015년 9월 분수의 나눗셈 4차시 짝 점검 활동 장면 및 활동 결과 사례

(진분수)÷(자연수)

수업 흐름	교사의 발문

도입
- (진분수)÷(자연수) 곱셈 상황의 제시 및 함께 해결하기(전체 학습)
  - '$\frac{1}{2} ÷ 2$' 상황＝이것이 가지는 의미 함께 생각해 보기(예를 들어 '빵 조각을 2명이 나누어 먹기') → $\frac{1}{2} ÷ 2 = \frac{1}{2} × \frac{1}{2}$ → 1학기에 공부했던 분수의 곱셈 상황과 동일한 것임을 함께 확인하기 → 띠 모델로 함께 알아보기(지난 시간까지의 과정을 통해 '$÷2 = ×\frac{1}{2}$'이라는 원리가 모든 과정에 동일하게 적용됨을 이해할 수 있도록 돕기)

전개
- 교과서 활동 1, 2, 3 및 마무리 문제를 짝 점검 활동지라 생각하고 교과서 질문을 이용하여 짝 점검 활동하기: 짝 점검 활동을 할 때 교과서 질문에 있는 그대로 답을 하는 것이 아니라 칠판에 판서한 내용과 같은 과정으로 해결할 수 있도록 하기

정리
- 모둠원들과 짝 점검 결과 함께 확인하고 수정하기
- 도착점 행동에 대한 발표 및 점검(몇 명의 아동에게 칠판에 제시된 기본 문제를 해결하도록 하고 함께 지켜보며 확인하기)

5차시 수업 소감

이전 시간까지 활동을 통해 '$÷◎ = ×\frac{1}{◎}$'이라는 원리가 이후의 모든 활동에도 똑같이 적용된다는 사실을 지속적으로 강조해 왔다. 그리고 5차시 수업을 시작하면서 다시 한 번 강조를 하고 시작하였다.

수업 시작 초반에 $\frac{1}{2} ÷ 2$를 제시하고 함께 풀이하는 과정을 살펴보았다. 띠 모델을 통해 과정을 이해하면서 $\frac{1}{2} ÷ 2 = \frac{1}{2} × \frac{1}{2}$이 됨을 이해하는 것이 가장 핵심이었다.

1학기에 학습했던 분수의 곱셈 단원이 본 단원 활동 과정에 그대로 적용된다는 것을 미리 알고 있었기 때문에 1학기에 띠 모델을 통해 이해하도록 하는 활동에 매우 많은 시간과 노력을 투자했었고 그 효과가 본 단원에 그대로 나타나고 있음을 확인

할 수 있었다. 아이들은 띠 모델을 통해 과정을 그대로 그림으로 보여 주는 일에 큰 어려움이 없었다. 물론 일부 아이들은 여전히 힘들어한다. 그래도 전혀 이해를 못하는 것은 아닐 뿐만 아니라 알고리즘만 익혀서 답만 내면 그만이라는 식의 수학 수업보다는 훨씬 더 자신들이 성장해 가고 있다는 것을 알기에 그들은 나름대로 열심히 노력하고 있고 우리 반 수학 수업에 대하여 스스로 자부심을 갖고 있다. 수학 수업이 좋다고 말이다. 수학 수업이 제일 의미 있다고 말이다.(집에서 아이들이 하는 말을 학부모 상담을 할 때 부모님들께서 찾아와 내게 전하시는 말씀들이다. 또한 '스스로 배움 공책' 등에 아이들 스스로 그날의 학습 활동에 대한 소감이나 느낌 등을 적어 놓는 경우에도 이런 이야기

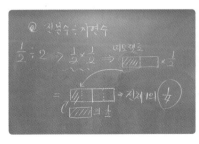

2015년 9월 분수의 나눗셈 5차시 칠판 판서 및 짝 점검 활동과 발표 장면

들이 자주 눈에 띈다.)

기본 질문을 함께 해결해 나가면서 과정(칠판 판서 내용 참고)을 쉽게 이해한 아이들은 교과서 질문을 그대로 짝 점검 활동으로 해결해 나갔다.(교과서 질문에 있는 그대로 답을 하는 것이 아니라 활동 1, 활동 2, 활동 3, 마무리 질문에 대하여 그냥 수식만 주어졌다고 생각하고 칠판 판서 내용과 같이 교과서 가장자리의 여백에 짝 점검 활동과 같은 방식으로 해결해 나갈 수 있도록 안내하였고 아이들은 별 무리 없이 해결해 나갔다.)

교과서 문제를 짝 점검 활동으로 해결한 뒤 마무리 단계에서 몇 명의 아이들을 호명하여 칠판에 제시된 기본 질문에 대하여 해결할 수 있도록 하면서 도착점 행동에 대한 점검까지 해 보았다. 대체적으로 큰 무리 없이 진행된 수업이었다.

6차시 (가분수)÷(자연수)

수업 흐름	교사의 발문

도입
- (가분수)÷(자연수) 곱셈 상황의 제시 및 함께 해결하기(전체 학습)
  - '$\frac{3}{2} \div 2$' 상황＝이것이 가지는 의미 함께 생각해 보기(예를 들어 '빵 $\frac{3}{2}$ 조각을 2명이 나누어 먹기＝$\frac{1}{2}$ 크기의 빵 3개를 2명이 나누어 먹을 때 1명이 먹는 양은 얼마인지 알기'와 같은 상황임을 이해)

전개
- → $\frac{3}{2} \div 2 = \frac{3}{2} \times \frac{1}{2}$ → 1학기에 공부했던 분수의 곱셈 상황과 동일한 것임을 함께 확인하기 → 먼저 식으로 해결해 보기 → 띠 모델로 해결해 보기(개별활동 → 모둠원들과 확인 : 지난 시간까지의 과정을 통해 '÷2＝×$\frac{1}{2}$'이라는 원리가 모든 과정에 동일하게 적용됨을 이해할 수 있도록 돕기)

정리
- 교과서 속 내용에 대한 개별활동 및 모둠원들과 확인
- 도착점 행동에 대한 발표 및 점검(몇 명의 아동에게 칠판에 제시된 기본 문제를 해결하도록 하고 함께 지켜보며 확인하기)

6차시 수업 소감

지난 시간에 공부했던 내용에 대하여 확인해 보는 활동으로 칠판에 (진분수)÷(자연수) 상황을 제시하고 한 명의 아동을 지목하여 해결해 나가는 과정을 함께 살펴보았다. 이어서 (가분수)÷(자연수) 상황을 제시하고 그것에 대하여 먼저 식으로만 해결해

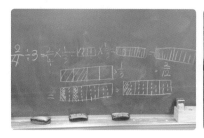

2015년 10월 분수의 나눗셈 6차시 전시 학습 확인 및 식으로 풀기, 띠 모델로 해결하기

보게 하였다. 모둠칠판에 해결한 것을 들어 보이게 한 뒤 확인해 보았다. 거의 모든 아이들이 식으로 해결하는 것은 거뜬히 해냈다. 문제는 띠 모델로 표현해 보는 것이다. 몇 명의 아이들은 아직도 꽤 힘들어한다. 그래도 어찌어찌 해낸다. 식으로 해결한 것에 대하여 띠 모델로 표현해 보라는 활동에 역시 시간이 약간 걸렸다. 개인적으로 해결한 것에 대하여 모둠원들과 함께 협의해 보면서 수정하는 시간도 가졌다. 해결한 결과에 대하여 몇 명의 아동을 지목하여 칠판에 풀어 보도록 하면서 함께 수정해 나갔다.

함께 살펴본 뒤에 교과서 문제들을 개별적으로 풀고 모둠원들과 확인까지 하였다. 이어서 추가 질문을 칠판에 2개 제시하고 몇 명의 아동을 지목하여 해결해 나가는 과정을 함께 지켜보기도 하였다. 이렇게 40분이 흘러갔다. 많은 아이들이 이제 띠 모델로까지 거뜬히 해낸다. 실력이 많이 향상되었다. 그러나 늘 몇 명의 아이들은 여전히 힘들어한다. 이런 상황은 어쩔 수 없는가 보다 하는 생각도 든다. 100% 구제한다는 것은 나만의 욕심일 수 있다는 생각으로 스스로를 위로하며 오늘 하루도 수업 후 소감을 정리한다.

  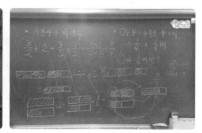

2015년 10월 분수의 나눗셈 6차시 띠 모델 해결 및 모둠 협의, 칠판 풀이 및 판서

7~8차시   (대분수)÷(자연수), 단원 학습 총정리

수업 흐름	교사의 발문

도입
- (대분수)÷(자연수) 곱셈 상황의 제시 및 함께 해결하기(전체 학습)
  - '$1\frac{1}{2} \div 4$' 상황 = 이것이 가지는 의미 함께 생각해 보기(예를 들어 '빵 $1\frac{1}{2}$조각을 4명이 나누어 먹을 때 1명이 먹는 양은 얼마인지 알기'와 같은 상황임을 이해)

전개
  - → $1\frac{1}{2} \div 4 = 1\frac{1}{2} \times \frac{1}{4}$ → 1학기에 공부했던 분수의 곱셈 상황과 동일한 것임을 함께 확인하기 → 먼저 식으로 해결해 보기 → 띠 모델로 해결해 보기(개별활동 → 모둠원들과 확인 : 전체 발표 활동 → 칠판 앞에 나와서 설명하고 함께 살펴보기 및 수정하기)
  - 다른 문제 함께 해결하기 및 살펴보기
- $2\frac{2}{3} \div 3$, $4\frac{1}{2} \div 2$ 해결하기(개별활동 및 모둠활동, 발표하고 설명하기 및 수정하기)

정리
- 교과서 속 내용에 대한 개별활동 및 모둠원들과 확인

2시간 연속 블록 수업을 진행하였다. 지난 시간까지 공부했던 원리가 이번 시간에도 그대로 적용된다는 것, 1학기에 공부했던 분수의 곱셈과 똑같다는 것을 아이들은 그대로 인지한 상태에서 학습을 시작하였다. 그래서일까, 크게 어려워하지는 않았다. 대부분의 아이들은 수식으로 해결하는 것은 잘 해낸다. 하지만 띠 모델을 통해 설명하는 것은 아직도 꽤 어려워한다. 그래도 이해하려고 노력하는 모습이 참 좋다.

도입 단계에서 '$1\frac{1}{2} \div 4$' 상황을 제시하고 먼저 식으로 해결하게 하였다. 식으로는 쉽게 하였다. 띠 모델로 해결하는 것은 좀 더 많은 시간을 필요로 하였다. 먼저 주어진 문제를 잘 해결하고 나서 추가로 2문제를 더 제시한 후 같은 과정을 반복하였다.

2문제 추가 제시를 통해 단원 학습 내용에 대한 총정리를 해 주었다. 그러고 나니 시간이 약 13분 정도 남았다. 이 시간은 개별적으로 교과서 내 문제를 해결하라고 안내하면서 마무리하였다.

2015년 10월 분수의 나눗셈 7~8차시 띠 모델 해결 및 모둠 협의, 칠판 풀이 및 판서

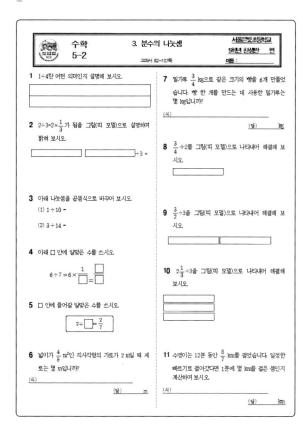

수학
5-2

3. 분수의 나눗셈

교과서 82~107쪽

서울은빛초등학교
5학년 차담반   번
이름:

1 1÷4란 어떤 의미인지 설명해 보시오.

2 $2÷3=2×\frac{1}{3}$ 가 됨을 그림(띠 모델)으로 설명하여 밝혀 보시오.

▭   ▭   ÷3 =

3 아래 나눗셈을 곱셈식으로 바꾸어 보시오.
(1) 1÷10 =
(2) 3÷14 =

4 아래 □ 안에 알맞은 수를 쓰시오.
$6÷7=6×\frac{1}{□}=\frac{□}{□}$

5 □ 안에 들어갈 알맞은 수를 쓰시오.
$2÷□=\frac{2}{7}$

6 넓이가 $\frac{4}{6}$ m²인 직사각형의 가로가 2 m일 때 세로는 몇 m입니까?
(식)
(답)   m

7 밀가루 $\frac{3}{4}$ kg으로 같은 크기의 빵을 6개 만들었습니다. 빵 한 개를 만드는 데 사용한 밀가루는 몇 kg입니까?
(식)
(답)   kg

8 $\frac{3}{4}÷2$를 그림(띠 모델)으로 나타내어 해결해 보시오.

9 $\frac{3}{2}÷3$을 그림(띠 모델)으로 나타내어 해결해 보시오.

10 $2\frac{1}{3}÷3$을 그림(띠 모델)으로 나타내어 해결해 보시오.

11 수영이는 12분 동안 $\frac{8}{7}$ km를 걸었습니다. 일정한 빠르기로 걸어갔다면 1분에 몇 km를 걸은 셈인지 계산하여 보시오.
(식)
(답)   km

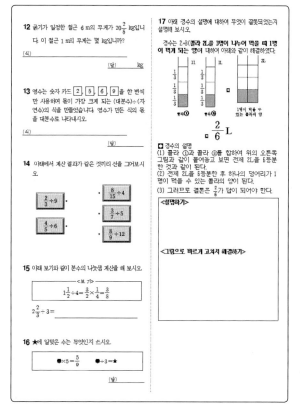

12 굵기가 일정한 철근 6 m의 무게가 $20\frac{2}{5}$ kg입니다. 이 철근 1 m의 무게는 몇 kg입니까?
(식)
(답)   kg

13 영수는 숫자 카드 2, 5, 6, 9 를 한 번씩만 사용하여 몫이 가장 크게 되는 (대분수)÷(자연수)의 식을 만들었습니다. 영수가 만든 식의 몫을 대분수로 나타내시오.
(식)
(답)

14 아래에서 계산 결과가 같은 것끼리 선을 그어보시오.

$\frac{2}{3}÷9$ •   • $\frac{8}{15}÷4$

$\frac{4}{5}÷6$ •   • $\frac{3}{7}÷5$

          • $\frac{8}{9}÷12$

15 아래 보기와 같이 분수의 나눗셈 계산을 해 보시오.
<보기>
$1\frac{1}{2}÷4=\frac{3}{2}×\frac{1}{4}=\frac{3}{8}$

$2\frac{2}{3}÷3=$

16 ★에 알맞은 수는 무엇인지 쓰시오.
●×5=$\frac{5}{9}$ ●÷3=★
(답)

17 아래 경수의 설명에 대하여 무엇이 잘못되었는지 설명해 보시오.

경수는 2÷3(콜라 2L를 3명이 나누어 먹을 때 1명이 먹게 되는 양)에 대하여 아래와 같이 해결하였다.

$\frac{2}{6}$ L

▣ 경수의 설명
(1) 콜라 ①과 콜라 ②를 합하여 위의 오른쪽 그림과 같이 붙여놓고 보면 전체 2L를 6등분 한 것과 같이 된다.
(2) 전체 2L를 6등분한 후 하나의 덩어리가 1명이 먹을 수 있는 콜라의 양이 된다.
(3) 그러므로 결론은 $\frac{2}{6}$가 답이 되어야 한다.

<설명하기>

<그림으로 바르게 고쳐서 해결하기>

제12장

6학년 분수 분수의 나눗셈 2

분수의 나눗셈을 이해하는 최종 단계이자

초등학교 분수 학습 및 연산을 마무리하는 최종 단계에 있는 내용으로

그 알고리즘은 매우 단순하기 때문에 결과만을 얻고자 한다면

굳이 오랜 시간을 할애하여 지도할 만큼의 내용이라 볼 수 없다.

그러나 단순히 기능적으로 계산 절차만 지도하게 된다면

아이들은 왜 그런 결과를 얻게 되었는지에 대하여

이해하지 못하는 결과를 초래할 수밖에 없게 된다.

따라서 알고리즘을 지도하기 전에

분수끼리의 나눗셈이 무엇을 의미하는지를 먼저 이해하게 하고

어떻게 하여 분수÷분수 = 분수×제수의 역수가 되는지

알고리즘의 작동 원리를 눈으로 직접 확인하면서

깨달아 나갈 수 있도록 돕는 일이 제일 중요하다고 할 수 있다.

3학년에서 분수를 처음 공부한 이후 매년 분수에 대한 이해의 폭과 깊이를 한 걸음씩 더해 나가다가 비로소 6학년 1학기에 이르러 마무리된다.

6학년 1학기에 마무리되는 초등 분수 학습의 끝은 분수 나눗셈 원리의 이해, 분수의 나눗셈이 필요한 상황 이해 및 문제 해결과 관련된 내용으로 구성되어 있다.

교육과정상 일반적으로 이런 내용을 다루기 위해 약 10차시 내외 정도의 시간을 배정해 두고 있다.[*] 그런데 필자가 생각할 때 현재 교과서 내용 구성으로는 아이들이 분수 나눗셈의 원리를 바르게 이해할 수 있도

---

[*] 스토리텔링을 통한 단원 도입, 문제 해결, 놀이 또는 이야기 마당, 평가 등의 시간을 제외하고 나면 분수 나눗셈이 필요한 상황의 이해, 분수 나눗셈의 원리의 탐구, 발견, 이해, 분수 나눗셈과 관련된 문제 해결 능력 향상이라는 단원 학습 목표를 달성하는 데 있어서 약 6시간 정도밖에 시간적 여유가 주어지지 않아 학습 활동 시간이 턱없이 부족한 꼴이 되어 버리고 만다. 이 문제를 극복하기 위해 심도 깊은 고민을 통한 교육과정 재구성이 꼭 필요하다.

록 돕는 데 어려움이 있다는 생각이 들어 수업 시간을 좀 더 확보하여 진행하기로 마음먹고 아래와 같이 교육과정을 재구성하여 실제 수업을 진행하였다.

차시	재구성 이후	수업의 목적
1	출발점 상황 점검 : 'O÷자연수'에 대한 이해	5학년 과정 중 'O÷자연수'='O×$\frac{1}{자연수}$'이 됨을 이해하기 (띠 모델 활용)
2~3	분수의 나눗셈 1 : 나눗셈의 개념 끌어들이기	나눗셈 개념 이해를 바탕으로 한 분수 나눗셈의 원리 탐구 (자연수÷단위분수, 분모가 같은 진분수÷단위분수, 분모가 같은 진분수끼리의 나눗셈, 분모가 다른 진분수끼리의 나눗셈)
4~6	분수의 나눗셈 1 : 분수 나눗셈의 원리 발견하기	
7	중간 정리 : 발견한 원리의 적용 1-교과서 문제 해결	
8~9	분수의 나눗셈의 이해 2 : 분수 나눗셈 원리의 완성 및 적용	나눗셈 개념 이해를 바탕으로 한 분수 나눗셈의 원리 탐구 (자연수÷분수, 대분수 나눗셈)
10	마무리 정리 : 발견한 원리의 적용 2-교과서 문제 해결	
11	문제 해결 : 포함제(덜어 내기) 개념으로 분수 나눗셈 해결	미션 과제 해결하기-덜어 내기 방식으로의 이해
12	단원평가	단원 정리(문제풀이)

위와 같이 재구성한 이유에 대하여 살펴보면 다음과 같다.

교육과정 재구성의 이유와 방향성

문제의식 갖기

01 분수 나눗셈 원리 탐구, 발견, 이해를 위한 시간 안배의 문제

필자는 단원 학습의 목표가 분수 나눗셈 관련 문제의 해결이 아니라 분수 나눗셈 원리의 발견 및 이해에 있다고 보았다. 이러한 단원의 핵심 목표를 달성하기 위해서는 꽤 많은 시간이 필요한데 실제 교과서 내용 구성을 보면 불필요한 활동(스토리텔링이나 놀이 활동 등)에 여러 시간을 배정하여 아쉬운 마음이 많이 들었다.

한편 학습 내용을 지나치게 세세하게 나눔으로써 집중해야 할 핵심 부분에 충분한 시간을 할애하지 못한 점이 아쉽다는 생각 또한 많이 들었다.*

---

* 교과서 내용 구성을 보면 자연수÷단위분수 계산하기, 분모가 같은 진분수끼리 나눗셈 해결하기, 분모가 다른 진분수끼리의 나눗셈 해결하기, 자연수÷분수 계산하기, 대분수의 나눗셈 해결하기 등으로 세세하게 활동을 나눈 뒤 각각 1~2차시로 시간을 분배하여 두었다. 그러나 자연수÷단위분수 계산하기, 분모가 같은 진분수끼리 나눗셈 해결하기, 분모가 다른 진분수끼리의 나눗셈 해결하기 과정을 통해 분수 나눗셈의 원리를 아이들이 탐구, 발견, 이해할 수 있다면 다른 과정은 굳이 시간 배정을 이렇게 많이 해

현재의 교과서 내용 구성으로 볼 때 본 단원의 핵심 목표는 '분수의 나눗셈 문제를 풀 수 있다.'에 맞추어져 있는 것처럼 여겨진다. 하지만 필자는 본 단원의 핵심 목표가 아래와 같은 부분에 맞추어져야 한다고 생각한다.

> **단원 학습의 핵심 목표**
>
> (1) 분수의 나눗셈 과정에서 왜 나눗셈이 곱셈으로 바뀌는지 설명할 줄 아는 것
>
> (2) 분수의 나눗셈 과정에서 제수(나누는 수)의 분자와 분모의 위치가 왜 바뀌는지 설명할 줄 아는 것(역수)
>
> 분수 나눗셈 알고리즘 원리 이해 및 설명

그러나 교과서 어느 곳을 살펴보아도 분수 나눗셈 알고리즘의 원리를 이해할 수 있도록 안내된 곳이 없다. 그냥 자연수÷단위분수, 분모가 같은 진분수끼리의 나눗셈, 분모가 다른 진분수끼리의 나눗셈, 자연수÷분수, 대분수끼리의 나눗셈 등으로 구분하고 상황에 따라 아래와 같이 두 가지 방식으로 해결 방법을 안내하고 있다.

❶ 피제수가 제수보다 클 경우에는 포함제 상황(덜어 내기 방식－동수 누감 방식)으로 이해하여 해결하기

❷ 피제수가 제수보다 작을 경우에는 분모를 통분한 후 분자끼리의 나눗셈 상황으로 이해하여 해결하기

그러나 위의 두 가지 방식 어떤 것을 통해서도 지도서 단원 개관에서 그토록 중요하다고 밝힌 '제수의 역수를 곱한다.'는 알고리즘 원리를 이해할 수 없다는 점에서 매우 큰 아쉬움이 남는다. 이에 대해서는 다음 내용에서 좀 더 자세히 살펴보도록 하겠다.

03 분수 나눗셈 원리 이해에 포함제가 웬 말인가?*

지도서 및 교과서에는 분수 나눗셈 해결을 위한 방법의 하나로 포함제 방식을 제시하고 있다. 이는 제수에

둘 필요는 없다는 것이 필자의 생각이다. 왜냐하면 자연수, 대분수가 함께 있는 나눗셈도 그 원리는 동일하게 적용되므로 다른 활동과 동일한 비중을 두어 시간을 배정할 필요가 없다고 생각하기 때문이다. 따라서 원리의 탐구, 발견, 이해를 위한 활동에 보다 많은 시간을 배정하여 아이들이 충분한 의사소통을 할 수 있도록 교육과정을 재구성할 필요가 있다.

* 아이들이 도달해야 할 단원 학습의 핵심 목표는 분수 나눗셈 상황의 이해가 아니다. 그러나 교사는 분수 나눗셈 상황에 대한 이해도 정확히 하고 있어야 한다. 5학년 단계에서 이루어지는 분수 나눗셈 상황은 '분수÷자연수'로 제수가 자연수인 경우에만 해당된다. 이런 상황은 등분제 상황에 해당된다. 쉽게 말해서 피제수를 자연수만큼 등분한다는 개념인 것이다. 예를 들어 $\frac{1}{2}÷3$을 분수 모형으로 설명하면 다음과 같다. ▭÷3=▭로 답은 ▭ $\frac{1}{6}$이 된다. 처음 $\frac{1}{2}$ 크기만큼의 막대를 3으로 나누면(3등분한 것 중 1개) 1조각은 $\frac{1}{6}$ 크기가 된다는 의미다. 그런데 6학년 단계에서 이루어지는 분수 나눗셈 상황은 '자연수÷분수, 분수÷분수'로 포함제 상황에 해당된다. 쉽게 말해서 피제수 안에 제수가 몇 번 들어 있는가 하는 것이다. 예를 들어 $2÷\frac{1}{2}$을 분수 모형으로 설명하면 다음과 같다. ▭÷$\frac{1}{2}$=2 안에 ▭, 즉 $\frac{1}{2}$이 ▭와 같이 4번 들어 있다는 의미가 된다. 이와 같은 상황의 이해를 위해 포함제 방식으로 주어진 문제 상황을 설명할 수 있다는 점에서는 이해가 되지만 이것이 6학년 단계에서 나눗셈 원리를 이해하는 데 중요한 핵심 포인트는 아니라는 것이 필자의 생각이다. 다시 한 번 더 강조하자면 분수 나눗셈 단원의 핵심 목표는 분수 나눗셈 상황에 대한 이해가 아니라 분수 나눗셈 원리의 발견과 이해라는 것이다.

피제수가 몇 번 들어 있는가와 같은 맥락으로 제수에서 피제수를 몇 번 덜어 낼 수 있는가 하는 원리로 해결한다는 것이라 할 수 있다. 그런데 이 대목은 조금만 생각해 보면 누구나 아래와 같은 의구심을 갖지 않을 수 없게 만든다.

덜어 내기 방식의 해결이 제수의 역수를 곱한다는 분수 나눗셈 알고리즘을 어떻게 증명해 주지? 그리고 이 방식이 모든 분수 나눗셈 해결에 적용될 수 있는가?

예를 들면 아래와 같다.

예 1 자연수 ÷ 진분수 : $2 \div \frac{1}{4}$ (피제수가 제수보다 큰 경우에 해당)

$\frac{1}{4}$			1			2

2에는 $\frac{1}{4}$이 8번 들어 있다(8번 덜어 낼 수 있다). 그러므로 $2 \div \frac{1}{4} = 2 \times 4$와 같다. 그러나 이런 방식에는 제수의 역수를 곱한다는 원리 설명이 들어 있지 않다.

① 1 안에는 $\frac{1}{4}$이 4번 들어 있다. → 1×4
② 그런 1이 2개 있다. → 2×4

예 2 분모가 같거나 다른 경우 통분을 통해 분자끼리의 나눗셈으로 해결하기
① 분모가 같은 경우 1 : $\frac{6}{7} \div \frac{2}{7}$ (피제수가 제수보다 큰 경우에 해당)

	$\frac{2}{7}$			$\frac{6}{7}$		1

$\frac{6}{7}$에는 $\frac{2}{7}$가 3번 들어 있다(3번 덜어 낼 수 있다). 그러니 분자끼리의 나눗셈으로 바꾸어 $6 \div 2$로 바꾸어 생각해도 된다는 식이다. $6 \div 2$도 결과상으로만 3일 뿐 여기에도 제수의 역수를 곱한다는 원리 설명은 들어 있지 않다.*
② 분모가 같은 경우 2 : $\frac{2}{7} \div \frac{6}{7}$ (피제수가 제수보다 작은 경우에 해당)
이 경우에는 바로 위의 피제수가 제수보다 큰 경우처럼 분수 모형(띠 모델 등의 그림)을 이용하여 덜어 내기 방식으로 설명하기에는 어려움이 있다. 하지만 분모가 같을 경우 5학년 과정에서 공부한 바와 같이 분자끼리의 나눗셈으로 바꾸어 생각할 수 있다는 점에 착안, $2 \div 6$으로 바꾸어 생각할 수 있다. 이런 상황은 등분제 상황에 해당된다. 따라서 $2 \div 6 = 2 \times \frac{1}{6} = \frac{2}{6} = \frac{1}{3}$이 됨을 알 수 있다. 그러나 역시 이 방법 또한 제수의 역수를 곱한다는 원리 설명이 들어 있지 않다는 점은 부인할 수 없다.

---

* $2 \div 6$과 같이 피제수가 제수보다 작은 경우는 등분제 상황에 해당되는데, 이런 상황을 포함하여 (자연수)÷(자연수), (진분수)÷(자연수) 관련 내용은 5학년 과정에서 이미 안내한 바가 있기 때문에 자세한 설명은 생략하기로 한다.

③ 분모가 다른 경우 1: $\frac{4}{5} \div \frac{4}{15}$ (피제수가 제수보다 큰 경우)

| $\frac{1}{5}$ | | $\frac{1}{5}$ | | $\frac{1}{5}$ | | $\frac{1}{5}$ | | |

| $\frac{1}{15}$ | $\frac{1}{15}$ | $\frac{1}{15}$ | $\frac{1}{15}$ | | | | | | | | | | | |

위의 상황은 $\frac{4}{5}$에서 $\frac{4}{15}$를 몇 번 덜어 낼 수 있느냐 하는 것으로 설명하고 있다. 이를 위해 분모가 달라 바로 덜어 내기 어려우니 분모를 통분하는 과정을 먼저 안내하고 있다.

| $\frac{1}{5}$ | | $\frac{1}{5}$ | | $\frac{1}{5}$ | | $\frac{1}{5}$ | | |

| $\frac{1}{15}$ | $\frac{1}{15}$ | $\frac{1}{15}$ | $\frac{1}{15}$ | | | | | | | | | | | |

이렇게 통분하면 $\frac{4}{5}$가 $\frac{12}{15}$로 바뀐다. 그 결과로 $\frac{4}{5} \div \frac{4}{15} = \frac{12}{15} \div \frac{4}{15} = 12 \div 4$로 바꾸어 계산해도 된다는 식으로 설명하고 있다. 그러나 여기에도 제수의 역수를 곱한다는 원리 설명이 들어 있지 않다.

④ 분모가 다른 경우 2: $\frac{2}{3} \div \frac{5}{7}$ (피제수가 제수보다 작은 경우)

이 경우에는 피제수가 제수보다 큰 경우처럼 분수 모형(띠 모델 등의 그림)을 이용하여 덜어 내기 방식으로 설명하기에는 어려움이 있어 현재 교과서는 아래와 같이 통분하는 과정을 통해 수식으로 안내하고 있는 것처럼 보인다.[*]

$$\frac{2}{3} \div \frac{5}{7} = \frac{2 \times 7}{3 \times 7} \div \frac{5 \times 3}{7 \times 3} = (2 \times 7) \div (5 \times 3) = \frac{2 \times 7}{5 \times 3} = \frac{2 \times 7}{3 \times 5} = \frac{2}{3} \times \frac{7}{5}$$

따라서 $\frac{2}{3} \div \frac{5}{7} = \frac{2}{3} \times \frac{7}{5}$과 같다는 것이다. 그런데 이런 방식 또한 통분하여 분자끼리의 나눗셈으로 바꾸어 계산하다 보니 결과적으로 제수의 역수가 만들어졌다는 식의 설명일 뿐 왜 제수의 역수를 곱하게 되는지에 대한 논리적인 설명은 될 수 없다는 점에서 아쉬움이 남는다.

04 알고리즘 적용으로 답을 구하기만 하면 된다는 식의 사고가 초래할 위험성

많은 학생, 학부모, 교사들이 수학이라는 교과에 대하여 문제를 빨리 풀 수 있는 방법이나 공식, 알고리즘만 익혀서 주어진 문제를 해결하고 답을 구하면 되는 과목 정도로 이해하고 있는 경향이 강하다. 그렇기 때문에 알고리즘의 이해와 탐구 과정 없이 그의 적용 중심으로 지금까지의 수학 교육 활동이 전개되어 왔다는 것은 어느 정도 부정할 수 없는 사실이다. 물론 알고리즘이라는 것이 나름의 장점을 갖고 있다는 것 또한 사실이다.[**] 하지만 알고리즘만 익혀서 문제를 풀어 정답만 얻으면 된다는 식의 수학 활동은 아래와 같이 매우

---

[*] 제수가 피제수보다 클 경우 피제수에서 제수만큼 덜어 낼 수가 없기 때문에 덜어 내기(포함제) 방식으로는 설명이 불가능하게 된다. 따라서 분수 모형의 제시 없이 오직 통분하는 과정으로만 설명할 수밖에 없는 상황에 놓이게 된다.

[**] 알고리즘의 적용을 통한 문제 해결이 갖고 있는 장점

① 알고리즘: 문제를 해결하기 위해 마련해 놓은 절차나 방법, 절차에 따르기만 하면 쉽게 답을 얻을 수 있도록 만들어 놓은 형식화된 틀, 소위 공식이라고 말하는 것들이 이에 해당된다. 대표적으로 많이 알려진 것에는 근의 공식 등이 있다.

알고리즘 적용 중심 수학 교육의 문제점

❶ 과정에 대한 이해 부족
과정 이해 없이 방법만 익혀 따라 하려고만 한다.

❷ 문제에 대한 형식적 접근
주어진 문제 상황이나 맥락 등에 대한 이해 없이 숫자만 뽑아 공식에 대입하려 한다.

❸ 문제 해결 능력의 저하
시행착오의 경험을 통해 목표에 도달하면서 얻게 되는 다양한 전략 수립 능력 향상,
탐구 능력 향상 가능성이 모두 사라진다.

❹ 수학 교육에 부정적
학습 초반부터 섣불리 도입된 알고리즘의 적용 및 활용은 학생들의 원리 이해에 부
정적 영향을 미쳐 성취 수준 저하 및 수학 교육에 대한 부정적 인식을 갖도록 한다.

큰 문제점을 드러내고 있다.

❶ 주어진 상황이나 맥락에 대한 이해가 우선 → 주어진 숫자만 가져다가 공식에 대입하여 답을 구하기만
하면 된다는 식의 생각을 하지 않게 하기

❷ 학생들은 알고리즘이 만들어지는 과정과 원리를 탐구해 나가는 능동적 주체 → 알고리즘을 배우고 익
혀 적용하기만 하는 수동적 존재가 아님을 인식하게 하기

❸ 학생들이 스스로 알고리즘을 발견하고 만들어 나가도록 도와주기 → 알고리즘은 배우는 것이 아니라
탐구하고 발견해 내야 한다는 것을 깨닫게 하기

❹ 수학 수업의 목적은 쉽고 빠르게 정답에 이르는 길을 교사가 먼저 가르치고 학생들은 그것을 배워 문제
를 잘 풀기만 하면 되는 것이 아니라는 점을 깨닫게 하기

❺ 학생 스스로가 주어진 수학적 문제 상황을 자신의 문제로 받아들일 수 있도록 도와야 한다는 점

❻ 자신의 문제로 받아들인 상황에 대하여 학생 스스로 다양한 전략을 수립하여 문제를 해결할 수 있도록
도와야 한다는 점

따라서 교사들은 알고리즘을 학생들에게 익히도록 안내하기 전에 위와 같은 점들에 대하여 철저히 주의를
기울여야 한다.

---

② 쉽고 빠르게 답을 구할 수 있다.
③ 복잡한 과정을 거치지 않고도 효율적으로 답을 구할 수 있다.
④ 답에 이르는 과정에서 시행착오를 줄여 준다.

바람직한 수학 수업을 위해 지양해야 할 점과 지향해야 할 점은 다음과 같다.

지양해야 할 점	지향해야 할 점
■ 처음부터 알고리즘을 바로 알려 주고 그에 따라 주어진 문제를 해결하라고 하는 일* ■ 위와 같은 일로 인하여 학생 스스로 생각할 수 있는 기회를 빼앗는 일 ■ 일방적인 교사의 설명과 전달에 의해 학생들이 알고리즘을 배우고 익혀서 사용하도록 하는 일 ■ 알고리즘만 배워 익혀 반복적으로 비슷한 유형의 문제들을 풀게 함(훈련)으로써 학생들로 하여금 수학적 활동의 가치를 깨닫지 못하도록 하는 일	■ 주어진 수학적 문제 상황 속에서 자신만의 전략을 세워 해결해 나가는 과정 속에서 발견하거나 알게 된 것들을 자신만의 언어로 표현할 수 있도록 하는 일 ■ 위와 같은 과정이 충분히 반복적으로 이루어졌을 때 경험을 통해 알게 된 원리나 전략들을 형식화하여(알고리즘으로 정리) 문제를 해결할 수 있도록 하는 일 ■ 그 과정 속에서 발견, 탐구, 수학하는 즐거움을 깨달을 수 있도록 하는 일

결론적으로 교사들은 위와 같은 것들을 잘 고려하여 치밀하게 수업 디자인을 하고 그에 따른 전략적이면서도 의미 있는 발문을 전개해 나가야 한다.

재구성 방향성

본 단원의 핵심은 아래와 같다.

(1) 나눗셈이란 무엇을 의미하는가?

(2) 분수의 나눗셈에서 제수의 역수는 무엇을 의미하는가?

(3) 제수의 역수를 곱한다는 것을 적절히 설명할 수 있는가?

(4) 알고리즘의 원리를 이해하고 이를 적용하여 문제를 해결할 수 있는가?

01 출발점 행동에 대한 점검:5학년 2학기 분수의 나눗셈 과정 이해도를 점검하는 것으로 단원 학습을 시작하도록 설계하였다.** 왜냐하면 수학이라는 교과는 그 어떤 교과보다도 개념과 개념 사이의 체계성이 매우 강하여 이전 단계의 내용을 제대로 이해하고 있지 못하다면 현재 학습하게 될 내용도 정확히 이해할 가능성이 떨어지기 때문이다.

---

* 알고리즘만 배워 익혀 문제를 해결하려는 학생들에게 나타나는 일반적인 현상
① 기능만 익힘으로써 수학적 문제 상황에 대한 맥락적인 이해가 부족함
② 알고리즘이 만들어진 원리나 과정을 제대로 이해하지 못함
③ 스스로의 힘으로 수학하는 활동을 하려는 의지와 노력이 부족하거나 미약함
④ 문제 해결 과정에서 쉽게 어려움에 봉착하게 되고, 그럴 때마다 정답 해설지에 의존함
⑤ 수학 교과 또는 수학하는 활동 자체를 싫어하거나 관심이 부족함
⑥ 능동적인 태도를 보이지 못하고 수동적 학습자로 전락함
** 5학년 2학기 분수의 나눗셈 단원 학습 내용:자연수끼리의 나눗셈, 진분수÷자연수, 가분수÷자연수, 대분수÷자연수

02 진분수끼리의 나눗셈(진분수÷진분수)을 통해 분수 나눗셈의 원리(알고리즘 : 제수의 역수를 곱한다)를 확실히 이해하는 활동에 최대한 시수를 확보하여 수업을 진행하도록 설계하였다.

03 분수의 형태(단위분수, 진분수, 대분수 등)에 따라 원리 적용이 달라지지 않기 때문에 세세하게 차시를 나누어 지도하기보다는 원리 이해를 바탕으로 교과서 내용을 스스로 해결할 수 있도록 단원 전체를 재구성하여 수업을 설계하였다. 왜냐하면 본 단원에서 꼭 알아야 할 핵심 사항은 딱 하나이기 때문이다. 진분수÷진분수의 원리 이해가 충분히 이루어졌다면 다른 형태의 분수가 포함된 나눗셈도 충분히 해결할 수 있을 것이다.

04 분수의 나눗셈에 앞서 나눗셈의 의미를 보다 명확히 할 수 있도록 하였다.

나눗셈의 의미

1. 제수에 대한 피제수의 비율(비의 값)을 가리킨다.
2. 몫(나눗셈 결과)이란 제수가 단위량 1일 때의 값을 말한다.

(예 1) 12개의 빵(**피제수**)이 있다. 3명(**제수**)이 나누어 먹는다면 1명(**제수의 단위량**)은 몇 개를 먹을 수 있는가?
→ 12(피제수)÷3(제수)=4(몫 : 1명이 먹을 수 있는 빵의 양)
→ 이 나눗셈의 의미는 제수가 1일 때의 값을 묻는 질문이다.

즉, 1명은 4개의 빵을 먹을 수 있다는 뜻이다.

(예 2) 2÷10=0.2 → 제수가 1일 때의 값은 0.2라는 의미
3. 나눗셈의 결과(몫)는 제수를 1로 만들었을 때 피제수의 양을 가리킨다는 것을 명확히 이해하여야 한다.
4. 나눗셈을 해결하는 과정은 주어진 제수를 단위량(1)으로 만들어 나가는 과정이라고 말할 수 있다.

---

05 분수의 나눗셈 원리 이해 및 그와 관련된 다양한 문제 상황을 제시하고 이를 해결할 수 있도록 수업을 설계하였다. 이 과정에서 협동적 문제 해결, 다양한 전략 세우기, 효과적인 의사소통이 이루어질 수 있도록 한다.

06 5학년 분수의 나눗셈 과정에 대한 간략한 이해는 다음과 같다.
5학년 분수의 나눗셈 과정은 제수가 모두 자연수인 경우(등분제)에 해당된다. 이 경우 피제수에 어떤 형태의 분수가 오더라도 그 원리는 모두 똑같이 적용된다.[*]

예 1 $\frac{3}{4}$ ÷2의 사례(진분수÷자연수)

$\frac{1}{4}$	$\frac{1}{4}$	$\frac{1}{4}$	1

÷2=

---

[*] 좀 더 세부적이고 자세한 내용은 앞의 5학년 분수의 나눗셈 교육과정으로 돌아가 살펴보기 바란다.

→ $\frac{3}{4}$은 $\frac{1}{4}$이 3개 있는 것

→ $\frac{3}{4} \div 2$는 각각의 $\frac{1}{4}$조각을 2등분한 것 = $\frac{3}{4}$의 $\frac{1}{2} = \frac{3}{4} \times \frac{1}{2} = \frac{1}{8}$이 3개 있는 것

→ $\frac{1}{8} \times 3 = \frac{3}{8}$

→ $\frac{3}{4} \div 2$(2를 분모로 하는 단위분수의 곱으로 전환) = $\frac{3}{4} \times \frac{1}{2}$이 되는 과정의 이해 및 설명이 가능해야 함(왜 '÷2'가 '×$\frac{1}{2}$'이 되는지를 설명할 수 있어야 한다.)

원리 $\square \div 3 = \square$를 3등분한 것 가운데 1개 $= \square \times \frac{1}{3}$이라는 사실을 이해하기

07 제수의 역수를 곱하면 된다는 분수 나눗셈의 원리는 다음과 같다.

> 이 원리를 이해하기에 앞서 '나눗셈＝제수를 1로 만들어 나가는 과정'이라는 것의 선제적 이해가 모든 과정에 꼭 필요하다.

예1 $1 \div \frac{1}{4}$(자연수÷단위분수)

▶ 피제수 1은 제수가 $\frac{1}{4}$일 때의 값이다. 제수가 1일 때의 값을 구하려면 1의 4배가 필요하다. 왜냐하면 1은 $\frac{1}{4}$의 4배($\frac{1}{4}$이 4개)이기 때문이다.

▶ 1×4($\frac{1}{4}$의 역수)로 과정이 만들어진다.

▶ $\boxed{1}$ $\div \frac{1}{4} = 1 \times 4$ $\boxed{1}$ $\boxed{1}$ $\boxed{1}$ $\boxed{1}$ $= 4$

예2 $\frac{2}{3} \div \frac{1}{3}$(분모가 같은 진분수÷단위분수)

▶ 피제수 $\frac{2}{3}$는 제수가 $\frac{1}{3}$일 때의 값이다. 제수가 1일 때의 값을 구하려면 $\frac{2}{3}$의 3배가 필요하다. 왜냐하면 1은 $\frac{1}{3}$의 3배($\frac{1}{3}$이 3개)이기 때문이다.

▶ $\frac{2}{3} \div \frac{1}{3} = \frac{2}{3} \times 3$($\frac{1}{3}$의 역수)로 과정이 만들어진다.

▶ $\div \frac{1}{3} = \frac{2}{3} \times 3$ = 2

예3 $\frac{3}{4} \div \frac{2}{4}$(분모가 같은 진분수÷진분수)

▶ 제수가 1이 되려면 먼저 $\frac{2}{4}$가 $\frac{1}{4}$일 때의 값(단위분수일 때의 값)이 필요하다. 제수를 단위분수로 만든 후

분모의 크기만큼 곱해 주는 과정이 바로 분수의 나눗셈 과정이다. $\frac{3}{4} \div 2$($\frac{2}{4}$가 $\frac{1}{4}$일 때의 값을 알려면 피제수 $\frac{3}{4}$을 2로 나누어야 한다. 왜냐하면 $\frac{2}{4}$는 $\frac{1}{4}$이 2개이기 때문이다.)$= \frac{3}{4} \times \frac{1}{2}$('$\div 2$'가 '$\times \frac{1}{2}$'로 바뀌는 것은 5학년 과정에서 학습한 내용)

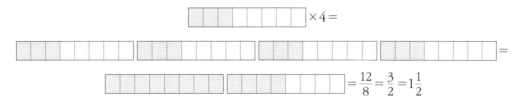

▶ $\frac{3}{4} \times \frac{1}{2}$은 제수가 $\frac{1}{4}$일 때의 값이다. 여기에 4배를 하면 제수가 1일 때의 값을 구할 수 있게 된다.

$$(\frac{3}{4} \times \frac{1}{2}) \times 4 = \frac{3}{4} \times \frac{1}{2} \times 4 = \frac{3}{4} \times \frac{4}{2} = \frac{12}{8} = \frac{3}{2} = 1\frac{1}{2}$$

분수 나눗셈의 알고리즘 원리(제수의 역수)가 나타난 과정

▶ $\frac{3}{4} \div \frac{2}{4} = (\frac{3}{4} \div 2) \times 4 = (\frac{3}{4} \times \frac{1}{2}) \times 4 = \frac{3}{4} \times \frac{1}{2} \times 4 = \frac{3}{4} \times \frac{4}{2} = \frac{3}{2}$

예 4 $\frac{3}{4} \div \frac{2}{3}$(분모가 다른 진분수÷진분수)

▶ 제수가 1이 되려면 먼저 $\frac{2}{3}$가 $\frac{1}{3}$일 때의 값(단위분수일 때의 값)이 필요하다. 제수를 단위분수로 만든 후 분모의 크기만큼 곱해 주는 과정이 바로 분수의 나눗셈 과정이다. $\frac{3}{4} \div 2$($\frac{2}{3}$가 $\frac{1}{3}$일 때의 값을 알려면 피제수 $\frac{3}{4}$을 2로 나누어야 한다. 왜냐하면 $\frac{2}{3}$는 $\frac{1}{3}$이 2개이기 때문이다.)$= \frac{3}{4} \times \frac{1}{2}$('$\div 2$'가 '$\times \frac{1}{2}$'로 바뀌는 것은 5학년 과정에서 학습한 내용)

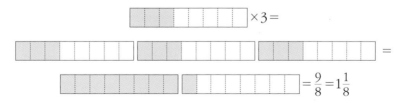

▶ $\frac{3}{4} \times \frac{1}{2}$은 제수가 $\frac{1}{3}$일 때의 값이다. 여기에 3배를 하면 제수가 1일 때의 값을 구할 수 있게 된다.

$$(\frac{3}{4} \times \frac{1}{2}) \times 3 = \frac{3}{4} \times \frac{1}{2} \times 3 = \frac{3}{4} \times \frac{3}{2} = \frac{9}{8}$$

분수 나눗셈의 알고리즘 원리(제수의 역수)가 나타난 과정

▶ $\frac{3}{4} \div \frac{2}{3} = (\frac{3}{4} \div 2) \times 3 = (\frac{3}{4} \times \frac{1}{2}) \times 3 = \frac{3}{4} \times \frac{1}{2} \times 3 = \frac{3}{4} \times \frac{3}{2} = \frac{9}{8} = 1\frac{1}{8}$

자연수÷분수, 대분수의 나눗셈 예시 과정은 생략한다. 이 경우도 원리는 위의 과정과 동일하기 때문이다. 위의 과정을 알기 쉽게 순서대로 나타내기 위해 아래와 같이 표에 정리하면 좋을 것이다.

최초의 식	제수를 단위분수로 만들었을 때 피제수의 값	제수를 단위량 1로 만들었을 때 피제수의 값	최종 정리
$\dfrac{3}{4} \div \dfrac{2}{3}$	$\dfrac{3}{4} \div 2 = \dfrac{3}{4} \times \dfrac{1}{2}$	$\left(\dfrac{3}{4} \times \dfrac{1}{2}\right) \times 3 = \dfrac{3}{4} \times \dfrac{3}{2}$	$\dfrac{3}{4} \times \dfrac{3}{2} = \dfrac{9}{8} = 1\dfrac{1}{8}$

6학년 2학기 분수의 나눗셈 교육과정 재구성의 핵심 요약

첫째, 분수의 나눗셈이 곱셈으로 바뀌는 과정의 이해를 돕기 위해 5학년 과정의 일부를 다시 학습해 보면서 선행했던 과정에 대한 출발점 행동을 점검해 보는 시간을 갖도록 단원 설계를 하였다. 수학 교과는 체계성이 매우 강하기 때문이다.

둘째, 본 단원의 핵심은 분수 나눗셈의 알고리즘이 어떻게 만들어졌는지 그 원리를 이해하고 발견하는 것에 있다. 따라서 이것을 집중적으로 탐구하는 활동에 1차로 5시간, 2차로 2시간 정도 할애하였다. 특히 분모가 같은 진분수끼리의 나눗셈에서 '×역수'가 되는 원리 이해에 난개념 현상이 발생할 가능성이 높아 이에 대한 내용 진행에만 2시간 정도 할애하고자 하였다. 아울러 원리 이해가 마무리되었다면 '자연수÷분수, 대분수 나눗셈'은 따로 1시간씩 다룰 수 있도록 계획하였다. 이 과정에서 특히 덜어 내기 방식에 대한 개념, '×역수'로 변환되는 과정을 그림으로 이해할 수 있도록 신경 써서 디자인해 보았다.

한편 각각의 1차, 2차 활동 후에 알게 된 사실을 바탕으로 알고리즘의 적용이 가능한지 점검해 보는 차원에서 교과서 문제풀이 시간을 1시간씩 배정하였다. 교과서 속 마무리 문제만을 뽑아 협동학습 짝 점검 구조를 적용하여 진행한다면 충분히 효과적인 활동이 이루어질 것이라 예상된다. 전체적인 활동 과정에서 협동적 문제 해결, 효과적인 의사소통이 이루어질 수 있도록 최선을 다하였다.

셋째, 단원 학습의 최종 마무리 단계에서 포함제(덜어 내기 방식) 개념으로 분수의 나눗셈 문제를 해결하는 것에 대한 이해를 돕고자 하였다. 이와 관련하여 분수 나눗셈 상황에 대한 맥락적 사고를 묻는 질문(근접 발달 영역 범위 내의 발문)을 제시하고 그를 통해 분수 나눗셈 상황의 실제적 이해를 도울 수 있도록 해 보았다. 그 과정에서 학생들의 수학적 의사소통 능력 및 협동적 문제 해결 능력, 현재 발달 수준에서 잠재적 발달 수준으로의 수학적 사고 능력이 한 단계 더 향상될 수 있을 것이라 기대한다. 아울러 수학이 실제 삶과 어떤 관련성이 있는지를 깨닫고 수학하는 기쁨과 즐거움 또한 느낄 수 있을 것이라 판단된다.

넷째, 전 차시에 걸쳐 문제 상황을 제시할 때 반드시 분수 나눗셈을 위한 수식만 제시하지 말고 그림과 함께 맥락 속에서 개념적으로 이해할 수 있도록 한다. 왜냐하면 나눗셈은 주어진 상황이 어떤 맥락인지를 이해하는 것부터 시작되기 때문이다. 또한 전 과정은 소집단 협동학습을 통해 모둠 내에서 자연스럽게 도움을 주고 받을 수 있도록 디자인해 보았다. 이를 통해 학생들은 분수 나눗셈의 의미가 어떤 것인지 정확하게 인지하고 비로소 문제 해결을 위한 전략을 협동적으로 수립할 수 있게 될 것이다.

출발점 상황 점검 : '○÷자연수'에 대한 이해

도입　**출발점 상황 설명**　5학년 과정에서 공부했던 분수의 나눗셈 내용들을 종합적으로 정리해 보고 6학년 과정을 공부해 보도록 하겠습니다. 무엇보다 중요한 것은 그림(띠 모델)을 통한 원리(개념) 이해라는 점을 잊지 말기 바랍니다.

전개　**발문 1**　$1 \div 3$을 그림(띠 모델)으로 함께 이해하기(교사가 먼저 전체를 대상으로 설명해 주면서 이해를 돕기) → 쉽게 생각하기 : 빵 1개를 3명이 나누어 먹을 때 각각의 1개를 3등분씩 하여 나누어 먹는다는 상황을 떠올려 해결

(해결) $\boxed{1} \div 3 = \boxed{1} = 1 \times \frac{1}{3} \times \frac{1}{3}$ → 제수가 1일 때의 값

발문 2　$2 \div 3 = 2 \times \frac{1}{3}$이 됨을 그림(띠 모델)으로 설명해 보기(모두 일어서서 나누기) → 쉽게 생각하기 : 빵 2개를 3명이 나누어 먹을 때 각각의 1개를 3등분씩 하여 나누어 먹는다는 상황을 떠올려 해결

(해결) $\boxed{1}\boxed{2} \div 3 = (\boxed{1}\boxed{1}) \div 3 = (\boxed{1}$
$\boxed{1}) = 2 \times \frac{1}{3} = \frac{2}{3}$

발문 3　$\frac{4}{3} \div 2 = \frac{4}{3} \times \frac{1}{2}$이 됨을 그림(띠 모델)으로 해결해 보기(모두 일어서서 나누기)

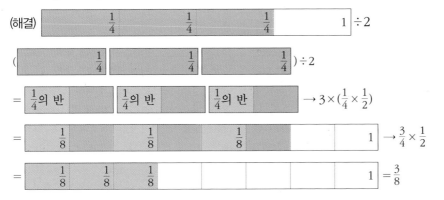

발문 4　$\frac{2}{3} \div 2 = \frac{2}{3} \times \frac{1}{2}$이 됨을 그림(띠 모델)으로 해결해 보기(모두 일어서서 나누기)

심진을 일으키는 발문　아래 철수의 설명에 대하여 모둠별로 토론하여 보자.(모든 구성원이 설명할 수 있어야 함)

※ 철수는 주스 1L들이 3개(3L)를 4명이 나누어 먹는 상황에 대하여 아래와 같이 해결하였다.

	$\frac{1}{4}$ A		$\frac{1}{4}$ A		$\frac{1}{4}$ A		$\frac{1}{4}$ A A A	3L
1L	$\frac{1}{4}$ B	1L	$\frac{1}{4}$ B	1L	$\frac{1}{4}$ B		$\frac{1}{4}$ B B B	
	$\frac{1}{4}$ C		$\frac{1}{4}$ C		$\frac{1}{4}$ C		$\frac{1}{4}$ C C C	
	$\frac{1}{4}$ D		$\frac{1}{4}$ D		$\frac{1}{4}$ D		$\frac{1}{4}$ D D D	
	주스 ①		주스 ②		주스 ③		1명이 먹을 수 있는 주스의 양	

$$\rightarrow \frac{3}{12} = \frac{1}{4}\text{L}$$

(철수의 설명)

(1) 주스 ①과 주스 ②, 주스 ③을 합하여 오른쪽 그림과 같이 붙여 놓고 보면 전체 3L를 4등분한 것과 같이 된다.

(2) 전체 3L를 4등분한 후 하나의 덩어리가 1명이 먹을 수 있는 주스의 양이 된다.

(3) 그러므로 결론은 $\frac{3}{12} = \frac{1}{4}$L가 답이 되어야 한다.

정리 분수 나눗셈의 기본 원리: $\square \div 3 \rightarrow \square$를 3등분한 것 가운데 1개 $= \square \times \frac{1}{3}$이라는 사실을 이해하기

1차시 수업 소감

6학년 분수의 나눗셈 단원을 시작하기 위한 출발점 진단 활동으로 5학년 과정 분수의 나눗셈 내용을 핵심만 다시 한 번 짚어 보면서 6학년 과정에 꼭 필요한 내용만 간추려 정리해 보았다. 지금까지 아이들이 3~5학년까지 3년 동안 학습해 왔던 많은 내용을 짧은 시간 안에 간추려야 하는 문제, 문제풀이 중심의 수업 방식과 전혀 다른 방향으로 분수에 대한 공부를 해야만 하였기에 시간이 많이 걸리는 협동학습보다는 핵심만 간추려 짧은 시간 안에 의도하는 바를 전하기 위한 강의식 수업을 선택하였다.

첫 질문은 $1 \div 3 = 1 \times \frac{1}{3}$이 된다는 것을 그림으로 이해하는 것이었다. 역시 예상했던 대로 정확히 그림으로 표현하고 설명하는 아이들이 거의 없었다. 그래서 먼저 한 번 칠판에 그림으로 그려 안내를 하면서 $1 \div 3 = 1 \times \frac{1}{3}$이 된다는 것에 대한 이해를 도왔다. 그랬더니 "아, 이제 기억이 났다."는 아이도 있었고 "새롭게 알게 되었어요."라고 말하는 아이도 있었다. 아마도 이런 식으로 학습한 기억이 있어도 중요하게 다루지 않아 기억 저편으로 멀어졌을 수도 있고 수식으로만 공부하는 우리나라 수학 교육의 특성 때문에 이렇게 해결하려는 노력이 부족했었을 수도 있으며 학습은 제대로 하였지만 너무 오래 되어서 잠시 기억 속에서 희미해졌던 것일 수도 있다는 생각이 들었다. 어찌 되었든 아이들은 지금 이 순간 '신개념'의 세계로 처음 접어든 것처럼 눈을 부릅뜨고 출발점 진단 활동 속으로 풍덩

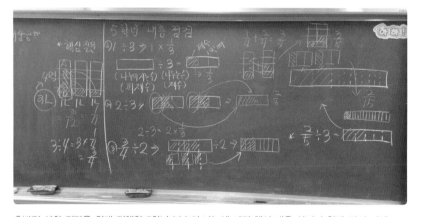

출발점 상황 진단을 위해 진행한 5학년 분수의 나눗셈 과정 핵심 내용 살피기 칠판 판서 사례

빠져 들어가기 시작하였다.

그렇게 한 번 짚어 준 덕분인지 다음 질문에 대해서는 그림으로 잘 표현하기 시작하였다. 다음에 이어진 $2 \div 3 = 2 \times \frac{1}{3}$이 된다는 것을 띠 모델로 그리는 데 있어서 처음 지목한 아동은 ▭ 1 ▭ 1 로 표현하고 3을 2로 나눈 것이니 각각의 1을 3등분한 것 가운데 2칸을 색칠했다고 설명하였다. 그러자 적지 않은 아이들은 그림이 잘못되었다고 하였고 몇 명의 아이들은 이것이 맞는다고 말하기도 하였다. 그래서 "맞는다고 생각하는 사람과 틀렸다고 생각하는 사람으로 나뉘었네. 그러면 먼저 맞는다고 생각하는 사람의 의견부터 들어 보도록 하자. 누가 설명해 볼까?" 했더니 한 아이가 설명해 보겠다고 앞에서 $1 \div 3$은 ▭ 1 와 같이 한 칸이 색칠되었으니 $2 \div 3$은 두 칸이 색칠되어야 하는 것이라 말하였다. 그러자 틀렸다고 생각하는 아동들이 "그게 아닌 것 같아요. 제가 설명해 보겠습니다."라고 말하기 시작하였다. "그러면 ○○이가 설명해 볼까?" 하고 연결 짓기를 해 주었다. 그랬더니 "$2 \div 3$은 1이 2개 있는 것인데 앞에 있는 1도 3등분한 것 중 한 조각, 뒤에 있는 1도 3등분한 것 중 한 조각을 색칠하면 ▭ 1 ▭ 1 이렇게 되는데, 색칠한 것을 한곳에 모으면 ▭ 1 이렇게 되어서 답은 $\frac{2}{3}$가 되는 것입니다. $2 \div 3 = 2 \times \frac{1}{3} = \frac{2}{3}$가 됩니다."라고 정확히 설명해 주었다. 아이들은 "아, 이제 알겠다. 그런 것이었구나." 하고 반응을 보였다. 이어서 다음 단계 질문으로 넘어갔다.

"$\frac{3}{4} \div 2$는 그림으로 어떻게 설명할까?"라고 질문하고 잠시 생각할 시간을 주었다. 잠시 뒤에 한 명의 아동이 칠판 앞으로 나와 아래와 같이 표현하였다.

| $\frac{1}{4}$ | $\frac{1}{4}$ | $\frac{1}{4}$ | 1 |

대부분의 아이들은 이것이 맞는다고 하였다. 그래서 이렇게 질문하였다. "지금은 2로 나눈 것을 표현한 것인데 만약 3으로 나누었거나 5로 나누었다면 어떻게 할까?" 그랬더니 아이들은 "어? 그것은 잘 안 되는데요? 어려워요!" 하는 반응을 보였다. "그렇다면 결과적으로 답은 맞을 수 있겠지만 이렇게 표현하면 안 되겠지요? 그렇다면 어떻게 해야 할까요?" 하고 질문을 이어가자 잠시 침묵이 흘렀다. 그래서 해결의 실마리를 찾을 수 있는 질문으로 이어갔다. "$\frac{3}{4}$은 어떤 의미일까?" 했더니 "1을 4등분한 것 가운데 3개입니다."라고 말하였다. "음, 그렇구나. 그런데 중요한 설명 한 가지를 보충하지 않으면 정확한 설명이 될 수 없단다. 그게 무엇일까?" 이 질문에 아무도 답을 하지 못하였다. 그래서 "1을 4등분한 것 가운데 1칸을 $\frac{1}{4}$이라고 할 때 $\frac{1}{4}$이 3개 있는 것을 $\frac{3}{4}$이라고 한다."와 같이 설명해야만 정확한 것이 된다고 말해 주었다. 그랬더니 한 명의 아이가 "아, 단위분수요!"라고 외쳤다. "맞았어. 단위분수. 단위분수가 모여 진분수, 가분수

가 된단다. 이제 이해할 수 있겠지?"라고 했더니 아이들은 고개를 끄덕이면서 마치 새롭게 분수를 처음 공부하는 아이들 같은 표정을 지어 보였다. "그렇다면 이런 생각을 바탕으로 다시 $\frac{3}{4} \div$ 2를 해결해 보도록 하자. 잠시 생각한 뒤에 해결해 볼 사람은 손을 들기 바란다." 했더니 잠시 침묵이 흐른 뒤에 한 명이 해 보겠다고 하였다. 그 아이는 칠판 앞으로 나와 아래와 같이 해결해 보았다. 바로 결과만 표현한 것이었다.

음, 맞기는 한데 이것은 결과만 표현한 것이고 이렇게 되는 과정이 생략되었단다. 여기에서 중요한 힌트가 바로 단위분수 개념이란다. 그렇다면 어떻게 표현해야 과정이 잘 나타나게 될까?"라고 질문하자 한 명의 아동이 잠시 뒤에 손을 들어 설명해 보겠다고 말하였다.

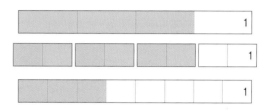

그 아동은 위에서 보는 바와 같이 과정까지 잘 표현하고 설명하였다. 그러자 아이들이 박수를 보내 주었다. 나의 질문은 이어졌다. "단위분수가 왜 중요한지 이제 알겠지요? 분수에서 단위분수를 중요하게 생각하지 않으면 제대로 이해하고 설명할 수가 없단다. 앞으로 단위분수가 6학년 분수의 나눗셈 문제 해결에 핵심이 될 것이니 반드시 이해하여 두기 바란다. 그러면 비슷한 문제를 한 번 더 풀어 볼까?" 하고 칠판에 문제를 제시한 뒤 그림으로 그려 해결해 볼 사람은 나와서 해 보라고 하였다. 잠시 뒤 한 명이 나와 표현하였는데 역시 결과만 표현하였고 또 한 명의 아이가 나와 수정한 끝에 정확한 그림으로 마무리되었다. 여기까지 약 30분의 시간이 흘렀다. 이제 마지막 질문으로 이어질 차례였다. 심진을 일으키는 문제를 제시하면서 이것을 잘 설명할 아동이 있을까 하는 의구심을 가지고 있었다. 칠판에 그림을 그리면서 상황 설명을 하였다. 그러자 많은 아이들이 그렇게 표현하는 것이 맞는다고 하였다. 아주 소수의 아이들은 의심의 눈초리로 바라보면서 '분명히 틀렸는데 어떻게 설명해야 할까?' 하고 고민하는 눈치였다. 그래서 "정말 맞아요? 그렇다면 그림으로 말고 식으로 해결해 볼까요? $3 \div 4 = 3 \times \frac{1}{4} = \frac{3}{4}$이 나오는데? 그림으로 알아본 결과와 식으로 알아본 결과가 다른데? 어떻게 된 것일까?" 아이들은 열심히 고민하기 시작하였다. 얼마쯤 시간이 흘렀을까 한 아이가 "아, 알겠다!"고 하기에 "○○이가 알겠다고 했으니 설명을 한번 해 볼까?" 하고 설명을 부탁하였다. 그 아동은 이렇게 대답하였다. "3L 주스가 있는데 각각의 1L

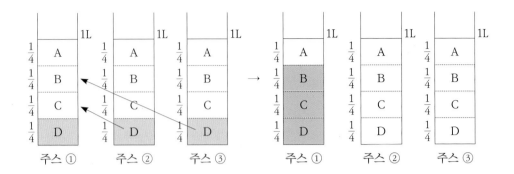

주스 ①   주스 ②   주스 ③   주스 ①   주스 ②   주스 ③

를 4명이 나누어 먹었으니 한 명은 단위분수인 $\frac{1}{4}$을 3개 먹었다고 할 수 있습니다. 그런데 이 그림 속에서는 한 명이 $\frac{1}{12}$을 3개 먹었다고 되어 있으니 이것이 잘못된 것입니다."라고 말해 주었다. 나는 내심 흐뭇하였다. 아주 정확한 설명은 아니었지만 분명히 문제 해결의 단초가 될 수 있는 설명이기 때문이었다. "아주 훌륭한 설명이었습니다. 나름 답은 될 수 있습니다. 그런데 한 가지 더 생각해야 할 점이 있답니다. 그것을 질문으로 다시 바꾸어 보겠습니다. 왜 $\frac{1}{12}$L 3개를 먹었다고 한 것이 잘못된 것일까요? 이것에 대한 정확한 설명이 필요하답니다. 누가 말해 볼까요?" 그러자 한 명의 아이가 바로 손을 들고 발표를 하겠다고 하였고 위와 같이 정확히 설명을 해 보였다.

"$\frac{1}{4}$L 3개를 먹었으니 이렇게 되어야 하고, 그래서 한 사람이 먹은 양은 $\frac{3}{4}$L가 되는 것입니다." 기뻤다. 내가 원하는 답이 생각보다 빨리 나왔기 때문이다. 그래서 바로 보충 설명으로 이어 갔다. "이 질문에서 철수는 바로 1L가 기준이 된다는 것을 정확히 이해하지 못하였기 때문에 잘못 해결할 수밖에 없었던 것입

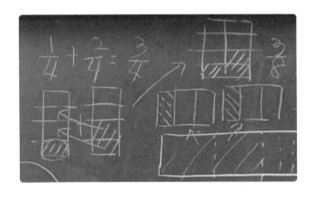

니다. 이는 단위분수가 모여 1이 되는데 절대로 기준의 크기 1을 마음대로 바꾸면 안 된다는 것을 알지 못하였기 때문입니다. 이제 중요한 것 두 가지를 모두 짚었습니다. 분수에서 단위분수와 1이라는 것의 정확한 이해를 해 두지 않으면 분수를 제대로 이해하였다고 말할 수 없다는 점이 바로 그것입니다." 아이들의 표정은 매우 진지해 보였다. 자신들이 이미 분수에 대하여 많이 공부하여 알고 있었다고 생각해 왔는데 그것이 한순간에 무너졌다는 듯, 그리고 이제야 정확히, 제대로 알게 되었다는 것에 감사한다는 듯한 표정이었다. 여기까지 정확히 40분이 흘렀다. 이왕 종합적으로 분수 개념을 정리하는 김에 마지막으로 한 가지 더 설명을 덧붙이기로 하고 4학년 내용은 분수의 덧셈에 대한 질문을 한 가지 더 추가하였다.

왼쪽의 칠판 판서 내용에서 보는 바와 같이 $\frac{1}{4}+\frac{2}{4}=\frac{3}{4}$이 되어야 하는데 그림으로 보는 것처럼 $\frac{3}{8}$으로 1이라는 기준을 흔들어 버리는 질문으로 변형시킨 뒤 무엇이 잘못되었는지를 찾아보게 하였다. 오늘 심진을 일으키는 질문을 통해 1이라는 기준을 왜 정확히 이해하고 있어야 하는지를 알게 되었기 때문일까 마지막 질문에 대한 답을 금방 찾았다. 이로써 6학년 과정을 본격적으로 공부하기 위한 출발점 진단 활동을 모두 마무리하였다. 아이들을 보내고 오늘 수학 시간을 돌아보면서 생각 같아서는 1시간을 더 추가하여 좀 더 확실히 해 두고 싶었지만 다른 교과목 시간을 더 빼는 것도 어려움이 있어서 6학년 과정을 진행해 나가면서 보완을 해 나가야겠다는 생각을 하면서 정리하였다. 다음 시간부터는 모둠칠판을 적극적으로 활용하여 아이들의 생각이 어디에서 막히는지 파악하고 모둠 내에서 아이들 간의 도움 주고받기를 잘 연결 지어 주어야겠다고 다짐하기도 하였다.

2~3차시 · 분수의 나눗셈 1 : 나눗셈의 개념 끌어들이기

※ 나눗셈 개념 : 제수가 1일 때 피제수의 값을 구하는 것(몫)

수업 흐름	교사의 발문

도입

• (식) 8÷4를 통한 나눗셈의 개념 이해하기

※ 8개의 사과를 4명에게 나누어 주면 1명은 몇 개의 사과를 갖게 되는가?

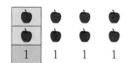

8개(피제수) = 4명(제수)에게 나누어 줄 수 있는 양

2개(피제수) = 1명(제수)이 가질 수 있는 양

※ 8m 길이 막대는 4m 길이 막대의 몇 배인가?

1	2	3	4	4m 길이 막대를 (기준)단위 1로 봄

1	2	3	4	5	6	7	8	4m 길이 막대(제수)를 1로 볼 때 8m 길

이 막대(피제수)는 2가 됨 → (기준)단위 1m(제수)는 비교 대상(피제수)의 2m에 해당된다는 뜻

※ 주어진 상황 읽기 : 제수가 4일 때 피제수의 값은 8	
8(피제수)	4(제수)
제수를 4로 나누었으므로 피제수도 똑같이 4로 나눔	1로 만들기 위해 4로 나누었음
2	1

전개

• 나눗셈의 원리(제수가 1일 때의 값을 구하기) → (자연수)÷(단위분수)에 적용하기(교사가 먼저 전체를 대상으로 설명해 주면서 이해를 돕기)

발문 1 $1 \div \frac{1}{4}$과 같은 상황

※ 주어진 상황 읽기 : 제수가 $\frac{1}{4}$일 때 피제수의 값은 1				
(식) $1 \div \frac{1}{4}$	제수를 1로 만들려면 '×4'를 한다.	→	$1 = \frac{4}{4} = \frac{1}{4}$이 4개이기 때문이다.
	제수에 4배를 하였으므로	→	피제수도 4배 $= 1 \times 4 = 4$

→ $1 \div \frac{1}{4}$(제수를 1로 만들기 위해 피제수에 4를 곱함) $= 1 \times 4$ → '$\div \frac{1}{4}$'이 '×4'로 바뀜($\frac{1}{4}$의 역수 $= \frac{4}{1} = 4$

$$\boxed{1} \div \frac{1}{4} = 1 \times 4 \boxed{1}\ \boxed{1}\ \boxed{1}\ \boxed{1} = 4$$

발문 2 $2 \div \frac{1}{3}$을 위와 같이 해결해 보시오.

※ 주어진 상황 읽기 : 제수가 $\frac{1}{3}$일 때 피제수의 값은 2			
(식) $2 \div \frac{1}{3}$	제수를 1로 만들려면 '×3'을 한다.	→	$1 = \frac{3}{3} = \frac{1}{3}$이 3개이기 때문이다.
	제수에 3배를 하였으므로		피제수도 3배 $= 2 \times 3 = 6$

→ $2 \div \frac{1}{3}$(제수를 1로 만들기 위해 피제수에 3을 곱함)$= 2 \times 3$

→ '$\div \frac{1}{3}$'이 '$\times 3$'으로 바뀜($\frac{1}{3}$의 역수 $= \frac{3}{1} = 3$)

- 나눗셈의 원리(제수가 1일 때의 값을 구하기) → (분모가 같은 진분수)$\div$(분모가 같은 단위분수)에 적용하기

- 2차와 3차 수업을 분리하여 지도할 경우 3차 수업 도입 단계에서 지난 시간에 했던 활동들을 떠올려 보는 활동 시간을 갖는다.(5분 정도 시간 할애 → 모둠원들과 전시 학습활동 공유하기 → '번호순으로' 구조 활동을 통해 칠판 앞에 모둠별 1명씩 나와 정확히 기억하고 있는지 확인하기)

발문 1 $\frac{5}{6} \div \frac{1}{6}$과 같은 상황을 덜어 내기 방식으로 풀이하며 분수 나눗셈 원리가 설명되지 않음을 확인하기(전체를 대상으로 설명) → 같은 문제를 먼저 모둠원들끼리 그림으로 해결하기(모둠 토론 : 지난 시간에 공부했던 내용이 문제 해결의 핵심 열쇠임을 강조) → 모둠별 문제 해결 과정을 꼼꼼히 관찰하고 필요시 교사가 도움을 준다. → 모든 모둠이 해결한 것을 확인하고 전체 학생들에게 정확한 설명과 안내로 활동 마무리하기

※ 주어진 상황 읽기 : 제수가 $\frac{1}{6}$일 때 피제수의 값은 $\frac{5}{6}$			
(식) $\frac{5}{6} \div \frac{1}{6}$	제수를 1로 만들려면 '$\times 6$'을 한다.	→	$1 = \frac{6}{6} = \frac{1}{6}$이 6개이기 때문이다.
	제수에 6배를 하였으므로	→	피제수도 6배 $= \frac{5}{6} \times 6 = \frac{30}{6} = 5$

→ $\frac{5}{6} \div \frac{1}{6}$(제수를 1로 만들기 위해 피제수에 6을 곱함)$= \frac{5}{6} \times 6$

→ '$\div \frac{1}{6}$'이 '$\times 6$'으로 바뀜($\frac{1}{6}$의 역수 $= \frac{6}{1} = 6$)

[□□□□□] $\div \frac{1}{6} = \frac{5}{6} \times 6$ → 제수가 1일 때의 값을 구하기 위해서 6을 곱하였다. 그림으로 표현하면 아래와 같다.

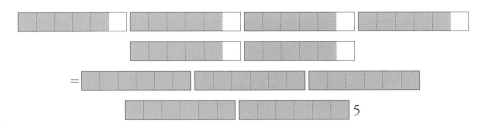

발문 2 $\frac{7}{9} \div \frac{1}{9}$을 위와 같이 해결해 보시오.

※ 주어진 상황 읽기 : 제수가 $\frac{1}{9}$일 때 피제수의 값은 $\frac{7}{9}$			
(식) $\frac{7}{9} \div \frac{1}{9}$	제수를 1로 만들려면 '$\times 9$'를 한다.	→	$1 = \frac{9}{9} = \frac{1}{9}$이 9개이기 때문이다.
	제수에 9배를 하였으므로	→	피제수도 9배 $= \frac{7}{9} \times 9 = \frac{63}{9} = 7$

→ $\frac{7}{9} \div \frac{1}{9}$(제수를 1로 만들기 위해 피제수에 9를 곱함)$= \frac{7}{9} \times 9$

→ '$\div \frac{1}{9}$'이 '$\times 9$'로 바뀜($\frac{1}{9}$의 역수 $= \frac{9}{1} = 9$)

정리 [발문 1] 활동 마무리 후 [발문 2]로 이어져도 좋고 모둠별로 충분한 시간을 주고 같은 유형의 문제를 교과서 속에서 가져오거나 직접 출제하고 그림으로 해결해 보게 하는 시간을 갖도록 한 뒤에 '번호순으로' 구조 및 '칠판 나누기' 구조를 활용하여 '학(學)과 습(習)'이 잘 연결된 협동학습으로 이어 나가도 좋다.

※ (시간 여유가 된다면) 교과서 ○쪽, ○쪽 마무리 문제를 앞에서 살펴본 바와 같이 해결해 보시오.

2차시 수업 소감

2차시 수업은 설명 중심의 전체 학습을 선택!!!

분수 나눗셈의 알고리즘을 이해하는 데 있어서 내가 의도하는 방향에 맞게 수학 공부해 본 적이 없는 아이들을 데리고 시간을 많이 투입해야만 하는 협동학습 수업을 한다는 것이 불가능할 것이라는 예상을 하고 적어도 1차시 수업만큼은 협동학습보다는 강의식 수업을 통해 충분한 이해를 돕는 설명 및 반복학습이 필요하다고 판단되어 2시간 블록 수업을 하지 않고 1시간씩 따로 분리하여 수업을 하기로 마음먹고 1차시만 설명 중심의 전체 학습을 선택하였다.

우선 8÷4의 상황을 통해 나눗셈 개념(제수가 1일 때 피제수의 값을 구하는 것)의 이해를 돕는 것이 최우선 과제였다.

8개(피제수)=4명(제수)에게 나누어 줄 수 있는 양

2개(피제수)=1명(제수)이 가질 수 있는 양

| 1 | 2 | 3 | 4 | 4m 길이 막대(기준)－제수 |

| 1 | 2 | 3 | 4 | 5 | 6 | 7 | 8 | 8m 길이 막대－피제수 |

상황이나 숫자만 주고 답을 구하는 것은 이미 잘 알고 있는 상태였지만 4m 길이 막대 1m에 해당되는 8m 길이 막대의 값이 2m라는 것(이것이 바로 제수 1일 때 피제수의 값－결국 이것이 나눗셈의 몫이 된다는 것)을 이해하는 것이 아이들에게는 이해하기 힘든 것 같았다. 그런 탓일까, 위에서와 같이 8÷4를 그림으로 설명하고 이해를 돕는 과정에서 한 명이 이런 질문을 하였다. "선생님, 그냥 나누면 되는데 왜 제수가 1일 때의 값을 구해야만 하는 것일까요?" 이런 질문이 나올 것이라 예상을 하였던 터라서 '옳지, 이제 진짜 배움의 세계로 빠져들기 시작하였구나.' 하고 생각하며 이에 대한 궁금증을 해결할 수 있는 설명으로 이어 나갔다. 그것은 바로 제수와 피제수에 같은 수를 동시에 곱하거

나 나누어도 결과인 몫은 같아진다는 것이 이해를 위한 중요한 요소라는 것 → 이를 이용해 제수를 1로 만들었을 때 피제수의 값을 구하는 이유 알기 → 어떤 수이든 1로 나누면 몫은 그 자신 수가 되기 때문이라는 것을 이해하는 것이었다. 모든 아이들은 이런 법칙 또는 성질을 오늘 처음 접하는 것 같았다. 그럴 수밖에 없었을 것이라 생각되었다. 여러 가지 경우의 나눗셈 상황을 이용하여 제수와 피제수에 같은 수를 동시에 곱하거나 나누어도 답은 같아진다는 것을 3번 정도 예를 들어 설명해 주었다.

(1) 20÷4=5

→ 제수와 피제수를 동시에 2로 나누면 (20÷2)÷(4÷2)= 10÷2=5(몫은 같음)

→ 제수와 피제수를 동시에 4로 나누면 (20÷4)÷(4÷4)= 5÷1=5(몫은 같음) : 제수가 1인 상황으로 연결됨

(2) 15÷3=5

→ 제수와 피제수에 동시에 2를 곱하면 (15×2)÷(3×2)= 30÷6=5(몫은 같음)

→ 제수와 피제수를 동시에 3으로 나누면 (15÷3)÷(3÷3) =5÷1=5(몫은 같음) : 제수가 1인 상황으로 연결됨

(3) 2÷10=0.2

→ 제수와 피제수를 동시에 5로 나누면 (2÷5)÷(10÷5)= 0.4÷2=0.2(몫은 같음)

→ 제수와 피제수를 동시에 10으로 나누면 (2÷10)÷(10÷ 10)=0.2÷1=0.2(몫은 같음) : 제수가 1인 상황으로 연결됨

이런 과정을 거치자 아이들에게서 "우와, 정말이네요. 신기하네요."와 같은 탄성이 흘러나왔다. 그래서 "이제 제수가 1일 때 피제수의 값을 구하는 것이 어떤 의미인지, 나눗셈이 무엇인지

잘 이해하였지요?"라고 말을 이어 갔다. 아이들은 이제야 나눗셈에 대하여 처음으로 제대로 이해하였다는 눈치였다. 이제 본격적으로 분수의 나눗셈 과정으로 들어갈 때가 된 것 같아서 첫 단계인 (자연수 ÷ 단위분수) 상황을 제시하면서 본격적으로 6학년 과정 학습에 돌입하였다.

첫 질문은 $1 ÷ \frac{1}{4}$이었다. 이 질문을 제시하고 3학년 과정에서 공부했던 나눗셈 원리를 다시 한 번 떠올려 보도록 안내하였다. 바로 덜어 내기 방식이었다. 그리고 여기에도 적용해 보라고 하였다. 이것을 아이들은 쉽게 이해하였다. "1에서 $\frac{1}{4}$은 4번 덜어 낼 수 있습니다. 그래서 몫은 4입니다."라고 금방 답변이 돌아왔다. "그렇구나. 우리 교과서를 보면 지금의 상황과 똑같이 모든 차시 수업에서 나누어지는 수가 나누는 수보다 큰 상황만 주어져 있어서 덜어 내기 방식으로 해결하면 답을 구할 수가 있단다.(아이들은 교과서를 들추어 보면서 모든 내용이 그렇게 구성되어 있다는 것을 직접 눈으로 확인하였다.) 그런데 이런 상황(제수가 피제수보다 더 큰 상황)은 덜어 내기가 가능할까? $\frac{1}{4}$ ÷1=?" 그랬더니 아이들은 갑자기 말문이 막혔다. 당연히 덜어 낼 수 없었기 때문이다. "덜어 내기가 불가능합니다."라는 답변만 돌아왔다. 나는 설명을 이어갔다. "우리는 이런 상황의 분수 나눗셈도 해결할 수 있어야 합니다. 그런데 이런 상황에는 다른 해결 방법을 쓰고 상황이 달라지면 또 다른 해결 방법을 쓴다면 그것은 바람직한 문제 해결 방법이나 원리라고 말할 수는 없겠지요? 문제 해결 원리는 어떤 상황에도 예외가 없이 적용될 수 있는 것이어야만 합니다. 그리고 선생님은 여러분에게 바로 그런 원리를 알아낼 수 있도록 도와주려고 하는 것입니다." 그랬더니 한 아이가 "선생님, 이미 5학년 때 역수를 곱하면 된다는 것을 공부했어요. 그렇게 하면 되는 것 아닌가요?"라고 질문을 던져주었다. 예상 밖의 질문은 아니었다. "아주 좋은 질문입니다. 수학은 답만 구하면 되는 교과목, 학문이 아닙니다. 왜 그렇게 답이 나오는지, 왜 그런 원리나 방법을 적용해야만 하는지를 정확히 이해하고 설명할 수 있어야만 수학을 제대로 공부하였다고 말할 수 있습니다. 그렇다면 선생님이 이렇게 질문을 해 보지요. 왜 역수를 곱하면 답이 나오는지 설명할 수 있나요? 어떻게 해서 역수를 곱하면 답이 나온다는 것을 알게 되었지요? 그 과정을 설명할 수 있나요?" 했더니 아이들은 눈만 깜박이며 말문을 닫아 버렸다. '흐흐, 그럴 거야. 이런 질문은 처음 받아 보았을 테니까.' 나는 속으로 쾌재를 불렀다. '이제야말로 진짜 수학 공부의 세계로 나와 함께 여행을 떠날 준비가 되었겠지?' 이런 생각을 하며 "지금부터 방금 선생님이 던진 질문에 대한 답을 찾으러 떠날 것입니다."라고 말하고 다시 처음으로 돌아가 $1 ÷ \frac{1}{4}$을 함께 해결해 나갔다.

우선 교과서와 같이 덜어 내기 방식이 아니라 제수가 1일 때 피제수의 값을 알아보는 방식으로 접근을 시도하였다. 앞서서 1차

시 수업 도입부에 이에 대한 내용을 여러 번 반복했기 때문에 아주 쉽게 해결되었다. $\frac{1}{4}$을 1로 만들기 위해서는 4배를 하여야 한다는 것을 아이들은 잘 이해하였다. 4배라는 것은 '×4'라는 것 또한 잘 알고 있었다. 제수에 4를 곱해서 1을 만들었으니 피제수 1에도 4를 곱하면 1×4=4가 되어 답을 구할 수 있다는 것을 아이들은 처음으로 경험해 보는 순간이었다. 여기에서 나는 '÷'가 '×'로 바뀌었다는 점, $\frac{1}{4}$이 역수인 4로 바뀌었다는 점을 정확히 짚어 주었다. 그랬더니 아이들이 "아, 그런 것이었구나. 이제 알겠어요, 선생님. 이렇게 배운 것이 처음이에요. 신기해요."라고 말해 주었다. 여기에 만족하지 않고 그림으로 이 과정을 증명해 보일 줄도 알아야 한다고 강조하면서 그림으로는 이 과정이 어떻게 설명되는지 함께 고민하는 과정에 접어들었다. 바로 아래와 같은 그림을 통해 이해를 도왔다.

$$1 ÷ \frac{1}{4} = 1×4 \quad \boxed{1}\ \boxed{1}\ \boxed{1}\ \boxed{1} = 4$$

제수를 1로 만들면 '×4'를 해야 하기 때문에 피제수인 1에 '×4'를 한 과정이 그림 속에 있는 그대로 잘 표현되어 있다는 것을 아이들은 처음으로 이해하기 시작하였다. 그리고 이 속에 '역수를 곱한다.'는 원리가 그대로 들어 있음을 한 번 더 강조해 주었다. 아울러 덜어 내기 방식에서는 '역수를 곱한다.'는 것을 설명할 수 없다는 것도 알게 해 주었다. 예를 들자면 아래와 같은 것이다.(위의 그림과 전혀 상황이 다름을 알 수 있을 것이다.)

$$\boxed{\qquad 1 \qquad} ÷ \frac{1}{4} =$$

$$\boxed{\qquad 1 \qquad} - \boxed{} - \boxed{} - \boxed{} - \boxed{}$$

→ 1에서 $\boxed{}$ ($\frac{1}{4}$)을 4번 덜어 냈으므로 답은 4가 된다.

이와 같은 그림 속에서 어떻게 '역수를 곱한다.'는 설명이 가능할지 생각해 보자고 했던 것이다. 설명이 가능할 리가 없었다. 그러자 아이들은 내가 왜 이렇게 수학 공부를 할 수 있도록 도와주려는지 그 의도를 한층 더 정확히 이해하기 시작하였다. 이제 되었다 싶어서 같은 유형의 질문을 하나 더 제시하고 같은 방식으로 해결해 보라고 하였다. $2 ÷ \frac{1}{3}$을 아이들은 금방 해결하였다. $\frac{1}{3}$이 1이 되려면 '×3'을 해야 한다는 것, 그래서 나누어지는 수인 2에도 '×3'을 하면 된다는 것, 그래서 몫은 6이 된다는 것, '÷$\frac{1}{3}$'이 역수인 '×3'으로 바뀌었다는 것을 많은 아이들이 이해하고 설명할 수 있게 되었던 것이다. 그리고 그림으로도 해결해 보라고 하였다. 칠판에 그림으로 설명할 수 있도록 발표로 이어 가기도 하였다. 자신 있게 해 볼 아동을 지목하였더니 무리 없이 잘 해결하고 설명해 주었다. 물론 아직 몇 명의 아이들은 이 역시 이해가 잘 안 된다는 표정이었다. 아동 개개인의 배움 속도 차이, 수학 학습 수준에 대한 차이, 현재 그 아이의 이해력 등을 감안한다면 100% 모든 아이들을 완전학습을 이끌어 간다

는 것은 무리라는 점을 나 스스로 인정하고 좀 더 기다려 주기로 마음먹고 오늘의 활동을 마무리하였다. 이렇게 40분이 거의 다 흘러갔다. 그런데 끝날 때 한 명이 손을 들고 이런 질문을 하였다. "선생님, 그러면 $\frac{3}{4} \div \frac{2}{3}$와 같은 나눗셈은 어떻게 하나요? 이것도 오늘처럼 할 수 있나요?" 바로 답변을 해 주었다. "그럼, 그렇고말고. 그런데 그와 같은 상황은 분수의 나눗셈 원리를 완성하는 마지막 단계에 해당되는 것이라서 앞으로 몇 차시 정도 더 지나야 그 상황까지 갈 수 있지요. 그때까지 차근차근 함께 공부해 보도록 해요, 우리 모두. 오늘은 처음이라 조금 어렵게 느껴졌을 수도 있지만 몇 번 해 보니까 처음보다 조금씩 쉬워지는 느낌, 별로 어렵지 않다는 느낌, 조금씩 이해가 되고 있다는

느낌을 받았지요?" 그러자 아이들은 별로 고민하지 않고 "네!"라고 답변을 해 주었다. 그렇게 1차시 수업은 마무리되었다. 비록 설명식, 강의식 수업이었지만 나름 성공적이라고 생각하였다. 이것이 강의식, 설명식 수업의 또 다른 묘미가 아닐까 하는 생각이 들었다. 강의식, 설명식 수업을 나쁘게만 볼 필요가 없음을 다시 한 번 확인한 시간이었다. 이 과정을 협동학습으로 한다면 좀 더 다른 상황이 펼쳐졌을 수도 있었지만 너무나 많은 시간을 필요로 하였기에 지금의 상황에 만족하였다. 다음 차시 수업부터 모둠 중심 협동학습으로 이어간다면 오늘 수업도 충분히 의미가 있을 것이라 생각하며 오늘을 정리하였다.

3차시 수업 소감

3차시 수업은 다시 모둠 중심 협동학습으로!!!

어제 활동(자연수÷단위분수)에 이어서 분모가 같은 (진분수÷단위분수)를 해 나가는 활동이 계획되어 있었다. 바로 시작하기 전에 어제 공부했던 내용을 바탕으로 해야 하기 때문에 도입단계에서 전시 학습 활동을 떠올려 보면서 $1 \div \frac{1}{3}$을 그림으로 해결하고 '×제수의 역수'가 되는 과정을 설명할 수 있도록 하는 시간을 약 5분 정도 주었다. 이를 위하여 각 모둠에 모둠칠판 세트 1개씩을 나누어 주었다. 그리고 5분 후에 '번호순으로' 구조 활동을 통해 아무나 나와 칠판에 그림으로 해결하게 한다고 미리 공지를 하였다. 그랬더니 아이들은 나름 열심히 기억을 떠올려 해결과정을 공유하기 시작하였다. 그러나 조금은 아쉽게도 많은 아이들이 어제 공부할 당시에는 잘 이해하고 있었던 것들을 하루 만에 잊어버리고 말았다. 소수의 아이들만 정확히 기억하고 있었다. 여기저기에서 "여기까지는 기억나는데 그다음이 잘 안 되는데? 이렇게 하는 것이 맞나? 아닌 것 같은데? 이렇게 했던 것 같은데?" 하며 토론하는 모습들이 나타났다. 학(學)은 있었지만 습(習)의 과정이 없었기 때문이었다. 물론 이것도 나름은 의미가 있는 활동이었지만 이런 과정에 더 많은 시간을 할애하

기에 무리가 따른다는 판단을 하여 다시 한 번 더 안내를 하고자 마음먹었다.(수업이 끝나고 과정을 돌아보면서 '지난 시간에 공부했던 내용은 나름 잘 기억하고 있는 그 소수의 아동을 통해 전체 아이들에게 안내할 수 있도록 맡겼다면 더 좋았을 터인데 아쉽네!' 하는 생각을 하였다.) 그래서 칠판에 그림으로 해결하는 과정을 한 번 더 설명해 주고 다시 3분 정도 시간을 더 주었다. 그런 뒤에 '번호순으로' 구조 활동을 통해 모둠별로 한 명씩 칠판 앞에 나와 제시한 문제를 해결해 보게 하였다. 그랬더니 잊었던 기억이 되살아났는지 대체로 잘 해결하였다.

이제 본시 학습 활동으로 접어들었다. 오늘은 분모가 같은 (진분수÷단위분수) 활동을 역시 그림으로 해결해 나가면서 '×제수의 역수'가 되는 과정을 이해하고 설명할 수 있도록 탐구할 것이라 안내하였다. $\frac{2}{3} \div \frac{1}{3}$을 칠판에 쓰고 교과서 내용대로 해결할 경우 어떤 문제가 발생하는지 함께 생각해 보는 시간을 가졌다.

다음 쪽에서 보는 바와 같이 덜어 내기 방식으로 해결해도 답은 구할 수 있지만 그 방법으로는 '$\div \frac{1}{3}$'이 '×3(역수의 곱)'으로 변하는 과정(분수 나눗셈의 원리)을 설명할 수 없다는 한계에 봉

차시 도입 활동으로 지난 시간에 공부했던 (자연수÷단위분수)를 다시 떠올려 보는 활동 장면

착하게 된다는 점을 함께 공유하였다. 그리고 지금 선생님과 함께 그것을 설명할 수 있는 방법을 차근차근 찾아 나가는 것이라고 한 번 더 강조하였다. 이어서 지난 시간에 공부했던 내용(특히 제수가 1일 때 피제수의 값을 알아보는 것이 나눗셈의 개념이라는 점)이 오늘의 문제 해결에 매우 중요한 열쇠 역할을 한다는 점을 매우 강하게 어필하고 아무 설명도 없이 모둠원끼리 $\frac{2}{3} \div \frac{1}{3}$을 그림으로 해결해 보라고 하였다. 그리고 나는 각 모둠을 돌아다니며 관찰하기 시작하였다. 충분히 설명 없이도 해결할 수 있다는 믿음을 갖고 있었기 때문이었다. 역시 그 믿음은 깨지지 않았다. 5분 정도 안에 모든 모둠원들이 정확히 그림으로 해결해 보였다.

모둠원들끼리 분모가 같은 (진분수÷단위분수) 과정을 그림으로 해결해 나가는 장면

모든 모둠을 돌아다니면서 정확히 해결하였음을 확인한 뒤에 보다 정확한 설명 및 확인을 위해 칠판에 한 번 더 설명을 해 주었다. 그런 뒤에 10분 정도 시간을 주고 "(진분수÷단위분수) 상황에 대하여 어떤 문제를 제시해도 모둠원 가운데 그림으로 해결하지 못하는 사람은 한 명도 없어야 합니다. 10분 뒤에 모둠

별로 한 명씩 칠판 앞에 나와 그림으로 해결하게 할 것입니다. 이번에는 '번호순으로' 구조 활동이 아니라 제일 힘들어할 것 같은 사람에게 맡길 것입니다. 만일 그 사람이 정확히 문제 해결을 하지 못하면 그 모둠원들은 협동과제 해결을 완수하지 못한 책임을 물어 놀이시간을 갖지 않고 그 시간에 오늘 수학 시간 공부한 내용을 복습하게 될 것입니다."라고 엄포를 놓았다. 그랬더니 아이들은 진지한 표정으로 자신의 모둠원들 가운데 제일 힘들어하는 친구에게 적극적으로 모둠칠판 세트를 넘겨 주고 여러 문제를 직접 제시하고 해결해 보게 하면서 안 되는 부분에 대하여 설명하고 이해를 도왔다. 드디어 10분이 흘렀다. 활동을 멈추게 하고 진짜로 각 모둠에서 제일 힘들어하는 친구들을 불러냈다.(10분간 각 모둠원들의 활동을 돌아다니며 관찰해 보니 그렇게 해도 충분히 해결할 수 있다는 믿음이 섰기 때문이었다. 그럴 가능성이 높지 않았다고 판단하였다면 불러내지 않았다. 이런 방식의 활동은 충분히 의도된 것이었다. 그 아이들이 모두 앞에서 잘 해결하였을 때 각 모둠원에게 당당한 표정으로 돌아가 "나, 잘 해결했어!"라고 말하며 자신감을 조금씩 회복하고, 다른 모둠원들은 "잘했어!"라고 칭찬하며 자신들이 준 도움에 자부심을 갖게 될 것이라는 것을 오랜 경험을 통해 알고 있었기 때문이다.) 역시 나의 예상과 믿음은 깨지지 않았다.

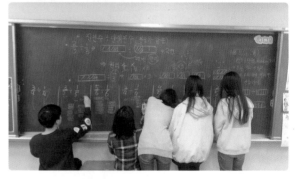

모둠별로 1명씩 나와 칠판 앞에서 활동 결과를 공유하는 장면 – '칠판 나누기' 구조 활동

각 모둠에서 호명된 아이들이 1명씩 칠판 앞에 나와 제시된 문제를 거뜬히 풀어내고 들어갔다. 들어가면서 "나, 잘했지!"라고

외치는 아이들도 있었다. 아이들은 그 말을 잘 받아서 "아주 잘 했어! 우리 이제 놀이시간 가질 수 있어!"라고 말하기도 하였다. 모든 아이들이 자리로 돌아가고 칠판에 풀이된 문제 하나하나를 같이 살펴보면서 부족한 것이 있는지 확인도 하였다. 여기까지 정확히 40분이 사용되었다. 끝으로 오늘 활동을 정리하고 다음 시간에는 분모가 같은 (진분수÷진분수) 활동을 할 것이라고 안내하였다. 그랬더니 아이들 가운데 몇 명이 "선생님, 재미있어요. 1시간 더 하면 안 되나요? 맞아요. 아주 신기하고 재미있어요."라고 현재의 느낌을 말하기도 하였다. "우와, 그렇다면 아주

다행이구나. 선생님도 뿌듯한데!!! 그런데 다음 시간이 교과 시간이라서 오늘은 여기에서 멈추어야 할 것 같구나. 다음 시간까지 오늘 공부한 내용을 스스로 배움공책에 복습해 오거나 자기 스스로 공부하여 충분히 자신의 것으로 만들어 보기 바란다." 하고 끝을 알렸다. 아이들이 이런 표정과 이런 말로 배움의 즐거움을 표현할 때 우리 교사들은 제일 힘이 나고 기쁘다. 그리고 이런 가르침의 즐거움은 역시 깊이 있는 연구 활동을 통해 얻을 수 있다는 것을 나는 누구보다 잘 알고 있다. 앞으로도 꾸준한 연구 활동을 한 번 더 다짐하며 오늘 하루를 정리한다.

4~6차시 　분수의 나눗셈 1 : 분수 나눗셈의 원리 발견하기

| 수업 흐름 | 교사의 발문 |

도입
(4~5차시
2시간)

- 지난 시간에 $\frac{3}{4} \div \frac{1}{4} \rightarrow \frac{3}{4}$은 제수가 $\frac{1}{4}$일 때의 값이므로 제수가 1일 때의 값을 구하기 위해 $\frac{3}{4}$에 4를 곱하여 문제를 해결하였다.

$$\frac{3}{4} \times 4(\frac{1}{4}\text{의 역수}) = 3$$

- 그런데 이런 경우에는 어떻게 해야 할까?

$$\frac{3}{4} \div \frac{2}{4} = ?$$

전개

- 나눗셈의 원리(제수가 1일 때의 값을 구하기) → (분모가 같은 진분수) ÷ (분모가 같은 진분수)에 적용하기

발문 1 $\frac{3}{4} \div \frac{2}{4}$와 같은 상황(교사가 먼저 전체를 대상으로 설명해 주면서 이해를 돕기)

(1) 지난 시간에 알게 된 원칙을 그대로 적용하려면 무엇부터 해결해야 하는가? → 제수를 1로 만들기 → 제수가 단위분수가 아니라 1로 만들기가 쉽지 않다. 어떻게 해야 하는가? → 모둠 토론(문제 해결의 실마리 제시하기) → 분자의 크기로 피제수를 나누기

(2) $\frac{3}{4}$은 $\frac{1}{4}$이 2개($\frac{2}{4}$)일 때의 값 → 제수가 단위분수($\frac{1}{4}$이 1개)일 때의 값을 먼저 알기 위해 $\frac{3}{4}$을 2로 나누어 주어야 함을 정확히 이해

최초의 식	제수를 단위분수로 만들었을 때 피제수의 값	제수를 단위량 1로 만들었을 때 피제수의 값
$\frac{3}{4} \div \frac{2}{4}$	$\frac{3}{4} \div 2 = \frac{3}{4} \times \frac{1}{2}$ (지난 시간 학습 내용)	$(\frac{3}{4} \times \frac{1}{2}) \times 4$ (제수가 1이 되려면 단위분수일 때의 값에 4배를 해야 한다.)
최종 정리		
$(\frac{3}{4} \times \frac{1}{2}) \times 4 = \frac{3}{4} \times \frac{4}{2}$(역수가 되었음을 확인) $= \frac{12}{8} = \frac{3}{2} = 1\frac{1}{2}$		

$$\frac{3}{4} \div \frac{2}{4} = \text{■} \div \frac{2}{4} \rightarrow \text{■} \div 2 (= \frac{3}{4} \times \frac{1}{2})$$

$$= \text{■} = \text{■}$$

→ $\frac{3}{4} \div 2 = \frac{3}{4} \times \frac{1}{2}$은 제수가 $\frac{1}{4}$일 때의 값이다. 여기에 4배를 하면 제수가 1일 때의 값을 구할 수 있게 된다.

$$(\frac{3}{4} \times \frac{1}{2}) \times 4 = \frac{3}{4} \times \frac{1}{2} \times 4 = \frac{3}{4} \times \frac{4}{2} = \frac{12}{8} = \frac{3}{2} = 1\frac{1}{2}$$

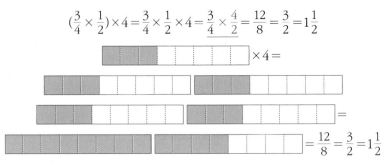

→ $\frac{3}{4} \div \frac{2}{4} = (\frac{3}{4} \div 2) \times 4 = (\frac{3}{4} \times \frac{1}{2}) \times 4 = \frac{3}{4} \times \frac{1}{2} \times 4 = \frac{3}{4} \times \frac{4}{2} = \frac{12}{8} = 1\frac{4}{8} = 1\frac{1}{2}$

발문 2 $\frac{4}{5} \div \frac{3}{5}$을 위와 같이 해결해 보시오.(모둠 내 도움 주고받기)

최초의 식	제수를 단위분수로 만들었을 때 피제수의 값	제수를 단위량 1로 만들었을 때 피제수의 값
$\frac{4}{5} \div \frac{3}{5}$	$\frac{4}{5} \div 3 = \frac{4}{5} \times \frac{1}{3}$ ($\frac{3}{5} \rightarrow \frac{1}{5}$ 일 때의 값)	$(\frac{4}{5} \times \frac{1}{3}) \times 5$ (제수가 1이 되려면 단위분수일 때의 값에 5배를 해야 한다.)
최종 정리		
$(\frac{4}{5} \times \frac{1}{3}) \times 5 = \frac{4}{5} \times \frac{5}{3}$(역수가 되었음을 확인) $= \frac{20}{15} = \frac{4}{3} = 1\frac{1}{3}$		

- 나눗셈의 원리(제수가 1일 때의 값을 구하기) → 분모가 다른 진분수끼리의 나눗셈에 적용하기 (분수 나눗셈의 원리 완성하기)

6차시
(1시간)
발문 1 $\frac{3}{4} \div \frac{2}{3}$와 같은 상황(교사가 먼저 전체를 대상으로 설명해 주면서 이해를 돕기) → 분모가 다르더라도 원리는 똑같이 적용되어야 한다는 점에서 문제 해결의 실마리 찾기

최초의 식	제수를 단위분수로 만들었을 때 피제수의 값	제수를 단위량 1로 만들었을 때 피제수의 값
$\frac{3}{4} \div \frac{2}{3}$	$\frac{3}{4} \div 2 = \frac{3}{4} \times \frac{1}{2}$ ($\frac{2}{3} \rightarrow \frac{1}{3}$ 일 때의 값)	$(\frac{3}{4} \times \frac{1}{2}) \times 3$ (제수가 1이 되려면 단위분수일 때의 값에 3배를 해야 한다.)
최종 정리		
$(\frac{3}{4} \times \frac{1}{2}) \times 3 = \frac{3}{4} \times \frac{3}{2}$(역수가 되었음을 확인) $= \frac{9}{8} = 1\frac{1}{8}$		

$\frac{3}{4} \div \frac{2}{3} = $ ▨▨▨☐ $\div \frac{2}{3}$ → ▨☐ $\div 2(= \frac{3}{4} \times \frac{1}{2})$

$= $ ▨▨▨☐☐☐ $=$ ▨☐☐

→ $\frac{3}{4} \times \frac{1}{2}$은 제수가 $\frac{1}{3}$일 때의 값이다. 여기에 3배를 하면 제수가 1일 때의 값을 구할 수 있게 된다.

$$(\frac{3}{4} \times \frac{1}{2}) \times 3 = \frac{3}{4} \times \frac{1}{2} \times 3 = \frac{3}{4} \times \frac{3}{2} = \frac{9}{8}$$

▨☐☐ $\times 3 =$

▨☐☐ ▨☐☐ ▨☐☐ $=$

▨▨☐ ▨☐ $= \frac{9}{8} = 1\frac{1}{8}$

→ $\frac{3}{4} \div \frac{2}{3} = (\frac{3}{4} \div 2) \times 3 = (\frac{3}{4} \times \frac{1}{2}) \times 3 = \frac{3}{4} \times \frac{1}{2} \times 3 = \frac{3}{4} \times \frac{3}{2} = \frac{9}{8} = 1\frac{1}{8}$

발문 2 $\frac{2}{3} \div \frac{5}{7}$를 위와 같이 해결해 보시오.

최초의 식	제수를 단위분수로 만들었을 때 피제수의 값	제수를 단위량 1로 만들었을 때 피제수의 값
$\frac{2}{3} \div \frac{5}{7}$	$\frac{2}{3} \div 5 = \frac{2}{3} \times \frac{1}{5}$ ($\frac{5}{7} \to \frac{1}{7}$ 일 때의 값)	$(\frac{2}{3} \times \frac{1}{5}) \times 7$ (제수가 1이 되려면 단위분수일 때의 값에 7배를 해야 한다.)
최종 정리		
$(\frac{2}{3} \times \frac{1}{5}) \times 7 = \frac{2}{3} \times \frac{7}{5}$(역수가 되었음을 확인) $= \frac{14}{15}$		

정리 ※ 교과서 ○쪽, ○쪽 마무리 문제를 앞에서 살펴본 바와 같이 해결해 보시오.

4~5차시 수업 소감

지난 시간 내용까지의 이해에는 큰 어려움이 없었다. 그러나 이번 시간은 분명히 다를 것이라 예상하였다. 아이들은 특히 제수가 진분수인 경우 그것을 1차적으로 단위분수로 바꾸는 과정 및 왜 그렇게 해야 하는지를 이해하는 데 매우 많은 시간이 필요하였던 경험 때문이었다. 올해 아이들도 예외는 아니었다.

일단 1차적으로 도입 단계에서 $\frac{3}{4} \div \frac{1}{4}$을 제시하고 지난 시간에 공부했던 내용을 다시 한 번 짚어 보는 시간을 가졌다. 이어서 $\frac{3}{4} \div \frac{2}{4}$(제수가 진분수인 경우)를 제시하고 이럴 때는 어떻게 해야 하는지에 대하여 차근차근 살펴보기로 하였다. 먼저 지난 시간에 공부했던 내용과 다른 점이 무엇인지 확인부터 하였다. 아이들은 잘 찾아냈다. 제수가 단위분수가 아니라는 것이었다. 이어서 나눗셈의 개념(제수가 1일 때 피제수의 값을 구하는 것)에 대해서도 다시 한 번 짚어 두었다. 다음으로 이런 질문

이 제시되었다. "$\frac{3}{4} \div \frac{2}{4}$에서 제수가 1일 때의 값을 구하기 위해서 먼저 어떤 작업이 이루어져야 할까?" 그리고 곧바로 모둠 토론에 들어갔다. 잠시 토론이 이어진 뒤에 어떤 답에 도달하게 되었는지 발표로 이어 갔다. 먼저 발표한 모둠에서는 답을 찾았다는 듯이 자신 있게 대답하였다. "제수인 $\frac{2}{4}$에 2배를 해 주면 제수가 1이 됩니다." 역시 그런 답변이 나올 것이라 예상하였던 터라 별로 당황하지 않았다. 나는 이런 질문으로 이어 갔다. "$\frac{2}{4}$를 2배 하면 1이 되는 것은 맞아요. 그런데 제수가 $\frac{2}{5}$, $\frac{5}{6}$ 등과 같을 경우에는 어떻게 하지요? 이런 경우에도 똑같은 원리가 적용되어야 한다면 방금 '제수인 $\frac{2}{4}$에 2배를 하는 것'과 같은 방법은 적절하지 않은 것 같은데요?" 했더니 갑자기 교실 안이 쥐 죽은 듯 고요해졌다. 아마도 다른 모둠도 같은 생각을 했을 것이라 생각되었다. 과거의 경험으로도 그러했다. 그래서 지난 시간에

우리는 제수가 단위분수인 경우의 문제 해결 원리를 살펴보았고 그것이 오늘 활동 문제 해결의 열쇠라는 것을 강조한 뒤 "제수인 $\frac{2}{4}$가 단위분수인 $\frac{1}{4}$로 되려면 어떤 과정이 필요할까?"라고 질문을 바꾸어 아이들에게 제시하였다. 잠시 침묵이 흘렀다. 그러나 아무런 발표가 없어서 "$\frac{2}{4}$는 $\frac{1}{4}$이 2개 있는 것입니다. 단위분수는 $\frac{1}{4}$이 1개입니다. 2개를 1개로 만들려면 어떤 작업이 필요할까요?"라고 질문을 바꾸었다. 그랬더니 1명이 바로 "2로 나누면 됩니다."라고 하였다. 바로 이 점이었다. 그러나 이 점을 나머지 아이들도 이해하기에는 쉽지 않았다. "왜 2로 나누어야 하나요?"라는 질문이 이어졌다. 그래서 부연설명을 이어 갔다. 그 내용을 아래와 같이 정리하여 제시하였다.

$\frac{3}{4}$은 제수가 $\frac{2}{4}$일 때의 값이다. 제수가 1일 때의 값을 구하려면 먼저 제수가 $\frac{1}{4}$일 때의 값을 먼저 알아보아야 한다. 그렇게 하면 제수가 1일 때의 값을 쉽게 구할 수 있기 때문이다. 그 과정은 지난 시간에 이미 여러분이 잘 이해한 바와 같다.

최초의 식	제수를 단위분수로 만들었을 때 피제수의 값	제수를 단위량 1로 만들었을 때 피제수의 값
$\frac{3}{4} \div \frac{2}{4}$	$\frac{3}{4} \div 2 = \frac{3}{4} \times \frac{1}{2}$ (지난 시간 학습 내용)	$\left(\frac{3}{4} \times \frac{1}{2}\right) \times 4$ (제수가 1이 되려면 단위분수일 때의 값에 4배를 해야 한다.)
최종 정리		
$\left(\frac{3}{4} \times \frac{1}{2}\right) \times 4 = \frac{3}{4} \times \frac{4}{2}$(역수가 되었음을 확인)$= \frac{12}{8} = \frac{3}{2} = 1\frac{1}{2}$		

이렇게 설명하자 소수의 아이들은 이제 알겠다는 듯이 고개를 끄덕였다. 그러나 좀 더 반복된 설명과 이해의 시간이 필요하여 다른 문제를 제시하고 다시 한 번 더 안내를 하여 주었다. 특히 $\frac{4}{5} \div \frac{3}{5}$에서도 $\frac{4}{5}$는 제수가 $\frac{3}{5}$일 때의 값이고, 제수 1을 만들기 위해서는 먼저 현재의 제수 $\frac{3}{5}$을 $\frac{1}{5}$(단위분수)로 만들어야 한다는 점을 이해하는 데 어려움을 표현하는 아이들이 많았다. 그래서 8÷2를 이용하여 다시 한 번 설명하였다. "8은 제수가 2일 때의 값이다. 8÷2=4라는 것에서 몫 4는 제수가 1일 때의 값을 나타내는 것이다. 같은 원리로 $\frac{4}{5}$는 제수가 $\frac{3}{5}$일 때의 값인데 바로 제수가 1일 때의 값을 알기 어려우니 제수를 1로 만들어 주기 쉬운 단위분수로 고치는 과정이 필요하다. $\frac{3}{5}$은 $\frac{1}{5}$이 3개 있는 것이니 $\frac{3}{5}$을 $\frac{1}{5}$로 만들기 위해서는 3으로 나누는 과정이 필요하다." 이렇게 다시 한 번 설명을 추가적으로 천천히 설명하자 이제는 훨씬 더 많은 아이들이 이해하였다는 표정이었다. 여기저기에서 "이젠 알겠다. 아, 그거였구나. 나, 이제 알았어." 하는 목소리가 터져 나왔다. '여기까지 이해하였으면 다 된 것이다.'라고 속으로 생각하고 나머지 과정을 설명하였다. 그랬더니 "아, 그렇

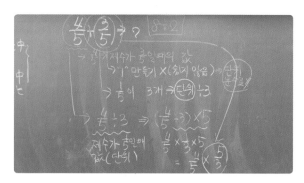

추가로 제시한 질문 및 해결 과정 판서

게 해서 '×역수'가 된 것이구나. 와, 정말 신기해요."라고 몇 명의 아이들이 반응을 보였다. 100% 다 이해할 것이라는 생각은 갖지 않았다. 분명히 그것은 나의 욕심이다. 70~80% 정도까지 이해한다면 정말 만족스러운 결과라 생각하고 칠판에 숫자를 바꾸어 문제를 다시 제시하고 모둠원들끼리 해결해 보라는 안내와 함께 "모둠별로 1명씩 무작위로 칠판 앞에 나와 풀게 할 것이니 모둠원들끼리 완전하게 이해하고 누구든지 설명할 수 있도록 하세요. 지난 시간처럼 풀지 못하는 모둠은 놀이시간까지 복습할 것입니다."라고 하였다. 그랬더니 아이들은 '큰일났다.'는 표정과 반응으로 모둠 내에서 어려워하는 친구를 둘러싸고 적극적으로 안내와 설명에 집중하기 시작하였다.

모둠별 협동학습으로 도움 주고받기 활동 과정

칠판 나누기 구조 활동을 통한 완전학습 결과 확인 장면

충분한 시간을 주고 완전학습이 이루어질 수 있도록 하였다. 아이들은 몹시 집중하여 이해하려고 노력하였다. 중간중간에 한 번 더 설명해 달라고 모둠질문을 하는 모둠이 있어서 해당 모둠에 가서 반복하여 설명해 주었다. 약 10분 정도를 남겨 두고 활동을 정리하고 칠판 나누기 구조 활동에 들어갔다. 모둠별로 1명씩 불러내었다. 어떤 아이는 자기를 시켜달라고 애원(?)하기도 하였다.

현재 나의 학급은 7개의 모둠을 운영하고 있어서 7명이 앞에 나와 각각 주어진 문제를 해결하였다. 7명 중 6명이 잘 해결하

였고 1명은 어려움을 호소하였다. 해당 모둠에서 대신 풀이할 수 있는 아동이 나와 해결하였다. 7명이 해결하는 동안 나머지 아동들은 각자의 노트에 문제를 해결해 보도록 하였다. 칠판 나누기 활동 후에 전체적으로 다시 설명 및 반복 안내까지 잊지 않았다. 이렇게 하고 나니 2분 정도밖에 시간이 남지 않았다. "다음 시간에 있을 활동은 분수 나눗셈 활동 원리 이해의 마지막 완성 단계에 해당되는 활동으로서 오늘 활동이 밑거름으로 작용하게 될 것입니다. 그러니 오늘은 반드시 스스로 배움공책에 복습하여 자신의 것으로 만드는 것 잊지 않도록 합니다."라고 강조하고 마무리하였다. 수업 후 오늘 과정을 되돌아보았다. 아쉬움이 남았다. 왜냐하면 그림으로 이해하는 과정은 진행하지 못하였기 때문이다. '이 활동까지 진행하기에는 2시간이 무리였던가?' 하는 생각에 빠져들었다. 이전 해에도 그랬던 경험이 있었다. 올해는 좀 다를까 싶었다. 그러나 다르지 않았다. 그렇다고 하여 1시간 더 시간을 확보하여 진행하기에는 무리가 따를 것이라는 생각이 들어 이 부분은 생략하기로 마음먹었다. 핵심은 그림으로 이해하기가 아니라 판단하였기 때문이다. 다음 시간 내용도 아이들의 이해 속도가 빠르면 그림으로 이해하는 부분까지 진행하고, 그렇지 않으면 그림으로 이해하는 과정은 생략해야겠다고 생각을 정리하며 오늘을 마무리하였다.

6차시 수업 소감

오늘은 분수 나눗셈의 원리를 완성하는 날이라고 시작 단계에서 매우 강하게 어필하였다. 그랬더니 아이들은 매우 진지한 모습으로 수업의 시작을 맞이하였다. 일단 지난 시간에 2시간 동안 제수가 단위분수가 아닐 때 먼저 제수를 단위분수로 왜 만들어야 하며 어떻게 단위분수로 만들 수 있는지에 대하여 알아보았던 것이 이번 시간에 큰 도움이 되었던 것 같았다. 그에 대한 이해가 바탕이 되자 분모가 다른 진분수끼리의 나눗셈 문제를 해결하는 데 매우 수월하였다. 분모가 다르다는 것은 큰 문제가 되지 않았다. 무엇보다도 제수를 단위분수로 만드는 것에 우선하여 제수를 1로 만들기 위해 분자로 나누어 준 뒤 분모를 곱한 것처럼 피제수도 제수의 분자로 나누고 제수의 분모를 곱하면 된다는 기본 원리는 변함이 없다는 것쯤은 쉽게 이해할 정도의 수준이었다.

먼저 지난 시간에 공부했던 것을 함께 칠판에 정리해 보면서 원리를 확인해 보았다. 그런 뒤에 이번 시간에 공부할 문제로 $\frac{3}{4}$ $\div \frac{2}{3}$를 제시하였다. 분모가 다르더라도 해결 원리는 똑같다는 안내를 한 뒤 각자 먼저 모둠칠판에 해결해 보라고 하였다. 충분한 시간이 지나서 확인해 보았더니 대부분의 아이들이 제대로

해결하였다. 물론 아직 극히 일부의 아이는 풀이는 되는데 설명이 잘 안 된다고 하였다. 그 정도만으로도 매우 다행이라 여겨졌다. 이 문제풀이를 어느 한 명에게 맡겼다. 한 명이 칠판 앞에 나와 문제를 해결하였고 그것을 이용하여 정확히 안내를 해 주었다. 아이들은 이로써 자신들이 분수 나눗셈의 원리를 완전히 터득하였다는 기쁨에 "와, 드디어 분수 나눗셈을 완성하였다. 기뻐요." 하고 반응하는 아이가 있었다. "그래요, 그것이 바로 배움의 기쁨이고 공부하는 즐거움이지요. 또한 수학이라는 것은 오랜 시간 동안 우리 조상들이 이룩해 놓은 위대한 업적이자 문화유산이라는 점, 그리고 선생님은 그렇게 오랜 시간 동안 인류가 걸어온 길을 짧은 시간에 핵심만 간추려 그들이 걸어온 길과 비슷한 과정으로 여러분에게 안내하고 여러분이 직접 탐구하여 알아낼 수 있도록 수업을 진행하고 있는 것입니다. 그러니 수학이라는 것이 재미가 없고 어렵고 힘든 교과목이 아니라는 점을 조금은 알아주기 바랍니다. 자, 그러면 다른 문제 하나 더 직접 해결해 보기 바랍니다."라고 말한 뒤 $\frac{2}{3} \div \frac{5}{7}$를 칠판에 제시하고 해결할 시간을 주었다. 역시 잘 해결해 나갔다.

여기까지 약 20분 정도의 시간이 흘렀다. 남은 시간 가운데

약 15분 정도는 교과서 속 마무리 문제만 지금처럼 해결해 보고 모둠 내에서 서로 도움을 주고받으면서 완전학습이 이루어질 수 있도록 안내하였다. 남은 5분 동안 아무나 지목하여 칠판 나누기 활동으로 직접 문제풀이를 할 수 있게 한다고 미리 공지도 해 두었다. 어떤 아이는 자신이 칠판에 나와 풀고 싶어서 자신을 꼭 시켜달라고 하였다. 자신이 잘 이해하고 있다는 것을 다른 사람들 앞에서 확인하고 싶었나 보다. 아무튼 그렇게 약속된 시간이 흘렀고 각 모둠에서 1명씩 칠판 앞에 나와 서로 다른 문제를 제시하고 풀어 보게 하였다. 아직 약간의 어려움이 있는 아동이 1명 있었다. 그 아동에게는 모둠으로 돌아가 다시 배우고 선생님에게 확인 받도록 안내하였고 그 문제는 같은 모둠의 다른 아동이 풀 수 있도록 기회를 주었다.

그렇게 1시간이 마무리되었고 오늘로써 분수 나눗셈 원리가 모두 완성되었다. 6차시까지의 수업이 무척 길게 느껴졌던 시간이기도 하였지만 아이들은 지금까지의 수학 시간 가운데 가장 큰 배움의 기쁨과 희열을 느꼈던 시간이기도 하였을 것이라는 생각이 문득 내 머리를 스치고 지나갔다. 이 기분과 감정은 나만의 사치스러운 욕심이 아닐 것이라 생각한다. 오늘 과정도 스스로 배움공책을 통해 반드시 복습할 것을 부탁하고 마무리하였다.

7차시 중간 정리 : 발견한 원리의 적용 1 - 교과서 문제 해결

수업 흐름	교사의 발문
도입	• 지난 시간까지 공부한 내용 점검 : '번호순으로＋칠판 나누기' 구조 - 각 모둠별로 1명씩 칠판 앞에 나와 문제 해결하기

전개	• 교과서 ○~○쪽까지 관련 '짝 점검' 활동지 제시
	  - 모둠 내 2명씩 짝을 지어 1문제씩 번갈아 해결하고 점검해 주기
	  - 수식과 함께 그림으로도 해결하기
	  - 홀수번은 홀수 문제(짝이 해결 과정을 점검), 짝수번은 짝수 문제(짝이 해결 과정을 점검) 해결
	  - '짝 점검' 활동이 끝나면 자기 활동지에 풀지 않은 문제를 개별학습으로 해결

정리	• 교과서 ○~○쪽까지 마무리 문제만 수식으로 해결하기

수학 6-1	3. 분수의 나눗셈 분수의 나눗셈 원리 이해 - 짝 점검	서울　　　　　　초등학교 6학년　　반　　　번 이름 :

1. $2 \div \dfrac{1}{3}$: 그림 및 수식으로 역수 과정 설명하기

2. $3 \div \dfrac{1}{4}$: 그림 및 수식으로 역수 과정 설명하기

3. $\frac{4}{5} \div \frac{1}{5}$: 그림 및 수식으로 역수 과정 설명하기

4. $\frac{3}{4} \div \frac{1}{4}$: 그림 및 수식으로 역수 과정 설명하기

5. $\frac{4}{6} \div \frac{2}{6}$: 그림 및 수식으로 역수 과정 설명하기

6. $\frac{4}{5} \div \frac{2}{5}$: 그림 및 수식으로 역수 과정 설명하기

7. $\frac{2}{3} \div \frac{3}{4}$: 그림 및 수식으로 역수 과정 설명하기

8. $\frac{4}{5} \div \frac{2}{3}$: 그림 및 수식으로 역수 과정 설명하기

7차시 수업 소감

오늘 수업은 지난 시간에 완성한 분수 나눗셈의 원리를 한 번 더 돌이켜 보는 것으로 도입 활동을 시작하였다. 칠판에 예시 문항 하나를 제시하고 한 단계 한 단계 과정을 진행할 때마다 왜 그렇게 해야 하는지, 그다음은 어떤 과정을 진행해야 하는지 등에 대하여 무작위로 여러 아이들을 직접 지명하여 그 답을 이야기해 보도록 하였다. 대체로 잘 답변해 주었다. 물론 아직도 이해가 부족한 아이들도 소수 있었다. 그러나 그 아이들에게 이런 답변이 나왔다. "풀 수는 있겠는데 설명은 아직 어려워요."라고 말이다. 이것만으로도 큰 소득이라 생각된다. 이후에 활동지를 나누어 주고 짝 점검 활동을 어떻게 진행하는지 안내한 뒤 바로 활동에 들어갔다. 지금까지 공부했던 6차시 동안의 내용을 이번 한 시간 안에 다시 돌아보며 쉽게 해결해 나갈 것이라고는 생각

하지 않았다. 분명히 상당한 시간이 지난 것들은 다시 기억이 희미해져 약간 난개념이 생겼을 것이라 생각하고 그때마다 도움을 요청할 것을 미리 안내하였다. 실제로 소수의 아이들이 도움을 요청하였다. 특히 그림으로 해결하는 방법에 대해서. 다시 한번 짚어 주자 기억을 다시 되찾았다는 듯이 기뻐하였다. 이렇게 8개의 문제를 해결하는 데 30분 정도가 충분히 지나갔다. 그도 그럴 것이 옆사람에게 설명하듯이 짝 점검 활동을 하는 것이 아니라 옆사람에게 질문하듯이(다음은 어떻게 해야 할까? 그렇게 하면 얼마가 되지? 그러면 어떤 과정이 필요할까? 등과 같이 질문을 통해 짝과 함께 풀이를 해 나갈 수 있도록 해야만 짝 점검 활동이 제대로 효과를 보이기 때문이다.) 진행해 나갔기 때문에 시간이 더 걸렸다. 그래도 아이들은 이 방법이 무척 좋았다고 이

야기한다. 옆사람과 함께 풀어 나가면서 자신이 좀 더 정확히 이해할 수 있어서 좋았다고 말해 주었다. 앞으로 짝 점검 활동을 좀 더 자주 진행해 나갈 수 있도록 할 생각이다. 특히 연산 활동에서!!!

짝 점검 활동 장면

8~9차시 분수의 나눗셈 2 : 분수 나눗셈 원리의 완성 및 적용

수업 흐름	교사의 발문

도입
(8차시)

• $2 \div \dfrac{2}{3}$를 덜어 내기 방식으로, 그림을 이용하여 먼저 해결해 봅시다. → 개인칠판에 해결 및 모둠원들끼리 점검하기

전개 나눗셈의 원리(제수가 1일 때의 값을 구하기) → (자연수 ÷ 분수)에 적용하기

발문 1 $2 \div \dfrac{2}{3}$가 $2 \times \dfrac{3}{2}$으로 바뀌는 과정(×제수의 역수) 설명하기 : 모둠 토의

- 지난 시간까지 공부했던 내용을 바탕으로 모둠원들끼리 토의

- 그림 및 수식으로 함께 해결하여 제시하기 → 모둠칠판

최초의 식	제수를 단위분수로 만들었을 때 피제수의 값	제수를 단위량 1로 만들었을 때 피제수의 값
$2 \div \dfrac{2}{3}$	$2 \div 2 = 2 \times \dfrac{1}{2}$ ($\dfrac{2}{3} \to \dfrac{1}{3}$일 때의 값)	$\left(2 \times \dfrac{1}{2}\right) \times 3$ (제수가 1이 되려면 단위분수일 때의 값에 3배를 해야 한다.)
최종 정리		
$\left(2 \times \dfrac{1}{2}\right) \times 3 = 2 \times \underline{\dfrac{3}{2}}$(역수가 되었음을 확인) $= \dfrac{6}{2} = 3$		

$$2 \div \frac{2}{3} = \boxed{}\ \boxed{} \div \frac{2}{3}$$

$$\to \boxed{}\ \boxed{} \div 2\left(= 2 \times \frac{1}{2}\right)$$

$$= \boxed{}\ \boxed{} = \boxed{}$$

$2 \times \frac{1}{2}(2 \div 2)$는 제수가 $\frac{1}{3}$일 때의 값이다. 여기에 3배를 하면 제수가 1일 때의 값을 구할 수 있게 된다.

$$(2 \times \frac{1}{2}) \times 3 = 2 \times \frac{3}{2} = \frac{6}{2} = 3$$

$$\boxed{} \times 3 = \boxed{} \boxed{} \boxed{} = 3$$

발문 2 $3 \div \frac{2}{4}$를 위와 같이 해결해 보시오.

최초의 식	제수를 단위분수로 만들었을 때 피제수의 값	제수를 단위량 1로 만들었을 때 피제수의 값
$3 \div \frac{2}{4}$	$3 \div 2 = 3 \times \frac{1}{2}$ ($\frac{2}{4} \to \frac{1}{4}$일 때의 값)	$(3 \times \frac{1}{2}) \times 4$ (제수가 1이 되려면 단위분수일 때의 값에 3배를 해야 한다.)
최종 정리		
$(3 \times \frac{1}{2}) \times 4 = 3 \times \frac{4}{2}$(역수가 되었음을 확인) $= \frac{12}{2} = 6$		

9차시　**발문 1** 5학년까지 분수의 덧셈, 뺄셈, 곱셈, 나눗셈을 공부하면서 대분수가 나올 때는 그 대분수를 어떻게 하고 문제를 해결하였나요?

→ 가분수로 고친 후에 해결하였습니다.

● 분수의 나눗셈에서도 대분수가 나오면 가분수로 고친 후에 해결하면 됩니다. 나머지 과정은 지금까지 공부했던 내용이 그대로 적용됩니다. 그러면 한 번 다음 문제를 해결해 볼까요? 앞으로는 그림은 생략하고 수식으로 과정이 잘 나타나게 해결해 보도록 합니다.

발문 2 $1\frac{2}{3} \div \frac{2}{4}$를 해결해 보시오. → '$\div \frac{2}{4}$'가 '$\times \frac{4}{2}$'로 바뀌는 과정을 수식으로 정리해 보시오.
→ 개인별로 모둠칠판에 해결 → 모둠원들과 해결한 결과를 서로 비교하기 → 정확한 해결 과정 확인

→ $[1\frac{2}{3} \div 2$(제수가 $\frac{1}{4}$일 때 피제수의 값)$] \times 4$(제수가 1일 때의 피제수의 값) $= 1\frac{2}{3} \times \frac{1}{2} \times 4 = 1\frac{2}{3} \times \frac{4}{2}$
(역수가 되었음을 확인) $= \frac{5}{3} \times \frac{4}{2} = \frac{20}{6} = 3\frac{2}{6} = 3\frac{1}{3}$

발문 3 $1\frac{2}{3} \div 1\frac{1}{4}$을 해결해 보시오. → '$\div 1\frac{1}{4}$'이 '$\times \frac{4}{5}$'로 바뀌는 과정을 수식으로 정리해 보시오.
→ 개인별로 모둠칠판에 해결 → 모둠원들과 해결한 결과 서로 비교하기 → 정확한 해결 과정 확인

→ $1\frac{2}{3} \div 1\frac{1}{4} = \frac{5}{3} \div \frac{5}{4} = [\frac{5}{3} \div 5$(제수가 $\frac{1}{4}$일 때 피제수의 값)$] \times 4$(제수가 1일 때 피제수의 값) $= \frac{5}{3} \times \frac{1}{5} \times 4 = \frac{5}{3} \times \frac{4}{5} = $(역수가 되었음을 확인) $= \frac{4}{3} = 1\frac{1}{3}$

정리　시간 여유가 있으면 교과서 ○~○쪽 문제 해결하기

10차시 마무리 정리 : 발견한 원리의 적용 2-교과서 문제 해결

수업 흐름	교사의 발문
도입	• 지난 시간까지 공부한 내용 점검 : '번호순으로＋칠판 나누기' 구조 - 모둠별로 1명씩 칠판 앞에 나와 문제 해결하기
전개	• 교과서 ○~○쪽까지 관련 '짝 점검' 활동지 제시 - 모둠 내 2명씩 짝을 지어 1문제씩 번갈아 해결하고 점검해 주기 - 수식으로도 해결하기(그림으로 해결하는 과정은 생략) - 홀수번은 홀수 문제(짝이 해결 과정을 점검), 짝수번은 짝수 문제(짝이 해결 과정을 점검) 해결 - '짝 점검' 활동이 끝나면 자기 활동지에 풀지 않은 문제를 개별학습으로 해결
정리	• 교과서 ○~○쪽까지 마무리 문제만 수식으로 해결하기

수학 6-1	**3. 분수의 나눗셈** **분수의 나눗셈 원리 적용–짝 점검**	서울　　　　　　　초등학교 6학년　　반　　　　번 이름 :

1. $2 \div \dfrac{2}{3}$: 그림 및 수식으로 역수 과정 설명하기

2. $3 \div \dfrac{3}{4}$: 그림 및 수식으로 역수 과정 설명하기

3. $6 \div \dfrac{4}{5}$: 그림 및 수식으로 역수 과정 설명하기

4. $8 \div \dfrac{2}{3}$: 그림 및 수식으로 역수 과정 설명하기

5. $3\frac{1}{2} \div \frac{3}{4}$: 그림 및 수식으로 역수 과정 설명하기

---

6. $2\frac{3}{4} \div \frac{2}{3}$: 그림 및 수식으로 역수 과정 설명하기

---

7. $3\frac{1}{6} \div 2\frac{3}{8}$: 그림 및 수식으로 역수 과정 설명하기

---

8. $5\frac{1}{3} \div 3\frac{5}{9}$: 그림 및 수식으로 역수 과정 설명하기

11차시 문제 해결 : 포함제(덜어 내기) 개념으로 분수 나눗셈 해결

발문 1 (분수 나눗셈 상황) 4m 길이의 막대가 있다. 이 막대를 $\frac{2}{3}$m씩 자르려고 한다. 몇 개를 만들 수 있는가? → 띠 모델로 이해하기(개인별 모둠칠판에 해결 → 모둠원들과 결과 공유 및 수정하기)

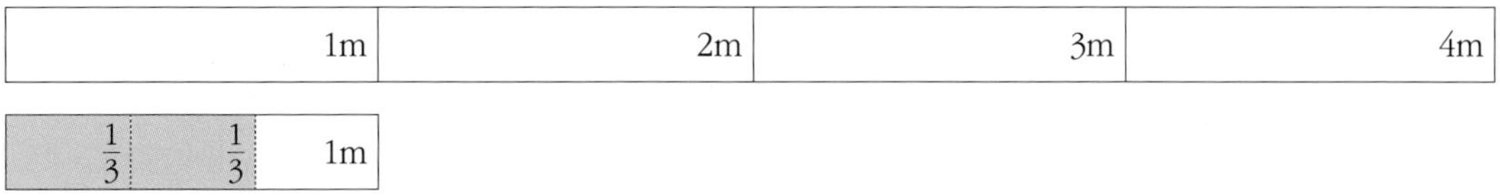

	1m	2m	3m	4m

$\frac{1}{3}$	$\frac{1}{3}$	1m

설명 4m 길이의 막대를 왼쪽에 보는 바와 같이 $\frac{2}{3}$m 길이로 자르려고 한다. 이때 $\frac{2}{3}$m 길이의 나무 막대 몇 개를 만들 수 있는가에 대하여 알아보려는 것이다. 이를 위해서 $\frac{2}{3}$m를 기준 단위량으로 하여 4m 길이의 나무 막대를 계속 잘라 나가면 된다는 것이다.(4m에서 $\frac{2}{3}$m씩 계속 덜어 내면 몇 번 덜어 낼 수 있는지 알아보는 것)

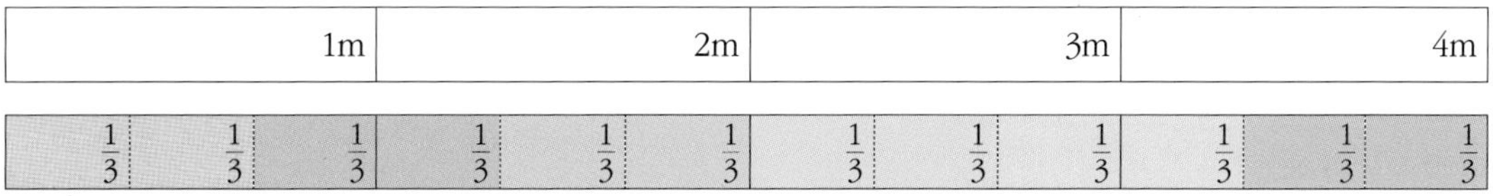

	1m		2m		3m		4m	
$\frac{1}{3}$	$\frac{1}{3}$	$\frac{1}{3}$	$\frac{1}{3}$	$\frac{1}{3}$	$\frac{1}{3}$	$\frac{1}{3}$	$\frac{1}{3}$	$\frac{1}{3}$	$\frac{1}{3}$	$\frac{1}{3}$	$\frac{1}{3}$

결과는 위에서 보는 바와 같이 6번 덜어 낼 수 있다. 다시 말해서 $\frac{2}{3}$m 길이의 나무토막 6개를 만들 수 있다는 이야기다.

(문제 해결을 위한 식) $4m \div \frac{2}{3}m = 4m - \frac{2}{3}m - \frac{2}{3}m - \frac{2}{3}m - \frac{2}{3}m - \frac{2}{3}m - \frac{2}{3}m = 0$

($\frac{2}{3}m$를 1단위로 바꾸어 생각하기) → 4m 안에 $\frac{2}{3}m$ 단위가 6번 들어 있다.

($\frac{1}{3}m$ 단위분수를 기준으로 생각하기) → 4m 안에 $\frac{1}{3}m$ 단위분수가 12번 있다.

그런데 주어진 상황은 $\frac{1}{3}m$의 2배인 $\frac{2}{3}m$가 기준이므로 12÷1이 아니라 12÷2라는 상황이 만들어진다. 이 과정이 바로 통분과정이라 말할 수 있다. 자연수 4를 제수와 같이 분모가 3인 분수로 만든 후 분자끼리만의 상황으로 생각한 것이다.

$$4 \div \frac{2}{3} = \frac{12}{3} \div \frac{2}{3} = 12 \div 2 = 6$$

발문 2 심진(心震)을 일으킬 수 있는 문제 → 개인 생각(모둠칠판에 정리) → 모둠원들과 의견 공유(모둠 토의) → 전체와 공유하기

(분수 나눗셈 상황) 철수는 5m 길이의 막대가 $\frac{3}{4}$m 길이 막대의 몇 배가 되는지 측정해 보려고 한다.

(철수의 해결) 철수는 아래와 같이 5m 길이의 막대를 $\frac{3}{4}$m씩 계속 잘라 나갔다.

1	2	3	4	5m

| $\frac{3}{4}$ | $\frac{3}{4}$ | $\frac{3}{4}$ | $\frac{3}{4}$ | $\frac{3}{4}$ | $\frac{3}{4}$ | $\frac{1}{4}$ | $\frac{1}{4}$ |

그 결과 위와 같이 $\frac{3}{4}$m 길이의 막대 6개를 얻었고 $\frac{2}{4}$m가 남게 되었다.

→ (철수가 얻은 답) $6\frac{2}{4}$배

질문 철수가 얻은 결과가 옳다고 할 수 있는가?

→ 옳다고 한다면 덜어 내기 과정을 수식으로 나타내 보시오.

→ 잘못되었다고 한다면 무엇이 왜 잘못되었는지를 설명하여 보시오.

설명 철수가 얻은 결과는 잘못되었다. 측정을 위해 막대 전체를 $\frac{1}{4}$m씩 등분을 한 후 $\frac{3}{4}$m씩 덜어 내고 남은 것이 $\frac{2}{4}$m라는 것을 알았다. 하지만 실제 측정 과정에서 5m 길이의 막대를 측정하기 위해 단위량(기준) 1로 사용한 것은 $\frac{1}{4}$m가 아니라 $\frac{3}{4}$m $\boxed{\frac{3}{4}}$ 였던 것이다. 이렇게 $\frac{3}{4}$m를 단위량 1로 본다면 실제로 남아 있는 $\frac{2}{4}$m $\boxed{\frac{1}{4}~\frac{1}{4}}$는 $\frac{3}{4}$m의 $\frac{2}{3}$에 해당된다. 따라서 철수가 얻은 답은 $6\frac{2}{4}$배가 아니라 $6\frac{2}{3}$배여야 한다는 것이다. $5 \div \frac{3}{4} = 5 \times \frac{4}{3} = \frac{20}{3} = 6\frac{2}{3}$(6번 덜어 내고 남은 나머지가 왜 $\frac{2}{4}$가 아니라 $\frac{2}{3}$가 되어야 하는지를 정확히 설명할 수 있어야 제대로 이해하였다고 말할 수 있다.)

8차시 수업 소감

본래의 계획은 위에 제시한 내용과 같았다. 그런데 학교 교육과정 운영 중 교과 운영 계획 전반을 살펴보니 생각보다 수학 진도가 다른 단원까지 생각해 볼 때 좀 뒤처진 것 같았고 이대로라면 생각보다 시간이 빠듯하거나 여름 방학 전까지 마치지 못

(자연수÷진분수) 해결을 위한 발표 장면

할 것 같다는 생각이 들어서 계획을 수정하여 수업을 진행하기로 하였다. 위에 제시한 8차시 내용과 11차시 내용을 한데 묶어서 1차시 수업으로 다루어 진행하였다.

8차시 수업을 시작하면서 $2 \div \frac{2}{3}$ 를 수식으로 해결해 보고 이어서 띠 모델로 해결해 보는 작업을 함께 이어 갔다. 잠시 생각할 시간을 주고 개별적인 해결 및 모둠원들과 공유 → 아동 1명의 1발표 과정을 이어 갔다.

띠 모델을 이용하여 해결하는 과정에서는 아이들이 잠시 머뭇거리기도 하였다. 아직 익숙하지 않았기 때문이었다. 그런데 한 아동이 자신 있게 해결해 보겠다고 하여 칠판 앞에 나와 해결해 보라고 하였다. 아이들 모두는 그 아동의 해결 과정을 지켜보면서 다시 한 번 기억을 되살려 갔다. 발표한 아동은 비교적 정확히 해결하였다. 그것을 보면서 아이들은 "아, 이제 기억났다. 이제 제대로 할 수 있겠다."는 말들이 여기저기에서 터져 나왔다. 그래서 다시 문제 하나를 더 제시하였다. $3 \div \frac{2}{4}$ 를 제시하고 수식 및 띠 모델을 활용하여 해결해 보라고 하였다. 그리고 다시 1명을 지목하여 칠판 앞에 나와 해결해 보라고도 하였다.

두 사람 모두 잘 해결하였다. 여기까지 시간이 20분 정도 흘렀다. 그래서 11차시에서 하려고 했던 내용을 끌어와 덜어 내기 방식으로의 해결 사례를 $3 \div \frac{2}{3}$ 로 띠 모델을 이용하여 보여 준 뒤 심진을 일으키는 질문을 제시한 뒤 무엇이 잘못되었는지 찾아 밝혀 보라고 하였다. 띠 모델을 통해 해결 과정을 보여 주고 최종 결과가 맞는지 물어보자 상당히 많은 아이들이 맞는다고 바로 대답하였다. 그래서 "확실해요?"라도 되묻자 아이들은 이상한 듯 생각에 잠기더니 아닌 것 같기도 하고 맞는 것 같기도 하다는 반응을 보였다. 그래서 "지금부터 모둠원들과 이것이 맞는지 협의하기 바랍니다. 5분 정도 시간을 주겠습니다." 하고 모둠 토론에 들어가라고 안내하였다. 어느 정도 시간이 흘렀을 때 어떤 모둠에서 한 아동이 "아, 이제 알겠다. 이것은 잘못된 거야. 답은 $6\frac{2}{3}$ 가 되어야 해."라고 말하며 모둠원들에게 자신의 생각을 공유하기 시작하였다. 나름 정확하게 이해하고 있는 듯하였다. 그래도 바로 지목하여 발표를 시키기보다는 다른 아이들에게도 충분히 생각할 시간을 주는 것이 좋다고 판단하여 좀 더

심진을 일으키는 질문 제시

시간을 끌어 보았다. 그런데도 답을 찾아낸 아동과 모둠은 없는 듯하였다. 그래서 그 아동을 지목하여 설명해 보라고 하였다. 예상한 대로 정확히 설명하였다. 설명한 아동의 이야기를 듣고 있던 많은 아이들은 "아, 그거였구나. 역시 ○○이는 천재야. 대단해!" 하고 칭찬을 해 주었다. 그래서 나는 좀 더 구체적이고 자세하게 풀어서 설명을 한 번 더 해 주었다. 아이들은 또 하나를 새롭게 알게 되었다는 표정으로 자신의 노트에 오늘 알게 된 사실들을 기록하고 정리하기 시작하였다. 그렇게 40분은 빠르게 흘러갔다. 이로써 아이들에게 분수의 나눗셈 과정은 모두 마무리되었다고 선언하였다. 이제 남은 것은 한 가지인데 대분수끼리의 나눗셈은 이미 여러분 스스로 해결할 수 있다고 말하였다. 그리고 "왜 여러분 스스로 할 수 있다고 말하였을까요?"라고 질문을 던지자 여러 명의 아이들이 이구동성으로 "대분수는 가분수로 고쳐서 계산하면 되니까요."라고 큰 소리로 답해 주었다. "그래요. 이 경우는 가분수로 고쳐서 계산하는 것만 알면 다른 과정은 지금까지 공부했던 내용과 같습니다. 이로서 여러분은 분수 나눗셈 과정을 모두 마쳤습니다. 이제는 하산하여도 됩니다. 하산하여라."라고 말해 주었다. 그랬더니 한 명의 아이가 "예, 싸부님!"이라고 재치 있게 대답해 주었다. 이제 다음 시간 1시간을 더 사용하여 지금까지의 과정을 총정리하고 단원 마무리를 해 나가고자 한다. 좀 더 시간이 넉넉했더라면 위에 설계한 바대로 진행해 보고 싶은 마음이 굴뚝같았다. 하지만 본래 12차시를 10차시로 줄여서 진행한 것도 나쁘지는 않다는 생각이 든다.

오늘 수업은 지난 시간 공부했던 주제를 차시 도입 차원에서 다시 한 번 함께 짚어 보고 마지막으로 대분수가 있는 분수의 나눗셈도 함께 간략히 다루어 보았다. 왜냐하면 지난 시간 끝 무렵에도 짚었던 바와 같이 대분수가 있을 때 가분수로 고쳐서 계산하는 것 빼고는 전혀 다른 점이 없기 때문이라는 것을 아이들은 이미 너무나도 잘 알고 있기 때문이었다. 역시 실제 점검해 보는 과정에서도 나의 예상은 틀리지 않았다. 여기까지 약 10분 정도의 시간이 흘렀다. 나머지 30분은 짝 점검 활동지를 만들어 나누어 주고 짝 점검 구조를 활용한 협동학습 활동으로 이어 갔다. 지난 차시에서 짝 점검 활동을 해 본 경험이 있어서 오늘은 다시 간략히 안내만 하고 바로 활동에 들어갔다. 늘 그렇지만 100% 아이들 모두 완벽한 이해를 바란다는 것은 나의 지나친 욕심일 것이라 판단하고 아이들을 관찰해 보았다. 80% 정도의 아이들은 충분히 이해를 하고 짝 점검 활동에 임하고 있다는 생각이 들었다. 나머지 20% 정도 아이들도 정도의 차이는 있었지만 전혀 이해를 못하는 수준은 아니라 여겨졌다. 대체로 과정 중심으로 풀이는 하겠는데 설명을 하라고 하면 설명은 아직 어렵다는 반응이 꽤 있었다. 그래도 이 정도까지 아이들이 이해를 하고 있다는 점이 다행이라 여겨졌다.

짝 점검 활동 진행이 10여 분 정도 흘렀는데 다 되었다는 아이들이 있어서 교과서 마무리 문제 및 수학 익힘책 풀이로 이어

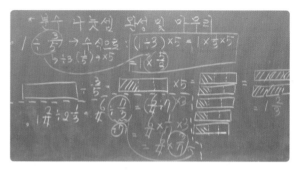

마무리 활동 칠판 판서 내용

가라고 안내하였다. 그렇게 시간차를 두고 아이들은 활동지 마무리 및 수학책, 익힘책 풀이로 활동을 이어 갔다. 이로써 분수의 나눗셈 단원 학습은 마무리되었다. 다른 단원보다 아이들의 어려움도 컸지만 그만큼 새로운 것을 알게 되었다는 점에서 만족도 또한 제일 높았던 수업 시간이었다고 생각된다. 오늘도 한 아동은 수학 시간을 1시간 더 이어 가면 안 되냐는 요청을 하기도 하였다. 이제 우리 반에서 아이들은 수학 시간을 그리 싫어하거나 부담스러워하지 않는 분위기다. 이제 평가만 남았다. 평가지를 아직 만들지는 않았다. 며칠 전부터 평가지를 어떻게 제작할지 고민하였다. 주말에 평가지를 좀 더 깊이 고민하여 의미 있게 만들어 보아야겠다.

최종 마무리 활동으로 진행된 짝 점검 활동 장면

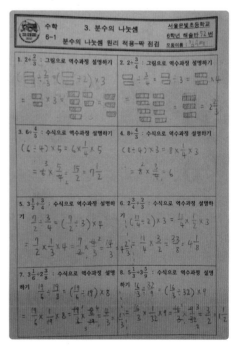

최종 마무리 짝 점검 활동 결과물

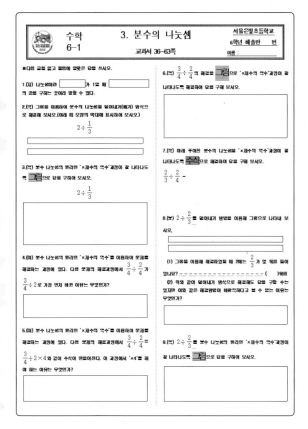

수학 6-1 3. 분수의 나눗셈 서울은빛초등학교
교과서 36~63쪽 6학년 해솔반 번 이름:

★다음 글을 읽고 물음에 알맞은 답을 쓰시오.

1.(지) 나눗셈이라 [ ]가 1일 때의 값을 구하는 것이라 말할 수 있다.

2.(적) 그림을 이용하여 분수의 나눗셈을 떨어내기(빼기) 방식으로 해결해 보시오.(아래 띠 모양의 막대에 표시하여 보시오.)

$$2 \div \frac{1}{3}$$

3.(적) 분수 나눗셈의 원리인 '×제수의 역수' 과정이 잘 나타나도록 그림으로 답을 구하여 보시오.

$$2 \div \frac{1}{3}$$

4.(이) 분수 나눗셈의 원리인 '×제수의 역수'를 이용하여 문제를 해결하는 과정이 있다. 다음 문제의 해결과정에서 $\frac{3}{4} \div \frac{2}{4}$ 를 $\frac{3}{4} \div 2$ 로 가장 먼저 바꾼 이유는 무엇인가?

5.(이) 분수 나눗셈의 원리인 '×제수의 역수'를 이용하여 문제를 해결하는 과정이 있다. 다음 문제의 해결과정에서 $\frac{3}{4} \div 2 = \frac{3}{4} \times 4$ 와 같이 수식에 만들어진다. 이 과정에서 '×4'를 해야 하는 이유는 무엇인가?

6.(적) $\frac{3}{4} \div \frac{2}{4}$ 의 해결을 그림으로 '×제수의 역수'과정이 잘 나타나도록 해결하여 답을 구해 보시오.

7.(적) 아래 주어진 분수의 나눗셈을 '×제수의 역수'과정이 잘 나타나도록 수식으로 해결하여 답을 구해 보시오.

$$\frac{2}{3} \div \frac{2}{4}$$

8.(분) $2 \div \frac{2}{3}$ 를 떨어내기 방법을 이용해 그림으로 나타내 보시오.

(1) 그림을 이용해 해결하였을 때 2에는 $\frac{2}{3}$ 가 몇 묶음 들어가나요?----------- ( )묶음

(2) 위와 같이 떨어내기 방식으로 해결해도 답을 구할 수는 있지만 이와 같은 해결방법이 바람직하다고 볼 수 없는 이유는 무엇인가?

9.(적) $2 \div \frac{2}{3}$ 를 분수 나눗셈의 원리인 '×제수의 역수'과정이 잘 나타나도록 그림으로 답을 구하여 보시오.

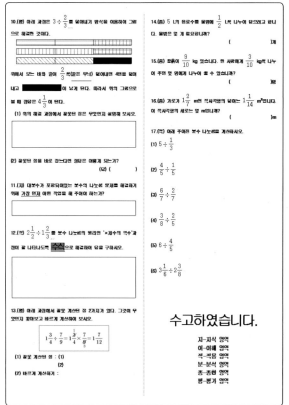

10.(평) 아래 과정은 $3 \div \frac{2}{3}$ 를 떨어내기 방식을 이용하여 그림으로 해결한 것이다.

위에서 보는 바와 같이 $\frac{2}{3}$ 씩(같은 무늬) 떨어내면 4번을 떨어내고 이 남게 된다. 따라서 위의 그림으로 볼 때 정답은 $4\frac{1}{3}$ 이 된다.

(1) 위의 해결 과정에서 잘못된 점은 무엇인지 설명해 보시오.

(2) 잘못된 점을 바로 잡는다면 정답은 어떻게 되는가?
(답) ( )

11.(지) 대분수가 포함되어있는 분수의 나눗셈 문제를 해결하기 위해 가장 먼저 어떤 작업을 해 주어야 하는가?

12.(적) $2\frac{1}{2} \div 1\frac{2}{3}$ 를 분수 나눗셈의 원리인 '×제수의 역수'과정이 잘 나타나도록 수식으로 해결하여 답을 구하시오.

13.(평) 아래 과정에서 잘못 계산된 점 2가지가 있다. 그것이 무엇인지 찾아보고 바르게 계산하여 보시오.

$$1\frac{3}{4} \div \frac{7}{9} = 1\frac{3}{4} \times \frac{7}{9} = 1\frac{7}{12}$$

(1) 잘못 계산된 점 : (1)
(2)

(2) 바르게 계산하기 :

14.(종) 5 L의 음료수를 병마다 $\frac{1}{2}$ L씩 나누어 담으려고 한다. 몇 개 필요할까요?
( )개

15.(종) 철물에 $\frac{9}{10}$ kg 있습니다. 한 사람에게 $\frac{3}{10}$ kg씩 나누어 주면 몇 명에게 나누어 줄 수 있을까요?
( )명

16.(종) 가로가 $1\frac{2}{7}$ m인 직사각형의 넓이는 $1\frac{1}{14}$ m²입니다. 이 직사각형의 세로는 몇 m입니까?
( )m

17.(적) 아래 주어진 분수 나눗셈을 계산하시오.

(1) $5 \div \frac{1}{3}$

(2) $\frac{4}{5} \div \frac{1}{5}$

(3) $\frac{6}{7} \div \frac{2}{7}$

(4) $\frac{3}{8} \div \frac{1}{8}$

(5) $6 \div \frac{4}{5}$

(6) $3\frac{1}{6} \div 2\frac{3}{8}$

수고하였습니다.

지-지식 영역
이-이해 영역
적-적용 영역
분-분석 영역
종-종합 영역
평-평가 영역